묵점 기세춘 선생과 함께하는

論語 강의

초판 1쇄 인쇄_ 2010년 10월 8일
초판 2쇄 발행_ 2010년 12월 1일

지은이_ 기세춘

펴낸곳_ 바이북스
펴낸이_ 윤옥초

책임편집_ 김주범
편집팀_ 이성현, 도은숙, 김민경, 함윤선
책임디자인_ 방유선
디자인팀_ 윤혜림, 이민영, 남수정

ISBN_ 978-89-92467-45-2 03150

등록_ 2005. 07. 12 | 제313-2005-000148호
서울시 마포구 서교동 395-166 서교빌딩 703호
편집 02) 333-0812 | 마케팅 02) 333-9077 | 팩스 02) 333-9960
이메일 postmaster@bybooks.co.kr
홈페이지 www.bybooks.co.kr

책값은 뒤표지에 있습니다.

바이북스는 책을 사랑하는 여러분 곁에 있습니다.
독자들이 반기는 벗 - 바이북스

묵점 기세춘 선생과 함께하는

論語 강의

論 논
語 어
강의

기세춘 지음

바이북스
ByBooks

『논어』를 위한 변명

오래전이라 기억이 희미하지만『공자가 죽어야 나라가 산다』라는 책을 본 적이 있다. 나는 그 생각에 동의하지 않지만 그런 평가도 있을 수 있다고 생각했다. 그런데 몇 년 전에는 KBS에서 성인聖人은 무당이고 공자孔子는 무당의 아들이라고 주장하는 도올의 TV 강의를 보고는 분개하지 않을 수 없었다. 그것은 너무도 황당한 거짓말로 우리 선조들을 모욕하는 것이기 때문이다. 이에 나는 2002년에 발간한 졸저『유가』에서 이를 비판했고, 같은 해《신동아》(11월호)에서, 2005년에는《우리 길벗》에서, 2006년에는 졸저『동양고전 산책』에서 고증학적인 전거를 제시하며 오류를 지적한 바 있다. 그것으로 나의 임무는 끝난 것으로 생각했다. 그런데 당사자는 물론이고 학계나 출판계는 아무런 반응도 변화도 없었다. 그래서 나는 천학비재를 무릅쓰고『논어』역해서를 직접 펴내기로 한 것이다.

지금 책방에 진열된 다른 책들도 오십보백보이지만 특히 KBS의 〈도올의 논어 이야기〉와 함께하는『도올논어』는 역사적 사료들을 무시하거나 해석이라는 이름으로 왜곡·변질시킨 날조의 전형이다. 이런 날조를 방영한 KBS에 대한 격한 울분과 아무런 반성도 없는 학계와 출판계에 대한 참담한 심정은 지금도 삭이기 힘들 정도다.

나는 서당 집 아이로 자란 탓으로 어려서부터 '유학儒學'을 공부했으나 '유교儒教'의 신봉자는 아니다. 또한 공자를 '시대를 초월한 무오류의 성자'라고 주장하지도 않는다. 그러므로 공자가 '바담풍' 한 것을 반드시 '바람풍'으로 고쳐 읽으며 오늘날에도 유효한 교훈으로 윤색해야 할 짐이 나에게는 없다. 공자를 '민주적'이고 '과학적'이라고 억지로 윤색하지도 않을 것이다. 또한 반대로 '공자가 죽어야 한다'거나 '무당의 아들'이라는 터무니없는 인기 전술의 대열에 낄 생각도 없다. 왜냐하면 공자는 봉건 잔재의 표상이기도 하지만 동시에 인류 최초로 지식인 계급을 역사의 무대로 등장시킨 지식인의 시조이며 진정한 보수 정치인의 전범이기 때문이다.

공자와 묵자墨子와 노자老子는 소크라테스Socrates나 플라톤Platon처럼 온 인류가 소중히 보존해야 할 정신적 유산이다. 특히 공자는 묵자와 쌍벽을 이루며 난세를 극복하고 천하를 평안하게 하기 위해 고민하던 2,500년 전의 학자요, 정치 관료다. 그러므로 공자의 시대적 한계에 대한 철저한 비판이 필요하지만 긍정적인 면도 발굴해야 한다. 그것이 우리의 문화 전통에 깊숙이 침투해 있기 때문에 더욱 그렇다.

우리는 그처럼 개혁적이고 비판적인 다산茶山 정약용丁若鏞 선생도 "『논어』만은 종신토록 읽어야 한다"라고 말한 것을 새겨들어야 한다. 전통은 좋든 나쁘든 역사의 거울로 현재를 보고 미래를 전망하는 도정에서 반드시 섭렵해야 한다. 그러므로 전통은 과거의 흔적으로 그치는 것이 아니라 지금의 현실을 이해하고 미래의 지향성을 모색하는 밑거름인 것이다. 특히 우리가 고대 전통 사상을 보배롭게 생각하는 것은 인류 문명의 출발점에서 이를 건설 추동한 초석이며, 우리가 앞으로 나아가는 데 길을 잃고 헤맬 때 기준점이 될 수 있으며, 그 기준점은 우리의 목적지인 인류 공동체에 대한 시사점을 줄 것이라는 희망 때문이다.

또한 고대 사상은 지배자를 위한 통치 사상이거나 민중을 위한 저항 사상이거나 똑같이 관심을 가져야 한다. 나는 지금까지 도식적이지만 공자와 묵자는 보수와 진보의 쌍벽이며, 노자와 장자莊子는 저항적인 은퇴 철학이라고 말해 왔다. 결코 통치 사상은 악이고 저항 사상만이 선이라고 말하는 것은 아니다. 인간이 집단생활을 해야 한다면 지배관계는 벗어버릴 수 없는 원죄이기 때문이다. 나는 오늘날의 지배 체제가 개벽되어야 한다는 것을 강조할 뿐 국가를 부정하지는 않는다. 다만 사회를 응집 동질화시키는 구심력으로서 지배 사상은 자율 지배, 자주 관리로 인간화해야 한다. 그리고 저항 사상은 인간 생명을 발현시키는 사회의 원심력으로서 새로운 정합을 이루도록 인문화해야 할 것이다.

특히 공자와 묵자는 동시대이면서도 계급적 기반이 서로 다르므로 서로를 선명하게 부각시켜 줄 것이다. 유교의 법통으로 인정받는 한유韓愈는 "묵자를 알아야 공자를 제대로 알 수 있고, 공자를 알아야 묵자를 바로 알 수 있다"라고 말한 바 있다. 그러나 불행히도 우리 학자들은 묵자를 모르기 때문에 공자를 제대로 볼 수 없다. 쌍둥이는 각각 따로 만나면 동생인지 형인지 구분할 수 없지만 한자리에 나란히 세워놓으면 금방 알아볼 수 있다. 쌍둥이는 아니지만 공자와 묵자, 맹자孟子와 순자荀子를 나란히 세워놓으면 그들의 서로 다른 특색이 잘 보일 것이다.

더구나 공자의 경학經學은 황허 문명의 뿌리에서 나온 것이며, 수천 년 동안 문화 지형의 변천에 따라 윤색·변형되었으므로 동시대의 다른 사상가들과의 비교 분석은 원형을 찾는 데 요긴하다. 한漢나라 때는 동중서董仲舒에 의해 음양오행과 미신을 붙인 위학緯學이 되었고, 위진시대에는 하안何晏·왕필王弼에 의해 노자를 끌어다 붙인 현학玄學이 되었고, 당唐나라 때는 국교였던 도교道敎의 보조 역할을 하는 도학道學이 되었고, 송宋나라 때는 주희朱熹에 의해 불노佛老를 결합하여 이학理學이 되었고, 명明나라 때는 선불교를 덧붙여 심학心學이 되었던 것이다.

그러나 나는 여기서 공자의 경학만 좋고 후인들이 이를 윤색하여 만든 위학·현학·이학·심학은 나쁘다고 말하는 것이 아니다. 그것들은 나름대로 당시의 정치 환경의 변화와 갈등에 대응하려는 소통·변용·융합이므로 마땅히 그 정반正反·장단長短을 모두 고려해야 하며 일률적으로 재단하는 것은 편향적이다. 다만 그것들은 공자에서 파생되었다 할지라도 그것들 나름의 다른 정합체일 뿐 공자의 학문이라 말할 수 없다는 것뿐이다.

그러므로 오늘날 공자를 되돌아보는 것은 이러한 변질과 변용을 벗겨내고 본래의 옛 모습을 비판적으로 읽어냄으로써 오늘 우리의 유학적 전통을 반성하는 거울로 삼고자 함이어야 한다. 따라서 유학을 비판적으로 계승하기 위해서도 또는 철저하게 지양하기 위해서도 내재적 접근으로 원초를 복원하는 것은 필수적인 선결 조건이다.

명말청초明末淸初의 삼대유로三大遺老의 한 분인 고염무顧炎武는 학문을 권력에서 독립시킨 고증학을 창도함으로써 도참과 청담과 선학으로 변질된 공자의 가면을 벗겨내고 본래의 경세치용의 실학實學으로 복원시키고자 했다. 그는 "중국이 멸망한 것은 청담 때문인데 옛날 청담은 노장을 담론했으나 지금 청담은 공자를 담론한다"라고 한탄했다. 또한 안원顔元은 "송나라 유학은 한나라 위학과 진晉나라의 현학玄學과 석가와 노자를 집대성한 것일 뿐 요순과 주공의 정파가 아니다"라고 단언했다. 고증학을 집대성한 대진戴震은 "공맹의 본뜻을 잃어버린 것은 송나라의 정주학자들이 노자와 석가의 말을 끌어다가 해석했기 때문"이라고 비난했다.

오늘날 중국의 유학은 척박하기 이를 데 없다. 중국 문명이 서양 근대 문명의 충격으로 폐기되어 버린 열악한 환경에서 더욱이 공자 타도를 외치는 마오쩌둥毛澤東 치하의 중국 학자들은 마르크스 유물론으로 공자를 해석 비판했고, 미국 지배하의 대만에서는 서구 논리로 공자를 해석하여 자본주의에 기생하려 했다. 그러므로 그들의 공자는 서양 옷을 입은 공자일 뿐 본래의 공자가 아니다. 그러나 최근에는 그들에게도 본래의 공자를 복원해야 한다는 자각이 일고 있다는 소식이다. 한편 해외의 유학 연구는 활기차며 긍정적인 면이 있다. 지금까지는 심신수양의 지혜로만 유가 전통에 관심을 가졌으나 이러한 주술적 연구 경향을 탈피하고 진정으로 동양의 민주·평등사상과 과학 정신 등을 서양의 정신적 자양과 결합하여 새로운 인류 평화의 인문철학으로 발전시켜야 한다는 주장이 일부 화교학자들 사이에 제기되었다. 이러한 노력은 홍위병 변란 이후 중국의 문화 전통이 단절된 바탕 위에서 자본주의를 접목하려고 시도하는 오늘날 중국의 현실을 감안하면 새로운 고심으로 이해된다.

조선에서도 반성이 없었던 것은 아니다. 담헌湛軒 홍대용洪大容은 "도학의 참뜻은 나날이 망실되고 허위로 치닫고 있다"고 한탄했다. 정약용은 치국의 요체는 경전의 진위를 바르게 분별하는 데에 있다고 생각하고 왜곡된 사서四書를 교정했으며, 상서尙書의 진위를 밝혀 성리학을 지양하고자 했다. 추사秋史 김정희金正喜는 "공자의 경학은 사라지고 공허론空虛論으로 내달려 석가의 불학佛學으로 변질되었다"고 비판했다.

그러나 오늘날 우리의 형편은 한심하기 짝이 없다. 고루하고 완고한 조선의 유사들이 현학적 폐습에 젖어 주희를 유일한 스승으로 존숭하여 그에 대한 비판을 사문난적으로 숙청하고 청淸 대 고증학자들의 비판조차 수용하지 않은 때문이기도 하지만, 그보다도 선조들과는 달리 학문의 자유를 보장받은 우리들에게 치열한 학자 정신의 결여된 탓이 더 크다. 우리는 새로운 창발은 고사하고 많은 실학자들이 일신의 안위와 영달을 버리고 핍박을 감내하면서까지 이학理學과 심학心學을 지양하여 본래 공자의 경학으로 돌아가려고 했던 학풍과 정신을 계승하지 못했다. 범람하는 서구의 탁류와 반전통의 역풍 속에서 유학 연구의 새로운 전기를 마련하기는커녕 홍수에 떠내려가는 봉건 잔재의 밥그릇 챙기기에 급급했다. 일제 때는 친일 황도유학으로 왜곡을 심화시키더니 해방 후에는 선대의 왜곡을 답습하는 것으로 연명하기에 급급했고 지금은 공맹과 노장으로 미제 사상을 미화 선전하고 있으니 부끄러운 일이다.

오늘날 책방에 나와 있는 『논어』 번역서들은 하나같이 공자의 경세치학은 고사하고 이를 계승·융합한 후대의 업적조차 담고 있지 않으며, 각자 제 입맛에 맞는 처세훈으로 변질·타락시킨 것들뿐이다. 처세훈이란 봉건 왕조 시대건, 일제 식민 시대건, 자본주의 시대건 그 밥에 그 나물처럼 비슷비슷하기 마련이다. 그러므로 지금 책방에 나와 있는 『논어』를 아무리 읽어도 공자의 본래 모습은 볼 수 없고, 묵자·맹자·노장은 물론 서양의 성자들과도 하나같이 닮은꼴로만 느껴진다. 이러한 유교적 처세술과 격언집으로 타락한 고전 해석은 속물화·물신화를 조장할 뿐 백해무익하다.

그러나 반성은커녕 한술 더 뜨고 있다. 몰역사적인 인기 상품이었던 처세훈도 신물이 날 정도로 물리게 되고 자본주의 시대 CEO들의 새로운 성공담에 밀리게 되자, 그들은 아예 공자를 훌륭한 경영인으로, 더 나아가 섹시한 사내로 캐릭터를 날조하여 가짜 상품을 만들어내고 있다. 그중에 성공한 것이 KBS의 〈도올의 논어 이야기〉일 것이다. 그러나 그것들은 묵은 유교적 교훈담을 새로운 자본주의적 교훈담으로 왜곡시킨 속임수일 뿐이다. 왜냐하면 공자의 가치 지향은 그 방법과 목표에서 서양과는 전혀 다르며, 역사적으로 공자 시대는 물론이고 최근의 개혁·개방 이전까지 중국은 서양과 같은 자본주의 사회를 경험한 적이 전혀 없기 때문이다. 이는 동아시아의 공업화를 유교 문화에서 찾으려는 일부 학자들의 소식에 고무된 나머지 아예 『논어』를 자본주의 성서로 왜곡하여 이에 영합하려는 약삭빠른 상술일 뿐이다.

도올은 어차피 공자 이야기는 과거에도 그랬고 현재에도 역시 소설이거나 신화일 수밖에 없다고 강변한다. 그의 말대로 공자의 탄생과 행적에 관한 일부 사료들은 과장과 윤색이 없다고 단언할 수 없다. 그러나 이것들은 세계 어디에나 있는 '가계 로망스'일 뿐, 엄연한 사실의 날조나 사상의 왜곡은 결코 용납되지 않는다. 왜냐하면 공자는 결코 신화가 아니라 역사적 실존 인물이기 때문이다. 더구나 공자 이야기가 허구라는 허무 맹랑한 주장은 우리와 상관없는 남의 일이 아니다. 공자와 『논어』는 천여 년 동안 우리 생활에 지대한 영향을 끼친 사상서이므로 『논어』를 왜곡한다는 것은 우리의 역사와 조상을 조롱하는 것이 된다. 더구나 『논어』 원문을 제시하면서 자기 입맛대로 왜곡하며 소설을 쓰는 것은 학계의 수치만이 아니라 곡학아세의 죄악이다.

　물론 경서인 『논어』를 의도적으로 '소설 논어'로 번안하는 것은 창작 행위다. 그러므로 그것을 불경하다고 탓하거나 금지하라는 것이 아니다. 다만 그것은 공자의 경전이 아니고 저자가 지어낸 소설임을 분명히 밝히라는 것이다. 또한 '소설 논어'라고 하더라도 역사적 인물을 다루는 것이므로 『삼국지연의三國志演義』처럼 적어도 코끼리를 고래의 모습으로 그리는 정도쯤의 사실과 비슷한 구석이 있어야 한다. 그러나 도올의 '소설 논어'는 마치 기린의 목에 거북이 발을 달거나, 곰의 몸에 모기 다리를 붙이는 꼴이다. 소설이란 사실보다 더욱 사실 같은 허구라고 말하지 않는가? 그러므로 그의 『논어』 이야기는 소설도 아니다. 취할 만한 구석은 고사하고 그럴싸한 구석이 하나도 없는 자기 넋두리일 뿐이다. 역사 서술이나 경전 번역에도 상상력은 필요하지만 그것은 지금까지 간과했거나 새로 발견된 사실을 기초로 빈칸을 메워 캐릭터를 구성해 보는 것일 뿐, 아무 사료도 없이 자기를 닮은 인물을 공상으로 만들어내는 것은 결코 아니다.

　그들이 이처럼 『논어』를 은유적인 선禪이나 소설로 보는 것은 서구의 해체주의에 대한 소화 불량증 때문으로 보인다. 섣부른 해체주의의 세례를 받은 그들은 경전도 선문답이나 소설과 다를 것 없으므로 제 마음대로 뜯어고쳐 해석할 수 있다고 생각하는 것이다. 오히려 그들은 나의 비판에 대해 60년대부터 대학가에서 유행한 서구의 해체주의도 모르는 고지식한 노인의 잠꼬대라고 비웃을지도 모른다. 해체주의는 저자의 의도와 독자의 이해는 결코 일치할 수 없다는 독서 불가능성을 강조한다. 해체주의는 근본적으로 기표와 기의 사이에는 건널 수 없는 간극이 있다는 불가지론적 입장에 서 있다. 설사 불가지론을 이해한다고 해도 번역은 기표의 문제이며 기의는 다음 문제다. 경전번역이 반드시 평론일 필요는 없다. 번역도 물론 일차적인 이해가 관건이지만 기호가 직접 지시하는 것을 넘어 다른 뜻을 전하려고 하는 은유가 많은 문학 작품의 이해와는 또 다른 차원이다. 예컨대 노장처럼 은유와 우화인 경우와는 달리 공맹처럼 제도·정치와 관련된 도덕서인 경우는 기표의 외연과 내포가 분명하고 제한적이므로 번역도 엄격해야 한다. 그러므로 의도적인 왜곡은 해체적인 해석과는 다른 문제다. 원전과는 너무도 동떨어진 오역과 왜곡은 경전이라는 권위를 팔아먹는 지식 사기일 뿐 해체주의를 흉내 낸 재해석이라고 볼 수 없다.

이 책은 결코 소설이나 교훈담이 아니다. 지금 책방을 메우고 있는 지식 상인들의 주례사와 같은 교훈담으로 변질된 『논어』가 아니라 정치·사회사상서로서의 『논어』다. 물론 공자와 맹자의 말에는 처세훈이 많다. 그것을 현실의 구미에 맞도록 재해석하는 것은 독자들의 몫일 뿐 학술의 몫이 아니다. 나의 주안점은 『논어』를 『묵자』·『맹자』 등 여러 자료들과 대조·비교 분석하여 역사적인 본모습을 최대한 복원함으로써 2,500년 전 그들의 난세에 대한 고민과 방책을 알고, 이를 거울로 삼고자 하는 데 있다.

원래 이 책은 2001년에 시작하여 2002년에 초고를 마쳤으나 출판이 여의치 않아 2003년부터 서울 이문학회, 한남대학교 인돈학술원, 전주대학교 평생교육원 등에서 고전 강의를 하면서 보완·산정刪定한 것이다. 번역문은 한국 학계는 물론이고 중국이나 일본 학계에 구애되지 않았다. 외람되게도 나는 청 말에 중국 학자들이 조선의 퇴계退溪 이황李滉 선생이 지은 『주자서절요朱子書節要』를 수입하여 교본으로 삼은 일을 회상하며 이 책이 중국·일본·미국의 학자들에게 조금이라도 도움이 될 수 있기를 희망한다. 혹시 선배들이 먼저 말한 것을 새로운 해석으로 착각했다면 내가 과문한 탓이니 책망을 받아 마땅하다. 또한 나의 새로운 번역에 전혀 오류가 없다고는 결코 자만하지 않는다. 나는 일흔을 훌쩍 넘긴 구세대일 뿐이다. 후배들의 가차 없는 비판과 분발을 바란다.

출판인의 양심에 호소한다. 공영 방송인 KBS를 욕되게 하는 『도올논어』는 수거 폐기되어야 마땅하다. 또한 지금 책방을 차지하고 있는 여타의 왜곡·변질된 『논어』 주석서들도 개정판을 내거나, 아니면 선배들의 오류를 차마 비판하지 못하고 있는 연부역강한 후학들의 분발을 위해서도 자리를 비켜주어야 한다. 독자들께서 관심을 가져주시고 성원·비판해 주십시오! 간곡히 부탁드립니다.

끝으로 이처럼 무거운 책들을 계속 펴내는 윤옥초 대표의 문화인으로서의 사명감과 긍지 그리고 고전 재번역 운동에 대한 신념과 열정에 경의를 표한다. 정성을 쏟아주신 편집부 여러분에게 진심으로 감사를 드린다.

2010년 8월 어느 날

기세춘 돈수

목
차

일러두기

1. 『논어論語』 원문은 『송본논어주소宋本論語注疏』 하안何晏 집해集解 맥망선관脉望仙館 석인본石印本을 저본으로 사용했다.

2. 『맹자孟子』·『좌전左傳』·『서경書經』·『주례周禮』·『역경易經』·『예기禮記』는 『송본십삼경주소宋本十三經注疏』 맥망선관 석인본을 저본으로 사용했다.

3. 『노자老子』·『장자莊子』·『열자列子』·『관자管子』·『순자荀子』·『한비자韓非子』·『회남자淮南子』·『백호통의白虎通義』는 소엽산방掃葉山房이 발행한 『백자전서百子全書』를 저본으로 사용했다.

4. 『안자춘추晏子春秋』·『여씨춘추呂氏春秋』·『춘추번로春秋繁露』는 상해고적출판사上海古籍出版社가 간행한 『이십이자二十二子』를 저본으로 사용했다.

5. 『여유당전서與猶堂全書』의 「논어고금주論語古今註」·「맹자요의孟子要義」·「대학강의大學講義」·「중용강의中庸講義」의 해석을 많이 참조했다.

6. 자오지빈趙紀彬 선생의 『반논어反論語』(조남호·신정근 역, 예문서원, 1996)가 많은 참고가 되었다.

7. 중국의 자전은 상해서점上海書店의 『이아爾雅』·『설문해자說文解字』·『강희자전康熙字典』, 중화서국中華書局의 「중화대자전中華大字典」, 호북사서출판사湖北辭書出版社의 「한어대자전漢語大字典」(전자판)을 사용했다. 한국의 자전은 「한한대사전漢韓大辭典」(장삼식 편), 고려대학교 민족문화연구소의 『중화사전中華辭典』을 사용했다.

8. 학자들의 이력은 상해사서출판사上海辭書出版社의 『철학대사전哲學大辭典』을 참조했다.

9. 기타 다음과 같은 책들을 참고했다.

   · 『논어』, 김학주 역주, 서울대학교 출판부, 1985년 초판과 2003년 전정판
   · 『논어』, 이가원 감수, 한국교육출판, 1986년 초판
   · 『주주논어朱注論語』, 김동길·허호구 역주, 창지사, 1992년 초판
   · 『논어』, 이백순 저, 학민문화사, 1997년 초판
   · 『도올논어』, 김용옥 저, 통나무, 권1은 2000년 초판, 권2·3은 2001년 초판
   · 『논어』, 시모무라 고진下村湖人 저, 고운기 역, 현암사, 2003년 초판
   · 『논어정의論語正義』, 이재호 정해精解, 솔출판사, 2006년 1판

10. 이 책은 『논어』 원문 대부분을 싣고 있으나, 완역을 취지로 펴낸 번역서가 아니므로 모든 원문을 싣고 있지는 않다. 또한 『논어』 각 편 뒤에 숫자로 표시한 절 구분은 이 책이 저본으로 삼은 원문에는 없는 것이다. 다만 절 구분은 판본과 학자에 따라 조금씩 차이가 있으며, 이 책에서는 다른 책들과의 비교를 위해 실어놓았다.

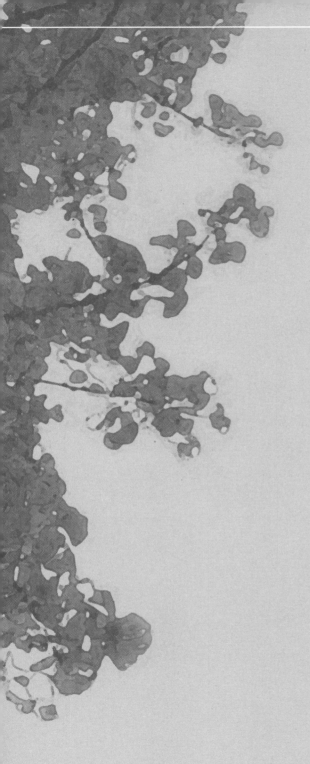

제1장

농노와 난세

1절 | 말세의 참상

논어 읽기

논어論語/미자微子 5

초楚나라 광선狂禪 접여接輿가   楚狂接輿
노래를 부르며 공자孔子 곁을 지나가다 말했다.   歌而過孔子 曰.
"봉황새야! 봉황새야! 쇠한 덕을 어이할꼬?   鳳兮 鳳兮 何德之衰
지난 일이야 간할 수 없고   往者不可諫.
오는 일이야 구제할 수 있으련마는   來者猶可追[1]
아서라! 아서라! 지금 정치에 참여함은 위태롭다!"   已而已而 今之從政者殆而.

논어論語/헌문憲問 39

공자께서 말씀하셨다.   子曰
"현자는 세상을 피하고, 그다음 나라를 떠나고,   賢者辟世 其次辟地[2]

---

1)_ 追(추)＝及也, 救也, 治也.
2)_ 辟地(벽지)＝국토를 떠나다.

그다음은 군주의 얼굴을 피하고, 그다음은 세론을 피한다.
그래서 세상을 피해 농사짓는 현자가 일곱이었다(亂世)."

其次辟色3) 其次辟言
子曰 作4)者七人矣.

논어論語/계씨季氏 3

공자께서 말씀하셨다.
"작록의 권한이 공실을 떠난 지 오五 대요,
정치가 대부에게 돌아간 지 사四 대다.
그래서 환공桓公의 자손인 세 가문도 쇠미해졌다."

孔子曰
祿之去公室 五世5)矣
政逮於大夫 四世6)矣
故夫三桓7)之子孫微矣.

---

3)_ 辟色(벽색)＝禮貌衰而去(論語集註).
4)_ 作(작)＝治田也, 起而隱去者(論語集註).
5)_ 五世(오세)＝宣公, 成公, 襄公, 昭公, 定公. 기원전 608～495.
6)_ 四世(사세)＝季武子, 悼子, 平子, 桓子(家臣 陽虎에게 실권).
7)_ 三桓(삼환)＝桓公의 자손(季孫氏, 叔孫氏, 孟孫氏).

전쟁과 착취

공자孔子(BC 551~479)와 묵자墨子(BC 480~390)를 비롯한 제자백가諸子百家가 백화제방百花齊放하던 춘추전국春秋戰國시대[8]는 난세요 말세였다.

『좌전左傳』을 보면 해마다 전쟁이 없는 때가 없었다. 이것은 토지와 이에 딸린 농노를 차지하기 위한 약탈전쟁이며, 천하의 패권을 차지하기 위한 겸병전쟁이었다. 이로써 정전제井田制는 무너지고 민생은 파탄되었다. 이러한 난세가 약 500년간이나 지속되었다. 춘추시대에 민중의 참혹한 실상을 『춘추春秋』·『시경詩經』 등 당시 문서들은 다음과 같이 고발하고 있다. 정치가로서 공자는 이런 참상을 어찌 대처했는가? 이를 묻지 않는다면 『논어論語』 읽기는 간교한 지식인의 처신술에 불과할 것이다.

좌전左傳/소공昭公3년(BC 539)

제齊나라 대부 안자晏子가 말했다.	晏子曰
"지금은 말세입니다.	此季世也
민民은 소출의 셋 가운데 둘을 공실公室에 빼앗기고,	民三其力 二入於公
나머지 하나로 연명합니다.	而衣食其一
공실의 곳간에는 재물이 좀먹고 썩어나는데	公聚朽蠹
늙은이는 얼어 죽고 굶어 죽는 실정입니다."	而三老凍餒.
진晉나라 대부 숙향叔向이 대답했다.	叔向曰

---

8)_ 춘추시대 : 周 幽王이 犬戎에게 잡혀 죽고 西周가 망한 후 平王이 洛邑에 도읍하여 東周를 세우고 晉 文侯를 시작으로 춘추오패(晉·齊·秦·宋·楚)가 번갈아 王(天子)을 대신하여 천하를 다스리던 기원전 770년부터 450년까지 약 320년을 말한다.

전국시대 : 晉의 경대부인 韓·魏·趙 등 세 가문이 천자의 승인 없이 나라를 찢어 차지하고 독립한 기원전 450년부터 주나라가 망한 256년까지, 형식적이나마 명맥을 유지되던 천자의 위령이 서지 않고 전국칠웅(楚·秦·燕·齊·趙·魏·韓)이 번갈아 천하를 재패하던 195년간을 말한다.

"그렇습니다. 우리 공실도 역시 말세입니다.　　　　　　　然 雖吾公室 今亦季世也

길가엔 시체들이 서로 바라보는데　　　　　　　　　　道殣相望

그들의 부는 더욱 넘쳐납니다.　　　　　　　　　　　而女富溢尤.

서민들은 피폐하고 공실은 더욱 사치를 더해 갑니다.　庶民罷敝 而宮室滋侈.

민들은 공실의 명령이라면　　　　　　　　　　　　民聞公命

마치 도둑과 원수를 보듯 달아납니다."　　　　　　　如逃寇讐.

시경詩經/위풍魏風/벌단伐檀

심지도 않고 거두지도 않으면서　　　　　　　　　　不稼不穡

무슨 수로 벼 삼백 섬을 탈취했고,　　　　　　　　　胡取禾三百廛兮

사냥도 하지 않으면서　　　　　　　　　　　　　　不狩不獵

어찌 너의 집 뜰엔 담비가 걸렸는고?　　　　　　　胡瞻爾庭有縣狟兮

그대들 군자여! 공밥을 먹지 마소!　　　　　　　　彼君子兮 不素殲兮.

시경詩經/대아大雅/상유桑柔

선량한 사람을 구하여 쓰지 않고　　　　　　　　　維此良人 不求不迪[9]

저들 잔인한 자들을 중용한다.　　　　　　　　　　維彼忍[10]心 是顧是復[11]

민중은 난리를 바라고 있으니　　　　　　　　　　民之貪亂

어찌 악독한 짓을 않겠는가?　　　　　　　　　　寧爲荼[12]毒.

국운은 망조가 들고, 하늘도 우리를 돕지 않는구나!　國步蔑資[13] 天不我將[14]

---

9)_ 迪(적)＝進也.

10)_ 忍(인)＝殘忍也.

11)_ 復(복)＝重也.

12)_ 荼(다)＝味苦氣辛 能殺物.

있고 싶어도 머물 곳이 없고	靡¹⁵⁾所止疑¹⁶⁾
간다고 한들 어디로 간단 말인가?	云徂¹⁷⁾何往
군자는 실로 벼리이니 마음을 합해 싸우지 말아야 하거늘	君子實維 秉心無競
누가 이 재앙의 씨를 뿌렸는데 어찌 민民을 탓하는가?	誰生厲¹⁸⁾階¹⁹⁾ 只今爲梗.²⁰⁾

시경詩經/당풍唐風/보우鴇羽²¹⁾

너새는 열 지어 바쁘게 날아가, 뽕나무 떨기에 모여드는구나!	肅肅²²⁾鴇行 集于苞桑
공실의 노력에 매여 있어 벼와 메조를 가꿀 겨를이 없으니	王事靡鹽²³⁾ 不能藝稻粱
부모님은 무엇을 잡수시고 계실까?	父母何嘗
아득하다! 푸른 하늘이여!	悠悠蒼天
어느 때나 노역이 끝나 집으로 돌아갈까?	曷²⁴⁾其有常.²⁵⁾

시경詩經/위풍魏風/석서碩鼠

큰 쥐야! 큰 쥐야! 내 기장을 먹지 마라.	碩鼠碩鼠 無食我黍
오랫동안 너를 섬겼는데 나 같은 것은 생각지도 않는구나!	三歲貫²⁶⁾女 莫我肯顧

---

13)_ 資(자)＝時.
14)_ 將(장)＝養也.
15)_ 靡(미)＝無也.
16)_ 疑(의)＝定也.
17)_ 徂(조)＝往也.
18)_ 厲(려)＝惡也.
19)_ 階(계)＝樞機也.
20)_ 梗(경)＝病. 刺人.
21)_ 鴇羽(보우)＝鴇羽之嗟. 전쟁터에 나가 있어 어버이를 봉양하지 못하는 슬픔을 이르는 말.
22)_ 肅肅(숙숙)＝급한 모양.
23)_ 鹽(고)＝鹽池, 不攻緻也.
24)_ 曷(갈)＝何也.
25)_ 常(상)＝復其常也.
26)_ 貫(관)＝事也. 累也.

가리라! 너를 떠나리라! 저 낙토로 가리라!   逝將去女 適彼樂土

낙토여! 낙토여! 거기서 내 살 곳을 얻으리라!   樂土樂土 爰27)得我所.

관자管子/권15/치국治國

평년작일 경우 일 무畝(백 평)에서 두 섬이 생산되니   中年畝二石

농가마다 백 무, 즉 일 경頃(약 만 평)에서 이백 섬이 생산된다.   一夫爲粟二百石

그러나 지금은 창고가 비고, 민은 먹을 것이 없다.   今也倉廩虛 而民無積

농부들이 자식까지 팔아먹는 지경에 이르렀다.   農夫以粥子者.

순자荀子/불구不苟

도둑의 대장 도척盜跖은 사람들에게 회자되어   盜跖吟口

명성이 해와 달처럼   名聲若日月

요순堯舜과 나란히 전해지고 있다.   與舜禹俱傳而不息

그러나 군자가 귀하게 여기지 않는 것은   然而君子不貴者

예의에 맞지 않기 때문이다.   非禮義之中也.

사기史記/백이열전伯夷列傳

혹자는 말한다.   或曰

천도天道는 사사로움이 없어 항상 착한 사람 편이라고.   天道無親 常與善人

그러나 도척은 날마다 죄 없는 사람을 죽이고   盜跖日殺不辜

사람의 간을 씹으며 대낮에 포악함을 자행하며   肝人之肉 暴戾恣睢

수천 명씩 도적 떼를 몰고 천하를 횡행했으나   聚黨數千人 橫行天下

필경 제 수명을 다 살았으니 무슨 공덕으로 그랬단 말인가?   竟以壽終 是遵何德哉.

---

27)_ 爰(원)=於也.

춘추春秋 이백사십이 년 동안   春秋二百四十二年

망한 나라가 쉰둘이고 시해된 군주가 서른여섯이다.   亡國五十二 弑君三十六.

봉록이 나오는 땅만 좋아하고 밭을 가는 호미는 싫어하여   釆善鉏醜

이로써 왕도王道를 이루었기 때문이다.   以成王道.

한서漢書/식화지食貨志

부자의 땅은 동서남북으로 이어졌건만   富者連阡陌

가난뱅이는 송곳 꽂을 땅도 없구나!   貧者亡立錐之地.

또한 당시는 전쟁과 착취에 더하여 형벌이 너무 가혹했다. 『주례周禮』 「추관秋官」의 「사구司寇」에 의하면 당시의 형벌은 얼굴에 먹물을 뜨는 묵형墨刑, 코를 베는 의형劓刑, 거세하는 궁형宮刑, 발꿈치를 자르는 월형刖刑, 목숨을 끊는 사형殺刑 등 오형五刑이 있고, 오형의 죄목은 각각 500가지로 도합 2,500가지 죄목이 있었다고 한다(이 책 제7장 5절의 '덕치주의' 참조).

공자 당시 제나라 안자晏子(?~BC 500)는 이러한 엄형주의嚴刑主義 실정을 '구천용귀 履賤踊貴'라는 말로 표현했다. '나라마다 시장에서는 정상인의 온전한 신발은 값이 싸고, 죄를 지어 발꿈치를 잘린 병신들의 뒤축 없는 신발이 비싸다'는 뜻이다. 즉 가혹한 형벌을 받은 병신이 된 사람이 성한 사람보다 더 많다는 것을 풍자한 말이다.

좌전左傳/소공昭公3년(BC 539)

안자가 말했다. "지금은 말세입니다.   晏子曰 此季世也

나라마다 장터에는   國之諸市

온전한 신발은 싸고 발꿈치가 잘린 죄인의 신발이 비쌉니다."   履賤踊貴.

2절 | 노예제 사회

논어 읽기

논어論語**/양화**陽貨 25

공자께서 말씀하셨다.   子曰

"여자와 민중은 교화하기 어렵다고들 한다.   唯女子與小人²⁸⁾ 爲難養²⁹⁾也

가까이하면 불손하고, 멀리하면 원망한다."   近之則不孫 遠之則怨.

논어論語**/옹야**雍也 19

공자께서 말씀하셨다.   子曰

"중등급 이상의 사람에게는 상등의 도道를 말해도 되지만   中人以上 可以語上也

중등급 이하의 사람에게는 상등의 도를 말해서는 안 된다." 中人以下 不可以語上也.

---

28)_ 小人(소인)=여기서는 패도주의 관료인 小人儒가 아니라 勞力者인 民을 지칭함.
29)_ 養(양)=治也, 敎也.

논어論語/자한子罕 11

공자께서 병이 위독하자   子疾病

자로子路가 문인門人들을 가신家臣으로 삼아 장례를 준비했다.[30] 子路使門人爲臣

병이 좀 뜸해지자 공자께서 말씀하셨다.   疾間 曰

"유由(자로)의 거짓 행동은 오랜 병통이구나!   久矣哉 由之行詐也

가신이 없는데도 있는 것처럼 꾸민들   無臣而爲有臣

우리가 누구를 속일 것이며 하늘을 속일 수 있겠는가?"   吾誰欺 欺天乎.

논어論語/자장子張 25

자공子貢이 말했다.   子貢曰

"만약 선생께서 나라(邦)와 가문(家)을 얻는다면   夫子之得邦家者

이른바 세우면 이루어지고, 인도하면 따르고   所謂立之斯[31]立[32] 道之斯行

어루만지면 모여들고, 일을 하면 화합할 것입니다."   綏[33]之斯來 動[34]之斯和.

---

30)_ 공자는 영지도 가문도 가신도 없었다.
31)_ 斯(사)=析也, 此也, 卽也.
32)_ 立(립)=成也.
33)_ 綏(수)=撫也, 旄也.
34)_ 動(동)=勞役之也, 鼓舞之也(論語集註).

신분계급 사회

앞의 『논어』 예문에서 우리는 공자의 신분이 가신을 거느린 가문을 이룬 인人 계급이 아님을 알 수 있다. 가문을 이루려면 영지가 있어야 하는데 공자는 사土 계급이었으므로 무산자였던 것이다. 그는 말단 관리로 시작하여 대부大夫까지 승진했으나 인 계급이 아니고 사민四民의 하나인 사민士民 계급이었으므로 영지를 소유하지 못했다. 귀족 신분이 아니었으므로 하대부下大夫에 그쳤고 경대부卿大夫는 될 수 없었기 때문이다. 공자는 죽은 지 600여 년이 지나 후한後漢 때인 기원후 79년 백호관白虎觀 회의에서 성인으로 추천된 듯하다. 그리고 또 400여 년이 지나 당唐 고종高宗(재위 649~683) 때인 674년에 노자老子가 태상현원황제太上玄元皇帝로 추대되었고, 그로부터 62년 후인 736년에 현종玄宗(재위 712~756)이 유가들의 불만을 무마하기 위해 공자를 문선왕文宣王으로 추대했다. 이때 비로소 곡부 땅을 영지로 받았으므로 비로소 가신을 거느린 가문의 대인大人이 될 수 있는 신분이 되었던 것이다.

우리나라는 20세기 들어 일본에 나라가 망하기 전까지 양반과 상놈, 상민과 종놈이 엄연히 구분되어 귀천貴賤이 차별되는 신분계급 사회였다. 그리고 그 잔재가 일제강점기까지 남아 있었다. 지금도 노인들은 양반 상놈이 엄연히 차별되는 세상을 엊그제같이 생생히 기억하고 있다. 이러한 신분차별과 남녀차별을 유교의 가장 큰 죄악으로 지목하는 것에 대해 누구도 부인하지 않는다.

좌전左傳/소공昭公29년(BC 513)

중니仲尼(공자)는 진晉 문공文公이 주형정을 만든 것을 비판했다. 仲尼曰

"진나라는 망할 것이다. 옛 법도를 잃었기 때문이다.   晉其亡乎 失其度矣

진나라의 시조 당숙唐叔은   夫晉國將受唐叔之

천자天子에게서 받은 법도로써   所受法度

사민四民을 다스렸고   以經緯其民

공경대부公卿大夫들은 귀족의 작위를 받았다.	卿大夫以序受之
사민은 이로써 귀족을 존숭하고	民是以能尊其貴
귀족은 이로써 땅을 분봉分封받아	貴是以能受其業
귀천이 어그러지지 않게 했으니 이를 법도法度라 한다."	貴賤不愆 所謂度也.

봉건제란 오복五服 또는 구복九服 제도를 특색으로 하는 정치체제다. 이는 천자 또는 성인聖人으로 불리는 왕이 중앙을 이루고, 그의 친척들이 각각 국토를 분봉받아 제후가 되어 중앙을 다섯 겹(五服) 혹은 아홉 겹(九服)으로 둘러싸 호위하는 통치제도를 말한다.

이때 통치구조는 제후들의 연합제 형식이며, 천하일가天下一家의 종법宗法질서로 유지된다. 가문이 촌수에 따라 위계가 있듯이 천하도 엄격한 신분차별과 위계를 요구하며, 그 종법질서의 헌장이 이른바 주례周禮다.

이에 따르면 지배계급으로 왕王, 공경公卿, 제후諸侯, 경대부卿大夫 등 인人 계급이 있고, 피지배계급으로는 사민四民(士農工商)과 천민賤民(노예·오랑캐) 등 민民 계급이 있었음을 알 수 있다. 그리고 지배계급을 보좌하는 관료 조직은 하대부下大夫·상사上士·중사中士·하사下士 등이 있었는데, 이는 가문을 이루어 가신을 거느린 대인大人이 되지 못한 서인庶人과 사민四民의 앞자리인 사민士民이 맡았던 것 같다.

국어國語/주어周語 상

선왕先王의 제도에 의하면 도성 내 천 리를 전복甸服이라 했고	夫先王之制 邦內甸服
방외 오백 리를 후복侯服이라 했고	邦外侯服
후복을 둘러싼 곳을 빈복賓服이라 했으며	侯衛賓服
남만南蠻과 동이東夷 지역을 요복要服이라 했고	蠻夷要服
서융西戎과 북적北狄 지역을 황복荒服이라 했다.	戎狄荒服.

예기禮記/왕제王制

천자가 내리는 작록은	王者之制祿爵
공公·후侯·백伯·자子·남男의 다섯 등급이 있고,	公侯伯子男 凡五等
제후가 내리는 작록은	諸侯之
상대부上大夫인 경卿·하대부下大夫·	上大夫卿下大夫
상사上士·중사中士·하사下士의 다섯 등급이 있다.	上士中士下士 凡五等
천자의 영지는 사방 천 리	天子之田方千里
공작과 후작은 백 리	公侯田方百里
백작은 칠십 리, 자작과 남작은 오십 리로 한다.	伯七十里 子男五十里
오십 리가 안 되는 자는	不能五十里者
천자를 배알할 수 없으나	不合35)於天子
제후를 따라서만 배알할 수 있으므로 부용국附庸國이라 한다.	附於諸侯 曰附庸.

천자 직속의 신하는 삼공三公, 구경九卿,	天子 三公九卿
대부大夫 이십칠 인, 원사元士 팔십일 인이 있다.	二十七大夫 八十一元士
큰 제후국은	大國
세 명의 경대부卿大夫가 있는데 모두 천자가 임명하고	三卿皆命於天子
하대부 오 인, 상사 이십칠 인이 있다.	下大夫五人 上士二十七人
중급의 제후국은 삼 인의 경대부가 있는데	次國 三卿
이 인은 천자가 임명하고	二卿命於天子
일 인은 군주가 임명하며	一卿命於其君
하대부 오 인, 상사 이십칠 인이 있다.	下大夫五人 上士二十七人
작은 제후국은 경대부 이 인이 있는데 모두 군주가 임명하고	小國 二卿 皆命於其君

---

35)_ 합(合)=會也.

하대부 오 인, 상사 이십칠 인이 있다.　　　　　　　　下大夫五人 上士二十七人.

영지에 대해서는 천자의 삼공은 공작·후작에 준하고　　視公侯
천자의 경卿은 백작에 준하고　　　　　　　　　　　天子之卿 視伯
천자의 대부는 자작·남작에 준하고　　　　　　　　　天子之大夫視子男
천자의 원사는 제후국 내의 자치소국인 부용국에 준한다.　天子之元士視附庸.

좌전左傳/소공昭公7년(BC 535)

하늘에는 열 개의 간지干支가 있고　　　　　　　　　天有十日[36]
사람에겐 열 가지 등급이 있다.　　　　　　　　　　人有十等
아랫사람들은 이것으로써 윗사람을 섬기고　　　　　　下所以事上
윗사람은 이것으로써 (제사에 차례가 있어)　　　　　上所
귀신을 받들 수 있는 것이다.　　　　　　　　　　　以共神也
그러므로 왕은 제후를 신하로 삼고　　　　　　　　　故王臣公
제후는 대부를 신하로 삼고, 대부는 사士를 신하로 삼고　公臣大夫 大夫臣士
사는 무사인 조皁를 신하로 삼고　　　　　　　　　　士臣皁[37]
조는 병차兵車를 주관하는 여輿를 신하로 삼고　　　　皁臣輿
여는 오예五隸[38]를 관장하는 '예隸'를 신하로 삼고　　　輿臣隸
예는 공역을 담당하는 요僚를 신하로 삼고　　　　　　隸臣僚
요는 마차를 모는 복僕을 신하로 삼고　　　　　　　　僚臣僕
복은 도망한 노예를 체포하는 대臺를 신하로 삼는다.　　僕[39]臣臺.

---

36)_ 十日 (십일)＝十干支.
37)_ 皁(조)＝黑也, 養馬之官下士也(史記/列傳/鄒陽 注).
38)_ 다섯 종류의 노예를 말한다. 罪隸 蠻隸 閩隸 夷隸 貉隸(周禮/夏官).

맹자孟子**/만장**萬章 **하**

큰 제후국의 땅은 사방 백 리다.	大國地方百里
군주의 녹은 경대부의 열 배	君十卿祿
경대부의 녹은 대부의 네 배	卿祿四大夫
대부는 상사의 두 배	大夫倍上士
상사는 중사의 두 배	上士倍中士
중사는 하사의 두 배다.	中士倍下士
하사와 기타 관리의 녹은 농부와 같게 함으로써	下士與庶人在官者同祿
농사짓는 것을 충분히 대신할 수 있다.	祿足以代其耕也.
농부들은 한 장정이 백 무畝의 농지를 지급받는다.	耕者之所種 一夫百畝
그 수확은 백 무(약 만 평)의 땅에 거름을 주면	百畝之糞
상등 농지는 아홉 식구를 먹일 수 있고	上農夫食九人
상차 농지는 여덟 식구를 먹일 수 있고	上次食八人
중등 농지는 일곱 식구를 먹일 수 있고	中食七人
중차 농지는 여섯 식구를 먹일 수 있고	中次食六人
하등 농지는 다섯 식구를 먹일 수 있다.	下食五人
하사와 이하 관리의 녹은 농부와 같이 백 무를 지급받되	庶人在官者 其祿以是
비옥도에 따라서 차등을 준다.	爲差.

이상 살펴본 것처럼 공자가 활동하던 기원전 535년경의 사회구성체는 신분계급 사회요, 노예제 사회였다. 이를 도표로 만들면 다음와 같다.

---

39)_ 僕(복)=太僕은 의례, 祭僕은 제사, 御僕은 傳令, 隷僕은 五寢을 담당한다. 天子의 御僕은 제사용 玉路를 모는 大馭, 전쟁용 革路를 모는 戎僕, 공무용 象路를 모는 道僕, 빈객용 金路를 모는 齊僕, 사냥용 田路를 모는 田僕으로 다시 직분이 세분화된다.

왕(천자)	공公(3인) : 공·후侯(100리)
	경卿(9인) : 백伯(70리)
	대부大夫(27인) : 자子·남男(50리)
	원사元士(81인) : 부용附庸(50리 미만)
군君(제후)	대국大國(100리) : 경(3인), 하대부下大夫(5인), 상사上士(27인)
	중국中國(70리) : 경(3인, 이 중 1인은 제후가 임명), 하대부(5인), 상사(27인)
	소국小國(50리) : 경(2인, 모두 제후가 임명), 하대부(5인), 상사(27인)
관료	하대부, 상사, 중사, 하사, 조조阜, 여輿, 예隸, 료僚, 복僕, 대臺
사민四民	사士, 농農, 공工, 상商
오예五隸	죄예罪隸, 만예蠻隸, 민예閩隸, 이예夷隸, 맥예貊隸

그런데도 우리 학자들은 공자가 지향한 사회구성체를 바로 알지 못하고 2,500년 전 봉건 농노 시대의 문서인『논어』를 오늘날 자유 민주 시대의 글로 착각하고, 혹자는 봉건제를 '계약관계를 의미하는 분권적 위계질서'로 규정하는 오류를 범하고 있다. 그러나 그들의 주장은 귀천의 신분차별을 누누이 강조하는 공자의 말과 배치된다. 공자의 캐치프레이즈는 신분차별의 종법질서를 규정한 주례를 부흥시키는 것(復禮)과 여기에서 규정한 신분의 명칭과 이에 따른 직분을 바르게 하는 것(正名)이었다. 그래서 유교를 '예교禮教'라고도 부르고 '명교名教'라고도 부르는 것이다.

물론 마르크스Karl H. Marx(1818~1883)의 역사발전단계설을 군이 적실하다고 말할 수는 없다. 더구나 마르크스 스스로 예외로 유보한 아시아적 생산양식에 해당하는 주周나라의 봉건제를 서구 봉건사회와 같다고 말할 수도 없을 것이다. 그렇다 해도 주나라의 봉건제 사회를 신분계급 사회라고 말하는 것은 마르크스와는 별개의 문제다. 2,500년 전 제자백가로부터 지금까지 수많은 학자들이 모두 주의 봉건제 사회가 신분차별 사회임을 부인하지 않았기 때문이다.

『예기禮記』「곡례曲禮」편과『순자荀子』「부국富國」편에는 "예禮는 서민에게는 적용되

지 않고, 법法은 사대부 이상에게는 적용되지 않는다"고 적시하고 있다. 또한 모든 경
전과 사서史書의 기록뿐 아니라 우화인 『장자莊子』에서조차 삼대三代 이전의 요순시대
를 원시 공산사회로 보고, 삼대 이후를 신분계급 사회로 보는 데 대체로 일치한다. 그
리고 춘추전국시대는 물론이고 중세까지 신분차별은 지속되었고, 신분계급이 철폐된
것은 동서양을 막론하고 근세 이후였다.

예기禮記/곡례曲禮 상

예禮는 서인에게까지 미치지 않고	禮不下庶人
형벌은 대부에게까지 올라가지 않는다.	刑不上大夫.

순자荀子/부국富國

예는 귀천의 계급을 차등하고, 장유를 차별하고	禮者貴賤有等 長幼有差
빈부와 경중을 모두 알맞게 한다.	貧富輕重 皆有稱[40]者也
사士 이상에게는 반드시 예악으로 절제시키고	由士以上 則必以禮樂節之
그 외의 일반 백성들에게는	衆庶百姓
반드시 법으로 죄를 물어 제재한다.	則必以法數[41]制之.

우강집盱江集/권2/예론禮論 6

예란 민民을 살리는 근본이다.	禮 生民之本
그런데 『예기』「곡례」편에는	曲禮有述
"예는 서인에게 내려가지 않는다"는 기록이 있다.	以禮不下庶人
「곡례」의 조술자는 망령된 자다.	而述曲禮者 妄.

---

40)_ 稱(칭)=알맞다.
41)_ 數(수)=責也.

3절 | 인·민은 신분계급

논어 읽기

논어論語/학이學而 5

공자께서 말씀하셨다. "천승의 나라를 다스리려면   子曰 道千乘⁴²⁾之國
정사를 신중히 하여 신뢰를 얻어야 한다.   敬⁴³⁾事而信
재용을 절약하여 (세금을 내는) 인人(귀족 계급)을 아끼고   節用而愛人⁴⁴⁾
(부역을 담당하는) 민民을 부림에는 때를 가려야 한다."   使民⁴⁵⁾以時.

논어論語/선진先進 24

자로가 자고子羔를 비費 땅의 읍장을 시키려 했다.   子路使子羔 爲費宰
공자께서 물으셨다. "남의 아들을 해치려 하느냐?"   子曰 賊夫人之子
자로가 말했다. "민도 있고 인도 있으며   子路曰 有民人焉

---

42)_ 千乘(천승)＝전차 1천 대(약 10만의 군사). 제후국을 지칭.
43)_ 敬(경)＝肅也, 愼也, 宜也. 主一無適也(論語集註).
44)_ 人(인)＝영지를 소유한 가문의 大人. 세금을 내는 유산자.
45)_ 民(민)＝四民(士農工商). 부역을 담당하는 무산자.

토지신도 있고 곡식신도 있는데

어찌 반드시 독서를 해야만 배웠다고 하십니까?"

공자께서 말씀하셨다.

"그래서 말을 잘하는 자를 미워하는 것이다."

有社稷焉[46]

何必讀書然後爲學.

子曰

是故惡夫佞者.

논어論語/자로子路 29

공자께서 말씀하셨다.

"훌륭한 지도자(인 계급)가 민을 칠 년 동안 교육시키면

역시 싸움터에 나가게 할 수 있을 것이다."

子曰

善人教民七年

亦可以卽戎矣.

논어論語/자로子路 30

공자께서 말씀하셨다.

"민을 교육시키지 않고 전장에 보낸다면

이는 그들을 버리는 것이다."

子曰

以[47]不教民戰

是謂棄之.

논어論語/선진先進 19

자장子長이 좋은 지도자(善人)가 되는 길을 물었다.

공자께서 말씀하셨다.

"성왕聖王의 행적을 실천하지 않고서는

공실公室에 등용될 수 없다."

子張問善人之道

子曰

不踐迹亦

不入於室.

---

46)_ 社稷(사직)=土地神과 穀神(周禮/大宗伯/注).

47)_ 以(이)=用也.

논어論語/위영공衛靈公 24[48]

공자께서 말씀하셨다.　　　　　　　　　　　　　　　　　　　　子曰

"나로서는 귀인에 대해서 누구를 헐뜯고 누구를 기리겠느냐?　　吾之於人也 誰毀誰譽

만일 칭찬이 있었다면 채용된 바 있었기 때문이다.　　　　　　如有所譽者 其有所試[49]矣

비천한 민 계급은　　　　　　　　　　　　　　　　　　　　　斯[50]民也

삼대 이래 다만 인도하고 부리는 대상일 뿐이다."　　　　　　三代之所以直[51]道而行[52]也.

---

48)_ 여기서는 人과 民이 對句를 이룬다.
49)_ 試(시)=用也.
50)_ 斯(사)=此也, 賤也.
51)_ 直(직)=겨우.
52)_ 行(행)=使也, 用也.

인과 민은 다른 계급

성인들은 모두가 인민을 사랑하라고 말한다. 석가모니의 자비, 공자의 인仁, 노자의 자慈, 묵자의 겸애兼愛는 모두 인민을 사랑하라는 말씀이다. 그러나 그 함의하는 바는 천양지차로 다르다. 인과 겸애는 모두 사랑이지만 인애仁慈는 인人 중심이며 겸애는 민民 중심이기 때문이다. 그러므로 인仁은 혈연적이고 차별적이며, 겸애는 공동체적이고 평등적이다.

특히 선진先秦 문서에서는 인人과 민民은 지칭 대상이 다르다는 것을 유의해야 한다. 앞의 『논어』 예문에서도 인과 민을 구분하여 사용하고 있으며 인은 지배계급을 지칭하고 민은 피지배계급을 지칭하고 있음을 알 수 있다. 이것은 『논어』뿐 아니라 다른 경전에서도 마찬가지이지만 특히 공자는 글자 한 자 한 자의 뜻을 바르게 해야 하는 '정명正名'이 다스림의 관건이라고 강조했으므로 인人 자와 민民 자를 엄격히 구분하여 사용했다. 그래서 유교를 명교名敎라고 부르는 것이다.

'사람'에 대한 대표적 명사는 물론 인人이다. 서양에서 맨man은 우먼woman을 포함한 사람의 대표명사로 쓰이는 것과 같다. 그러나 '인'은 '일반적인 사람'을 말한 경우 이외에 '타인他人'을 말한 경우도 있고, 또는 '인 계급'을 말한 경우도 있다. 특히 경전을 해석하는 경우에는 인과 민과 백성百姓은 계급적으로 구별되는 명칭임을 명심해야 한다. 『좌전』에는 "예禮란 민과 인을 차례 지우는 것(序民人)"이라고 말한다. 이처럼 당시 인과 민은 분명히 다른 계급이었음을 알 수 있다.

좌전左傳/은공隱公11년(BC 712)

군자들이 (정鄭나라가 허許나라를 처분한 일에 대해) 말했다.	君子謂
정나라 장공莊公은 일 처리에 예禮를 갖추었다.	鄭莊公於是乎有禮
예란 나라와 가문을 다스리고, 토지신과 곡식신을 안정시키며	禮 經國家 定社稷
민民과 인人을 차례 지우며, 후사를 이롭게 하는 것이다.	序民人 利後嗣者也.

그런데 우리의 자전字典에는 인人은 '사람 인'으로, 민民은 '백성 민'으로 읽고 있다. 그렇다면 '자전의 새김이 잘못된 것일까?' 하는 의문을 가질 수 있겠다. 그런데 자전이란 편찬 당시에 사용되는 뜻을 위주로 하기 마련이다. 그러므로 인과 민 모두가 성姓을 가지게 된 오늘날의 문서에서는 민을 백성으로 훈독해도 틀린 것이 아니다. 그러나 내가 말하는 것은 2,500년 전 공자 당시에는 민과 백성은 다르게 쓰였다는 것이다.

사실 자전에 따라 인은 '사람 인', 민은 '백성 민'으로 읽는 것을 당연한 것으로 지나쳐버리기 쉽다. 나 자신도 이런 훈독이 선진先秦 문서를 번역할 때는 타당치 않음을 20여 년 전에야 비로소 알게 되었다. 1990년 초 『묵자墨子』를 번역하기 위해 우리나라 자전이 아니라 중국의 자전류字典類를 사용하면서 의문을 품게 되었다. 그 중국 자전에는 분명히 "백성은 백관百官을 지칭한 말인데 일본에 건너가 농민으로 쓰이기 시작했다"고 기록되어 있었다. 당시 반신반의했으나 묵자의 '삼표론三表論'에 관한 글을 읽고 나서는 확신하게 되었다. 백성과 인민이 같은 대상을 지칭한 말이라면 왜 병렬해서 썼을까? 같은 말이라면 중복 병렬할 리 없었을 것이 아닌가? 그래서 수년간 여러 고전의 사례를 수집하고서야 백성과 인과 민은 내포와 외연이 다른 개념이라는 결론에 도달하게 된 것이다.

묵자墨子/비명非命 상

말에는 반드시 세 가지 표준이 있어야 한다.	故言必有三表日
뿌리가 있어야 하고, 근원이 있어야 하고	有本之者 有原之者
실용이 있어야 한다.	有用之者.
첫째 무엇을 표본을 삼아야 하는가?	何於本之
위로 성왕의 역사를 표본(本)으로 삼아야 한다.	上本之於古者聖王之事.
둘째, 무엇을 근원으로 삼아야 하는가?	何於原之
백성들이 보고 들은 실정을 근원(原)으로 삼아야 한다.	下原察百姓耳目之實.
셋째, 무엇을 실용으로 삼아야 하는가?	何於用之

이것을 정사에 적용하여   發以爲刑政

국國·가家, 백성百姓·인人·민民의 이익에 맞는지 살펴야 한다.   觀其中國家百姓人民之利.

    그 후 중국 자오지빈趙紀彬(1905~1982) 교수의 『반논어反論語』(조남호·신정근 역, 예문서원, 1996년 간)를 읽고서 더욱 확신을 갖게 되었다. 특히 제1부 제1절 '인人(노예주)과 민民(노예)의 대립'은 나의 『논어』 이해에 큰 도움을 주었다. 다만 인은 '노예주를 지칭하고, 민은 노예를 지칭했다'는 자오지빈 교수의 주장이 중국 학계의 통설인지는 잘 알지 못한다. 나의 고증에 만족하지 못하거나 『논어』를 더 깊이 알고자 한다면 『반논어』 일독을 권한다.

    인과 민을 서로 다른 계급을 지칭하는 명칭으로 구분하는 것은 『논어』의 전체적인 이미지를 바꾸는 중대한 문제다. 그런데 지금껏 우리 학계에서는 인과 민과 백성을 구분하지 않고 모두 같은 뜻으로 변역하고 있다. 분명히 글자가 다른데도 같은 뜻으로 읽는 것은 무슨 까닭인가? 내가 잘못이거나 다른 학자들이 잘못이거나 둘 중에 하나는 배제되어야 한다. 양립할 수 없다. 그런데 이런 중대한 문제에 대해 학계는 침묵하고 있다. 바로 이 점이 우리 학계의 문제점이다. 이는 서로의 잘못을 감싸 주는 동업자의 야합이다.

4절 | 인 계급

논어 읽기

논어論語/술이述而 31

공자께서는 귀인들과 더불어 노래를 부르고   子與人[53]歌

잘 부르면 반드시 재창을 청하고, 재창 후에는 화답하셨다.   而善必使反之 而後和之.

논어論語/이인里仁 7

공자께서 말씀하셨다.   子曰

"인人(黨長)이 잘못을 하면   人[54]之過也

그 당黨(마을)도 같이 잘못을 한다.   各[55]於[56]其黨[57]

마을 사람들의 과오를 보면 당장黨長이 인仁한지 알 수 있다."   觀過 斯[58]知仁矣.

---

53)_ 人(인)＝民이 아닌 貴人.

54)_ 人(인)＝鄕人 즉 鄕大夫를 지칭.

55)_ 各(각)＝各當爲若.

56)_ 於(어)＝猶如也.

57)_ 黨(당)＝五百家爲黨(州＝五黨爲州, 鄕＝五州爲鄕). 朱熹는 類로 해석했으나 朋黨을 말한 것이 아니다.

58)_ 斯(사)＝此也.

논어論語/향당鄕黨 10

향대부鄕大夫(鄕人)가 향음주례를 주관할 때

향노鄕老가 나간 후에 나왔다.

향대부가 제야除夜에 역병 퇴치 의식을 할 때

공자께서는 조복 차림으로 주빈석인 동쪽 섬돌에 서 계셨다.

鄕[59]人飮酒

杖者出 斯出矣

鄕人儺[60]

朝服而立於阼階.

논어論語/이인里仁 1

공자께서 말씀하셨다.

"마을 이장이 인仁하면 마을 사람들도 착하게 되나니

인한 마을을 가려 처하지 않으면 어찌 지혜롭다 하겠느냐?"

子曰

里[61]仁爲美

擇不處仁 焉得知.

논어論語/미자微子 6

은인隱人인 장저長沮와 걸익桀溺이 나란히 밭을 갈고 있었다.

공자께서 그들을 지나치다가 자로를 시켜 나루를 물었다.

장저가 말했다. "수레에 앉아 고삐를 잡은 사람은 누구인가?"

자로가 말했다. "공구孔丘(공자)라는 분입니다."

장저가 말했다. "이 사람이 노나라 공구로군."

자로가 말했다. "맞습니다."

장저가 말했다. "그러면 나루터쯤은 알 것이다."

자로는 이번에는 걸익에게 물었다.

長沮桀溺 耦而耕

孔子過之 使子路問津焉.

夫執輿者爲誰

子路曰 爲孔丘

曰 是魯孔丘與

曰 是也

曰 是知津矣.

問於桀溺

---

59)_ 鄕(향)=『周禮』「地官司徒」에 의하면 鄕(五州爲鄕)의 행정조직은 다음과 같다.
　　鄕=二鄕則公一人. 鄕大夫=每鄕 卿一人. 州長=每州 中大夫一人. 黨正=每黨 下大夫一人. 族師=每族 上
　　士一人. 閭胥=每閭 中士一人.
60)_ 儺(나)=驅疫也.
61)_ 里(리)=五家爲鄰 五鄰爲里. 25가구.

걸익이 물었다. "그대는 누구인가?"　　　　　　　　　桀溺曰 子爲誰

자로가 말했다. "중유仲由라 합니다."　　　　　　　　曰 爲仲由

걸익이 말했다. "그러면 노나라가 공구의 제자인가?"　曰 是魯孔丘之徒與

자로가 말했다. "그렇습니다."　　　　　　　　　　　對曰 然

걸익이 말했다. "도도한 물결을 천하가 모두 옳다 하거늘　曰 滔滔者 天下皆是也

누가 그것을 바꿀 수 있겠는가?　　　　　　　　　　而誰以易之

그대는 대인大人을 피해 떠돌아다니는 선비를 따르는데[62]　且而與其從辟人之士也

어찌 나처럼 세상을 피해 사는 선비를 따르는 것만 하겠는가?"　豈若從辟世之士哉

말을 하면서도 고무래질을 멈추지 않았다.　　　　　　耰而不輟

자로가 여행에서 돌아와 공자께 이 일을 고하자　　　子路行以告夫子

안타까운 표정으로 말씀하셨다.　　　　　　　　　憮然 曰

"조수鳥獸와는 더불어 한 무리가 될 수 없으니　　　鳥獸不可與同群

내가 각국의 대인들과 더불어 하지 않고　　　　　吾非斯人之徒與

누구와 더불어 하겠는가?　　　　　　　　　　　而誰與.

천하에 도가 있다면　　　　　　　　　　　　　天下有道

나도 그들과 더불어 바꾸려 하지 않을 것이다."　　丘不與易也.

논어論語/향당鄕黨 11

타국에서 문안을 온 인人(使者＝관리나 귀족)에게는　　問人於他邦

반드시 재배하며 전송하셨다.[63]　　　　　　　　　再拜而送之.

---

62)_ 공자는 魯나라 실권자요, 경대부인 季康子 大人을 피해 유랑했을 뿐, 인간을 피해 돌아다닌 것이 아니다.
63)_ 使者歸則 必拜送於門外(禮記/曲禮).

논어論語/선진先進 13

노인魯人(노나라 제후)이 창고를 새로 지었다. 魯人爲長府

민자건閔子騫이 말했다. 閔子騫曰

"옛날대로 해도 어찌할꼬 할 터인데 仍舊貫如之何

하필 고쳐 넓힌단 말인가?" 何必改作.

공자께서 말씀하셨다. 子曰

"저 사람은 말을 않지만 말을 하면 반드시 적중함이 있다." 夫人[64]不言 言必有中.

논어論語/팔일八佾 15

공자께서 태묘에 들어가 제사를 돌보시는데 子入大廟

매사를 물어서 행하셨다. 每事問

혹자가 빈정대며 말했다. 或曰

"누가 추인鄹人의 아들이 예를 안다고 했는가? 孰謂鄹人[65]之子 知禮乎.

태묘에서 매사를 묻고 있으니……!" 入太廟每事問

공자께서 그 말을 듣고 말씀하셨다. 子聞之 曰

"그렇게 하는 것이 예다." 是禮也.

논어論語/팔일八佾 21

애공哀公이 재아宰我에게 사직단에 대해 물었다. 哀公問社[66]於宰我

재아가 대답했다. 宰我對曰

---

64)_ 夫人(부인)＝공자가 제자를 호칭할 때는 대체로 이름을 부른다. 드물지만 字를 부르는 경우는 대우를 해줄 때다. 여
 기서 자건을 人이라 호칭한 것은 그가 관리였음을 의미한다.

65)_ 鄹人(추인)＝鄹邑의 大夫. 여기서는 공자의 父 叔梁紇을 지칭함.

66)_ 社(사)＝土地神에게 제사하는 제단. 영지를 가진 왕과 제후만이 社祭를 할 수 있다.

"하夏나라 하후씨夏后氏는 사직단에 소나무를 심었고   夏后氏以松

은殷나라 공실公室은 측백나무를 심었고   殷人以栢

주周나라 공실은 밤나무를 심었는데   周人以栗

이르기를 민民을 전율케 하기 위한 것이라 합니다."   曰 使民戰慄.[67]

논어論語/헌문憲問 10

혹자가 자산子産에 대해 묻자   或問子産

공자께서는 "혜인惠人(은혜로운 지도자)"이라고 대답하셨다.   子曰 惠人也.

초楚나라 공자公子인 자서子西[68]에 대해 묻자   問子西

공자께서는 "아니! 아니야!"라고 말씀하셨다.   曰 彼哉彼[69]哉

관중管仲(관자)에 대해 묻자   問管仲

공자께서 말씀하셨다.   曰

"인人(지도자 혹은 군자)다웠다.   人也

환공이 백伯 씨의 병읍 삼백 호를 빼앗아 관중에게 주었는데   奪伯氏騈邑三百

백 씨도 거친 밥을 먹으며 죽을 때까지 원망하는 말이 없었다."   飯疏食沒齒無怨言.

논어論語/공야장公冶長 2

공자께서 자천子賤에 대해 평하여 말씀하셨다.   子謂子賤

"군자로다! 인(지도자 혹은 귀인)답구나!"   君子哉 若人.

---

67)_ 戰慄(전율)=孔安國은 戰慄에 다음과 같이 의의를 달고 있다. 凡建邦立社 各以其土所宜之木. 宰我不本其意妄爲
之說 因周用栗 便云使民戰慄.

68)_ 주회는 초나라 公子 申이며 공자의 등용을 반대했다고 한다. 馬融은 정나라 대부라 하고, 혹자는 초나라 令尹이라
한다.

69)_ 彼(피)=通匪.

논어論語/헌문憲問 6

남궁괄南宮适이 공자께 물었다.

"예羿는 신궁이었고 오奡는 뭍에서 배를 끄는 장사였으나

둘 다 제명대로 살지 못하고 죽었으며

우禹임금과 후직后稷은 몸소 농사를 지었으나

천하를 얻었습니다."

공자께서는 대답치 않다가 남궁괄이 나가자 말씀하셨다.

"군자(官長)로다! 인人(귀인)답구나!

덕을 숭상하는 것이 인답구나!"

南宮适問於孔子曰

羿善射 奡盪舟

俱不得其死然

禹稷躬稼

而有天下.

夫子不答 南宮适出 子曰

君子哉 若人

尙德哉 若人.

논어論語/태백泰伯 7

증자曾子가 말했다.

"가히 부모를 잃은 왕자나 공자公子를 맡길 만하고

가히 제후국의 운명을 기탁할 만하고

큰 변란에도 충성심을 꺾이지 않아야만

군자(관장)으로서 인(지도자)답다 할 것이다.

군자는 인이기 때문이다."

曾子曰

可以託六尺之孤

可以寄百里之命

臨大節而不可奪

君子人與

君子人也.

인은 지배계급

옛 우리말 성경에서 예수를 '인자人子'라고 번역했는데, '인'은 귀인을 의미하고 '자'는 선생님을 뜻한다. 이처럼 우리 선인들도 인은 귀한 사람으로, 민民은 서민으로 읽었다. 다음 『맹자孟子』의 예문에 나오는 인은 분명 귀족이나 대인大人 등 지배계급임을 알 수 있다. 현자인 유하혜柳下惠가 섬긴 인은 민이 아니며, 공자가 어울려 노래를 부른 인은 민이 아니다. 『논어』에서 사직단에 잣나무·밤나무를 심은 은인殷人·주인周人은 모두 왕과 군주를 지칭한 것이다. 또한 사직단은 영지를 가진 제후나 장원과 가문을 가진 대인大人만이 세울 수 있었고 민은 세울 수 없었으므로, 사직단에 밤나무를 심었던 이른바 '주인'은 주나라 사람들이 아니라 주나라 제후로 읽어야 하는 것이다.

다음 『맹자』의 글에서 연燕나라를 쳐 빼앗은 '제인齊人'은 '제나라 사람들'이 아니고 제나라 제후인 선왕宣王을 지칭한 것이다. 다음 『예기』의 글에서 존신尊神했다는 '은인'은 은나라 사람들이 아니라 은나라 왕을 지칭한 것이고, 존례尊禮했다는 '주인'은 주나라 사람이 아니고 주나라 왕을 지칭한 것이다.

맹자孟子/양혜왕梁惠王 상

제나라 인人(제나라 선왕)이 연나라를 쳐서 빼앗아버렸다.   齊人伐燕取之.

예기禮記/표기表記

은나라 인人(왕)은 신을 높이기만 하고   殷人尊神

백성을 통솔하여 신을 섬기도록 했다.   率民以事神

주나라 인(왕)은 예禮를 높이고   周人尊禮

베푸는 것을 숭상하며 귀신을 섬겼다.   尙施事鬼.

그리고 다음 예문처럼 『지봉유설芝峰類說』에서 인용한 『설부說郛』에서도 이를 분명하게 지적하고 있다. 그러므로 우리 학자들이 경서에서 '인'과 '민'을 계급적으로 구별하지 않고 모두 '사람' 또는 '백성'으로 번역하는 것은 잘못이다.

지봉유설芝峯類說/**권3**/**군도부**君道部/**제왕**帝王

명明나라 도종의陶宗儀가 편찬한 『설부』에 이르기를	說郛 云
"경서經書에서 하나라에 대해서는 후씨后氏라 일컫고	經書稱夏曰 后氏
은나라·주나라에 대하여는 인人이라 일컬었다"고 한다.	殷周曰 人
『백호통의白虎通義』를 상고해 보니 이르기를	按白虎通 云
"하나라 우임금은 선양을 받아서 임금이 되었으므로	夏禹受禪爲君
후后라 일컫고,	故稱后
은나라 탕왕湯王과 주나라 무왕武王은 인심에 순응하여	殷周順人心
정벌로 천하를 얻었으므로 인이라 일컫는다"고 했다.	征伐得天下 故稱人
상고해 보니 『사기史記』에 이르기를	按史記
"하후夏后는 나라 이름이어서	夏后乃國號
도당陶唐이니 유우有虞니 하는 칭호와 같은 것으로	如陶唐有虞之稱
'하후의 황제 계啓',	故稱 夏后帝啓
'하후의 황제 태강太康'이라고 일컫는 것"이라고 했다.	夏后帝太康 云云
그렇다면 하후에 관해서는 『백호통의』의 말이 잘못되었다.	然則白虎通之言謬矣.

설문해자說文解字 **주**注

후后는 후後를 말한다.	后之言後也
개창한 군주는 앞이고	開創之君在先
체통을 계승한 군주는 뒤다.	繼體之君在後也
그러므로 후后는 선양받은 군주를 말한다.	后受禪之君也.

당시 대부 이상의 인人 계급은 형벌이 적용되지 않는 특권계급이었다(刑不上大夫). 그래서 맹자孟子(BC 372~289)는 "인에게는 과오를 책할 수 없다"고 말한 것이다.

맹자孟子/이루離婁 상

맹자가 말했다.   孟子曰

"인 계급에 대해서는 그 과오를 책망할 수 없으며   人不足與適70)也

(민은) 정사에 대해 잘잘못을 비난할 수 없다.   政不足與間71)也

오직 거실巨室의 대인大人만이   惟大人

능히 군주의 잘못을 바로잡을 수 있다."   爲能格72)君心之非.

물론 인은 일반적인 인간을 지칭한 경우도 있고, 성인·대인 등 지배계급을 지칭한 경우도 있다. 다만 인과 민이 대칭적으로 사용된 경우는 반드시 신분계급으로 구분되어야 한다. 다음 『대학大學』의 글에서 인을 일반적이고 추상적인 인간으로 해석하면 '인자仁者는 인간을 미워할 수도 있다'는 뜻이 되므로 합당하지 않다.

대학大學/10장

오직 인仁한 대인만이   唯仁人

그들(죄지은 관리)을 오랑캐 땅으로 추방하여   放流之迸73)諸四夷

중국에서 함께 거주하지 못하도록 한다.   不與同中國

그래서 (『논어』 「이인里仁」편에서) 이르기를   此謂

"인한 대인만이   唯仁人

---

70)_ 適(적)=過也, 責也.
71)_ 間(간)=訾也.
72)_ 格(격)=正也.
73)_ 迸(병)=斥逐也. 通屛.

인人(관리)을 아낄 수도 미워할 수도 있다"고 한 것이다.　　　　　　爲能愛人能惡人

예기禮記/중니연거仲尼燕居

공자가 말했다.　　　　　　　　　　　　　　　　　　　　　子曰

"제도는 예禮에 달려 있고　　　　　　　　　　　　　　　　制度在禮

문화도 예에 달려 있다.　　　　　　　　　　　　　　　　　文爲[74]在禮

그것을 실천하는 것은 인(지도자)에 달려 있다.　　　　　行之其在人乎.

다음 『시경』의 글에서 인人은 귀족을 뜻한다. 사람으로 해석하면 뜻이 통하지 않는
다. 고인古人들은 다음 『노자老子』의 글에서 인은 인군人君을 지칭한 것으로 해석해
왔다. 또한 다음 『주역周易』과 『열자列子』의 글에서 인은 공실公室의 귀인을 지칭하고
있다.

시경詩經/소아小雅/사월四月

우리 선조님은 인(귀족)이 아니었던가?　　　　　　　　　先祖匪人

어찌 나에게 이런 재난을 감당하라 하는가?　　　　　　胡寧忍予.

노자老子/57장

천하에 통제가 많으면 민民이 가난해지고　　　　　　　　天下多忌諱 而民彌貧

민에게 편리한 도구가 많아지면 나라와 가문은 점점 혼란해지며　民多利器 國家滋昏

인(人君)이 기술을 자랑하면 기이한 물건들이 쏟아지고　　人[75]多伎巧 奇物滋起

법령이 밝아질수록 도둑이 많아진다.　　　　　　　　　　法令滋彰 盜賊多有.

---

74)_ 文爲(문위)＝무늬로 꾸미는 것, 즉 문화.
75)_ 人(인)＝人君也, 百里諸侯也.

주역周易/계사繫辭 하/5장

『주역』에서 이르기를   易曰
"공실에서 높은 담벼락 위의 새매를 쏘아 잡으니   公用射隼 于高墉之上獲之
이롭지 않음이 없다"라고 했다.   無不利.
공자는 이르기를 "새매는 날짐승이고, 화살은 도구이며   子曰 隼者禽也 弓矢者器也
그것을 쏜 사람은 인(귀인)이다"라고 했다.   射之者人[76]也.

열자列子/양주楊朱

양주楊朱(양자)가 말했다.   楊朱曰
"생민生民이 휴식을 얻지 못하는 것은   生民之不得休息
다음 네 가지 때문이다.   爲四事故.
첫째는 수명壽命이요, 둘째는 명예名譽요,   一爲壽 二爲名
셋째는 지위요, 넷째는 재물이다.   三爲位 四爲貨.
이 네 가지에 얽매인 사람은   有此四者
귀신(鬼)·대인(人)·위세(威)·형벌(刑)을 두려워한다.   畏鬼畏人畏威畏刑
이를 일러 '둔민遁民'이라 한다."   此謂之遁[77]民也.

　다만 주나라 관제에서는 하대부와 사관士官 등 하급 관리 명칭을 포인庖人, 형인亨人, 수인獸人, 별인鱉人, 주인酒人, 장인漿人, 염인鹽人, 궁인宮人, 사인寺人, 봉인封人, 고인鼓人, 목인牧人, 균인均人, 조인調人, 각인角人, 우인羽人 등으로 불렀다. 그래서 '인人' 자는 '민民' 자와는 확연히 구별되어 사용되었다. 어찌 되었든 선진先秦 문서에서 '인' 자와 '민' 자는 다른 계급을 지칭하는 글자임을 유의해야 한다.

---

76)_ 人(인)＝위 公室의 主人.
77)_ 遁(둔)＝逡也, 循也.

인간다움과 신사다움

지금까지 우리는 공자의 인仁을 '인간다움'으로 해석했다. 그러나 나는 인仁을 '지도자다움' '귀족다움'으로 번역한다. '인仁'이란 글자는 '인人과 인人의 좋은 관계'를 의미하는 글자이기 때문이다. 아래 글들에서 '인仁'은 '귀족다움' 또는 '군자다움'을 말한 것이 분명하다. 그런데 만약 '인仁은 아랫사람들다운 것' 또는 '인仁은 백성다운 것' 또는 '인仁은 사람다운 것'이라고 해석한다면 웃음거리가 될 뿐이다. 우리는 2,500년 전 노예제 사회에서 민은 반半노예였음을 기억해야 한다. 물론 공자의 말을 굳이 오늘에 적용하려면 시대가 변했으므로 민주적으로 인간적으로 윤색해야 할 것이다. 그렇지만 학문하는 사람이라면 원뜻을 잊고 공자가 본래 민주주의자라고 말해서는 안 될 것이다.

중용中庸/20장

애공이 정치를 묻자 공자가 대답했다.　　　　　　　　　　哀公問政 子曰

"인仁이란 인人(지도자)다운 것이니　　　　　　　　　　仁者人也

친척을 친애하는 것이 중요한 일입니다."　　　　　　　　親親爲大.

예기禮記/표기表記

인仁은 인人(군자)다운 것이요, 도道는 의로운 것이다.　　仁者人也 道者義也

군자다운 것만 앞세우면 도의가 허술해지므로　　　　　　厚於仁者 薄於義

친밀하지만 존경하지 않고,　　　　　　　　　　　　　　親而不尊.

도의를 앞세우면 군자다운 자애가 허술해지므로　　　　　厚於義者 薄於仁

존경하지만 친밀하지 못하다."　　　　　　　　　　　　尊而不親.

'인간다움'이라는 표현이 함의하는 바는 2,500년 전과 오늘이 다르다는 것을 유념해

야 한다. 공자 당시 이른바 춘추시대는 가부장적 혈연공동체 사회였으며 인간은 국國
또는 가문家門이라는 공동체에 매몰되어 도덕적이고 일반적인 인간으로만 존재했을
뿐이기 때문이다. 그러므로 공자가 활동하던 기원전 6세기에서 5세기는, 그보다 늦은
전국시대의 노장老莊을 제외한다면, 그 어느 누구도 독립된 인격 주체로서 구체적이고
현상적이고 실존적인 개인을 발견하지 못한 시대였다. 그러므로 공자가 말한 인간은
일반적이고 도덕적인 인격을 의미할 뿐 오늘날 우리가 말하는 개인의 주체적이고 실존
적인 인격을 말한 것은 결코 아니다.

　유교를 '명교名敎'라고 부르는 것은 공자가 '정명正名'을 강조했기 때문이다. 그 정
명이란 무엇인가? 성인은 성인답고, 제후는 제후답고, 아비는 아비답고, 아들은 아들
답고, 군자(관장)는 군자답고, 신료는 신료답고, 대인은 대인답고, 사민士民은 사민답
고, 농민은 농민답고, 공민은 공민답고, 상민은 상민답고, 천민은 천민다워야 한다는
것이 이른바 '정명'이다. 그런데 공자의 정명에 따르면 인仁이라는 명칭은 '인人다움'
이지 '민民다움'은 아니다.

　이처럼 인人 또는 인仁은 귀족다운(noble) 시민(gentleman)의 품성을 말한 것이지,
'서민다운 것'은 결코 아니다. 그러므로 "군자재君子哉 약인若人"의 '군자'는 고위 관
료를 말하고 '약인'은 귀족답고 지도자다운 것을 표현한 것이 분명하다. 또한 공자가
"인자仁者 인야人也"라고 말한 것은 '인자仁者 민야民也'는 성립되지 않는다는 것을 의
미한다.

5절 | 민 계급

논어 읽기

논어論語/위영공衛靈公 35

공자께서 말씀하셨다.   子曰

"민民은 인仁에 대해서는 수화상극보다 더욱 멀다.   民之於仁也 甚於水火.[78]

물과 불이라면 나는 밟다가 죽은 사람은 보았으나   水火 吾見蹈而死者矣

인仁을 밟다가 죽은 사람은 보지 못했다."   未見蹈仁而死者也.

논어論語/태백泰伯 10

공자께서 말씀하셨다.   子曰

"민은 (어리석어) 따르게 할 수는 있어도   民可使由之

---

78)_ 甚於水火(심어수화)=民은 水火에 의뢰하는 바가 있어야 사는 것이니 하루라도 없으면 안 된다. 그것은 仁도 역시
    마찬가지다(民之於水火 所賴以生 不可一日無 其於仁也亦然 : 論語集註). 이는 於=居也, 甚=尤安樂也로 읽
    은 것이다.
    馬曰 水火及仁 故民所仰而生者 仁最爲甚(論語注疏).
    王弼云 民之遠於仁 甚於水火 見有蹈水火者 未嘗見蹈仁者也(論語注疏).

깨닫게 할 수는 없다."

不可使知之.

논어論語/위정爲政 19

애공이 물었다. "어찌해야 민이 복속합니까?"

哀公問曰 何爲則民服.

공자께서 말씀하셨다.

孔子對曰

"곧은 자를 등용하여 굽은 자 위에 놓으면

擧直錯⁷⁹⁾諸枉

민이 복속할 것이요,

則民服

굽은 자를 등용하여 곧은 자 위에 놓으면

擧枉錯諸直

민이 복속치 않을 것입니다."

則民不服.

논어論語/위정爲政 20

노나라 경대부인 계강자季康子가 물었다.

季康子問

"민이 공경하고 충성스럽고 권면하게 하려면

使民敬忠以勸

어찌해야 합니까?"

如之何

공자께서 말씀하셨다.

子曰

"민에 군림하여 엄정하면 공경할 것이요,

臨之以莊⁸⁰⁾則敬

효도하고 자애로우면 충심으로 할 것이요,

孝慈則忠

선한 자를 등용하여 불능자不能者를 교화하면

擧善而敎不能

권면할 것입니다."

則勸.

논어論語/헌문憲問 43

공자께서 말씀하셨다.

子曰

---

79)_ 錯(착)＝處也, 置也.
80)_ 莊(장)＝嚴正也.

"윗사람이 예를 좋아하면 민은 부리기 쉽다."   上好禮則 民易使也.

논어論語/공야장公冶長 15

공자께서 자산에 대해 평하셨다.   子謂子産

"그에게는 군자(관장)다운 도리가 네 가지가 있었다.   有君子之道四焉.

자기 뜻을 실행함이 공손했고, 윗사람을 섬김이 공경스럽고   其行己也恭 其事上也敬

민을 부양함이 은혜로웠으며, 민을 부림에 의로웠다."   其養民也惠 其使民也義.

논어論語/안연顔淵 2

중궁仲弓이 인仁에 대해 묻자, 공자께서 말씀하셨다.   仲弓問仁 子曰

"문을 나서면 큰 빈객을 알현하듯 하며   出門如見大賓

민을 부림에는 큰 제사를 받드는 것과 같이 하고   使民如承大祭.

자기가 하기 싫은 것을 남에게 베풀지 말며   己所不欲 勿施於人

나라에 원망이 없고 가문에 원망이 없게 하는 것이다."   在邦無怨 在家無怨.

논어論語/팔일八佾 22

공자께서 말씀하셨다.   子曰

"관중은 그릇이 작은 사람이다."[81]   管仲之器小哉

혹자가 물었다. "관중이 검소하다는 말씀입니까?"   或曰 管仲儉乎

이르시기를 "관 씨는 호사스런 누대樓臺를 소유했고   曰 管氏有三歸[82]

관리官吏와 사민四民에게 겸직하지 못하게 했는데   官事[83]不攝[84]

---

81)_ 왕도와 중도를 버리고 한 제후만 섬겼기 때문.

82)_ 三歸(삼귀)=樓臺名.

83)_ 事(사)=職業.

84)_ 攝(섭)=兼也.

어찌 검약하다 하겠는가?" 하셨다.

焉得儉

"그러면 관중은 예를 알았습니까?"

然則 管仲知禮乎

이르시기를 "군주라야 병풍으로 문을 가리는데

曰 邦君樹[85]塞門

관 씨도 그랬고,

管氏亦樹塞門

군주 간의 회담에 퇴주잔 받침대를 사용하는 것인데

邦君爲兩君之好[86] 有反坫

관 씨는 군주가 아님에도 그것을 사용했다.

管氏亦有反坫[87]

관 씨가 예를 안다면 누가 예를 모르겠는가?" 하셨다.

管氏而知禮 孰不知禮.

논어論語/자장子張 7

자하子夏가 말했다.

子夏曰

"공민工民들은 대장간에 살아야 일을 이룰 수 있고

百工居肆[88] 以成其事

군자는 학문을 해야 그 치국평천하의 도리를 이룰 수 있다."

君子學以致其道.

---

85)_ 樹(수)＝屛(병풍 담장 가리개) 天子外屛. 諸侯內屛. 內屛在路門之內 外屛在路門之外.

86)_ 好(호)＝交也.

87)_ 坫(점)＝獻酬畢反爵于坫上(禮記).

88)_ 肆(사)＝官府造作之處.

민은 피지배계급

앞의 예문에서 알 수 있는 것처럼 『논어』에서 민民은 항상 피치자被治者를 지칭한다.
민에는 사민四民이 있는데 사농공상士農工商이 그것이다.

곡량전穀梁傳/성공成公1년(BC 590)

예부터 나라와 가문을 세우면 백관을 구비하고	古者立國家 百官具
농민과 공민은 모두 직분을 가지고 윗사람을 섬겨야 한다.	農工皆有職以事上.
자고이래로 사민四民이 있으니	古者有四民
사민士民, 상민商民, 농민農民, 공민工民이 그것이다.	有士有商有農有工.

『논어』「미자微子」편에서는 군주의 아들이거나 귀족이 속세를 버리고 은둔한 것을
'일민逸民'이라고 호칭했다. 왜 '일인逸人'이라고 하지 않고 일민이라고 하는가? 이는
인 계급이 은둔하여 민 계급이 되었다는 뜻이다.

좌전左傳/소공昭公32년(BC 510)

사묵史墨이 말했다.	史墨曰
"사직의 신은 항상 받들어지는 것이 아니며	社稷無常奉
군주와 신하는 항상 지위가 보장되는 것이 아닙니다.	君臣無常位
이는 옛날부터 그러합니다.	自古以然.
그러므로 『시경』에서 '높은 언덕은 골짜기가 되고	故詩曰 高岸爲谷
깊은 계곡은 언덕이 된다'고 노래했습니다.	深谷爲陵.
삼후三后(순·우·탕)의 자손들이 지금은 서인庶人이 된 것을	三后之姓 於今爲庶
주군도 잘 알고 계실 것입니다.	主所知也
『주역』의 괘에	在易卦

우레가 하늘을 탄 것을 대장大壯(☰☰)이라 합니다.　　　　　雷乘乾曰大壯

이것이 하늘의 도입니다."　　　　　　　　　　　　　　　　天之道也.

『맹자』에서도 "어찌 인仁한 인人이 군주로 있으면서 민으로 하여금 항산이 없어 죄에 빠지게 한 후 잡아넣는 일을 하겠느냐"고 말한 것으로 볼 때, 인은 지배계급이고 민은 피지배계급임을 알 수 있다.

맹자孟子/등문공滕文公 상

맹자가 말했다.　　　　　　　　　　　　　　　　　　　　孟子曰

"민民의 사업은 느슨하게 할 수 없는 것이다.　　　　　　　民事不可緩也

『시경』에서 말하길 '낮에는 띠 풀을 베고 밤에는 새끼를 꼬아　詩云 晝爾于茅 宵爾索綯

지붕에 이엉을 덮고, 때에 맞추어 백곡을 파종하라'고 했다.　　函其乘屋 其時播百穀

민이 할 수 있는 도는　　　　　　　　　　　　　　　　　民之爲道也

항산恒産이 있으면 항심恒心이 있고　　　　　　　　　　　有恒産者有恒心

항산이 없으면 항심이 없는 것이다.　　　　　　　　　　　無恒産者無恒心

진실로 항심이 없으면 방탕·편벽·사악·범분　　　　　　　苟無恒心放僻邪侈

못 할 것이 없다.　　　　　　　　　　　　　　　　　　　無不爲

죄에 빠지게 버려두었다가 연후에　　　　　　　　　　　　已及陷乎罪然後

쫓아가서 처벌하는 것은 민을 함정을 파놓고 잡는 것이다.　從而刑之是罔[89]民也.

인人(지배계급 혹은 관리)이 어질다면 어찌 지위를 이용하여　焉有仁人在位

민을 그물로 잡는 일을 할 수 있겠느냐?"　　　　　　　　罔民而可爲也.

『광아廣雅』「석언釋言」에 의하면 민은 원래 맹氓(전쟁에서 패배한 부족이나 다른 부족에서

---

89)_ 罔(망)＝함정과 그물로 잡는 것.

자발적으로 복속해 온 부족)을 뜻하는 것이므로 애愛의 대상이 아니다. 또한『설문해자說文解字』「단주段注」에 의하면 민은 맹맹, 즉 무지無知한 전민田民의 뜻이므로 원래부터 인人의 부림을 받는 어리석은 존재이며 섬김과 순종의 관계일 뿐 인仁과 예禮의 주체가 아니다. 다시 말하면 민은 인人이 인仁하는 대상일 뿐 인仁의 주체가 아니라는 뜻이다.

그러므로 공자는 "민은 복종하게 할 수는 있어도 깨닫게 할 수는 없다(民可使由之 不可使知之 :『논어』「태백泰伯」)"고 말한 것이다. 맹자는 더욱 구체적으로 "군자는 민을 인자하게 대하지만 가까이 친애하지 말라"고 말한다.

맹자孟子/진심盡心 상

군자는 금수와 초목에 대해서는	君子之於物也
애愛하지만 인仁(慈)하지는 않는다.	愛之而不仁
민民에 대해서는 인하지만 친親하지는 않는다.	於民也 仁之而不親
어버이를 친함으로써 민에 인하고	親親而仁民
민에 인함으로써 사물을 애한다.	仁民而愛物.

이상 살펴본 것처럼 인人과 민民은 반드시 신분적으로 구분되어야 한다. 그것을 알지 못하기 때문에『논어』를 제대로 해석할 수 없는 것이다.

다만 인과 민을 구분하는 것은 주의가 요망된다. 왜냐하면 언어는 세월이 흘러 후대로 갈수록 특별한 존칭이었던 말이 그 대상 범위가 확대되고 하방下方되는 것이 상례이기 때문이다. 그러므로 후대 기록에서는 간혹 인과 민이 모두 백성이라는 뜻으로 사용되는 경우도 있다.

그러나 2,500년 전 춘추전국시대의 기록인 경서를 읽는 경우는 인과 민의 지칭 대상이 계급적으로 다른 경우가 대부분이다. 특히『논어』의 경우는 인과 민을 구분하지 않고 모두 백성이라고 번역 해석하는 것은 잘못된 것임을 유념해야 한다.

한 낱말의 정확한 의미는 그 낱말이 기초하고 있는 당시의 정치사회 제도와 풍속 그리고 그 말을 한 사람의 세계관에 비추어 볼 때에만 바르게 파악될 수 있다는 것을 알아야 한다. 어느 한 사상가를 이해하는 데 중요한 의미를 갖는 낱말의 경우는 더욱 그러하다. 특히 고전의 경우는 지금으로부터 수천 년 전의 문서이므로 더욱 주의가 요청된다.

『논어』를 이해하기 위해서는 무엇보다 춘추전국시대라는 난세의 문서라는 점을 잊어서는 안 된다. 그러므로 당시 도전을 받고 있는 정치사회 제도와 상황을 알아야 하며 난세의 종식을 위해 어떤 방책을 제시했는가를 알아야 한다. 그래야만 『논어』의 키워드가 되는 인人과 민民, 성인聖人과 군자君子, 인仁과 예禮의 바른 뜻을 알 수 있다.

그러나 우리나라 학자들은 2,500년 전의 문서를 오늘날의 정치사회 상황으로 읽고 해석하고 있다. 그 경우에도 두 가지 부류가 있다. 하나는 자기도 모르는 사이에 유교라는 종교의 전도사가 되어 교인들의 일상생활을 유교식으로 생활하는 데 도움이 되도록 『논어』의 본뜻을 확장 해설하는 아포리즘의 경우다. 그리고 또 하나는 『논어』가 지향하는 가부장적 봉건사회를 설교자가 선호하는 자본주의 사회와 같은 것으로 믿도록 『논어』의 본뜻을 왜곡하여 해설하는 곡학아세의 경우다. 오늘날 서점에 나와 있는 『논어』 해설서는 뒤의 경우가 대부분이다. 이 책은 두 가지 경우를 모두 거부하고 2,500년 전 당시의 상황을 그대로 보여줌으로써 오늘의 난세를 극복하는 데 하나의 자료가 되기를 바란다는 점을 유의하기 바란다.

사민 분업정거

신분계급이란 세습되는 것이며 공자 이전에도 그랬고 공자 당시에도 그랬다. 그리고 우리는 불과 얼마 전까지도 그런 시대를 살았다. 공자 이전부터 엊그제까지 신분차별 사회가 수천 년 동안 지속되었던 것이다.

그런데 도올은 인人과 민民을 계급적으로 구분하지 않을 뿐 아니라, 인은 주로 도성에 거주하는 사람 즉 국인國人을 지칭하고, 민은 성 밖의 들에서 거주하는 사람 즉 야민野民을 지칭한다고 해설한다.

하지만 인은 성 안의 사람이고, 민은 성 밖의 사람이라는 해설은 가당치 않다. 아마도 그는 고대 그리스의 도시국가를 연상한 것 같다. 그러나 당시 중국에서는 성 안에는 귀족 계급인 인 이외에도 사민士民·공민工民·상민商民이 거주했고, 성 밖에는 농민農民이 거주했다.

특히 공자 당시는 사민四民의 직분이 겹치지 않도록 사민의 주거지역을 한정했던 것이다. 특히 제나라의 경우는 이러한 '사민四民 분업정거分業定居' 정책을 엄격히 실시하여 사민은 각각 지정된 주거지역 안에서만 살도록 함으로써 자기 직분 외에 다른 직업을 겸직할 수 없도록 제한했다. 다른 제후국들도 이와 유사한 정책으로 사민四民의 신분이동을 엄격히 통제하는 정책을 실시하고 있었던 것이다.

국어國語/제어齊語

환공이 물었다.	桓公曰
"민民들이 각자 자신의 사업을 이루려면 어떻게 해야 하겠소?"	成民之事若何.
관자管子가 대답했다.	管子對曰
"사민四民이 사농공상이 섞여 살게 하지 말아야 합니다.	四民者 勿使雜處
섞여 살면 말이 난잡해지고 그 사업이 바뀌어버립니다.	雜處則 其言哤 其事易.
옛 성왕들께서는	昔聖王之
사민士民은 조용하고 깨끗한 곳에서 살도록 했고	處士也 使就閑燕
공민은 관청에서 살도록 했으며	處工就官府
상민은 시장에서 살도록 했으며	處商就市井
농민은 논밭에서 살도록 했습니다.	處農就田野.

그러므로 사士의 자제는 언제나 사민士民이 되며   故士之子恒爲士

공工의 자제는 언제나 공민이 되고   工之子恒爲工

상商의 자제는 언제나 상민이 되고   商之子恒爲商

농農의 자제는 언제나 농민이 되는 것입니다."   農之子恒爲農.

관자는 제나라 서울을   管子于是齊國

스물한 개의 향鄕으로 나누었는데   以爲二十一鄕.

공민과 상민의 향은 여섯 곳이요,   工商之鄕六

사민과 농민의 향은 열다섯 곳이었다.   士農之鄕十五.

제후인 환공이 다섯 향을 통솔하게 하고   公帥五鄕焉

상경上卿인 국자國子가 다섯 향을 통솔하게 하고   國子帥五鄕焉

상경인 고자高子가 다섯 향을 통솔하게 했다.   高子帥五鄕焉.

좌전左傳/소공昭公26년(BC 516)

안자가 대답했다. "『주례』에 의하면   晏子對曰 在[90]禮

가문家門(대부)은 베푸는 혜택을   家施

국國(제후)보다 못 미치게 하고   不及國

민들은 거주지를 옮기지 못하게 했다."   民不遷.

맹자孟子/등문공滕文公 하

맹자가 말했다.   孟子曰

"사민士民이 벼슬자리를 잃는 것은   士之失位也

제후가 나라를 잃는 것과 같다.   猶諸侯之失國家也

사민이 벼슬 사는 것은 농부가 농사짓는 것과 같다."   士之仕也 猶農夫之耕也.

---

90)_ 在(재)=察也.

춘추번로春秋繁露/**권10/심찰명호**深察名號

이름을 천자天子라고 한 것은	號爲天子者
의당 하느님을 아비처럼 보고	宜[91]視天如父
섬김으로써 효도한다는 뜻이다.	事天以孝道也
이름을 제후라 한 것은	號爲諸侯者
의당 수호(候)할 것을 공경하여 천자를 받든다는 뜻이다.	宜謹視所候[92] 奉之天子也
이름을 대부라 한 것은	號爲大夫者
의당 충신忠信·예의禮義를 돈후하게 하여	宜厚其忠信 敦其禮義
필부(夫)의 의로움을 선하게 키워(大)	使善大於匹夫之義
족히 교화한다는 뜻이다.	足以化也
사士는 섬긴다는 뜻이요, 민民은 어리석다는 뜻이다.	士者事也 民者瞑也
사는 교화에는 미치지 못하지만	士不及化
지키고 섬겨 윗사람을 따르게 할 수 있을 뿐이다.	可使守事 從上而已.

그러나 신분과 직분을 바르게 한다는 정책을 너무나 엄격히 시행하다 보니 폐해가 나타나기 시작했다.

첫째, 유사들에게 겸직을 금지함으로써 굶지 않으려면 의義를 버려서라도 귀족 가문에 취직을 강요하는 결과를 가져왔다. 그러므로 이것은 본래 취지와는 달리 왕도를 지켜야 할 유사들로 하여금 지방 거실巨室들의 부당한 처사에 굴복하도록 강요하는 악법이 되었다.

---

91)_ 宜(의)＝당연히 □□해야 한다.
92)_ 候(후)＝護也.

맹자孟子/등문공滕文公 하

주소周霄가 물었다. "옛날 군자들도 벼슬살이를 했습니까?"   周霄問曰 古之君子仕乎

맹자가 말했다. "사민士民은 벼슬살이를 해야 했습니다.   孟子曰 仕.

옛 기록에 의하면 '공자는 삼 개월 동안 섬길 군주가 없으면   傳曰 孔子三月無君則

안절부절 벼슬자리를 찾아 다른 고을로 떠나갔으며   皇皇如也出疆

그때는 반드시 임용되면 바칠 예물을 싣고 갔다'고 합니다.   必載質[93]

공명의公明儀의 말에 의하면   公明儀曰

'옛날 사람들은 삼 개월 동안 섬길 군주가 없으면   古之人三月無君則

굶어 죽었을 것으로 생각하고 조문을 갔다'고 합니다."   弔.

둘째, 당시 관직은 세분되어 있었는데 자기 직분이 아니면 서로 간섭하지 않았으므로 낭비를 초래했다. 이러한 풍조는 거실의 대인들이 다투어 많은 가신들을 채용했고 권력과 부를 과시하는 수단으로 삼았으므로 사치를 조장하고 법도를 문란케 했던 것이다.

한비자韓非子/칙령飭令

능히 해를 막을 수 있도록 직무를 가볍게 함으로써   其能勝其害輕其任

마음속으로 중도에 포기하여   而道壞餘力於心

군주의 책벌을 받지 않도록 하며   莫負乘宮之責於君

숨은 원망이 없게 하고   內無伏怨.

관리들이 서로 간섭하지 않도록 함으로써 시빗거리를 없애고   使明[94]者不相干 故莫訟.

선비들이 겸직을 하지 않음으로써 각자 기능을 키우고   使士不兼官 故技長.

---

93)_ 質(질)＝임용되면 바칠 禮物.

94)_ 明(명)＝使民衣服有章也.

사람들에게 공적을 동등하게 하지 않음으로써 쟁론을 없앤다.　　使人不同功 故莫爭言.

한비자韓非子/이병二柄

옛날 한韓나라 소후昭候가 취하여 잠이 들었다.　　　　　　昔者韓昭候醉而寢.

이때 전관典冠이 이를 보고 추울까 염려하여　　　　　　　典冠者見君之寒也

군주에게 옷을 덮어주었다.　　　　　　　　　　　　　　故加衣於君之上.

소후가 잠에서 깨어나 기뻐하며 물었다.　　　　　　　　覺寢而悅 問左右.

"누가 나에게 옷을 덮어주었느냐?"　　　　　　　　　　　曰誰加衣者.

시종들이 대답하기를 전관이라고 했다.　　　　　　　　　左右對曰 典冠.

소후는 전의典衣와 전관 두 사람 모두에게 벌을 내렸다.　　君因兼罪典衣與典冠.

옷을 맡은 관리(전의)는 그 직무에 태만한 죄이며　　　　其罪典衣 以爲失其事也

관을 맡은 관리(전관)는 그 직분의 범위를 넘었기 때문이다.　其罪典冠 以爲越其職也.

이처럼 2,500년 전에 신분에 따라 주거지역을 한정한 것은 지금 생각하면 악법이 분명하고 비난받아야 마땅하다. 그러나 당시는 세계 어느 나라에서나 신분의 세습과 차별이 당연시되던 시대였다.

본래 관자管子(?~BC 645)의 사민 분업정거 정책은 당시 수백 년 동안 지속되어 온 전란으로 땅을 잃고 유랑하는 백성이 넘쳐나는 실정이었으므로 이를 수용하여 구제하기 위한 것이기도 했다. 다음 예문으로 알 수 있는 것처럼 공자의 이른바 '신분과 이에 따른 직분을 바르게 한다'는 '정명론正名論'도, 노자가 말한 것처럼 '백성들은 모두 자기 지역에 소속되어야 하고 거기서 부양해야 한다'는 '영유소속令有所屬'도 모두가 난세를 극복하고 유랑민을 구제한다는 취지에서는 같은 것이다(『노자』 19장 참조). 또한 그로부터 2,500년이 지나 조선의 다산茶山 정양용丁若鏞(1762~1836)이 주장한 '여전제閭田制'도 비슷한 맥락이다.

노자老子/80장

나라는 작고 민民도 적다.	小國寡民
그러므로 여러 가지 기물이 있으나 쓸 필요가 없고	使有什佰之器而不用.
민들은 죽을 때까지 공동체에서 멀리 옮겨 가지 않도록 한다.	使民重死 而不遠徙.

정약용

여유당전서與猶堂全書/1집/권11/전론田論 3

지금 농사를 짓는 사람은 농지를 갖게 하고	今欲使農者得田
농사를 짓지 않는 사람은 농지를 갖지 못하게 하려면	不爲農者不得之
여전제(마을 공동 소유제)를 실시해야 한다.	則行閭田之法.
무엇을 여전제라고 하는가?	何謂閭田
산골짜기와 시내 언덕의 지세를 따라	因山谿川原之勢
구역을 획정하여 경계를 삼고	而劃之爲界
그 경계 안의 구역을 여閭(마을)라 칭한다.	界之所函 名之曰閭.
무릇 여의 농지는	凡一閭之田
그 마을 사람으로 하여금 공동 경작하게 하며	令一閭之人咸治.
모든 일은 내 땅 네 땅의 경계 없이	厥事無此疆爾界
여장閭長의 명에 따르도록 한다.	唯閭長之命是聽.
마을 주민이 매양 하루 일을 하면 장부에 기록해 두었다가	每役一日 閭長注於冊簿
추수가 끝나면 이에 따라 양곡을 배분한다.	秋其成 分其粮.

이러한 사례는 17세기 초 영국에서도 있었다. 영국의 성군으로 칭송받는 엘리자베스 1세Elizabeth I(재위 1558~1603) 시절인 1601년 '구빈법救貧法'을 제정하면서 극빈자를 그 소속된 교구에서 책임지고 구제하도록 했으므로 타 지역 극빈자의 유입을 막는 제한 정책을 실시했던 것이다. 그러나 이 법은 본래 취지와는 달리 거주 이전의 자유를

막음으로써 평생 옥살이를 하듯 자기가 태어난 고장에 묶여 살아야 했고 가난을 상속하는 결과를 낳았다. 그래서 애덤 스미스Adam Smith(?~1790)는 1776년에 출간된『국부론An Inquiry into the Nature and Causes of the Wealth of Nations』에서 이를 강력히 반대했던 것이다.

다만 중국의 경우 전국시대 이후부터 신분제도가 문란해지고 이동이 잦았을 것이나 그 후로도 여전히 신분제도는 존속되었다. 더욱이 공자 당시 사농공상 등 사민四民이 거주지역의 제한을 받았던 것은 역사적 사실이므로 이를 외면하고 당시의 문서인『논어』를 해석하면서 민 계급과 인 계급을 구분하지 않는 것은 올바른 해석이 될 수 없다.

6절 | 백성은 특권계급인 호족

논어 읽기

논어論語/헌문憲問 44

자로가 군자에 대해 물었다.	子路問君子[95]
공자께서 말씀하셨다. "자기를 수양하여 공경스러워야 한다"	子曰 修己以[96]敬
자로가 물었다. "그것으로 그만입니까?"	曰 如斯而已乎
공자께서 말씀하셨다.	曰
자기를 수양하여 인人(귀인)들을 편안하게 해야 한다.	修己以安人.[97]
자로가 물었다. "그와 같이 하면 다 됩니까?"	曰 如斯而已乎.
공자께서 말씀하셨다.	曰
"자기를 수양하여 백성(늑시민)도 편안하게 해야 한다.	修己以安百姓.[98]

---

95)_ 君子(군자)＝官長을 지칭함.

96)_ 以(이)＝猶而也, 至也, 及也, 爲也.

97)_ 人(인)＝百姓(豪族)보다 상위 계급, 성인·대인·귀인 등 인 계급을 지칭한다. 옛 중국 학자들은 인을 '朋友九族'으로 해석했다.

98)_ 百姓(백성)＝호족. 일본은 농민. 여기서 백성은 莊園 또는 영지를 소유하고 있는 귀족이나, 관리로 공을 세워 왕으로부터 姓氏를 하사받아 가문을 이룬 호족 등 세금을 내고 정사에 관여할 수 있는 지배계급을 지칭한다.

수기 안백성은　　　　　　　　　　　　　　　　　修己以安百姓
'요순도 고심하던 문제였다.'　　　　　　　　　　堯舜其猶病諸.

논어論語/안연顏淵 9

애공이 유약有若에게 물었다.　　　　　　　　　　哀公問於有若曰
"흉년이 들어 양식이 부족하니 어찌하면 좋겠습니까?"　　年饑用不足 如之何.
유약이 대답했다.　　　　　　　　　　　　　　　　有若對曰
"어찌 십분의 일 조세인 철법徹法을 쓰지 않습니까?"　　盍徹乎.
애공이 말했다. "나로서는 십분의 이도 부족하거늘　　曰 二吾猶不足
어찌 철법을 쓰겠습니까?"　　　　　　　　　　　　如之何其徹也.
유약이 대답했다.　　　　　　　　　　　　　　　　對曰
"백성이 풍족하면 군주가 어찌 부족할 것이며　　　　百姓足 君孰與不足
백성이 부족하면 군주가 어찌 풍족하겠습니까?"　　百姓[99]不足 君孰與足.

논어論語/요왈堯曰 1

자 이履(탕왕)가 감히 검은 소를 제물로 바치고　　予小子履 敢用玄牡
감히 거룩하신 하느님께 밝혀 고하나이다.　　　　敢昭告于皇皇后帝
죄지은 자를 감히 용서하지 않았고　　　　　　　有罪不敢赦
하느님의 신하를 버리지 않았으니　　　　　　　帝臣不蔽[100]
가려 선택하심은 하느님의 마음에 달려 있습니다.　簡[101]在帝心.
짐이 지은 죄는 만방에 있지 않고　　　　　　　朕躬有罪 無以萬方

---

99)_ 百姓(백성)=땅을 소유하여 세금을 내는 호족. 땅이 없는 民은 부역을 해야 함.
100)_ 蔽(폐)=掩也. 敝(敗, 棄)와 통용.
101)_ 簡(간)=差擇也.

만방에 죄가 있다면 그 죄는 짐에게 있습니다.　　　　　　　萬方有罪 罪在朕躬.

(주周 무왕武王의 말)
주나라는 큰 은혜를 받아 훌륭한 인재가 많습니다.　　　　　周有大賚 善人是富
비록 주나라의 친족이 있지만 어진 인재(지도자)만은 못하고　雖有周親 不如仁人
백성(百官)에 잘못이 있다면 그 죄는 저 한 사람에 있습니다.　百姓有過 在予一人
저울의 헤아림이 청렴하고, 법도를 살피고,　　　　　　　　謹權量 審法度
쓸모없는 관리를 줄이니　　　　　　　　　　　　　　　修[102]廢官
사방에 정사가 행해졌습니다.　　　　　　　　　　　　　四方之政行焉
망한 나라를 일으키며, 끊어진 대를 이어주고,　　　　　　興滅國 繼絶世
숨은 민을 등용하니　　　　　　　　　　　　　　　　　舉逸民
천하의 민이 마음을 돌렸습니다.　　　　　　　　　　　天下之民歸心焉
민의 먹을 것과 상례와 제사를 소중히 했습니다.　　　　　所重民食喪祭.

---

102)_ 脩(수)＝脯也, 縮也.

백성은 호족

'백성百姓'이라는 말은 '온갖 성씨'라는 뜻이다. 그런데 성姓과 씨氏는 원래 다른 것이었다. 『좌전』에 의하면 성은 그 사람의 탄생한 장원莊園의 이름이나 관직의 이름을 따서 천자天子가 하사하며, 씨는 천자가 분봉해 준 영토의 이름을 따서 명명했다고 한다.

좌전左傳/은공隱公8년(BC 715)

무해無駭가 죽었다.	無駭卒.
우보羽父가 시호諡號와 족명族名을 내려줄 것을 청했다.	羽父請諡與族.
은공隱公이 중중衆仲에게 족명에 대해 물었다.	公問族於衆仲.
중중이 대답했다.	衆仲對日
"천자께서는 덕 있는 자를 조정의 기율로 세우고자	天子建德
태어난 곳의 이름으로 성을 내려주시고	因生以賜姓
사직을 세운 영지 이름으로 씨를 명했습니다.	胙之土而命之氏
제후는 자字로써 시호로 삼았고, 이것으로 족명을 삼았습니다.	諸侯以字爲諡 因以爲族.
관리는 대대로 공을 세우면 관명官命으로 족명을 삼았고	官有世功 則有官族
고을 이름도 같게 했습니다."	邑亦如之.
은공은 이 말을 듣고 무해를 그의 자를 따라 전씨展氏라 했다.	公命以字爲展氏.

『사기』「오제본기五帝本紀」에 의하면 황제黃帝 헌원씨軒轅氏에게는 25명의 아들이 있었는데 그중에서 성을 얻은 자는 14명뿐이고 11명은 성을 받지 못했다고 한다. 또 「하본기夏本紀」에는 순舜임금이 홍수를 다스려 구주九州를 안정시키고 토지와 성씨를 하사했다고 기록하고 있다.

이로 볼 때 성과 씨는 귀족이나 관리 중에서도 봉토를 얻고 가문을 세운 사람만이 가질 수 있었던 것임을 알 수 있다. 추측컨대 자기 영지가 있어 그 지방의 토지신에게 제사를 올릴 수 있는 자만이 성씨를 가진 듯하다.

사기史記/오제본기五帝本紀

황제 헌원씨는 스물다섯 명의 아들을 두었는데   黃帝二十五子

그중에서 성을 얻은 자가 열네 명이었다.   其得姓者十四人.

사기史記/하본기夏本紀

이때 구주는 이미 하나가 되었으며   於時九州攸同

사방의 나라 안이 모두 편안히 살게 되었다.   四奧既居

구산九山이 길이 뚫렸고, 구천九川도 잘 소통되었으며   九山墾[103] 旅 九川滌原

구택九澤에는 제방을 이미 쌓았다.   九澤既陂

이에 사해가 하나로 통일되었으며 물산이 매우 풍부했다.   四海會同 六府[104]甚脩

이에 순임금은 (제후와 백관에게) 토지와 성씨를 하사하고   中國[105]賜土姓

이르기를 "공경하고 기뻐하며 덕을 앞세우고   祇台德先

나의 정령을 거역하지 마시오!"라고 했다.   不距朕行.

예기禮記/제법祭法

천자는 군성群姓을 위해 토지신의 사당을 짓는데   王爲群姓立社

이것을 대사大社라 하고,   曰大社

천자가 자기 땅을 위해 세운 지신당地神堂은 왕사王社라 한다.   王自爲立社曰王社.

---

103)_ 墾(간)＝본래 글자는 㱂.
104)_ 六府(육부)＝虞夏言六府 水火木金土穀是也.
105)_ 中國(중국)＝나라의 중앙인 수도.

제후가 백성을 위해 세운 지신당은 국사國社라 하고 　　　　諸侯爲百姓立社曰國社
제후 자신의 땅을 위해 세운 지신당은 후사候社라 한다. 　　諸侯自爲立社曰候社
대부 이하는 여러 가문이 취락을 이루어 지신당을 세우는데 　大夫以下成群立社
치사置社라 한다. 　　　　　　　　　　　　　　　　曰置社.

　그러므로 '백성百姓'이라는 말은 지배적인 유력자 즉 이른바 '유지有志'들을 지칭한 것이지 인민 전체를 말한 것이 아니다. 어찌 되었든 공자는 군자君子와 소인小人, 인人과 민民을 말할 뿐 '백성'으로 호칭한 경우는 드물었다.

　『논어』에는 '백성'이라는 단어가 단 세 곳밖에 나오지 않는다. 하나는 공자의 말이고, 하나는 공자의 제자인 유약有若(BC 538?~?)의 말이며, 하나는 무왕의 말을 옮긴 것이다. 그리고 모두 '인'과 '민'과 백성'을 다른 뜻으로 사용했다.

　앞의 예문이 『논어』에 나오는 '백성'이란 용례의 전부다. 여기서 인과 백성이라는 용어의 용례를 살펴보자. 자로子路(BC 543~480)가 군자君子(고위 공직자)에 대해 묻자 공자는 "군자는 수기修己하여 공경스러워야 한다"고 대답했다. 자로가 "그것이면 다 됩니까?"라고 되묻자 "군자는 안인安人"해야 한다고 대답했고, 또 묻자 "안백성安百姓"하라고 대답했다. 이때 인과 백성百姓을 구분하여 말했는데 '인'은 지배계급을 뜻하고 '백성'은 인 중에서 왕으로부터 성씨를 하사받은 소수의 호족 세력을 지칭한 것이다. 이처럼 공자 당시 인·민·백성은 각각 지칭하는 대상이 달랐다.

　'백성'이라는 말이 처음 등장한 것은 『서경書經』「요전堯典」의 첫머리에서다. 여기서 백성은 백관百官을 지칭하고, 서민庶民과 대칭하여 사용했다.

서경書經/우서虞書/요전堯典

옛 황제皇帝이신 요堯임금을 상고해 보면 　　　　　　　曰若稽考帝堯
큰 덕을 밝히시어 구족을 화목하게 하셨고 　　　　　　以親九族.
구족이 화목하니 백성(백관)을 화목하고 밝게 했으며 　九族旣睦 平[106]章百姓[107]

백관의 차례가 밝아지니 만방이 화목했다.　　　　　　　　　　百姓昭明 協和萬邦

이에 여민黎民들도 착하게 교화되어 시절이 태평하게 되었다.　　黎民於變時雍.[108]

『중화대자전中華大字典』에서도 백성을 백관으로 풀이하고 있다. 여기서 주목할 것은 백성을 서민으로 해석하게 된 것은 일본 학자들을 베낀 데서 비롯되었다는 것이다. 이처럼 왜색으로 왜곡된 책이 우리 서점가를 점령하고 있으니 한심할 일이다.

중화대자전中華大字典[109]

백성은 백관이다.　　　　　　　　　　　　　　　　　　　　百姓百官也[110]

경전의 해설을 보면 백성을 백관으로 훈독했으며　　　　　　案經傳 百姓多訓百官

간혹 백성을 '왕의 친속'으로 훈독하기도 한다.　　　　　　　或王之親屬

그러나 후세인이 제멋대로 지어내어 '서민'으로 해석했다.　　後世乃專作庶民解

또 일본에서는 농부를 일러 백성이라고 말했다.　　　　　　　又日本謂農夫 曰百姓.

전국시대 문서인 『순자』에는 '인백성人百姓'이라는 말이 나온다. 이것은 귀족인 인과 장원을 가진 호족을 합성한 말로 정치에 참여할 수 있는 시민권자를 지칭한 말인 듯하다. 내 생각으로는 순자荀子(BC 298?~238?)가 '인백성'이라고 굳이 표기한 것은 이때는 이미 전국시대였으므로 인이 아닌 민에게도 성씨가 주어져 '민백성民百姓'도 존재했으므로 이와 구분하기 위한 것으로 추측된다.

---

106)_ 平(평)＝和也.

107)_ 百姓(백성)＝百官族姓.

108)_ 雍(옹)＝和也.

109)_ 中華書局 刊.

110)_ 『서경』 「우서」의 「요전」 '平章百姓 傳'을 참조할 것.

순자荀子/**왕패**王霸

윗사람은 아랫사람을 아끼지 않을 수 없도록	上莫不致愛其下
예禮로써 제어한다.	而制之以禮.
그래서 윗사람은 아랫사람을 적자赤子처럼 보살피는 것이다.	上之於下 如保赤子
정령과 제도는	政令制度
아랫사람을 인백성人百姓에게 합치시키는 수단이다.	所以接¹¹¹⁾下之人百姓.

우리는 옛날부터 사람이면 누구나 성씨를 갖고 있는 것으로 알고 있다. 그러나 그것은 착각이다. 우리나라의 성씨 제도는 7세기경 신라 왕실과 귀족들이 당나라에서 들여온 것이고, 10세기경 고려 태조太祖(재위 918~943)가 지방 호족들에게 성씨를 하사하면서 유행하기 시작했다. 조선 후기까지도 성씨를 가진 사람은 절반도 안 되었고, 20세기에 들어와서 일제가 호적을 만들면서 온 국민이 성씨를 갖게 되었던 것이다. 이처럼 2,500년 전 공자 당시의 백성과 오늘날 우리가 쓰는 백성은 그 뜻이 전혀 다르다.

그러므로 『논어』에서 인·민·백성을 똑같은 말로 번역하는 것은 중대한 오류다. 그런데도 우리 학자들의 번역은 하나같이 이를 혼동하여 인·민·백성을 똑같은 글자로 오해하고 있다. 우리 학자들은 대체로 인과 민을 구별하지 못할 뿐만 아니라, 나라(國)와 가문(家), 사신(社)과 직신(稷)을 구분할 줄 모른다. 그러므로 일언이폐지하여 지금 책방에 나와 있는 『논어』 번역서들은 모두 폐기 처분되어야 마땅하다.

---

111)_ 接(접)＝合也, 會也.

제2장

공자와 묵자는 보혁의 쌍벽

1절 | 천하가 유묵에 기울다

논어 읽기

논어論語/자로子路 2

계씨季氏 가문의 총유사가 된 중궁이 정사를 물었다.　　　仲弓爲季氏宰[1] 問政

공자께서 말씀하셨다.　　　　　　　　　　　　　　　　　子曰

"각자 책임을 맡은 담당 관리에게 먼저 분담시키고　　　先有司[2]

사소한 과오는 용서하고, 어진 인재를 등용하라."　　　赦小過 擧賢才.

중궁이 물었다.　　　　　　　　　　　　　　　　　　　曰

"어떻게 어진 인재를 알아보고 등용할 수 있습니까?"　　焉知賢才而擧之

공자께서 말씀하셨다. "네가 아는 이를 등용하면　　　　曰 擧爾所知

네가 모르는 이를 남들이 버려두겠느냐?"　　　　　　　爾所不知 人其舍諸.

---

1)_ 계씨 가문은 노나라의 실권자이다. 그런데 공자의 제자가 그 가문의 總宰가 되었다는 것은 孔門이 노나라의 담론을
　　지배한 것을 의미한다. 이는 공자의 정파인 君子儒가 소정묘의 정파인 小人儒를 물리치고 노나라에서 유사의 대표자
　　가 되었음을 의미한다.

2)_ 有司(유사)=官吏. 司=設官分職也.

논어論語/옹야雍也 15

공자께서 말씀하셨다.

"누군들 문을 거치지 않고 나갈 수 있을까?

그런데 어찌 나의 도를 따르려 하지 않는가?"

子曰

誰能出不由戶

何莫由斯道也.

논어論語/헌문憲問 37

공자께서 말씀하셨다. "아무도 나를 알아주지 않는구나!"

자공이 말했다.

"어찌하여 그들은 선생님을 알아주지 않을까요?"

공자께서 말씀하셨다.

"하늘을 원망하지 않고, 남을 탓하지 않으며

아래를 배우고 위를 통달했으니

나를 알아주는 이는 하늘뿐이리라!"

子曰 莫我知也夫

子貢曰

何爲其莫知子也

子曰

不怨天 不尤人

下學而上達

知我者其天乎.

논어論語/헌문憲問 41

자로가 석문에서 숙박하고 아침에 떠나려는데

새벽에 문을 여는 문지기가 물었다.

"어디서 오신 분들입니까?"

자로가 말했다. "공씨로부터 왔습니다."

문지기가 말했다.

"이분이 불가함을 알면서도 하려고 하는 분입니까?"

子路 宿於石門

晨門曰

奚自

子路曰 自孔氏

曰

是知其不可 而爲之者與.

논어論語/헌문憲問 42

공자께서 위衛나라에서 경쇠를 치고 있는데

삼태기를 메고 공씨 문 앞을 지나는 자가 말했다.

子擊磬於衛

有荷簣而過孔氏之門者 曰

"천하에 마음이 있구나! 경쇠 치는 소리가!"　　　　　　有心哉 擊磬乎

한참 지나 말했다.　　　　　　　　　　　　　　　　既而曰

"비루하구나! 돌 소리가!　　　　　　　　　　　　　鄙哉 硜硜乎

자기를 몰라주면 그만두면 그만이지.　　　　　　　莫己知也 斯已而已矣

물이 깊으면 옷을 벗고, 물이 얕으면 걷어 올려라!"　深則厲 淺則揭

공자께서 말씀하셨다.　　　　　　　　　　　　　　子曰

"세상을 버렸으니, 과감하구나! 난관은 없겠지."　　果哉 末之難矣.

유가와 묵가

공자는 13년 동안 천하를 주유하면서 제후들에게 유세하고 등용을 바랐으나 아무도 그를 등용해 주지 않았다. 그리고 공자 스스로 세상이 나를 알아주지 않는다고 한탄하며 쓸쓸히 죽었다. 그렇다면 당시에는 누가, 어떤 사상이 인기를 누리고 있었을까?

결론부터 말하자면 당시 지배적인 사상은 공자가 반대하던 소인유小人儒인 패도주의 법가들이었고 인기를 누리던 사상은 묵가들이었다. 『맹자』·『장자』·『한비자韓非子』·『여씨춘추呂氏春秋』 등의 기록에 의하면 묵자는 춘추전국시대 제자백가 중에서 보수주의자인 공자와 쌍벽을 이루는 진보학파를 이루고 있었다. 다만 『논어』에는 묵자에 대한 언급이 전혀 없다. 그것은 묵자가 공자의 후배이기 때문이다. 그러나 『맹자』에서는 "양자楊子(BC 440?~360?)와 묵자의 제자들이 천하에 가득하다"고 기록하고 있으며, 전국시대의 한비韓非(BC 280?~233)는 『한비자』 첫머리에서 "세상에 가장 유명한 학파는 유가와 묵가"라고 말하고 있다. 『회남자淮南子』와 『열자』에서는 공자와 묵자를 영토 없는 소왕素王으로 존칭하고 있다.

그런데 천하에 가득하던 묵가들은 역사의 뒤안길로 사라졌다. 어째서, 어디로 사라진 것일까? 유가는 수천 년 동안 지배 사상이 되었고, 묵가는 탄압을 받아 수천 년 동안 금서가 되어 잊혀졌다. 왜 그랬을까? 인류사에 이처럼 극적인 미스터리가 또 있을까?

유가는 민중들에게 자기를 극복하여 지배계급과 군주를 위해 봉사하라고 말했고, 묵가는 민중의 해방을 주장했기 때문일까? 민중은 원래부터 항상 자기편이 되어주는 진보주의자들을 외면하고 배반하는 것일까? 묵자는 민중의 뜻을 하늘의 뜻이라고 했다. 그렇다면 하늘의 뜻이 민중주의를 외친 묵가를 외면한 것일까? 우리는 수수께끼 같은 이 질문에 답을 해야 할 것이다. 나는 묵자가 한족漢族이 아니고 '동이東夷'였기 때문에 그리되었을 것으로 추측할 뿐이다.

한서漢書/예문지藝文志

묵자의 유파는 대체로 청묘淸廟를 지키는 묘지기에서 나왔고   墨家者流 蓋出於淸廟之守.

반면 유가의 유파는 사도의 관직에서 나왔다.   儒家者流 蓋出於司徒之官.

유가들은 가문의 대인과 나라의 군주를 돕고   助人君

음양을 화순케 하고 교화를 밝히는 자들이다.   順陰陽 明教化者也.

좌전左傳/환공桓公2년(BC 710)

주周 문왕文王과 무왕의 위패를 모신 사당인 청묘를   淸廟

모옥茅屋으로 했으니 그 검소함을 드러낸 것이다   茅屋 昭其儉也.

맹자孟子/등문공滕文公 하

양주와 묵적墨翟(묵자)의 말이 가득하여   楊朱墨翟之言盈

천하의 언론은 양주로 돌아가지 않으면 묵적으로 돌아간다.   天下之言 不歸楊則歸墨.

열자列子/황제黃帝

혜앙惠盎이 송宋나라 강왕康王에게 말했다.   惠盎對曰

공구와 묵적은 땅이 없어도 군주이며   孔丘墨翟 無地而爲君.

벼슬이 없어도 관장이었다.   無官而爲長.

천하의 남녀노소가 모두   天下丈夫女子

목을 빼고 발돋움을 하며   莫不延頸擧踵

그들을 편안하고 이롭게 해주기를 원하지 않는 자가 없었다.   使願安利之.

한비자韓非子/현학顯學

세상에 드날리는 학문은 유가와 묵가다.   世之顯學儒墨也

공자와 묵자는 다 같이 요순을 따른다고 하지만   孔墨俱道堯舜

취사선택이 다르다.　　　　　　　　　　　　　　而取捨不同.

둘 다 자기가 진짜 요순이라고 말하니　　　　　　皆自謂眞堯舜

요순이 다시 살아 돌아오지 않는 한　　　　　　　堯舜不復生

공자가 옳은지 묵자가 옳은지 누가 판정하겠는가?　將誰使定孔墨之誠乎.

여씨춘추 呂氏春秋 **/권25/사순론** 似順論 **/유도** 有度

공자와 묵자의 제자들과 따르는 무리들이 천하에 가득하다.　孔墨弟子徒屬 充滿天下.

여씨춘추 呂氏春秋 **/권2/중춘기** 仲春紀 **/당염** 當染

공자와 묵자의 후학들은　　　　　　　　　　　　孔墨之後學

천하에 영달한 자가 많아　　　　　　　　　　　　顯榮於天下者衆矣

그 수를 셀 수조차 없다.　　　　　　　　　　　　不可勝數

모두가 물든 것이 합당함을 얻었기 때문이다.　　　皆所染者得當也.

회남자 淮南子 **/주술훈** 主術訓

공구와 묵적은　　　　　　　　　　　　　　　　　孔丘墨翟

선왕先王의 도술을 닦고 육예六藝에 통달했다.　　　脩先王之術 通六藝之論

입으로는 선왕의 말을 했고 몸으로는 선왕의 뜻을 실천했다.　口道其言 身行其志.

그들의 뜻을 사모하고 학풍을 따라　　　　　　　　慕義從風

그들을 위해 복역하는 자는 수십 인에 불과했으나　　而爲之服役者 不過數十人

천자의 지위와 같았고　　　　　　　　　　　　　使居天子之位

천하를 유묵에 기울게 했다.　　　　　　　　　　則天下徧爲儒墨矣.

회남자 淮南子 **/태족훈** 泰族訓

공자의 제자는 칠십 인이요, 양성한 무리는 삼천인데　　孔子弟子七十 養徒三千

모두가 들어서는 효도하고 나가서는 우애했다.	皆入孝出悌.
묵자를 심복하고 따르는 자는 백팔십 인인데	墨子服役者百八十
모두가 칼날을 밟고 불로 뛰어들며 죽어도 돌아서지 않는다.	皆可使赴火蹈刃 死不還踵.
그렇게 된 것은 그들을 교화했기 때문이다.	化之所致也.

이처럼 공자와 묵자는 쌍벽을 이루는 현학이었다. 『사기』「태사공자서太史公自序」에서는 제자백가를 음양가·유가·묵가·법가·도가로 구분했다. 그런데도 묵자 열전은 없으며, 엉뚱하게도「맹자순경열전孟子旬卿列傳」맨 끝에 묵자를 몇 글자 언급했을 뿐이다. 그 내용인즉 '묵자는 송나라 대부로 방어전에 능했고 절용을 실천했으며 그의 생존 연대를 알 수 없다'는 것이 전부였다.

사마천司馬遷(BC 145?~86?)이『사기』를 집필한 것은 기원전 104~75년경으로 그때 이미 역사가인 그조차도 묵자의 사적을 조사할 수 없을 정도로 묵가는 전멸한 것이 분명하다. 학자들은 기원전 136년 동중서董仲舒(BC 170?~120?)의 건의로 유교를 국교로 삼으면서 천하에 가득했던 묵가들이 전멸한 것으로 추측하고 있다.

사기史記/맹자순경열전孟子荀卿列傳

그러나 순경荀卿(순자)은 혼탁한 세상의 정사와	荀卿嫉濁世之政
망국의 난군이 이어지고,	亡國亂君相屬
대도를 행하지 않고 무축巫祝을 행하고	不遂大道 而營於巫祝
길흉의 징조를 믿으며	信禨祥
어리석은 유사들은 사소한 일에 구애되고,	鄙儒小拘.
장주莊周(장자)와 같은 부류들이	如莊周等
골개로 풍속을 어지럽히는 것을 미워했다.	又滑稽亂俗
이에 순경은 유가·묵가·도덕가들이	於是推儒墨道德之
행한 성취와 실패를 추적하고	行事興壞

차례를 지어 수만 언글의 책을 짓고 죽었으며	序列著數萬言而卒
난릉蘭陵에 장사 지냈다.	因葬蘭陵.
묵적은 송나라 대부로	盖墨翟 宋之大夫
방어전에 능했으며 절용을 실천했다.	善守禦 爲節用.
혹은 공자와 동시대라고도 하고	或曰 竝孔子時
혹은 그 후라고도 한다.	或曰 在其後.

유묵 논쟁

묵자의 유가 비판

　일찍이 유교의 도통道統으로 인정받는 한유韓愈(768~824)는 "유가는 묵자를 알아야 하고 묵가는 공자를 알아야 한다"고 말한 바 있다. 우리는 공자를 존경하지만 공자에 대한 비판에 눈을 감아서는 안 된다. 조선의 과학자요 실학자인 담헌湛軒 홍대용洪大容(1731~1783)은 한때 유가를 버리고 묵가로 달려갔다고 고백하고 있다. 우리는 우리 선조들의 유교문화 전통이 아무리 아름답다 해도 묵가들의 비판에 자유로울 수 있는지 비판적인 안목으로 바라보아야 한다.

　묵자는 목수 출신으로 철학자요, 운동가요, 경제학자이지만 과학자이기도 했다. 그러므로 묵가들은 옛것을 묵수하려는 유가들의 지혜는 갓난아기와 같다고 비난했다. 묵자는 「비유非儒」편을 써서 다음과 같이 유가들을 혹독하게 비판했다.

묵자墨子/**공맹**公孟

그런즉 유가들의 지혜는
어찌 갓난아기보다 낫다고 하겠는가?

然則 儒者之知
豈有以賢於嬰兒子哉.

묵자墨子/**비유**非儒 하

공孔 아무개가 제나라로 피신하여 경공景公을 알현했다.
경공은 기뻐하며 그에게 이계尼谿 고을을 봉하려 했다.
안자에게 이를 고하자 안자는 불가하다고 말했다.
"유가는 거만하여 자기만 고집하니
아랫사람을 교화할 수 없고
음악을 좋아하여 사람을 어지럽히니 정사를 친견할 수 없고
운명론을 주장하고 사업에는 게으르니 직분을 지킬 수 없고
상례를 숭상하고 오래 슬퍼하니 민중을 자애할 수 없고
높은 관을 쓰고 점잖은 체하니 민중을 인도할 수 없습니다.

孔某之齊見景公
景公說 欲封之以尼谿
以告晏子 晏子曰不可
夫儒浩居³⁾而自順⁴⁾
不可以敎下
好樂而淫人 不可使親治
立命而怠事 不可使守職
宗喪循⁵⁾哀 不可使慈民
機服勉容⁶⁾ 不可使導衆.

공 아무개는 용모를 꾸미고 허례허식을 닦아 세상을 속이고
노래를 부르고 악기를 타며 춤을 추어 무리를 모으고
오르고 내리는 예절을 번거롭게 하여 위의威儀를 과시하고
소매를 펄럭이며 걷는 느린 걸음걸이를 민중에게 권면합니다.

孔某盛容修飾以蠱⁷⁾世
弦歌鼓舞以聚徒
繁登降之禮以示儀
務趨⁸⁾翔之節以觀衆

---

3)_ 浩居(호거)=傲倨.
4)_ 順(순)=從也. 好自也.
5)_ 循(순)=遂也.
6)_ 容(용)=危冠張容.
7)_ 蠱(고)=惑也.
8)_ 趨(추)=趍=翔=行而張拱.

그의 박학은 세상일을 의논할 수 없고 博學不可儀世

아무리 노심초사해도 민民을 도울 수 없습니다. 勞思不可以補民

목숨을 다해도 그 학문을 다할 수 없고 累壽不能盡其學

일 년이 걸려도 그 예를 다할 수 없고 當年不能行其禮

아무리 재산이 많다 해도 그 음악의 비용을 댈 수 없습니다. 積財不能贍[9]其樂

사술로 번다하게 꾸며 세상과 군주를 속이고 繁飾邪術 以營[10]世君

음악을 성대하게 하여 어리석은 민중을 속입니다. 盛爲聲樂 以淫[11]愚民

그러므로 그의 도는 세상을 교화할 수 없고 其道不可以期[12]世

그의 학문은 민중을 인도할 수 없습니다." 其學不可以導衆.

특히 묵가들은 노동자 출신들이므로 민중적이다. 그러므로 귀족적이며 보수적인 유가들에 대한 그들의 비판은 신랄하다. 묵가의 특색을 요약하면 다음과 같다.

첫째, 묵가들은 공자의 '복례復禮'로 대표되는 유가들의 수구주의를 반대한다.

묵자墨子/**공맹**公孟

지금 그대는 말하기를 今子曰

"공자는 시서와 孔子博於詩書

예악과 만물에 밝으니 察於禮樂 詳於萬物

천자가 될 만하다"고 말한다. 而曰可以爲天子

이것은 남의 장부를 보고 자기가 부자라고 착각하는 것과 같다. 是數人之齒 而以爲富.

---

9)_ 贍(섬)=給也.

10)_ 營(영)=惑也.

11)_ 淫(음)=邪, 亂, 惑也.

12)_ 期(기)=示의 誤. 示=敎.

묵자墨子/비유非儒 하

또 공자는 말하기를	又曰
"군자란 옛 성인을 따를 뿐 새로 지어내지 않는다"고 한다.	君子循而不作.
그렇다면 말하겠다.	應之曰
옛사람 예羿는 활을 만들고, 여伃는 갑옷을 만들었고	古者羿作弓 伃[13]作甲
해중奚仲은 수레를 만들고, 공수工倕는 배를 만들었다.	奚仲作車 巧垂[14]作舟
그렇다면 지금 그들의 법도를 따라 갑옷과 수레를 만든 장인은	然則 今之鞄函車匠
모두 군자들이고,	皆君子也
이것을 처음으로 만들어낸 여와 해중과 공수는 모두 소인가?	而羿伃奚仲工倕 皆小人邪
또한 그대가 조술한 것도 누군가 새로 지은 것이다.	且其所循 人必或作之
그런즉 그대가 조술한 것은	然則其所循
모두 소인의 도를 조술한 것이다."	皆小人道也.

묵자墨子/공맹公孟

유가인 공맹자公孟子가 말했다.	公孟子曰
"군자는 반드시 옛말을 하고 옛 의복을 입어야 인자仁者다."	君子必古言服然後仁.
묵자가 이에 대해 비판했다.	子墨子曰
"옛날 상商나라 주왕紂王과 경사인 비중費仲은	昔者商王紂 京士費仲
천하의 폭인暴人이고	爲天下之暴人
기자箕子와 미자微子는 천하의 성인聖人이다.	箕子微子 爲天下之聖人
그들은 같은 말을 했으나	此同言
한쪽은 인仁하고 한쪽은 불인不仁하다.	而或仁或不仁也

---

13)_ 伃(여)＝季杼.
14)_ 巧垂(공수)＝工倕.

주공周公 단但은 천하의 성인이고　　　　　　　　周公但爲天下之聖人

관숙管叔은 천하의 폭인이다.　　　　　　　　　管叔爲天下之暴人

그들은 같은 옷을 입었으나 한쪽은 인하고 한쪽은 불인하다.　此同服 而或仁或不仁

그런즉 인은 옛 의복이나 옛말에 달려 있는 것이 아니다.”　然則 不在古服與古言矣.

둘째, 유가들은 성인이신 선왕先王의 말씀과 군君·사師·부父를 가치표준으로 삼는다. 묵자는 이를 반대하고 대신 하느님의 뜻과 인민의 이익을 가치표준으로 삼는다.

묵자墨子/법의法儀

부모와 학문과 군주는　　　　　　　　　故父母學君三者

다스리는 법도로 삼을 수 없다.　　　　　莫可以爲治法.

그러면 무엇을 법도로 삼아야 하는가?　　然則奚以爲治法而可.

하느님의 뜻을 법도로 삼는 것보다 더 좋은 것은 없다.　曰 莫若法天.

묵자墨子/천지天志 상

하늘은 무엇을 바라고 무엇을 싫어하는가?　　天亦何欲何惡

하늘은 의로움을 바라고 불의를 싫어한다.　　天欲義而惡不義.

그래서 천하 백성을 이끌고　　　　　　　　然則率天下之百姓

의로움을 힘쓰면　　　　　　　　　　　　以從事於義

곧 내가 하늘이 바라는 것을 하는 것이다.　　則我乃爲天之所欲也.

내가 하늘이 바라는 것을 하면　　　　　　　我爲天之所欲

하늘도 역시 내가 바라는 것을 해주신다.　　天亦爲我所欲.

셋째, 묵자는 유가들을 장님과 같다고 말한다. 유가들은 관념으로는 인仁을 알지만, 인을 선택하라면 모르기 때문이다. 그것은 유가들이 지각과 경험을 무시하는 관념론자들이라는 뜻이다.

묵자墨子/비공非攻 하

오늘날 천하 군자들은	今天下之所同義者
모두 성왕聖王의 법을 옳다고 한다.	聖王之法也.
그러나 오늘날 천하의 제후들은	今天下之諸侯
하나같이 정벌과 겸병을 일삼는다.	將猶皆攻伐幷兼.
이것은 그들이 의義의 이름만 기릴 뿐	則是有譽義之名
의의 실체를 알지 못하기 때문이다.	而不察其實也.
이것은 마치 장님이 다른 사람들과 똑같이	此譬猶盲者之與人同
흑백의 명칭은 말하지만	命白黑之名
실제로는 흑백을 구분할 수 없는 것과 같다.	而不能分其物也.

묵자墨子/귀의貴義

지금 천하 군자들이 인仁이라고 말하는 것은	今天下君子之名仁也
비록 우임금과 탕왕이라고 해도 바꾸지 못할 것이다.	雖禹湯無以易之.
그러나 군자들에게 인과 불인不仁을 함께 놓고	兼仁與不仁
인을 가려내라 한다면	而使天下之君子取焉
그들은 알 수 없을 것이다.	不能知也.
그러므로 내가	故我曰
유가들은 인을 모른다고 말하는 것은	天下之君子不知仁者
그 명칭이 아니라 그 선택을 말하는 것이다.	非以其名也 以其取也.

넷째, 묵자는 공맹의 의전론義戰論을 반대한다. 전쟁은 인간을 집단적으로 살해하는 제도이므로 식인종의 풍습과 다를 바 없는 죄악이라고 단정한다. 묵자는 자기 조상인

백이숙제伯夷叔齊의 반전사상을 계승한 것이다.

묵자墨子/노문魯問

노양문군魯陽文君이 묵자에게 말했다.

"초나라 남쪽에는 식인국이 있는데 그 나라에서는

큰아들을 낳으면 잡아먹으면서

이는 다음 태어날 아우를 위한 일이라고 말합니다.

그리고 맛이 있으면 나머지를 군주에게 바치고

군주가 맛있게 먹으면 그 아비에게 상을 내린답니다.

이 얼마나 몹쓸 풍습입니까?"

묵자가 말했다.

"중국의 풍습도 이와 같습니다.

아비를 죽여 자식이 상을 타는 전쟁이라는 제도가

무엇이 다르겠습니까?

자식을 죽여 아비가 상을 타는 식인종의 풍속과 같습니다.

아비를 먹는 전쟁도 인의仁義를 저버린 것인데

어찌 자식을 먹는 식인종만을 비난할 수 있겠습니까?"

魯陽文君語子墨子曰

楚之南有啖人之國者

其國之長子生 則解而食之

謂之宜弟.

美則以遺其君

君喜則賞其父.

豈不惡俗哉.

子墨子曰

雖中國之俗 亦猶是也.

殺其父以償其子

何以異

食其子而償其父者哉.

苟不用仁義

何以非夷人之食其子也.

다섯째, 묵자는 유가들의 기본 사상인 왕권신수설인 천명론天命論과 신분차별의 이념인 운명론運命論을 모두 거부하고 비난한다.

묵자墨子/비유非儒 하

운명론을 고집하는 자들은 말하기를

'빈부貧富·수요壽夭·안위安危·치란治亂은

원래부터 천명天命에 달려 있으니

有强執有命 以說議曰

壽夭貧富 安危治亂

固有天命

덜 수도 없고 더할 수도 없다'고 한다.　　　　　　　　　不可損益

유가들이 이것을 도리와 가르침으로 삼는 것은　　　　以儒者以爲道敎

천하 인민을 해치는 짓이다.　　　　　　　　　　　　是賊天下之人者也.

묵자墨子/비명非命 중

삼가라! 천명은 없다.　　　　　　　　　　　　　　　敬哉 無天命.

너희는 사람을 높이고 말을 지어내지 말라.　　　　　惟予二人[15] 而無造言

천명은 하늘에서 내려온 것이 아니라　　　　　　　　不自天降

내 스스로 만들어내는 것이다.　　　　　　　　　　　自我得之

상나라·하나라의 시서詩書에 의하면　　　　　　　　在於商夏之詩書

이르기를 "천명은 폭군이 지낸 것"이라고 한다.　　　曰命者暴王作之.

여섯째, 묵자는 유가들의 예악禮樂을 비판하고, 후한 장례와 오랜 상례와 사치한 음악을 반대한다. 이것들이 생산 활동을 방해하고 나아가 지배자들의 착취구조를 합리화하는 것이라고 생각한 것이다.

묵자墨子/공맹公孟

옛날 걸桀·주紂·유幽·여厲 등 삼대 폭군들은　　　　　古者三代暴王 桀紂幽厲

음악을 성대하게 하면서 민民을 돌보지 않았다.　　　蕄爲聲樂 不顧其民

그 결과 몸은 형틀에서 죽고 나라는 멸망했다.　　　是以身爲刑僇 國爲虛戾者.

묵자墨子/비악非樂 상

민에게는 세 가지 근심이 있다.　　　　　　　　　　民有三患

---

15)_ 二人(이인)＝上人.

주린 자가 밥을 얻지 못하고, 헐벗은 자가 옷을 얻지 못하고　　飢者不得食 寒者不得衣

수고로운 자가 쉬지 못하는 것이다.　　勞者不得息

이 세 가지는 민에게 가장 큰 근심이다.　　三者民之巨患也.

그런데 그것을 다스리고자 종과 북을 울리고　　然卽當爲之 撞巨鐘擊鳴鼓

가야금과 비파를 타고 피리와 생황을 불며 칼춤을 춘다면　　彈琴瑟 吹竽笙 而揚干戚

민중이 먹고 입을 재물을 얻을 수 있겠는가?　　民之衣食之財 將安可得乎.

나는 결코 그렇지 않다고 생각한다.　　卽我以爲未必然也.

아니면 천하의 어지러움이　　天下之亂也

다스려질 수 있겠는가?　　將安可得而治與.

나는 결코 그렇지 않다고 생각한다.　　卽我以爲未必然也.

묵자墨子/절장節葬 하

손익을 계산해 보면 후한 장례 법도는　　計厚葬

거두어들인 많은 재물을 묻어버리는 것이며　　爲多埋賦財者也

삼년상은 오랫동안 생업을 금지하는 것이다.　　計久喪 爲多久禁從事者也

이것은 마치 농사를 금지하면서 수확을 바라는 것과 같다.　　此譬猶禁耕 而求穫也.

　　일곱째, 묵자는 인간은 노동을 해야만 살아갈 수 있는 동물임을 천명했다. 그리고 유가들을 거지와 같다고 말했다. 그들은 먹고 마시는 것은 좋아하면서도 노동하는 것은 싫어하므로 굶어 죽고 얼어 죽어도 스스로 해결할 수 없다는 것이다. 묵자는 유가들이 노동을 포기한 것은 인간의 특권을 포기한 불구자가 되는 것이라고 생각했다.

　　이러한 묵자의 '유가 거지론'을 '노예변증법'이라고 말할 수도 있을 것이다. 이른바 노예변증법이란 노예에 의지하며 살던 귀족은 노예가 없으면 살아갈 수 없는 존재로 불구화되어 끝내는 '노예의 노예'가 되어버리는 결과를 낳는다는 것이다. 유가들은 생산을 천시하지만 생산이 없으면 살아갈 수 없으므로 끝내는 생산자의 노예가 될 수밖에 없는 운명이다. 마르크스가 자본을 '잉여노동의 착취'라고 말한 것도 같은 맥락이다. 자본가는 노동자를 노예로 부리지만 자본가는 노동자가 없으면 살아갈 수 없다. 결국 자본은 노동이 없으면 존재도 의미도 가질 수 없는 것이다. 진실로 묵자의 '유가 거지론'은 획기적인 발명이 아닐 수 없다.

묵자墨子/비유非儒 하

| 유가들은 남의 집에서 살찌고 | 因人之家以爲翠[16] |
| 남의 밭에서 술에 취한다. | 恃人之野以爲尊[17] |

유가들은 예와 악을 번거롭게 꾸며 사람들을 사치하게 하고	夫繁飾禮樂以淫人
오랜 상례와 거짓 슬픔으로 어버이를 속이고	久喪僞哀以謾親
운명론을 믿고 가난하면서도 편안하고 풍요롭게 살며	立命緩貧而高[18]浩[19]居
생산노동을 기피하고 태만과 안일에 젖어 있다.	倍本棄事而安怠傲.
먹고 마시는 것은 좋아하면서도 일하는 것은 싫어함으로써	貪於飮食 惰於作務
굶주리고 추위에 떨며 얼어 죽고 굶어 죽을 지경에 처해도	陷於飢寒 危於凍餒
벗어날 방법이 없다(노예변증법).	無以違之.
이는 마치 거지와 같아서 두더지처럼 감추고	是若乞人 鼹鼠藏
숫양처럼 눈을 번득이며 멧돼지처럼 달려든다.	而羝羊視 賁彘起.

여덟째, 묵자는 노예처럼 군주에 순종하라는 유가의 군자론을 비판한다. 그들은 두드려야 울리는 종鍾과 같다고 힐난한다. 종은 아무리 좋은 소리를 낼 수 있는 기능을

---

16)_ 翠(취)=膵也, 肥也.
17)_ 尊(준)=酒器.
18)_ 高(고)=安也.
19)_ 浩(호)=饒也.

가지고 있더라도 누군가 두드려야 그 소리를 낼 수 있다. 종은 자기 목적도 자기 주체도 없다. 유가들이 삶의 목표로 삼는 군자란 군주의 노예에 불과한 존재라는 뜻이다.

묵자墨子/공맹公孟

그대는 이르기를 "군자는 팔짱을 끼고 기다리다가	子曰 君子拱己以待
물으면 대답하고 묻지 않으면 입을 다물어	問焉則言 不問言則止.
마치 종과 같이 두드리면 울고	譬若鍾然 扣則鳴
두드리지 않으면 그쳐야 한다"고 말한다.	不扣則不鳴.
그렇다면 지금 그대는 두드리지 않았는데 말했으니	今未有扣子而言
이는 그대가 말한 대로 두드리지 않았는데 운 것이다.	是子之所謂不扣而鳴邪
그대의 말대로라면 그대는 군자가 아니다.	是子之所謂 非君子也.

유가의 묵자 비판

맹자는 묵가의 평등주의에 대해 부모도 모르는 짐승과 같다고 비난하고, 양자의 위아주의爲我主義에 대해서는 군주도 모르는 금수와 같다고 비판하며, 이들은 금수 같은 자들이니 타도해야 한다고 주장했다. 순자는 묵가를 노동자의 도道라고 비난했다. 특히 순자는 묵자가 공리功利와 노동勞動을 숭상하고 백성들과 사업을 균등히 하고 공로를 평등하게 하려는 것은 천하를 삭막하게 할 것이며, 검소를 숭상하고 절용을 주장하는 것은 도리어 천하를 더욱 가난하게 할 것이며, 노력에 비해 공적이 없을 것이라고 비판했다. 이것은 2,400년 전의 논쟁이지만 마치 오늘날 사회주의와 자본주의의 논쟁을 듣는 듯한 착각을 일으킨다.

맹자孟子/등문공滕文公 하

양楊 씨(양자)는 개인주의이니 이는 군주가 없는 것이요,　　　　楊氏爲我 是無君也

묵墨 씨(묵자)는 평등주의이니 이는 아비가 없는 것이다.　　　　墨氏兼愛 是無父也.

양묵楊墨의 도가 그치지 않는다면　　　　　　　　　　　　　　　楊墨之道不息

공자의 도는 드러나지 않을 것이며　　　　　　　　　　　　　　孔子之道不著

이 같은 거짓 학설이 민중을 속여 인의仁義를 막아버릴 것이다.　是邪說誣民 充塞仁義

인의가 막히면 짐승을 몰아 사람을 잡아먹게 하고　　　　　　　仁義充塞 則率獸食人

장차 사람이 서로 잡아먹게 될 것이다.　　　　　　　　　　　　人將相食.

맹자孟子/진심盡心 상

맹자가 말했다. "양자는 개인주의를 지향하므로　　　　　　　　孟子曰 楊子取爲我

털 한 올을 뽑으면 천하에 이롭다 해도 하지 않을 것이다.　　　拔一毛 而利天下不爲也

묵자는 평등한 사랑을 지향하므로　　　　　　　　　　　　　　墨子兼愛

머리 꼭대기부터 발끝까지 털이 다 닳아도　　　　　　　　　　摩頂致踵

천하에 이롭다면 할 것이다.　　　　　　　　　　　　　　　　而利天下爲之

자막子莫은 중용을 잡고 나아가므로 도에 가까우나　　　　　　子莫執中 爲近之

그것이 권도를 잃으니 하나를 고집하는 것과 같다.　　　　　　執中無權 猶執一也

하나를 고집하는 것을 미워하는 까닭은　　　　　　　　　　　所惡執一者

그것을 실행하면 도를 해칠 것이니　　　　　　　　　　　　　爲其賊道也

하나를 드러내기 위해 백 가지를 폐하기 때문이다."　　　　　　擧一而廢百也.

맹자孟子/진심盡心 하

맹자가 말했다.　　　　　　　　　　　　　　　　　　　　　　　孟子曰

"묵가에서 도망치면 반드시 양자로 귀의할 것이며　　　　　　　逃墨必歸於楊

양자에게서 도망치면 반드시 유가에 귀의할 것이다.　　　　　　逃楊必歸於儒

돌아오면 그들을 받아줄 뿐이다.

그러나 지금 양묵과 논쟁하는 자들은 달아난 돼지를 잡듯

이미 우리 속에 넣었는데 쫓아가 다리를 결박한다.

歸斯受之而已矣

今之與楊墨辯者 如追放豚

旣入其笠²⁰⁾ 又從而招²¹⁾之.

순자荀子/왕패王霸

크게는 천하를 소유한 천자부터

작게는 일국을 소유한 제후까지

반드시 스스로 일을 해야 다스릴 수 있다면

정신적 육체적 수고가 너무도 심할 것이다.

그렇다면 비록 노예라도

농사짓는 일을 천자의 지위와 바꾸려 하지 않을 것이다.

이처럼 천하를 돌보고 사해를 통일하는 일을

어찌 자기 스스로 해야 한단 말인가?

그렇게 하려는 것은 노동자의 도道요,

묵자의 학설이다.

大有天下

小有一國

必自爲之然後可

則勞苦耗顇莫甚焉

如是則 雖臧獲

不肯與天子易藝業

以是縣天下一四海

何故必自爲之

爲之者役夫之道也

墨子之說也.

순자荀子/비십이자非十二子

천하를 통일하고 국가를 세우는 관건을 모르고

공적과 실용을 숭상하고 검약을 장려하며 차등을 가볍게 보면,

분별과 차이를 포용하고

군신을 저울질하기는 부족할 것이다.

이것이 묵적과 송견宋銒이다.

不知一天下建國家之權稱

上功用大儉約 而慢差等

曾不足 以容辨異

縣²²⁾君臣

是墨翟宋銒.

---

20)_ 笠(립)＝欄也.

21)_ 招(초)＝올가미, 얽다.

22)_ 縣(현)＝稱也, 錘也.

순자荀子/부국富國

무릇 천지가 만물을 지음에는 본래 여유가 있게 했으며	夫天地之生萬物也 固有餘
사람을 먹이기에 부족함이 없었다.	足以食人矣.
여유가 부족하다고 걱정하는 것은	夫有餘不足
천하의 일반적인 걱정이 아니고	非天下之公患也
묵자만의 지나친 근심이다.	特墨子之私憂過計也
정작 천하가 걱정할 일은 그것을 어지럽히고 해치는 일이다.	天下公患 亂傷之也.
묵자가 천하를 소유하거나 한 나라를 소유한다면	墨子大有天下 小有一國
부리는 자를 줄이고 관리도 줄일 것이며	將少人徒 省官職
공리를 숭상하고, 수고로운 노동을 하고	上功勞苦
백성과 함께 사업에 종사하며 성과를 균등 분배할 것이다.	與百姓均事業 齊功勞.
만약 그렇게 되면 권위가 없어질 것이며	若是則不威
권위가 없으면 상벌을 시행할 수 없고	不威則賞罰不行.
이것은 만물이 마땅함을 잃어	若是則 萬物失宜
일의 변화에 대응하지 못함으로써,	事變失應
위로 천시天時와 아래로 지리地利와	上失天時 下失地利
가운데로 인화人和를 잃게 되어	中失人和
천하가 불타 버린 듯 삭막해질 것이다.	天下熬23)然 若燒若焦.
그러므로 묵자의 주장을 시행하면	故墨術誠行
천하가 검소하면 할수록 더욱 가난해질 것이며	則天下尙儉而彌貧
전쟁을 비난하면서도 날마다 다툴 것이며	非鬪而日爭
죽도록 고생해도 오히려 공적은 없을 것이다.	勞苦頓萃 而愈無功.

---

23)_ 熬(오)=乾也, 嗷也.

2절 | 공자는 보수의 원조

논어 읽기

논어論語/팔일八佾 14

공자께서 말씀하셨다.   子曰

"주나라는 하나라·은나라 이 대를 거울로 삼았으니   周監於二代

빛나도다! 그 문물이여! 나는 주나라를 따르겠다."   郁郁乎文哉 吾從周.

논어論語/안연顏淵 1

안연顏淵이 인仁을 물었다.   顏淵問仁.

공자께서 말씀하셨다.   子曰

"사사로움을 극복하고 주례周禮로 돌아가는 것이 인이다.   克己復禮 爲仁也.

한결같이 날마다 극기克己하여 복례復禮하면   一日克己復禮

천하가 인으로 돌아갈 것이다."   天下歸仁焉.

논어論語/술이述而 1

공자께서 말씀하셨다.   子曰

"옛것을 전술할 뿐 새로 지어내지 않는다.　　　　　　　述而不作

내가 옛것을 믿고 좋아하는 것을　　　　　　　　　　信而好古

남몰래 고사古事의 달인 노팽老彭24)과 견주어본다."　　竊25)比於我老彭.

논어論語/이인里仁 20

공자께서 말씀하셨다.　　　　　　　　　　　　　　子曰

"삼 년 동안 아비의 도를 바꾸지 않으면　　　　　　三年無改於父之道

가히 효라고 말할 수 있다."　　　　　　　　　　　可謂孝矣.

논어論語/학이學而 11

공자께서 말씀하셨다.　　　　　　　　　　　　　　子曰

"아버지가 살아계실 때는 아버지의 뜻을 힘쓰고　　　父在觀26)其志

돌아가신 후에도 그 행한 바를 힘쓰며　　　　　　　父沒 觀其行.

삼 년 복상 중에는 아버지의 길(道)을 바꾸지 않아야만　三年無改於父之道

효자라 할 수 있을 것이다."　　　　　　　　　　　可謂孝矣.

논어論語/위영공衛靈公 11

안연이 나라를 다스리는 것에 대해 물었다.　　　　　顔淵問爲27)邦

공자께서 말씀하셨다.　　　　　　　　　　　　　　子曰

"하나라의 달력을 쓰고, 은나라의 수레를 타며　　　行夏之時 乘殷之輅28)

---

24)_ 은나라의 賢大夫.

25)_ 竊(절)＝私也.

26)_ 觀(관)＝勸也.

27)_ 爲(위)＝治也.

28)_ 輅(로)＝의식용 수레.

주나라의 면류관을 쓰고, 순임금의 춤과 노래를 본받아라!　　服周之冕 樂則韶舞[29]

정나라 음악을 추방하고 아첨하는 자를 멀리하라.　　放鄭聲 遠佞人

정나라 음악은 음탕하고 아첨하는 자는 위태롭다."　　鄭聲淫 佞人殆.

논어論語/계씨季氏 8

공자께서 말씀하셨다.　　孔子曰

"군자에겐 세 가지 두려워할 것(三畏)이 있다.　　君子[30]有三畏

천명을 두려워해야 하며　　畏[31]天命

큰 가문의 대인들을 두려워해야 하며　　畏大人[32]

역대 훌륭한 제왕(성인)들의 말씀을 두려워해야 한다.　　畏聖人[33]之言

소인들은 천명을 알지 못하여 두려워하지 않고　　小人[34]不知天命 而不畏也

대인에게 함부로 굴며 성왕의 말씀을 가볍게 여긴다."　　狎大人 侮[35]聖人之言.

---

29)_ 韶舞(소무)=순나라의 음악과 무용.
30)_ 君子(군자)=大夫 이상의 官長.
31)_ 畏(외)=敬也, 懼也.
32)_ 大人(대인)=人 계급인 巨室의 宗主.
33)_ 聖人(성인)=天子, 王.
34)_ 小人(소인)=소인유=패도파의 관료.
35)_ 侮(모)=輕也, 陵也.

공자의 복례

대체로 동서양을 막론하고 철학자나 지식인들은 시대 상황과 계급적 처지에 따라 사상과 행동이 상응하는 것이 보통이다.

첫째, 어떤 행복한 시기이거나 또는 행복에 다가설 수 있는 처지의 사람들은 대체로 현실과 조화하려고 하며 구체제의 유지를 원한다. 그러므로 그들은 민民보다 국가와 민족을 강조하며 개인보다 전체를 우선시하는 입장에 선다. 이들을 보수주의자라고 한다.

물론 그들도 구체제 유지를 위해 필요하다고 생각되는 개혁을 제창하기도 한다. 그러나 그들의 생각이 환영되리라고 확신하며 따라서 사회가 개혁되지 않는다 하더라도 그들은 세상을 절망하지는 않는다. 춘추시대의 유사 출신인 공자가 이 경우에 해당한다.

둘째, 앞의 경우와는 달리 지배 체제의 주류에서 제외된 사람들은 현상 유지를 반대하고 구체제가 바뀌기를 원한다. 그러므로 그들은 민생을 강조하며 국가와 민족보다 민권民權을 우선시하는 입장에 선다. 이들을 진보주의자라고 한다. 그들은 근본적인 개혁을 요구하며 그것이 가까운 장래에 이루어지지 않을지라도 하늘의 명령이거나 역사법칙임을 확신하고 저항한다. 춘추 말의 목수 출신인 묵자가 이 경우에 해당한다.

셋째, 이들과는 또 다른 경우가 있다. 그들이 처하고 있는 세상에 대해 실망하고 무엇이 요청되는지를 알고 있으나 그것을 이룰 희망을 전혀 갖지 못한 사람들이다. 이런 경우 깊은 절망에 빠져 지상의 생을 나쁜 것으로 보며 다만 내세에 좋은 것을 바라고 혹은 어떤 신비한 신선 세계를 꿈꾸게 된다. 노자, 장자莊子(BC 369~289?)가 이 경우에 해당할 것이다.

공자는 지식인의 시조라 할 수 있다. 그는 일정한 스승이 있어 배운 것이 아니라 당시 주공이 하나라의 문물제도와 은나라의 문물제도를 종합하여 만든 주나라의 문물제도인 '주례周禮'가 있었고 이에 따른 문왕과 무왕의 치도治道가 사라지지 않고 있었으므로 이를 정리하여 학문적 체계를 세웠다.

그러므로 공자는 옛것을 숭상하는 데 있어서는 스스로 천하제일이라고 자부했다. 그는 "부모가 죽은 후에도 삼 년 동안은 부친의 도道를 바꾸지 않아야 효孝라고 말할 수 있다"고 했다. 그는 늙어서 꿈에서나마 주공을 보지 못하는 것을 슬퍼할 정도로 주공을 그리워했고, 천자도 아닌 주공을 성인으로 삼았다. 그러므로 그가 말한 난세를 종식시키는 방책의 골자는 주공이 정립한 주례를 부흥하는 이른바 '복례復禮'였다. 그래서 인仁을 '극기복례克己復禮'라고 말했다. 이처럼 그는 당시 난세의 원인을 구체제의 낡음에서 찾지 않고 구체제의 문란에서 찾은 보수주의의 원조였던 것이다. 그러므로 그의 소망은 봉건군주의 수호천사인 군자君子 즉 대부大夫가 되어 관장官長을 맡는 것이었다.

묵자의 복례 비판

묵자는 공자의 수구주의에 대한 반대 세력이었다. 그렇다고 묵자가 옛것을 모두 버리자고 한 것은 아니다. 그의 주장은 '옛사람의 좋은 것은 본받고, 동시에 지금 사람의 좋은 것을 새로 지어내야 한다'는 것이었다. 그의 논지는 이렇다. 좋고 어질다는 것은 옛 제도와 옛말에 달려 있는 것이 아니다. 만약 옛것만 좋다고 말한다면 공자가 부흥하려고 하는 주례도 좋다고 말할 수 없다. 왜냐하면 주례는 하례夏禮와 은례殷禮에 비하면 옛것이 아니기 때문이다.

이러한 묵자의 판단 기준은 그의 삼표론三表論이다. 삼표란 성왕聖王의 사적을 뿌리로 삼고, 백성의 이목의 실상을 근원으로 삼아, 인민의 이익을 살펴야 한다는 것이다. 그러므로 선왕先王을 기리는 것은 옛것이라서가 아니라 사람의 삶에 이롭기 때문이라고 말한다.

묵자墨子/경주耕柱

유가인 공맹자가 주장했다.	公孟子曰
"군자는 새로 지어내지 않고 옛것을 말할 뿐이다."	君子不作述而已.
묵자가 말했다.	子墨子曰
"그렇지 않다.	不然.
사람이 심히 군자답지 못한 것은	人之甚不君子者
옛 좋은 것을 말하지 않고	古之善者不述
지금 좋은 것을 지어내지 않는 것이다.	今之善者不作.
다음으로 군자답지 못한 것은	其次不君子者
옛날의 좋은 것을 조술하지 않고	古之善者不述
자기의 좋은 것을 지어내며	己有善則作之
좋은 것이 자기로부터 나오기를 바라는 것이다.	欲善之自己出也
지금 옛것을 말할 뿐 새로 지어내지 않는 것은	今述而不作
옛것을 말하지 않고	是無所異 於不好述
새로 지어내기만 하는 것과 다를 것이 없다.	而作者矣
나는 옛사람의 좋은 것을 말하고	吾以爲古之善者則述之
지금에 좋은 것은 새로 지어내야 한다고 생각한다.	今之善者則作之
나는 좋은 것이 더욱 많아지기를 바라기 때문이다."	欲善之益多也.

무마자巫馬子가 묵자에게 말했다.	巫馬子謂子墨子曰
"지금 사람을 버리고 옛 임금을 칭송하는 것은	舍今之人 而譽先王
해골을 칭송하는 것입니다."	是譽槁骨也.
묵자가 말했다.	子墨子曰

"천하가 살아갈 수 있는 까닭은   天下之所以生者

선왕의 도리와 가르침이 있었기 때문이다.   以先王之道教也

오늘날 선왕을 칭송하는 것은   今譽先王

천하 만민이 살아갈 수단으로서 칭송하는 것이다. 是譽天下之所以生也

그러므로 기려야 할 것을 기리지 않는 것은 도리가 아니다." 可譽而不譽 非仁也.

묵자墨子/귀의貴義

공맹자가 유가를 변호하여 말했다.   公孟子曰

"군자는 반드시 옛것을 말하고 옛 의복을 입어야 한다. 君子必古言古服

그런 연후만 어진 사람이 된다."   然後仁.

묵자가 이를 반박했다.   子墨子曰

"옛날 주왕은 천하의 폭군이라 했고   昔者紂爲天下之暴人

기자는 천하의 성인이라고 했는데   箕子爲天下之聖人

이들은 똑같은 말을 했다.   此同言

주공은 천하의 성인이라 했고   周公旦爲天下之聖人

관숙은 천하의 폭군이라 했는데   管叔爲天下之暴人

이들은 같은 옷을 입었다.   此同服

그러나 한쪽은 어질고 한쪽은 어질지 못했다. 而或仁或不仁也

그러므로 어질다는 것은   然則

옛 의복이나 옛 말씀에 달린 것이 아니다. 不在古服與古言矣

또한 그대는 주례만 본받고 하례는 본받지 않으니 且子法周 而未法夏也

그대의 옛것은 진실한 옛것이 아니다." 子之古非古也.

장자·한비·여불위의 반복례

전국시대의 도가인 장자와 법가인 한비는 유가들의 보수주의를 신랄하게 비판한다.

장자莊子/외편外篇/천운天運

공자가 서쪽으로 위衛나라에서 유세할 때	孔子西遊於衛
안연이 태사太師인 금今에게 물었다.	顔淵問師今
"우리 선생님의 도는 어떻게 될 것 같습니까?"	曰以夫子之行[36]爲奚如
태사 금이 말했다.	師今曰
"안타까운 일입니다. 공자께서는 궁지에 몰릴 것입니다."	惜乎 而夫子其窮哉.
안연이 물었다. "왜 그렇습니까?"	顔淵曰 何也.
태사 금이 말했다. "추구芻狗는 진열되기 전에는	師今曰 夫芻狗之未陳也
수놓은 보자기에 싸여 상자에 담겨지고	盛以篋衍 巾以文繡.
시동과 축관은 재계를 하고 받들어 모십니다.	尸祝齊戒以將[37]之
그러나 제사가 끝나면 버려져서	及其已陳也
행인들에게 머리와 등을 밟히고	行者踐其首脊
초동이 주어다가 아궁이에 던져버립니다.	蘇[38]者取而爨之而已
만약 다시 주워	將復取而
수건으로 싸고 상자에 담아	盛以篋衍 巾以文繡
곁에 두고 그 밑에서 누워 잠을 자면	游居寢臥其下
악몽을 꾸지 않으면 반드시 가위눌림 꿈을 자주 꿀 것입니다.	彼不得夢 必且數眯[39]焉

---

36)_ 行(행)＝道也.

37)_ 將(장)＝奉也.

38)_ 蘇(소)＝草也

39)_ 眯(미)＝눈에 티가 들다. 厭夢.

지금 공자께서는	今而夫子
옛 임금들이 사용하고 버린 추구를 가지고	亦取先王已陳芻狗
제자를 불러 모아 가지고 놀며	聚弟子游居
그 밑에서 잠을 자고 있는 꼴입니다.	寢臥其下
물 위를 다니는 데는 배보다 좋은 것이 없지만	夫水行莫如用舟
땅 위를 다니는 데는 수레보다 좋은 것이 없습니다.	而陸行莫如用車.
배로는 물은 갈 수 있지만	以舟之可行於水也
그것을 육지에서 밀고 간다면	而求推之於陸
평생 가지 못할 것은 뻔한 일입니다.	則沒世不行尋常.
지금 주나라 제도를 노나라에서 행하려 하는 것은	今蘄行周於魯
마치 육지에서 배를 밀고 가는 것과 같습니다.	是猶推舟於陸也.
수고롭기만 할 뿐 공적은 없고	勞而無功
몸에 반드시 재앙이 있을 것입니다."	身必有殃.
삼황오제의 예의와 법도는	故夫三皇五帝之禮義法度
똑같아서 숭상되는 것이 아니라	不矜於同
다스리는 수단이므로 숭상되는 것이다.	而矜[40]於治.
그러므로 삼황오제의 예의와 법도는	故譬三皇五帝之禮義法度
아가위·배·귤·유자 등 과실에 비유되는데	其猶柤[41]梨橘柚邪
이것들은 각각 맛은 다르나 모두 입에 맞는 것 같기 때문이다.	其味相反 而皆可於口.
그러므로 예의와 법도는 시대에 부응하기 위해 변하는 것이다.	故禮義法度 應時而變者也
만약 원숭이에게 주공의 옷을 입힌다면	今取猨狙而衣 以周公之服

---

40)_ 矜(긍)＝尙也.
41)_ 柤(사)＝아가위.

원숭이는 반드시 물어뜯고 찢어버려야만	彼必齕齧[42] 挽裂
만족할 것이다.	盡去而後慊.[43]
고금이 다른 것은	觀古今之異
마치 원숭이와 주공이 서로 다른 것과 비슷하다.	猶猨狙之異乎周公也.

절세미인 서시西施는 가슴 병을 앓아 눈살을 찌푸리곤 했다.	故西施病心 而矉於其里[44]
마을의 추한 여자가 그것을 아름답다고 생각하고는	其里之醜人 見之而美之
돌아와 자기도 가슴을 부여잡고 눈살을 찌푸렸다.	歸亦捧心而矉於其里.
마을의 부자는 그녀를 보자	其里之富人見之
문을 잠그고 나가지 않았으며,	堅閉門而不出
가난한 사람들은 처자를 거느리고 마을을 떠나기까지 했다.	貧人見之 挈妻子而去之走.
그 추녀는 찌푸린 아름다운 얼굴만 알았지	彼知矉美
찌푸려도 아름다운 까닭을 알지 못했던 것이다.	而不知矉之所以美.
가엾다! 공자는 참으로 궁색하구나!	惜乎. 而夫子其窮哉.

특히 한비는 나라를 망치는 다섯 가지 좀 중에서 가장 나쁜 좀은 유가들이라고 비난한다. 너무도 신랄한 비판이다. 그는 "만약 요·순·우·탕·문·무 등 이른바 성인의 치도 治道가 지금의 세상에도 유효한 것이라고 찬미한다면 반드시 새로운 성인의 웃음거리가 될 것"이라고 말하고, 이것은 마치 쟁기를 버리고 나뭇등걸에 토끼가 걸리기를 기다리는 이른바 수주대토守株待兎의 어리석은 농부와 같다고 비웃는다.

---

42)_ 齕齧(흘설)=깨물어 뜯다.
43)_ 慊(겸)=足也.
44)_ 其里(기리)=於其里.

한비자韓非子/오두五蠹

만약 요·순·우·탕·문·무 등 옛 성인들의 치도가	今有美堯舜禹湯文武之道
지금 세상에도 합당한 것이라고 찬미한다면	於當今之世者
반드시 새로운 성인의 웃음거리가 될 것이다.	必爲新聖笑矣
그러므로 성인이라면 기필코 옛것만을 따르지 않고	是以聖人不期修[45]古
항상 옳다는 것을 본받지 않고	不法常可
세상일을 의논하여 이에 따라 대비할 것이다.	論世之事 因爲之備.
송나라에 한 농부의 밭 가운데 나뭇등걸이 있었는데	宋人有耕田者 田中有株
어느 날 그 등걸에 토끼가 걸려 목이 부러져 죽었다.	兔走觸株 折頸而死.
이에 농부는 쟁기를 버리고 나뭇등걸을 지키며	因釋其耒而守株
토끼가 다시 걸려 죽기를 기다렸다.	冀復得兔
그러나 토끼는 얻지 못하고 사람들의 웃음거리만 되었다.	兔不可復得 而身爲宋國笑
지금 선왕先王의 정치로	今欲以先王之政
오늘날 세상을 다스리는 사람은	治當世之民
모두 나뭇등걸을 지키는 어리석은 부류들이다.	皆守株之類也.

여불위呂不韋(?~BC 235)의 『여씨춘추』에서도 공자의 보수주의를 비판한다. 그것은 마치 뱃전에 금을 그어놓고 그 밑에서 물에 빠뜨린 칼을 찾는 이른바 각주구검刻舟求劍의 어리석은 바보짓이라는 것이다. 이처럼 수천 년 동안 공자의 보수주의를 비판한 사람은 수없이 많았지만 여전히 보수주의는 주류 담론으로 살아남아 있다. 무엇 때문일까? 그들은 수만 년 역사를 통하여 축적된 인류 공동의 가치를 자신들만이 수호하는 것으로 자처했고, 실제로도 그것을 천리天理라고 믿었으며 공경 성실하게 행하려 노력했기 때문일 것이다.

---

45)_ 修(수)=循也.

여씨춘추 呂氏春秋**/권15/신대람**愼大覽**/찰금**察今

초나라 사람이 강을 건너다가	楚人有涉江者
배 안에서 칼을 물에 빠뜨렸다.	其劍自舟中墜於水
급히 뱃전에 금을 긋고 말했다.	遽契[46]其舟曰
"여기가 칼을 빠뜨린 곳이다."	是吾劍之所從墜也.
배를 멈추고	舟止
그 금을 따라 물에 뛰어들어 칼을 수색했다.	從其所契者 入水求之
그러나 배는 이미 움직였고 칼은 움직이지 않았으니	舟已行矣 而劍不行
이처럼 칼을 찾는 것은 미혹한 짓이 아닌가?	求劍若此 不亦惑乎.
옛 법으로 나라를 다스리는 것도 이와 같다.	以故法爲其國 如此同
세월이 이미 바뀌었는데 법을 바꾸지 않고	時已徙矣 而法不徙
옛 법으로 다스리려 하니 어찌 어렵지 않겠는가?	以此爲治 豈不難哉.

공자는 진보주의인가?

나는 강의 때마다 곤혹스러운 질문을 받곤 한다. 진보주의를 자처하는 나는 공자를 보수의 원조라고 말하고, 반면 보수주의자로 알려진 도올은 공자의 무리는 기존의 가치 체제와 타협하지 않는 진보적 사상의 소유자들이라고 주장하는데 어찌 이처럼 상반될 수 있느냐는 것이다. 동양 고전의 해석이라는 것이 이처럼 이현령비현령耳懸鈴鼻懸鈴이 될 수 있느냐는 핀잔이기도 하다.

---

46)_ 契(계)＝刻也.

도올논어/권1/105~106쪽

공자의 무리는 도盜였다. 도盜는 균분均分을 지향하며 본질적
으로 유객遊客의 성격을 띠기 때문에 기존의 어떤 체제적 가
치와도 타협하지 않는 진보적인 사상의 소유자일 수 있다.

도올논어/권1/122쪽

공문孔門 집단의 정치적 성격은 매우 진보적인 것이었다. 그가
실제로 소정묘를 죽였다고 한다면 도지이정道之以政하고 제지
이형齊之以刑하면 민면이무치民免而無恥라고 하는 입장과는 매
우 다른 법가의 엄형嚴刑주의적 행위로 해석할 수밖에 없다.
공문孔門 그룹은 정치적으로 매우 진보적인 사람들이었다.
춘추시대의 폐습에 종언을 고하고 제국帝國의 제민齊民 지배
체제를 향한 새로운 질서의 태동에 근원적인 보조를 맞출 수
있는 매우 유동적인 인간들이었다.

내가 『논어』 강의를 포기하든가 아니면 그의 주장을 따르든가 선택해야 하는 곤혹스
런 처지로 몰린다. 둘 중에 하나는 분명 잘못된 것이다. 나로서는 공자가 진보적이라는
증거가 있다면 쌍수를 들어 환영하고 싶다. 그러나 수천 년 동안 어느 누구도 공자를
진보주의라고 말하지 않았다. 만약 그렇다면 위에서 설명한 것처럼 공자를 보수주의라
고 비판했던 2천 년 전의 묵자·장자·한비·여불위는 무덤에서 벌떡 일어날 일이고, 뿐
만 아니라 2천 년 전부터 지금까지 세계의 수많은 학자들이 부끄러워 쥐구멍을 찾아야
할 일이다.

그러나 『도올논어』에서는 공자가 진보적이라는 주장의 근거를 아무것도 제시하지
않는다. 근거는 고사하고 공자가 무엇을 개혁하려고 했는지조차 단 한 가지도 제시하
지 못한다. 오히려 반대로 『논어』의 개혁적인 글조차 구체제에 아부하는 반동적인 내

용으로 왜곡하여 해석한다. 일언이폐지하여 그의 말은 제멋대로여서 황당하고 앞뒤가 맞지 않는다.

　내 생각으로는 『도올논어』는 봉건사회를 신분계급 사회가 아니라는 황당한 가설과 '공자는 도둑 출신'이라는 황당한 캐릭터를 기초로 그려낸 공상 만화에 불과하다. 그런데 그 공상 만화는 그럴듯한 것은 고사하고 앞뒤가 맞지 않는다. 공자와 유가들은 군자가 되는 것이 유일한 소망인데 도올은 그 군자를 '멋진 사내', '섹시한 사내'로 해석한다. 다시 말하면 공자와 우리 할아버지들은 멋지고 섹시한 사내가 되기 위해 열심히 공부하고 수양했다는 것이다. 그러나 '멋진 사내'에서 어떻게 '도둑'을 연상할 수 있으며, 어떻게 '진보 사상'을 도출해 낸단 말인가? 도저히 종잡을 수 없다.

　이러한 망상은 어디서부터 발단되었을까? 그것은 『장자』「도척盜跖」편에서 발단된 듯하다. 여기서 도둑의 시조 도척은 공자를 '도구盜丘'라 불러야 한다고 꾸짖고 '도둑의 도道'를 성聖·용勇·인仁·의義·지智라고 주장했다. 그러나 도척의 말은 공자를 도둑 출신이라고 말한 것이 아니라 지식인이란 도둑보다 더한 위선자라고 꾸짖은 것이다. 또한 『장자』라는 책은 스스로 고백한 것처럼 우언이다. 그러므로 장자의 글만으로는 그것이 사실을 우언으로 말한 것인지, 아니면 지어낸 허구인지 알 수 없다.

장자莊子/**외편**外篇/**거협**胠篋

도척의 무리들이 도척에게 물었다.	故盜跖之徒 問於跖曰
"(공구의 무리들은 도가 있는데) 우리 도둑들도 도가 있습니까?"	盜亦有道乎
도척이 말했다. "어디를 간들 도가 없겠느냐?	跖曰 何適而無有道邪
남의 집안에 감추어진 재물을 짐작하여 알아내는 것은	夫妄意[47]室中之藏
성聖이요,	聖也
먼저 들어가는 것은 용勇이요,	入先勇也

---

[47]_ 妄意(망의)＝斟量商度.

맨 뒤에 나오는 것은 의義요,   出後義也

도둑질을 할 것인지 말 것인지 가부를 아는 것은 지知요,   知可否知也

도둑질한 재물을 고르게 나누는 것은 인仁이다.   分均仁也

이 다섯 가지 성인의 도를 갖추지 않고 대도가 된 자는   五者不備 而能成大盜者

천하에 일찍이 없었다."   天下未之有也.

    여기서 도올은 도척이 도둑의 도道를 '인仁'이라고 주장한 사실에 주목한 것 같다. 그리고 그 도둑의 균분을 인이라고 말한 것을 적절한 것으로 착각한 듯하다. 그러나 어불성설이다. 만약 그렇다면 도둑의 인과 공자의 인이 같다는 말인가? 이 우화를 역사적 사실로 가정한다면 도척이 말한 도둑의 인은 진짜 균등한 배분(均分)이었으므로 진보적이라고 말할 수 있다. 그러나 공자가 말한 균분은 귀貴한 자는 부富해야 하고, 천賤한 자는 빈한貧寒해야 한다는 신분에 따른 차별적 분배 구조이므로 도적의 균분은 아니다.

    공자는 극기克己하여 복례復禮하는 것이 인仁이라 했고, 예禮를 다하여 제후를 섬겼더니 귀족들이 아첨쟁이라고 비난한다고 불평했다. 그렇다면 '주례로 돌아가는 것'이 진보주의란 말인가? '예를 다하여 제후를 섬기는 것'이 도둑의 진보주의라는 말인가? 아무리 생각해 보아도 도올은 보수가 무엇이고 진보가 무엇인지조차 모르는 것이 분명하다. 공자를 도盜라고 하거나 진보주의라고 하는 것은 철부지의 잠꼬대에 불과한 것이다.

보수주의는 우리 전통인가?

    또한 가끔 절실한 질문을 받는다. 질문의 요지는 이렇다. 우리 선조들이 천 년 동안 유일한 성인으로 추앙해 온 공자가 지식인 계급의 시조이며 보수의 원조라면 오늘날 우리의 뿌리 깊은 보수주의는 이런 전통에 연유된 것인가? 그리고 일부에서 거론되는 새로운 보수운동에 대한 견해를 말해 달라는 것이다.

나로서는 제일 어려운 질문이다. 새로운 보수운동에 대해서는 전혀 정보가 없고 아는 것이 없다. 질문의 요점을 조금 바꾸어 오늘날 보수주의자들의 친미 사대주의가 선조들의 존명尊明 사대주의에 뿌리를 둔 것이 아니냐는 전통 비판으로 이해하고 답변하겠다.

우리 선조들이 유일 교주로 추앙하던 주희朱熹(1130~1200)는 '중화만이 사람이고 오랑캐는 사람과 짐승의 중간'이라는 이른바 '화이론華夷論'을 주장했다. 이것은 주희가 북송을 멸망시킨 여진족인 금나라를 증오했기 때문이지만 그의 화이론은 오랑캐인 조선으로서는 분개하지 않을 수 없는 망언이다.

사대주의

맹자孟子/양혜왕梁惠王 하

제나라 선왕宣王이 물었다. "이웃나라와 외교에 도가 있습니까?" 齊宣王問曰 交隣國有道乎

맹자가 대답했다. "있습니다.　　　　　　　　　　　　　　　　　　　孟子對曰 有.

오직 어진 자만이 대국大國으로서 소국小國을 섬길 수 있습니다.　惟仁者 爲能以大事小

그러므로 탕왕은 갈백葛伯을 섬겼고　　　　　　　　　　　　　　是故 湯事葛

문왕은 혼이混夷를 섬겼습니다.　　　　　　　　　　　　　　　　文王事昆[48]夷

오직 지혜로운 자만이 소국으로서 대국을 섬길 수 있습니다.　　惟智者 爲能以小事大

그래서 태왕太王은 흉노를 섬겼고　　　　　　　　　　　　　　是故太王事獯鬻

월越 왕 구천句踐은 오吳나라를 섬겼습니다.　　　　　　　　　　句踐事吳

대국이 소국을 섬김은 하늘 뜻을 즐거워함이요,　　　　　　　　以大事小樂天者也

소국이 대국을 섬김은 하늘 뜻을 두려워함입니다.　　　　　　　以小事大畏天者也

하늘 뜻을 즐거워하는 자는 천하를 보존하고　　　　　　　　　樂天者保天下

하늘 뜻을 두려워하는 자는 자기 나라를 보존합니다."　　　　　畏天者保其國.

---

48)_ 昆(곤)＝混과 혼용한 듯.

이익[49)]

성호사설星湖僿說/**동국내지**東國內地

우리나라는 천하에 가장 약한 나라다.	我國天下之最弱者也
비단 땅이 편벽되고 백성이 가난한 것뿐 아니라	不但地偏民貧
기자가 봉국을 일으킨 이래 문화와 교화는 끝이지 않아	自箕封以後 文敎不絶
모두들 예의의 나라라고 일컫지만	共稱禮義之邦
문교가 행해지면 무비武備는 소홀한 것이	文敎行則武備歇[50)]
역시 추세였다.	亦其勢也
그래서 지키는 것을 좋아하고 정벌을 싫어했으며	樂守成而厭征討
사대事大에 힘쓰고 천명을 두려워했으니	勤事大而畏天命
상하 삼천 년 동안	上下三千歲間
이러한 기풍이었다.	惟此規模而已
만약 혹시라도 이것을 넘으려고 하면	苟或違越
죽고 무너지지 않을 수 없을 것이다.	無不殘毁
모두가 거울로 삼아야 할 것이다.	皆可鑑也.

화이론

주자어류朱子語類/**권4/성리**性理 1

사람에게는 기의 혼탁으로 가리고 막힘이 있어도	曰 然在人則蔽塞
통할 수 있는 이理가 있다.	有可通之理
금수는 성性이 있지만	至於禽獸亦是此性
다만 그것이 형체에 구애되어	只彼他形體所拘

---

49)_ 星湖 李瀷(1681~1763).

50)_ 歇(헐)=休息, 竭.

날 때부터 가리고 막힘이 심하여 통할 수 없다.　　　　　生得蔽隔之甚 無可通處

비유하면 조그만 틈새의 햇빛과 같다.　　　　　　　　譬如一隙之光

오랑캐(夷狄)의 경우는　　　　　　　　　　　　　　到得夷狄

사람과 짐승 중간이라서　　　　　　　　　　　　　便在人與禽獸之間

끝내 고치기 어렵다.　　　　　　　　　　　　　　所以終難改.

서경덕[51]

화담집花潭集/**권2**/**온천변**溫泉辨

양陽은 음陰을 아우를 수 있으나 음은 양을 아우를 수 없다.　　陽得兼陰 而陰不得兼陽.

양은 온전하나 음은 절반이며, 양은 풍요롭지만 음은 결핍이다.　故陽全而陰半 陽饒而陰乏

그러므로 양은 존귀하고 음은 비천하다.　　　　　　　　陽尊陰卑.

이에 군주는 신하를 통솔하고 남편은 아내를 제재하며　　　是乃君統臣夫制婦

군자는 소인을 부릴 수 있고　　　　　　　　　　　而君子得以役小人

중국은 오랑캐를 복속할 수 있는 것이다.　　　　　　　中國得以服夷狄.

이이[52]

율곡전서栗谷全書/**습유**拾遺/**권4**/**공로책**貢路策

우리 동방은 멀리 해외에 있어　　　　　　　　　　惟我東方 邈在海表

비록 중화와 다른 한 지역인 듯하나　　　　　　　　雖若別爲一區

기자의 홍범구주洪範九疇의 가르침과　　　　　　　而九疇之敎

예악의 풍속은 중화에 뒤지지 않으니　　　　　　　禮樂之俗 不讓華夏

끝내 한 허리띠의 물이 가로막았을 뿐이므로　　　　則終不可限以一帶之水

---

51)_ 花潭 徐敬德(1489~1546).
52)_ 栗谷 李珥(1536~1584).

스스로 다른 나라가 되는 것은 불가하다.	而自爲異域
그러므로 중화에 대한 조공은 한漢나라 건무建武 때부터였으니	故修貢中華 自漢建武始.
대소의 조빙을 제때에 했으므로	大小之騁 必以其時
곤경에 처했을 때에도 그 직분을 잃지 않았으니	顚沛[53]之際 不失其職.
명분은 비록 외국이지만	名雖外國
실질은 동방의 제나라·노나라일 따름이었다.	而實東方一齊魯耳.

안정복[54]

순암집順菴集/**권12**/**상헌수필**橡軒隨筆 **상**/**화이정통**華夷正統

하늘이 사물을 지음에 중화中華의 인물이 머리가 되고	夫天之生物 中夏人物爲首
이적夷狄이 다음이고 금수禽獸가 다음이다.	夷狄次之 禽獸次之
동이와 북적이 반인半人 반수半獸의 중간에 있음은	夷狄在反人反獸之間
천리天理다.	天理也

그런데 이런 치욕을 18세기에 연암燕巖 박지원朴趾源(1737~1805) 등 실학자들이 존명반청尊明反淸 정책을 비판하기 이전까지는 그 누구도 이를 정면으로 부인하지 못했다. 사대주의가 뼛속까지 스며 있었기 때문이다. 존명 사대파들은 조선이 중화中華를 잘 받드는 것만이 오랑캐의 오명을 벗는 길이라고 생각했다. 그래서 명나라가 멸망한 후에는 명의 원수인 오랑캐 나라 청淸을 배척하고 명나라 최후의 황제를 제사하고 모심으로써 조선은 명나라를 계승한 소중화小中華가 되었고 짐승으로부터 벗어났다고 생각했던 것이다.

지금 이 나라 보수파들의 '미국 부채론'은 당시의 서인西人 정권의 '존명의리론尊明

---

53)_ 沛(패)=偃仆也, 雨貌.
54)_ 順菴 安鼎福(1712~1791).

義理論'과 하등 다를 바가 없다고 생각한다. 다만 다른 점이 있다면 명나라가 미국으로 바뀌었고 성리학이 자본주의로 바뀌었을 뿐이다. 이런 점에서 오늘날 보수주의는 전통과 무관할 수 없을 것이다.

다만 공자의 보수주의는 이것과 다르다. 그의 복례復禮는 구체제의 회복을 주장했고, 나라와 가문을 민생보다도 우선시했다는 점에서 보수주의지만, 그는 귀족의 할거를 반대하고 지식인 계급의 중도주의中道主義를 제창했고. 신본주의神本主義를 인본주의人本主義로, 부국강병주의를 균분均分·인정仁政으로 개혁하려 했다. 그러므로 공자야말로 건전한 보수의 원조라고 말할 수 있을 것이다.

그렇지만 오늘날 보수파들은 공자의 보수와는 너무도 거리가 멀다. 그들은 미국에 기생하는 매판 기득권자들이므로 그들이 보수하려는 것은 민족국가가 아니라 자기들이 기생하는 미국의 이익이기 때문이다. 그들이 진정한 보수라면 민족국가를 보수해야 하며, 당연히 외세를 배격하고 민족의 정통성을 계승하고 자주 통일을 외쳐야 할 것이다.

또한 그들은 식민 지식인들이므로 그들이 보수하려는 것은 우리 조상들의 옛 문화와 제도가 아니라 미국의 문화와 제도이기 때문이다. 그들이 진정한 보수라면 누구보다 민족문화를 계승하고 보수해야 마땅할 것이다.

또한 그들이 국가 정통임을 자부하는 건전한 보수라면 공자처럼 정통 기득권 세력을 보호하면서도 서민의 민생을 앞장서 챙겨야 할 것이다. 그러므로 오늘날 우리의 보수파들은 결코 민족국가의 정통성을 수호하려는 진정한 보수가 아니라 이 땅을 점령한 매판 사대 세력일 뿐이다. 요즘 일각에서 논의되고 있는 건전한 보수론은 필요한 것이라고 생각한다. 그러나 요즘 드러난 모습은 참으로 실망스러울 뿐이다.

3절 | 시대 인식 패착

논어 읽기

논어論語/자한子罕 30

산앵두나무 꽃 나부끼며 춤을 추네!	唐棣之華 偏[55]其[56]反[57]而
어찌 그대 그립지 않으리오만 집이 너무 멀구나!	豈不爾思 室是遠而[58]
공자께서『시경』의 이 시구를 읽으시고 평해 말씀하셨다.	子曰
"진정으로 그립지 않은 것이다.	未之思也
어찌 먼 것이 이유가 되겠는가?"	夫何遠之有.

논어論語/선진先進 25

자로·증석曾晳[59]·염유冉有·공서화公西華가	子路 曾晳 冉有 公西華

---

55)_ 偏(편)=『晉書』는 翩으로 됨.
56)_ 其(기)=乃也.
57)_ 反(반)=翻也.
58)_ 而(이)=語氣詞.
59)_ 曾子(參의) 父.

선생을 모시고 둘러앉았다.

공자께서 말씀하셨다.

"너희는 내가 하루라도 연장이라고

나를 의식하지 마라!

평소에 너희는 알아주지 않는다고 불평하는데

혹시 너희들을 알아주는 이가 있다면 어찌하겠느냐?"

자로가 먼저 불쑥 일어나 대답했다.

"천승의 나라가 대국의 사이에 끼어 속박되고

더하여 군사적 위협과 이에 따른 기근에 시달린다 할지라도

제가 다스려 삼 년쯤이면

용감하고 예의를 알도록 하겠습니다."

공자께서 빙그레 웃으셨다.

"구求(염유)는 어찌하겠느냐?"

염유가 대답했다. "사방 육칠십 혹은 오륙십 리 나라를

제가 다스린다면

삼 년쯤이면 민중을 풍족하게 할 수 있습니다.

그러나 예악禮樂에 대해서는 군자를 기다려야 할 것 같습니다."

"적赤(공서화)은 어찌하겠느냐?"

공서화가 대답했다.

"할 수 있다는 말씀이 아니라 배우기를 원할 뿐입니다.

侍坐

子曰

以[60]吾一日長乎

爾毋吾以也

居則曰不吾知也

如或知爾 則何以[61]哉.

子路率爾[62]而對曰

千乘之國攝[63]乎大國之間

加之以師旅 因之以饑饉

由也爲之 比及三年

可使有勇 且知方也.[64]

夫子哂之

求爾何如

對曰 方六七十 如五六十

求也爲之

比及三年 可使足民

如其禮樂以俟君子.

赤爾何如

對曰

非曰能之 願學焉

---

60)_ 以(이) = 用也, 由也.

61)_ 以(이) = 爲也.

62)_ 率爾(솔이) = 輕遽之皃.

63)_ 攝(섭) = 管束也.

64)_ 方(방) = 道也, 禮法也.

종묘의 제사나 군주들의 회동에서   宗廟之事如會同

예복을 입고 보조하는 작은 관리가 되고 싶습니다."   端⁶⁵⁾章甫⁶⁶⁾ 願爲小相焉.

"점點(증석)은 어찌하겠는가?"   點爾何如

증석이 치렁 소리를 내며 드문드문 타던 비파를   鼓瑟希鏗爾

밀치고 일어나 대답했다.   舍瑟而作對曰

"저는 세 사람의 생각과 다릅니다."   異乎三子者之撰

공자께서 말씀하셨다. "무슨 상관이냐?   子曰 何傷乎

각자 자기 의향을 말하는 것이다."   亦各言其志也

증석이 말했다. "늦은 봄에 봄옷이 마련되면   曰 莫⁶⁷⁾春者春服旣成

약관 오륙 명과 동자 육칠 명과   冠者五六人童子六七人

이수이沂水에서 목욕하고   浴乎沂

무우舞雩에서 소풍하다가 시나 읊으며 돌아오겠습니다."   風乎舞雩 詠而歸.

공자께서 한숨을 쉬더니 탄식하며 말씀하셨다.   夫子喟然歎曰

"나도 너와 같은 생각이다."   吾與點也.

세 제자가 나가고 증석만 뒤쳐지자 증석이 말했다.   三子者出曾晳後 曾晳曰

"선생님은 어째서 자로의 말을 듣고 웃으셨습니까?"   夫子何哂由也

공자께서 말씀하셨다. "나라는 예禮로 다스리는데   曰 爲國以禮

그의 말은 예의 근본인 사양심이 없었다.   其言不讓.

그래서 웃었다."   是故哂之.

---

65)_ 端(단) = 玄端之禮服.
66)_ 章甫(장보) = 禮冠.
67)_ 莫(모) = 暮와 통용.

논어論語/양화陽貨 16

공자께서 말씀하셨다.

"옛날 민民에게는 세 가지 병폐가 있었다.

오늘에는 그것은 약과인 것 같다.

옛날의 광기는 방자함이었으나

지금의 광기는 방탕으로 변했고,

옛날의 긍지는 모남이었으나

지금의 긍지는 분노와 사나움으로 변했으며,

옛날의 어리석음은 우직함이었으나

지금의 어리석음은 제멋대로 지어냄이다."

子曰

古者 民有三疾

今也 或是之亡也

古之狂[68]也肆[69]

今之狂也蕩[70]

古之矜[71]也廉[72]

今之矜也忿戾

古之愚也直[73]

今之愚也詐[74]而已矣.

논어論語/위영공衛靈公 26

공자께서 말씀하셨다.

"옛날 우리에겐 사관이 의심나는 것은 빈칸으로 남겨두었고

귀족들은 서로 말을 빌려 타게 하는 풍습이 있었으나

지금은 다 없어진 것 같다."

子曰

吾猶及[75]史之闕文也

有馬者借人乘之

今亡矣夫.

---

68)_ 狂(광)＝志願太高.

69)_ 肆(사)＝市也. 恣也. 放也.

70)_ 蕩(탕)＝則踰大閑.

71)_ 矜(긍)＝莊也. 持守太嚴.

72)_ 廉(렴)＝利也. 稜角陗厲.

73)_ 直(직)＝徑行自遂(論語集註).

74)_ 詐(사)＝僞也. 挾私妄作矣(論語集註).

75)_ 及(급)＝至也.

논어論語/자로子路 16

섭공葉公[76]이 정치를 물었다.

공자께서 말씀하셨다.

"가까운 사람이 기뻐하고

먼 자들이 살러 오게 하는 것입니다."

葉公問政.

子曰

近者說

遠者來.

논어論語/안연顔淵 14

자장이 정사를 물었다.

공자께서 말씀하셨다.

"평소에 게으름이 없어야 하고

실행은 충심으로 해야 한다."

子張問政

子曰

居之無倦

行之以忠.

논어論語/자로子路 1

자로가 정치를 물었다.

공자께서 말씀하셨다.

"앞장서고 노력하라."

더 말해 달라고 하자

공자께서 이르시길 "게으르지 말라"고 했다.

子路問政

子曰

先之[77]勞之

請益

子曰 無倦.

논어論語/안연顔淵 17

계강자가 공자께 정치를 물었다.

공자께서 대답하셨다.

季康子問政於孔子

孔子對曰

---

76)_ 楚 葉縣의 尹 沈諸梁. 字는 子高. 僭稱公.

77)_ 先之(선지)＝老子의 不敢爲先과는 정반대.

"정치는 바르게 하는 것입니다.　　　　　　　　　　政者正也

바름으로 솔선수범하면 누가 감히 바르지 않겠습니까?"　　子帥[78]以正 孰敢不正.

논어論語/자로子路 6

공자께서 말씀하셨다.　　　　　　　　　　　　　子曰

"위정자의 몸이 바르면 명령이 없어도 행해지고　　　　其身正 不令而行

몸이 바르지 못하면 명령을 내려도 따르지 않을 것이다."　其身不正 雖令不從.

논어論語/자장子張 19

맹손孟孫 씨가 양부陽膚를 옥사장으로 삼았다.　　　　孟氏使陽膚爲士師

양부가 증자에게 치옥治獄에 대해 물었다.　　　　　問於曾子

증자가 말했다.　　　　　　　　　　　　　　　曾子曰

"위에서 도道를 잃어 민심이 흩어진 지 오래다.　　　　上失其道 民散久矣

범죄의 정상을 알더라도 불쌍히 여기고 기뻐하지 말라!"　如[79]得其情 則哀矜而勿喜.

논어論語/자장子張 20

자공이 말했다.　　　　　　　　　　　　　　子貢曰

"폭군이라고 하지만 주왕의 불선不善도　　　　　　紂之不善

그처럼 심한 것은 아니었다.　　　　　　　　　　不如是之甚也

그러므로 군자는 하류下流에 처하는 것을 싫어한다.　　是以君子惡居下流

천하의 악이 모두 그리로 돌아가기 때문이다."　　　　天下之惡皆歸焉.

---

78)_ 帥(수)=統率也, 先也.

79)_ 如(여)=若也.

논어論語/안연顔淵 22

번지樊遲가 인仁을 물었다.	樊遲問仁
공자께서 말씀하셨다. "사람(大人)을 아껴주는 것이다."	子曰 愛人[80]
번지가 지혜를 물었다.	問知
공자께서 말씀하셨다. "사람(仁者)을 아는 것이다."	子曰 知人[81]
번지가 깨닫지 못하자 공자께서 다시 이르셨다.	樊遲未達 子曰
"곧은 인자를 등용하여 굽은 사람 위에 앉히면	擧直錯[82]諸枉
굽은 사람도 능히 곧아지게 할 수 있을 것이다."	能使枉者直.

논어論語/자로子路 20

자공이 물었다. "요즘의 정치인들은 어떻습니까?"	曰 今之從政者何如
공자께서 말씀하셨다.	子曰
"오! 하등급의 사람들이니 말할 것도 없다!"	噫 斗筲[83]之人 何足算也.

논어論語/옹야雍也 1

공자께서 말씀하셨다. "옹雍(중궁)은 군왕을 시켜도 할 만하다."	子曰 雍也可使南面
중궁이 자상백자子桑伯子에 대해 물었다.	仲弓問子桑伯子
공자께서 말씀하셨다. "그도 할 만하지. 간명하니까."	子曰 可也 簡[84]
중궁이 말했다. "처신이 공경스러우면서도 실행이 간명하면	仲弓曰 居敬而行簡
민에게 군림하는 데 더 좋지 않겠습니까?	以臨其民 不亦可乎

---

80)_ 人(인)＝人君, 大人.
81)_ 人(인)＝仁也.
82)_ 錯(착)＝雜也, (조)＝處也, 置也.
83)_ 筲(소)＝竹器 水桶.
84)_ 簡(간)＝略也. 疏大無細行也.

처신이 간명한 데다 실행까지도 간명하면　　　　　　　居簡而行簡

지나치게 대범한 것 같습니다."　　　　　　　　　　無乃大簡乎.

공자께서 말씀하셨다. "옹의 말 그대로다."　　　　　子曰 雍之言 然.

논어論語/선진先進 1

공자께서 말씀하셨다.　　　　　　　　　　　　　　子曰

"선인들은 예악에 있어 질박한 대인이었다면　　　先進於禮樂野人[85]也

후인들은 예악에 있어 관료적인 관장官長이라 할 것이다.　後進於禮樂君子[86]也

만일 선택하라고 한다면 나는 선진의 질박함을 따를 것이다."　如用之則吾從先進.

---

85)_ 野人(야인)＝郊外之民(論語集註).

86)_ 君子(군자)＝賢士大夫(論語集註).

공자의 시국 대책

이 책 들머리에서 춘추전국시대의 민중의 참담한 생활을 토로한 노래와 어진 정치가들의 탄식을 소개한 바 있다. 이러한 난세가 제자백가를 출현시켰다. 제자백가는 저마다 난세의 종식에 대한 처방을 제시했다. 그중에서 공자·묵자·노자가 대표적인 인물이다. 그런데 앞의 예문을 읽다 보면 화려한 처세술에는 현혹될 만하지만 자세히 살펴보면 공자의 말에는 구체적인 대책이 전혀 없거니와 전쟁의 고통도 민생의 아픔도 느껴지지 않는다.

묵자는 노동자 출신으로 가난과 전쟁으로 고통 받는 민중의 민생과 사회 문제를 제기했고, 한편 노자와 장자는 천하고 추한 병신들과 세상에서 낙오되고 소외된 인간들의 실존적 인생론과 현실에서는 이루어질 수 없는 꿈같은 소원을 이야기했다. 그런데 공자는 너무도 우원하고 안이할 뿐이다.

공자는 13년 동안 천하에 유세하면서 왕공·대부 등 지배계급을 만나 그들의 정치와 처세를 말했다. 그러므로 그의 난세 극복 처방은 지배계급의 입장에서 바라본 도덕적이며 정치적인 담론이었다. 따라서 그의 담론은 귀족적이며 보수적이다.

공자의 담론의 핵심은 '왕도王道'와 '복례復禮'와 '정명正名'이었다. '왕도주의'란 제후들에게 빼앗긴 왕권을 왕에게 복원시키고 가문에 빼앗긴 군권君權을 제후에게 원상 회복시키는 것이다. '복례'란 주례의 권위를 회복하자는 것이고, '정명'이란 주어진 신분과 관직의 명칭을 바르게 지켜 명분名分을 세우자는 것이다. 이처럼 공자의 담론은 모두가 구체제의 복고를 바라는 것이었다.

그러므로 공자의 담론은 거의 모두가 '어떻게(how)'를 말할 뿐 '무엇(what)'은 말하지 않는다. 그는 왕도를 말하면서도 그 '도道'가 무엇인지는 말하지 않는다. 복례를 말하면서도 그 '예禮'가 무엇인지는 말하지 않는다. 정명을 말하면서 그 '명名'이 무엇인지는 말하지 않는다. 왜일까? 공자는 "술이부작述而不作"이라고 답한다. 성인들이 이미 모두 말했으므로 그것을 실천하라고 말할 뿐이라는 것이다. 즉 유훈통치遺訓統治를 말한 것이다. 또한 공자가 말한 '어떻게'라는 것도 '착하게 하라', '바르게 하라' 등 일반론일 뿐 구체적인 정책이 없다. 그러므로 묵자는 유가들이 질문에 답을 주지 못한다고 비평했다. 공자와 유가들의 말은 동어반복에 불과할 뿐이다. 『논어』의 담론이 거의 우원한 처세술뿐인 것도 그 때문이다. 보수는 원래 그런 것이다.

묵자墨子/비유非儒 하

그의 박학으로는 세상일을 의논할 수 없고	博學不可使議世
그의 노심초사는 민중을 도울 수 없다.	勞思不可以補民
그의 도는 세상일을 가르칠 수 없으며	其道不可以示世
그의 학문은 민중을 인도할 수 없다.	其學不可以導衆.

묵자墨子/경주耕柱

초나라 섭공인 자고子高가 중니에게 정치를 물었다.	葉公子高問政於仲尼 曰
"훌륭한 정치를 하려면 어떻게 해야 합니까?"	善爲政者 若之何
중니가 말했다. "훌륭한 정치를 하는 자는	仲尼對曰 善爲政者
먼 곳 사람들이 가까이하고, 옛것이 신선해진다."	遠者近之 而舊者新之
묵자가 그 말을 전해 듣고 말했다.	子墨子聞之曰
"섭공은 질문의 대답을 들은 것이 아니고	葉公子高 未得其問也.
중니는 그것에 대하여 대답하지 못했다.	仲尼亦未得 其所以對也.
섭공 자고가 어찌 중니의 대답한 말을 몰라서 물었겠는가?	葉公子高 豈不知善
섭공도 먼 곳 사람들을 가까이 오도록 하려 했고	爲政者之遠者近也
옛것을 신선하게 하여 훌륭한 정치를 하려고 했으나	而舊者新是哉
그 좋은 방책을 중니에게서 구하려 했던 것이다.	問所以爲之若之何也
중니는 질문자의 모르는 것을 대답해 주지 않고	不以人之所不智告人
질문자도 이미 알고 있는 것을 대답한 것이다.	以所智告之

그러므로 자고는 대답을 듣지 못했으며 　　　　　　故葉公子高 未得其問也

중니는 대답을 한 것이 아니다." 　　　　　　仲尼亦未得 其所以對也.

묵자墨子/공맹公孟

묵자가 어느 유가儒家에게 물었다. 　　　　　　子墨子問於儒者曰

"무엇 때문에 음악을 합니까?" 　　　　　　何故爲樂.

유가가 답했다. "악樂은 낙樂하기 위한 것입니다." 　　　　　　曰 樂以爲樂也

묵자가 말했다. "그대는 아직 나에게 대답을 하지 않았습니다. 　子墨子曰 子未我應也

지금 내가 '무엇 때문에 집을 짓습니까?' 하고 물었는데 　　今我問曰 何故爲室.

그대가 '겨울에 추위를 피하고 　　　　　　曰 冬避寒焉

여름에 더위를 피하기 위함'이라든가 　　　　　　夏避暑焉

또는 '방을 만들어 남녀를 분별하기 위함'이라고 대답한다면 　室以爲男女之別也

그대는 나에게 집 짓는 까닭을 대답했다고 할 수 있겠지요. 　子告我爲室之故矣

그런데 지금 내가 '무엇 때문에 악을 하느냐?' 하고 물었는데 　今我問曰 何故爲樂.

그대가 '악은 낙하기 위하여 한다'고 대답하는 것은 　　　曰 樂以爲樂也

'집을 지으려고 집을 짓는다'고 대답하는 것과 같습니다." 　是猶 曰 何故爲室.

공자는 난세의 원인을 구체제에서 구하지 않고 도리어 사람들의 마음이 거칠어진 데서 찾은 것이다. 제도에 문제가 있는 것이 아니라 사람들의 마음에 문제가 있다는 것이다. 그러므로 공자의 난국 타개책은 각자 마음을 수양하여 옛것을 잘 지키자는 것일 뿐 새로운 방책이 있을 수 없었던 것이다. 이러한 입장의 유일한 대책이란 현인賢人을 등용하여 인정仁政을 펴면 해결된다는 것이므로 당면의 전쟁과 민생 문제에 비해 너무도 우원한 것이었다. 그렇기 때문에 부국강병을 지향하는 당시의 군주와 관료들은 이를 채용하지 않았다.

또한 유가들은 운명론적이고 소극적이었다. 그들은 나라에 도道가 없으면 고치려 하지 않고 그 나라를 떠나버리면 된다고 말한다. 하지만 반대로 적극적이고 투쟁적인 묵가들은 달려가 도를 세우려 했다.

앞의 『논어』 「자한子罕」 30의 예문에서 인용한 시는 일실되었다. 하지만 그 취지는 같은 『시경』의 '보우鴇羽'와 같았을 것이다(본문은 제1장 '노예제와 난세'의 각주 13번 참조). 이 시는 오늘날까지도 인구에 회자되고 있어 우리나라 국어사전에도 나온다. 지금도 우리는 부모를 보양하지 못한 한을 '보우지차鴇羽之嗟'라고 말한다. 공자는 마음이 절실하지 않아서이지 왜 달려가지 못하냐고 말한다. 이 같은 공자의 해설은 그가 얼마나 민생 문제에 안이한 시대 인식을 하고 있었는지를 그대로 드러낸다. 공자처럼 대부의 신분이거나 그의 제자들처럼 관리의 신분이라면 공자의 말대로 마음만 먹으면 달려갈 수 있었겠지만 전쟁과 부역에 끌려 나간 서민들이야 고향이 그립고 부모 처자식이 걱정되어도 어찌 달려갈 수 있었겠는가. 이는 공자가 부역에 끌려가 기한도 없이 노역에 시달리는 당시 민중의 처참한 상황을 전혀 몰랐음을 증거하고 있다.

또 앞의 『논어』 「선진先進」 25의 예문에서는 자기를 알아주는 이가 있어 발탁되면 젊은이들과 소풍하고 시를 읊으며 돌아오겠다고 말하고 있다. 이 얼마나 한가한 말인가. 이것은 처참한 난세에도 낭만을 즐길 수 있는 귀족적이며 낙천적인 성품이라고 칭찬하기에는 너무도 민생을 모르는 한심한 태도가 아닐 수 없다.

당시 춘추전국시대의 당면 현안은 첫째는 전쟁이요, 둘째는 지배계급의 착취요, 셋째는 굶주림이었다. 그런데 공자는 서주西周의 예禮를 회복함으로써 왕권과 제후들의 정치적 권위를 회복하는 것만이 난세를 극복하는 길이라고 말한다. 그러므로 그의 정치론은 아무런 내실이 없다. 공자의 정치론은 화급한 현안 문제에 대한 방책이 아니었다. 묵자가 지적한 바와 같이 공자는 항상 질문에 실질적인 대답이 없었다. 집 짓는 것을 물으면 집을 짓기 위함이라고 대답하고, 악樂은 물으면 즐겁기 위한 것이라고 답변하면 그만이었다. 다만 항상 바르고 성실하고 힘써 노력하라는 말뿐이었다. 정책 대안은 고사하고 구체적이고 실질적인 내용이 전무하다. 그의 말은 뜻풀이나 순환논법에 그치거나 기껏해야 우원한 도덕론뿐이다. 그래서 역설적으로 그의 말은 만세를 지나도 틀린 말이 아니고 영원할 수 있다.

　공자는 오직 어떻게 하면 군주를 잘 보필하고 인민을 복종하게 할 것인가에만 몰두했다. 이것은 민民을 위한 대책이 아니라 군왕이나 지배계급의 통치술과 관리들의 처신술일 뿐이다. 이것은 관리로 등용되기 위한 공부일 뿐이다. 이처럼 공자의 경세학經世學은 지배자인 인人을 위한 것일 뿐, 피지배자인 민을 위한 것이 아니었다. 공자와 그의 제자들도 현실의 참담함을 잘 알고 연민의 마음을 가졌겠지만 왕을 위해 봉사할 뿐 민의 대변자가 아니었으므로 주제넘게 참견하는 것은 관리로서의 '정명正名'을 어기는 '범분犯分'이라 생각했을 것이다. 어찌 되었든 유가들은 자기 자신의 처세와 명예만 지키려 했고 적극적으로 사회를 개조하려고 나서지 않았다.

한비자韓非子/외저설우外儲說右 상

계손季孫 씨가 노나라 재상일 때	季孫相魯
자로가 후郈 지방의 현령이 되었다.	子路爲郈令.
자로가 성난 얼굴로 팔을 걷어붙이고 들어와	子路怫然怒 攘肱而入
뵙기를 청하여 말했다.	請曰
"대체 선생님은 제가 인의仁義를 행하니 질투하는 것입니까?	夫子疾由之爲仁義乎.
선생님은 제게 인의를 행하라 했는데	所學於夫子者仁義也
인의란 천하와 더불어 그 소유를 같이하고	仁義者 與天下共其所有
그 이로움을 같이하는 것이 아닙니까?	而同其利者也.
지금 제가 제 봉급을 털어	今以由之秩粟
민民들에게 밥을 먹였는데 무엇이 잘못입니까?"	而飱民不可何也.
공자는 다음과 같이 대답했다.	孔子曰
"무릇 예란 천자는 천하를 사랑하고	夫禮 天子愛天下
제후는 자기 경내를 사랑하고	諸侯愛境內
대부는 자기 관리들을 사랑하고	大夫愛官職

사士는 자기가 섬기는 가문을 사랑할 뿐이다.　　　　　士愛其家.

그 사랑이 지나치면 침범이 된다.　　　　　　　　　過其所愛 曰侵.

지금 너는 군주의 소유인 민을 네 멋대로 사랑했으니　今魯君有民 而子擅愛之

이것은 네가 예를 침범한 것이다."　　　　　　　　是子侵也.

관자와 묵자의 대책

　당시 시국 대처 방안에 있어 공자는 관료파와 첨예하게 대립하고 있었다. 공자가 13년 동안이나 천하를 주유하며 취직을 하려고 했으나 실패한 것도 관료파의 반대가 있었기 때문이다. 공자의 학문을 경세학 또는 경학이라고 하지만 정작 그는 경제에 무관심했다. 공자의 가르침을 경세학이라고 하는 것은 군자君子(官長)로 출세하려는 자제들을 위한 실무 교육이었기 때문이지만 실은 그가 꿈꾼 군자의 상은 경제가 아니라 예禮와 악樂이었다. 실제로 공자는 예악을 중시하지 않는 관료파를 소인유小人儒로 비난하며 정치 투쟁을 벌였다. 그래서 공자는 사구司寇로 임명되자 곧바로 소인파의 두목 소정묘少正卯(?~BC 496)를 법살法殺한 것이다.

　그러나 공자가 소인유라고 비난한 법가들의 군자상은 평화平和와 민생民生이었다. 공자도 존경하는 대선배인 관자와 자산子産(?~BC 522)은 변법變法과 부국강병을 주장하고 경제를 중시한 관료파 세력의 상징이었다. 그러므로 관자와 자산도 공자가 비난한 소인유라고 할 수 있다. 사실 당시 공자는 군주에게도 민중에게도 인기가 없는 소수파였다. 이에 비해 관자·자산·안자 같은 경세가들이 존경을 받았고, 맹자 시대에는 공자의 후배인 묵자와 양자가 오히려 민중의 존경을 받았다. 그들의 관심사는 공자의 대표 상품인 예악이 아니라 평화·경제·민생이었기 때문이다.

관자는 군자의 모습을 생산과 평화를 상징하는 벼(禾)로 비유했다(『관자管子』 권16 「소문小問」). 공자의 군자상과 얼마나 다른가? 당시에는 '화禾' 자는 '화和'의 뜻도 가지고 있었다. 즉 그는 족식足食이 곧 평화라고 보았으며, 군자는 이러한 족식을 이루어내야 한다고 보았다. 그러므로 그의 정치적 모토는 '창고가 차야 예절을 알고, 의식이 족해야 영욕을 안다'는 것으로 요약되는 경제 제일주의였다.

특히 관자는 '세속인들이 좋아하는 것을 좋아하고 싫어하는 것을 싫어한' 민중주의자였으며, 근대적이라고 할 수 있을 정도로 탁월한 경제 정책을 시행한 경세가였다. 특히 그는 인류 역사상 최초로 화폐를 관장하는 관청을 설치했다. 그는 조공을 석벽石璧으로 바치게 하고, 봉선封禪에 참여할 때는 청모靑茅를 바치게 함으로써 석벽과 청모를 황금 대신 화폐 역할을 하게 했다(『관자』 권24 「경중輕重 정丁」).

관자管子/권1/목민牧民

무릇 봉토를 받은 자는 민을 기르는 목자이니	凡有地牧民者
계절에 따라 생산에 힘쓰며 곡식 창고를 지킨다.	務在四時 守在倉廩
나라에 재물이 많으면 먼 곳에서 찾아올 것이니	國多財則 遠者來
국토의 개간사업을 일으켜 민이 머물러 살도록 한다.	地辟[87]擧則民留處
창고가 실해야 예절을 알고	倉廩實則知禮節
의식이 족해야 영욕을 안다.	衣食足則知榮辱.

사기史記/관안열전管晏列傳

관중은 제나라 재상이 되어 정사를 맡자	管仲旣任政相齊
제나라가 해변에 위치한 이점을 살려	以區區之齊在海濱
무역으로 재물을 축적했고	通貨積財

---

87)_ 辟(벽)＝闢也.

부국강병을 이루어 패권을 차지했으나	富國强兵
속인들과 더불어 같이 좋아하고 싫어했다.	與俗同好惡.

사기史記/**화식열전**貨殖列傳

관자는 나라를 다스림에	管子修之
화폐를 관장하는 구부九府[88]를 설치하여	設輕重[89]九府
환공을 천하의 패자覇者로 만들었다.	則桓公以覇.

묵자는 노동자 집단을 결성하고 '초과 소비'를 전쟁의 근본 원인이라고 인식하고 이를 없애기 위해 절용 문화운동과 더불어 반전 평화운동을 전개했다. 또한 묵자는 인간만이 노동하는 존재임을 발견하고 천제天帝의 의의義義는 '민民의 이利'라고 천명했다. 그는 인류사에 최초이며 오늘날에도 유효한 가격론과 절용문화론을 저술한 경제사상가였다(졸저 『묵자』 8장 '경제사상' 참조).

여기서 유의할 것이 있다. 조선의 선비들이 경제를 천시한 것과는 달리, 경제를 중시한 것은 요순 이래 전통이었다는 점이다. 우임금이 홍수를 다스린 것도, 홍수를 다스린 후 구주의 금을 모아 황금 솥을 만들고 천신께 제사를 올리면서 제문에 "이 솥으로 인민을 먹여주소서!"라고 기원한 것도, 이후 모든 군왕과 백성들이 이 황금 솥을 왕권의 상징으로 신성시한 것도 모두 경제를 중시했다는 증거다.

묵자墨子/**경주**耕柱

옛날 하나라 우임금이	昔者夏后開

---

88)_ 管子云 輕重謂錢也. 夫治民有輕重之法. 周有大府. 玉府 內府 外府 天府 職內 職金. 皆掌財幣之官. 故云九府也(史記/貨殖列傳/正義). 金錢 銀錢 銅錢에 大·中·小가 있으니 이를 九府 法이라 한다(經世遺表/典圜署).
89)_ 輕重(경중)=錢也.

비렴蜚廉[90]에게 구주의 산천에서 금을 캐도록 하여	使蜚廉折金于山川
곤오昆吾에서 황금 솥을 만들게 했다(BC 2205).	以陶鑄鼎於昆吾.
이에 계인雞人(관직)에게 희생을 잡게 하고	是使翁難雉乙[91]
백익伯益에게 거북점을 치게 했다.	卜於伯益之龜
그리고 우임금은 천신에게 다음과 같이 빌었다.	曰
"황금 솥은 삼족三足이며 바르게 되었습니다.	鼎成 三足而方
소신이 밥을 짓지 못하거든 천신께서 이 솥으로 끓여주소서!	不炊而自烹
솥을 채우지 않거든 천신께서 이 솥을 채워주소서!	不擧[92]而自臧
현자에게 자리를 물려주지 않거든 천신께서 옮겨주소서!	不遷而自行
곤오의 제단에서 제사를 올립니다. 흠향하소서!"	以祭於昆吾之虛 上鄉.

그런데도 이러한 우임금 이래의 전통과는 달리 공자는 명분론名分論에 사로잡혀 경제를 선비의 직분이 아니라 소인의 관심사라고 천시했고 시국에 대한 인식이 너무도 안이했다. 공자는 근본적으로 제나라 관자의 경제 제일주의를 못마땅하게 생각했다.

오히려 그는 당시의 참담한 민생의 상황을 언급한 적이 없고, 오히려 너무도 한가한 말을 하고 있을 뿐이다. 오직 그는 서주의 문물제도를 복원하는 것 즉 복례復禮만이 민생 해결의 바른길이라고 믿은 것이다. 그는 당시 난세의 책임을 구체제의 모순과 인人계급의 착취에서 찾지 않고, 구체제의 문란과 민심의 도덕적 피폐로 돌렸다.

이처럼 그는 민생 피폐의 근본 원인을 왕권의 권위가 무너졌기 때문이라고 진단했다. 민생 피폐의 직접적인 원인인 제후들끼리의 겸병전쟁도 관리들의 착취도 모두 왕권의 추락에 그 원인이 있다고 생각한 것이다. 그래서 그는 왕도王道와 덕치德治를 주

---

90)_ 伯益의 子.
91)_ 難雉乙(난치을)＝人名, 혹은 殺雉已의 錯簡. 닭은 신선의 영물.
92)_ 擧(거)＝用力.

장했고 그 방도로 주례周禮의 부흥을 주장한 것이다.

이처럼 공자는 보수주의였지만 그렇다고 당시 천자와 군주들을 전적으로 신뢰한 것은 아니다. 그는 오히려 천자나 제후들에게 실망했고 경멸한 것 같다. 그리고 당시의 사대부들에게도 강한 불신을 나타냈다.

그러나 그는 난세를 종식시키고 천하를 태평하게 하는 길은 그래도 기득권 세력에 의지할 수밖에 없다고 생각했다. 어느 은자가 공자에 대해 "대인을 피해 떠도는 선비(辟人之士)"라고 비판하자, 공자는 그의 말을 부정하며 자기는 그들과 더불어 천하를 바꾸려 한다고 답변했다. 공자는 묵자처럼 민중에게 기대한 것이 아니라 가문을 가진 대인들의 힘을 빌려서 정치에 진출하려 한 보수주의자였던 것이다.

4절 │ 보수정객의 사명감과 좌절

논어 읽기

논어論語/미자微子 6

걸익이 말했다. "도도한 물결을 천하가 모두 옳다 하거늘   桀溺曰 滔滔者 天下皆是也
누가 그것을 바꿀 수 있겠는가?   而誰以易之
그대는 대인을 피해 떠돌아다니는 선비를 따라다니지만   且而與其從辟人之士也
어찌 세상을 피해 사는 도인을 따르는 것만 하겠는가?"   豈若從辟世之士哉.
공자께서 이 말을 전해 듣고 안타까운 표정으로 말씀하셨다. 夫子憮然 曰
"조수鳥獸와는 더불어 한 무리가 될 수 없으니   鳥獸不可與同群
내가 각국의 대인들과 더불어 하지 않고   吾非斯人之徒與
누구와 더불어 하겠는가?   而誰與
천하에 도가 있다면 나도 더불어 바꾸려 하지 않을 것이다." 天下有道 丘不與易也.

논어論語/옹야雍也 22

공자께서 말씀하셨다.   子曰
"제나라가 크게 변한다면 노나라 정도는 될 것이다.   齊一變至於魯

노나라가 크게 변하면 도道에 이를 것이다." 　　　　　　　　魯一變至於道.

논어論語/옹야雍也 23

공자께서 말씀하셨다. 　　　　　　　　　　　　　　　子曰
"술잔이 술잔답지 못하니 술잔이라 하겠느냐? 　　　觚⁹³⁾不觚 觚哉
암! 술잔이라고 할 수 없겠지!" 　　　　　　　　　觚哉.

논어論語/자한子罕 8

공자께서 말씀하셨다. 　　　　　　　　　　　　　　　子曰
"봉황도 오지 않고 하도河圖도 나타나지 않으니 　鳳鳥⁹⁴⁾不至 河不出圖⁹⁵⁾
나는 끝났는가 보다." 　　　　　　　　　　　吾已矣夫.

논어論語/자한子罕 23

공자께서 말씀하셨다. 　　　　　　　　　　　　　　　子曰
"예법禮法에서 한 말을 어찌 따르지 않을 것인가? 　法語⁹⁶⁾之言 能無從乎
그러나 잘못을 고치는 것을 귀하다고 한다. 　　改⁹⁷⁾之謂貴
부드럽고 동조하는 말이 어찌 즐겁지 않겠는가? 　巽與⁹⁸⁾之言 能無說乎
그러나 이해하는 것을 귀하다고 한다. 　　　繹⁹⁹⁾之爲貴
즐거워만 하고 이해하지 못하며 　　　　　　說而不繹

---

93)_ 觚(고)＝觚＝鄕飮酒器.
94)_ 鳳鳥(봉조)＝靈鳥로 순임금 때 내려왔고 문왕 때 울었다고 전해진다.
95)_ 圖(도)＝河圖. 伏羲氏 때 황허에 나타난 龍馬 등껍데기에 그려진 八卦圖.
96)_ 法語(법어)＝禮法之言.
97)_ 改(개)＝更也. 更(경)＝革也, 遞也. (갱)＝再也.
98)_ 與(여)＝親善, 從也.
99)_ 繹(역)＝解也, 理也.

따르기만 하고 고치지 못한다면   從而不改

나로서도 어쩔 도리가 없다."   吾未如之何[100]也已矣.

논어論語/자로子路 12

공자께서 말씀하셨다.   子曰

"설사 성왕聖王이 나타난다 해도   如有王[101]者

반드시 한 세대 이후에나 교화가 나타날 것이다."   必世而後仁.[102]

논어論語/자한子罕 5

공자께서 광匡 관리들에게 양화陽貨로 오해받아 포위되셨을 때   子畏[103]於匡

말씀하셨다.   曰

"문왕은 이미 돌아가셨고 그 문물이 나에게 있지 않느냐!   文王旣沒 文[104]不在玆[105]乎

하늘이 장차 이 문물을 없애려고 한다면   天之將喪斯文也

내가 죽은 후에는 이 문물을 누리지 못할 것이다.   後死者不得與於斯文也

그러나 하늘이 이 문물을 없애지 않으려 한다면   天之未喪斯文也

광 사람들이 나를 어찌하겠는가?"   匡人其如予何.

논어論語/술이述而 22

공자께서 말씀하셨다.   子曰

"하늘이 나에게 덕德을 주어 태어나게 했거늘   天生德[106]於予

---

100)_ 如之何(여지하)＝어찌합니까?

101)_ 王(왕)＝謂聖人受命而興也(論語集註).

102)_ 仁(인)＝謂敎化狹也(論語集註).

103)_ 畏(외)＝戒心也.

104)_ 文(문)＝道之顯者, 禮樂制度.

105)_ 玆(자)＝此也也.

환퇴桓魋[107]가 나무를 베어 압살하려 한들 나를 어찌하겠느냐?" 桓魋其如予何.

논어論語/팔일八佾 24

의儀라는 지방의 국경 관리가 뵙기를 청하며 말했다. 儀封人請見曰

"나는 여기에 들르신 군자를 君子之至於斯也

만나보지 않은 적이 없었소." 吾未嘗不得見也.

제자들이 그를 만나 뵙게 했는데 나오면서 말했다. 從者見之 出曰

"여러분은 선생께서 벼슬을 잃었다고 어찌 상심하시오? 二三者何患於喪乎

천하에 도가 없어진지 오래요, 天下之無道也久矣

하늘은 선생을 장차 목탁으로 삼으려 함이오." 天將以夫子爲木鐸.

논어論語/헌문憲問 37

공자께서 말씀하셨다. 子曰

"아무도 나를 알아주지 않는구나!" 莫我知也夫.

자공이 물었다. 子貢曰

"어찌하여 그들은 선생님을 알아주지 않을까요?" 何爲其莫知子也.

공자께서 말씀하셨다. 子曰

"하늘을 원망하지 않고, 남을 탓하지 않으며 不怨天 不尤人

아래를 배우고 위를 통달했으니 下學而上達

나를 알아주는 이는 하늘뿐이리라!" 知我者 其天乎.

---

106)_ 德(덕)=得也, 恩惠也, 福也.

107)_ 송나라의 司馬.

논어論語/양화陽貨 19

공자께서 말씀하셨다. "나는 말을 하지 않으려 한다."

자공이 말했다. "선생님께서 말하지 않으면

제자들은 어찌 전할 수 있겠습니까?"

공자께서 말씀하셨다. "하늘이 무슨 말을 하더냐?

사시를 운행하고 만물을 낳지만

하늘이 무슨 말을 하더냐?"

子曰 予欲無言.

子貢曰 子如不言

則小子何述焉.

子曰 天何言哉

四時行焉 百物生焉

天何言哉.

논어論語/헌문憲問 41

공자께서 위衛나라에 계실 때 경쇠를 치고 있는데

삼태기를 지고

공씨 대문 앞을 지나는 자가 말했다.

"무심하지 못하구나! 저 경쇠 소리!"

좀 듣고 있다가 또 말했다. "비루하구나! 짧은 돌 소리!

나를 알아주지 않으면 그만둘 일이지!

『시경』「패풍邶風」에 이르기를 '깊으면 옷을 벗고 건너고

얕으면 옷을 걷고 건넌다'고 했거늘……."

공자께서 말씀하셨다.

"잘도 세상을 버렸구나! 난관은 없겠다."

子擊磬於衛

有荷[108] 蕢[109]

而過孔氏之門者曰

有心哉 擊磬乎

旣而曰 鄙哉 硜[110]硜乎

莫已知也 斯已而已矣

深則厲

淺則揭[111]

子曰

果[112]哉 末[113]之難矣.

---

108)_ 荷(하)=蓮, 負也.

109)_ 蕢(괴)=草器也.

110)_ 硜(갱)=石聲.

111)_ 以衣涉水曰厲 攝衣涉水曰揭(論語集註).

112)_ 果(과)=嘆其果於忘世也.

113)_ 末(말)=未也.

논어論語/공야장公冶長 6

공자께서 말씀하셨다.   子曰

"도가 행해지지 않으니 뗏목을 타고 바다로 떠날까 하는데   道不行 乘桴[114]浮于海

그때 나를 따를 사람은 아마 유(자로)이겠지?"   從我者 其由與.

논어論語/자한子罕 13

공자께서 동방 오랑캐 나라에 가서 살려고 했다.   子欲居九夷

혹자가 만류했다. "야만족인데 어찌하려 하십니까?"   或曰 陋如之何

공자께서 말씀하셨다.   子曰

"군자가 산다면 어찌 야만이라 하겠는가?"   君子居之 何陋之有.

---

114)_ 桴(부)＝筏也.

공자의 좌절

　기원전 8세기에서 5세기까지 약 300년간의 춘추시대는 난세이며 동시에 인류문명의 요람기였다. 야스퍼스Karl Jaspers(1883~1969)는 이 요람기를 현재의 인류문명을 추동한 차축시대(axial age)라고 말했다. 그때 활동하던 이른바 제자백가는 세상을 구제하려는 사명감과 그들이 제시한 구세 방략에 대해 대단한 자부심을 가지고 있었다.

　공자는 "중국의 문물이 나에게 보존되어 있으니 하늘이 이 문물을 없애려 하지 않는 한 그 누구도 나를 어쩌지 못할 것"이라고 자부했고(『논어』「자한」5), 묵자는 "나의 말은 반석과 같으니 천하의 달걀을 다 쏘아도 끄떡없이 세상에 쓰일 것"이라고 예언했으며, 맹자는 "만약 하늘이 천하를 태평하게 하려 한다면 나를 버리고 누가 있겠느냐"고 호언장담했다.

묵자墨子/귀의貴義

묵자가 말했다. "내 말은 반드시 채용될 것이다.	子墨子曰 吾言足用矣
내 말을 버리고 생각을 바꾸는 것은	舍吾言革思者
추숫감을 버리고 이삭을 줍는 것과 같고	是猶舍獲而攈[115]粟也
다른 말로 내 말을 비난하는 것은	以他言非吾言者
달걀로 바위를 치는 격이다.	是猶以卵投石也
천하의 달걀을 다 던진다 해도	盡天下之卵
내 말은 반석과 같으니 깨뜨릴 수 없을 것이다."	其石猶是也 不可毁也.

맹자孟子/공손추公孫丑 하

아직 하늘은	夫天

---

115)_ 攈(군)=捃(줍다)과 同字.

천하가 태평하게 다스려지기를 바라지 않는 것 같다.	未欲平治天下也
만약 천하를 태평하게 다스리려 한다면	如欲平治天下
지금 이 세상에 나를 버리고 그 누가 있겠는가?	當今之世 舍我其誰也.

순자荀子/유효儒效

비록 곤궁하여 얼어 죽고 굶어 죽어도	雖窮困凍餓
반드시 사도를 탐하지 않으며	必不以邪道爲貪.
비록 송곳 꽂을 땅이 없으나	無置錐之地
사직을 지키는 대의를 밝히려 한다.	而明於持社稷之大義.

공자는 당시 혼란한 천하의 기풍을 일변一變시켜야 한다고 생각했다. 그러나 요순 같은 새로운 성인이 나타나 난세를 극복하는 역성혁명을 기대하지 않았다. 덕화德化란 일세一世에 이루질 수 없는 것이라고 생각했기 때문이다. 그러므로 그가 말한 기풍의 일변은 개혁적이거나 진보적인 것이 아니라 보수 회귀적인 것이었다.

그는 군주들에게 옛 성인의 도를 깨우치는 일을 자기의 소임이라고 생각한 것 같다. 어쩌면 공자는 스스로 구세救世의 천명天命을 받았다고 자부했는지도 모른다. 어찌 되었건 그는 성인을 대신할 일세의 사표를 자임한 거만한 정치가였음이 분명하다. 그는 오랑캐라도 자기가 다스리면 문명화시켜 태평성대로 만들 수 있다고 자신했다.

그러나 세상은 그를 알아주지 않았다. 13년 동안 천하를 주유하며 자기를 팔려고 했으나 아무도 그를 채용해 주지 않았다. 그는 구세의 방책을 펴보지도 못하고 69세의 늙은 몸으로 귀국했으며 이후 4년 동안 책을 정리하다가 쓸쓸히 죽었다.

공자가 병이 나서 자공子貢(BC 520?~456?)이 찾아뵙자 공자는 마침 지팡이에 의지하여 문 앞을 거닐고 있었다. 공자는 눈물을 흘리며 탄식했다. 그리고 7일 후 세상을 떠났다. 그때 공자의 나이는 73세로 애공哀公 16년(BC 479) 4월 기축일己丑日 이었다.

사기史記/**공자세가**孔子世家

공자가 병이 들어 자공이 찾아 알현했다.	孔子病 子貢請見
공자가 마침 지팡이를 짚고 문밖을 서성이다가 이르기를	孔子方負杖 逍遙於門 曰
"사賜(자공)야! 왜 이리 늦었느냐?"	賜 汝來何其晚也
탄식하며 노래를 읊었다.	孔子因歎歌 曰
"태산이 무너진단 말인가?	太山壞乎
기둥이 꺾어진단 말인가?	梁柱摧乎
철인이 죽어간단 말인가?"	哲人萎乎.
눈물을 떨어뜨리면서 자공에게 말했다.	因以涕下 謂子貢曰
"천하에 도道가 없어진 지 오래구나!	天下無道久矣.
아무도 나의 말을 따르지 않는구나!"	莫能宗予.
그러고 나서 이레 만에 졸했다.	後七日卒.

공자의 이상과 한계

이처럼 그는 굳은 신념의 대정치가요, 고아한 사상가였지만 그가 제시한 구세의 방책인 '복례復禮'는 근본적으로 구체제의 착취구조를 온존시키는 것이었다. 이는 지배계급을 옹호 편승하려는 보수적인 지식인의 한계라 할 것이다. 또한 그의 주장은 과거로 돌아가자는 상고주의요, 반동적인 사상으로 비현실적인 것이었다. 당시 백성들의 마음은 이미 지배계급을 떠났고 다음과 같이 항변하고 있었기 때문이다.

시경詩經/**대아**大雅/**상유**桑柔

국운은 망조가 들고, 하늘도 우리를 돕지 않는구나!	國步蔑資[116] 天不我將[117]

있고 싶어도 머물 곳이 없고	靡[118]所止疑[119]
간다 한들 어디로 간단 말인가?	云徂[120]何往
군자는 실로 벼리이니 마음을 합해 싸우지 말아야 하거늘	君子實維 秉心無競
누가 이 재앙의 씨를 뿌렸는데 어찌 민民을 탓하는가?	誰生厲[121]階[122] 只今爲梗.[123]

시경詩經/위풍魏風/석서碩鼠

큰 쥐야! 큰 쥐야! 내 기장을 먹지 마라.	碩鼠碩鼠 無食我黍
오랫동안 너를 섬겼는데 나 같은 것은 생각지도 않는구나!	三歲貫[124]女 莫我肯顧
가리라! 너를 떠나리라! 저 낙토樂土로 가리라!	逝將去女 適彼樂土
낙토여! 낙토여! 거기서 내 살 곳을 얻으리라!	樂土樂土 爰[125]得我所.

그러나 공자는 현실주의자이면서도 이상주의자였다. 만약 그가 이상도 없이 현실에만 영합했다면 천하를 떠돌며 유세한 13년 동안 반드시 등용되었을 것이다. 그러나 그는 자기 이상에 맞지 않는 밥을 위한 출세는 거부했다. 그리고 그의 이상을 내세나 천당이 아니고 현세에서 이루려고 했다. 그러므로 그의 이상은 현세의 문화에 적용되는 것이어야 했고 급진적이거나 몽상적인 것이 될 수 없었으며 화려하지도 않았다. 이것을 우리는 손쉽게 보수주의의 한계라고 비판하는지도 모른다. 그러나 백지 위에 그리

---

116)_ 資(자)=時.
117)_ 將(장)=養也.
118)_ 靡(미)=無也.
119)_ 疑(의)=定也.
120)_ 徂(조)=往也
121)_ 厲(려)=惡也.
122)_ 階(계)=樞機也.
123)_ 梗(경)=病, 刺人.
124)_ 貫(관)=事也, 累也.
125)_ 爰(원)=於也.

는 그림이 아니고 복잡하게 얽혀 있는 무늬 위에 새로운 기획을 하자니 더욱 힘들고 어려웠고 선명하지 않았는지도 모른다.

대체로 종교적 전통 속에는 문화를 초월하고자 하는 경향이 강하다. 혁명가들에게도 마찬가지 경향이 있다. 그들에게 현실주의자들이 보수하려고 하는 문화 전통은 억압과 수탈의 구체제를 지탱하는 반동적인 것으로 비칠 것이다. 또한 인간을 규제하는 멍에로만 보일 것이다. 그러므로 그들은 전통과 문화와 습속과 제도를 초월해야만 궁극적이며 영원한 진리를 얻을 수 있다고 설교한다. 현상을 공환空幻으로 여기는 불교, 거듭남을 강조하는 기독교, 무지와 동심을 강조하는 도교 등도 이러한 경향을 보여준다. 특히 노장老莊은 성인聖人의 지식과 세상의 문화를 오늘의 비극을 만든 주요 원인으로 여긴다. 그러므로 나날이 덜고 덜어내어 무위無爲한 자연으로 돌아가는 갱생된 삶만이 그들에게 구도의 길이 된다.

그러나 유가는 이와는 달리 기존의 문화를 옹호하고 그것과 분리되지 않고 밀착하려 한다. 그리고 종족을 보존하려는 생물적 본성을 현실적 제도 아래서 충족시키려 한다. 공자의 존주尊周와 효孝 개념도 그것을 반영하고 있다. 그래서 유가는 보수주의일 수밖에 없다. 그러므로 그들의 소망은 초라한 것인지도 모른다. 그래서 우리는 그들의 빈약함을 안이한 현실 인식이라고 비판하는 것이 아닌지 반성해야 한다. 어떻든 공자는 그마저도 꿈을 펼쳐보지 못하고 좌절했다.

우리는 여기서 진정한 보수와 진보는 꿈의 크기에 차이가 있을 뿐 모두 이상을 가지고 현실을 변화시키려는 노력임을 확인할 수 있겠다. 그것만이 장엄한 꿈을 가진 공자의 쓸쓸한 죽음을 정당하게 이해할 수 있을 것이다.

5절 | 백이숙제와 묵자

논어 읽기

논어論語/계씨季氏 12

제나라 경공은 사두 전차 천 대를 가진 제후였으나	齊景公有馬千駟
죽는 날에는 민중들이 그의 덕을 칭송하는 자가 없었다.	死之日 民無德而稱焉
반면 백이숙제는 수양산 아래서 굶어 죽었으나	伯夷叔齊 餓于首陽之下
민중들은 지금까지도 그들을 칭송하고 있다.	民到于今稱之
사실은 부富가 아니라 공경하는 것은 따로 있다 함은	誠不以富 亦祇以異[126]
이를 두고 한 말일 것이다.	其斯之謂與.

논어論語/미자微子 8

귀족이 은둔하여 민民이 된 사람은	逸民
백이·숙제·우중虞仲·	伯夷叔齊虞仲

---

[126]_ 誠不以富 亦祇以異(성불이부 역기이이)＝이 구절은 『시경』「小雅」의 「祈父之什」 중 「我行其野」에서 인용한 것인데 『논어』에는 원래 「안연」 10에 실려 있으나 二程의 의견에 따라 옮겨놓은 것임. 祇＝敬也. 祇와 통용.

이일夷逸·주장朱張·유하혜·소련少連이다.

공자께서 말씀하셨다.

"자기 뜻을 꺾지 않고 몸을 욕되게 하지 않는 사람은

백이숙제다."

夷逸朱張柳下惠少連

子曰

不降其志 不辱其身

伯夷叔齊.

논어論語/술이述而 14

염유가 말했다. "스승께서 위衛나라 군주를 도와주실까?"

자공이 말했다. "그럴 것이다. 내가 직접 물어보아야겠다."

자공이 들어가서 물었다. "백이숙제[128]는 어떤 사람입니까?"

공자께서 말씀하셨다. "옛 현인이었다."

자공이 말했다. "원한이 많았겠지요?"

공자께서 말씀하셨다.

"인仁을 추구해 인을 실천했으니 무슨 원한이 있겠느냐?"

자공이 나와서 말했다. "선생님은 도와주시지 않을 것이다."

冉有曰 夫子爲衛君[127]乎.

子貢曰 諾 吾將問之.

入曰 伯夷叔齊 何人也.

曰 古之賢人也.

曰 怨乎.

曰

求仁而得仁 又何怨

出曰 夫子不爲也.

논어論語/공야장公冶長 22

공자께서 말씀하셨다.

子曰

---

127)_ 衛君(위군)＝주희의 주석은 다음과 같다. 出公 輒을 지칭한다고 한다. 靈公은 부인 南子를 죽이려 했던 世子 蒯聵를 축출한 바 있다. 영공이 죽자, 남자는 고육지책으로 괴외의 아들 첩을 군주로 세웠는데 이가 출공이다. 이에 晉나라는 괴외를 위나라로 입국시키려 했으나 출공은 아비의 입국을 거부했다. 이때 공자는 위나라에 있었다. 위나라 귀족들은 괴외가 그 아비 영공에게 죄를 받았으니, 적손인 첩을 세움은 마땅하다고 생각했다. 그러나 공자는 첩도 그 아비 괴외를 거부했으니 이 또한 죄를 지었다고 생각했다.

128)_ 주희의 주석에 의하면 백이숙제는 孤竹君의 두 아들이다. 그 아비가 죽으려 할 때 숙제를 군주로 세울 것을 유언했다. 아비가 죽자 숙제는 형 백이에게 사양했다. 백이는 아비의 명령을 들어 사양하고 떠나버렸다. 이에 숙제도 떠나버렸다. 이에 나라의 귀족들이 그 둘째 아들을 군주로 세웠다. 그 후 무왕이 은나라 주왕을 정벌하려 하자 백이숙제는 말고삐를 잡고 말렸으나 무왕은 은나라를 멸망시켰다. 백이숙제는 夷齊恥食, 즉 주나라의 녹을 먹는 것을 수치로 여겨 도성을 떠나 首陽山에 숨었으나 마침내 굶주려 죽었다.

"백이숙제는 과거의 악덕을 괘념하지 않았다.　　　　伯夷叔齊 不念舊惡
그래서 원망하는 자가 드물었다."　　　　　　　　　怨是用希.[129]

논어論語/태백泰伯 1

공자께서 말씀하셨다.　　　　　　　　　　　　　　子曰

"태백泰伯[130]은 가히 지극한 덕인이라고 할 것이다.　　泰伯 其可謂至德也已矣

세 번이나 천하를 사양하고 멀리 떠나버렸는데　　　三以天下讓

(백이숙제와 비교될 만하거늘) 민중은 칭찬할 줄 모르는구나!"　民無得而稱焉.[131]

---

[129]_ 주희는 주석에 의하면 『맹자』에 "백이숙제는 악인의 조정에 서지 않고, 악인과 더불어 도모하지 않았다"고 했다. 향인과 더불어 서지만 관이 바르지 않으면 홀연히 떠나버리고, 자기가 더럽혀진 것처럼 여겼다. 기개가 이와 같았으므로 포용심이 없었다. 그렇지만 미워하던 사람이 고치면 곧 잊어버렸다. 그러므로 남들도 그들을 심히 원망하지 않았다.

[130]_ 주나라 太王 古公亶父의 長子.

[131]_ 주희의 주석에 의하면 태왕 고공단보에게는 세 아들이 있었는데 長子는 태백이고 次子는 仲雍이며 三子는 季歷이다. 태왕 때는 상(은)나라의 道가 浸衰했고 주나라가 날로 강대해졌다. 계력은 아들 昌을 낳았는데 聖德이 있었다. 태왕은 상나라를 정벌하여 차지하려는 뜻이 있었으나 태백이 이를 따르지 않았다. 태왕은 마침내 계력을 후계자 삼았고 나라를 창에게 전하려 했다. 태백이 이를 알고 아우 중옹과 더불어 나라를 떠나 荊蠻으로 도망했다. 계력이 죽고 창이 군주가 되어 천하를 삼분하여 둘을 차지했으니 이가 곧 문왕이다. 문왕이 죽고 아들 發이 군주가 되었고 상나라를 멸망시키고 천하를 차지했다. 이가 곧 무왕이다.

백이숙제의 기록이 상이한 까닭은?

앞의 『논어』 예문은 역사적 배경을 모르면 해석할 수 없는 글들이다. 우리가 이 글들에서 주목할 점은 백이숙제와 태백이다. 주나라를 숭모하는 공자로서는 주나라를 반대한 백이숙제를 온 백성이 숭앙하고 있으니 어찌 예우해야 할지 난감한 처지였다. 그래서 백이숙제와 나란히 숭앙할 수 있는 대상으로 태백을 내세우려고 했을 것이다.

주나라 무왕이 은나라 주왕을 정복한 것이 기원전 1027년이니까 백이숙제는 지금부터 3천 년 전 사람이다. 그들은 위대한 군주도 아니었고 그렇다고 위대한 장군도 학자도 아니었다. 그런데도 인류는 지금까지 그들을 기리고 있으니 희한한 일이 아닐 수 없다. 무슨 사연일까?

앞의 『논어』 예문을 보면 2,500년 전 사람인 공자도 자기보다 500년 선배인 백이숙제를 거론하고 있다. 그러나 그에게 백이숙제는 곤혹스러운 존재였다. 공자는 주나라 무왕을 성인으로 추앙하는데 백이숙제는 무왕을 반대했고, 공자는 의로운 전쟁을 주장하는데 백이숙제는 전쟁을 반대했기 때문이다. 이처럼 공자와 백이숙제의 근본적인 차이점은 전쟁에 대한 태도였다. 그런데 공자는 『논어』에서 백이숙제에 대해 언급한 내용이 전쟁에 관한 것이 아니라 엉뚱한 것이어서 역사적 사실을 은폐하고 있다는 비판을 받는다. 아마 이것이 『논어』의 권위에 가장 치명적인 하자일 것이다. 심지어 『맹자』에서는 공자가 『논어』에서 확인한 역사적 사실조차 부인하고 있다. 앞에서 보았듯 『논어』 「계씨季氏」 12에서는 백이숙제가 수양산에서 굶어 죽었다고 기술하고 있으나 『맹자』에서는 북해北海 바닷가에서 살다가 문왕에게 귀부歸附했다고 기술하고 있다. 『단군세기檀君世紀』는 『맹자』를 따른 것 같다.

맹자孟子/**이루**離婁 **상**

백이는 폭군 주왕을 피해 북해의 바닷가에 살다가   伯夷辟紂 居北海之濱
문왕이 일어났다는 소문을 듣고 이르기를   聞文王作興曰

"어찌 찾아가지 않겠는가?   盍[132]歸乎來

내 듣기로   吾聞

서백西伯은 노인을 잘 보살펴 준다는데⋯⋯"라고 말했다.   西伯善養老者.

태공망太公望이 폭군 주왕을 피해 동해東海의 바닷가에 살다가   太公辟紂 居東海之濱

문왕이 일어났다는 소문을 듣고 이르기를   聞文王作興日

"어찌 찾아가지 않겠는가?   盍歸乎來

내 듣기로   吾聞

서백은 노인을 잘 보살펴 준다는데⋯⋯"라고 말했다.   西伯善養老者.

단군세기檀君世紀/을미乙未52년

이해에 백이숙제는   是歲伯夷叔齊

고죽국孤竹國 군주의 아들로서   亦以孤竹君之子.

나라를 버리고 동해 바닷가로 도피하여   遜國而逃 居東海濱

열심히 땅을 갈아 자급하며 살았다.   力田自給.

장자莊子/잡편雜篇/도척盜跖

세상에서는 어진 선비라고 말하는 백이숙제는   世之所謂賢士伯夷叔齊

고죽국의 군주를 사양했고   辭孤竹之君.

수양산에서 굶어 죽어   而餓死於首陽之山

골육을 장사 지내지도 못했다.   骨肉不葬.

장자莊子/잡편雜篇/양왕讓王

주나라가 일어날 때 진정한 두 선비가 있었는데   昔周之興 有士二人

---

132)_ 盍(합)=何不也.

은나라의 작은 봉국인 고죽국에 살았는데   處於孤竹

이름은 백이와 숙제라 했다.   曰伯夷叔齊.

두 형제는 서로 일러 말했다.   二人相謂 曰.

"우리가 듣기로는 서방에 지도자(문왕·무왕)가 나타났는데   吾聞西方有人

도가 있는 것 같으니 시험 삼아 가서 보기로 하자!"   似有道者 試往觀焉.

치산崎山의 남쪽에 이르렀을 때 무왕이 그들의 소문을 들었다.   至於岐陽 武王聞之

무왕은 숙단叔旦으로 하여금 접견토록 하고 더불어 맹약했다.   使叔旦往見之 與盟曰

"봉록을 이급으로 하고, 관직은 일품으로 하며   加富二等 就官一列

희생의 피로 맺겠다."   血牲而埋之.

두 사람은 서로 바라보며 웃으며 말했다.   二人相視以笑曰

"이상하다! 이것은 우리가 말하는 도道가 아니다.   嘻 異哉 此非吾所謂道也.

옛날 천하를 소유한 신농씨神農氏는   昔者神農之有天下也

철마다 제사에 공경을 다했으나 복을 빌지 않았다.   時祀盡敬 而不祈喜[133]

사람들에게는 충신忠信으로 극진하게 다스렸으나   其於人也 忠信盡治

요구하는 것이 없었다.   而無求焉

즐겁게 정법을 폈으나 정사를 위함이었고   樂與政爲政

즐겁게 다스림을 폈으나 다스림을 위한 것일 뿐   樂與治爲治

남의 실패로 자기를 이루지 않았고   不以人之壞自成也

남을 낮추어 자기를 높이지 않았다.   不以人之卑自高也

때를 만났다고 자기 이익을 챙기지 않았다.   不以遭時自利也.

지금 주나라는 은나라의 어지러움을 드러내고   今周見殷之亂

두렵게 함으로써 정사를 다스리고   以遽[134]爲政

---

133)_ 喜(희)＝禧也.

134)_ 遽(거)＝懼也, 畏也.

위에서는 꾀로 하고 아래서는 뇌물로 하며   上謀而下行貨

병력을 의지하여 위엄을 보존하고   阻[135]兵而保威

희생을 갈라 피로 맹약함으로써 믿게 하고   割牲而盟以爲信

노래를 선양하여 대중을 달래고   揚行[136]以說衆

죽임과 정벌로 이익을 챙긴다.   殺伐以要利.

이것은 어지러움을 밀어내고 폭력으로 바꾼 것에 불과하다."   是推亂以易暴也.

사기史記/백이열전伯夷列傳

전기傳記에 의하면   其傳曰

백이숙제는 고죽군孤竹君의 두 아들이라 한다.   伯夷叔齊 孤竹君之二子也

무왕이 은나라를 평정하자   武王已平殷亂

천하는 모두 주나라를 머리로 삼았으나   天下宗周

백이숙제는 그것을 부끄럽게 생각했다.   而伯夷叔齊恥之.

의리상 주나라의 녹을 먹지 않으려고   義不食周粟

수양산에 숨어 고사리를 캐 먹었다.   隱於首陽山 采薇而食之.

굶어 죽을 지경에 이르자 그는 노래를 지어 불렀다.   及餓且死 作歌其辭曰

"저 서산에 올라가 고사리를 캐자꾸나!   登彼西山兮 采其薇矣

폭력으로 폭력을 바꾸었는데 그 잘못을 모르는구나!   以暴易暴兮 不知其非矣

신농씨와 순임금과 우임금도 홀연 죽었으니   神農虞夏忽焉沒兮

나는 어디로 돌아간단 말인가?   我安適歸矣

오호! 죽음뿐이구나! 운명이 쇠잔한 것을!"   于嗟徂[137]兮 命之衰矣.

---

135)_ 阻(조)=依也.
136)_ 行(행)=詩歌의 한 형태.
137)_ 徂(조)=殂와 통용.

드디어 그들은 수양산에서 굶어 죽었다.   遂俄死於首陽山

이로 볼 때, 원망할 것인가? 비난할 것인가?   由此觀之 怨邪非邪.

연암집燕巖集/**권12**/**열하일기**熱河日記/**관내정사** 關內程史/**이제묘기**夷齊廟記

롼허灤河 기슭에 자그마한 언덕을 수양산이라 하고   灤河之上 有小阜曰首陽山

그 산 북쪽에 조그만 성이 있어 고죽성孤竹城이라 한다.   山之北有小郭 曰孤竹城.

성문에는 '현인구리賢人舊里'라 써 붙였고   城門之題曰 賢人舊里

문 오른쪽 비석에는 '효자충신孝子忠臣'이라 썼으며   門之右碑曰 孝子忠臣

왼쪽 비석에는 '지금칭성至今稱聖'이라 썼으며   左碑曰 至今稱聖

묘문 앞 비석에는 '천지강상天地綱常'이라 썼고   廟門有碑曰 天地綱常

문 남쪽 비에는 '고금사표古今師表'라 썼으며   門之南有碑曰 古今師表

문 위에는 '상고일민上古逸民'이라는 간판이 걸렸다.   門上有扁曰 上古逸民.

문 안에 비석 셋, 뜰 가운데 비석 둘   門內有三碑 庭中有二碑

섬돌 좌우에 비석 넷이 있는데   階上左右四碑

이 모두가 명나라와 청나라 때에 임금들이 만든 것들이다.   皆明清御製也.

뜰에는 고송 수십 그루가 서 있고   庭有古松數十株

섬돌 가에는 흰 돌로 난간을 둘렀다.   繚階白石欄

가운데 큰 전각이 있어 이름을 '고현인전古賢人殿'이라 하고 中有大殿曰 古賢人殿

전각 안에 곤룡포와 면류관을 갖추고 홀을 들고 서 있는 것이 殿中袞冕 正圭而立者

바로 백이숙제의 상이다.   伯夷叔齊也.

전殿 문에는 '백세지사百世之師'라 써 붙였고   殿門題曰 百世之師

전 안에 '만세표준萬世標準'이라 쓴 큰 글씨는   殿內大書 萬世標準者

강희제康熙帝의 글씨이고   康熙帝筆也

또 '윤상사범倫常師範'이라 쓴 글씨는   又曰 倫常師範者

옹정제雍正帝의 글씨다.   雍正帝筆也.

그 주련에는 다음과 같이 쓰여 있다.

"인仁을 찾아 인을 행했으니 만고에 청풍淸風은 고죽국이요,

폭력으로 폭력을 바꾸었을 때

천추에 고절孤節은 수양산이로다."

柱聯曰

求仁得仁萬古淸風孤竹國

以暴易暴

千秋孤節首陽山.

독자들은 위 기록들이 서로 모순되는 것에 놀랄 것이다. 이처럼 백이숙제의 기록들이 정반대인 것은 무엇 때문인가? 백이숙제가 굶어 죽었는지, 아니면 바닷가에서 농사지으며 잘 살았는지는 고증할 길도 없거니와 중요치도 않다. 문제는 백이숙제의 인물됨으로서 그들이 불사이군不事二君의 충신이었는지, 반전평화라는 대의를 위해 순절한 사상가였는지가 더 중요하다. 『논어』·『맹자』·『단군세기』의 논지는 백이숙제가 반전평화주의자였다는 사실을 은폐함으로써 무왕의 쿠데타를 시인한 것처럼 오해하도록 했으나, 『장자』·『사기』에서는 그들이 무왕의 전쟁을 부정하고 저항한 것으로 기록했다.

그런데 왜 『사기』는 이처럼 『논어』와 『맹자』의 기록을 무시하고 반대의 주장을 했을까? 『사기』의 저자가 역사가로서 『논어』의 기록이 사건의 본질을 변질시켰고, 『맹자』의 기록이 사실을 왜곡시켰다고 확신하지 않았다면 어찌 감히 공맹孔孟의 기록을 무시할 수 있었겠는가?

공자는 무왕을 추앙하고 적극적으로 의전義戰을 주장했으므로 그의 입장에서는 주나라를 거부하고 전쟁을 반대한 백이숙제를 비난해야 마땅할 것이다. 그러나 민중들이 백이숙제를 흠모하므로 이를 거스를 수 없었다. 그렇다고 반전反戰·반주反周에 동조할 수도 없는 난처한 처지에서 그들을 추앙하되 그 이유를 인자仁者 현인賢人으로 변질 윤색했다고밖에 달리 설명할 길이 없다.

공자는 백이숙제를 인인仁人이라고 평가했다. 이는 백이숙제가 자기와 똑같은 신념을 가진 사람이라는 뜻이다. 그러나 그의 평가는 왜곡이다. 공자는 의전론자이고 백이

숙제는 반전평화주의자이기 때문이다. 뿐만 아니라 공자의 평가는 논리상 모순된다. 공자는 "자기를 극복하여 주례周禮로 돌아가는 것이 인仁이다(克己復禮 爲人)"라고 말했다. 그렇다면 백이숙제는 은례殷禮를 고집하고 주례를 거부했으니 인인이 될 수 없다. 또한 공자는 왕도파를 군자유君子儒라 칭찬하고 패도파를 소인유小人儒라 비난했다. 그리고 '관자는 예禮를 모른다'고 비난했다. 그러면서도 공자는 예도 모르는 패도파인 관자를 인인으로 평가했다. 이것은 모순이 아닌가?

한편, 맹자는 측은한 마음을 인의 단서라고 말했다. 이로 본다면 백이숙제는 측은지심이 있었다고도 말할 수 있으니 인인이라고 말해도 될 것이다. 그러나 이처럼 본성을 기준으로 인을 규정한다면 사람이라면 누구나 인인이라고 말해야 한다. 그렇다면 인의 정체성은 애매해지고 만다. 이를 지적하고자 한 것이 『장자』「도척」편이다. 여기에서 도척은 도둑에게도 도가 있다고 말하고 도적질한 재물을 고루 나누는 것을 인이라 말한다. 그렇다면 도둑도 측은지심이 있고 도둑질한 재물을 고루 나누면 인인이라 해야 할 것이다.

이처럼 인仁의 정체는 모호하다. 과연 인의 정체는 무엇인가? 우리가 『논어』를 읽는 것은 인을 알기 위함이라 해도 과언이 아니다. 그런데 이처럼 인이 이현령비현령이라면 공자와 『논어』는 쓸모없는 것이 되어버린다. 공자의 인과 맹자의 인과 오늘날 말하는 인은 어떻게 다른가를 규명해야 하는 이유가 여기에 있는 것이다.

또한 맹자는 백이를 이윤·공자와 함께 성인이라 칭송하면서 지조 있는 출세주의자로 평가했다. 그러나 이것은 백이가 무왕의 정벌을 반대하여 왕자의 신분을 버린 반전평화주의자라는 사실을 교묘히 은폐해 버린다.

맹자孟子/공손추公孫丑 상

(공손추公孫丑가 물었다.) "백이는 어떻습니까?"　　　　　　伯夷 何如

맹자가 말했다. "처세의 도리가 같지 않다.　　　　　　　曰 不同道.

자기 군주가 아니면 섬기지 않고　　　　　　　　　　非其君不事

자기 민民이 아니면 부리지 않으며,　非其民不使.

태평하면 벼슬하고 난세에는 물러난 것이 백이다.　治則進 亂則退 伯夷也.

'누구를 섬긴들 군주가 아닐까?　何事非君

누구를 부린들 민이 아닐까?' 하면서　何使非民

태평해도 벼슬하고 난세에도 벼슬한 것이 이윤이다.　治亦進 亂亦進 伊尹也.

벼슬할 만하면 벼슬하고 그칠 만하면 그치며　可以仕則仕 可以止則止

머물 만하면 오래 머물고　可以久則久

떠날 계제에는 속히 떠나는 것이 공자다.　可以速則速 孔子也.

이들은 모두 옛 성인들이다.　皆古聖人也.

나는 아직 그처럼 할 수 없지만　吾未能有行焉

공자를 배우는 것이 소원이다."　乃所願則學孔子也.

　　다만 『맹자』의 같은 글에서 불의不義로써 의義를 행하려 하지 말라는 것이 백이와 공자의 공통점이라고 말하고 있다. 그런데 이 점은 묵자가 누누이 강조한 정의론이다. 그렇다면 이 글은 백이의 사상을 묵자가 계승했을 것이라는 추론의 증거로 이해할 수도 있다.

맹자孟子/공손추公孫丑 상

(공손추가 물었다.) "백이와 이윤이 공자와　伯夷伊尹於孔子

그토록 비등합니까?"　若是班[138]乎.

맹자가 말했다. "아니다.　曰 否.

생민 이래 공자 같은 사람은 없었다."　自有生民以來 未有孔子也.

공손추가 물었다. "그러면 같은 점이 있습니까?"　曰 然則有同與

---

138)_ 班(반)＝分瑞玉. 齊等之貌.

맹자가 말했다. "있다.

백 리의 땅을 얻어 군주가 되면

천하의 제후들이 조빙할 것이며 천하를 소유하게 될 것이다.

또 한 번 불의를 하고 무고한 한 사람을 죽이면

천하를 얻는다고 해도 이들은 결코 하지 않을 것이다.

이것이 공통점이다."

曰 有.

得百里地而君之

皆能以朝諸侯 有天下.

行一不義 殺一不辜

而得天下 皆不爲也

是則同.

묵자墨子/**대취**大取

한 사람을 죽여 천하를 보존했다고 해도

그 살인은 천하를 이롭게 한 것이 아니다.

자기를 죽여 천하를 보존했다면

자기를 죽인 것은 천하를 이롭게 한 것이다.

殺一人以存天下也

非殺一人以利天下也.

殺己以存天下也

是殺己以利天下.

내가 왜 이처럼 백이숙제를 장황하게 설명하는지 독자들은 이미 짐작했을 것이다. 수백 년의 겸병전쟁으로 수많은 소국들이 멸망했던 춘추시대에 이러한 폭력 정치에 항거하여 순교를 택한 백이숙제 사건이 당시 민중들의 심금을 얼마나 울렸을지 상상할 수 있을 것이다. 그리고 3천 년이 지난 오늘날까지 인류에게 회자되고 있다는 사실은 얼마나 놀라운 일인가? 왜 인류는 이처럼 백이숙제를 잊지 못하고 기리는가? 그것은 백이숙제가 인류 최초의 반전평화주의자로 순교했기 때문이라고밖에 설명할 길이 없다.

이에 비해 주나라 문왕의 백부인 태백泰伯은 태왕太王의 신임을 얻지 못하고 동생인 계력季歷에게 왕위를 빼앗겼지만 민民이 칭찬하지 않는다고 공자는 탄식했다. 이로 볼 때 공자는 민이 수천 년 동안 백이숙제를 잊지 못하는 까닭이 왕좌를 포기해서가 아니라 폭력과 전쟁을 거부했기 때문임을 깨닫지 못한 것 같다. 아니면 의도적으로 백이숙제의 진실을 은폐하고 그 대신 주나라 왕가의 태백을 선양하려고 했는지도 모른다. 만약 백이숙제가 천하를 무력으로 평정하고 주나라를 세운 무왕을 부정한 것을 찬양한다

면 무왕을 성인으로 추앙하고 주례를 신주로 삼는 자신의 신념과 유가를 배반하는 꼴
이 되기 때문이다.

연암집燕巖集/**권14**/**열하일기**熱河日記/**곡정필담**鵠汀筆談

공자는 태백을 지극한 덕을 갖춘 인물이라고 칭찬했고	孔子稱太伯爲至德
주자朱子(주희)는	朱子
태백을 배척한 태왕을 지극히 공평한 인물이라고 칭찬했는데	稱太王爲至公
이것은 주나라를 반대한 백이와 주나라를 따랐던 태공망이	非如伯夷太公之
서로 배척함이 없었던 것과는 같지 않다.	不相悖也
태백의 입장에서 본다면 자기를 배척한 태왕에 대해	由大伯而論則太王
지극히 공평하다는 평가에 동의하지 않을 것이며	不應爲至公
태왕의 입장에서 본다면 자기가 내친 태백에 대해	由太王而論則 太伯
지극한 덕인이라는 평가에 동의하지 않을 것이다.	不應爲至德
성현들이 말씀하신 지극히 모호하고 정미한 그 뜻을	聖賢至微至精之旨
우리같이 겉만 핥는 얕은 지식으로는	有非膚學淺見
도무지 추측조차 할 수 없겠지만	所可窺測
이 사실에 대해서만은 아무래도 역시 의심이 없지 않다.	而鄙人亦不能無疑於此也.

고죽국은 조선과 고구려의 뿌리

또 놀라운 것은 평화주의자인 백이숙제와 그 후손인 묵자가 동이족이라는 사실이다.
고죽국이라는 나라는 은나라 탕왕 때 묵태씨墨胎氏에 분봉되었고 위치는 옛 낙랑군樂浪
郡으로 지금의 북평군北平郡이다. 그리고 당나라 사서史書에 의하면 고죽국은 중원에

있는 동이족의 소국으로서 조선과 고구려의 뿌리라고 기록하고 있다.

관자管子/권8/소광小匡

제후들이 다분히 부패하고 어지러웠으며

천자에 복종하지 않았다.

이에 환공은 북으로 산융山戎을 정벌했고

영지令支를 제압하고 고죽국의 군주를 베었다.

이에 아홉 동이東夷들도 말을 잘 듣기 시작했고

바닷가 제후들도 복속하지 않는 자가 없었다.

諸侯多沈[139]亂

不服於天子.

於是乎桓公 北伐山戎

制令支斬孤竹

而九夷始聽

海濱諸侯莫不來服.

대명통지大明統誌/영평부永平府

군 명칭인 고죽孤竹은 옛날에는 북평北平이라 불렀고

진秦나라 때는 북연北燕의 평주平州

또는 낙랑군이라 불렀고

북위北魏는 낙랑군을 바꾸어 북평군이라 했다.

郡名孤竹 爲古名北平

爲秦名北燕平州

及樂浪郡

北魏改樂浪爲北平郡.

사기史記/백이열전伯夷列傳 정의正義

고죽이라는 옛 성은

노룡盧龍현 남쪽 백이십 리에 있는데

은나라 때 제후국인 고죽국이다.

孤竹古城

在盧龍縣南十二里

殷時諸侯 孤竹國也.

삼국유사三國遺事/고조선古朝鮮

『당서唐書』「배구전裵矩傳」에 의하면

唐裵矩傳云

---

139)_ 沈(침)＝沒也, 隱也, 汚泥也.

고려는 본시 고죽국이었는데 　　　　　　　　　　　　　高麗本孤竹國

주나라가 기자를 봉하고 조선朝鮮이라 했으며 　　　　周以封箕子爲朝鮮

한나라가 일어나 이를 나누어 삼군三郡을 설치하고 　　漢分置三郡

현도玄菟, 낙랑樂浪, 대방帶方이라 불렀다. 　　　　　　謂玄菟樂浪帶方

당나라 두우杜佑가 찬술한 『통전通典』도 또한 이같이 말했다. 　通典亦同此說.

삼국유사三國遺事/위만조선魏滿朝鮮

원봉元封 삼 년 　　　　　　　　　　　　　　　　　元封三年

여름에 이계상尼谿相 삼參이 　　　　　　　　　　　夏尼谿相參

위만의 손자인 우거왕右渠王을 죽이고, 　　　　　　殺王右渠

한나라에 항복함으로써 마침내 위만조선은 멸망했다(BC 108). 　來降 故遂定朝鮮.

한은 이 땅을 나누어 진번眞番, 임둔臨屯, 낙랑樂浪, 현도玄菟의 　爲眞蕃臨屯樂浪玄菟

사군四郡을 설치했다. 　　　　　　　　　　　　　　四郡.

연암집燕巖集/권14/열하일기熱河日記/도강록渡江錄

『당서』「배구전」에 의하면 　　　　　　　　　　　　唐書裵矩傳言

고려高麗는 본시 고죽국인데 주나라가 이곳에 기자를 봉했다. 　高麗本孤竹國 周以封箕子

한나라 때에 이르러 사군으로 나뉘었으며 　　　　　漢分四郡.

고죽국은 지금의 영평부永平府에 있었다고 한다. 　　所謂孤竹地 在今永平府.

광녕廣寧현에는 기자묘가 있어서 　　　　　　　　又廣寧縣 舊有箕子廟

후관을 쓴 기자 소상을 앉혔는데 　　　　　　　　戴冔冠塑像

명나라 가정嘉靖 연간에 병화로 불타 버렸다고 하는데 　明皇嘉靖時 燬於兵火.

사람들은 광녕현을 평양이라 부른다. 　　　　　　廣寧人或稱平壤.

『금사金史』와 『문헌통고文獻通考』에는 　　　　　　金史及文獻通考

광녕·함평咸平이 모두 기자에게 봉해졌던 땅이라 한다. 　俱言廣寧咸平 皆箕子封地.

이로 미루어본다면 영평과 광녕 사이가	以此推之 永平廣寧之間
또 하나의 평양일 것이다.	爲一平壤也.
『요사遼史』에 의하면	遼史
발해의 현덕부顯德府는 본디 조선의 땅으로	渤海顯德府 本朝鮮地
기자를 봉했던 평양성이었는데	箕子所封平壤城
요遼나라가 발해를 쳐부수고 동경東京이라 고쳤다.	遼破渤海 改爲東京.
바로 지금의 요양遼陽현이 이곳이다.	卽今之遼陽縣是也
이로 미루어본다면	以此推之
요양현도 또 하나의 평양일 것이다.	遼陽縣爲一平壤也.

백이숙제와 묵자는 고려인

묵자의 출신에 대해서는 아무런 자료가 없다. 그가 어디서 태어나 자랐는지 부모가 누구인지도 모른다. 중국 학자들은 묵자가 한족이 아니라는 데는 대체로 동의한다. 아랍인 혹은 동이족이라는 등 정설이 없다. 나는 그가 동이족이라고 믿는다.

백이숙제에 대해서는 그의 행적에 대한 기록들이 모두 일치하는 것은 아니지만 고죽국의 왕자이며 성姓은 묵태씨墨胎氏였다는 점에서는 일치한다. 그런데 송나라 정초鄭樵 (1102~1162)가 지은 『통지通志』는 "묵적의 성씨는 본래 묵태씨이며 송나라 사람으로 『묵자』라는 책을 지었다"고 기록하고 있다. 이로 본다면 묵자는 조선과 고려의 뿌리인 고죽국의 두 왕자인 백이숙제의 후손이 분명하다.

사기史記/백이열전伯夷列傳

전기傳記에 의하면 백이숙제는	其傳曰 伯夷叔齊

고죽군의 두 왕자라 한다.	孤竹君之二子也
고죽국은 탕왕 때 봉건된 나라이며	孤竹國 殷湯三月所封.
성은 묵태씨라 한다.	姓墨胎氏
무왕이 은나라를 평정하자 천하는 모두 그를 머리로 삼았으나	武王已平殷亂 天下宗周
백이숙제는 그것을 부끄럽게 생각했다.	而伯夷叔齊恥之.
그들은 주나라의 곡식을 먹지 않으려고	義不食周粟
수양산에 숨어 들어가	隱於首陽山
고사리를 캐 먹다가 굶어 죽었다.	采薇而食之 及餓且死.

사기史記**/백이열전**伯夷列傳 **색은**索隱

『한시외전韓詩外傳』과 『여씨춘추』 등 전기에 의하면	其傳云
고죽군은	孤竹君
탕왕 삼 월 병인 일에 제후로 봉해졌다고 한다.	是殷湯三月丙寅日所封.
지리지地理志에 의하면	地理志云
고죽성은 랴오시 영지현에 있다.	孤竹城 在遼西令支縣.
응소應劭에 의하면	應劭云
백이의 나라 군주는 성이 묵태씨라고 한다.	蓋伯夷之國君 姓墨胎氏.

통지通志**/권28/씨족략**氏族略

묵씨墨氏는 성찬姓纂에 의하면 고죽군의 후손으로	墨氏 姓纂云 孤竹君之後
본래 묵태씨인데 뒤에 묵씨로 고쳤으며	本墨台氏後改爲墨氏
전국시대에 송나라 묵적이 책을 짓고	戰國時宋人墨翟著書
『묵자』라 했다.	號墨子.

이처럼 백이숙제와 그의 후손인 묵자는 똑같은 반전 평화운동가였으며 동이족 출신

이었다. 또한 우리는 인류 최초의 진보주의는 대국과 강자들의 약육강식의 전쟁에 항거한 소국과 약자들의 반전 평화운동으로 시작되었음을 알 수 있다. 이로 미루어본다면 국가와 민족의 영광을 위해서라면 전쟁과 폭력까지 옹호하며, 강성대국을 위해 인민의 피와 땀을 요구하며 인민을 굶주리게 한다면 이것은 진보주의의 본령이 아닐 것이다.

6절 | 자장의 민중주의와 묵자

논어 읽기

논어論語/선진先進 15

자공이 물었다.　　　　　　　　　　　　　　　　　　　　　子貢問

"사師(자장)와 상商(자하)은 누가 더 현명합니까?"　　　　師與商也孰賢

공자께서 말씀하셨다.　　　　　　　　　　　　　　　　　子曰

"사는 지나치고 상은 미치지 못한다."　　　　　　　　　師也過 商也不及

자공이 말했다. "그러면 사가 더 낫습니까?"　　　　　　曰 然則 師愈與

공자께서 말씀하셨다. "지나침은 미치지 못함과 같은 것이다."　子曰 過猶不及.[140]

논어論語/선진先進 17

시柴(자고)는 우직하고, 삼參(증자)은 노둔하며　　　　　柴也愚 參也魯[141]

---

140)_ 주희에 의하면 자장은 재주가 높고 뜻이 넓다. 그래서 어려운 일을 잘한다. 그러므로 항상 지나치다. 자하는 독실하고 신실하여 잘 지킨다. 다만 규모가 협애하여 항상 못 미친다.

141)_ 魯(노)=鈍也.

사師는 편벽되고, 유(자로)는 거칠다. 　　　　　　　師也辟 由也喭.[142]

논어論語/선진先進 19

자장이 선인善人(좋은 관리)이 되는 길을 물었다. 　　子張問 善人[143]之道

공자께서 말씀하셨다. 　　　　　　　　　　　　子曰

"선왕의 행적을 밟지 않으면 　　　　　　　　　不踐迹

공실公室과 종실宗室에 들어갈 수 없다." 　　　　亦不入於室.

논어論語/자장子張 1

자장이 말했다. 　　　　　　　　　　　　　　子張曰

"선비는 위험을 보면 목숨을 바치며 　　　　　士見危致命

이득을 보면 의義를 생각하며 　　　　　　　　見得思義

제祭에는 공경을 생각하고, 상喪에는 슬픔을 생각한다. 　祭思敬 喪思哀

그것이 다는 아니지만 그것으로도 족한 것이다." 　　其可已矣.

논어論語/자장子張 2

자장이 말했다. 　　　　　　　　　　　　　　子張曰

"덕德이 있으나 넓지 못하고, 도道를 믿되 독실하지 못하면 　執德不弘 信道不篤

도덕이 있다고 하겠느냐, 없다고 하겠느냐?" 　　　焉能爲有 焉能爲亡.

논어論語/자장子張 3

자하의 문인이 자장에게 교우에 대해 물었다. 　　子夏之門人 問交於子張

---

142)_ 喭(언)＝粗俗也.
143)_ 善人(선인)＝質美而未學者也(論語集註).

자장이 말했다. "자하는 무어라고 하더냐?"

문인이 말했다. "자하께서는 옳은 사람은 사귀고

그른 사람은 거부하라 했습니다."

자장이 말했다. "내가 들은 것과 다르다.

군자는 어진 자를 존숭하되 대중을 포용하며,

착한 자를 가상히 여기되

착하지 못한 자도 긍휼히 여기라 했다.

내가 크게 어질다면 어찌 사람들을 포용하지 못할 것이며

내가 어질지 못하면 도리어 사람들이 나를 거부할 것이다.

그렇다면 어찌 내가 사람들을 거부할 수 있겠는가?"

子張曰 子夏云何

對曰 子夏曰 可者與之

其不可者拒之.

子張曰 異乎吾所聞

君子 尊賢而容衆

嘉善

而矜不能

我之大賢與 於人何所不容

我之不賢與 人將拒我

如之何其拒人也.

논어論語/자장子張 15

자유子游가 말했다.

"나의 벗 자장은 간난을 다스리는 데는 능하다.

그러나 인仁에는 미치지 못했다."

子游曰

吾友張也 爲難能也

然而未仁.

논어論語/자장子張 16

증자가 말했다. "자장은 당당하구나!

그러나 그와 더불어 인을 실천하기는 어렵다."

曾子曰 堂堂乎 張也

難與並爲仁矣.

유가의 묵자 포용

모든 사상은 역사적 산물이므로 경쟁 관계의 사상으로부터 영향을 받게 마련이다. 그렇지 않으면 그 사상은 고사하여 역사의 무대에서 사라진다. 유묵儒墨은 첨예하게 대립하여 출발했지만 후대로 가면서 서로 영향을 미치고 절충되는 습합이 이루어졌다. 그 단초를 연 사람은 공자의 제자인 자장인 것 같다. 자장은 유가들의 신분차별적이고 소극적인 '예禮'의 틀을 벗어나 민중에게 문호를 열려고 했다. 그랬기에 공자로부터는 '과하다', '편벽되다'는 평가를 받았고, 동료들로부터도 인仁에는 미치지 못한다고 비판을 받았다. 그래서인지 자장은 벼슬도 하지 않았고, 공문孔門의 사과십철四科十哲에 끼지도 못했다.

자장이 인仁하지 못하다고 비판받은 것은 그가 대중을 포용하고(容衆) 능하지 못한 자도 긍휼히 하라(矜不能)는 대중주의자였기 때문일 것이다. 대중을 포용하고 능하지 못한 사람도 긍휼이 여기라는 말은 공문에는 없는 진보적인 사상이다. 그래서 공자는 그에게 선왕의 사적을 따르지 않으면 공실에 들어갈 수 없다고 충고했을 것이다. 그런데 당시에 그러한 진보적인 대중주의는 묵가의 사상뿐이었다.

또한 공자가 자장을 과하다고 비판한 것은 위태로움을 보면 목숨을 바친다는 이른바 견위치명見危致命 때문이었을 것이다. 공맹은 군주를 받들어야 하는 관리 지망생이므로 도道가 없는 나라를 떠나는 것이 도를 따르는 길이었다. 반면 묵자는 침략을 받는 위태로운 나라를 찾아가 방어를 도와주고, 침략하려는 무도한 나라를 찾아가 설득했다. 이 점에서 자장은 묵가들과 너무도 닮았다. 그렇게 보면 자장은 아마 공자와 묵자를 동시에 사숙했는지도 모른다.

예기禮記/중니연거仲尼燕居

공자가 말했다.

"사師(자장)는 지나치고 상(자하)은 미치지 못한다.

子曰

師爾過 而商也不及

자산은 뭇사람의 어머니와 같은 분이었다.

그러나 그는 먹여주었지만 교화하지는 못했다.”

자공이 자리를 일어나면서 대꾸하여 말했다.

“어찌해야 이를 중정中正이라 하는지 감히 묻겠습니다.”

공자가 말했다. “예禮를 예답게 하는 것이다.

무릇 예란 제어하여 중정하는 수단이다.”

子産猶衆人之母也

能食之不能敎也.

子貢越席而對曰

敢問 將何以爲此中也.

子曰 禮乎禮

夫禮所以制中也.

순자荀子/비십이자非十二子

삐뚤어진 높은 관을 쓰고 그 언사는 담박하며

우임금처럼 걷고 순임금처럼 달리는 사람들은

자장 씨의 천박한 유가들이다.

의관이 엄숙하고 안색을 정제하며 입을 꼭 다물고

종일 말을 하지 않는 사람들은

자하 씨의 천박한 유가들이다.

게을러 일하기를 꺼리면서도 염치없이 먹는 것을 탐하고

입만 열면 군자를 말하면서도 노력하지 않는 사람들은

자유 씨의 천박한 유가들이다.

저들이 진정 군자라면 그러지 않을 것이다.

편안하되 게으르지 않고 노력하되 방만하지 않고

근본을 종주로 삼고 변화에 대응해야

각각 그 마땅함을 얻을 것이다.

그리고 난 연후에야 성인인 것이다.

弟佗[144]其冠 沖澹其辭

禹行而舜趨

是子張氏之賤儒也

正其衣冠 齊其顔色

嗛然而終日不言

是子夏氏之賤儒也

偸儒憚事 無廉恥而嗜飮食

必曰君子 固不用力

是子游氏之賤儒也

彼君子則不然.

佚而不惰 勞而不僈

宗原應變

曲得其宜

如是然後聖人也.

---

144)_ 弟佗(제타)＝不明. 或 委蛇.

다음『장자』의 글에서 공자의 제자인 자장이 묵자를 공자와 나란히 거론하며 칭찬하고 있는데 이는 대단히 주목되는 자료다. 특히 자장은 유가들이 비난하는 묵자의 '이즉의利卽義'라는 테제를 수용하는 발언을 한다(『장자』「도척」). 물론 『장자』는 우언이므로 자장에 관한 기사가 픽션인지도 모르지만 『장자』의 기록자가 하필 공자의 제자 중에서 자장의 이름을 빌린 것은 그가 묵가에 호의적이었기 때문으로 추론할 수 있을 것이다.

장자莊子/**잡편**雜篇/**도척**盜跖

자장이 만구득滿苟得에게 물었다.	子張問於滿苟得
"그대는 어찌 인의仁義를 행하지 않는가?	曰盍不爲行義.
인의를 행하지 않으면 신용이 없고	無行則不信
신임을 얻지 못하면 벼슬이 없고	不信則不任
벼슬을 하지 못하면 이익이 없다.	不任則不利.
그러므로 명예로 보거나 이익을 따져도	故觀之名計之利
인의는 참으로 옳은 것이다.	而義眞是也
만약 명리名利를 버린다면 그것은 본심에 반하는 것이다.	若棄名利 反之於心
그런즉 선비가 의를 행하는 것은	則夫士之爲行
하루라도 하지 않으면 안 된다."	不可一日不爲乎.
만구득이 말했다.	滿苟得曰
"염치가 없으면 부하고, 말이 많으면 출세한다.	無恥者富 多信[145]者顯
그러므로 명예로 보거나 이익을 따진다면	故觀之名計之利
신의는 옳은 것이다.	而信眞是也
물론 명리를 버리는 것이 본심에 반하는 것이라지만	若棄名利 反之於心
선비들이 의를 행함은 명리 때문이 아니라	則夫士之爲行

---

145)_ 多信(다신)＝多言의 錯簡.

천진天眞을 품었기 때문이다."

　　　　　　　　　　　　　　　　　　　　　　抱其天乎.

자장이 다음과 같이 말했다.　　　　　　　　　　子張曰
"옛 걸주는 귀하기로는 천자요,　　　　　　　　昔者桀紂貴爲天子
부하기로는 천하를 소유했다.　　　　　　　　　富有天下
지금 노복들을 불러 이르기를　　　　　　　　　今謂臧聚曰
'너희들의 행실은 걸주와 같다'고 한다면　　　　汝行如桀紂
부끄러운 얼굴을 하고 마음으로 승복하지 않을 것이다.　則有怍色 有不服之心者
소인은 천하다고 생각하기 때문이다.　　　　　　小人所賤也
중니와 묵적은 궁하기로는 필부에 지나지 않지만　仲尼墨翟 窮爲匹夫.
지금 어느 재상에게　　　　　　　　　　　　　　今謂宰相曰
'그대의 행실은 중니나 묵적과 같다'고 칭찬한다면　子行如仲尼墨翟
그는 안색을 바꾸며 그들에게는 부족하다고 사양할 것이다.　則變容易色 稱不足者
선비를 진실로 귀하게 여기기 때문이다.　　　　士誠貴也.
그러므로 천자의 지위도 반드시 귀한 것은 아니며　故勢爲天子未必貴也
궁한 필부라도 반드시 천한 것은 아니다.　　　　窮爲匹夫 未必賤也
귀천의 분별은 행실의 아름다운 덕에 달려 있는 것이다."　貴賤之分 在行之美德.

　　당唐 대에 들어와서는 유교의 도통을 자부하던 한유가 묵가의 포용을 주장했다. 당 대에는 도교를 국교로 삼았으므로 유묵이 모두 도가에 눌려 지내는 형편이었다. 그것이 남송南宋 대에 이르러 한족이 여진족의 금金나라에 굴복하는 지경에 이르자 유학을 중심으로 제자諸子의 사상을 종합하고자 했다. 이것이 바로 유학을 개혁한 '신유학新儒學'인데 중국에서는 이를 정주학程朱學이라 부르고 조선에서는 성리학性理學이라 한다.

사기史記/**태사공자서**太史公自序

태사공太史公 사마담司馬談이   太史公

일찍이 육가六家의 요지를 논하여 말했다.   乃論六家之要指曰

"『주역』 대전에 의하면   易大傳

천하는 하나를 이루는데 백 가지 생각이요,   天下一致而百慮

돌아가는 것은 같은데 길은 다르다고 했다."   同歸而殊塗.

한유

한창려문집韓昌黎文集/**권11**/**독묵자**讀墨子

유가·묵가는 똑같이 요순을 옳다 하고 걸주를 그르다 하며   儒墨同是堯舜 同非桀紂

똑같이 몸을 닦고 마음을 바로 하여   同修身正心

천하 국가를 다스리고자 했다.   以治天下國家

어째서 서로 좋아하지 않음이 이 지경에 이르렀을까?   奚不相悅如是哉.

나는 유묵의 논쟁이 말학末學에서 생긴 것으로 생각한다.   余以爲辯生於末學

각각 자기 스승의 학설을 팔려고 힘썼기 때문일 뿐   各務售其師之說

두 분 스승의 도리의 본연은 아니라고 생각한다.   非二師之道本然也.

공자는 반드시 묵자를 써야 하고   孔子·必用墨子

묵자는 반드시 공자를 써야 한다.   墨子·必用孔子

서로 통용하지 않으면   不相用

진정 공자와 묵자의 제자로는 부족한 것이다.   不足爲孔墨.

주희

맹자집주孟子集註/**서설**序說

한유는 또 말했다. "양자운楊子雲[146])이 이르기를   又曰 楊子雲曰

'옛날에 양자와 묵자가 길을 막자   古者楊墨塞路

맹자가 물리치고 활짝 열었다'고 한다.　　　　　　　　　孟子辭而闢之廓之也.

그러나 양자와 묵자가 유행하고 유도儒道는 패쇄되었으니　夫楊墨行 正道廢

맹자가 비록 어질다 해도 직위가 없고　　　　　　　　　　孟子雖賢聖不得位

공허한 말뿐 시행이 없었으니　　　　　　　　　　　　　空言無施

비록 뜻이 간절한들 무슨 보탬이 되었겠는가?　　　　　　雖切何補.

그러나 그의 말에 힘입어 오늘날 학자들이　　　　　　　然賴其言 而今而學者

오히려 공孔 씨(공자)를 종주로 삼고 인의를 숭상하며　　尙知宗孔氏 崇仁義

왕도를 높이고 패도를 천하게 여기게 되었다."　　　　　貴王賤覇而已.

성리대전性理大全/권58/한자韓子

주자가 말했다.　　　　　　　　　　　　　　　　　　朱子曰

"(공자와 묵자를 통용하자는) 한퇴지韓退之(한유)의 주장은　韓退之

사소한 면을 제외하면　　　　　　　　　　　　　　　却有些

본령은 공평과 균등만을 주장한 것이 아니다.　　　　　本領非歐公[147]比[148]

한퇴지가 「원도原道」편에서　　　　　　　　　　　　原道其言

(용묵用墨을 말한 말은) 비록 정밀한 것은 아니나　　　雖不精

모두 진실한 것이며 큰 벼리는 옳다.　　　　　　　　然皆實 大綱是.

'인仁은 박애'라는 그의 말에 대해 묻는다면　　　　　問博愛之謂仁.

정程 선생(정호程顥·정이程頤)의 학설이 가장 분명하다.　曰程先生之說最分明.

다만 이것을 자세히 살필 수는 없지만 그 요지는　　　只是不子[149]細看 要之

'인은 곧 애愛의 체體요,　　　　　　　　　　　　　仁便是愛之體

---

146)_ 楊雄(BC 53~AD 18). 子雲는 字.
147)_ 公(공)＝平也, 共也.
148)_ 比(비)＝齊等也.
149)_ 子(자)＝仔也, 詳也.

애는 곧 인의 용用'이라고 했으며　　　　　　　　　　　　愛便是仁之用.

후단에서 '남을 다스리는 경우의 애는 공公'이라고 했다.　　後段云 以之爲人則愛而公.

이처럼 애와 공 두 글자는 큰 뜻이 있는 것이다."　　　　　愛公二字却甚有義.

조선 선비들의 묵자 이해

　조선에서는 성리학을 국교로 삼았으나 조선 성리학의 태두인 퇴계退溪 이황李滉 (1501~1570)도 『묵자』에 영향을 받았고, 허균許均(1569~1618), 허목許穆(1595~1682), 김만중金萬重(1637~1692) 등도 『묵자』를 읽고 논평의 글을 남겼다. 특히 1692년에는 명나라 심진沈津이 편찬한 『백가유찬百家類纂』을 경상도 감영에서 간행했으므로 많은 선비들이 묵자에 대한 관심을 갖기 시작한 것 같다. 그중에서도 주목되는 것은 성리학을 지양하고자 했던 홍대용이 한때 묵자에 경도되었음을 고백하고 있다는 것이다. 정약용은 양자와 묵자는 시중時中을 이루지 못했을 뿐 본래의 취지는 옳다고 보았다.

이황

퇴계집退溪集**/권7/성학십도**聖學十圖**/서명도설**西銘圖說

이理는 하나로 통일되나 만 가지로 달라지니　　　　　　　　一統而萬殊

비록 천하가 한 집안이요 나라가 한 사람 같지만　　　　　則雖天下一家中國一人

(묵자처럼) 겸애의 폐단에 흐르지 않는다(반공동체주의).　　而不流於兼愛之弊.

이理는 만 가지로 달라지나 하나로 관통되니　　　　　　　萬殊而一貫

비록 친소親疎에 따라 정情이 다르고 귀천의 등급이 다르지만　則雖親疎異情 貴賤異等

(양자처럼) 위아爲我의 사사로움에 묶이지 않는다(반개인주의).　而不梏於爲我之私.

성소복부고惺所覆瓿稿/권13/**독묵자**讀墨子

묵자의 학술은	墨子之學
그 도道의 테두리가 우임금과 유사한 점이 있어	其道大觳 有類於禹
자주 우임금의 도라고 일컬어졌으니	故亟稱禹之道.
마치 허행許行의 농학農學에서	猶許行治農
신농씨의 말이라고 자칭한 것과 같다.	而自稱爲神農之言者也.
그 시초는 모두 성인을 근본으로 했으나	其始皆本於聖人
그 말류는 폐단에 이르게 된 것이다.	其末流之弊遂至於此
이 때문에 맹자가 극력 배척했던 것이다.	孟子之所以力排也.
유가와 묵가를 병칭하는 것은	其與儒並稱者
인의에 근본을 두고 현賢을 높이고 덕德을 숭상함이	特以本仁義 尊賢尚德
서로 가까운 점이 있기 때문이다.	有相近者.
이것은 옳은 듯 그른 듯 하여 사람을 헷갈리게 한다.	此似是而非 易以惑人也.
한유는 생각하기를	韓愈氏以爲
'공자는 반드시 묵자를 채용했을 것'이라고 한 것은	孔子必用墨子者
무엇 때문이었을까?	何哉
그의 글은 비록 고아하지만 간혹 뒤섞여 조리가 없는 것인가?	其文雖古 而間亦駁雜不倫
아니면 후인이 억지로 끌어다 붙인 것인가?	抑有後人府會耶.

허목

미수기언眉叟記言/권1/상/**담평**談評

묵적이 이르기를	墨翟曰
"아비와 아들이 자애롭지 않고, 형제가 서로 헐뜯고	父子不慈 兄弟相虧
대부가 서로 어지럽히고, 제후가 서로 침범하는 등	以至大夫相亂 諸侯相攻

천하가 어지러운 것은 서로 사랑하지 않기 때문"이라고 했다.　　　天下之亂 起於不相愛.

그러므로 겸애(평등한 사랑)로써 천하를 통솔할 것을 바랐다.　　　思以兼愛率天下.

김만중

서포만필西浦漫筆/하

백이·유하혜·양자·묵자는 모두 큰 현인이다.	夷惠楊墨皆大賢.
그러나 모두 중용中庸의 도가 아니므로	然皆非中庸之道
편벽됨이 없지 않았다.	則不能無偏.
편벽되면 폐단이 없을 수 없겠으나	纔偏不能無弊
그 폐단이 실재實在로 나타나지 않았다면	苟其弊之未形
그 편벽됨도 가르침으로 삼아 풍속을 바로잡을 수도 있으니	則其偏可以設敎而勵俗
마치 약의 성분이 편벽됨이 있어	如藥性有偏
도리어 병을 치료할 수 있는 것과 같다.	故可以治疾也.
양자와 묵자를	楊墨
맹자는 홍수와 맹수라 했으나	孟子所謂洪水猛獸者也
한창려韓昌黎(한유)는 "공묵孔墨은 반드시 서로 활용해야 하며	而韓昌黎謂孔墨必相用
그러지 못하면 공자와 묵자가 될 수 없다" 했고	不相用不足爲孔墨
주문공朱文公(주희)은 자주 양 씨(양자)를 칭찬하여	朱文公函稱楊氏
"만 길 벼랑에 우뚝 서 있다"고 했다.	壁立萬仞.

홍대용

담헌서湛軒書/**외집**外集/**권1**/**여손용주서**與孫容洲書

양 씨의 위아주의는	楊氏爲我
소부巢父·허유許由·장저·걸익의 취향이니	巢許沮溺之流也
청고淸高하여 세속을 끊은 것은	淸高絕俗

완악頑惡한 자를 족히 염치 있게 할 것이며,   足以廉頑.

묵 씨(묵자)의 겸애·근면·절용은   墨氏兼愛勤儉節用

세상의 위급한 상황에 대비하고   備世之急

위로는 시속時俗을 구제하고 아래로는 사사로움을 잊게 했으니   上可以敎俗 下可以忘私

역시 현명함이 남들보다 월등한 것이다.   亦賢於人遠矣.

다만 양 씨와 묵 씨의 도가 지나치면   且二氏之道 爲之太過

개인주의와 노동주의로 빠질 수도 있어   或獨行或勞形

사람들이 이를 감내하지 못할 것이지만   人必不堪

그것이 천하를 변혁할 걱정은 없다 할 것이니   無慮其易天下也

이를 금수라고 공격하며 배척한 것은   禽獸之斥

혹시 지나친 일이 아닐까?   無乃或過耶.

담헌서湛軒書/내집內集/권3/여인서與人書 2수首

오! 공자의 칠십 제자가 죽고 대의가 무너지자   嗚呼 七十子喪 而大義乖

장주는 세상을 통분하여 양생養生·제물齊物을 말했고   莊周憤世 養生齊物

주희의 말학末學들이 스승의 말씀에 골몰하자   朱門末學汨其師說

양명陽明(왕수인王守仁)은   陽明

속된 유가를 미워하여 치양지致良知를 말했다.   嫉俗乃致良知.

이 두 현자를 생각할 때   顧二者賢

어찌 도학을 분열시키고   豈故[150]爲分門

이단에 빠뜨렸다고 탓할 수만 있겠는가?   甘歸於異端哉.

그들도 역시 통분과 미워함이 지극하여   亦其憤嫉之極

잘못을 바로잡는 데 지나치게 곧았을 뿐이다.   矯枉而過直耳.

---

150)_ 故(고)＝怨也, 辜也.

나처럼 용렬하고 비루한 자는 말할 것도 없지만	如某庸陋 雖無足言
타고난 성품이 급하고 어리석어	賦性狂戇[151]
세상에 아첨하면서 옛것만 좇는 것은 참을 수 없다.	不堪媚世將[152]古
더구나 오늘날은 통분과 미움이 더욱 커서	況今時有憤嫉
망령되게 장주와 양명의 잘못된 논의가 내 마음을 빼앗고	妄以爲二者橫議 實獲我心
슬프게도 돌아보면	怵[153]然環顧
유가를 버리고 묵가에 입문하고자 했다.	幾欲逃儒而入墨.

정약용

여유당전서與猶堂全書/**2집**/**권6**/**맹자요의**孟子要義/**진심**盡心

내 생각을 말한다면	鏞案
양주가 천하를 위해 터럭 하나를 뽑지 않았다는 표현과	拔一毛而不爲
묵적이 천하를 위해 머리끝에서 발꿈치까지 닳았다는 표현은	拔毛摩頂
모두 가설로 형용한 말일 뿐이다.	皆是假設形容之辭.
학문이 얕은 자들이 이 문장을 잘못 읽어	淺學誤讀此文
양주를 인색한 사람으로 생각하고	以楊朱爲吝人
묵적을 광객으로 여기는 것은 크게 잘못된 것이다.	以墨翟爲狂客 大謬也.
군자의 학문은 두 가지를 벗어나지 않는다.	君子之學 不出二者
첫째는 수기修己요, 둘째는 치인治人이다.	一曰修己 二曰治人.
수기란 나를 착하게 하는 방법이요,	修己者所以善我也
치인은 남을 사랑하는 방법이다.	治人者所以愛人也.

---

151)_ 戇(당)＝愚直也.
152)_ 將(장)＝奉承也.
153)_ 怵(출)＝悽愴也, 恐也.

나를 착하게 하면 의義라 하고, 남을 사랑하면 인仁이라 한다.　　善我爲義 愛人爲仁

인의는 서로를 써야 하니 어느 한쪽도 폐할 수 없다.　　仁義相用 不可偏廢

두 가지 중 어느 하나만을 고집하는 것은　　二者各執其一

변통을 알지 못함이니　　不知變通

이는 진실로 잘못이다.　　是其謬也.

양주의 도는 우임금과 후직后稷의 시대에　　楊朱之道 禹稷之時

안회顏回(안연)를 지킨 것이고,　　而顏回之守也

묵자의 도는　　墨子之道

안회의 세대가 우임금과 후직을 행한 것이다.　　顏回之世 而禹稷之行也

그들의 죄라면 이처럼 시중時中에 반할 뿐　　其罪如斯而已

어찌 다른 것이 있겠는가?　　豈有他哉.

여유당전서與猶堂全書/1집/권11/오학론五學論

당송팔대가라는 한유·유종원柳宗元·　　韓柳

구양수歐陽修·소식蘇軾 등의　　歐蘇

서문·기문 따위도　　其所謂序記諸文

모두 겉은 화려하지만 속은 실實이 없고　　率皆華而無實

신기하지만 바르지 못하여,　　奇而不正

어릴 때 읽었을 때는 좋은 것 같았으나　　幼而讀之 非不欣然善矣

안으로 수신修身·사친事親에 소용이 없고　　內之不可以修身而事親

밖으로 보국輔國·안민安民에 아무런 소용이 없었다.　　外之不可以致君而牧民

오히려 이런 문장학은 우리 유도儒道에 해독이 될 뿐이니　　此其爲吾道之蟊賊也

양자와 묵자, 노자와 부처보다 더 심할 것이다.　　將有甚乎楊墨老佛.

왜 그런가?　　何也

이들은 그 주장이 우리와 서로 다르기는 해도　　楊墨老佛 雖其所秉有差

그 요지는 사욕을 억제하여 선을 행하고
악을 배제하기 때문이다.

要之皆欲以克己斷慾
爲善去惡.

보수와 진보란 무엇인가?

이상으로 우리는 기존 가치를 지키려는 공자와 이에 맞서 기존 가치를 부정하고 새로운 가치를 창조하려는 묵자를 살펴보았다. 그러나 공자도 묵자도 현실을 바꾸려고 한 것은 마찬가지였다. 그래서 우리는 보혁保革이라 하지 않고 공자를 보수주의로 묵자를 진보주의로 호칭하는 것이다.

개혁과 진보와 혁명이 꼭 일치하는 것은 아니다. 보수주의에도 개혁은 단골 메뉴다. 보수파도 그들의 특징인 민족·왕권·구체제 등의 가치를 보수하기 위해서는 거기에 기생하는 부작용과 부패를 개혁하고 새로운 환경에 적응해야 하며, 그러지 않으면 민심을 얻을 수 없고 살아남을 수도 없기 때문이다. 보수주의가 인류사에 주류로 살아남을 수 있었던 것은 어쩌면 오히려 진보주의보다 더욱 개방적이고 개혁적이었기 때문인지도 모른다. 보수도 진보도 자기 경신 없이는 살아남을 수 없다는 것은 인류 역사가 우리에게 가르쳐준 교훈이다.

또한 보수주의에도 혁명이 있다. 폭군방벌론暴君放伐論 내지 역성혁명易姓革命이 바로 그것이다. 혁명이란 사회의 기본 가치를 전복하는 것인데 봉건사회에서 왕은 곧 가치였으므로 왕을 갈아치운다는 것은 가치의 기본을 전복하는 것이기 때문이다. 이처럼 혁명은 반드시 사회주의로의 전복만을 말하는 것이 아니라는 점에서 진보와는 다르다.

또한 진보와 사회주의도 반드시 일치하는 것은 아니다. 진보란 사회의 근본 가치가 인본주의의 방향으로 발전 변화하는 것을 말한다. 그러므로 요즘 서구 사회의 제3의 길은 분명히 진보이지만 반드시 사회주의라고 말할 수는 없다.

이제 사회주의를 말해 보자. 사회주의란 대체로 도덕·법률 등 국가의 공적 권력관계 측면인 공민公民 생활보다도, 가정·노동·여성·빈민 등 자유로운 개인들 간의 관계 즉 공적 관계가 아닌 사회생활을 우선 가치로 삼는 정치체제를 말하는 것이다. 그러므로 진보와 사회주의는 가치를 공유하는 부분이 많다. 하지만 '진보'는 더 넓은 일반적인 개념이고 '주의'는 체제와 이념을 말하는 것이기에 구분된다. 생산수단의 국유화나 노동자 독재가 아니라도 국가보다도 사회를, 민족보다도 개인을, 부국강병보다 민생을, 전쟁보다도 평화를, 법보다 공평을, 강자보다 약자를, 승자보다 패자를, 기업보다 노동자를, 남성보다 여성을 배려하는 방향이라면 모두 진보라고 말할 수 있다.

이렇게 본다면 대체로 공자는 보수요, 묵자는 진보라고 말할 수 있을 것이다. 다만 우리는 보수는 악이고 진보는 선이라는 이분법적 사고에 빠지는 함정을 경계해야 한다. 오늘날 우리 현실은 민족이나 국가를 버릴 수 없기 때문이다. 우리 민족이 다른 민족에게 정복당한다면 사회주의적 가치도 지킬 수 없기 때문이다. 설사 우리가 사회주의자라 할지라도 우리 국가가 어느 사회주의 국가에 흡수 합병되거나 식민지가 되는 것을 용납할 수는 없다. 공산주의나 아나키스트는 무국가無國家를 지향하지만 그것은 일국주의—國主義로는 달성될 수 없는 가치다. 오늘의 국제적 현실은 국가가 없다면 개인의 자유와 평등은 고사하고 약육강식의 난세가 될 것이다.

보혁은 서로를 타도해야 할 적이 아니라 경쟁 상대여야 한다. 그러므로 혁명도 폭력혁명이 아니라 문화혁명이어야 할 것이다.

제3장

공자의 출신과 인품

1절 | 공자는 사민 계급인 유사

논어 읽기

논어論語/학이學而 1

공자께서 말씀하셨다.   子曰

"배우고 때때로 익히니 이 아니 즐거운가?   學而時習之 不亦說乎

벗이 있어 멀리서 찾아오니 이 또한 즐겁지 않은가?   有朋自遠方來 不亦樂乎

남이 몰라준다고 노여워하지 않으니 이 아니 군자인가?"   人不知而不慍 不亦君子乎.

논어論語/자한子罕 14

공자께서 말씀하셨다.   子曰

"내가 위衛나라에서 노나라로 돌아온 연후   吾自衛反魯然後

음악이 바로잡혔고, 아雅와 송頌이 제자리를 찾았다."   樂正 雅頌各得其所.

논어論語/미자微子 7

공자 일행과 뒤처진 자로가   子路從而後

지팡이를 짚고 삼태기를 멘 노인을 만났다.   遇丈人以杖荷蓧

자로가 물었다. "노인장께서는 우리 선생님을 보셨습니까?"
노인이 말했다.
"사지를 수고롭게 하지 않고 오곡도 분간할 줄 모르는데
누구를 선생이라 하는가?"

子路問曰 子見夫子乎.
丈人曰
四體不勤 五穀不分
孰爲夫子.

논어論語/자로子路 28

자로가 물었다.
"어떻게 해야 사士라고 할 수 있을까요?"
공자께서 말씀하셨다.
"충실하고 권면하며 화순和順하면
가히 사라 할 수 있을 것이다.
붕우에게 정중하고 권면하며
형제에게 화순해야 한다."

子路問曰
何如斯可謂之士矣.
子曰
切切[1]偲偲[2]怡怡[3]如也
可謂士也
朋友 切切偲偲
兄弟 怡怡.

논어論語/자로子路 20

자공이 물었다.
"어떻게 해야 사라고 할 수 있을까요?"
공자께서 말씀하셨다. "자기 행동에 부끄러움을 느끼고
여러 나라에 사신으로 가서
군주의 명을 욕되게 하지 않아야 선비라 할 수 있다."
자공이 물었다. "그다음은 어떤 사람입니까?"

子貢問曰
何如斯[4]可謂之士矣.
子曰 行己有恥
使於四方
不辱君命 可謂士矣.
曰 敢問其次.

---

1)_ 切切(절절)＝懇到也.
2)_ 偲偲(시시)＝詳勉貌.
3)_ 怡怡(이이)＝和順之貌.
4)_ 斯(사)＝兮와 같은 뜻. 語氣詞.

공자께서 말씀하셨다. "종족이 효도를 칭찬하고   日宗族稱孝焉

고을에서 우애를 칭찬하는 자다."   鄕黨稱悌焉.

자공이 물었다. "그다음은 어떤 사람입니까?"   日 敢問其次.

공자께서 말씀하셨다.   日

"말에 신의가 있고 행실에 과단성이 있는 사람이다.   言必信 行必果

옹색한 소인은   硜硜[5]然小人哉

아마 그다음이 될 것이다."   抑亦可以爲次矣.

논어論語/이인里仁 9

공자께서 말씀하셨다. "사는 도道에 뜻을 두는 사람이다.   子曰 士志於道

그러므로 악의악식惡衣惡食을 부끄러워한다면   而恥惡衣惡食者

더불어 정사를 논의할 수 없다."   未足與議也.

논어論語/태백泰伯 8

증자가 말했다.   曾子曰

"사는 도량이 크고 굳센 지조가 있지 않으면 안 된다. 士不可以不弘毅[6]

맡은 임무가 무겁고 도는 멀기 때문이다.   任重而道遠.

인仁을 자기 임무로 삼았으니 어찌 무겁지 않으랴? 仁以爲己任 不亦重乎

죽은 이후에야 끝나니 어찌 멀지 않으랴?"   死而後已 不亦遠乎.

---

5)_ 硜硜(갱갱)＝옹색한 모습. 鄙賤貌.

6)_ 毅(의)＝지조가 굳음, 妄怒也, 致果也.

공자는 사민 출신

공자가 오늘날 우리에게 중요한 것은 그가 지식인 계급인 유사 출신으로, 최초로 학문이라는 것을 정립하고 이들 학자를 정치의 중심 세력으로 만든 지식인의 시조라는 점이다. 그래서 누구나 공자를 연상하면 근엄하고 온화한 학자의 모습을 떠올리게 마련이다. 그리고 인仁이요, 군자君子요, 극기복례克己復禮를 생각하게 된다. 『논어』 첫머리부터 공자는 학문과 벗을 좋아하고 세상의 평판에 초연한 고매한 학자의 모습을 보여준다.

『논어』 첫머리의 "학이시습學而時習"의 글을 이해하려면 2,500년 전으로 되돌아가야 한다. 그 시대 배경이 2,500년 전임을 생각하면 몇 가지 주목할 점이 있다. 첫째, 2,500년 전에 학문을 직업으로 하는 유한계급이 있었다는 사실이다. 오늘날에는 의무교육으로 누구나 글을 배우지만 당시에는 인人 계급인 귀족과 민民 계급인 사민四民은 엄격한 신분차별이 있었고 사민四民 중에서 사민士民만이 글을 배울 수 있었다. 둘째, 2,500년 전의 학문과 오늘의 학문은 다르다는 것이다. 지금의 학문은 인문학 외에 돈벌이를 위한 기술, 행정, 경영 등 직업교육이 중심이 되지만 당시의 학문은 선왕先王의 가르침인 도덕론이 전부라고 할 수 있다. 셋째, 그러므로 당시 학문의 목적은 왕과 귀족 등 지배계급에 충성스러운 신민臣民이 되기 위한 것이었다. 따라서 『논어』는 농민農民·공민工民·상민商民을 위한 것이 아니라 사민士民을 위한 교양서임을 알 수 있다. 다시 말하면 공자와 『논어』의 풍격風格은 민중과는 거리가 멀다는 것이다.

공자 당시 유사들은 피지배계급인 사민四民에 속하는 교사教師들이었으며, 대인이라 불리는 귀족의 가문이나 후작·백작·남작이라 불리는 제후에게 고용되어 공전公田의 일부나 봉급을 받아 생활하는 월급쟁이 지식인 무산계급이었다. 다음 『좌전』의 기록은 사士가 사민四民 계급의 하나였음을 말해 주고 있다.

좌전左傳/소공昭公26년(BC 516)

안자가 대답했다. "『주례』에 의하면	晏子對曰 在⁷⁾禮
가문家門(대부)은 베푸는 혜택을	家施
국國(제후)보다 못 미치게 하고,	不及國
민民들은 거주지를 옮기지 못하게 했다.	民不遷
그러므로 농민은 땅을 떠나지 못하며	農不移
공민과 상민은 직분을 바꾸지 못하며	工賈不變
사민士民은 직분을 일탈하지 못하며	士不濫⁸⁾
관직을 맡은 사士는 태만하지 못하며	官不滔⁹⁾
대부는 공실의 이익을 가로채지 못한다."	大夫不收公利.

공자는 사민士民 중에서 특히 걸출한 사士로서 이른바 "유사의 경세치학經世治學' 즉 유학을 창립함으로써 사士 계급으로 하여금 지배계급인 인人들과 피지배계급인 농·공·상 사이에서 중립을 지키는 중도 계급적 정체성을 정립시킨 문사다. 그리하여 군자의 조건으로 신분적 혈통 외에 문文(선왕의 말씀을 적은 글)을 새로운 조건으로 추가하여 유사들도 군자로 승진할 수 있는 길을 넓힌 것이다(이 책 제4장 2절 '군자가 되는 것' 참고). 이것이야말로 지식인이 최초로 역사의 전면에 등장한 획기적인 사건이다. 그러므로 공자는 지식인 계급의 조사祖師인 것이다. 그러므로 우리는 2,500년 전 지식인의 시조인 공자를 비판적으로 읽어야 한다. 공자의 한계와 약점은 오늘날 지식인의 한계와 약점이 될 수 있으며 비판적 공자 읽기는 이를 경계하는 거울이 될 것이기 때문이다.

---

7)_ 在(재)=察也.
8)_ 濫(람)=溢也, 失也.
9)_ 滔(도)=蕩也, 慢也.

공자는 문관인 유사

사士란 원래 문사인 유사를 말한다. 그리고 검은 옷을 입고 전마戰馬를 다루는 직책인 조卓가 오늘날 우리가 말하는 무사의 명칭이다.

『좌전』에는 "유사는 문사이며, 무사는 조라 불리며 문사의 신하"라고 기록하고 있다. 이로 볼 때 원래 사는 한 계층 관리官吏의 명칭이었으나 그것이 사 이하의 관리를 총칭하는 명사가 되었고 급기야 계층화되었던 것이다.

좌전左傳/소공昭公7년(BC 535)

하늘에는 십간十干이 있고, 사람에겐 열 가지 등급이 있다.	天有十日[10] 人有十等
아랫사람들은 이것으로써 윗사람을 섬기고	下所以事上
윗사람은 이것으로써 귀신을 받들 수 있다.	上所以共神也
그러므로 왕은 제후를 신하로 삼고	故王臣公
제후는 대부를 신하로 삼고, 대부는 사士를 신하로 삼고	公臣大夫 大夫臣士
사는 무사인 조卓를 신하로 삼고	士臣皁[11]
조는 수레를 만드는 여輿를 신하로 삼고	皁臣輿
여는 오예五隷를 관장하는 예隷를 신하로 삼고	輿臣隷
예는 공역을 담당하는 요僚를 신하로 삼고	隷臣僚
요는 마차를 모는 복僕을 신하로 삼고	僚臣僕
복은 도망한 노예를 체포하는 대臺를 신하로 삼는다.	僕臣臺.

---

10)_ 十日(십일)=十干.
11)_ 皁(조)=黑也, 養馬之官下士也(史記/列傳/鄒陽傳 注).

좌전左傳/소공昭公3년(BC 539)

진晉나라 대부 숙향이 말했다.	叔向曰
"란欒씨·극郤씨·서胥씨·원原씨·적狄씨·속續씨·경慶씨·백伯씨 등은	欒郤胥原狄續慶伯
전락하여 말을 돌보는 하급 무사(阜)나	降在阜
노예를 관장하는 하급 관리(隷)가 되었다.	隷
정치는 몇몇 가문의 전횡으로 넘어갔고	政在家門
민民은 의지할 곳이 없다."	民無所依.

사기史記/추양열전鄒陽列傳 색은索隱

조阜는 전마를 관리하는 관리로 하사下士이다.	阜 養馬之官 下士也
이들 전사들은 검은 옷을 입었다.	養馬之官 其衣阜也.

공자가 『논어』에서 사에 대해 설명한 것을 보면 모두가 무사가 아니라 문사임을 알 수 있다. 또한 공자는 사의 목표를 도道와 인仁이라고 말한다. 여기서 도와 인은 무武의 목표가 아님이 분명하다. 그러므로 공자 당시 사는 문사인 유사를 말하는 것이다.

설문해자說文解字

유儒는 부드럽다는 뜻이다.	儒 柔也
유사의 말은 우아하고 부드러워	儒之言優也柔也
능히 사람을 편안케 하고 복종시킬 수 있었다.	能安人能服人
또한 유는 윤택하다는 뜻으로	又儒者濡也
선왕의 도로써 자기 몸을 윤택하게 한다.	以先王之道能濡其身.

한서漢書/예문지藝文志

유가들은 거개가 사도司徒의 관직에서 나왔다.	儒家流蓋出于司徒之官

인 계급과 군주를 돕고 음양을 따르며
교화를 밝히는 자들이다.
이들은 예禮·악樂·인仁·의義·충忠·서恕를 주장하고
불편불의 무과불급의 중화中和를 표방했다.

助人君順陰陽
明敎化者也.
主張禮樂仁義忠恕
不偏不倚 無過不及.

2절 | 공자는 무사 출신인가?

논어 읽기

논어論語/술이述而 6

공자께서 말씀하셨다.   子曰
"나의 소원은 도道에 뜻을 두고 덕에 의거하며   志於道 據於德
인仁에 의지하고 육예六藝에 노니는 것이다."   依於仁 遊於藝.[12]

논어論語/자한子罕 2

달항達巷의 촌장이 공자를 핀잔하여 말했다.   達巷黨人 曰
"위대한 공자여!   大哉孔子
박학하지만 어느 것 하나 명성을 이루지 못했구나!"   博學而無所成名.
공자께서 들으시고 제자들에게 말씀하셨다.   子聞之 謂門弟子曰
"내가 (육예六禮 가운데 예악禮樂을 버리면) 무엇을 할까?   吾何執[13]

---

12)_ 藝(예)=六藝(禮·樂·射·御·書·數).
13)_ 執(집)=專也.

어御를 해야 할까, 사射를 해야 할까? 執御乎 執射乎

나라면 활쏘기보다는 말타기 재주를 부려야겠지?" 吾執御矣.[14]

논어論語/팔일八佾 7

공자께서 말씀하셨다. 子曰

"군자는 경쟁하는 일이 없지만 굳이 있다면 활쏘기뿐일 것이다. 君子無所爭 必也射乎

읍하고 사양한 후 당에 오르고, 내려와 벌주를 마시니 揖讓而升 下而飮

그 경쟁이야말로 군자답다." 其爭也君子.

논어論語/팔일八佾 16

공자께서 말씀하셨다. 子曰

"활쏘기 경주는 짐승 포획을 위주로 하지 않는다. 射不主皮[15]

이처럼 공적을 균등하게 부과하지 않는 것이 爲力[16]不同科[17]

옛사람의 도道다." 古之道也.

논어論語/자장子張 1

자장이 말했다. "선비는 나라가 위태로우면 목숨을 바치고 子張曰 士見危致命

이득을 보면 의義를 생각하고 見得思義

제祭에는 공경을 생각하고, 상喪에는 슬픔을 생각한다. 祭思敬 喪思哀

그것만이 다는 아니지만 그것으로도 족할 것이다." 其可[18]已矣.

---

14)_ 反語다. 도올은 이 글을 근거로 공자가 무사 출신이라고 해석하지만 그것은 잘못된 해석이다.
15)_ 皮(피)=鵠(射的之屬). 鵠(혹)=고니, (곡)=과녁.
16)_ 力(력)=治功也.
17)_ 科(과)=課也.
18)_ 可(가)=足也, 未足之辭也.

논어論語/술이述而 26

공자께서는 낚시질을 하되 그물은 쓰지 않으셨고   子釣而不網
주살은 쓰되 자는 새는 쏘지 않으셨다.   弋不射宿.

논어論語/향당鄕黨 18

꿩이 놀라서 날아올라, 빙빙 돌다가 떨기에 내려앉았다.   色19)斯擧矣 翔而後集
이르시기를 "산골 다리, 암꿩은 제철이구나!" 하셨다.   曰 山梁雌雉 時哉時哉
자로가 요리해 드렸더니 세 번 냄새만 맡고 일어나셨다.   子路共之 三嗅而作.

논어論語/술이述而 2

공자께서 말씀하셨다.   子曰
"말이 없어도 마음으로 깨닫고, 묻고 배움에 싫증 내지 않으며   默而識之 學而不厭
남을 가르치는 데 게으르지 않을 뿐이니   誨人不倦
무엇이 나에게 더 있겠는가?"   何有於我哉.

논어論語/팔일八佾 25

공자께서 순임금의 소악韶樂에 대해 평하시기를   子謂韶
"지극히 아름답고 또한 지극히 선하다"라고 하셨다.   盡美矣 又盡善也.
무왕의 음악에 대해서는   謂武
"지극히 아름다우나 선함이 미진하다"라고 평하셨다.   盡美矣 未盡善也.

논어論語/선진先進 14

공자께서 말씀하셨다.   子曰

---

19)_ 色(색)=顏氣也. 未詳. 色然=驚貌.

194 ✿ 논어강의

"유(자로)의 비파 솜씨로 어찌 내 문하에서 탈 수 있느냐?"   由之瑟 奚爲於丘之門

그런 일이 있은 뒤로 문인들이 자로를 공경하지 않았다.   門人不敬子路

이에 공자께서 말씀하셨다.   子曰

"유는 이미 수준이 당堂 위에 올라 있다.   由也升堂矣

다만 방(室) 안까지는 들어오지 못했을 뿐이다."   未入於室也.

논어論語/팔일八佾 26

공자께서 말씀하셨다. "윗자리에 있으면서 너그럽지 못하고   子曰 居上不寬

예를 행함에 공경스럽지 못하며   爲禮不敬

상갓집에 가서 슬퍼하지 않는다면   臨喪不哀

나에게 볼 만한 것이 무엇이 있겠는가?"   吾何以觀之也.

논어論語/술이述而 21

공자께서 말씀하셨다.   子曰

"세 사람이 길을 가면 그 가운데는 반드시 나의 스승이 있다.   三人行 必有我師焉

그의 장점을 골라 따르고   擇其善者而從之

선하지 못한 점이 있으면 그것을 거울삼아 나를 고친다."   其不善者而改之.

논어論語/선진先進 12

곁에서 모시는 것을 보면 민자閔子(자건)는 은근한 모습이고   閔子侍側 誾[20]誾如也

자로는 군센 모습이고   子路行行[21]如也

염유와 자공은 화락한 모습이었다.   冉有子貢 侃侃[22]如也

---

20)_ 誾(은)=和說而諍也.
21)_ 行行(항항)=剛强之貌. 行=抗也.

제3장 공자의 출신과 인품 ❀ 195

공자께서는 즐거워하셨다.　　　　　　　　　　　　　子樂.

다만 "유와 같은 사람은　　　　　　　　　　　　　若由也

자연스런 죽음을 맞지 못할 것"이라 하셨다.　　　不得其死然.

논어論語/향당鄕黨 4

궐문에 들어설 때 허리를 굽혀 몸이 용납되지 않는 듯 하셨다.　　入公門 鞠²³⁾躬如也 如不容

문 앞에 설 때는 문 가운데 서지 않고　　　　　　　立不中門

들어갈 때는 문지방을 밟지 않으셨다.　　　　　　行不履閾

빈 임금의 자리를 지날 때는 안색을 돌연 바꾸시고　　過位色勃如²⁴⁾也

무릎을 굽혀 천천히 걸으며 말씨는 모자란 듯 하셨다.　　足躩如²⁵⁾也 其言似不足者

옷자락을 가지런히 잡고 단상에 올라 허리를 굽히시고　　攝²⁶⁾齊升堂 鞠躬如也

숨을 죽여 숨을 쉬지 않으시는 것 같았다.　　　　屛氣似不息者.

논어論語/향당鄕黨 5

홀(왕의 신패)을 잡으실 때는　　　　　　　　　　執圭

몸을 굽혀 무게를 이기지 못하는 듯 하셨으며　　　鞠躬如也如不勝

올릴 때는 읍하는 것처럼 하셨고　　　　　　　　上如揖

내릴 때는 내려 주는 듯 하셨다.　　　　　　　　下如授.

낯빛은 긴장하여 두려운 듯 지으셨으며　　　　　勃如戰色²⁷⁾

발은 재게 종종걸음을 하며 땅에 끌리는 듯 하셨다.　足蹜蹜²⁸⁾如 有循²⁹⁾

---

22)_ 侃侃(간간)＝和樂也. 侃＝剛直也.

23)_ 鞠(국)＝기를, 구부릴.

24)_ 勃如(발여)＝긴장하여 얼굴색을 바꿈. 勃＝排也, 怒貌, 興起也.

25)_ 躩如(곽여)＝종종걸음.

26)_ 攝(섭)＝모아 잡다.

27)_ 戰色(전색)＝敬貌.

예물을 올릴 때는 성대한 얼굴을 하며
사적인 면담에는 부드럽고 즐거운 듯 하셨다.

享禮 有容30)色
私覿31) 愉愉如也.

논어論語/계씨季氏 1
공자께서 말씀하셨다.
"대저 고르면 가난이 없고, 화합하면 백성이 적지 않고
편안하면 나라가 기울지 않는다.
그렇기에 먼 나라 사람들이 복종하지 않으면
문화와 도덕으로 교화시켜 그들이 따라오게 하고
이미 따라왔으면 그들을 편안하게 해주어야 한다."

孔子曰
蓋均無貧 和無寡
安無傾
如是故 遠人不服
則脩文德以來之
旣來之則安之.

논어論語/자장子張 13
자하가 말했다. "벼슬을 하다가 틈이 나면 학문을 하고
학문을 하다가 틈이 나면 벼슬을 한다."

子夏曰 仕而優32)則學
學而優則仕.

논어論語/술이述而 24
공자께서는 네 가지를 가르치셨는데
문文과 행실과 충성과 신의였다.

子以四敎
文行忠信.

---

28)_ 踧踖(축축)=足迫也.
29)_ 循(순)=발이 땅에 끌리다.
30)_ 容(용)=盛也, 威儀也. 和也(論語集註).
31)_ 覿(적)=見也.
32)_ 優(우)=裕也.

논어論語/헌문憲問 30

공자께서 말씀하셨다.   子曰

"군자의 도는 세 가지인데 나는 능하지 못하다.   君子道者三 我無能焉

인仁하면 근심하지 않고, 지혜로우면 미혹되지 않고   仁者不憂 知者不惑[33]

용기 있으면 의를 행함에 두려워하지 않는다."   勇者不懼.

자공이 말하기를   子貢曰

"선생님께서 스스로를 말씀하신 것이다"라고 했다.   夫子自道[34]也.

논어論語/위영공衛靈公 1

위衛나라 영공靈公이 공자께 진법을 물었다.   衛靈公 問陳於孔子

공자께서 대답하셨다.   對曰

"제사 때 제기를 벌여놓는 일은 일찍이 들은 적이 있지만   俎豆之事 則嘗聞之矣

군사에 관한 일은 배우지 않았습니다."   軍旅之事 未之學也

날이 밝자마자 위나라를 떠나버리셨다.   明日遂行.

논어論語/양화陽貨 23

자로가 말했다. "군자는 용기를 숭상합니까?"   子路曰 君子尙勇乎.

공자께서 말씀하셨다. "군자는 의義를 상上으로 친다.   子曰 君子義以爲上

군자가 용기만 있고 의가 없으면 반란자가 되고   君子有勇而無義 爲亂

소인이 용기만 있고 의가 없으면 도둑이 된다."   小人有勇而無義 爲盜.

---

33)_ 惑(혹)=亂也, 疑也, 迷惑也, 悖也.
34)_ 道(도)=言也.

논어論語/헌문憲問 35

공자께서 말씀하셨다.

"천리마는 그 힘을 칭찬하는 것이 아니라 그 덕을 칭찬한다."

子曰

驥不稱其力 稱其德也.

논어論語/술이述而 10

자로가 말했다.

"선생께서 삼군을 지휘한다면 누구를 데리고 가겠습니까?"

공자께서 말씀하셨다.

"맨손으로 호랑이를 때려잡고 맨발로 황허를 건너며

죽어도 돌아서지 않는 자는 나는 결코 데려가지 않을 것이다.

반드시 일에 임하면 두려워하고

좋은 꾀를 내어 일을 성사시키는 자라야 한다."

子路曰

子行三軍則誰與.

子曰

暴虎馮河[35]

死而無悔[36]者 吾不與也

必也臨事而懼

好謀而成者也.

논어論語/공야장公冶長 6

공자께서 말씀하셨다.

"도道가 행해지지 않으니 뗏목을 타고 바다로 떠날까 하는데

그때 나를 따르는 사람은 아마 유이겠지?"

자로가 그 말을 듣고 기뻐했다.

공자께서 말씀하셨다. "유야!

용기를 좋아하는 것은 나보다 낫지만

재주와 국량은 취할 것이 없구나!"

子曰

道不行 乘桴[37]浮于海

從我者 其由與

子路聞之喜.

子曰 由也

好勇過我

無所取材.

---

35)_ 馮河(풍하)＝徒涉也(爾雅釋訓).

36)_ 悔(회)＝改也.

37)_ 桴(부)＝筏也.

논어論語/공야장公冶長 7

노나라 대부 맹무백孟武伯이 자로가 인仁한지 물었다.	孟武伯問 子路仁乎
공자께서 말씀하셨다. "알 수 없습니다."	子曰 不知也.
다시 묻자 공자께서 말씀하셨다.	又問 子曰
"유는	由也
제후국의 병사를 다스리게 할 수는 있지만	千乘之國可使治其賦38)也
그가 인자仁者인지는 알 수 없습니다."	不知其仁也.

논어論語/양화陽貨 8

공자께서 말씀하셨다.	子曰
"유야! 여섯 가지 말씀과 그 폐단에 대해 들었느냐?"	由也 女聞六言六蔽矣乎
자로가 대답했다. "아직 듣지 못했습니다."	對曰 未也.
공자께서 말씀하셨다. "앉아라! 내 너에게 말해 주겠다.	曰 居吾語女
인仁을 좋아하지만 배우지 않으면 그 폐단은 어리석음이요,	好仁不好學 其蔽也愚
지知를 좋아하지만 배우지 않으면 그 폐단은 흔들림이요,	好知不好學 其蔽也蕩39)
신信을 좋아하지만 배우지 않으면 그 폐단은 의를 해침이요,	好信不好學 其蔽也賊
곧음을 좋아하지만 배우지 않으면 그 폐단은 엄격함이요,	好直不好學 其蔽也絞
용기를 좋아하지만 배우지 않으면 그 폐단은 어지러움이요,	好勇不好學 其蔽也亂
굳셈을 좋아하지만 배우지 않으면 그 폐단은 성급함이다."	好剛而不好學 其蔽也狂.40)

---

38)_ 賦(부)=兵也. 古者以田賦出兵.
39)_ 蕩(탕)=無所適守也.
40)_ 狂(광)=躁率也.

공자는 유사의 대표자

도올은 『논어』 「자한」 2의 글을 근거로 제시하며 공자는 시詩·서書·예禮·악樂 등 문文보다도 사射(활쏘기)와 어御(말타기) 등 무武를 지향했다고 말한다. 또한 공자의 혈통은 무사武士 기질의 피가 흐르고 있다고 주장한다(『도올논어』권1, 96쪽). 이런 놀라운 주장에 우리 학계에서는 아무런 반론이 없다.

하지만 한마디로 말해서 그런 주장은 거짓이다. 앞에 제시한 25개의 『논어』 예문 중 어느 구절에서도 무를 숭상한 내용은 찾아볼 수 없다. 도리어 경계한 말이 많다. 『논어』에는 한 구절도 공자가 무사라는 것을 암시하거나 무를 중시한 말이 없다. 오히려 공자 스스로 무를 모른다고 했으며 무를 가르치지도 않았다. 공자는 유사儒士이며 유사 계급의 대표요 유교의 교주인데 만약 공자가 무사라면 2,500년 동안 우리 선조들은 거짓을 믿고 있었던 셈이다. 그러나 유사는 사도司徒(교사) 출신의 문사文士다. 유儒라는 글자는 부드럽다는 유柔와 윤택하다는 유濡의 뜻을 가진 글자다.

그는 '사士는 무사를 의미한다'는 주장의 근거 자료로 제시한 「자한」편의 글을 오역하고 이를 근거로 엉뚱한 상상을 덧붙인 것이다. 이 글은 공자가 마부가 되겠다는 뜻으로 말한 것이 아니라 반대로 시·서·예·악을 버리지 않겠다는 결의를 말한 것이다. 그런데 도올은 이러한 반어反語를 정언正言으로 읽고 거꾸로 해석한 것이다. 그가 제시한 근거 자료는 오히려 그의 말이 거짓이라는 반증일 뿐이다.

또한 설사 글의 내용이 공자가 시·서·예·악보다 사射·어御를 더 열심히 해야겠다고 결심한 것이라 하더라도 사士가 무사라는 뜻이 아니며 또한 공자가 무사 출신이라는 의미도 아니다. 왜냐하면 문관들인 유사들도 육예六藝(예禮·악樂·사射·어御·시書·수數)를 모두 공부했으며 공자는 육예의 전문가였기 때문이다. 즉 육예 중 사射와 어는 무사만이 아니라 문사들의 심신단련을 위한 수단이었던 것이다.

또한 공자의 제자 자장은 "사士는 나라가 위태로울 때 목숨을 다해야 한다"고 말했으나(『논어』 「자장子長」 1), 이는 무사에만 해당되는 것은 아니며 문사의 경우도 해당된다. 오히려 공자는 자장이 지나치다고 평가하고 있으니(『논어』「선진」15), 문장의 맥락은 문사를 말한 것으로 보아야 할 것이다.

주례周禮/천관天官/대재大宰

유儒는 도道로써 민중을 얻는다.	儒以道得民.
유사는 육예로써 민民을 교화한다.	儒有六藝以敎民者.

공자는 유사의 대표자며 유학의 창시자다. 한漢 대에는 공자를 교주로 하는 유교가 창설되고, 국교가 되었으며 수천 년 동안 중국·조선·일본의 지배 이념이 되었다. 그러므로 우리에게 공자의 상像은 문치文治와 인정仁政에 있다.

또한 앞의 『논어』 예문에서 알 수 있듯이 공자는 연민의 정이 많은 문필가요, 음악가요, 각고면려한 학자요, 인자한 교사요, 길 가는 사람 중에도 반드시 내 스승이 있다고 생각한 겸손한 사람이었다. 그리고 그의 행동거지는 공손하고 겸손한 전형적인 문관의 모습이었다. 『논어』에서 공자를 무사의 모습으로 표현한 글귀는 한 구절도 찾아볼 수 없다.

그런데 도올은 아무런 사료를 제시하지 않고 공자를 무사로 단정한다. 그리고 이를 합리화하기 위해 공자의 부친이 무인이었다고 강변하기도 한다. 그러나 공자의 부친이 무인이라는 근거 사료도 전혀 없다. 설사 백번 양보하여 그렇다손 치더라도 공자가 무인이라는 증거는 되지 못한다.

나는 공자의 혈통에 대해 상세한 정보를 알지 못한다. 그러므로 그의 주장을 반박할 실증적인 자료는 없다. 그러나 내가 과문한 탓인지 지금까지 수천 년 동안 수많은 역사학자들도 공자의 체격이 무공을 세운 부친을 닮아 장대했다고 말한 이는 있으나 공자에게 무사의 기질이 있다고 주장한 이는 없는 것으로 알고 있다.

도리어 『논어』 어디를 읽어보아도 공자의 무사다운 기질보다는 문사의 품성을 발견할 뿐이다. 『좌전』·『예기』 등의 경전에서도 공자의 무사다운 모습을 발견할 수 없다.

그가 가르친 것도 무武가 아니라 문文·행行·충忠·신信이었다. 또는 그는 군자의 도道 가운데서 의義·예禮·충忠·신信은 그런대로 자신이 있으나 인仁·지知·용勇은 부족하다고 고백한다.

도리어 『논어』에서 공자는 자로가 무사의 기질이 다분하여 두려워하지 않는 것을 여러 번 꾸짖고 있다. 이로 볼 때 공자는 무사의 기질을 몹시 못마땅하게 여긴 것이 분명하다.

이처럼 공자가 무사 출신이라는 주장은 허무맹랑한 망언일 뿐이다. 만약 그런 주장이 사실이라면 공자가 유사의 대표자이며 유학의 창립자라는 말은 잘못이며 유학과 유교라는 말 자체도 잘못된 것이므로 버려야 할 것이다. 또한 가의賈誼(BC 200~168)·동중서 등이 독존유술獨尊儒術을 주장하고 한漢 무제武帝(재위 BC 141~87)가 이를 받아들인 것도 무식한 자들의 미련한 짓들이며, 수천 년 동안 공자를 유사의 대표자로 믿어온 중국인들은 물론이요 우리 선조들과 일본인들은 모두 바보가 되어야 할 것이다.

그런데 어찌 아무 근거도 없이 유사인 공자를 무사로 꾸미려 하는가? 이는 분명 우리의 지난 군사독재와 그 부하 세력을 은근히 동경하는 잠재의식의 발로이거나 아니면 광인의 광언이라고밖에 달리 할 말이 없다.

사의 역사성

역사적으로도 공자는 무인 또는 무사와 거리가 멀다. 원래 지배계급인 인人들은 다른 부족을 무력으로 굴복시키고 성城을 점령한 국인國人이므로 무인 집단이다. 국인이란 성내에 살며 국國을 지배하는 귀족 집단을 말하는데 그냥 인이라고 표기하는 경우가 많다. 반면 패배한 부족의 인들은 유민遺民으로 전락하고 토착민들보다는 상위인 사민士民이 되는 경우가 많았다. 그리고 사민四民 중 농민은 성안에 사는 사람과 성 밖에 사는 사람이 차별되는데 토착민들은 대체로 성 밖 농토를 경작했다. 이들을 야인野人이라고도 한다. 어찌 되었든 지배적인 인 이외에 민民들은 병졸은 될 수 있어도 무사는 될 수 없었을뿐더러 교육받을 기회도 없었다.

그러던 것이 춘추시대에 이르러 병력 자원의 확충이 필요해지자 진晉나라를 시작으로 다투어 지방의 주州(약 2,500호) 병사를 두는 주병州兵제도를 실시했는데, 이에 따라 사민士民들도 무사가 될 수 있는 기회를 얻게 되었고 권리가 신장되기 시작했다(『좌전』「희공僖公15년」). 춘추 후기에 들어서자 제나라를 시작으로 세병제世兵制가 실시되었는데 이것은 종신토록 병역에 복무하고 녹봉을 받는 군호軍戶를 지정하고 세습하도록 한 것으로 지금의 상비군제의 효시라 할 것이다. 이때 사士 계급들이 대거 군호가 되기를 지원했으므로 이때부터 문사인 유사와 구별하여 군호에 참가한 사를 무사라고 한 것이다. 원래 관등 명칭으로는 대부 아래 사가 있고, 사 밑에 조皁가 있었는데 사는 문사이고 조는 무사였지만 이때부터 조라는 명칭은 밀려나고 무사가 그 자리를 차지한 것 같다(『좌전』「소공昭公7년」).

그러나 공자는 계씨 가문의 위리委吏를 시작으로 말단 관리를 거쳐 하대부까지 승진했지만 조나 무사를 맡은 기록은 보이지 않는다. 이러한 역사적 사실을 고려할 때 유사의 대표인 공자를 무인 또는 무사 출신이라고 말하는 것은 어불성설이다. 더구나 아무런 근거도 없이 기분 내키는 대로 공자를 무당의 아들이라거나 무인 기질을 타고난 무사 출신이라고 떠벌이는 것은 용서할 수 없는 모욕이다.

3절 | 공자는 천민 출신인가?

논어 읽기

논어論語/자한子罕 6

태재가 자공에게 물었다.	大宰問於子貢曰
"그대의 선생은 성자입니까? 어찌 능한 것이 많습니까?"	夫子聖者與 何其多能也.
자공이 대답했다.	子貢曰
"본래 천성이 아름답고 성스러우시며	固天縱41)之將42)聖
또 다능하십니다."	又多能也.
공자가 그 말을 듣고 말씀하셨다.	子聞之曰
"태재가 나를 안단 말인가?	大宰知我乎
나는 소시 때 벼슬을 얻지 못해 비천했다.	吾少也賤43)
그러므로 천한 일에 능하게 된 것이다.	故多能鄙事44)

---

41)_ 縱(종)＝生也.
42)_ 將(장)＝美也, 資也.
43)_ 賤(천)＝卑也, 無位也.
44)_ 도올은 이 글을 근거로 공자가 천민 출신이라고 하지만 잘못된 해석이다. 공자는 四民의 하나인 士民 출신이다.

군자란 다능한 사람인가? 그렇지 않다."

뇌牢가 말했다. "선생께서는 채용되지 못하여

재기才技에 능하게 되었다고 말씀하신 것이다."

君子多乎哉 不多也

牢曰 子云吾不試[45]

故藝.

논어論語/술이述而 7

공자께서 말씀하셨다.

"한 묶음의 육포 이상을 낸 학생이면

나는 일찍이 가르치지 않은 적이 없다."

子曰

自行[46]束[47]脩[48]以上

吾未嘗無誨焉.

논어論語/위영공衛靈公 39

공자께서 말씀하셨다.

"교육에 있어서는 종자를 가리지 않는다."

子曰

有教無類.[49]

논어論語/공야장公冶長 1

공자께서 제자인 공야장公冶長을

"사윗감이 될 만하다"고 이르시며

"비록 감옥살이를 했으나 그의 죄가 아니다"라고 하셨다.

그리고 딸을 그에게 시집보냈다.

子謂公冶長

可妻也

雖在縲絏[50]之中 非其罪也

以其子妻[51]之.

---

45)_ 試(시)=用也.
46)_ 行(행)=奉行也.
47)_ 束(속)=帛也.
48)_ 脩(수)=脯也.
49)_ 類(류)=種也, 偏頗也.
50)_ 縲絏(류설)=검은 오랏줄.
51)_ 妻(처)=以女嫁人也.

공자는 몰락한 귀족의 후예

『사기』「공자세가孔子世家」에 의하면 공자의 출신 성분은 다음과 같다. 공자는 노나라 양공襄公 22년(BC 551)에 추읍陬邑(지금의 산둥성山東省 취푸시曲阜市)에서 태어났다. 그의 조상은 송나라 군주 민공愍公의 장자인 불보하弗父何인데 세자 자리를 양보했다고 한다. 공자의 증조부는 불보하의 자손인 공방숙孔防叔인데, 공방숙의 조부가 화를 피해 송나라를 버리고 노나라로 망명하여 유사 신분이 되었다고 한다.

사기史記/공자세가孔子世家

공자 나이 열일곱 살 때	孔子年十七
노나라 대부 맹리자孟釐子가 병들어 죽게 되었다.	魯大夫 孟釐子病且死.
맹리자는 그의 후사인 맹의자孟懿子를 불러 말했다.	誡[52]其嗣懿子 曰
"공구는 성인聖人(君王)의 후예다.	孔丘聖人[53]之後
그 조상은 송나라 민공의 장자인 불보하인데	其祖弗父何[54]
본래 송나라를 계승할 후계자였으나	始有宋而嗣
동생인 여공厲公에게 양보했다.	讓厲公
내 들은 바로는 군왕의 후예는	吾聞 聖人之後
비록 세상을 만나지 못했어도	雖不當世
반드시 통달한 자가 있기 마련인데	必有達者
지금 공구는 나이도 어린데 예를 좋아하니 통달한 자일 것이다.	今孔丘年少好禮 其達者歟
내가 죽거든 너는 그를 스승으로 삼아라!"	吾卽沒 若必師之.

---

52)_ 誡(성)＝審也.

53)_ 聖人(성인)＝君王. 도올은 성인을 당골로 해석하고, '공구는 당골의 아들'이라고 주장한다.

54)_ 弗父何(불보하)＝孔父嘉之高祖. 宋愍公之長子. 厲公之兄也.

맹리자가 죽자
맹의자와 노나라 귀족 남궁경숙南宮敬叔이
예를 배우러 왔다.

及釐子卒
懿子與魯人南宮敬叔
往學禮焉.

공자의 부친 숙량흘叔梁紇이 안顔 씨와 야합하여 공자를 낳았는데 머리 중간이 움푹 패어 있어 이름을 구丘라고 지었다 한다.

공자는 세 살 때 아버지를 여의고 편모슬하에서 가난하고 천하게 살았다. 그가 나이 들어 계씨 가문에서 창고를 관리하는 위리委吏를 지낼 때 저울질이 공평했고, 목축을 관리하는 승전乘田의 일을 보았는데 가축이 번성했다. 이처럼 성실했으므로 그는 공사工事를 관장하는 사공司空이 되었다. 드디어 오랜 관직 생활 끝에 정공定公 14년(BC 496) 56세의 나이로 형벌을 관장하는 대사구大司寇가 되어 섭정하기에 이르렀다. 사구司寇가 된 지 7일 만에 정치를 문란케 한 죄로 소인파의 두목인 대부 소정묘를 죽였다. 국정을 맡은 지 3개월이 지나자 양과 돼지를 파는 사람이 값을 속이지 않았고, 남녀가 길을 갈 때는 따로 걸었으며, 길에 떨어진 물건을 줍는 자가 없었다고 한다. 그러나 계환자季桓子와 갈등이 생겨 노나라를 떠나 각국을 주유하게 되었다. 그로부터 13년 만인 애공 11년(BC 484) 계강자의 초청으로 69세가 되어서야 귀국하게 된다. 노나라는 공자를 등용하지 않았고 공자도 벼슬을 구하지 않았다. 그 후 죽을 때까지 4년 동안 제자를 가르치며 서책을 정리하는 일에 매달렸다(『사기』「공자세가」를 따름. 그러나 연표에 대해서는 이론이 많아 정확하지 않음).

『사기』에 의하면 공자는 『서전書傳』과 『예기』를 처음으로 편찬했고, 『시전詩傳』을 정리하여 악樂을 바로잡았고, 『주역』을 좋아하여 「단彖」·「계사繫辭」·「상象」·「설괘說卦」·「문언文言」편을 정리했으며, 애공 14년에는 『춘추』를 지었다고 한다. 하지만 최근에는 이를 부정하는 학설이 유력하다.

공자는 시詩·서書·예禮·악樂을 가르쳤는데 제자가 3천 명에 이르렀고, 그중 육예六禮에 통달한 자가 72명이었다고 한다.

공자는 당골의 아들인가?

그런데 도올은 "사마천의 「공자세가」는 어떤 경우에도 사실로 간주할 수 없다(『도올논어』 권1, 21쪽), 「공자세가」의 공자에 대한 이야기는 소설(『도올논어』 권1, 29쪽)"이라고 말한다. 또 "「공자세가」에서 '공자가 성인의 후예'라는 말은 곧 '무당집 자손'이라는 뜻이며, 공자는 당골네의 아들로서 무당굿(禮)의 달인"이라고 말한다(『도올논어』 권1, 72~73쪽). 그러므로 공자는 적어도 20세 전후에는 "사士에도 못 미치는 천민"이었다고 주장한다(『도올논어』 권1, 36쪽).

그는 공자를 '당골 출신의 천민'이라고 했다가 '무사 기질이 다분한 도둑 출신의 섹시한 사내'라고 했다가 하는데 이는 앞뒤가 맞지 않지만 기존의 공자 이미지를 완전히 깨부수고 공자의 개혁적 이미지를 세우는 데는 안성맞춤의 가설 무대가 되었다. 그러나 소설을 쓰는 것도 아니고 『논어』라는 텍스트를 번역 해석하는 것으로 그런 이미지를 창출하려고 하는 것은 문제다.

물론 「공자세가」가 모두 역사적인 사실은 아닐 것이다. 특히 공자가 성인의 후손이라는 기록은 공자의 혈통을 신성화하기 위해 지어낸 픽션일 가능성을 배제하지 않는다. 다만 사마천의 『사기』가 역사적 사실과 부합한다는 지금까지의 실증된 믿음은 도올의 근거 없는 픽션보다는 더 신뢰할 만하다는 것이다. 설사 『사기』의 「공자세가」를 전면 부인한다 해도 도올의 주장은 믿을 만한 증거를 한 가지도 제시하지 못한 망발에 불과하다.

첫째, 그는 "공자는 성인의 후손(孔丘聖人之後)"이라는 「공자세가」의 기록을 믿을 수 없다고 한다. 그러나 그것이 공자가 천민 출신이라는 증거는 되지 못한다. 공자가 귀족 출신이 아니면 유사일 수도 있기 때문이다.

둘째, 그러나 그는 한편으로는 「공자세가」의 "공자는 성인의 후손"이라는 기록을 믿는다. 다만 거기서 말하는 성인은 곧 무당을 뜻하는 것이라고 해석한다. 그러므로 공자의 모계 혈통이 무속의 핏줄임을 알 수 있다는 것이다. 그러나 그의 해석은 너무도 엉뚱하다. 성왕은 하느님께 제사를 올리는 제사장인 왕이고 무巫는 잡신을 믿는 천민이기 때문이다. 그는 왕과 천민을 혼동한 것이다(이 책 제4장 1절 '성인 정치의 구현' 참고).

셋째, 그는 『논어』「자한」편의 "오소야천吾少也賤"을 공자가 천민이라는 근거 자료로 제시한다. 그러나 '천賤' 자를 천민賤民 계급으로 잘못 해석한 것이다. 이 글에서 '천' 자는 천민 계급이라는 뜻이 아니라 벼슬을 얻지 못하고 비참한 처지에 있는 사士를 말한 것일 뿐이다. 즉 공자는 벼슬을 해야 먹고살 수 있는 사 계급인데 젊었을 때 오랫동안 벼슬을 얻지 못해 빈천한 생활을 했다는 뜻이다.

결국 그가 제시한 자료는 오히려 공자가 천민이 아니라는 반증 자료이며, 다만 그가 엉터리로 해석했음을 드러내는 폭로 자료가 된 셈이다.

넷째, 그는 공자가 사민士民이 아니고 천민 출신이라고 주장하면서도 그렇다면 공자가 농민農民인가 공민工民인가 상민商民인가 노예인가에 대해서는 말하지 않는다. 아마 그는 무당이나 혹은 도둑 패거리로 상상한 것 같다. 그런데 당시는 사민四民의 분업이 엄격했고 주거 지역도 분리되어 있었으며 도둑 패거리나 무당은 도성 안에 살지 못했다. 그러나 공자는 17세 때 분명히 도성에 살았으므로 농민이나 도둑 패거리나 무당은 결코 아니었다. 만약 그의 주장대로 사민士民이 아니라면 공민이거나 상민이거나 노예여야 할 것이다. 만약 노예였다면 어떤 가문의 노예란 말인가? 그는 글자 몇 자에 엉뚱한 상상력을 발휘하여 제멋대로 지껄이는 광인에 불과할 뿐 공자가 천민이라는 아무런 근거 자료도 제시하지 않는다.

다섯째, 그에 의하면 공자가 계씨 가문의 잔치에 참여하려다 문전에서 양화에게 쫓겨난 사건이 바로 공자의 신분이 천민 출신임을 시사해 준다는 것이다. 그런데 그는 이 글의 출전인 「공자세가」를 믿을 수 없는 소설이라고 하면서도 이 부분은 진짜 증거라고 강조한다. 그렇지만 그는 이 글을 잘못 읽었다. 오히려 이 글은 공자가 천민이 아니라는 반박 자료가 될 뿐이다. 계 씨는 경대부이며 귀족 가문의 대인으로서 하대부·상사·중사·하사 등 현직 관리들을 초청하여 잔치를 베풀고 있었다. 그런데 모친이 죽어 상복을 입은 17세의 공자가 초청도 받지 않고 참석하려 하자 집사인 양화가 물리친 사건이다. 공자는 나이 19세에 겨우 계씨 가문의 창고를 관리하는 위리委吏로 취직했다. 즉 그 잔치에서 쫓겨난 것은 그가 벼슬을 하는 현직 관리가 아니었기 때문이지 그가 사士 계급이 아니라서가 아니다. 또한 그가 사민士民 계급이 아니고 농민 계급이거나 공민 계급이거나 상민 계급이거나 노예 등 천민 계급이었다면 처음부터 잔치에 참여하려고 마음도 먹지 않았을 것이다. 도리어 그가 제시한 입증 자료는 오리려 반증 자료인 셈이다.

사기史記/공자세가孔子世家

어머님이 돌아가셔서 공자가 상복을 입고 있을 때	孔子要[55]経[56]
계 씨가 사士(조정의 상사·중사·하사)에게 잔치를 베풀었다.	季氏[57]饗士
공자도 참여하려고 갔으나 양호陽虎(양화)가 물리치며 말했다.	孔子與往 陽虎絀[58]曰
"계 씨는 조정의 사관士官들에게 잔치를 베푼 것이지	季氏饗士
감히 그대를 위해 잔치를 베푼 것이 아니다."	非敢饗子也.
공자는 이에 물러났다.	孔子由是退.
그때는 공자 십칠 세로 계무자季武子가 죽고	是歲 季武子卒
계평자季平子가 대를 이었는데	平子代立.
공자는 가난하고 벼슬을 하지 못하고 있었다.	孔子貧且賤.
급기야 십구 세 때에 계씨 가문의 창고를 지키는 위리가 되었다.	及長嘗爲季氏史.[59]

오히려 이 자료는 그의 주장과는 반대로 공자가 유사 계급임을 입증하는 정황 증거

---

55)_ 要(요)=褢也, 腰也.
56)_ 経(질)=喪服麻帶.
57)_ 季氏(계씨)=천자가 임명한 노나라의 경대부.
58)_ 絀(출)=同黜. 退也.
59)_ 史(사)=委吏. 主委積倉庫之吏.

가 된다. 아직 출사도 하지 않은 어린 공자가 더구나 상복을 입은 처지에서 노나라 실권자인 계씨 집안에서 벌인 대부와 사士 들의 연회 자리에 참석하려고 한 것은 공자가 당당한 유사 신분이었기 때문이다.

이것은 마치 남원 변 사또의 생일잔치에 어사또가 가난한 선비의 모습으로 나타난 것과 같은 모습이었을 것이다. 만약 공자가 천민이었음에도 그런 술자리에 끼려 했다면 좀 엉뚱한 사람이었을 것이다. 그러나 공자는 엉뚱한 사람이기는커녕 치밀하고 좀스러울 정도로 예를 따지는 고집스러운 유사였다. 그러므로 그는 유사들이면 현직이 아니라도 참석할 수 있는 잔치라고 생각했기에 참석하려 한 것으로 해석해야 옳다.

여섯째, 공자의 아버지는 귀족 출신이지만 천민인 어머니와 야합하여 출생했으므로 공자도 천민이라고 말하는 것 같다. 그러나 당시는 어미가 종이면 자식도 종이 되는 이른바 '종모법從母法'이 아니라 아비의 신분을 따르는 '종부법從父法' 시대였다. 그러므로 증거가 되지 못한다.

일곱째, 그는 장황하게 공자가 천민이라고 떠벌이다가 갑자기 "공자는 사士로 살고 사로 죽었다"고 말한다(『도올논어』 권1, 95쪽). 그렇다면 천민 출신인 공자가 언제 무슨 곡절이 있어 신분이 바뀌어 사민士民이 되었고 벼슬을 얻어 대사구라는 벼슬까지 올라가는 신분 상승을 했다는 말인가? 그의 소설에는 아무런 언급 없이 건너뛰어 불쑥 사로 살았다고 강조한다. 그의 공상소설은 너무도 비약이 심하다.

그는 공자가 천민 출신이라는 가설을 주장하면서 40여 쪽에 걸쳐 아무런 실체적 주장이나 증거도 없이 애매한 말로 장광설을 늘어놓으면서, 심지어 당골네 아들이라는 등 횡설수설하고 있다. 이는 공자를 성인으로 숭앙하고 살아온 우리 선조들을 모독하는 방자한 행동으로 용서할 수 없는 일이다.

4절 | 공자는 도둑 출신인가?

논어 읽기

논어論語/안연顔淵 18

계강자가 도둑의 성행을 걱정하면서 공자께 대책을 물었다.　　季康子患盜 問於孔子

공자께서 대답하셨다.　　孔子對曰

"그대부터 사욕이 없으면　　苟子之不欲

상을 준다 해도 도둑질을 하지 않을 것입니다."　　雖賞之不竊.[60]

논어論語/향당鄕黨 13

군주가 음식을 내리면　　君賜食

반드시 좌석을 바로잡고 먼저 맛을 보셨다.　　必正席先嘗之

군주가 날고기를 내리면 반드시 익혀 제사상에 올리셨다.　　君賜腥 必熟而薦之

군주가 산 것을 내리면 반드시 그것을 기르셨다.　　君賜生 必畜之

---

60)_『도올논어』는 이 글을 근거로 공자는 도둑에 동정적이었고 실제로 도둑 출신이라고까지 해석하지만 그것은 중대한 잘못이다.

군주와 식사를 할 때는 군주가 고수레를 한 후 먼저 맛보셨다.　　待食於君 君祭先飯

군주가 병문안을 왔을 때는 머리를 동쪽으로 돌리고　　疾君視之 東首

조복을 덮고 요대를 끌어다 놓으셨다.　　加朝服拖紳

군주가 부르면 마차 준비를 기다리지 않고 떠나셨다.　　君命召 不俟駕行矣.

논어論語/자한子罕 9

공자께서는 상주나 관리나　　子見齊衰者 冕衣裳者

맹인을 보면　　與瞽者

비록 젊은이라도 반드시 일어나서 접견하시고　　見之雖少必作

지나칠 때면 반드시 종종걸음으로 급히 비켜주셨다.　　過之必趨.[61]

논어論語/자한子罕 15

공자께서 말씀하셨다.　　子曰

"나가면 공경公卿을 섬기고, 들어오면 부형父兄을 섬기고　　出則事公卿 入則事父兄

상가에서는 힘쓰지 않은 일이 없고 술주정을 하지 않았으니　　喪事不敢不勉 不爲酒困

나에게 그것을 빼면 무엇이 있겠는가?"　　何有於我哉.

논어論語/향당鄕黨 3

군주가 빈객 접대를 맡기면　　君召使擯

얼굴색을 바꾸고 종종걸음을 하셨으며　　色勃如也 足躩[62]如也

읍을 할 때는 더불어 서서 손을 좌우로 뿌린 다음 하셨으며　　揖所與立左右手

옷을 앞뒤가 가지런하게 하셨으며　　衣前後襜[63]如也

---

61)_ 趨(추)=疾行也. 跾(아장걸음)와 통용.

62)_ 躩(곽)=종종걸음.

바쁘게 나아갈 때는 날개를 편 듯 하셨다.　　　　　趨進 翼如也

빈객이 물러가면 반드시 군주에 복명하여 아뢰셨다.　　賓退 必復命

"빈객은 아무런 유감 없이 떠났음을 보고합니다."　　　曰 賓不顧[64]矣.

논어論語/술이述而 4

공자께서는 평소엔 유유한 듯 느긋하셨으며　　　　　子之燕居 申申[65]如也

즐겁고 부드러운 모습이셨다.　　　　　　　　　　　天天[66]如也.

논어論語/술이述而 15

공자께서 말씀하셨다.　　　　　　　　　　　　　子曰

"나물 먹고, 물 마시고, 팔을 베고 누웠으되　　　　飯疏食飮水 曲肱而枕之

즐거움이 그 안에 있으니　　　　　　　　　　　　樂亦在其中矣

불의로 얻은 부귀는 나에게는 뜬구름 같아라!"　　　不義而富且貴 於我如浮雲.

논어論語/술이述而 18

섭공이 자로에게 선생에 대해 물었으나　　　　　　葉公問孔子於子路

대답하지 못했다.　　　　　　　　　　　　　　　子路不對.

공자께서 듣고 말씀하셨다. "너는 어째서 말하지 않았느냐?　子曰 女奚不曰

그 사람은 학문에 분발하여 먹기를 잊고　　　　　　其爲人也 發憤忘食

음악으로 근심을 잊고　　　　　　　　　　　　　樂以亡憂

늙는 줄도 모른다고."　　　　　　　　　　　　　不知老之將至云爾.

---

63)_ 襜(첨)＝옷 단정한 모습.

64)_ 顧(고)＝讎也.

65)_ 申申(신신)＝其容舒也.

66)_ 天天(요요)＝其色愉也.

논어論語/향당鄕黨 12

마구간에 불이 났다. 공자께서 퇴청하여 물으셨다.   廐焚 子退朝曰

"사람은 상하지 않았느냐?"   傷人乎

말에 대해서는 묻지 않으셨다.   不問馬.

고지식하고 낙천적인 관료

앞에 제시한 『논어』의 글들은 성심으로 군주를 모시는 충성스러운 군자(官長)의 모습으로 공자를 그리고 있다. 그런데 도올은 공자가 도둑을 동정한 도둑 출신이라고 주장한다. 어찌 공자의 모습이 이처럼 다를 수 있단 말인가? 분명 누군가 황당한 거짓말을 하고 있는 것이다(『도올논어』 권1, 105쪽). 발분망식發憤忘食하며 책을 읽고, 부귀를 뜬구름처럼 여겨 사욕을 버린 공자의 모습은 선비의 청한淸閑을 보여주는 귀감이며, 산 것을 하사받으면 그것을 기르는 갸륵한 마음과 병석에 누워서도 신하의 깍듯한 예의를 차리는 엄격한 모습은 선비의 공경을 보여주는 귀감이다. 어쩌면 고지식하다고 말할 수도 있을 것이다. 공자의 이런 모습에서 어찌 도둑 출신이라는 인상을 받을 수 있단 말인가?

그뿐 아니라 『논어』의 기록들에서 보여주는 공자의 모습은 비굴하다고 탓할 만큼 공경들에게 순종하는 온유한 관리의 모습이다. 그런 그의 모습에서 어떻게 도둑을 연상할 수 있는가? 나물 먹고, 물 마시고, 팔을 베고 누워서도 즐거워하는 공자의 모습에서 어찌 도둑의 이미지를 떠올릴 수 있단 말인가? 아무리 황당한 공상만화라 해도 그런 캐릭터는 그리지 않을 것이다.

과연 도올의 주장대로 공자의 무리는 도둑의 무리였는가? 그렇다면 도둑의 무리가 어떻게 사士의 집단으로 발전했는가? 『논어』뿐 아니라 다른 문서들을 아무리 샅샅이 훑어보아도 공자의 면면이 도둑 출신이라고는 상상조차 할 수 없다. 그러나 그는 이처럼 혁명적인 새로운 학설을 주장하면서도 아무런 증거도 제시하지 않는다. 서두에 제시한 『논어』 「안연」 18의 예문에서 공자가 도둑을 동정한 것으로 보아 도둑 출신으로 추측된다는 것뿐이다. 그러나 그런 추측을 근거로 공자를 도둑의 무리로 몰고 가는 것은 명백한 잘못이다. 아마도 그것은 의도적으로 엉뚱한 말은 하여 관심을 끌어보려는 지식 상인의 술법인지도 모른다.

도올은 그 글에서 공자에게 도둑에 대한 깊은 체험과 동정이 서려 있다는 느낌을 받았다고 한다. 그러므로 공자가 도둑 출신이라는 것을 짐작할 수 있다는 것이다. 그러나 그 「안연」편의 글은 집권자이며 경대부인 계강자가 공자에게 도盜에 대한 대책을 묻자 공자가 답변한 내용으로 그 요지는 계강자의 사욕을 꾸짖은 데 있다. '너 스스로 큰 도둑이면서 어찌 좀도둑을 걱정하느냐'는 핀잔을 준 것이다. 그가 상상한 것처럼 공자는 도둑을 동정한 것이 아니라 정치가들의 도둑놈 심보를 탓했을 뿐이다.

오히려 나는 문제의 예문을 읽을 때마다 공자에게 실망을 금치 못한다. 당시 굶어 죽고 얼어 죽는 참혹할 만큼 피폐한 민생에 대한 공자의 대책이라는 것이 고작 귀족들의 사욕을 없애라는 것뿐이란 말인가? 공자의 대답은 당신부터 사욕을 줄이면 민民도 사욕이 없어질 것이라는 뜻이다. 다시 말하면 공자의 도둑 퇴치 방법은 사람마다 사욕을 줄이면 해결된다는 뜻이다. 너무도 우원한 대답일 뿐이다.

설령 그의 해석처럼 공자가 도둑을 동정했다고 하더라도 그것이 공자가 도둑 출신이라는 논거는 되지 못한다. 만약 그렇다면 도둑을 동정하는 도둑 출신이 도둑을 잡는 장관인 대사구가 되었단 말인가?

그러나 그의 주장과는 달리 공자는 도둑을 동정하지 않았다. 도둑을 동정한 사람은 묵자와 장자다. 묵자는 사유재산제를 없애지 않고는 도둑을 없앨 수 없다고 주장했다. 또 그는 "도둑도 사람이니 도둑을 죽인 것도 사람을 죽인 것"이라고 말했다. 나아가 그는 "도둑을 사랑하지 않고는 사람을 사랑했다고 말할 수 없다"고도 말했다. 그러나 어느 누구도 묵자를 도둑 출신이라고 말하지는 않는다.

장자도 도둑을 동정했다. 그도 묵자의 말을 그대로 옮겨 도둑을 죽이는 것을 살인이 아니라고 변명하는 권력자들을 비난했다. 더구나 장자는 공자처럼 관리 출신이 아니라 광인으로 살았지만 아무도 그를 도둑 출신이라고 말하지 않는다.

묵자墨子/**대취**大取

사유제도를 없애지 않고는

도둑을 없애려고 해도 없앨 수 없는 것이다.

非殺藏也

專殺盜 非殺盜也.

묵자墨子/**소취**小取

도둑은 사람이다.	盜 人也
도둑이 많은 것을 미워한 것은	惡多盜
사람이 많은 것을 미워한 것이 아니다.	非惡多人也
도둑이 없기를 바라는 것은 사람이 없기를 바라는 것이 아니다.	欲無盜 非欲無人也
이것은 명제가 그른 것임에도 사람들은 모두 옳다고 한다.	世相與共是之
만약 이런 논리대로 한다면	若若是
'도둑을 사랑한 것은 사람을 사랑한 것이 아니며	則愛盜非愛人也
도둑을 사랑하지 않은 것은 사람을 사랑하지 않은 것이 아니며	不愛盜 非不愛人也
도둑을 죽인 것은 사람을 죽인 것이 아니다'라는 논리도	殺盜 非殺人也
무난할 것이다.	無難矣
그러나 이것은 명제는 옳지만 사실은 그렇지 않은 경우다.	此乃是而不然者也.

장자莊子/**외편**外篇/**천운**天運

우임금이 천하를 다스리면서 민民의 마음을 변화시켜	禹之治天下 使民心變
사람들이 사심을 가지게 되었고,	人有心
전쟁을 순리라 하며	而兵有順
도둑을 죽이는 것은 살인이 아니라고 강변하고,	殺盜非殺
사람마다 스스로를 중하게 여기고	人自爲種[67]
천상의 하늘을 가볍게 보고 천하뿐이라 했다.	而天下耳
이로써 천하가 크게 소란해지자	是以天下大駭
유가와 묵가들이 일어나 윤리를 지어내기 시작했다.	儒墨皆起 其作始有倫.

---

67)_ 種(종)＝重의 錯簡.

맹자는 민民에게 항산恒産이 없으면 도둑이 되게 마련인데 그들을 잡아들여 죄를 묻는 것은 함정을 파고 그물을 쳐놓고 걸려들기를 바라는 것과 다를 바 없다고 군주를 비난했다. 즉 맹자의 도둑 대책은 민에게 항산을 마련해 주어야 한다는 것이었다. 그의 논리대로라면 맹자도 이처럼 도둑을 동정했으므로 도둑 출신이란 말인가? 그렇지 않다. 맹자는 도둑을 동정한 것이 아니라 민을 동정했을 뿐이다.

그런데 도둑의 원인은 사람의 사욕에 있다는 공자의 말에서 어찌 공자가 도둑 출신이므로 도둑을 동정했다고 상상한단 말인가? 도무지 이해가 되지 않는다.

도둑보다 더 나쁜 도둑

도올는 또 공자를 도둑의 무리라고 단정한 근거로 『장자』 「도척」편을 제시했다. 그러나 그는 그 글을 잘못 읽었다. 장자가 말하고자 한 내용은 공자와 같은 글쟁이들은 '도둑놈보다 더 나쁜 도둑놈'이라는 비난일 뿐, 실제로 물건을 훔치는 절도나 강도를 지칭한 것은 아니다.

도올논어/권1/105쪽
공자의 무리는 '도盜'였다. 이러한 나의 갑작스런 결론에 독
자들은 의아심을 금치 못할 것이다. 그러나 이것은 나의 말이
아니라 장자의 말이다. 장자는 공자 집단을 '도적의 무리'로
규정하는 것을 서슴치 않는다.

장자莊子/잡편雜篇/도척盜跖
지금 그대는 문왕과 무왕의 도를 닦고   今子修文武之道

천하의 변론을 장악하여 후세를 가르친다고	掌天下之辯 以敎後世
소매 큰 옷을 입고 좁은 띠를 두르고 거짓된 말과 행실로	縫衣淺帶 矯言僞行
천하의 군주를 미혹하여	以迷惑天下之主
부귀를 탐내고 있다.	而欲求富貴焉
도둑으로 치면 그대보다 큰 도둑이 없는데	盜莫大於子
천하는 어찌하여 그대를 도구盜丘라 부르지 않고	天下何故 不謂子謂盜丘
오히려 나를 도척盜跖이라 부르는가?	而乃謂我謂盜跖.

하기야 수천 년 동안 공자를 도둑놈보다 더 큰 도둑놈이라고 힐난한 사람은 도둑의 시조인 도척 한 사람뿐이다.『사기』에 의하면 춘추전국시대는 수많은 협객들과 수천의 무리를 이끈 도둑 떼거리들이 횡행했다고 한다. 그 대표적인 사례가 9천의 무리를 이끈 대도大盜 도척의 무리다.

『장자』「도척」편의 내용은 도척이 자기를 찾아온 공자를 꾸짖으며 천하를 미혹하여 부귀를 도둑질하는 너보다 큰 도둑은 없다고 질책하는 대목이다. 그러나『장자』라는 책은 우화이며 등장하는 인물의 이름도 실명이 아니라 상징적 가명이 대부분이므로 역사적 사실이라고 단정할 수는 없다. 설사 이것이 사실일지라도 이때 도척이 공자를 도盜라고 꾸짖은 것은 공자의 신분이 도둑이라거나 행실이 유협遊俠적인 도둑과 같다는 것이 아니다. 다만 세상을 속이고 벼슬을 탐내는 자이므로 도둑이라고 비난한 것뿐이다.

진짜 도둑의 무리인 도척은 "선비는 도둑을 위해 지식을 쌓는 자들이며, 성인은 큰 도둑을 위한 문지기일 뿐"이라 비난한다(『장자』「거협胠篋」). 즉 자신들은 작은 도둑에 불과하고 정말 큰 도적은 왕후장상들인데 선비들이 그들을 돕고 있으니 '큰 도둑을 위한 문지기'라고 비난한 것이다. 그런데 도올은 이 글을 오해하여 옛 성인의 말씀을 하늘처럼 섬기는 공자를 도둑 출신이며 체제를 초월한 사상가라고 말하고 있으니 한심한 노릇이다.

'도盜 출신 공자'라는 공상에 최면이 걸려 있는 그는 공자가 소정묘를 법살한 기사記事에서 '도盜'라는 글자를 발견하고 이것을 거기에 가져다 붙인다(『도올논어』 권2, 50~60쪽). 그리고 다음과 같이 『순자』의 글을 끌어다가 엉뚱하게 해석하면서 공자가 도둑을 온정적으로 보았다고 억지를 부린다. 나아가 공자가 소정묘를 죽인 것도 공자의 도둑 기질이 발휘된 것이라고 빗나간 상상을 한다(이 책 제4장 4절의 '공자가 소정묘를 죽인 까닭은?' 참고). 설령 그의 해석대로 오악五惡 중에 도둑질은 끼지 않는다고 할지라도 도둑질을 온정적으로 본 것이 아니라, 도둑질은 경제 잡범일 뿐이므로 죽을죄는 아니라고 말한 것이다.

순자荀子/유좌宥坐

사람에게 다섯 가지 악행이 있으면	人有惡者五

　　『도올논어』: 사람에게 증오스러운 것이 다섯 가지가 있는데

그런 자들은 도적들도 더불어 상대해 주지 않는다.	而盜竊不與[68]焉

　　『도올논어』: 우선 도둑질은 그 속에 들지를 않는다.

첫째는 마음은 통달했으나 음험한 것이요,	一曰 心達而險
둘째는 행실이 편벽되고 완고한 것이요,	二曰 行辟而堅
셋째는 말이 거짓되지만 변설가인 것이요,	三曰 言僞而辯
넷째는 괴이한 것을 기억하여 박식한 것이요,	四曰 記醜[69]而博
다섯째는 그릇됨을 따르며 윤택한 것이다.	五曰 順非而澤.
지도자로서 이 다섯 가지 중 하나만 있어도	此五者有一於人
군자의 주벌을 면할 수 없는 것이다.	則不得免於君子之誅.

---

68)_ 與(여)＝黨與, 從也, 親也.
69)_ 醜(추)＝怪異之事.

『논어』는 소인이 되지 말고 군자가 되라는 가르침이 전부라고 해도 과언이 아니다. 즉 관리로 채용되고 군자로 승진하기 위한 교양서인 것이다. 그렇기 때문에 『논어』는 지배자들이나 출세를 꿈꾸는 지식인들로부터 수천 년 동안 아낌을 받은 것이다. 그런데 공자가 반체제적인 도둑의 무리였다면 무슨 곡절로 개과천선하여 관장(군자)이 되었고 군자의 학문을 창도했단 말인가? 정말 그렇다면 공자는 아마 그의 군자학보다도 그 입지전적 기록물로 더욱 유명해졌을 것이다. 그리고 『논어』는 없었거나 『묵자』처럼 금서가 되었을 것이다(군자에 대해서는 이 책 제4장 2절 '군자가 되는 것'과 3절 '군자의 덕목' 참고).

이상과 같이 공자는 천민 출신도 무사 출신도 더욱이 도둑 출신도 아니다. 그는 밥 먹는 것도 잊고 학문에 매진한 학자였고, 백성을 아끼는 훌륭한 관료였고, 청빈낙도淸貧樂道의 낙천적이며 고고하고 탈속적인 예술가였으며, 자신의 원칙에 투철하고 귀족적이며 자애로운 인품의 소유자였다. 그러므로 아무리 그의 보수주의를 비판할지라도 그의 인품을 비난한 자는 일찍이 없었다. 이러한 공자를 진보적인 이미지를 덧붙이기 위해 도盜의 무리와 연결시키는 것은 남들의 관심을 사기 위한 악질적인 광고 선전이 아니면 광인의 망상일 뿐이다.

5절 | 공자의 관료주의와 출세주의

논어 읽기

논어論語/팔일八佾 13

위衛나라 대부 왕손가王孫賈가 공자께 넌지시 물었다.   王孫賈問曰

"안방 귀신에게 아첨하기보다는   與其媚於奧

차라리 부엌 귀신에게 아첨하라는 속담은 무슨 뜻입니까?"   寧媚於竈 何謂也.

공자께서 말씀하셨다.   子曰

"아닙니다. 하늘에 죄를 지으면 빌 곳도 없습니다."   不然 獲罪於天無所禱也.[70]

논어論語/헌문憲問 20

공자께서 위나라 영공의 무도함을 말하자 계강자가 물었다.   子言 衛靈公之無道也

"그처럼 임금이 무도한데 어찌 천명을 잃지 않습니까?"   康子曰 夫如是奚以不喪.

공자께서 말씀하셨다.   孔子曰

---

70)_『도올논어』에서는 이 글을 근거로 공자는 출세주의를 단호히 거부한 고고한 재야라고 말한다. 그러나 그것은 잘못된 해석이다. 공자는 13년 동안 벼슬을 구하기 위해 천하를 주유했다.

"중숙어仲叔圉가 외교를 맡고, 축타祝鮀가 종묘를 맡고   仲叔圉治賓客 祝鮀治宗廟
왕손가가 군사를 맡아봅니다.   王孫賈治軍旅
그러니 어찌 천명을 잃겠습니까?"   夫如是 奚其喪.

논어論語/옹야雍也 26

공자께서 남자南子[71]를 만나자 자로가 불평했다.   子見南子 子路不說
공자께서 맹세하며 이르셨다.   夫子矢[72]之曰
"내가 부정한 일이 있다면 하늘이 나를 버릴 것이다.   予所否[73]者 天厭之
암! 하늘이 버리고말고!"   天厭[74]之.

논어論語/학이學而 10

자금子禽이 자공에게 물었다.   子禽問於子貢曰
"선생님은 나라마다 도착하면   夫子至於是邦也
반드시 정사를 토론하시는데   必聞[75]其政
이쪽의 요구인가, 아니면 그쪽의 배려인가?"   求之與 抑與之與.

논어論語/안연顏淵 20

자장이 물었다.   子張問
"사士는 어찌해야 영달했다고 할까요?"   士何如斯[76] 可謂之達矣.
공자께서 말씀하셨다. "네가 말하는 영달이 무엇이냐?"   子曰 何哉 爾所謂達[77]者

---

71)_ 위나라 영공의 부인이며 실권자로 품행이 좋지 않았다고 한다. 또한 당시 왕위 승계를 둘러싸고 쟁탈전이 있었다.
72)_ 矢(시)=誓也.
73)_ 否(비)=塞也, 穢也, 惡也.
74)_ 厭(염)=飫也, 絶也.
75)_ 聞(문)=問과 통용.
76)_ 斯(사)=詞綴.

자장이 말했다.

"나라와 가문에 명성을 얻는 것입니다."

공자께서 말씀하셨다. "이것은 명성일 뿐 영달이 아니다.

영달이란 질박하고 정직하며 의를 좋아하여

말과 용모를 살펴 사려 깊게 대인에게 낮추면

나라에서도 가문에서도 영달할 수 있을 것이다.

명성이란 겉으로는 인仁을 취하지만 행실은 어긋나며

거기에 안주할 뿐 거스르거나 의혹을 품지 않으니

나라와 가문에서 반드시 명성이 나는 것이다."

子張對曰

在邦必聞 在家必聞[78]

子曰 是聞也 非達也

夫達也者 質直而好義

察言而觀色 慮[79]以下人

在邦必達 在家必達

夫聞也者 色取仁而行違

居[80]之不疑[81]

在邦必聞 在家必聞.

논어論語/위영공衛靈公 38

공자께서 말씀하셨다.

"군주를 섬겨 그 직무를 충실히 한 연후에 그 녹을 먹는다."

子曰

事君敬其事 而後其食.

논어論語/자한子罕 12

자공이 말했다. "여기에 아름다운 옥이 있는데

궤에 넣어 감추어둘까요?

좋은 값에 팔까요?"

공자께서 말씀하셨다. "팔아라! 팔고말고!

나는 나를 살 사람을 기다리고 있다."

子貢曰 有美玉於斯

韞[82]匵而藏諸

求善賈而沽諸.

子曰 沽之哉 沽之哉

我待買者也.

---

77)_ 達(달)=致也, 通暢也.
78)_ 聞(문)=榮譽.
79)_ 慮(려)=處事精詳也.
80)_ 居(거)=止也.
81)_ 疑(의)=惑也, 戾也.
82)_ 韞(온)=藏也, 裏也.

논어論語/위정爲政 18

자장이 녹을 얻는 방법을 배우려 했다.　　　　　　　　　子張學于祿

공자께서 말씀하셨다.　　　　　　　　　　　　　　　　　子曰

"많이 듣고 의심스러운 것은 버리고　　　　　　　　　　多聞闕[83]疑

삼가 그 나머지를 말하면 허물이 적으리라.　　　　　　慎言其餘 則寡尤

많이 보고 위태로운 것은 버리고　　　　　　　　　　　多見闕殆

삼가 그 나머지를 행하면 후회가 적으리라.　　　　　　慎行其餘 則寡悔

말에 허물이 적고 행실에 후회가 적으면　　　　　　　言寡尤 行寡悔

녹은 그 가운데 있다."　　　　　　　　　　　　　　　禄在其中矣.

논어論語/이인里仁 14

공자께서 말씀하셨다.　　　　　　　　　　　　　　　　子曰

"벼슬이 없음을 걱정하지 말고, 입신할 능력을 걱정하라.　不患無位 患所以立

나를 알아주지 않는 것을 걱정하지 말라.　　　　　　　不患莫己知

힘써 실천하면 알아줄 것이다."　　　　　　　　　　　求爲可知也.

논어論語/양화陽貨 5

공산불요公山弗擾가　　　　　　　　　　　　　　　　公山弗擾

비費 땅에서 반란을 일으키고 공자를 불렀다.　　　　以費畔[84]召

공자께서 가려고 하셨으나 자로가 못마땅하게 생각했다.　子欲往 子路不說曰

"갈 곳이 없으면 그만이지　　　　　　　　　　　　　末[85]之也已

---

83)_ 闕(궐)=除也, 勿據也.

84)_ 畔(반)=田界也, 背叛也.

85)_ 末(말)=無也.

하필 공산 씨에게 가려고 하십니까?"　　　　　　　　　　何必公山氏之之也

공자께서 말씀하셨다.　　　　　　　　　　　　　　　　子曰

"나를 불렀다면 그것은 어찌 공연한 일이겠느냐?　　　夫召我者 而豈徒哉

나를 등용하는 자가 있다면　　　　　　　　　　　　如有用我者

나는 그를 동주東周처럼 만들어주겠다."　　　　　　吾其爲東周乎.[86]

논어論語/양화陽貨 7

모반을 꾀하던 불힐佛肹[87]이 공자를 부르자　　　　佛肹召

공자께서 가려고 하셨다.　　　　　　　　　　　　子欲往

자로가 말했다.　　　　　　　　　　　　　　　　子路曰

"옛날 제가 선생님께 들은 바로는　　　　　　　　昔者 由也聞諸夫子

'아무리 자기에게 친절하다 해도　　　　　　　　曰 親於其身

불선을 저지른 자의 나라에는 들어가지 않는다' 하셨습니다.　爲不善者 君子不入也

선생님께서는 불힐이 반란을 일으킨 중모로 가려 하시니　佛肹以中牟畔 子之往也

어찌 그럴 수 있습니까?"　　　　　　　　　　　如之何.

공자께서 말씀하셨다. "맞다 그런 말을 한 적이 있다.　子曰 然 有是言也

그렇지만 정말로 단단한 것은 갈아도 닳지 않고　　不曰 堅乎磨而不磷

정말로 흰 것은 물들여도 검어지지 않는다고 하지 않더냐?　不曰 白乎涅[88]而不緇.

내 어째서 조롱박 신세가 되겠느냐?　　　　　吾豈匏瓜也哉

그래서 매달려 있기만 하고　　　　　　　　　焉[89]能繫

---

86)_ 공자는 평소 양화를 좋지 않게 보았으며, 양화가 자기 주인인 노나라의 경대부 계환자를 유폐하고 政事를 농단했는데도, 양화 일당인 공산불요가 공자를 부르자 가려고 했다는 것이다.

87)_ 晉의 대부. 趙簡子의 家臣.

88)_ 涅(열)=극락 갈, (날)=染黑也.

89)_ 焉(언)=어떻게, 어째서, 그래서.

먹을 수 없는 것이 되어야 하겠느냐?"

而不食.

논어論語/자로子路 10

공자께서 말씀하셨다. "만일 나를 등용한다면

일 년으로는 감당하기 과하지만

삼 년이면 안민입정安民立政을 이룰 것이다."

子曰 苟有用我者

朞⁹⁰⁾月而已⁹¹⁾可⁹²⁾也

三年有成.

논어論語/팔일八佾 18

공자께서 말씀하셨다. "내가 예를 다하여 제후를 섬겼더니

사람들은 아첨한다고 생각했다."

子曰 事君盡禮

人以爲諂也.

논어論語/양화陽貨 1

계씨 가문의 우두머리 가신인 양화가 공자를 만나려 했으나

공자께서 피하며 만나려 하지 않으셨다.

이에 양화는 공자께서 없는 틈에 돼지를 선물로 보냈다.

공자께서도 양화가 없는 틈을 타서 찾아가 사례하셨다.

양화가 길가에서 우연히 공자를 만나자 말했다.

"여보시오! 내 그대에게 말하려고 했소.

보배를 품고 있는데도 나라가 어지럽다면

인仁이라 할 수 있겠소?"

陽貨欲見孔子

孔子不見

歸⁹³⁾孔子豚

孔子時其亡也 而往拜之

遇諸塗 謂孔子曰

來⁹⁴⁾ 予與爾言

曰 懷其寶而迷其邦

可謂仁乎

---

90)_ 朞(기)=한 돌.
91)_ 已(이)=過也.
92)_ 可(가)=堪也.
93)_ 歸(궤)=饋也(음식이나 물건을 보내다).
94)_ 來(래)=呼也.

공자께서 말씀하셨다. "인이라 할 수 없을 것이오." 　　　　　　　曰 不可

"정사에 종사하기를 좋아하면서 자주 때를 놓친다면 　　　　好從事而亟⁹⁵⁾失時

지혜라 할 수 있겠소?" 　　　　　　　　　　　　　　　　可謂知乎.

공자께서 말씀하셨다. "지혜라 할 수 없을 것이오." 　　　　曰 不可

"세월은 가고 그 세월은 우리를 기다려주지 않을 것이오." 　日月逝矣 歲不我與

공자께서 말씀하셨다. "그렇소. 　　　　　　　　　　　孔子曰 諾

나도 장차 벼슬을 하려고 하오." 　　　　　　　　　　吾將仕矣.

논어論語/양화陽貨 13

공자께서 말씀하셨다. 　　　　　　　　　　　　　　子曰

"고을에서 점잖은 체하는 자들은 덕德을 도둑질한 자들이다." 　鄕原⁹⁶⁾ 德之賊也.⁹⁷⁾

논어論語/양화陽貨 14

공자께서 말씀하셨다. 　　　　　　　　　　　　　　子曰

"길에서 듣고 길에서 말하는 것은 자기 덕을 버리는 것이다." 　道聽而塗說 德之棄也.⁹⁸⁾

논어論語/양화陽貨 15

공자께서 말씀하셨다. 　　　　　　　　　　　　　　子曰

"비루한 자와 더불어 군주를 섬길 수 있겠느냐? 　　　　鄙夫可與事君也與哉

관직을 못 얻었을 때는 그것을 얻으려고 걱정하고 　　　其未得之也 患得之

---

95)_ 亟(기)=屢也, (극)=敏疾也.

96)_ 原(원)=愿(容貌恭正也, 慤也, 善也).

97)_ 주희에 따르면 향원은 향인 중에서 용모가 공손하고 바른 자들인데, 이들은 대개 시류에 편승하고 더러움에 합류하며 세상에 아첨한다.

98)_ 공자는 재야도 아니고 민중주의자도 아님을 알 수 있다. 雖聞善言 不爲己有 是自棄其德也. 王氏 曰 君子多識 前言往行 以畜其德(論語集註).

관직을 얻고 난 후에는 그것을 잃을까 또 걱정한다.　　　　其得之 患失之

구차하게 관직을 잃을까 걱정하면 못 하는 짓이 없게 된다."　　苟患失之 無所不至矣.

논어論語/양화陽貨 20

유비孺悲라는 자가 공자를 알현하고자 했다.　　　　　　　孺悲欲見孔子

공자께서 병을 핑계로 사절하셨다.　　　　　　　　　　　孔子辭以疾

사자가 방문을 나가자　　　　　　　　　　　　　　　　　將命99)者出戶

비파를 뜯고 노래를 부르며 일부러 그가 듣도록 하셨다.　　取瑟而歌 使之聞之.

---

99)_ 命(명)＝使也.

선비의 유일한 살길은 입신출세

공자의 학문은 경세치학이라 한다. 그것은 수기修己하여 치인治人하는 것이 목적이다. 그러므로 공자는 물론이거니와 그의 문하는 모두 벼슬을 하여 군자가 되는 것이 소망이었다. 그런 점에서 공자는 탈속적인 측면이 다분히 있지만 여전히 세속의 정치에 참여하는 참여파였다.

출세주의라고 하면 비난하는 말로 듣기 쉽다. 그러나 공자를 출세주의로 부각하는 이유는 그를 비난하려는 데에 있지 않다. 그보다는 공자가 이利와 소인小人을 비난하고 백성과 세속을 멀리한 고고한 은둔자 혹은 원리주의자라는 인상을 강조하는 학자들의 그릇된 인식을 바로잡고 그의 현실주의적이고 세속적인 측면을 지적하기 위함이다. 현실적이고 세속적이라는 것은 근대적이라는 의미를 내포하고 있다. 그렇다고 공자가 근대적이라고 말하는 것은 아니다.

한편 공자는 유사 계급이었으므로 관리가 되지 않으면 먹고살 수 없는 운명이었다. 앞서 언급한 바 있듯이 제나라의 경우 관자는 이른바 '사민四民 분업정거分業定居' 정책을 엄격히 실시하여 사농공상은 각각 지정된 지역에서만 살 수 있도록 했고, 자기 직분 외에 다른 직업을 겸직할 수 없도록 제한했다.

그러므로 사민士民 계급은 제후나 가문에 취직을 해야만 살아갈 수 있었다. 당시 가문은 '국國' 다음의 통치조직 단위였으며, 나라에 따라서는 제후는 유명무실하고 몇몇 가문이 국정을 독단하는 경우가 많았다. 진晉나라의 조씨趙氏, 위씨魏氏, 한씨韓氏 세 가문이 진나라를 찢어 차지하고 스스로 나라 행세를 하게 된 경우가 그 대표적 사례다. 지금과 비교하면 그때의 가문은 군, 현 등 지방 행정조직과 기업체를 결합한 것과 비슷한 모습이었을 것이다.

그 당시 무산자였던 유사들의 처지는 오늘날 5~10퍼센트의 자본가가 생산수단을 독점한 자본주의 사회에서 무산자인 지식인들이 자본가에게 취직을 하지 못하면 굶어야 하는 것과 비슷했을 것이다. 그렇다면 공자의 출세주의는 요즘 샐러리맨의 출세주의와 하등 다를 것이 없는 것이다.

후한後漢의 왕충王充(27~95)이 지적한 것처럼 공자가 관리가 된 것도 도道를 행하기 위한 것이 아니라 먹고살기 위한 것이었다. 그래서 공자는 등용되면 바칠 예물을 수레에 싣고, 자기를 채용할 사람을 찾기 위해 13년 동안이나 천하를 주유했다.

당시는 과거제도가 있던 시대가 아니었으므로 관리가 되기 위해서는 귀족에게 잘 보이는 방법뿐이었다. 공자의 학문은 바로 관리가 되기 위한 길잡이였으며, 유학은 관리의 처세 학문이다. 오늘날까지 공자의 학문이 시장성市場性을 갖게 된 것은 이러한 출세 지향 때문이라고 해도 과언이 아닐 것이다. 이처럼 공자는 혁명가가 아니라 세속적 출세주의자였던 것이다.

맹자孟子/등문공滕文公 하

주소가 물었다. "옛 군자는 벼슬살이를 했습니까?"	周霄問曰 古之君子仕乎.
맹자가 말했다. "벼슬살이를 했습니다.	孟子曰 仕.
옛 기록에 의하면 '공자는 삼 개월 동안 섬길 군주가 없으면	傳曰 孔子三月無君
안절부절 벼슬자리를 찾아 다른 고을로 떠나갔으며	則皇皇如也出疆
그때는 반드시 임용되면 바칠 선물을 싣고 갔다'고 합니다.	必載質[100]
공명의의 말에 의하면	公明儀曰
'옛날 사람들은 삼 개월 동안 섬길 군주가 없으면	古之人三月無君
조문을 갔다'고 합니다."	則弔.
주소가 말했다. "삼 개월 실직에 굶어 죽는다는 말은	三月無君則弔
성급한 것 아닙니까?"	不以急乎.
맹자가 말했다. "사士가 벼슬자리를 잃는 것은	曰士之失位也
제후가 나라를 잃는 것과 같으며,	猶諸侯之失國家也

---

100)_ 質(질)=임용되면 바칠 예물.

사가 벼슬을 사는 것은 농부가 농사짓는 것과 같습니다."   士之仕也 猶農夫之耕也.

또한 유사 중에서 학문이 높은 사람은 사학私學을 열어 제자들에게 수업료를 받아 살 수 있었다. 공자도 37세부터 51세에 중도재中都宰가 되기까지 13년 동안이나 서당을 해야 했는데, 그것이 서당의 효시이며 대표적인 사례일 것이다. 특히 공자는 제자를 받아들이는 데 신분이나 전과를 따지지 않았던 것으로 짐작된다. 공자에게 소인파의 두목으로 지목되어 사형을 당한 대부 소정묘도 공자와 겨룰 정도로 인기 있는 서당을 연 선생이었다고 한다. 이런 점에서는 고대 그리스의 소피시트Sophist와 비슷하며 또한 근대적인 면이 있다. 이처럼 공자는 바로 지식 노동자의 시조였던 것이다.

공자는 혁명가가 아니라 참여파

공자는 유사들의 직분이 왕의 신하일 뿐 제후나 대인의 소유물은 아니라고 주장했다. 그러나 아무리 유사들의 처지가 관리가 되어야만 먹고 살 수 있는 처지라 해도, 공자는 자기를 불러주는 곳이면 아무 데나 달려가려 했던 세속적인 출세주의자였다. 물론 그 당시는 제후들 간에 또는 대부들 간에 침략이 다반사인 춘추시대였으므로 어제의 적이 오늘의 동지가 될 수 있었다지만, 그는 조롱박 신세가 싫다며 자기가 그토록 능멸했던 양화 일당이 반란을 일으키려 하는데도 그들에게 몸을 팔려고 했다.

이 점에 대해 반론도 있다. 예컨대 중국의 궈모뤄郭沫若(1892~1978)는 이것이야말로 공자가 혁명적이었음을 증명하는 것이라고 평가했다.

공자가 사학을 세워 학비를 받고 가르쳤다는 점에서나, 가문이나 제후에게 취직을 하여 지식을 팔았다는 점에서나, 양화 일당에게 의탁하려 했다는 점에서나 분명 그는 지식을 상품으로 취급했다는 점에서 세속적이었다. 세속적인 것이 근대적이라는 의미에서는 궈모뤄의 주장은 일리가 있다.

그러나 그는 새로운 정치적 주장을 하지 않았고, 제도 개혁을 주장하지 않았다. 오히려 옛 주례周禮를 부흥하려 한 수구주의의 대표자였다. 그럼에도 양화 일당에게 의탁하려 했다는 것만을 근거로 공자를 혁명적이라고 말하는 것은 부당하다.

공자는 고고한 재야인가?

그런데 앞서 말했듯 도올은 공자가 무사 기질의 천민 출신이며 도둑 패거리임을 강조하면서도 출세주의를 반대한 고고한 재야 학자로 말한다. 과연 공자는 재야인가?

2,500년 전 공자 시대는 물론이고 중세시대까지만 해도 유사들은 출세를 거부한 순수한 산림파를 지향한 적이 없었다. 유사들은 수신修身하여 제가齊家하고 치국治國하여 평천하平天下한다는 자기들의 소명을 한 번도 버린 적이 없기 때문이다. 그러므로 유가들은 결코 출세주의를 포기한 적이 없다. 흔히 유학을 위인지학爲人之學이 아니라 위기지학爲己之學이라고 말한다. 그러나 그것은 남을 다스리기 전에 먼저 자기를 다스리는데 힘써야 한다는 뜻이지 출세를 포기하라는 것은 아니다. 다만 오늘날 천박한 출세주의와는 다르다는 것뿐이다. 그러나 그렇다고 고고한 재야라고 말할 수는 없다. 실제로 공자는 평생을 관료 생활과 정치에 참여한 사람이다.

또한 이러한 논의는 오늘날 기준으로 공자를 설명해 보려는 시도일 뿐이므로 결코 정확한 설명은 될 수 없음을 인정해야 한다. 유사들에게는 출세와 재야는 명확히 구분되는 것이 아니기 때문이다. 벼슬을 하면 군자의 자리에서 치국평천하를 위해 노력하고, 벼슬을 놓으면 은둔하지 않고 예악禮樂으로 수신함으로써 치국평천하를 위해 노력했다. 그래서 공자는 효孝로써 정치를 한다고 말한 것이다. 즉 제가와 치국이 별개의 것이 아니었던 것이다. 그러므로 그들에게는 오늘처럼 출세와 재야를 명확히 구분할 수 없다.

이처럼 유가들은 위기학爲己學과 위인학爲人學을 본말과 선후로 명확히 구분했지만 결과로 보면 위기학의 목표는 위인학이었다. 그런데도 유가들이 본말과 선후를 엄격히 구분한 것은 중대한 함의가 있다.

첫째, 남을 다스리기 전에 인격을 먼저 수양해야 한다는 것이다. 즉 경전으로 수양하는 학문이 우선되고 그 기초 위에서 경세제민經世濟民의 실용학이 이루어져야 한다는 것이다.

둘째, 학문은 자기와의 부단한 경쟁이 되어야지 남과 경쟁해서는 안 된다는 것이다. 그들은 각자 자신과의 경쟁이 치열해야만 태평성세를 이룰 수 있으며, 남과의 경쟁이 치열해지면 세상이 어지러워질 것이라고 생각한 것이다. 이는 오늘날 세상과는 전혀 다른 모습임을 주목해야 한다.

그런데 우리가 착각하고 있는 것이 있다. 독자들도 강태공姜太公의 일화를 잘 알고 있을 것이다. 시골 촌부인 강태공, 즉 태공망이 세상을 잊고 낚시를 즐기는데 어느 날 갑자기 임금이 찾아와 정승 자리를 맡아달라고 간곡히 청했다는, 소년의 꿈을 한껏 고무시키는 멋있는 이야기다. 그래서 사람들은 공자도 강태공처럼 어진 사람이라 촌구석에 있다가 갑자기 대사구로 발탁되었고 그리고 뜻이 맞지 않아 미련 없이 사표를 던지고 천하를 주유했다고 알고 있다. 하지만 이는 착각이다. 게으른 자들이 그것을 사실로 믿고 싶어 하는 것뿐이다.

서양의 신데렐라 이야기도 이와 비슷하다. 가난하고 천한 종으로 갖은 천대를 받고 자라던 어린 소녀 주인공이 어느 날 갑자기 왕자의 눈에 들어 왕비가 된다는 꿈같은 이야기다. 요즘에는 그것도 시들해져 찢어지게 가난하던 착하고 어리석은 무지렁이가 대박이 터져 부자가 된다는 이야기로 바뀌었다. 이것들은 또 『흥부전』과도 같은 맥락이다. 그런 이야기가 홍행이 되는 것은 그것이 우리 민중의 슬픈 꿈이기 때문이다.

그러나 그것은 황당한 꿈일 뿐이다. 강태공의 이야기도 같은 것이다. 공자는 조실부모하고 비천하게 지내면서도 열심히 공부를 한 것이 사실이다. 그러나 강태공도 공자도 갑자기 출세한 것이 아니다. 공자는 천신만고 끝에 계씨 가문의 창고지기라는 말단 직원으로 취직을 했다. 지금 같으면 정부 산하 기관의 말단 사원이 된 셈이다. 그리고 열심히 일하여 지방정부 격인 노나라 공실의 법무장관인 대사구로 승진했던 것이다. 그러나 자기의 뜻이 받아들여지지 않자 사표를 내고 다른 나라에서 벼슬을 구하기 위해 13년 동안이나 여러 나라를 전전했던 것이다.

이처럼 공자는 반출세주의도 고고한 재야도 아니었다. 오히려 그는 관직을 떠나 있을 때도 정치에 간여했다. 13년간 학당을 열고 제자를 가르칠 때도 정치를 가르쳤고 13년간 천하를 주유한 것도 관직을 구하기 위함이었다. 다만 요즘의 장관 격인 대부大夫라는 벼슬을 지냈으므로 전관예우를 받았고, 해박한 학식으로 명사가 되었으나, 자기 포부를 실현할 수 없으면 후한 대우도 뿌리친 소신 있는 공직자상을 보여주었다는 점에서 관료의 사표가 되었다.

도올은 공자가 출세주의를 단호히 거부했다는 근거 자료로 『논어』「팔일八佾」13의 글을 제시했으나 그것은 잘못 읽은 것이다. 오히려 그 반대다. 그는 그 글에서 안방 귀신(奧)은 위나라 영공의 부인을, 부엌 귀신(竈)은 화자인 왕손가 자신을 비유했다고 읽는다. 그리고 왕손가는 공자에게 영공의 부인을 찾기보다는 실권이 있는 자기에게 부탁하면 출세할 수 있도록 주선하겠다고 제의했고, 공자가 이를 거절했다는 것이다.

이것은 아직 철이 덜 든 학생 정도의 해석이다. 오히려 그의 추측과는 반대로 공자는 위나라 영공의 어리석고 무도함과 왕손가의 현명함을 인정하고 있었다. 더구나 영공의 부인 남자는 실권자였으나 부덕한 여인이었다. 그런데 현명한 왕손가가 자기를 실권자인 양 자랑하고 자기에게 아부하라고 말했다는 것은 앞뒤가 맞지 않을 뿐 아니라 역사적 사실과도 맞지 않는다.

그가 안방 귀신은 영공의 부인을 비유했고, 부엌 귀신은 왕손가를 비유한 것으로 읽은 것은 맞다. 그러나 더 나아가 안방 귀신으로 비유된 영공의 부인은 귀족 권문세가인 왕도주의를 상징하고, 부엌 귀신으로 비유된 대부 왕손가는 부국강병을 주장하는 관료파인 패도주의를 상징한 것에까지 생각이 미쳐야 한다.

　그렇게 보면 그 글에서 "안방 귀신에게 아첨한다"는 것은 왕도와 의리義理를 선택한 것이고, "부엌 귀신에게 아첨하라"는 것은 부국강병의 패도를 선택하라고 권유한 것으로 읽을 수 있다. 그렇게 읽으면 이 글에서 왕손가의 말은 몰락해 가는 왕도파의 편을 들지 말고 새로 일어나는 패도파를 편드는 것이 옳은 길이며 아울러 벼슬길이 열리는 길이라고 충고한 것이 되고, 공자는 이를 단호히 거부하고 왕도를 거역하는 것은 천명을 거역하는 것이므로 패도를 따를 수 없다고 거부한 것이 된다.

　그러므로 "하늘에 죄를 지으면 빌 곳이 없다"는 공자의 말은 '천자를 거역하는 패도주의는 천명을 거역하는 것이고, 자기가 왕도주의자로서 남자南子를 만난 것은 출세를 위한 것이기도 하지만 왕도주의를 실천하기 위한 것'이라고 자신의 정당성을 주장한 것이다. 또 자로가 남자를 만난 것을 불평하자, "내가 잘못이 있다면 하늘이 나를 버릴 것이다"라고 맹세한 바 있다. 같은 맥락이다. 그러므로 이 글은 왕손가가 공자에게 왕도와 패도 중 어느 쪽을 선택할 것인가를 담판한 내용이다.

　이처럼 공자의 출세주의는 신분상 먹고살기 위한 방편이었다는 점에서 세속적이고 근대적인 면이 있지만 그렇다고 오늘날의 천박한 출세주의와는 다르다. 그는 자기 뜻을 펼 수 없으면 아무리 후한 대우를 제의해도 머물지 않았다. 그리고 세속에 영합하지도 않았다. 그는 당시 도도한 시류인 패도주의에 영합하려는 대다수 고위 관료나 지방 토호들을 비판했다.

　앞서 말한 것처럼 당시 유사 계급은 가문이나 공실에 취직을 하지 않으면 굶어 죽을 처지에 있었다. 그러므로 사士는 벼슬을 해야 하는 것이 당연한 임무다. 그렇지만 굶어 죽을지언정 왕도를 배반한 군주에게는 취직하지 않고 머물지 않겠다는 각오는 이른바 군자유君子儒의 자존심이기도 했다. 당시는 예비 관료인 태학생으로 있을 때나 또는 자리를 물러나 초야에 있을 때나 효孝와 악樂으로 정치에 간접적으로 참여해야 하며, 왕도를 배반한 군주에게는 적극적으로 그 잘못을 간쟁하는 것을 임무로 여기고 있었다.

물론 현직에 취직을 하고 있을 때도 간의제도가 있어 잘못을 비판할 수 있는 길이 열려 있었다.

공자는 벼슬에서 물러나 13년간이나 천하를 주유했고 귀국해서도 전임 관료로서 국정의 자문에 응하고 있었다. 이것도 재야라고 말한다면 공자를 재야라고 하는 주장은 맞는 말이다. 그러나 우리가 오늘날 이른바 재야라고 하는 것은 벼슬을 포기함은 물론이거니와 국정을 비판하거나 체제에 저항하며 자기 소신을 실현하기 위해 투쟁하는 인사를 지칭하는 말이다. 결코 잠시 벼슬에서 물러나 쉬고 있는 사람을 재야라고 말하는 것은 아니다. 이런 점에서 본다면 공자를 고고한 재야라고 말할 수 없을 것이다.

다만 공자의 출세주의는 시세에 영합하는 오늘날 출세 지상주의와는 다르다는 것뿐이다. 공자가 말하는 영달이란 거실巨室이나 공실公室에 취직하여 '자기의 정치적 소신을 펴는 것'을 말하는 것이지 영예나 명성을 얻는 것이 아니다. 오히려 그는 출세 지상주의자들인 이른바 향원鄕愿을 지극히 혐오하여 "향원은 덕德의 적"이라고 말했다(이 책 제4장 2절의 '향원은 덕의 도적' 참고).

공자는 당대에는 실패했지만 그의 이상과 그 이상에 충실한 처신으로 인하여 훗날 400여 년이 지난 후에 보수 세력으로부터 사회적 양심으로 인정받아 성인으로까지 추대되었음을 주목해야 할 것이다.

6절 | 고귀한 인품, 인자한 관료

논어 읽기

논어論語/팔일八佾 14

공자께서 말씀하셨다.   子曰

"주나라는 하나라·은나라 이 대를 거울로 삼았으니   周監於二代

빛나도다! 그 문물이여! 그러므로 나는 주나라를 따르겠다."   郁郁乎文哉 吾從周.

논어論語/태백泰伯 9

시詩로써 뜻을 일으키고   子曰 興[101]於詩.[102]

예禮로써 표준을 세우고   立[103]於禮.[104]

음악으로 민民을 편안하게 하는 정치를 편다.   成[105]於樂.[106]

---

101)_ 興(흥)=昌也. 보통은 修身으로 解함.
102)_ 詩言志 歌永言(書經/舜典).
103)_ 立(립)=建也. 보통은 入身으로 解함.
104)_ 禮者表也(荀子/天論).
105)_ 成(성)=安民立政曰成(書經/周書/諡法). 보통은 인성을 이룬다고 解함.
106)_ 以民成之 解怨結好也(周禮/調人). 先王濟五味和五聲也 以平其心成其政也(左傳/昭公二十年).

논어論語/술이述而 3

공자께서 말씀하셨다.

"덕德을 갖추지 못하고, 학문을 이루지 못하고

의義를 듣고 실천하지 못하고

선하지 못한 것을 고치지 못하는 것.

이것이 내가 근심하는 바이다."

子曰

德之不修 學之不講[107]

聞義不能徙

不善不能改

是吾憂也.

논어論語/공야장公冶長 25

자로가 물었다. "선생님의 소망을 듣고 싶습니다."

공자께서 말씀하셨다.

"내 소원은 늙은이를 편안하게 하고

벗들과 신의 있고, 어린아이를 품어주는 것이다."

子路曰 願聞子之志.

子曰

老者安之

朋友信之 小子懷之.

논어論語/위영공衛靈公 42

장님인 악사 면冕이 찾아와 알현했는데

계단에 이르자 공자께서 "계단이오!"라고 말하시고

자리에 이르자 공자께서 "좌석이오!"라고 말하시고

모두 좌정하자 공자께서 그에게 이르시기를

"누구는 여기 있고, 누구는 여기 있다"고 하셨다.

악사 면이 나가자 자장이 물었다.

"그것이 악사와 더불어 말하는 도리입니까?"

공자께서 대답하셨다.

"그렇다. 그것이 진실로 악사를 돕는 방도다."

師冕見.

及階 子曰 階也

及席 子曰 席也

皆坐 子告之曰

某在斯 某在斯

師冕出 子張問曰

與師言之道與

子曰

然 固相師之道也.

---

107)_ 講(강)=明, 習, 成也.

논어論語/옹야雍也 4

공자께서 천한 아비를 둔 중궁에 대해 이르셨다.　　　　　　　子謂仲弓曰

"얼룩소의 새끼라도 털이 붉고 뿔이 좋으면　　　　　　　　犂[108]牛之子 騂[109]且角

비록 쓰지 않으려 한들 산천의 귀신이 버려두겠느냐?"　　　雖欲勿用 山川其舍[110]諸.

논어論語/향당鄕黨 6

군자는 (제복齊服과 왕복王服의 색깔인)　　　　　　　　　　君子

보라·주홍으로는 깃이나 끝동을 달지 않으며　　　　　　　不以紺[111]緅[112]飾

(여인의 옷 색깔인) 붉은색과 자주색으로는　　　　　　　　紅紫

평상복을 만들지 않는다.　　　　　　　　　　　　　　　　不以爲褻服[113]

더울 때는 홑옷을 입지만　　　　　　　　　　　　　　　　當暑袗[114]

갈옷을 겉에 입고 외출한다.　　　　　　　　　　　　　　　絺[115]綌[116]必表[117]而出之

겨울의 검은 옷으로는 검은 양 새끼 갖옷을 입고　　　　　　緇[118]衣羔[119]裘[120]

흰 옷으로는 새끼 흰 사슴 갖옷을 입고　　　　　　　　　　素衣麑[121]裘

---

108)_ 犂(리)＝犂＝駁牛, (려)＝보습.

109)_ 騂(성)＝馬赤色, 赤黃色.

110)_ 舍(사)＝屋也, 官廳, 釋也, 赦也.

111)_ 紺(감)＝赤靑(보라색), 齊服色.

112)_ 緅(추)＝大赤(주홍색), 王의 朝服色.

113)_ 褻服(설복)＝私居服也.

114)_ 袗(진)＝單衣也.

115)_ 絺(치)＝葛也.

116)_ 綌(격)＝粗葛也.

117)_ 表(표)＝上衣也.

118)_ 緇(치)＝黑色.

119)_ 羔(고)＝새끼 양.

120)_ 裘(구)＝갖옷.

121)_ 麑(예)＝새끼 사슴.

누런 옷으로는 여우 갖옷을 입는다.   黃衣狐[122]裘

평상복의 갖옷은 길되 오른쪽 소매는 짧게 한다.   褻裘長 短右袂[123]

반드시 잠옷을 입는데 길이가 한 길 반이다.   必有寢衣 長一身有半

여우와 담비 가죽을 두껍게 깔고 지낸다.   狐貉[124]之厚以居

상중이 아니면 패물을 차지 않는 때가 없다.   去喪 無所不佩

조복이나 제복이 아니면 폭을 줄여 허리에 맞게 한다   非帷裳[125]必殺之

검은 갖옷이나 검은 관을 쓰고는 조문하지 않는다.   羔裘玄冠 不以弔

매월 초하루에는 반드시 조복을 입고 조회에 나간다.   吉月[126]必朝服而朝

논어論語/향당鄕黨 8

밥은 흰 정미 밥을 좋아하셨고   食不厭精

회는 가늘게 썬 것을 좋아하셨다.   膾不厭[127]細

빛이 나쁘거나 냄새가 나쁜 것도 드시지 않았다.   色惡不食 臭惡不食

설익은 것이나 때가 아닌 것도 드시지 않았다.   失飪[128]不食 不時不食

바르게 썰지 않은 고기는 드시지 않았고   割不正不食

간장이 없으면 드시지 않았다.   不得其醬不食

고기가 많아도 밥보다 많이 드시지 않았다.   肉雖多 不使勝食氣[129]

술은 정해진 양은 없으나   唯酒無量

---

122)_ 狐(호)=여우.
123)_ 袂(몌)=소매.
124)_ 貉(맥)=貊의 本字. (학)=담비.
125)_ 帷裳(유상)=조복과 제복. 폭이 넓은 옷.
126)_ 吉月(길월)=月朔. 吉=朔日.
127)_ 不厭(불염)=싫어하지 않음.
128)_ 飪(임)=熟也.
129)_ 氣(기)=餼也. 饋客之芻米也.

정신이 어지러울 정도로 드시지 않았다.　　　　　　　　不及亂

술집에서 사온 술이나 시장의 포는 드시지 않았다.　　　沽酒市脯不食

식사할 때나 잠자리에서는 말씀하지 않으셨다.　　　　食不語 寢不言.

논어論語/향당鄕黨 9

공자께서는 좌석이 바르지 않으면 앉지 않으셨다.　　　席不正 不坐.

논어論語/술이述而 37

공자께서는 온순하되 엄격하시며　　　　　　　　　　子溫而厲

위엄이 있되 사납지 않으시며　　　　　　　　　　　威而不猛

공손하되 자연스러우셨다.　　　　　　　　　　　　恭而安

논어論語/이인里仁 8

공자께서 말씀하셨다.　　　　　　　　　　　　　　子曰

"아침에 도를 들을 수 있다면 저녁에 죽어도 좋을 것이다."　朝聞道 夕死可矣.

논어論語/미자微子 4

제나라 군주가 노나라에 여자 가무단을 선사했다.　　　齊人歸[130]女樂

(경대부요 실권자였던) 계환자가 정공에게 이를 받아들이게 하여　季桓子受之

삼 일 동안이나 조회를 열지 못했다.　　　　　　　　三日不朝

이에 공자는 사직하고 노나라를 떠나 위衛나라로 가셨다.　孔子行.[131]

---

130)_ 歸(귀)=饋也.

논어論語/태백泰伯 14

공자께서 말씀하셨다.

"돈독하고 신실하고 학문을 좋아하며

죽기로 선한 길을 지켜라!

위태로운 나라에 들어가지 말고 어지러운 나라에 살지 말라.

천하에 도가 있으면 나타나고 도가 없으면 숨어라.

나라에 도가 있는데 빈천하다면 부끄러운 일이며

나라에 도가 없는데 부귀하다면 부끄러운 일이다."

子曰

篤信好學

守死善道

危邦不入 亂邦不居

天下有道則見 無道則隱.[132]

邦有道貧且賤焉 恥也

邦無道富且貴焉 恥也.

논어論語/양화陽貨 18

공자께서 말씀하셨다.

"간색인 자줏빛이 정색인 붉은빛을 빼앗는 것을 미워하고

정나라 음악이 아악雅樂을 어지럽히는 것을 미워하며

민첩한 입이 나라를 뒤엎는 것을 미워한다."

子曰

惡紫之奪朱也

惡鄭聲之亂雅樂也

惡利口之覆邦家者.

논어論語/헌문憲問 45

공자의 어릴 때 벗인 원양原壤이 쭈그리고 앉아 기다렸다.

공자께서 이르시기를 "어려서는 공손·우애하지 못했고

原壤夷[133]俟

子曰 幼而不孫[134]弟

---

131)_ 주희는 이 글은 공자가 실각한 원인을 설명하고 있다고 해석했다. 정공 14년에 공자가 노나라 대사구가 되어 섭정을 대리하자 제나라에서 이를 방해하기 위해 미인계로 80인의 여자 가무단을 보냈다. 이에 정공과 공자가 대립했다는 것이다. 그러나 실상은 그런 것이 아니다. 공자가 실각한 원인은 공자가 그의 소신대로 왕권 강화를 위해 노나라 실권자들인 계손 씨의 費, 숙손 씨의 郈, 맹손 씨의 郕 등 삼환 씨의 성을 허물려 했기 때문이다. 특히 맹손 씨의 경우는 완강히 저항했다.

132)_ 以道殉身 以身殉道 未聞以道殉乎人者也(孟子/盡心 上). 당시 지식인 노동자들이었던 유사들로서는 귀족들에게 저항할 수 있는 길은 이것뿐이었다는 점을 유의해야 한다.

133)_ 夷(이)=蹲踞也.

134)_ 孫(손)=遜也.

커서는 이렇다 할 수양과 행실도 없었고
이제 늙어 죽지도 못했으니 이는 사회를 해치는 도적이다"
하시며 지팡이로 그의 정강이를 두드렸다.

長而無述¹³⁵⁾焉
老而不死 是謂賊
以杖叩其脛.

---

135)_ 述(술)＝猶稱也, 修也, 行也.

공자는 귀족적이고 고귀한 인품

공자는 유사 출신이고 대부大夫를 지낸 고위 관료였다. 실각하고 나서는 13년 동안 천하를 주유하며 유세를 했다. 가는 곳마다 정치를 물었고 만나는 사람은 모두 군주와 대부들이었다. 이처럼 공자의 화두는 정치였으며 정치의 담당자인 귀족과 관료들의 처세에 대한 비평이었다. 거기에 더해 그의 인품은 너무도 귀족적이고 관료적이었다. 요즘 말로 하면 왕당파의 거물 정치인이요 상류사회의 명사였던 것이다.

다만 그는 혁명가나 개혁가는 아니었지만 교사와 관리로서의 소명감에 불타 있었다. 지금 우리가 그의 귀족적이며 보수적인 측면을 비평할 수는 있겠지만 그의 고귀한 인품을 부인하는 이는 없다. 만약 그가 왕도주의라는 신념에 투철하지 않고 패도주의에 영합했다면 13년이나 천하를 주유하며 등용을 못 했을 까닭이 없다.

첫째, 앞의 예문에서 알 수 있듯이 공자는 박학한 학자였고 고위 관료였으며 고전적인 예술가였다.

둘째, 그는 "아침에 도道를 들을 수 있다면 저녁에 죽어도 좋다"고 하는 철저한 원칙주의자였으며, "도가 있으면 벼슬하고, 도가 없으면 물러나 은둔하는 것이 유사의 본분"이라고 말하는 고지식한 명분주의자였다.

셋째, 공자는 안빈낙도의 탈속적 낙천가였다.

넷째, 공자는 도리에는 엄격했으나 인자한 사람이었으며, 지조 있고, 백성을 아낄 줄 아는 훌륭한 관료였다.

다섯째, 공자는 귀족 출신은 아니었으나 그의 행동거지는 너무도 귀족주의적이었다.

예기禮記/단궁檀弓 하

공자가 타이산泰山 기슭을 지나는데	孔子過泰山側
한 여인이 무덤가에서 슬피 울고 있었다.	有婦人哭於墓者而哀
공자가 길을 멈추고 서서 듣다가	夫子式[136]而聽之

자로를 시켜 물었다.

"그대의 곡소리는

하나같이 큰 근심이 있는 것 같구려!"

여인이 말했다. "그렇습니다.

먼저는 시아비가 호랑이에게 물려 죽었고

또 남편이 물려 죽었는데

이제 제 아들조차 물려 죽었습니다."

공자가 말했다. "어찌 떠나지 않습니까?"

여인이 말했다. "이 산골에는 가혹한 정치가 없습니다."

공자가 말했다.

"제자들아! 이 말을 마음에 새겨라!

가혹한 정치는 호랑이보다 무섭다."

使子路問之

子之哭也

壹似重有憂者而[137]

曰 然.

昔者吾舅死於虎

吾夫又死焉

今吾子又死焉

夫子曰 何爲不去也

曰 無苛政.

夫子曰

小子識之

苛政猛於虎也.

무도하면 숨는 것은 처절한 저항

도道가 있는 군주에게는 참여하여 벼슬을 하고 무도한 군주에게는 벼슬하지 않는다 함은 공자 이래 변함없는 유가들의 입신立身 정신이었다. 우리는 여기서 당시 유가들의 계급적 처지를 상기해야 한다.

첫째, 당시 유사들은 지식인 계급으로서 다른 직업을 겸직할 수도 없는 처지였다. 그러므로 가문이나 공실에 취직을 하지 않으면 굶어 죽을 처지에 놓여 있었다. 그런데도

---

136)_ 式(신)=敬也.

137)_ 而(이)=語氣詞, 종결사.

무도한 대인이나 군주에게는 취직을 하지 않고 숨는다는 것은 굶주림을 감수하겠다는 의지의 표현이다. 만약 모든 선비들이 취직을 거부하면 가문과 공실을 어찌 다스리겠는가? 또한 그런 경우를 당한 대인과 군주는 부도덕한 인물로 세상의 지탄을 받을 것이다.

둘째, 당시 유사들은 지배계급이 아니라 피지배계급인 사민四民의 하나일 뿐이었으며, 직분으로 말하면 대체로 사도직 출신으로 오늘날의 교사들 신분과 비슷한 처지였다. 그러므로 그들이 저항할 수 있는 유일한 수단은 사표를 내고 밥벌이 수단인 직장을 그만두는 것뿐이었다.

이처럼 당시 유사들은 지배 체제를 인정하고 이를 선전·교육하는 신분이었으므로 지배 체제를 거부하거나 사회구성체를 전복하려 하지는 않았다. 그러므로 자기 신념을 지키기 위해 할 수 있는 방법은 죽음을 무릅쓰고 간언하는 것과 아니면 은둔하는 것 이외에는 달리 저항할 방도가 없었다. 한편 공자가 주장하는 '군자유君子儒'는 왕도주의를 지향하는 무리들이므로 천자인 왕에게는 죽음으로 충성해야 하지만 제후나 군주를 위해 죽을 필요는 없었다. 공자처럼 이 나라 저 나라로 유세를 다니면서 자기를 채용해줄 군주를 찾으면 그만이었기 때문이다. 오히려 공자는 제후나 가문에 목을 매달고 충성을 바쳐 패도주의를 돕는 유사들을 '소인유小人儒'라고 비난하고 그들을 군자로 인정하지 않았다. 예컨대 조선의 경우 퇴계 이황이나 율곡 이이처럼 왕정에 참여하여 간언을 한 분도 선비로 존경하고, 이와 달리 벼슬을 거부하고 지리산에 은둔하여 소극적 저항을 한 남명南冥 조식曺植(1501~1572) 선생도 선비의 표상으로 존경하는 것은 바로 이런 마음가짐 때문이다.

맹자孟子/진심盡心 상

맹자가 말했다.

"천하에 도道가 있으면 도로써 몸을 따르고

천하에 도가 없으면 몸으로써 도를 따른다.

도가 인人(지배계급)을 따른다는 말은 들어보지 못했다."

孟子曰

天下有道 以道殉身

天下無道 以身殉道

未聞 以道殉乎人者也.

7절 | 대부를 지낸 고위 정치가

논어 읽기

논어論語/헌문憲問 22

진성자陳成子[138)]가 간공簡公을 시해하는 사건이 발생했다.	陳成子弑簡公
공자께서 목욕을 하고 조정에 나아가 애공에게 고하셨다.	孔子沐浴而朝 告於哀公曰
"진성자는 그의 군주를 시해했으므로 토벌할 것을 청합니다."	陳恒弑其君 請討之
(실권을 빼앗긴) 애공은 "삼환三桓에게 보고하라"고 말했다.	公曰 告夫三子[139)]
삼환을 찾아가서 보고했으나 '불가不可'라 했다.	之三子告 不可.
공자께서 푸념하셨다.	孔子曰
"내가 전에 대부의 지위에 있었으므로	以吾從[140)]大夫之後
군주에게 고하지 않을 수 없었다."	不敢不告也.

---

138)_ 제나라의 대부이며 실권자.
139)_ 三子(삼자)＝三桓을 지칭. 노나라의 경대부 孟孫, 叔孫, 季孫.
140)_ 從(종)＝位也.

논어論語/선진先進 7

안연이 죽자 안로顔路[141]가 청하기를   顔淵死 顔路請

선생의 수레를 팔아 관과 덧관을 만들자고 했다.   子之車以爲之槨

공자께서 말씀하셨다.   子曰

"재주가 있거나 없거나 다 같은 자식이다.   才不才 亦各言其子也

내 아들 이鯉[142]가 죽었을 때도 관만 했을 뿐 곽은 없었다.   鯉也死 有棺而無槨

나는 관곽을 만들기 위해 수레를 팔고 걸어 다니지는 않겠다.   吾不徒行以爲之槨

내가 대부의 말석에 종사했기에   以吾從大夫之後[143]

걸어 다닐 수 없다."   不可徒行也.

논어論語/향당鄕黨 2

공자께서 향당에서는 엄격한 듯   孔子於鄕黨 恂[144]恂如也

말을 못 하는 것같이 하시며   似不能言者

종묘와 조정에 있을 때는 논리 정연하게 변론하시되   其在宗廟朝廷 便[145]便言

오직 삼가실 뿐이다.   唯謹爾.

공자께서 조정에서 하대부들과 말할 때는 강직한 모습이셨고   朝與下大夫言 侃[146]侃如也

상대부들과 말할 때는 온화한 말로 간쟁하셨다.   與上大夫言 誾[147]誾如也

군주가 임석하면 놀란 듯 용모를 바로잡고   君在 踧[148]踖[149]如也

---

141)_ 안연의 父. 공자의 6세 연하의 門人.
142)_ 공자의 子. 字는 伯魚.
143)_ 後(후)=位在下也.
144)_ 恂(순)=嚴慄也.
145)_ 便(편)=辯也.
146)_ 侃(간)=剛直也.
147)_ 誾(은)=和說而諍也.
148)_ 踧(축)=驚貌.
149)_ 踖(적)=謹愼於事而有容儀也.

의연한 모습이셨다.   與¹⁵⁰⁾與如也

논어論語/향당鄕黨 17
수레를 탈 때는 반드시 똑바로 서서 고삐를 잡으셨다.   升車必正立執綏¹⁵¹⁾
수레 안에서는 내부를 두리번거리시지 않았으며   車中 不內顧
큰소리로 떠드시지 않았으며, 손가락질을 하시지 않았다.   不疾¹⁵²⁾言 不親指.

논어論語/미자微子 3
제나라 경공이 공자를 접대하며 말했다.   齊景公待孔子 曰
"만약 상경上卿인 계 씨와 같게는 나로서는 할 수 없지만   若季氏則吾不能
계 씨와 하경下卿인 맹 씨 중간으로 대우했으면 좋겠습니다.   以季孟之間待之
그러나 내가 노쇠해서 천자의 임명을 받아낼 힘이 없습니다."   曰 吾老矣 不能用也.
이 말을 듣고 공자께서는 제나라를 떠나셨다.   孔子行.

논어論語/헌문憲問 26
위衛나라 대부 거백옥蘧伯玉이 사람을 보내 공자께 문안케 했다.   蘧伯玉使人於孔子¹⁵³⁾
공자께서 사자와 함께 자리에 앉아 물으셨다.   孔子與之坐 而問焉
"거백옥께서는 어찌하고 계십니까?"   曰夫子何爲.
사자가 대답했다.   對曰
"우리 대부는 허물을 적게 하려고 애쓰시지만   夫子欲寡其過
아직 잘 안 되는 모양입니다."   而未能也.

---

150)_ 與(여)=和也, 閑舒也. 威儀中適之貌.
151)_ 綏(수)=수레 손잡이 줄, (유)=깃발 늘어질.
152)_ 疾(질)=激揚之聲.
153)_ 위나라 대부가 공자를 문안한 것은 학덕 때문이 아니라 공자를 대부의 예로 대접한 것이다.

사자가 나가자 공자께서 말씀하셨다.　　　　　　　使者出 子曰
"사자답다. 훌륭한 사자로구나!"　　　　　　　　　使乎使乎.

논어論語/자로子路 14

염자冉子(염유)[154]가 조회에서 늦게 돌아오자　　　　冉子退朝.
공자께서 어찌 늦었는지 물었다.　　　　　　　　　子曰 何晏[155]也
염자가 말했다. "정무가 있었습니다."　　　　　　　對曰 有政
공자께서 말씀하셨다.　　　　　　　　　　　　　　子曰
"그것은 정무(國政)가 아니라 가사家事(가문의 사무)다.　　其事也
만일 국정에 관한 일이었다면　　　　　　　　　　如有政
내가 비록 현직에서는 물러났다 해도　　　　　　　雖不吾以[156]
나도 참석해서 그것을 들었어야 할 것이다."　　　　吾其與聞之.

논어論語/헌문憲問 19

위衛나라 대부 공숙문자公叔文子의 가신이었던　　　　公叔文子之臣
선僎이 문자의 추천으로 대부가 되어　　　　　　　大夫僎
문자와 더불어 공실 조정에 함께 올랐다.　　　　　與文子 同升諸公.[157]
공자께서 들으시고　　　　　　　　　　　　　　　子聞之
"공숙은 문文[158]의 시호를 받을 만하다"고 하셨다.　　曰 可以爲文矣.

---

154)_ 공자의 제자로 당시 계씨 가문의 宰.
155)_ 晏(안)＝安也, 晩也.
156)_ 以(이)＝用也.
157)_ 이 경우도 공자처럼 士民이 하대부가 된 사례다. 주목되는 점이다.
158)_ '文'이란 道理를 따르고 문장을 이룬 것을 말한다. 시호를 짓는 법에도 있듯이 이른바 民 계급에게 작위를 내릴 경
　　우 이를 '문'이라 말한다(文者 順理而成章之謂. 諡法亦有. 所謂錫民爵位曰 文者 ：論語集註).

공자는 대부가 아니었나?

이상의 『논어』예문을 보더라도 공자는 분명히 대부를 지낸 정치가였고 각국의 군주와 경대부들을 찾아다니며 유세한 명사였다. 그런데도 도올은 공자는 대부를 지낸 적이 없을 뿐 아니라 이 사실이 공자를 공자답게 만드는 핵심이라고 강조한다.

도올논어/권1/93쪽

많은 사람들이 사마천의 『사기』「공자세가」에서 기술하고 있는 바대로 공자가 50세 전후로 대사구大司寇라는 벼슬을 했다고 해서 아무 의식 없이 그를 대부大夫라고 말한다. 요시카와 고지로 같은 사계의 대가까지도 별 생각 없이 여기저기서 공자를 노나라 대부로 기술하고 있다. 그러나 이런 식의 발언은 크게 잘못된 통념의 귀결이다. 그러나 공자는 대부大夫가 되어본 적이 없다.

그것이 바로 공자를 공자답게 만드는 사실의 핵심이다. 공자 시대의 대부라는 것은 후대 특히 송宋 대에 형성된 사대부士大夫라는 막연한 개념과는 전혀 다른 경대부卿大夫를 의미한다. 공자 시대는 봉건제도라는 매우 특이한 정치제도의 규율 속에 있었다. 그것은 군사 경제 정치적으로 독립된 단위들 사이의 계약관계를 의미하는 특이한 분권적 위계질서를 의미하는 것이었다.

그러나 도올의 주장은 한 가지도 사실과 맞지 않는 거짓말투성이다. 이것은 중대한 문제다. 지금까지 우리는 2천여 년의 세월 동안 공자를 대부를 지내신 선생 중에서도 어른으로 알고 있었다. 그것은 『논어』와 『좌전』과 『사기』에서 공자 스스로 대부를 지냈다고 말한 것을 근거로 한다. 앞에 예시한 『논어』의 글들에서도 공자가 대부 벼슬을 지낸 고위 정치가임을 증언하고 있다. 그런데도 도올은 아무런 증거도 없이 공자는 대부 출신이 아니라고 주장한다. 이러한 주장은 『논어』의 역사성을 부정하는 것이며 공자의 이미지를 완전히 바꾸어버리는 것이다. 사마천의 『사기』는 다음과 같이 기록하고 있다.

사기史記/공자세가孔子世家

공자 사십이 세 때	孔子年四十二
노나라 소공昭公이 건후乾侯에서 죽고 정공定公이 즉위했다.	魯昭公卒於乾侯 定公立.
정공 오 년 여름 계평자季平子가 죽고	定公五年夏 季平子卒
계환자가 대를 이었다.	桓子嗣立.
정공 팔 년	定公八年
공산불뉴公山不狃(공산불요)가	公山不狃
양호陽虎(양화)와 함께 반란을 일으켰다.	因陽虎亂
정공 구 년 양호는 계획이 실패하자	定公九年 陽虎不勝
제나라로 도망쳤다.	奔于齊.
이때 공자의 나이는 오십이었다.	是時孔子年五十
공산불뉴가 비費 땅에서 계 씨에게 반란을 일으키면서	公山不狃以費畔季氏
사람을 시켜 공자를 불렀다.	使人召孔子.
공자는 도를 따른 지가 너무 오래였으므로 가려고 했으나	孔子循道彌久欲往
자로가 반대했으므로 끝내 가지 않았다.	子路不說 然亦卒不行.
그 사건 이후 정공은 공자를 중도中都의 재宰(읍장)로 삼았고	其後定公以孔子爲中都宰
중도 재를 거쳐 사공이 되었고	由中都宰爲司空
사공을 거쳐 대사구가 되었다.	由司空爲大司寇.
정공 십 년 봄 제나라와 화친하게 되었다.	定公十年春 及齊平.

정공 십사 년 공자 나이 오십육 세였을 때 定公十四年 孔子年五十六
대사구를 거쳐 재상 대행이 되자 기쁜 얼굴을 했다. 由大司寇 行攝相事 有喜色.

소설이 아니라면 『논어』를 왜곡하면서 비뚤어진 상상력을 동원해 공자를 개혁적 이미지로 오도하는 것은 용납할 수 없다. 우리는 얼마든지 '신판 춘향전'을 쓸 수 있다. 그러나 이것은 어디까지나 새로운 소설일 뿐, 『춘향전』의 텍스트를 해설한 것은 아니다. 거짓과 왜곡으로 『논어』를 엉뚱한 방향으로 해설하는 것은 소설도 코미디도 아니고 설교도 아니며 더구나 학문은 더더욱 아니다.

첫째, 그는 봉건사회를 계약관계라고 했는데 그것은 황당한 거짓말이다. 계약관계란 사회계약설에서 말하는 것처럼 평등한 당사자를 기초로 하는 것이다. 그러나 봉건사회는 계약관계가 아니라 왕권은 천명天命이었으며, 전쟁에서 승자는 귀족이 되고 패자는 농노農奴가 되는 농노 사회였다. 다만 인人 계급 상호 간의 관계는 불평등하지만 계약관계라고 우길 수도 있을 것이다. 패자 쪽의 가문들은 승리자인 왕실에 굴복 협력하는 조건으로 가문을 보존할 수 있었기 때문이다. 그러나 사민四民은 누가 이기고 지든 주인만 바뀔 뿐 언제나 반노예적인 군왕의 사유물에 불과한 것은 마찬가지였다.

둘째, 봉건사회를 '분권적 위계질서'라고 했는데 그것도 거짓말이다. 봉건사회는 노예제적 신분계급 사회였다. 왕·군주·공경 등 거대한 부족의 장로들과 씨족 가문의 장로인 대인들의 관계는 지배계급들 사이의 분권적 위계질서라고 말할 수도 있겠지만, 이들과 하대부와 상사·중사·하사 등의 관리와 그리고 사민四民과 천민은 분권적 위계질서가 아니라 주례라고 하는 종법에 의한 지배 피지배의 신분계급의 질서였다.

셋째, 그는 도표까지 상세히 그려가며 대부라는 것은 경대부 한 가지뿐이라고 누누이 강조한다(『도올논어』 권1, 93쪽). 그러나 그의 주장과는 반대로 『논어』에서는 분명히 상대부와 하대부를 구분해서 말하고 있다. 다음의 여러 자료에서 분명히 알 수 있는 것처럼 당시의 통치 조직은 제후 밑에 관료 조직으로서 경대부와 하대부가 따로 있었던 것이다. 그리고 하대부는 인 계급 외에도 간혹 사민士民 계급도 할 수 있었다.

예기禮記/왕제王制

천자가 내리는 작록은	王者之制祿爵
공公·후侯·백伯·자子·남男의 다섯 등급이 있고,	公侯伯子男 凡五等
제후가 내리는 작록은	諸侯之
상대부上大夫 경卿·하대부下大夫	上大夫卿下大夫
상사上士·중사中士·하사下士 등 다섯 등급이 있다.	上士中士下士 凡五等.

천자 직속의 신하는 삼공三公, 구경九卿,	天子 三公九卿
대부大夫 이십칠 인, 원사元士 팔십일 인이 있다.	二十七大夫 八十一元士
큰 제후국諸侯國은	大國
세 명의 경대부卿大夫가 있는데 모두 천자가 임명하고	三卿皆命於天子
하대부 오 인, 상사 이십칠 인이 있다.	下大夫五人 上士二十七人
중급의 제후국은 삼 인의 경대부가 있는데	次國 三卿
이 인은 천자가 임명하고	二卿命於天子
일 인은 군주가 임명하며	一卿命於其君
하대부 오 인, 상사 이십칠 인이 있다.	下大夫五人 上士二十七人
작은 제후국은 경대부 이 인이 있는데 모두 군주가 임명하고	小國 二卿 皆命於其君
하대부 오 인, 상사 이십칠 인이 있다.	下大夫五人 上士二十七人.

넷째, 노나라는 무왕의 동생인 주공을 봉한 대제후국으로 천자가 임명한 3인의 경대부 외에 5인의 하대부가 있었는데 대사구는 법무장관 격으로 하대부가 맡는 자리였다. 이것은 마치 로마 시대의 평민 호민관과 비슷하다. 공자는 경대부가 아니라 하대부였다.

다섯째, 『논어』에서 공자는 스스로 대부라고 말하고 있다. 『좌전』에도 같은 내용이 기록되어 있다. 그리고 『묵자』와 『순자』에서도 분명하게 공자는 대부의 지위에 있었다고 말하고 있다.

만약 공자가 대부 출신이 아니라고 주장한다면, 공자 스스로 '대부'를 지냈다고 고백한 『논어』와 『좌전』과 『묵자』와 『순자』의 기록이 가짜임을 논증해야 한다. 그러나 그는 아무런 증거를 제시하지 않는다. 다만 『사기』의 기록을 믿을 수 없다는 말뿐이다.

좌전左傳/애공哀公14년(BC 481)

그해 유월 갑오일에 제나라 귀족 진항陳恒이	六月甲午 齊陳恒
그의 군주 임任을 서주舒州에서 죽였다.	弑其君壬 于舒州.
공자는 삼 일 동안 목욕재계하고 애공을 찾아가	孔子三日齋
제나라를 주벌할 것을 세 번이나 청했다.	而請伐齊三.
애공은 "계손 씨에게 보고하라"고 말했다.	公曰 子告季孫
공자는 사양하고 물러나 사람들에게 말했다.	孔子辭退而告人曰
"내가 말석이나마 대부의 지위에 있었기 때문에	吾以從[159]大夫之後[160]也
감히 할 말을 하지 않을 수 없었다."	故不敢不言.

묵자墨子/비유非儒 하

공자는 노나라 사구가 되었을 때	孔丘爲魯司寇
노나라 공실을 배반하고 권세가인 계손 씨를 받들었다.	舍公家而奉季孫.
공자가 노나라 재상을 대리하고 있을 때는	相魯君
계손이 군주를 버리고 도망칠 때	而走
마을의 관리와 다투게 되었는데	季孫與邑人爭門
이때 공자는 빗장을 들어 문을 열고 계손 씨를 도망치게 했다.	擧關決植.

---

159)_ 從(종)＝同宗의 뜻으로 쓰인 從父, 從弟 등의 용례 외에도 位의 뜻이 있다(鄅之師荀伯不復從 : 左傳/成公一十六年/傳, 嬖牛禍叔孫氏 使亂大從 : 左傳/昭公五年/傳).

160)_ 後(후)＝上下先後 등의 용례에서 알 수 있듯이 位在下也 또는 位置在後의 뜻이 있으나 여기서는 대부들 중에서 말석이라는 뜻으로 쓰였다(德成而上 藝成而下 行成而先 事成而後 : 禮記/樂記).

순자荀子/비십이자非十二子

송곳 꽂을 땅이 없었으나   無置錐之地

왕공도 그와 명성을 다툴 수 없었고,   而王公不能與之爭名

일개 대부의 지위에 있었을 뿐이지만   在一大夫之位

일개 군주가 감히 그를 머물게 할 수 없었고,   則一君不能獨畜[161]

일개 국가로는 그를 포용할 수 없었다.   一國不能獨容

이처럼 성인이면서도 천하의 권세를 잡지 않은 것이   是聖人之不得勢者也

중니다.   仲尼是也.

여섯째, 앞의 『논어』「자로子路」14의 글은 공자가 노나라 정치에 대해 항상 듣고 자문하는 지위에 있었음을 말해 주고 있다. 그가 대부의 반열에 있었기 때문이다.

일곱째, 앞의 『논어』「선진」7의 글은 그가 대부의 말석에 있었기 때문에 수레를 팔 수 없다고 말한다. 당시 수레는 신분질서를 밝히는 상징적 표지였다. 공자는 하대부였기에 수레 1승乘을 갖추고 있어야 했다.

한비자韓非子/외저설좌外儲說左 하

대저 벼슬과 녹봉과 수레의 깃발은   夫爵祿旂章

특별히 공적을 자랑하는 수단이 아니라   所以異功伐

현·불초를 분별하려는 것이다.   別賢不肖也

그러므로 진晉나라 법은   故晉國之法

상대부는 두 대의 여輿와 두 대의 승乘을 갖고   上大夫二輿二乘

중대부는 두 대의 여와 한 대의 승을 갖고   中大夫二輿一乘

하대부는 한 대의 승을 갖게 하여   下大夫專乘

---

161)_ 畜(축)＝止也.

이로써 신분의 등급을 밝혔던 것이다.	此明等級也
또한 경대부는 반드시 군사와 정사를 맡아야 하는 자리다.	且夫卿大夫必有軍事.
그러므로 평소에 수레와 말을 잘 다루고	是故循[162)]車馬
졸병과 전차를 갖추어 전쟁을 대비했다.	比[163)]卒乘以備戎事
나라의 유사시에 놀라지 않도록 대비하고	有難則以備不虞.[164)]
평시에는 조빙과 정사에 이용했다.	平夷則以給朝事.

여덟째, 공자가 당시 사士 계급으로서 하대부까지 승진한 경우는 특별한 사건이기는 하지만 예외적인 것은 아니다. 다른 제후국에서도 그런 예는 종종 있었다. 앞의 『논어』「헌문憲問」 19의 예문이 이를 증거하고 있다.

아홉째, 제나라 경공이 공자를 채용하지는 않으면서도 경대부로 예우하겠다고 제의한 것은 공자가 노나라 대부 출신이었기 때문으로 보아야 할 것이다. 또한 그의 행적을 보면 나라 안에 있을 때는 다른 나라 대부들의 문안 인사를 받았고, 다른 나라를 유랑할 때도 그 나라의 대부나 군주를 알현했다. 당시는 엄격한 신분사회였다는 사실을 감안하면 공자가 그 같은 대접을 받은 것은 그가 고명한 학자였기 때문이 아니라 대부 출신이었기에 전관예우를 한 것으로 보아야 할 것이다.

이상에서 알 수 있듯이 도올은 경대부만 있는 줄 알고 하대부가 있는 줄은 몰랐으며, 인人과 민民이 다르며, 사士도 사민四民의 하나인 민民 계급임을 몰랐다. 인과 민의 구별을 모른다는 것은 부끄러운 일이기는 해도 정치·사회·경제 등 역사적인 측면을 몰랐기 때문이라고 변명할 수도 있겠지만, 경대부와 하대부를 모른다면 동양 고전을 제대로 읽을 수 없고 읽지도 않았다는 것을 스스로 폭로한 것이다.

---

162)_ 循(순)=行順也, 摩順也.
163)_ 比(비)=庇也(治也, 具也).
164)_ 虞(우)=憂也, 驚也.

8절 | 공자의 사표는 누구인가?

논어 읽기

논어論語/자장子張 22

위衛나라 대부 공손조公孫朝가 자공에게 물었다.

"중니는 어디서 배웠는가?"

자공이 말했다.

"문왕과 무왕의 도가 아직 땅에 떨어지지 않았고

일부 귀족 계급들 사이에는 남아 있으므로

현명한 이는 그 큰 것을 기억하고

현명치 못한 자들도 그 작은 것을 기억하고 있습니다.

이처럼 문왕과 무왕의 도가 모두 없어진 것은 아니므로

선생께서도 어디에선가 배우시지 않았겠습니까마는

어찌 일정한 스승이 있었겠습니까?"

衛公孫朝 問於子貢 曰

仲尼焉學.

子貢曰

文武之道未墜於地

在人[165]

賢者識其大者

不賢者識其小者

莫不有文武之道焉

夫子焉不學

而亦何常師之有.

---

165)_ 人(인)=民도 百姓도 아니고 貴人, 大人, 聖人 등을 지칭.

논어論語/술이述而 5

공자께서 말씀하셨다.　　　　　　　　　　　　　　　　　　子曰

"심하구나! 내 노쇠한 지 오래도다.　　　　　　　　　　　甚[166]矣 吾衰也久矣

나는 다시는 꿈에서도 주공을 알현할 수 없으니!"　　吾不復夢見周公.[167]

논어論語/미자微子 1

은나라 주왕의 이복형인 미자는 떠나버렸고　　　　　　微子去之

숙부인 기자는 노비가 되었고　　　　　　　　　　　　　箕子爲之奴

숙부인 비간比干은 간하다가 죽임을 당했다.　　　　　比干諫而死

공자께서는　　　　　　　　　　　　　　　　　　　　　　孔子曰

"은나라에 이들 세 사람의 인자仁者가 있었다"고 말씀하셨다.　殷有三仁焉.[168]

논어論語/미자微子 2

유하혜는 옥관이 되어 세 번이나 파면을 당했다.　　　柳下惠爲士師[169] 三黜

남들이 말했다. "그대는 왜 떠나지 못하는가?"　　　　人曰 子未可以去乎

유하혜가 말했다. "바른 도道로 대인 귀족을 섬기려 한다면　曰直道而事人

어디를 간들 세 번쯤 파면되지 않겠는가?　　　　　　　焉往而不三黜

도를 굽혀 대인 귀족을 섬기려 한다면　　　　　　　　枉道而事人

구태여 부모가 살던 고국을 떠날 필요가 있겠는가?"　何必去父母之邦.

---

166)_ 甚(심)=重, 大也.

167)_ 孔子盛時 志欲行周公之道 故夢寐之間 如或見之. 程子曰 孔子盛時 寤寐常存行周公之道(論語集註).

168)_ 馬曰 微箕二國名. 微子紂之庶兄 箕子比干紂之諸父. 微子見紂無道 早去之. 箕子佯狂爲奴 比干以諫見殺(論語集解).
微箕二國名 子爵也. 微子紂庶兄 箕子比干紂諸父 微子見紂無道 去之以存宗祀. 箕子比干皆諫. 紂殺比干 囚箕子以爲奴. 箕子因佯狂而受辱(論語集註).

169)_ 士師(사사)=獄官.

논어 論語/미자微子 8

귀족이 은둔하여 민民이 된 사람은	逸民
백이·숙제·우중·	伯夷叔齊虞仲
이일·주장·유하혜·소련이다.	夷逸朱張柳下惠少連
공자께서 말씀하셨다.	子曰
"자기 뜻을 꺾지 않고 몸을 욕되게 하지 않은 사람은	不降其志 不辱其身
백이숙제다.	伯夷叔齊與.
유하혜와 소련은	謂柳下惠少連
뜻을 꺾고 몸을 욕되게 했으나	降志辱身矣
언행이 인륜에 맞고 사려에 맞도록	言中倫行中慮
진실로 진력했다.	其斯[170]而已矣
우중과 이일은 은거하여 함부로 말했으나	謂虞仲夷逸 隱居放言
처신은 청담에 맞고 벼슬을 버린 삶이 권도에 맞았다.	身中淸 廢中權
나는 이들과 다르니	我則異於是
가할 것도 불가할 것도 없이 평범할 뿐이다."	無可無不可.[171]

논어 論語/위영공衛靈公 14

공자께서 말씀하셨다.	子曰
"노나라 대부 장문중臧文仲은 그 지위를 훔친 자가 아닌가?	臧文仲 其竊位者與
유하혜가 어진 줄 알면서도 더불어 입신하지 않았다."	知柳下惠之賢 而不與立也.

---

170)_ 斯(사)=澌也. 盡也.
171)_ 可(가)=善也. 能也.

공자의 사표 주공

공자의 인품을 알기 위해서는 공자가 흠모한 사람이 누구인가를 아는 것이 관건이다. 공자가 어릴 때는 관학이나 사학이나 교육 기관이 없었고 집안에서 부모 친척이나 집사에게 배운 것 같다. 공자는 어려서 홀어미 밑에서 비천하게 살았으므로 스승도 없이 독학했을 것으로 추측된다. 그러나 그는 말단 관리로 시작하여 대부의 반열에 올랐다. 그야말로 청운의 꿈을 품고 각고의 노력을 하여 성공한 사람이다. 속된 말로 개천에서 용이 난 것이다.

공자는 요·순·우·탕·문·무·주공 같은 왕을 성인으로 존숭했고, 그 성인을 인자仁者라 규정하고 인仁을 전도하는 유세객이 되었다. 그러므로 공자가 왕들을 존숭한 것은 당연하다. 그러나 민 계급에 불과한 그에게 왕들은 희망의 목표가 될 수 없다. 그런데 그는 유독 왕이 아닌 주공을 성인의 반열에 내세웠다. 주공은 바로 공자 자신의 모국인 노나라의 시조다. 그래서 그는 꿈에서도 주공을 보지 못하면 슬퍼했다. 이로써 그가 얼마나 주공을 사모했는지를 짐작할 수 있다.

또한 공자는 '극기복례克己復禮'해야 인자가 될 수 있다고 말한다. 그런데 복례의 예禮는 바로 주공이 정비한 주례周禮다. 더욱이 공자는 자기는 성현의 말을 조술할 뿐 아무것도 새로 지어내지 않는다고 주장했다. 그러므로 공자는 주공의 주례를 설파하는 주례의 신봉자였던 것이다. 이처럼 공자의 사표는 주공이었다.

또 한 명의 사표 미자

공자는 은나라 삼인三仁으로 미자·기자·비간을 꼽는다. 은나라 백성으로서 은나라를 배반하고 멸망시킨 무왕과 주공이 성인으로 추앙받기 위해서는 그 반대편에 있는 은나라 왕인 주紂를 포악한 필부로 격하시켜야 했고, 주의 포악함을 죽음으로 간한 미자·기자·비간을 높이 세워야 했다. 그래서 주공의 신봉자였던 공자는 이들 세 사람을 삼인으로 존숭했다. 그러므로 공자의 인학仁學에서는 이들 삼인이 반드시 무대에 등장해야 하는 조연이 된 것이다.

그 삼인 중에서 살아남아 종사宗祀를 이은 사람은 미자와 기자인데 미자는 송나라의 시조가 되었고 기자는 조선朝鮮의 시조가 되었다. 그러나 종사를 잇지 못한 비간은 사표로 삼을 수 없었고, 기자는 종사는 이었지만 오랑캐의 나라인 조선에 봉해졌으므로 사표로 삼을 수 없었다. 오직 미자만이 사표의 대상이 될 수 있었던 것이다.

공자의 벗 유하혜

공자가 가장 존경하는 선배요 벗은 유하혜였다. 유하혜는 노나라 대부로 성은 전展이요 이름은 금禽이며 자는 계季다. 유하柳下에 봉해지고 시호가 혜惠이므로 유하혜라 한다. 그는 자기의 고국인 노나라에 도道가 없는데도 몸을 굽혀서 떠나지 않았고, 공자는 몸을 굽히지 않고 떠나버렸다. 이 점에서 두 사람의 성격은 다르다. 그러나 공자는 유하혜를 예禮를 아는 일민逸民으로 존경한다. 『장자』 「도척」편에는 공자와 유하혜가 친한 벗이었음을 말하고 있다. 맹자는 백이와 유하혜를 성인으로 추앙했다.

좌전左傳/**문공**文公**2년**(BC 625)

중니가 말했다.   仲尼曰

"장문중은 어질지 못함이 셋이요,   臧文仲 其不仁者三

예를 모름이 셋이 있다.   不知者三.

어진 전금展禽(유하혜)을 강등시킨 일, 여섯 관문을 폐지한 일   下展禽 廢六關

첩들에게 자리를 짜게 한 일은 어질지 못함이요,　　姜織蒲 三不仁也

쓸모없는 사치품을 만들고, 서열을 어긴 제사를 허락했고　　作虛器 縱逆祀

원거爰居라는 새를 제사한 것은 예를 모른 것이다.”　　祀爰居 三不知也.

맹자孟子/진심盡心 하

맹자가 말했다. “성인은 백세의 스승이다.　　孟子曰 聖人百世之師也

백이와 유하혜가 이들이다.　　伯夷柳下惠是也.

그러므로 백이의 풍격을 들으면　　故聞伯夷之風者

완악한 사내도 청렴해지고 유약한 사내도 지조를 세우게 된다.　　頑夫廉 懦夫有立志.

유하혜의 풍격을 들으면　　聞柳下惠之風者

야박한 사내도 돈후해지고 인색한 사내도 관대해진다.　　薄夫敦 鄙夫寬.

백세 전에 분발한 것으로　　奮乎百世之上

백세의 후인이 듣고 분발하지 않음이 없으니　　百世之下聞者 莫不興起也.

성인이 아니고서야 그처럼 할 수 있겠는가?　　非聖人而 能若是乎.

그러니 항차 성인의 직접 훈도를 받은 이야 말해 무엇하랴?”　　而況於親炙之者乎.

장자莊子/잡편雜篇/도척盜跖

공자와 유하계柳下季(유하혜)는 친구였다.　　孔子與柳下季爲友

유하계의 동생은 이름이 도척인데　　柳下季之弟 名曰 盜跖

구천 명의 도적 떼를 거느리고 천하를 횡행했다.　　盜跖從卒九千人 橫行天下

공자가 유하계에게 말했다.　　孔子謂柳下季曰

“대저 아비 된 자는 반드시 아들을 타이를 수 있어야 하며　　夫爲人父者 必能詔其子

형 된 자는 반드시 아우를 교화시킬 수 있어야 합니다.　　爲人兄者 必能敎其弟

만약 아비가 아들을 타이르지 못하고　　若父不能詔其子

형이 아우를 교화시키지 못한다면　　兄不能敎其弟

부자와 형제의 아낌을 귀하게 여길 까닭이 없을 것입니다.   則無貴父子兄弟之親矣

지금 선생은 세상의 재사입니다.   今先生 世之才士也

그런데 그 동생이 도둑의 대장이 되어 천하를 해치고 있는데   弟爲盜跖 爲天下害

교화할 수 없다니   而不能教也

저는 속으로 선생을 위해 수치스럽게 여깁니다.   丘竊爲先生羞之

청컨대 제가 찾아가서 그를 설복시키겠습니다."   丘請爲先生往說之.

유하계가 말했다.   柳下季 曰

"선생의 말씀대로   先生言

아비 된 자가 아들을 타이르고   爲人父者 必能詔其子

형이 된 자가 아우를 가르칠 수 있어야겠지만   爲人兄者 必能教其弟

그 아들이 아비의 타이름을 듣지 않고   若子不聽父之詔

동생이 형의 가르침을 듣지 않으니   弟不受兄之教

비록 지금 선생의 변설도 과연 어쩔 수 있겠습니까?   雖今先生之辯 將奈之何哉

선생은 가시면 안 됩니다."   先生必無往.

공자는 듣지 않고   孔子不聽

안회와 자공을 마부로 삼아   顏回爲御 子貢爲右

도척을 찾아갔다.   往見盜跖.

연암의 오인론

그런데 연암 박지원은 공자의 삼인론三仁論에 이의를 달고 오인론五仁論을 주장한다. 은나라를 배신하고 무왕에게 적극 협력한 '태공망'과 반대로 무왕을 거부하고 수양산에서 굶어죽은 '백이숙제'를 다 포함시키자는 것이다. 이들은 모두 은나라 사람들로서 똑같이 측은지심惻隱之心이 있었고 서로 기대어 인仁을 행했다는 것이다.

여기에는 교묘한 함정이 숨어 있다. 만약 '인'을 '측은지심'으로 규정한다면 은나라에 충성한 사람이나 은나라를 배신한 사람이나 모두 인인仁人이라는 것이다. 그렇다면 인이란 아무런 규정력이 없는 공허한 말이 아닐까? 예컨대 한말韓末에 조선을 팔아먹은 이완용李完用(1858~1926)도 측은지심이 있으니 인인이요, 나라를 구하고자 일어났던 의병장들도 측은지심이 있으니 인인이라면 인이란 말은 무슨 의미가 있단 말인가? 아니면 인론仁論 외에 의론義論은 별개란 말인가?

연암집燕巖集/**권3**/**공작관문고**孔雀舘文稿/**백이론**伯夷論 **하**

공자는 옛 인인仁人을 칭송했는데	孔子稱古之仁人
기자·미자·비간이 이들이다.	箕子微子比干是也
이들 삼인三仁의 행함은 각각 다르지만	三仁者之行各不同
인인仁人의 명칭은 잃지 않은 것 같다.	猶不失乎仁之名
맹자는 옛 성인을 칭송했는데	孟子稱古之聖人
이윤·유하혜·백이가 이들이다.	伊尹柳下惠伯夷是也
삼인의 행함은 각각 다르지만	三仁者之行各不同
성인의 칭호는 떨어지지 않은 것 같다.	猶不離乎聖之號
대저 태공太公(태공망)은 옛 위대한 노老현인으로 불렸는데	夫太公者 古所謂大老賢人
그의 행함은 백이와 같고	則爲其行同伯夷
그의 도道는 이윤과 비슷하다.	而道似伊尹也
그런데도 공자는	然而孔子
그의 인仁함을 삼인에 배열하여 호칭하지 않았고	不稱 其仁以列之三仁
맹자는	孟子
그의 성스러움을 삼성三聖에 배열하지 않았으니	不稱 其聖以列之三聖
무엇 때문인가?	何也

오!

내 생각으로는 은나라에는 오인五仁이 있었으니

누구를 오인이라 하는가?

백이와 태공을 포함한 이들이다.

이들 다섯 인자仁者는 행한 것은 각각 같지 않지만

모두가 정녕 측은지심惻隱之心을 가졌을 것이다.

그러니 서로에게 기대하며(資須) 인을 행한 것이다.

서로에게 기대하지 못했다면 인을 행하지 못했을 것이다.

기자는 마음먹기를

"은나라는 이제 천륜을 잃었으니

내가 도를 전하지 않으면 누가 도를 전하겠는가?"라고 말하고

드디어 미친 척하고 노비가 되었다.

기자는 서로 기대하는 자가 없는 것 같지만

인인의 마음은

하루라도 천하를 잊을 수 없으니

마음속으로 태공이 민民을 구해 주기를 바랐을 것이다.

태공은 마음먹기를

스스로 은나라 유민遺民으로서

"이제 은나라는 천륜을 잃었고

미자는 떠나고, 비간은 죽었고, 기자는 갇혔으니

내가 민을 구원하지 않으면

장차 천하가 어찌 되겠는가?"라고 말하고

嗚呼

以余觀乎殷 其有五仁乎

何謂五仁

伯夷太公是也.

夫五仁者 所行亦各不同.

皆有丁寧惻怛之志

然而相須則爲仁

不相須則爲不仁矣.

箕子之爲心也

曰 殷其淪喪

我不傳道 誰傳道也

遂陽狂爲奴

箕子若無所相須者也

雖然仁人之心

未嘗一日而忘天下

則是箕子須拯民於太公耳.

太公之爲心也

自以殷之遺民也

曰 殷其淪喪

小師行 王子死 太師囚

我不拯其民

將天下何哉

드디어 주紂를 토벌하는 데 앞장섰다.

태공도 역시 서로 기대하는 자가 없는 것 같지만

인인의 마음은

하루라도 후세를 잊을 수 없는 것이니

마음속으로 백이가 의리를 밝혀주기를 바랐을 것이다.

백이는 마음먹기를

스스로 은나라 유민으로서

"이제 은나라는 천륜을 잃었고

미자는 떠나고, 비간은 죽었고, 기자는 갇혔으니

내가 의義를 밝히지 않으면

장차 후세에 어찌 되겠는가?"라고 말하고

이에 주나라를 따르지 않았을 것이다.

遂伐紂

太公亦若無所相須者也

雖然仁人之心

未嘗一日而忘後世

則是太公須明義於伯夷.

伯夷之爲心也·

自以殷之遺民也

曰 殷其淪喪

小師行 王子死 太師囚

我不明其義

將後世何哉

遂不從周.

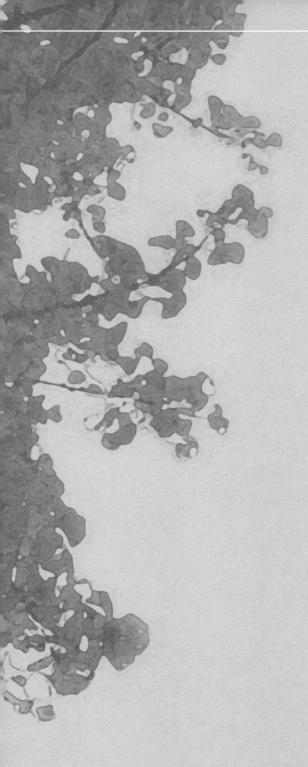

제4장

공자의 꿈

1절 | 성인 정치 구현

논어 읽기

논어論語/술이述而 19

공자께서 말씀하셨다.

"나는 태어날 때부터 지자知者가 아니다.

옛것을 좋아하여 열심히 찾는 자일 뿐이다."

子曰

我非生而[1]知之者

好古敏以求之者也.

논어論語/술이述而 33

공자께서 말씀하셨다.

"성스럽다거나(聖) 어질다고(仁) 말한다면

내 어찌 감당하겠느냐?

하지만 인仁과 성聖의 도를 배우는 것을 싫증 내지 않고

남을 깨우치기를 게을리하지 않는 것을 칭찬한다면

子曰

若聖與仁

則吾豈敢

抑[2]爲[3]之不厭

誨人不倦

---

1)_ 而(이)=곧, 이로부터.
2)_ 抑(억)=그러나, 하지만, 단지.
3)_ 爲(위)=行也, 學也.

그렇게는 말할 수 있을 것이다."

則可謂云爾已矣.

이에 공서화가 말했다.

公西華曰

"바로 이것이 저희 제자들은 전수받을 수 없는 점입니다."

正唯弟子不能學也.

논어論語/자한子罕 6

태재가 자공에게 물었다.

大宰問於子貢曰

"선생은 성자聖者입니까? 어찌 그리 다재다능하십니까?"

夫子聖者與 何其多能也.

자공이 말했다. "본래 천성이 성자가 될 만하지요.

子貢曰 固天縱[4]之將聖

또한 다능하신 분입니다."

又多能也.

공자께서 그 말을 전해 듣고 말씀하셨다.

子聞之曰

"태재가 나를 안단 말인가?

大宰知我乎

내가 소시 때 빈천하여 천한 일에 능할 뿐이다.

吾少也賤 故多能鄙事

군자는 능해야 하는가? 그렇지 않다."

君子多乎哉 不多也.

뇌牢[5]가 말했다.

牢曰

"선생의 말씀은

子云

등용되지 못하여 재기에 능하게 되었다는 뜻이다."

吾不試故藝.[6]

논어論語/태백泰伯 19

공자께서 말씀하셨다.

子曰

"위대하구나! 순임금과 우임금은 천하를 소유했으나

巍巍乎 舜禹之有天下也

그것을 자손에게 물려주지 않았다."

不與[7]焉.

---

4)_ 縱(종)=緩也, 恣也, 生也, 猶蹤.
5)_ 공자의 제자. 琴張. 字는 子開 또는 子張이라고 하나, 子張(師)과는 異人.
6)_ 藝(예)=才技也.
7)_ 與(여)=謂予人物也, 賜也. 주희는 相關으로 해석했음.

논어論語/태백泰伯 20

공자께서 말씀하셨다.	子曰
"크도다! 요임금의 임금 노릇함이여!	大哉 堯之爲君也
산처럼 높구나!	巍巍乎
다스림이 없이 이루는 하늘의 위대함을 요임금이 본받았도다!	唯天爲大 唯堯則之
넓고 멀도다! 민民들은 그에게 이름 붙일 수도 없구나!	蕩蕩乎 民無能名焉
산처럼 높구나! 공업을 이룸이여!	巍巍乎 其有成功也
빛나도다! 시서예악詩書禮樂의 문채가 성대하구나!"	煥乎 其有文[8]章.[9]

논어論語/태백泰伯 21

"순임금은 어진 신하가 다섯뿐이었으나 천하를 잘 다스렸는데	舜有臣五人而天下治
무왕은 '나에게는 다스리는 신하가 열 명이 있다'고 말했다."	武王曰 予有亂[10]臣十人
공자께서 말씀하셨다.	孔子曰
"인재 구하기가 어렵다더니 그렇지도 않은가 보다!	才難 不其然乎
다섯뿐인 요순시대는 열 명이었던 무왕 때보다 성대했다.	唐[11]虞[12]之際 於斯爲盛
다만 어머니가 포함되었으니 아홉 사람뿐인 셈이지만	有婦人焉 九人而已
문왕은 천하의 셋 중에 둘을 소유했으나	三分天下有其二
은나라에 복종하고 섬겼으니	以服事殷
주나라의 덕은	周之德
지극한 덕이라고 말할 수 있을 것이다."	可謂至德也已矣.[13]

---

8)_ 文(문)=六藝之泛稱也.

9)_ 章(장)=采也, 明也, 文理也.

10)_ 亂(란)=采=理也.

11)_ 唐(당)=堯의 국호.

12)_ 虞(우)=舜의 국호.

논어論語/태백泰伯 22

공자께서 말씀하셨다. "우임금은 내 보기엔 나무랄 데 없구나!
식사는 간소했으나 귀신에게 효를 다하고
의복은 검소했으나 제복은 이름다웠고
궁실은 낮았으나 정전井田 수로 건설에는 진력했다."

子曰 禹 吾無間然矣
菲[14]飲食 而致孝乎鬼神
惡衣服 而致美乎黻[15]冕
卑宮室 而盡力乎溝洫.[16]

논어論語/자로子路 22

공자께서 말씀하셨다. "남쪽 사람들의 속담에 이르기를
사람이 항심이 없으면
천한 무당도 의사도 될 수 없다고 했는데
옳은 말이다."

子曰 南人有言曰
人而無恒
不可作巫醫[17]
善夫.

---

13)_ 주희에 따르면 五人은 禹·稷·契·皋陶·伯益이며, 十人은 周公旦·召公奭·太公望·畢公·榮公·太顚·閎天·散宜生·南宮适·文母이다. 『春秋傳』에 이르기를 천하가 귀의하는데도 여전히 주왕을 섬겼다고 한다. 천하 9주 가운데 荊州·梁州·雍州·豫州·徐州·楊州 등 6주는 문왕에 귀속했고, 靑州·兗州·冀州 등 3주만 주왕을 따랐다.

14)_ 菲(비)=芴也, 薄也.

15)_ 黻(불)=무늬, 亞字形, 祭服.

16)_ 溝洫(구혁)=田間水道 以正疆界 備旱潦者也(論語集註). 우임금이 말하기를 "나는 아홉 냇물을 터서 바다에 이르게 했고, 밭고랑(畎澮)을 파서 냇물에 이르게 했다"고 했다(禹曰 予決九川 距四海 濬畎澮距川 : 禹書/皋陶謨/益稷). 洫=渠也.

17)_ 무당은 귀신과의 접신을, 의사는 사생을 수단으로 살아가는 것이므로 비록 천한 일이지만 더욱 한결같은 마음이 있어야 한다(巫所以交鬼神也 醫所以寄死生故 雖賤役 而尤不可以無常 : 論語集註).

성인은 훌륭한 제왕의 존칭

공자는 『논어』에서 스스로 "성인聖人을 조술할 뿐 새로 지어내지 않는다"고 선언했고, 『중용中庸』에서는 "공자는 요순을 조술하고 문왕과 무왕을 현창할 뿐"이라고 말했다. 이처럼 공자는 이상적인 정치 형태로 성인 정치를 표방했고 그보다 100여 년 후에 플라톤Platon(BC 428?~348?)은 철인 정치를 주장했던 것이다. 그런데 성인이나 철인이나 비슷하다는 점에서 주목할 만하다. 또한 공자의 정치적 신조는 자기를 극복하여 예로 되돌아가는 것만이 인仁이요 난세를 종식시키는 방책이라고 주장한다. 그러므로 문무文武 시대에 주공이 정비한 주례周禮는 성인 정치의 헌장이다.

논어論語/술이述而 1

공자께서 말씀하셨다.	子曰
"성인의 뜻을 가르칠 뿐 새로 지어내지 않는다."	述[18]而不作.

중용中庸/30장

중니는 요임금과 순임금을 본받고 밝혀 드러내고	仲尼 祖[19]述堯舜
문왕과 무왕을 헌장으로 삼았다.	憲章文武.

성인이란 인人 계급 중에서 최고의 통치자를 지칭한다. 최고 통치자는 물론 왕이겠으나 왕 이외에도 실질적으로 천하를 통치한 주공도 성인이라 한다. 이것으로 보면 성인 중에서 왕만을 특별히 성왕聖王이라 호칭한 것 같다. 그러나 왕이 모두 성인인 것은 아니고 성스러운 왕으로 지명된 왕만을 성인이라 한다. 즉 고문서에서 성인은 왕 중에

---

18)_ 述(술)=訓其意也. 顯而明之曰.
19)_ 祖(조)=習也, 法也.

서도 훌륭한 왕에게만 붙일 수 있는 존칭이다.

　물론 오늘날은 성인이란 반드시 왕일 필요는 없고 인류에 공헌한 성스러운 사람을 지칭한다. 그러나 선진先秦 시대의 문서인 경전에서는 성인이란 대체로 안으로는 성스럽고 밖으로는 제왕인 이른바 내성외왕內聖外王을 지칭한다.

　성인의 호칭을 받은 분은 요·순·우·탕·문·무 여섯 임금인데 그 외에도 성인이라 존칭된 사람들이 있다. 공자는 주공을, 묵자는 순임금의 어진 신하들인 고요皐陶와 후직을 성인으로 지칭했다. 고요는 법전을 만들었고, 후직은 씨 뿌리고 가꾸는 법을 가르쳤으며, 주공은 조카인 성왕成王을 도와 7년 동안 섭정을 맡아 주나라의 제도와 예악을 정비했다. 이처럼 이들을 모두 실질적으로 천하를 통치하여 인민을 번성하게 한 분들이지만 왕이 아닌 분도 있으므로 성왕聖王이라 호칭하지 않고 성인이라 부른 것이다.

성왕

묵자墨子**/천지**天志 **하**

하·은·주 삼대三代의 성왕들인	故昔也三大聖王
요·순·우·탕·문·무는	堯舜禹湯文武之
천하를 두루 평등하게 사랑했다.	兼愛天下也
이에 따라 백성을 이롭게 하며	從[20]而利之
백성의 뜻을 교화하여	移其百姓之意焉
그들을 이끌고 상제와 산천귀신을 공경했다.	率以敬上帝山川鬼神
하늘도 하늘이 사랑하는 것을 그들이 사랑하고	天以爲從其所愛而愛之
하늘이 이롭게 하고자 하는 것을 그들이 이롭게 함을 알았다.	從其所利而利之
그래서 이들에게 상을 더해 주고 윗자리에 앉게 하여	於是加其賞焉 使之處上位
그를 천자로 삼고 법도로 본받도록 했다.	立爲天子 以法也

---

20)_ 從(종)＝遂也, 隨也.

그들을 이름 하여 '성인'이라고 한다.　　　　　　　　　　　名之曰聖人.

묵자墨子/상현尙賢 중

비록 하느님은	雖天亦
빈부·귀천·친소·원이를 가리지 않지만	不辨貧富貴賤遠邇親疎
어진 자는 들어 올려 높여주며	賢者擧而尙之
불초자는 억누르고 내친다.	不肖者抑而廢之
그러면 부귀한 자가 어질어	然則富貴爲賢
상을 받은 자는 누구인가?	以得賞者誰也
그것은 삼대 성왕이신	曰若昔者三大聖王
요·순·우·탕·문·무 등 제왕들이다.	堯舜禹湯文武者是也
그들이 상을 받은 까닭은 무엇인가?	所以得其賞何也
그들은 천하를 다스림에	曰其爲政乎天下也
두루 평등하게 사랑하고	兼而愛之
백성의 뜻을 따라 이롭게 했으며	從而利之
또한 천하 만민을 이끌고	又率天下之萬民
천제를 높이고 귀신을 섬겼으며	以尊天事鬼
만민을 사랑하고 이롭게 했다.	愛利萬民
그래서 하느님과 귀신이 상을 주었고	是故天鬼賞之
그들을 세워 천자로 삼아 민民의 부모가 되게 했다.	立爲天子 以爲民父母
이에 만민은 그들을 따르고 기리면서 '성왕'이라 불렀으니	萬民從而譽之 曰聖王
지금까지도 그치지 않고 있다.	只今不已.

성인

묵자墨子**/겸애**兼愛 **상**

'성인'이란   聖人

천하를 다스리는 것을 직책으로 하는 인人이다.   以治天下爲事[21]者也

반드시 어지러움이 일어나는 원인을 알아야만   必知亂之所自起

능히 다스릴 수 있다.   焉能治之.

만약 어지러움이 일어나는 원인을 모른다면   不知亂之所自起

성인도 다스릴 수 없을 것이다.   則不能治.

묵자墨子**/상현**尚賢 **중**

그러면 하늘이 부린 유능한 자는 누구인가?   然則天之所使能者誰也

옛날 우·후직·고요(순임금의 三公)가 이들이다.   曰若昔者禹稷皐陶是也

고요는 법전을 내려 민을 벼리와 벌로 밝히고   伯夷降典 哲民維刑

우는 물과 토지를 다스리고 산과 강을 정리하는 일을 주관했고   禹平水土 主名山川

후직은 씨 뿌리고 가꾸는 법을 가르쳐   稷隆播種

좋은 곡식을 생산하게 했다.   農殖嘉穀

이들 삼공은 공을 이루어 민을 번성하게 했으므로   三后成功 維假於民

곧 이들을 세 성인이라 말한다.   則此言三聖人者.

성왕과 성인

묵자墨子**/상현**尚賢 **중**

그러므로 옛날 성왕들이 몹시 중시한 것은   故古者聖王甚尊

어진 자를 숭상하고 능한 자를 임용하는 것이다.   尚賢而任使能.

---

21)_ 事(사)=職, 任, 業, 政事.

부모 형제나 부귀한 자에 치우치거나	不黨父兄 不偏貴富
안색만을 좋아하지 않고	不嬖顔色
능한 자를 등용하여 높이고 관장으로 삼았다.	賢者擧而上之 以爲官長
연후에 성인은	然後聖人
말과 행동과 장점을 살펴서	聽其言迹其行察其所能
신중하게 관직을 주었으니	而愼予官
이것을 능한 자를 부리는 방법이라고 말한다.	此謂事能.
옛날 삼대 성왕인	故唯昔三大聖王
요·순·우·탕·문·무가	堯舜禹湯文武之
천하를 얻고 제후를 다스릴 수 있었던 까닭은	所以王天下正諸侯者
이를 본받았기 때문이다.	此亦其法已.

여기서 특히 주목해야 할 점이 있다. 『논어』에는 성인이라는 글자가 자주 등장하지 않는다는 점이다. 더욱이 성인에 대해 직접적으로 설명하는 글이 단 한 구절도 없다. 그 당시로는 왕이나 천하의 통치자를 성인이라 지칭하는 것이 너무도 자명한 것이었으므로 따로 설명을 할 필요가 없었을 것이다.

논어論語/계씨季氏 8

공자께서 말씀하셨다.	孔子曰
"군자에게는 세 가지 두려워할 것(三畏)이 있다.	君子有三畏
천명을 두려워해야 하며	畏天命
큰 가문의 대인들을 두려워해야 하며	畏大人
역대 훌륭한 제왕(성인)들의 말씀을 두려워해야 한다."	畏聖人之言.

논어論語/술이述而 25

공자께서 말씀하셨다. "성인은 내가 만나볼 수 없으니
군자라도 만나보면 좋겠다."

子曰 聖人吾不得而見之矣
得見君子者斯可矣.

논어論語/옹야雍也 28

자공이 물었다.

"만약 백성에게 널리 베풀고

민중을 구제한다면 어떻습니까?

인仁하다고 말할 수 있습니까?"

공자께서 말씀하셨다. "어찌 인하다고만 말할 수 있겠느냐?

반드시 성인일 것이다.

요임금도 순임금도 오히려 고심했던 것이 아닌가?"

子貢曰
如有博施於民
而能濟衆何如
可謂仁乎.
子曰 何事於仁
必也聖乎
堯舜其猶病諸.

반면 군자에 대해서는 『논어』 첫머리를 군자로 시작하여 마지막을 군자로 끝내고, 중간 중간에 70여 차례나 군자를 언급하고 있다. 참으로 이상할 정도로 너무나 대조적인 태도가 아닐 수 없다. 그 이유는 사士 신분인 공자로서는 감히 왕을 만날 수도 없거니와 성왕의 일을 용훼하는 것은 분수에 어긋난다고 생각한 때문일 것이다. 공자의 학문은 성왕의 좋은 신하가 되기 위한 '군자학君子學' 일 뿐, 성왕이 되기 위한 '성학聖學' 이 아니었다.

유가의 경전으로는 『중용』 27장에서 처음으로 성인을 직접적으로 언급하고 있다. 그 내용은 문왕의 문덕文德을 성인의 도道라 찬양하고, 공자는 문왕의 주례를 따랐는데 이와 같은 군자의 도는 삼왕三王(우·탕·문·무)에 부합하는 것이므로 백세 후의 성인(제왕)에게도 의심받지 않을 것이라고 말하고 있다. 여기서 주목할 것은 공자를 군자(군주의 명을 받은 신하)로 호칭한 것이다. 이는 공자가 제왕도 군주도 아니며 대부를 지냈을 뿐이

기 때문이다. 그리고 『중용』30장에서 "공자는 성인이신 요순을 조술하고, 문·무를 헌장
으로 삼았다"고 말한 것으로 보면 성인은 훌륭한 통치자의 존칭이었음을 알 수 있다.

중용中庸/26~27장

『시경』에서 이르기를 "오! 높으신 분이 아닌가?	詩云 於乎不顯
문왕의 덕은 순수하도다!"라고 했다.	文王之德之純
이는 문왕께서 문文의 시호를 받은 까닭이니	蓋曰 文王之所以爲文也
순수함이 그치지 않는다는 뜻이다.	純亦不已.
위대하구나! 성인의 도는 양양하여	大哉 聖人之道 洋洋乎
만물을 발육하고 높이 하늘에 닿았다.	發育萬物 峻極于天.

중용中庸/29장

그러므로 군자(공자를 지칭)의 도는	故君子之道
우·탕·문·무의 제왕에 상고해도 틀리지 않고	考諸三王 而不謬
백세 뒤 성인(제왕)을 기다린다 해도 의혹이 없을 것이다.	百世以俟聖人 而不惑.

주희는 『논어』를 주해하면서 왕은 성인이 천명을 받아 일어난 것으로 풀이하고 있
다.[22] 조선의 퇴계 이황은 어린 임금에게 『성학십도聖學十圖』를 올렸는데 여기서 '성학
聖學'이란 '왕학王學'이다. 성학이란 성인 즉 성왕의 학문이라는 뜻이기 때문이다. 다
산 정약용도 "민의 추대로 왕이 된 황제黃帝·탕왕·무왕을 성인이라 한다"고 말했다. 그
런데도 오늘날 우리나라 학자들은 대체로 이러한 특정 개념어인 성인이라는 용어의 의
미를 모르고, 속칭 '성스러운 인간'으로 해석하는 오류를 범하고 있다. '성왕'과 '성스
러운 인간'의 의미는 하늘과 땅 차이만큼이나 크다.

---

22)_ 王者 謂聖人受命而興也(論語/子路 注).

여유당전서與猶堂全書**/1집/권11/탕론**湯論

옛날에는 정치 원리가 '하이상下而上'이었으므로	古者下而上
'하이상'을 순리라 했고	下而上者順也
지금은 반대로 정치가 '상이하上而下'이므로	今也上而下
'하이상'을 역리라 하는 것이다.	下而上者逆也
그러므로 왕망王莽·조조曹操·사마의司馬懿·유유劉裕·왕연王衍의	故莽曹懿裕衍之
'하이상'은 역적이라 하고	等逆也
황제·무왕·탕왕 등은	武王湯黃帝之
'하이상'은 밝은 임금의 성스러움이라 한다.	等王之明帝之聖者也.

『논어』「자로」편에는 '선인善人'이라는 명칭이 나온다. 문맥으로 보아 방국邦國을 다스리는 제후를 지칭함이 분명하다. 이 글을 쓴 사람은 가문을 다스리는 대인과 천하를 다스리는 성인에 대비하여, 방국邦國을 다스리는 훌륭한 제후 즉 선군善君을 '선인'이라 지칭한 것으로 추측된다. 물론 여기서 '인人'은 작위를 받은 귀족을 뜻하며 결코 민民을 의미하는 것은 아니다.

논어論語**/자로**子路 **11**

공자께서 말씀하셨다.	子曰
"훌륭한 귀족(善人)이 나라를 다스려 백 년을 이어간다면	善人爲邦百年
잔악한 자들을 제압하고 도적을 없앨 것이다.	亦可以勝[23]殘去殺[24]矣
이 말은 진실로 옳다."	誠哉是言也.

---

23)_ 勝(승)=制剋之也, 滅也.
24)_ 殺(살)=賊也.

논어論語/자로子路 29

공자께서 말씀하셨다.

"훌륭한 지도자(善人)가 민民을 칠 년 동안 교육시키면
역시 싸움터에 나가게 할 수 있을 것이다."

子曰

善人敎民七年

亦可以卽戎矣.

또 『논어』「헌문」편에는 '성인成人'이라는 말이 나온다. 그런데 주희는 '성인'을 '전인全人'으로 해석했다. 그러나 공자의 본의와는 먼 해석이다. 공자는 오늘날 우리가 생각하는 완전한 인격을 말한 것이 아니다. 그가 말한 인人은 군신·부자 등의 관계에서 도덕적 인간일 뿐, 국가 권력을 떠난 순수한 인간을 말한 것이 아니다. 그러므로 자로가 물어본 성인成人은 군왕인 성인聖人이 아니고, 안민입정安民立政의 성공한 관리가 되는 방법을 물은 것으로 읽어야 한다. 즉 여기서 인은 관인官人을 뜻한다.

논어論語/헌문憲問 13

자로가 안민입정의 지도자(成人)에 대해 물었다.
공자께서 말씀하셨다.
"장무중臧武仲의 지혜와 맹공작孟公綽의 욕심 없음과
변장자卞莊子의 용기와 염구冉求(염유)의 재예와 같으며
그것을 예악으로 꾸미면
가히 안민입정의 지도자(人)가 될 수 있을 것이다.
오늘날은 지도자가 되는 데 어찌 꼭 그럴 수 있겠느냐?
이익을 보면 의를 생각하고, 위태로움을 보면 목숨을 바치고
오래된 약속을 평생의 말로 잊지 않는다면
역시 안민입정 지도자가 될 수 있을 것이다."

子路問成人
子曰
若臧武仲之知 公綽之不欲
卞莊子之勇 冉求之藝
文之以禮樂
亦可以爲成人矣
曰 今之成人者 何必然
見利思義 見危授命
久要不忘平生之言
亦可以爲成人矣.

공자는 언제 성인이 되었나?

이처럼 공자는 생존 시에 그 제자들과 자사子思(BC 483?~402?)[25]까지도 그를 '성인 聖人'이라 부르지 않았다. 다만 조심스럽게 '성자聖者' 같다는 말을 했을 뿐이다. 당시 언어 습관이 '성인'과 '성자'가 같은 말인지는 알 수 없지만 분명한 것은 문맥상 어감이 다르며 더구나 공자를 '성자'라고도 부르지 못했다는 것을 확인할 수 있다. 『논어』 「술이述而」편에는 공자 스스로 '성스럽다(聖)'거나 '인자하다(仁)'는 칭찬을 감당할 수 없다고 술회하고 있으며, 「자한」편에는 자공이 공자에 대해 "천품으로는 '성자'라 할 만하다"고 말하고 있다. 이로 볼 때 공자 생존 당시 제자들은 공자를 성자로 부르지 않은 것이 분명하다.

맹자孟子/공손추公孫丑 상

공손추가 물었다. "공자께서는 이미 성자이시겠지요?"	夫子旣聖矣乎
맹자가 말했다. "오라! 이게 무슨 말인가?	曰 惡 是何言也
옛날 자공이 공자께	昔者 子貢問於孔子曰
'선생님은 성자가 분명하지요?' 하고 묻자	夫子 聖矣乎.
공자께서 이르기를 '성자라면 나는 불가능하다.	孔子曰 聖則吾不能.
다만 나는 배우기를 물리지 않고	我學不厭
가르치는 데 지치지 않을 뿐이다'라고 하셨네.	而教不倦也.
이에 자공이 이르기를 '배우기를 싫증 내지 않으면 지자智者요,	子貢曰 學不厭 智也.
가르치는 데 게으르지 않으면 인자仁者인데,	教不倦 仁也.
인자요 지자이시니	仁且智
선생님은 이미 성자입니다'라고 말씀드렸다네.	夫子旣[26]聖矣.

---

25)_ 공자의 손자로 名은 伋. 맹자의 스승이며 『중용』을 지었다.

대저 성자라면 공자께서도 자처하지 않으셨는데　　　　　夫聖 孔子不居
그게 무슨 말인가?"　　　　　　　　　　　　　　　　　是何言也.

　그러면 언제 공자는 성인으로 추앙되었는가? 나로서는 그 정확한 시기를 알 수 없다. 한 무제가 기원전 136년 유학을 국교로 삼았을 때도 유사의 대표자인 공자는 성인으로 결정되지 않은 것 같다. 유교가 창립되고 200여 년이 지나자 종교적 권위가 쇠퇴했고, 왕망王莽(BC 45~AD 23)에 의해 전한이 멸망하고(AD 5년) 기원후 23년 후한이 들어섰다. 그러고 나서 후한의 장제章帝(재위 75~88) 때(79년) 왕을 비롯한 천하의 장수·대부·박사 등을 모두 백호관白虎觀에 소집하여 오경五經의 동이同異에 대해 강의하고 참위유학讖緯儒學을 재차 정립했는데, 이때 공자가 비로소 성인으로 추대되었다. 다만 이때는 그 이전 무제 때 이미 결정된 것을 추인한 것인지도 모른다.
　그뿐만 아니라 이 회의에서 비로소 절대군주제와 종법 윤리 사상이 법전화되었다. 즉 왕은 천天을 아비로 지地를 어미로 하는 하늘의 아들(天子)이며, 하늘의 명을 받은 성스러운 성왕聖王으로서, 천덕天德인 중화中和의 도를 행하는 완전무결한 선을 갖춘 이상적 인간(聖人)으로 규정되었다. 그러므로 공자가 성인이 되었다는 것은 그를 영토가 없는 이른바 소왕素王으로 인정한 것이다. 이 회의의 기록인 『백호의주白虎議奏』는 망실되었고, 반고班固가 명을 받고 그 내용을 다시 정리한 것이 『백호통의』라는 책이다.
　이 책에서는 요·순·우·탕·문·무·주공 등 7인의 성인 외에 복희·신농·황제·고요·공자 등 5인을 추가했고, 추대된 사유를 설명하고 있다. 그런데 제왕이 아닌 고요와 공자를 성인으로 추대한 이유는 궁색할 뿐이다. 아마 제왕이 아닌 공자를 성인으로 추대하기 위해 고요를 끼워 넣음으로써 구색을 맞춘 것으로 추측된다.

---

26)_ 旣(기)=已, 盡也.

백호통의白虎通義**/성인**聖人

성인이란 누구인가?

성聖이란 통함이요, 도리요, 들음이다.

도道는 통하지 않는 곳이 없고, 밝음은 비추지 않는 것이 없고

하늘의 소리를 듣고 인정을 안다.

천지와 같이 덕성스럽고 일월과 같이 밝으며

사시四時와 질서를 나란히 하고 귀신과 길흉을 같이한다.

『주례』에서 구별한 명칭 기록에 이르기를

"다섯 사람이면 선인善人(茂)이라 하고

열 사람이면 선량選良이라 하고

백 사람이면 준재(俊)라 하고, 천 사람이면 영재(英)라 하고

곱절의 영재를 현재(賢)라 하고, 만 인이면 걸웅(傑)이라 하고

만 곱의 걸웅을 성인聖人이라 한다"고 했다.

제왕을 성인이라고 부르는 것을 어찌 아는가?

『주역』에서 이르기를

"옛날 복희씨 伏羲氏가 천하의 왕이었고

이때 처음으로 팔괘를 만들었는데

성인이 『주역』을 지었다"고 했다.

어찌하여 문왕·무왕·주공을

聖人者何.

聖者 通也道也聲[27]也

道無所不通 明無所不照

聞聲知情

與天地合[28]德 日月合明

四時合序 鬼神合吉凶.

禮別名記曰

五人曰茂

十人曰選

百人曰俊 千人曰英

倍英曰賢 萬人曰傑

萬傑曰聖.

何以知帝王聖人也

易曰

古者伏羲氏之王天下也

於是始作八卦

又曰 聖人之作易也.

何以言文王武王周公

---

27)_ 聲(성)=嘻也=歆警神也(欲令神歆享).

28)_ 合(합)=同也, 齊也.

모두 성인이라 하는가?	皆聖人
『시경』에 이르기를 "문왕이 천명을 받았다"고 했는데	詩曰 文王受命
성인이 아니면 천명을 받을 수 없기 때문이다.	非聖不能受命.
무슨 까닭으로 고요를 성인이라 하는가?	何以言皐陶聖人也
『묵자』「상현尙賢」편에서 이르기를	以目篇[29]曰
"옛 고요를 상고해 보면 성인이었다.	若稽古皐陶聖人
그는 능히 순임금에게 도를 펴게 했고	而能爲舜陳道
임금의 말이 은혜롭고 시행될 수 있게 했으며	朕言惠可底行
또한 음악과 법률을 널리 펴 기강을 밝게 했다"고 했다.	又旁施象刑維明.
성인은 생전에 남들이 그가 성인임을 아는가?	聖人未沒時 寧知其聖乎
물론 안다.	曰知之.
『논어』에 이르기를 "태재가 자공에게	論語曰 太宰問子貢曰
'선생은 성자가 아닌가?'라고 물으니	夫子聖者歟
공자는 이 말을 듣고	孔子曰
'태재가 나를 아는구나!'라고 했다"고 한다.	太宰知我乎
성인 스스로도 성자임을 아는가? 물론 안다.	聖人亦自知聖乎 曰知之
『논어』에 이르기를 "문왕께서 돌아가시고	論語曰 文王旣沒
그 문물이 나에게 있다"고 했다.	文不在玆乎.

이처럼 한 무제 때 유교를 국교로 삼고 공자를 성인으로 추앙한 것은 정치적 필요에서 결정된 것으로 보인다. 공자가 비록 성인이 되었지만 영토도 없고 왕의 칭호도 없는

---

29)_ 目篇(목편)=不詳. 단 『묵자』에서 고요를 성인이라고 말했다.

이른바 소왕素王에 불과했다. 그러나 당唐 대에 와서 공자의 칭호를 문선왕文宣王으로 추존하고 곡부를 영지로 내렸으므로 명실상부한 성인의 자격을 갖추게 된 셈이다.

성인은 무당인가?

도올은 성인이란 무당이라고 말하고 있지만 이는 참으로 무책임한 망언이 아닐 수 없다.

도올논어/권1/71~72쪽
성인이란 곧 신탁의 소리를 듣는 '무당'이란 뜻인 것이다. 공
자가 성인의 후예라는 말은 곧 '무당집 아들'이라는 뜻이다.

천자를 성인이라 부르는 것은 천자만이 매일 천제天帝에게 제사를 올리고 신탁을 받을 수 있는 유일한 존재인 제사장이었기 때문이다. 성聖이라는 글자에 이耳는 천제와 인민의 명을 듣는다는 뜻이 있고, 구口는 천하에 명령을 내린다는 뜻을 함의하고 있고, 왕王이라는 글자는 천지인삼재天地人三才를 하나로 통합한다는 뜻이 있다.

그러나 백성 가운데서 잡신을 빌려 남을 위해 점치고 빌어주는 대가로 먹고사는 무당과는 전혀 상관이 없다. 봉건시대에는 천자만이 천신에게 제사를 지낼 수 있었고, 군주도 천제天祭를 지낼 수 없었다. 그러므로 천신의 소리를 들을 수 있는 사람은 천자 한 사람뿐이어야 했다. 민民은 고사하고 제후라도 하늘에 제사를 지낸다면 이는 곧 반역이었다.

이에 비해 무巫는 하사下士 이하 또는 민이다. 무는 천신이 아니라 잡신의 소리를 듣는 것이다. 어찌 왕 중에서도 훌륭한 왕인 성인을 백성 중에서도 천한 무당과 같다고

말할 수 있단 말인가?『논어』「자로」편에서 공자는 "사람이 항심이 없으면 천한 무당도 의사도 될 수 없다"고 했는데, 주희는 이 글은 해석하면서 "무당은 귀신과의 접신을 수단으로 삼고, 의사는 죽음을 수단으로 살아가는 자들이므로 비록 비천한 일이지만 더욱 한결같은 마음이 있어야 한다"고 해석했다. 이로 볼 때 공자 당시에도 성聖은 왕王이며 무巫는 서민庶民이었음을 알 수 있다.

『논어』뿐만 아니라『맹자』·『장자』·『순자』·『한비자』등 선진 시대의 문서 어디에도 성인은 성왕의 명칭일 뿐 '무당'이라고 한 곳이 없다. 특히 순자가 분명하게 말한 것처럼 성인은 온 천하의 땅과 만민을 소유한 주권자이며 모든 가치와 법의 근원인 통치자였던 것이다.

어찌 되었든 성인이라는 말은 점점 일반화되고 하방되어 전국시대에 이르면 제사장이라는 의미보다는 통치자의 이미지로 전화되지만 결코 무당을 지칭하지는 않았다.

맹자의 성인

맹자孟子/등문공滕文公 상

사람에게는 도가 있다.	人之有道也
배부르고 등 따뜻하고 빈둥거리며 배움이 없다면	飽食煖衣 逸居而無敎
금수에 가깝다.	則近於禽獸.
성인(요임금)은 이를 염려하여 설契[30]을 사도로 삼아	聖人有憂之 使契爲司徒
인륜으로 교화했으니 부자간에 사랑하고	敎以人倫 父子有親
군신 간에 의리 있고, 부부간에 분별 있고	君臣有義 夫婦有別
장유 간에 서열 있고, 벗들 간에 신의 있게 했다.	長幼有序 朋友有信.
방훈放勳(요임금)이 말하기를	放勳曰
"그들을 위로해 주고, 따라오게 하고	勞之 來之

---

30)_ 은나라 탕왕의 먼 始祖.

바로잡아 주고, 곧게 해주고, 도와주고, 부축해 주어
스스로 얻게 하고 민중을 은혜로 구휼하라"고 했다.
성인이 이처럼 백성을 걱정하는데
어느 겨를에 농사를 짓겠는가?

匡之 直之 輔之 翼之
使自得之 又從而振[31]德[32]之
聖人之憂民如此
而暇耕乎.

맹자孟子/진심盡心 하

호생불해浩生不害가 물었다.
"무엇을 선善이라 하고 무엇을 신信이라 합니까?"
맹자가 말했다. "옳게 하고자 함을 착하다 하며
자기 몸에 선함을 지니는 것을 신이라 하며
충실한 것을 아름답다 하며
충실하여 빛이 나는 것을 위대하다 하며
위대하여 감화시키는 것을 성스럽다 하며
성스러운 데 알 수 없는 것을 신비롭다 한다."

浩生不害問曰
何謂善 何謂信.
孟子曰 可欲之謂善
有諸己之謂信
充實之謂美
充實而有光輝之謂大
大而化之之謂聖
聖而不可知之之謂神.

맹자孟子/이루離婁 상

맹자가 말했다. "곱자와 그림쇠는 직각과 원의 지극함이요,
성인은 인륜의 지극함이다.
군주가 되려고 하면 군주의 도리를 다해야 하고
신하가 되려고 하면 신하의 도리를 다해야 한다.
이 둘은 모두 요순을 본받는 것일 뿐이다."

孟子曰 規矩 方圓之至也
聖人 人倫之至也.
欲爲君 盡君道
欲爲臣 盡臣道.
二者皆法堯舜而已矣.

---

31)_ 振(진)=救恤.
32)_ 德(덕)=恩賜.

맹자孟子**/공손추**公孫丑 **하**

진가陳賈가 맹자를 알현하고 물었다.   陳賈見孟子問曰

"주공은 어떤 지도자입니까?"   周公何人也

맹자가 말했다. "주공은 옛 성인이시다."   曰 古聖人也.

맹자孟子**/진심**盡心 **하**

맹자가 말했다. "성인은 백세의 스승이다.   孟子曰 聖人百世之師也

백이와 유하혜가 이들이다.   伯夷柳下惠是也.

그러므로 백이의 풍격을 들으면   故聞伯夷之風者

완악한 사내도 청렴해지고 유약한 사내도 지조를 세우게 된다. 頑夫廉懦夫有立志.

유하혜의 풍격을 들으면   聞柳下惠之風者

야박한 사내도 돈후해지고 인색한 사내도 관대해진다. 薄夫敦 鄙夫寬.

백세 전에 분발한 것으로   奮乎百世之上

백세의 후인이 듣고 분발하지 않음이 없으니   百世之下聞者 莫不興起也.

성인이 아니고서야 그처럼 할 수 있겠는가?" 非聖人而 能若是乎.

장자의 성인

장자莊子**/외편**外篇**/천도**天道

성인의 마음은 고요하여   聖人之心 靜乎

천지의 거울이요 만물의 거울이다.   天地之鑑也. 萬物之鏡也.

무릇 허정虛靜·염담恬淡·적막寂漠·무위無爲는 夫虛靜恬[33]淡寂漠無爲者

천지의 화평이요 도덕의 지극함이다.   天地之平 而道德之至.

그러므로 제왕이신 성인은 한가할 뿐이다. 故帝王聖人休[34]焉.

---

33)_ 恬(념)＝安也, 靜也.

장자莊子/**잡편**雜篇/**천하**天下

성인(왕을 지칭)이 생기고 왕업을 이루는 것은　　　　　　　聖有所生 王有所成

모두 한 가지에 근원하고 있다.　　　　　　　　　　　　皆原於一.

자연의 도에서 이탈하지 않는 사람을 천인天人이라 하고　　不離於宗[35] 謂之天人

정기精氣에서 멀어지지 않는 사람을 신인神人이라 하고　　不離於精 謂之神人.

천진天眞에서 멀어지지 않는 사람을 지인至人이라 하고　　不離於眞[36] 謂之至人

하늘을 머리로 삼고, 덕을 근본으로 삼고　　　　　　　　以天爲宗 以德爲本

도를 문으로 삼아　　　　　　　　　　　　　　　　　　以道爲門

변화를 점치는 사람을 성인이라 하며　　　　　　　　　兆[37]於變化 謂之聖人

인仁으로 은혜를 베풀고, 의義로 도리를 행하고　　　　以仁爲恩 以義爲理

예禮로 행동하고, 악樂으로 화목을 이루어　　　　　　以禮爲行 以樂爲和

훈훈하고 자애로운 사람을 군자라 한다.　　　　　　　薰然慈仁 謂之君子.

순자의 성인

순자荀子/**정론**正論

천하란 지극히 무거운 짐이므로　　　　　　　　　　　　天下者至重也

지극한 강자가 아니고는 맡을 수 없고　　　　　　　　　非至彊莫之能任.

지극히 큰 것이기에 지극한 지혜가 아니면 분별할 수 없으며　至大也 非至辨莫之能分.

지극히 많은 것이기에　　　　　　　　　　　　　　　　至衆也

지극히 밝은 자가 아니고는 화합할 수 없다.　　　　　　非至明莫之能和.

이 세 가지 지극함은 성인이 아니면 다 갖출 수 없다.　　此三至者 非聖人莫之能盡.

---

34)_ 休(휴)=息止也, 宥也, 暇也.

35)_ 宗(종)=尊祖廟也, 本也(自然).

36)_ 眞(진)=天也, 自然之道也.

37)_ 兆(조)=灼龜坼也, 卦也.

그러므로 성인이 아니고는 왕 노릇을 할 수 없는 것이다.　　　故非聖人莫之能王

국가는 작은 도구이므로　　　國者 小具也

소인小人도 소유할 수는 있으나　　　小人可以有之

반드시 망하지 않는다고 할 수 없다.　　　然而未必不亡也

그러나 천하는 지극히 큰 것이다.　　　天下者至大也

그러므로 성인이 아니고는 천하를 소유할 수 없는 것이다.　　　非聖人莫之能有也.

순자荀子/유효儒效

이처럼 모든 도리는 유일자에서 나온다.　　　此其道 出乎一.

무엇을 유일자라고 하는가?　　　曷謂一

신神을 붙잡아 굳건히 하는 것이다.　　　曰執神而固.

신이란 무엇인가?　　　曷謂神

지극한 선으로 두루 윤택하게 다스리는 것이다.　　　曰盡善挾[38]治之謂神.

무엇을 굳건하다고 하는가?　　　曷謂固

만물을 족히 넘어지지 않도록 하는 것이다.　　　萬物莫足以傾之之謂固.

신명神明이 굳건한 사람을 성인이라 한다.　　　神固之謂聖人.

성인이란 도의 추요이니　　　聖也者 道之管[39]也

백왕의 도가 하나라는 말은 바로 이것을 말하는 것이다.　　　百王之道一是也

그러므로 시·서·예·악이 귀착하는 것은 바로 성인이다.　　　詩書禮樂之歸是也.

순자荀子/예론禮論

천지가 합하여 만물을 낳고　　　天地合而萬物生

---

38)_ 挾(협)=浹=周洽也.
39)_ 管(관)=樞要也.

음양이 접촉하여 변화가 일어나며   陰陽接而變化起.

천성과 인위가 합하여 천하가 다스려진다.   性僞[40]合而天下治.

하늘은 만물을 낳지만 다스릴 수 없으며   天能生物 不能辨[41]物也

땅은 사람을 실을 수 있어도 다스릴 수는 없다.   地能載人 不能治人也

우주 만물 중에 사람만이 무리 지어 사는데   宇中萬物 生人之屬

성인이 있어 분별이 있기 때문이다.   待聖人然後分也.

순자荀子/성악性惡

문기를 사람의 성품이 악하다면   問者曰 人之性惡

예의는 어디서 나오는가?   則禮義惡生.

성인이 사려를 쌓고 인위를 학습하여   聖人積思慮習僞

예의를 만들고 법도를 일으킨 것이다.   故以生禮義 而起法度.

순자荀子/예론禮論

인위와 성품이 결합되어야만   性僞合然後

성인이 명名을 통일하고   聖人之名一

이로써 천하의 공업을 이룰 수 있다.   天下之功於是就也.

순자荀子/유효儒效

나는 천하고 어리석지만 귀하고 지혜롭기를 바라고   我欲賤而貴 愚之智

가난하지만 부해지기를 바라는데 가능한 일인가?   貧而富 可乎

이르기를 그 방법은 오직 학문뿐이다.   曰其唯學乎

---

40)_ 僞(위)＝人爲.

41)_ 辨(변)＝治也, 理也.

그 배운 것을 실천하는 것은 사士라 말하고
권면하여 돈후해지도록 하는 것은 군자라 하며
깨달아 도통한 것은 성인이다.

彼學者行之 曰士也
敦慕焉 曰君子也
知之 聖人也.

순자荀子/권학勸學

학문은 어디서 시작하여 어디서 마칠 것인가?
그 방법인즉
시서詩書의 경전을 읽는 것으로 시작하여
예를 읽는 것으로 끝난다.
그 의의意義인즉
선비로 시작하여 성인으로 마친다.

學惡乎始 惡乎終.
曰其數則
始乎誦經
終乎讀禮.
其義則
始乎爲士 終乎爲聖人.

순자荀子/예론禮論

제사란 의리와 기억과 사모의 마음이고
충신과 애경의 지극함이며
예절과 문화의 성대함이라고 말한다.
다만 성인이 아니면 그렇게 할 수 없다.
성인은 그것을 밝혀 알려주고
선비와 군자는 의기투합하여 기쁘게 시행한다.
관리는 그것을 보위해야 한다고 생각하고
백성은 그것으로 풍속을 이룬다.
군자의 처지에서는 사람의 도리라고 생각하고
백성들로서는 귀신을 섬기는 것으로 생각한다.

祭者 志意思慕之情也
忠信愛敬之至矣
禮節文貌之盛矣
苟非聖人 莫之能之也
聖人明知之
士君子安42)行之
官人以爲守
百姓以成俗.
其在君子以爲人道也
其在百姓以爲鬼事也.

---

42)_ 安(안)＝意氣歸向之也, 習也.

순자荀子/군자君子

성왕이란 위에서 아래에 분수와 의리를 행하는 존재다.　　　　聖王在上 分義行乎下.

한비의 성인

한비자韓非子/간겁시신姦劫弑臣

성인은 그 시비와　　　　　　　　　　　　　　　　　　　　聖人者 審於是非之實
치란의 실정實情을 잘 살피므로　　　　　　　　　　　　　　察於治亂之情也
그의 치국은 법을 밝고 바르게 하고 벌을 엄하게 적용하여　　故其治國也 正明法 陳嚴刑
민생의 어지러움을 구제하고　　　　　　　　　　　　　　　　將以救群生之亂
천하의 재앙을 제거한다.　　　　　　　　　　　　　　　　　去天下之禍.
성인이 나라를 위해 법을 제정하여 시행함은　　　　　　　　聖人爲法於國者
반드시 세속과 상반되기 마련이지만　　　　　　　　　　　　必逆於世
근본은 자연의 '도덕'에 따르는 것이다.　　　　　　　　　　而順於道德.

한비자韓非子/해로解老

하늘은 도를 얻어 높고, 땅은 도를 얻어 저장하고　　　　　　天得之以高 地得之以藏.
북두칠성은 도를 얻어 위엄을 이루고　　　　　　　　　　　維斗得之以成其威.
일월은 도를 얻어 항상 빛나며　　　　　　　　　　　　　　日月得之以恒其光
오상은 도를 얻어 그 지위가 항상 되고　　　　　　　　　　五常得之以常其位.
뭇 별들은 도를 얻어 그 운행이 바르며　　　　　　　　　　列星得之以端其行.
사시는 도를 얻어 변화하는 기운을 어거한다.　　　　　　　四時得之以御其變氣.
황제 헌원은 도를 얻어 천하를 전단했고　　　　　　　　　　軒轅得之以擅四方.
적송赤松은 도를 얻어 천지와 더불어 통합했으며　　　　　　赤松得之與天地統.
성인은 도를 얻어 문물제도를 이루었다.　　　　　　　　　　聖人得之以成文章.

도는 요순과 함께하면 지혜롭고, 접여와 함께하면 광인이 되며	道與堯舜俱智 與接輿俱狂
걸주와 함께하면 멸망하고, 탕·무와 함께하면 창성한다.	與桀紂俱滅 與湯武俱昌.
비유컨대 도는 물과 같으니	道譬諸若水
물에 빠진 자는 많이 마셔 죽고	溺者多飮之卽死
목마른 자는 적당히 마셔 살아난다.	渴者適飮之卽生.
비유컨대 창과 칼과 같으니	譬之若劍戟
어리석은 사람이 분을 풀면 화를 낳고	愚人以行忿則禍生
성인이 포악을 주벌하면 복을 이룬다.	聖人以誅暴則福成.

우리는 흔히 유학은 군자학이며 성학聖學이라고 말한다. 그러나 이는 먼 훗날의 일일 뿐 공자 당시 유사 계급의 학문은 군자학일 뿐 성학이 아니었다. 당시 어느 유사가 성학을 했다면 그것은 반역을 획책한 것으로 간주되었을 것이다. 그런데 우리가 유의할 것은 명칭은 후대로 갈수록 그 외연이 하방되는 것이 일반적인 현상이라는 것이다. 위의 예문에서 알 수 있듯이 전국시대에는 '성인'이라는 말이 하방되어 왕이 아닌 현자도 성인이라고 존칭한 것 같다.

조선시대의 우리의 선비들은 유학을 성현학聖賢學이라고 생각했다. 이황이 어린 선조宣祖(재위 1567~1608)에게 바친 『성학십도』가 그것을 단적으로 말해 주고 있다. 이때의 유가의 가치 지향은 모든 선비들이 신심身心을 수양하여 인격의 최고 경지인 천인합일의 인극人極을 이룬 성현이 되는 것이었다.

예는 당골의 굿인가?

그러나 도올에 의하면 공자는 어려서부터 예禮를 좋아했는데 예란 무당굿을 말하며,

따라서 공자는 당골의 아들로서 굿의 달인인 '개비'가 분명하며, 개비들은 모두 성인이라고 주장한다(『도올논어』권1, 73쪽).

그의 말에 의하면 당골의 아들인 '개비'들이 바로 천자라는 말인데, 성인＝당골, 예＝굿이라는 발상 자체가 어불성설이다. 왜냐하면 성인＝성왕, 예＝제례祭禮＝통치제도이기 때문이다. 중국에서는 고대로부터 20세기 중화민국이 탄생하기 이전까지 수천년 동안 천자 한 사람만이 예와 법도와 학문을 주관할 수 있었다. 천자는 천명을 받은 성인이기 때문이다. 예란 성인이신 왕만이 제정할 수 있는 통치제도를 말하는 것이지 결코 무당굿이 아니다. 그의 주장대로라면 당골의 아들인 개비들이 예와 법도와 학문을 주관했다는 말인데 가당치도 않은 말이다.

예기禮記/중니연거仲尼燕居

공자가 말했다. "법도를 마련하는 것도 예禮에 있고

문화로 꾸미는 것도 예에 있다.

다만 그것을 실행하는 것은 인人(지도자)에 달려 있다."

子曰 制度在禮

文爲在禮.

行之其在人乎.

중용中庸/28장

천자가 아니면 예를 제정하지 못하고

법도를 제정하지 못하며, 문자를 제정하지 못한다.

그래서 오늘날 천하에 수레는 궤도가 같고

글은 문자가 같고, 행실은 인륜이 같다.

非天子 不議禮.

不制度 不考文.

今天下 車同軌

書同文 行同倫.

예기禮記/예운禮運

언언言偃(자유)이 다시 물었다.

"이처럼 예가 중요한 것입니까?"

공자가 말했다. "예는 선왕先王들이 천도天道를 이어받아

言偃復問曰

如此乎禮之急也

子曰 夫禮先王以承天之道

사람의 마음을 다스리는 것이다.

그러므로 예는 반드시 하늘과 땅을 본받고

귀신에게 진설하고 상례와 제사는 물론 활쏘기와 말타기

관례와 혼례, 조회와 사신에까지 미치는 것이다.

성인은 이러한 것들을 통해 예를 드러내 보여줌으로써

천하와 국가를 잘 다스릴 수 있었던 것이다.

以治人之情.

是故夫禮必本於天 效於地

列於鬼神 達於喪祭射御

冠婚朝聘.

故聖人以禮示之

故天下國家可得而正也.

고대에는 중요한 국사를 결정할 때는 천제天帝의 신탁을 받기 위해 거북점(卜)을 치는 것이 예사였으며 때때로 역점易占(筮)을 치기도 했다. 이때 점의 주인은 물론 성왕이었으나, 점치는 관리가 따로 있었으며, 이들은 예를 관장하는 종백宗伯에 소속되었다. 경대부卿大夫인 대종백大宗伯은 예를 총괄하고 중대부中大夫인 소종백小宗伯이 보좌했는데 그 밑에 구인龜人·점인占人·서인筮人 등의 사관史官을 두어 점을 쳤으며, 또한 예부禮部에는 하대부下大夫인 대축大祝이 모든 의식을 집행했는데 그 밑에 중사中士인 사무司巫를 두어 남녀 무당을 관리했다(『주례』「춘관春官」「종백宗伯」).

우리는 여기서 무당을 관장하는 '사무'의 직급이 중사에 불과했으니 관직으로서 '무인巫人'이라는 관직은 하사下士 이하였음을 알 수 있다. 그러므로 왕과 '개비'는 하늘과 땅 차이만큼이나 다른 것이다. 다음 기록들이 그것을 증명해 주고 있다.

서경書經/주서周書/홍범洪範

재난에 대해 묻는다 함은

거북점과 시초점을 치는 관리를 골라 세우고

의심에 대해 복서卜筮를 하라고 명하는 것이다.

때에 맞추어 복서를 했을 때

稽疑[43]

擇建立卜筮人

乃命卜筮.

立時人作卜筮

---

43)_ 疑(의)=難也.

삼 인의 점 중에서 두 사람이 일치하면 왕은 따른다.   三人占 則從二人之言.

그대(무왕)가 큰 난관에 봉착하면 그대의 마음에 물어보고   汝則有大疑 謀及乃心

귀족과 관리들에게 물어보고   謀[44]及庶人

그래도 풀리지 않으면 거북점이나 역점에 물어보라.   謀及卜筮

그대가 좋고 거북점과 역점도 좋다고 하고   汝則從[45] 龜從 筮從

또한 민民들도 좋다고 하면 이것을 일러 대동이라 한다.   庶民從 是之謂大同.

그리하면 자신도 평안하고 자손들도 길조를 만날 것이다.   身其康彊 子孫其逢吉.

좌전左傳/장공莊公22년(BC 672)

주나라 사관史官이 주역으로 점을 쳐주겠다고   周史有以周易

진陳나라 제후를 알현했다.   見陳侯者

진나라 제후가 점을 치게 했는데   陳侯使筮之.

관觀괘(≡≡ ≡≡)가 비否괘(≡≡ ≡≡)로 변하는 점괘를 얻었다.   遇觀之否.[46]

국어國語/초어楚語 하

제후는 선대 성인들의 후손 가운데 훌륭한 사람을 뽑아서   而后使先聖之後之有光烈

산천의 이름, 조묘祖廟의 신주神主   而能知山川之號 高祖之主

종묘의 일, 선조들의 순차 등을 두루 알고   宗廟之事 昭穆之世

재계齋戒 공경을 힘쓰고, 예절이 바르고   齋敬之勤 禮節之宜

위의威儀가 본받을 만하고, 용모가 출중하고   威儀之則 容貌之崇

충신忠信이 순수하고, 정결한 제복으로   忠信之質 禋潔之服

---

44)_ 謀(모)=議也, 察也.

45)_ 從(종)=隨也, 合也.

46)_ 之否(지비)=否卦로 변해 나간다는 것.

신명에게 공경을 다할 수 있는 사람을 골라   而敬恭明神者

제사를 총괄하는 '대축'으로 삼았다.   以爲之祝.

또한 저명한 성씨의 후손 가운데   使名姓之後

계절에 따라 자라는 작물, 희생에 쓰이는 동물의 종류   能知四時之生 犧牲之物

옥과 비단의 종류, 위의 있는 제복   玉帛之類 采服之儀

제기의 수량, 신위의 순서와 법도   彝器之量 次主之度

신명의 존비와 위치, 제단을 설치할 장소   屛攝之位 壇場之所

천지의 신명과 성씨의 내력 등을 잘 알면서   上下之神 氏姓之出

심성이 옛 전례를 잘 따르는 사람을 골라서 종백으로 삼았다.   而心率舊典者爲之宗.

초나라 소왕昭王[47]이 대부 관사보觀射父에게 물었다.   昭王問于觀射父曰

"『주서周書』「여형呂刑」편에 의하면   周書所謂

'중重과 여黎에게 명하여   重黎實使

하늘과 땅 사이를 통하지 못하게 했다'고 하는데   天地不通者

이는 무슨 뜻인가?   何也.

만일 그러지 않았다면   若無然

민들이 하늘의 뜻을 알 수 있다는 말인가?"   民將能登[48]天乎.

관사보가 말했다. "『주서』의 글은 그런 뜻이 아닙니다.   對曰 非此之謂也

옛날에는 민과 신명神命이 서로 구별되어 나뉘어 있었습니다. 古者民神不雜.

그래서 민들 가운데   民之

정신이 맑으며 마음을 집중하는 힘이 뛰어난 자는   精爽不携二者

---

47)_ 재위 BC 515~489.

48)_ 登(등)＝得也.

엄숙하고 바르게 신명을 공경할 수 있어서,　　　又能齊肅衷正.

그의 지혜는 위아래가 의를 따르도록 하고　　　其智能上下比義

그의 성덕은 먼 곳까지 밝게 비출 수 있고　　　其聖能光遠宣朗

그의 안목은 사물을 뚜렷이 통찰할 수 있고　　　其明能光照之

그의 귀는 사물을 맑게 들을 수 있었습니다.　　　其聰能聽徹之

이들에게는 신명이 내렸는데　　　如是則明神降之

남자는 격覡, 여자는 무巫라 했습니다.　　　在男曰覡在女曰巫.

이들을 신神의 지위와 차례와 주인을 정하는 관리로 삼고　　　是使制神之處位次主吏

희생과 제기와 때와 제복을 담당하게 했던 것입니다.　　　爲之牲器時服.

그러나 동이東夷의 수령 소호少皡 금천씨金天氏가 쇠해지자　　　及少皡之衰也

구려九黎가 전례典禮를 어지럽혀　　　九黎亂德

민과 신명이 뒤섞여서 서로 구별할 수 없게 되었습니다.　　　民神雜糅 不可方物.

사람마다 제사를 올리고 가문마다 무사巫史를 두어　　　夫人作享 家爲巫史

중심이 되는 실질이 없어져 버렸습니다."　　　無有要質.

2절 | 군자가 되는 것

논어 읽기

논어論語/학이學而 8

공자께서 말씀하셨다.   子曰

"군자(官長)가 중후하지 않으면 위엄이 없다.   君子不重 則不威

배움에는 고루하지 않아야 하며   學則不固[49]

충심과 신의를 위주로 해야 한다."   主忠信.

논어論語/헌문憲問 3

공자께서 말씀하셨다.   子曰

"선비가 편안히 살기만을 바란다면   士而懷居

선비라고 하기에는 부족하다."   不足以爲士矣.

---

49)_ 固(고)=四塞也, 堅也, 陋也(儉則固 : 論語/述而).

논어論語/위영공衛靈公 32

공자께서 말씀하셨다.

"군자는 왕도를 도모할 뿐, 밥을 도모하지 않는다."

子曰

君子謀道 不謀食.

논어論語/이인里仁 10

공자께서 말씀하셨다. "군자는 천하 만사에 임하여

추종함도 없고, 탐모貪慕함도 없으며

오직 의義와 더불어 함께할 뿐이다."

子曰 君子之於天下也

無適[50]也 無莫[51]也

義之與比.[52]

논어論語/자장子張 4

자하가 말했다.

"비록 소도小道라 해도 반드시 볼 만한 것이 있겠지만

심원한 도를 이루는 데 방해가 될까 염려된다.

그러므로 군자는 소도를 행하지 않는 것이다."

子夏曰

雖小道[53] 必有可觀者焉

致遠[54]恐泥[55]

是以君子不爲也.

논어論語/미자微子 7

자로가 말했다. "벼슬하지 않으면 의도 없다.

장유의 예절도 폐할 수 없거늘

어찌 그대처럼 군신의 의를 폐하겠는가?

子路曰 不仕無義

長幼之節 不可廢也

君臣之義 如之何其廢之

---

50)_ 適(적)=往也, 從也.

51)_ 莫(막)=所貪慕也.

52)_ 義之與比(의지여비)=與義比의 도치형. 比=類也, 輔也, 從也.

53)_ 小道(소도)=如農圃醫卜之屬.

54)_ 遠(원)=大道=修身齊家 治國平天下.

55)_ 泥(니)=汚滯也, 邇近也.

그것은 몸을 깨끗하게 한다는 핑계로 | 欲潔其身

군신의 대의를 어지럽히는 것이다. | 而亂大倫

군자의 벼슬살이는 신하의 의리를 실행하는 것이다. | 君子之仕也 行其義也

도道가 실행되지 못하는 현실을 이미 알고 있다." | 道之不行 已知之矣.

논어論語/위영공衛靈公 7

공자께서 말씀하셨다. | 子曰

"사어史魚[56]는 곧은 사람이구나! | 直哉 史魚.

나라에 도가 있어도 곧고, 도가 없어도 곧았다. | 邦有道如矢 邦無道如矢.

위나라 대부 거백옥은 군자답구나! | 君子哉 蘧伯玉

나라에 도가 있으면 벼슬에 나아갔고 | 邦有道則仕.

도가 없으면 벼슬을 버리고 숨었다." | 邦無道則可卷[57]而懷[58]之.

논어論語/헌문憲問 28

증자가 말했다. | 曾子曰

"군자는 그 생각이 자기 직위를 벗어나지 않는다." | 君子思不出其位.

논어論語/위영공衛靈公 19

공자께서 말씀하셨다. | 子曰

"군자는 무능한 것을 괴로워할 뿐 | 君子 病無能焉

귀인들이 알아주지 않는 것을 괴로워하지 않는다." | 不病人之不己知也.

---

56)_ 衛 大夫. 史는 官名이며 성씨. 名은 鰌.

57)_ 卷(권)=收也, 斷絶也.

58)_ 懷(회)=藏也, 歸也.

논어論語/위영공衛靈公 20

공자께서 말씀하셨다.

"군자는 죽은 후에 이름이 더럽혀지는 것을 걱정한다."

子曰

君子 疾沒世而名不稱[59]焉.

논어論語/요왈堯曰 3

공자께서 말씀하셨다.

"천명을 모르면 군자가 될 수 없고

예를 모르면 입신할 수 없으며

성인의 말씀을 모르면 나를 고용할 대인을 알 수 없다."

子曰

不知命 無以爲君子也

不知禮 無以立[60]也

不知言[61] 無以知人也.

논어論語/헌문憲問 44

자로가 군자(관장)에 대해 물었다.

공자께서 말씀하셨다. "몸을 수양하여 공경스러워야 한다."

자로가 말했다. "그렇게만 되면 다 끝납니까?"

공자께서 말씀하셨다.

"몸을 수양하여 대인(고용주인 귀족)을 편안하게 해야 한다."

자로가 말했다. "그렇게만 되면 다 끝납니까?"

공자께서 말씀하셨다.

"몸을 수양하여 백성(장원의 호족)을 편안하게 하는 것은

요순도 고심한 문제였다."

子路問君子

子曰 修己以敬

曰 如斯而已[62]乎

曰

修己以安人

曰 如斯而已乎

曰

修己以安百姓.[63]

堯舜其猶病諸.

---

59)_ 稱(칭)=度, 好也.

60)_ 以立(이입)=以爲立. 立이 동사이므로 爲 생략.

61)_ 言(언)=號令也, 王策命也. 여기서는 "畏聖人之言(論語/季氏)"을 지칭.

62)_ 已(이)=畢也.

63)_ 安百姓은 安民과는 다른 것임을 알 수 있다.

논어論語/공야장公冶長 15

공자께서 자산에 대해 평하시기를

"그에게는 군자(관장)다운 도리가 네 가지가 있었다.

자기 뜻을 실행함이 공손했고, 윗사람을 섬김이 공경스럽고

민을 부양함이 은혜로웠으며

민을 부림이 의로웠다"고 하셨다.

子謂子産

有君子之道四焉

其行己也恭 其事上也敬

其養民也惠

其使民也義.

논어論語/자장子張 10

자하가 말했다.

"군자(관장)는 신뢰한 다음에 민을 사역시킨다.

신뢰가 없으면 자기들을 학대한다고 생각한다.

군주에게 신임을 얻은 다음에 간언을 한다.

신임이 없으면 자기를 비방한다고 생각한다."

子夏曰

君子信而後勞⁶⁴⁾其民

未信則以爲厲己也.

信而後諫.

未信則以爲謗己也.

논어論語/술이述而 32

공자께서 말씀하셨다.

"학문에 대해서는 나도 대인들에 못지않으나

군자의 직분을 몸소 수행하는 데는 자신할 수 없다."

子曰

子曰 文莫⁶⁵⁾吾猶人也

躬行君子 則吾未之有得.

논어論語/자장子張 21

자공이 말했다.

"군자(관장)의 과오는 일식·월식과 같다.

子貢曰

君子之過也 如日月之食焉

---

64)_ 勞(로)＝勉也, 服也.
65)_ 莫(막)＝대략, 대체로.

과오가 있으면 인人(귀족)들은 그것을 모두 들추어내고 過也人皆見之

고치면 인들이 모두 우러러본다."[66] 更也人皆仰之.

논어論語/선진先進 1

공자께서 말씀하셨다. 子曰

"선인의 예악은 질박한 대인답다고 한다면 先進於禮樂野人[67]也

후인의 예악은 관장답다고 할 것이다. 後進於禮樂君子[68]也

만일 선택하라고 한다면 如用之則

나는 선인들의 질박함을 따를 것이다." 吾從先進.[69]

논어論語/술이述而 25

공자께서 말씀하셨다. 子曰

"내 신분으로서는 성인(왕)을 만나볼 수 없으니 聖人吾不得而見之矣

군자(대부)라도 만나보면 좋겠다. 得見君子者 斯可矣

나로서는 훌륭한 지도자(善人)를 만나볼 수 없으니 善人吾不得而見之矣

항심이 있는 자라도 만나보면 좋겠다. 得見有恒者 斯可矣

없으면서 있는 척하고, 비었는데도 가득한 척하고 亡而爲有 虛而爲盈

곤궁한데도 태연한 척하면 항심을 유지하기 어렵다." 約[70]而爲泰[71] 難乎有恒矣.

---

66)_ 民은 정치를 용훼할 수 없다. 여기서 말한 人에는 民은 포함될 수 없다.

67)_ 野人(야인)=벼슬을 하지 않은 大人. 郊外之民(論語集註).

68)_ 君子(군자)=賢士大夫(論語集註).

69)_ 程子曰 先進於禮樂 文質得宜. 今反謂之質朴 而以爲野人. 後進於禮樂 文過其質. 今反謂之彬彬 而以爲君子 (論語集註).

70)_ 約(약)=貧困也.

71)_ 泰(태)=大也, 侈也.

공자의 소망은 군자가 되는 것

공자의 꿈은 군자君子가 되는 것이었다. 군자란 대부 이상의 관료를 지칭한다. 그는 말단 관리로 시작하여 대부로 승진했으므로 군자의 꿈을 이룬 셈이다. 그리고 죽은 후에는 생전에는 꿈도 꾸지 못했던 영광을 얻었다. 그가 죽은 지 500여 년이 지나 소왕素王으로 인정되어 성인으로까지 추대되었던 것이다. 그러므로 그의 어록인 『논어』라는 책은 소인을 배척하고 군자가 되기 위한 교과서라 할 수 있다. 논어는 맨 앞의 「학이學而」편 첫머리를 '군자'로 시작하여 맨 뒤의 「요왈堯曰」편 끝머리를 '군자'로 끝낸다. 이처럼 『논어』는 '수신修身 제가齊家 치국治國 평천하平天下'를 목표로 하는 군자학君子學이다.

그러므로 군자를 제대로 알아야 공자와 『논어』를 안다고 말할 수 있다. 반대로 군자를 모르면 공자와 『논어』를 안다고 말할 수 없다.

지금까지 우리 학자들은 거의 모두가 『논어』를 세속의 평범한 상식을 잘 다듬은 정수라고 극찬한다. 그러므로 유가 철학은 엘리트주의가 아니라고 힘써 강조한다. 이 말은 일면 옳은 것 같다. 『논어』나 원시 유가들의 어록은 우주와 인간의 본질을 말하는 형이상학이 아니고 평범한 생활의 지혜들이기 때문이다.

내 강의를 듣는 이들 중에도 '『논어』는 군자학이요 『노자』는 민중학'이라는 나의 주장에 이의를 제기하기는 이들이 있다. 그러나 그 글 내용이 누구의 말씀이며, 무엇을 겨냥하고, 누구를 위한 것인가를 물어야 한다. 그런 면에서 본다면 『논어』는 현자賢者가 글을 직업으로 하는 사士 계급을 위해 입신출세하여 군자가 되기 위한 인격수양을 가르친 책이요, 『노자』는 의식을 가진 민중이 무지한 민民 계급을 위해 자연의 자유인이 되도록 무위無爲·무욕無慾을 가르친 책이라고 말할 수 있다.

과연 군자란 무엇인가? '천자天子'는 하늘의 소명을 받은 자이며, '군자'는 군주의 소명을 받은 자라는 뜻이다. 『논어』 끝머리에서 이르기를 "천명天命을 모르면 군자가 될 수 없다"고 말한 것은 이 때문이다. 여기서 천명은 왕권신수설을 말한 것이다. 따라서 군자는 당연히 성왕을 받드는 높은 벼슬아치를 말하는 것이다. 즉 『논어』에서 말한 군자는 '안인安人' 즉 지배계급을 편안하게 하고, 나아가 '안백성安百姓' 즉 호족들까지도 편안하게 하는 치자治者를 지칭한다. 당시 관장官長은 민을 돌보는 책임이 없었다. 민은 가문의 대인들과 장원의 호족들의 소유물이었기 때문이다. 그러므로 민을 돌보거나 생사여탈권을 가진 자는 대인과 호족이었다.

그래서 공자는 "학문에는 자신이 있지만 군자의 직분을 수행하는 데는 부족하다"고 고백하고 있다. 이때 공자가 말한 군자는 학자가 아니라 관장을 말한 것이 분명하다. 또한 자공은 "군자의 과오는 일식·월식과 같다"고 말했다. 이것은 고위 공직자인 군자의 행동은 그들을 고용한 귀족들과 그들의 녹봉을 지급할 세금을 내는 장원의 소유주인 호족들이 지켜보고 있다는 말이다. 요즘 식으로 말하면 당시는 인人(귀족) 계급이며 호족들인 백성만이 유권자들이므로 이들 유권자들의 감시와 심판을 기다리라는 뜻이 될 것이다.

군자는 대부 이상의 관장

『시경』에서는 군자를 나라의 기초요 민民의 부모라고 말했으며, 『묵자』·『좌전』·『국어國語』에서도 군자는 치자治者를 지칭하고, 소인은 노동자를 지칭한다고 밝히고 있다.

시경詩經/소아 小雅/**백화**白華

즐거워라 군자여! 나라와 가문의 기초라네!　　　　　樂只君子 邦家之基.

즐거워라 군자여! 민의 부모라네!　　　　　　　　　樂只君子 民之父母.

묵자墨子/상현尙賢 하

천하의 하사·중사·상사와 군자(대부)들은 今天下之士君子

대중에 군림하고 정령을 내려 민을 다스린다. 臨衆發政 而治民.

좌전左傳/성공成公13년(BC 578)

군자는 예를 힘쓰고, 소인은 노동을 힘쓴다. 君子勤禮 小人盡力.

좌전左傳/양공襄公9년(BC 564)

군자는 마음으로 수고하고(정신노동) 君子勞心

소인은 힘으로 수고하는 것(육체노동)이 선왕의 제도다. 小人勞力 先王之制也.

국어國語/노어魯語 상

군자는 정치를 힘쓰는 자요, 소인은 노동을 힘쓰는 자다. 君子務治 小人務力.

『공양전公羊傳』「선공宣公6년(BC 603)」조 전傳에서는 "자子는 사대부를 통칭한다(古者士大夫通日子)"고 풀이하고 있다. '자'라는 글자는 귀인에 대한 존칭임이 분명하다. 그러므로 '자'는 민을 칭하는 것이 아니라 선생先生을 칭하는 말이다. 또한『묵자』와『맹자』와『순자』에서도 군자는 치자임을 밝히고 있다. 그러므로 1,500여 년 후의 주희도『논어』「선진」편을 주해하면서 "군자는 어진 사대부를 지칭한다"라고 풀이했다.

묵자墨子/비악非樂 상

군자가 정사에 힘쓰지 않으면 형벌과 정사가 어지럽고 君子不强聽治 卽刑政亂

천한 사람이 힘써 일하지 않으면 賤人不强從事

재용이 부족하다. 卽財用不足.

맹자孟子/**등문공**滕文公 상

군자가 없으면 농부를 다스릴 수 없고

농부가 없으면 군자를 먹여 살릴 수 없다.

無君子莫治野人.

無野人莫養君子.

맹자孟子/**등문공**滕文公 하

주소가 물었다. "옛날의 군자들은 벼슬살이를 했습니까?"

맹자가 말했다. "벼슬살이를 했다."

周宵問曰 古之君子 仕乎

孟子曰 仕.

순자荀子/**왕제**王制

천지는 생명의 비롯됨이요,

예의는 다스림의 비롯됨이며

군자(관장)는 예의의 비롯됨이다.

天地者 生之始也

禮義者 治之始也

君子者 禮義之始也.

『서경』「주서」의 「무일無逸」편에서 "군자여! 그 자리에 있으면서 안일함이 없도록 하라(周公曰 嗚呼君子 所其無逸)"고 한 주공의 당부를 후한의 정현鄭玄(127~200)은 주석하기를 "군자란 오직 관장의 지위에 있는 자를 지칭한다(君子止謂在官長者)"고 했다. 짐작하건대 주공은 천자를 대행했던 삼공三公의 으뜸이었으므로 그가 말한 관장이라면 천자가 임명한 공경대부를 지칭했을 것이다.

그러므로 당唐 태종太宗(재위 626~649)의 명을 받아 『오경정의五經正義』를 편찬한 공영달孔穎達(574~648)은 『시경』「용풍鄘風」「재치載馳」의 "대부 군자君子여! 나에게 허물이 있다 하지 마소서(大夫君子 無我有尤)!"라는 글을 해설하면서 정현을 인용하여 "군자는 나라의 어진 자 중에서 특별히 귀족만을 지칭한다. 혹은 통치자를 지칭하기도 한다(君子 國中賢者 別有指貴族 或統治者)"고 설명하고 있다.

그러므로 『논어』「술이」편에서 공자가 "내 신분으로는 성인을 만나볼 수 없으니, 군자라도 만나보면 좋겠다"고 했을 때의 성인은 선왕先王을 말하는 것이고 군자는 선왕을 보좌했던 경대부를 지칭한다고 읽어야 한다. 그러나 전국시대에 공자를 '군자'라 호칭한 것을 보면, 또 후대로 갈수록 칭호는 하방되는 것이 상례라는 점을 감안할 때, 경대부가 아닌 하대부까지도 군자라고 부른 것 같다.

향원은 덕의 도적

공자는 일찍이 '군자불기君子不器' 즉 군자는 어느 군주의 도구가 아니라고 선언한 바 있다. 공자는 군자로 출세하여 군주를 섬기더라도 어디까지나 왕도의 공복일 뿐 결코 군주의 가신은 될 수 없다는 확고한 신념을 가지고 있었다. 그러므로 그는 고을에서 군주의 그늘 밑에서 군자인 체하며 시세에 영합하며 출세만 좇는 향원鄕原에 대해 덕德을 도둑질하는 사이비 군자라고 혹독하게 비난했다.

논어論語/위정爲政 12

공자께서 말씀하셨다.   子曰

"군자(관장)란 어느 한 군주의 도구가 아니다."   君子不器.

논어論語/양화陽貨 13

공자께서 말씀하셨다.   子曰

"고을에서 점잖은 체하는 향원은 덕을 도둑질하는 자들이다.   鄕原[72] 德之賊也.[73]

---

72)_ 原(원)=愿(容貌恭正也, 慤也, 善也).

맹자孟子/진심盡心 하

만장萬章이 물었다.

"공자께서는 '내 집 문을 지나면서 내 집에 들르지 않은 것을
유감스럽게 생각하지 않는 사람이 있다면
그것은 오직 향원뿐이다.
향원은 덕을 해치는 자이기 때문이다'라고 말씀하셨는데
어떤 사람을 향원이라 하는 것입니까?"

맹자가 대답했다.

"어찌 이다지도 고원한 말만 하는지
말은 행함을 고려치 않고, 행함은 말을 괘념치 않으니
그런즉 '옛사람! 옛사람!' 들먹인다.
행함은 무엇을 위해 이처럼 독선적이고 냉랭한지
'이생에 태어났으니 이생을 위해야지!
선하면 그뿐 아닌가?'라고 말하면서도
내시처럼 당당하게 세상에 아첨한다.
이런 자들이 향원이다."

만장이 말했다. "한 고을에서 모두 향원이라고 칭찬한다면
어디를 간들 향원이라고 칭찬하지 않겠습니까?
그런데 공자께서는

萬章問曰
孔子曰 過我門而不入我室
我不憾焉者
其唯鄉原乎
鄉原德之賊也.
曰何如斯可謂之鄉原矣.
曰
何以是嘐[74]嘐也
言不顧行 行不顧言
則曰 古之人 古之人
行何爲踽[75]踽凉凉
生斯世也 爲斯世也
善斯可矣
閹[76]然媚於世也者
是鄉原也.

萬子曰 一鄉皆稱原人焉
無所往而不爲原人
孔子

---

73)_ 향원은 향인 중에서 용모가 공손하고 바른 자들인데 이들은 대개 시류에 편승하고 더러움에 합류하며 세상에 아첨한
다(鄉原 鄉人之愿者也 蓋其同流合汚 以媚於世 : 論語集註).

74)_ 嘐(교)=志大言大也.

75)_ 踽(우)=獨行貌.

76)_ 閹(엄)=陽氣獨盛者 男無勢精閉者.

그들을 덕의 도적이라 나무라셨으니 무엇 때문입니까?"　以爲德之賊 何哉.

맹자가 말했다.　曰

"비난하려도 들출 것이 없고　非之無擧也

공박하려도 공박할 거리가 없으며　刺之無刺也

시류에 동조하고 더러운 세상에 야합하며　同乎流俗 合乎汚也

처신은 충신忠信한 것 같고 행실은 청렴결백한 것 같아서　居之似忠信 行之似廉潔

대중이 모두 그를 좋아하고 스스로를 옳다고 여기지만　衆皆悅之 自以爲是

그런 자들과는 더불어 요순의 도에 들어갈 수 없으니　而不可與入堯舜之道

그래서 이들을 덕의 도적이라고 말하는 것이다.　故曰 德之賊也.

공자께서 말한 것은 이러한 사이비한 자를 미워한 것이다.　孔子曰 惡似而非者

가라지를 미워함은 곡식의 싹을 어지럽힐까 저어함이요,　惡莠 恐其亂苗也

재주꾼을 미워함은 의로움을 어지럽힐까 저어함이요,　惡佞 恐其亂義也

날카로운 입을 미워함은 신실함을 어지럽힐까 저어함이요,　惡利口 恐其亂信也

음란한 음악을 미워함은 고아한 음악을 어지럽힐까 저어함이요,　惡鄭聲 恐其亂樂也

자줏빛을 미워함은 주홍빛을 어지럽힐까 저어함이요,　惡紫 恐其亂朱也

향원을 미워함은 덕인을 어지럽힐까 저어함이다.　惡鄉原 恐其亂德也

군자는 상도로 돌아갈 뿐이니　君子反經而已矣

상도가 바르면 서민이 착해지고　經正而庶民興[77]

서민이 착해지면 이런 사특함이 없어질 것이다."　庶民興斯無邪慝矣.

---

77)_ 興(흥)＝昌盛也, 尊尙也, 善也.

군자의 차선책 광사와 견사

공자는 군자가 아니면 차선책으로 광사狂士나 견사狷士가 좋다고 말한다. 과연 광사와 견사는 군자와 다른 점은 무엇이고, 향원과는 어떻게 다른지를 살펴보기로 한다. 다만 공맹이 말하는 광사는 노장이 말하는 광인狂人과는 전혀 다르다는 것을 알아야 한다. 공맹의 광사는 속세에 참여하지만 곧고 우직한 선비를 지칭한 것이고, 노장의 광인은 속세에 살면서도 속인과는 전혀 다른 삶을 살아가는 도인道人을 지칭한다.

논어論語/자로子路 21

공자께서 말씀하셨다.	子曰
"중도를 행하는 선비를 얻지 못할 바에는	不得中行[78]
반드시 실천은 모자라나 뜻이 높은 광사나	而與之必也狂[79]
지혜는 못 미치나 절조 있는 견사와 벗할 것이다.	狷[80]乎
광사는 나아가 취하고	狂者進取
견사는 제멋대로 지어내지 않기 때문이다."	狷者有所不爲.

맹자孟子/진심盡心 하

만장이 말했다. "공자께서 진陳나라에 계실 때 이르시기를	萬章問曰 孔子在陳曰
'어찌 돌아가지 않으랴? 내 고향의 제자들에게!	盍歸乎來 吾黨之小子
열정적이고(狂) 간결하고(簡) 진취적이어서(進取)	狂簡進取
처음 먹은 마음을 잃지 않는다'고 하셨는데	不忘其初

---

78)_ 行(행)=道也.
79)_ 狂(광)=志極高而行不掩.
80)_ 狷(견)=知未及而守有餘.

공자께서는 진나라에 계시면서   孔子在陳

어찌 노나라 광사를 그리워하셨을까요?"   何思魯之狂士.

맹자가 말했다. "공자께서는 중도中道의 선비를 얻지 못했으니   孟子曰 孔子不得中道

벗할 사람은 반드시 광사와 견사뿐이었다.   而與之必也狂狷乎

광사는 진취적이고, 견사는 제멋대로 지어내지 않는다.   狂者進取 狷者有所不爲也

어찌 공자께서 중도의 선비를 원하지 않았겠느냐?   孔子豈不欲中道哉

그러나 그런 선비를 얻을 수 없으니 그 차선을 택한 것이다."   不可必得 故思其次也.

"감히 묻겠습니다. 어떤 사람을 광사라 할 수 있을까요?"   敢問 何如斯可謂狂矣

맹자가 말했다.   曰

"금장琴張·증석曾晳·목피牧皮[81] 같은 이가   如琴張曾晳牧皮者

공자께서 말한 광사일 것이다."   孔子之所謂狂矣.

"어째서 그들은 광사라 합니까?"   何以謂之狂也

맹자가 말했다. "그 뜻과 언사가 커서   曰 其志嘐嘐然

말끝마다 옛사람을 거론하지만   曰古之人古之人

그 행실을 따진다면 그 말을 다 행하지 못한 자들이다.   夷考其行 而不掩焉者也

이러한 광사도 역시 얻기 어려운 것이라   狂者又不可得

지혜가 조촐하지는 못해도 고지식한 선비를 얻고자 하셨으니   欲得不屑不潔之士而與之

이들이 견사인데 이를 얻으려 하신 것 또한 차선책이다."   是獧也 是又其次也.

---

81)_ 공자의 제자. 목피의 과격한 고사는 전해지지 않음.

3절 | 군자의 덕목

논어 읽기

살신성인

논어論語/**위영공**衛靈公 9

공자께서 말씀하셨다.   子曰

"뜻있는 사士와 인인仁人(어진 대인)이라면   志士仁人[82]

살기 위해 인仁을 해침이 없고   無求生以害仁

자기 몸을 죽여 인을 이루어야 한다."   有殺身以成仁.

예의

논어論語/**위영공**衛靈公 18

공자께서 말씀하셨다.   子曰

"군자는 의로써 바탕을 삼고, 예로써 행하며   君子 義以爲質 禮以行之

공손하게 드러내며, 신의로써 세워나가면   孫以出之 信以成[83]之

---

82)_ 仁人(인인)=民은 포함되지 않는다. 민은 仁의 수혜자는 될지언정 주체는 아니다.

군자답다고 할 수 있을 것이다."   君子哉.

삼외三畏

논어論語/계씨季氏 8

공자께서 말씀하셨다.   孔子曰

"군자에게는 세 가지 두려워할 것(三畏)이 있다.   君子有三畏

천명을 두려워해야 하며   畏天命

큰 가문의 대인들을 두려워해야 하며   畏大人

역대 훌륭한 제왕(성인)들의 말씀을 두려워해야 한다."   畏聖人之言.

구사九思

논어論語/계씨季氏 10

공자께서 말씀하셨다.   孔子曰

"군자에게는 아홉 가지 소원(九思)이 있다.   君子有九思[84]

보는 것이 밝기를 원하고, 듣는 것이 총명하기를 원하고   視思明 聽思聰

얼굴은 온화하기를 원하고, 용모는 공손하기를 원하고   色思溫 貌思恭

언사는 충신하기를 원하고, 섬김은 공경스럽기를 원하고   言思忠 事思敬

의심나는 것은 묻기를 원하고, 성나면 간난을 생각하고   疑思問 忿思難

이득을 보면 의로움을 생각하는 것이다."   見得思義.

---

83)_ 成(사)＝就也, 遂也, 立也, 盛也.
84)_ 思(사)＝願也, 念也, 謀慮不忿.

오미五美

논어論語/요왈堯曰 2

자장이 공자께 물었다.　　　　　　　　　　　　　　　子張問於孔子曰

"어찌해야 정사에 종사할 수 있습니까?"　　　　　　　何如斯 可以從政矣.

공자께서 말씀하셨다. "오덕五德을 높이고 사악四惡을 물리쳐야　子曰 尊五美屛四惡

정사에 종사할 수 있다."　　　　　　　　　　　　　斯85)可以從政矣.

자장이 말했다. "무엇을 다섯 가지 미덕(五美)이라 합니까?"　子張曰 何謂五美

공자께서 말씀하셨다.　　　　　　　　　　　　　　　子曰

"은혜롭지만 낭비하지 않고, 수고롭게 하되 원망을 사지 않으며　惠而不費 勞而不怨

욕심이 있되 탐하지 않으며, 태연스럽되 교만하지 않으며　欲而不貪 泰而不驕

위엄이 있되 사납지 않은 것을 다섯 가지 미덕이라 한다.　威而不猛.

민民이 이로운 것으로 이롭게 해주니　　　　　　　　　因民之所利而利之

이야말로 은혜롭지만 낭비하지 않음이 아니겠느냐?　　　斯86)不亦 惠而不費乎

마땅히 수고로워할 것을 선택하여 수고롭게 하니　　　　擇可勞而勞之

또 누가 원망하겠느냐?　　　　　　　　　　　　　　又誰怨

어질기를 욕심내고 어짊을 얻으니　　　　　　　　　　欲仁而得仁

어찌 탐한다 하겠느냐?　　　　　　　　　　　　　　又焉貪

군자는 대소大小·중과衆寡를 불문하고　　　　　　　　君子無衆寡無大小

무모하거나 소홀함이 없으니　　　　　　　　　　　　無敢慢

이야말로 태연스럽되 교만하지 않음이 아니겠느냐?　　　斯不亦泰而不驕乎

군자는 의관을 단정히 하고 바라봄을 공경스럽게 함으로써　君子正衣冠 尊其瞻視

---

85)_ 斯(사)=則也. 詞綴로는 其也.
86)_ 斯(사)=此也.

그 위풍당당한 모습을 사람들이 선망하고 두려워하니　　　　儼然人望而畏之

이야말로 위엄이 있되 사납지 않음이 아니겠느냐?"　　　　　斯不亦威而不猛乎.

사악四惡

논어論語/요왈堯曰 2

자장이 물었다. "사악은 무엇입니까?"　　　　　　　　　　子張問 何謂四惡

공자께서 말씀하셨다.　　　　　　　　　　　　　　　　　子曰

"교화하지 않고 죽이는 것은 이를 학정이라 하고　　　　　不敎而殺 謂之虐

삼가 타이르지 않고 안민입정을 보려 함은　　　　　　　　不戒視成

이를 폭정이라 하며　　　　　　　　　　　　　　　　　　謂之暴

영도를 게을리하면서 기한에 이루려 함은 이를 도적이라 하고　慢令致期 謂之賊

대인에게는 다 합당하게 하면서 출납은 인색함은　　　　　　猶[87]之與人也 出納之吝

하급 유사답다고 하는 것이다."　　　　　　　　　　　　　謂之有司.

삼락三樂

논어論語/계씨季氏 5

공자께서 말씀하셨다.　　　　　　　　　　　　　　　　　孔子曰

"유익한 세 가지 즐거움(三樂)과 해로운 세 가지 즐거움이 있다.　益者三樂 損者三樂

예악을 절도 있게 하는 것을 즐거워하고　　　　　　　　　樂節禮樂

남의 착함을 말하는 것을 즐거워하고　　　　　　　　　　樂道[88]人之善

어진 벗을 자랑하는 것을 즐거워하는 것은 유익한 즐거움이다.　樂多賢友 益矣

무례無禮한 음악을 즐거워하고, 안일과 놀기를 즐거워하고　　樂驕[89]樂 樂佚遊

---

87)_ 猶(유)=俱當也.

88)_ 道(도)=言也, 開通也.

연락을 즐거워함은 해로운 즐거움이다." 樂宴樂[90] 損矣.[91]

삼계三戒

논어論語/**계씨**季氏 7

공자께서 말씀하셨다. 孔子曰

"군자는 세 가지 경계할 것(三戒)이 있다. 君子有三戒

젊을 때는 少之時

기혈이 불안정하므로 여색을 경계해야 하며, 血氣未定 戒之在色

장성해서는 及其壯也

혈기가 왕성하므로 싸움을 경계해야 하며, 血氣方剛 戒之在鬪

늙어서는 及其老也

혈기가 쇠퇴하므로 탐욕을 경계해야 한다." 血氣旣衰 戒之在得.[92]

삼변三變

논어論語/**자장**子張 9

자하가 말했다. "군자는 세 가지 변모(三變)가 있다. 子夏曰 君子有三變

멀리서 보면 위풍당당하고, 가까이 대하면 온화하고 望之儼然 卽之也溫

말을 잘 듣지만 엄정하다." 聽其言也厲.

---

89)_ 驕(교)=泰也, 慢也.
90)_ 宴樂(연락)=잔치의 歡喜. 淫溺.
91)_ 節謂辨其制度聲容之節. 驕樂則侈肆而不知節 佚遊則惰慢而惡聞善 宴樂則淫溺而狎小人(論語集註).
92)_ 得(득)=貪得.

삼도三道

논어論語/태백泰伯 5

증자가 말했다.   曾子言曰

"새가 장차 죽으려면 그 울음소리가 슬프고   鳥之將死 其鳴也哀

사람이 장차 죽으려면 그 말이 선하다고 했다.   人之將死 其言也善

군자가 소중히 여기는 도道가 셋이 있으니   君子所貴乎道者三

항상 행동거지는 흉포함과 방자함을 멀리하고   動[93]容貌 斯遠暴慢矣

안색을 바르게 하고 친근하고 신실하며   正顔色 斯近信矣

나오는 말씨는 비루와 배리를 멀리한다.   出辭氣 斯遠鄙倍矣

제기를 다루는 일은 유사의 직분에 맡겨두는 것이다."   籩豆之事 則有司存.

논어論語/술이述而 37

공자께서는 온화하지만 엄정하시며   子溫而厲[94]

위엄 있지만 사납지 않으시며, 공경스럽지만 편안하시다.   威而不猛 恭[95]而安

논어論語/술이述而 17

공자께서 위의威儀를 갖추어 말씀하실 경우가 있으니   子所雅[96]言

시와 서를 강론하고 예를 집행하실 때인데   詩書執禮

이때는 모두 위의를 갖추고 말씀하신다.   皆雅言也.

---

93)_ 動=發也. 常也. 每也.

94)_ 厲(려)=嚴正也. 聽其言也厲(論語/子張).

95)_ 恭(공)=敬也. 正德美容. 尊賢貴義. 執禮御賓. 敬順事上. 愛民長弟. 執事堅固.

96)_ 雅(아)=威儀也. 정현은 正으로 해석함.

논어論語/위영공衛靈公 2

공자 일행이 진陳나라에서 양식이 떨어지고
병이 나서 일어나지 못했다.
자로가 성이 나서 공자께 말했다.
"군자도 이렇게 곤궁할 수 있습니까?"
공자께서 말씀하셨다.
"군자만이 진실로 곤궁할 수 있다.
소인이 이처럼 곤궁하면 탈선할 것이다."

在陳絶糧
從者病莫能興
子路慍見曰
君子亦有窮乎.
子曰
君子固窮
小人窮斯濫矣.

논어論語/헌문憲問 3

공자께서 말씀하셨다.
"선비로서 안락함만을 바란다면
선비가 될 자격이 없을 것이다."

子曰
士而懷居
不足以爲士矣.

논어論語/학이學而 14

공자께서 말씀하셨다.
"군자의 식사는 배부름을 구하지 않고
거처는 안락함을 구하지 않는다.
정사에 민첩하고, 말은 신중하며
유도자에게 나아가 묻고 배워 바르게 한다면
가히 학문을 좋아한다 할 것이다."

子曰
君子食無求飽
居無求安
敏於事 而愼於言
就有道而正焉
可謂好學也已.

논어論語/위영공衛靈公 17

공자께서 말씀하셨다.
"무리 지어 종일 한가롭게 지내면서

子曰
群居終日

하는 말은 의에 미치지 못하고,　　　　　　　　　言不及義

좋아하는 것은 작은 말재간뿐이라면　　　　　　　好行小慧[97]

선비 되기는 어려울 것이다."　　　　　　　　　　難矣哉.

---

97)_ 慧(혜)＝佞也. 惠와 통용.

군자의 덕목

도올은 『논어』를 선학禪學이라고 말한다. 그러나 선인先人들은 반대로 『논어』는 본래 경학經學인데 송宋 대 정주학程朱學이 이를 선학으로 타락시켰다고 비판했다. 이처럼 『논어』는 선학이 아니며 선학으로 타락시켜서도 안 된다는 것이 학자들의 공통된 입장 이다.

누누이 강조한 대로 『논어』는 관장官長으로 승진하기 위한 관리의 참고서인 관장학 官長學 즉 군자학君子學이다. 그러므로 『논어』는 전체가 군자의 덕목에 관한 글이라고 해도 무방하다. 그래서 선인들은 그 많은 덕목을 한 글자로 줄여 표현하려 했다. 그것이 경敬이요, 성誠이요, 서恕다. 그러므로 『논어』는 성왕聖王과 대인들에게 충성스럽고 민 民들에게는 인자한 관장이 되기 위한 공무원 수양서다. 공자는 군자의 조건으로 삼계三 戒·삼외三畏·구사九思를 제시했다. 이것들은 공직자로서의 인격 수양을 말한 것이다.

앞의 예문들은 봉건시대 군자의 덕목들이지만 오늘날 공직자들에게도 감명을 자아 내게 하는 덕목들이다. 다만 공자의 말이 오늘에도 유효한 공직자 윤리가 되려면 군왕 을 국민으로 나아가 서민으로 바꾸어야 할 것이다.

공자는 군자다운 덕목으로 오미五美와 삼락三樂을 말했다. 그것은 위엄 있고 자랑스 러운 공직자의 모습을 말한 것이다. 또한 공자는 "군자 즉 관장이 된 자는 죽은 후에 이름이 더럽혀질까 걱정하라"고 말했다. 그래서 군자의 행동거지는 예禮·의義·손遜·신 信이 있어야 하며, 나라에 도가 있으면 나아가 벼슬하고, 도가 없으면 숨어야 한다.

그런데 군자의 덕목 중에서 우리 모두가 잘 알고 있는 것이 하나 있다. '벼이삭이 익 을수록 고개를 숙이듯 군자는 학식과 지위가 높을수록 더욱 겸손해야 한다'는 덕목이 다. 그러나 이것은 공자의 말이 아니고 관자의 말이다.

제齊 환공桓公(재위 BC 685~643)이 군자로 비유할 만한 것을 묻자, 습붕隰朋은 군자 를 '관속官屬'에 비유했고, 관자는 '평화平和'에 비유했다. 군자를 '화和'에 비유한 것은 족식足食과 안민安民을 상징했다는 점에서 당시 군자의 역할을 짐작하게 한다. 그리고 그 비유는 오늘에도 적실한 것으로 여겨진다. 특히 군자의 모습에 대한 "벼가 익을수록 머리를 숙인다(由由乎玆免)"라는 표현이 만고의 명언으로 지금껏 만인에 회자되고 있는 것을 보면 선인들이 그리던 아름다운 군자상을 짐작할 수 있다. 그것은 너무도 충실하고 진중하며 겸손한 모습이다.

관자管子/권16/소문小問

환공이 춘삼월에 야외로 소풍을 했다.	桓公放春三月觀於野
환공이 물었다.	桓公曰
"어떤 물건이 군자의 덕에 비교될 수 있을까요?"	何物可比於君子之德乎.
습붕이 대답했다. "무릇 조는 안으로 갑주에 둘러싸여 있고	濕朋對曰 夫粟內甲以處
가운데는 성을 둘렀고, 밖으로는 무기처럼 가시가 있습니다.	中有卷城 外有兵刃.
그러면서도 감히 자랑하지 않고	未敢自恃
관속이라는 이름을 가졌습니다.	自命曰粟.[98]
이것이야말로 군자의 덕에 비교할 수 있을 것입니다."	此其可比於君子之德乎.
관중이 말했다. "저는 벼(禾)에 비유할 수 있다고 생각합니다.	管仲曰
묘가 싹이 트는 어릴 때는	苗始其少也
여린 모습이 마치 젖먹이 같고,	眗眗乎何[99]其孺子也
장성하게 되면	至其壯也
의젓한 것이 꼭 선비 같으며,	莊莊乎何其[100]士也.

---

98)_ 粟(속)=稷也, 祿也→官屬.
99)_ 何(하)=무척.
100)_ 其(기)=猶若也.

다 자라게 되면	至其成也
열매가 익을수록 머리를 숙이는 모습이	由由乎[101] 兹免[102]
꼭 군자와 같습니다.	何其君子也.
천하가 그것을 얻으면 편안하고 얻지 못하면 위태롭습니다.	天下得則安 不得則危
그러므로 그것을 평화(和)라고 이름을 붙였습니다.	故命之曰禾.[103]
이것이야말로 군자의 덕과 비교될 수 있을 것입니다."	此其可比於君子之德矣.

특히 공자의 '삼외'는 오늘날에도 합당하려면 수정되어야 한다. 두려워할 대상에 민民이 빠져 있기 때문이다. 공자가 두려워해야 할 대상으로 지목한 천명은 하늘의 소명을 말하고, 대인(가문의 종장인 군주와 경대부)이나 성인(군왕)은 임명권자를 말한 것이다. 이 점에서 공자의 '삼외'는 오늘날에는 맞지 않다. 그래서 공자의 본래 경학을 복원하려 했던 정약용은 '삼외' 대신 '사외四畏'를 말했다. 그는 군자(관장)가 두려워해야 할 대상으로 민을 첫째로 꼽았다. 공자는 임명권자를 하늘로 보는 '상이하上而下'의 왕권신수설을 믿었고, 정약용은 민을 임명권자로 보는 '하이상'의 국민주권설을 믿었기 때문이다.

사외

여유당전서與猶堂全書/1집/권12/송부령도호이부임서送富寧都護李赴任序

목민관에게는 네 가지 두려운 것(四畏)이 있다.	牧民者有四畏.
아래로 민民을 두려워해야 하고	下畏民
위로는 대간臺諫과 조정을 두려워해야 하고	上畏臺省又上而畏朝廷

---

101)_ 由由乎(유유호)=自得貌, 實貌.
102)_ 免(문)=喪冠.
103)_ 禾(화)=和와 통용.

그리고 그 위로는 하늘을 두려워해야 한다.　　　　　又上而畏天

그중에서 민과 하늘은　　　　　　　　　　　　惟民與天

뜰에서 보고, 마음에 들어와 있고　　　　　　　瞻之在庭 臨之在心

옷깃을 스치고, 더불어 호흡하는 것 같으니　　領之在肘腋 與之在呼吸.

진실로 밀접한 것이니 잠시도 떨어질 수 없다.　其密邇而不能須臾離.

국민주권

여유당전서與猶堂全書**/5집/권18/목민심서**牧民心書**/봉공육조**奉公六條 **문보**文報

천하에 가장 천하고 의지할 데 없는 것이 민이요,　天下至賤 無告者小民也

천하에 가장 높고 무겁기가 산과 같은 것이　　　天下至隆 重如山者

또한 민이다.　　　　　　　　　　　　　　　亦小民也

상관이 아무리 높아도 민을 머리에 이고 싸우면　故上司雖尊 戴民以爭

굴복치 않는 자가 드물 것이다.　　　　　　　鮮不屈焉.

한편 공자의 '삼외'는 노장老莊으로부터 공격을 받는다. 공자는 전전긍긍 두려워하라고 요구하지만 노장은 '두려움'에서 벗어나라고 말한다. 노장에게 두려움은 권력에 굴복하는 것이기 때문이다. 노장은 자연과 자유를 말하고 공맹孔孟은 주례와 군왕에게 구속될 것을 요구하기 때문이다.

노자老子/13장

총애(賞)와 치욕(罰)은　　　　　　　　　　　寵辱

지배자들이 무력시위로 민을 두려워하게 하는 것이다.　若驚.[104]

---

104)_ 驚(경)＝耀武示威也.

노자老子/72장

민이 상벌의 권위(威)를 두려워하지 않게 되면	民不畏威
그제야 위대한 권위를 이룬 것이다.	則大威至.

사외에서 해방

열자列子/양주楊朱

양주가 말했다.	楊朱曰
"생민이 편안한 쉼을 얻지 못하는 것은 다음 네 가지 때문이다.	生民之不得休息 爲四事故.
첫째 수명이요, 둘째 명예요,	一爲壽 二爲名
셋째 지위요, 넷째 재물이다.	三爲位 四爲貨
이 네 가지에 얽매인 사람은	有此四者
귀신(鬼)·대인(人)·위세(威)·형벌(刑)을 두려워한다.	畏鬼 畏人 畏威 畏刑
이를 일러 '둔민遁民'이라 한다.	此謂之遁民也
둔민에게는 죽고 사는 운명을 제어하는 것이 외부에 있다.	可殺可活 制命在外.
그러나 운명을 거역하지 않으면	不逆命
어찌 오래 사는 것을 부러워할 것이며,	何羨壽
귀貴를 좋아하지 않으면 어찌 명성을 부러워할 것이며	不矜[105]貴 何羨名
권세를 추구하지 않으면 어찌 지위를 부러워할 것이며	不要[106]勢 何羨位
부富를 탐하지 않으면 어찌 재화를 부러워하겠는가?	不貪富 何羨貨
이러한 사람을 일러 '순민順民'이라 한다.	此之謂順民也
순민은 천하에 당할 자 없으니	天下無對
운명을 제어하는 것이 내 안에 있기 때문이다."	制命在內.

---

105)_ 矜(긍)=憐也.
106)_ 要(요)=求也, 樞紐也.

군자는 섹시한 사내인가?

도올은 군자君子를 멋진 사내 또는 섹시한 사내라고 번역하는데, 이는 일언이폐지하여 『논어』 전체의 방향을 잘못 인도하는 왜곡이다. 아래 예문은 도올이 섹시한 사내를 연상한 자료로 제시한 글이다.

논어論語/학이學而 14

자공이 공자께 물었다. "가난할 때 아첨하지 않고	子貢曰 貧而無諂
부할 때 교만하지 않으면 어떻습니까?"	富而無驕 何如.
공자께서 대답하셨다. "좋은 말이다.	子曰 可也
그러나 벼슬을 잃어 가난할 때는	未若貧
음악으로 안민安民의 악정樂政을 펴고	而樂
벼슬을 얻어 부할 때는	富
즐겨 제례와 향음주례를 행하여 민을 호궤하는 것만 못하다."	而好禮者也.
자공이 말했다.	子貢曰
"『시경』에서 이르기를	詩云
'뿔을 다듬고 새기듯, 옥을 쪼고 갈듯'이라고 했는데	如切如磋 如琢如磨
그것을 이르는 말이겠지요?"	其斯之謂與.
공자께서 말씀하셨다.	子曰
"이제 비로소 너와 더불어 시를 말할 수 있겠구나!	賜也 始可與言詩已矣
지난 일을 일러주었더니 다가올 일을 아는구나!"	告諸往而知來者.

시경詩經/위풍衛風/기오淇澳

기수 물가 깎아지른 절벽을 보라!	瞻彼淇澳[107]
푸르른 대나무가 바람에 흔들리누나!	綠竹猗[108]猗

아름다운 군자의 모습이여!　　　　　　　　　　有匪[109]君子

뿔을 다듬고 새기듯, 옥을 갈고 쪼듯　　　　　如切[110]如磋[111] 如琢如磨.

의젓하고 위엄 있고, 빛나고 드날리누나!　　　瑟[112]兮僩[113]兮 赫兮咺[114]兮.

아름다워라 군자여! 끝내 잊을 수 없어라!　　有匪君子 終不可諼[115]兮.

위 『논어』 「학이」편의 글은 선비들의 삶의 지침이 된 명문장이며, 『시경』의 시는 수천 년 동안 인구에 회자되는 절창이다. 공자가 군자의 "빈이악貧而樂 부이호례富而好禮"를 말하자, 자공은 이를 『시경』 「기오淇奧」의 시와 같은 뜻이라고 화답한다. 공자의 말은 빈부와 예악을 대구對句로 말한 것으로, 벼슬을 얻어 부할 때는 예로써 안민입정安民立政하고, 벼슬을 잃어 가난할 때에도 정사를 놓지 말고 음악으로 안민입정을 하라는 뜻이다(이 책 제9장 4절 '예와 악' 참조). 반면 「기오」의 시는 군자의 치열한 수양과 근엄한 자세를 노래한 것이다.

그런데 도올은 너무도 황당한 해석을 하고 있다. 그는 가난하면 음악을 하라는 '빈이악'을 '빈이락'으로 읽고 '빈궁하면서도 즐길 줄 아는 멋진 사내'로 해석했고, 군자가 학문과 덕성을 수양하는 모습을 말한 '절차탁마切磋琢磨'를 '섹시한 사내의 외관을 화장하는 모습'으로 해석한다. 참으로 기가 차고 어처구니없는 망언이다.

---

107)_ 澳(오)=隈厓也. 水名.

108)_ 猗(의)=至順之貌. 美盛貌.

109)_ 匪(비)=裴(長衣引伸之意)와 통용.

110)_ 切(절)=治骨也.

111)_ 磋(차)=治象也.

112)_ 瑟(슬)=矜莊貌.

113)_ 僩(한)=威嚴貌.

114)_ 咺(훤)=宣著貌.

115)_ 諼(훤)=忘也.

이 노래에서 절차탁마切磋琢磨는 한 사내의 섹시한 외관을 형
용하는 아주 최상급의 표현들이다. 포마드를 짝 바르고 족제
비 양복을 샥 늘어뜨린 기생홀아비 같은 청년을 형용할 때 깍
은 듯이, 쏙 빠진 듯이, 쪼아낸 듯이, 빤질빤질 갈아낸 듯이
그렇게 단정한 모습을 형용하는 최상급의 표현이 바로 여절
여차如切如嗟 여탁여마如琢如磨인 것이다.

오늘날 우리 사회에서도 '절차탁마' 라 하면, 옥을 갈아 빛나
는 작품을 만들듯이 모난 성격을 갈아 훌륭한 덕성을 함양한
다고 하는 수덕修德의 의미로 풀이하고 사용하고 있다. 그것
이 유행가의 "그때 그 사람"의 섹시한 외모를 형용하는 표현
임을 아무도 생각하지 않는다. 그러나 분명히 당대의 유행가
위풍衛風 민요의 일차적 의미는 공자와 자공 사이에서 이해
된 세만틱스는 아니었다.

그러나 이 시에서 물가 깎아지른 높은 절벽 위에서 아름답고 무성하게 자라는 푸른
대나무는 군자의 모습을 비유한 것으로, 군자의 수양이 깊고 신실하고 엄격하고 위풍
당당한 모습을 표현한 것이다. 그리고 그렇게 해석하는 것은 누구도 의심하지 않는 정
론이었다. 이런 해석은 『서경』에서 말한 시가詩歌의 교육 정신과도 일치하는 것이며
『대학』과 『순자』의 해석도 마찬가지다.

서경書經/우서虞書/순전舜典

순임금이 말했다.   帝曰

"기夔여! 그대를 음악 장관에 임명하노니   夔 命汝典樂

태자와 경대부들의 자제들을 가르쳐주시오.   教胄子.

곧되 온화하며, 너그럽되 위엄 있으며		直而溫 寬而栗

강하되 포악하지 않으며, 간명하되 오만하지 않게 해주시오."		剛而無虐 簡而無傲.

대학大學/10장

『시경』에서 말한 '여절여차如切如磋'는 도학의 모습이요,		詩云 如切如磋者 道學也

'여탁여마如琢如磨'는 수양하는 모습이요,		如琢如磨者 自修也

'슬혜한혜瑟兮僩兮'는 높고 엄숙한 모습이요,		瑟兮僩兮者 恂[116]慄[117]也

'혁혜훤혜赫兮暄兮'는 위의를 갖춘 모습이요,		赫兮暄兮者 威儀也

'종불가훤혜終不可諠兮'라고 한 것은		終不可諠兮者

성대한 도와 지극한 선덕을 민들이 잊지 못한다는 뜻이다.		道盛德至善 民之不能忘也.

순자荀子/대략大略

사람이 글을 배우는 것은		人之於文學也

마치 옥이 다듬어지는 것과 같다.		猶玉之於琢磨也

『시경』에서 "자르고 깎은 듯! 갈고 닦은 듯!"이라 한 것은		詩曰 如切如磋 如琢如磨

묻고 배우는 것을 말한 것이다.		謂學問也

그 유명한 화和 씨의 구슬도 본래 한낱 돌멩이에 불과했으나		和之璧井里[118]之厥[119]也

옥 기술자가 그것을 다듬었기에 천하의 보배가 된 것이다.		玉人琢之爲天下寶.

옛사람들은 이 시를 읽고 군자의 엄격 단정한 모습에 옷깃을 여몄다고 한다. 그런데 유독 도올만은 이 시를 읽고 섹시한 사내를 연상한다. 시란 은유가 많아서 읽는 사람에

---

116)_ 恂(순)=信心, 通悛.
117)_ 慄(율)=懼也.
118)_ 井里(정리)=地名.
119)_ 厥(궐)=未詳. 石의 誤로 보인다.

따라 다른 의미를 준다는 해체주의적 관점에서 말한다면, 공자와 유가들은 근엄한 군자가 되기를 소망했으므로 옷깃을 여민 것이고, 그의 소망은 멋진 사내가 되는 것이어서 섹시한 사내를 연상했다면 이를 탓할 일은 아니다.

그렇지만 조선시대나 오늘날 우리 할아버지들이 "그 사람 군자답구나!"라고 할 때 꼭 관장 같다는 말은 아니라도 위풍당당하고 근엄한 모습을 말한 것이 분명하다. 그리고 할아버지가 말한 '군자답다'는 말은 결코 '멋지다'라는 표현이 아니다. 내가 『논어』에서 말하는 군자를 '공직자상'이라고 말하는 것은 결코 고지식한 해석이 아니다.

앞에 제시한 『논어』의 글들은 군자의 덕목에 대해 말한 것인데 그 어느 한 구절도 멋지고 섹시한 구석이라고는 찾아볼 수 없다. 그러므로 군자를 멋진 사내라고 말하는 것은 비슷하기는커녕 그 반대의 모습이므로 용납할 수 없는 망언이다. 근엄한 학자에게 섹시한 사내라고 말한다면 모독이 될 것이기 때문이다. 또 속세의 욕심과 번뇌를 잊은 수도사와 수도승에게 멋진 사내라고 말한다면 모욕이 될 것이다.

더구나 공자 당시의 문서를 읽을 때는 더욱 유의해야 한다. 군자가 아니더라도 공자와 유사들이 지향한 인간상은 멋지거나 섹시한 것이 아니다. 그들은 지나침도 모자람도 없는 중용의 온화하고 절제된 인품을 지향했다. 공자는 군자(관장)는 아니더라도 뜻 있는 선비라면 '살신성인殺身成仁'해야 한다고 요구한다. '어찌할까? 어찌할까?' 노심초사하며 전전긍긍하는 것이 선비의 모습이다. 군자는 선비 중에 선비다. 그럴진대 어떻게 군자를 섹시한 사내라고 말할 수 있겠는가?

『논어』에서는 군자의 모습을 예의 바르고, 위풍당당하고, 엄정하나 온화한 관장의 모습으로 표현하고 있다. 『논어』「술이」편에서는 공자의 모습을 "온화하지만 엄정하며, 위엄 있지만 사납지 않으며, 공경스럽지만 편안하다"고 설명했다. 이런 공자의 모습이야말로 군자의 전형적인 모습이다.

공자 일행이 진나라에서 양식이 떨어지고 제자들이 병이 나서 일어나지 못할 때 공자가 "군자만이 곤궁할 수 있다"고 말하는 모습을 상상해 보라! 과연 공자와 그 제자들을 멋지고 섹시한 사내들이라고 상상할 수 있겠는가?

증자曾子(BC 506~436)는 소심한 듯하다. 그가 말한 군자의 모습은 살얼음을 밟는 듯 근신하는 모습이다. 설사 그의 생각처럼 증자나 제자들이 미련하여 공자를 잘못 보았다고 할지라도 공자나 공자가 말한 군자는 낙천적이었을지언정 멋진 사내이거나 섹시한 사내는 결코 아니다.

공자는 혹시 제자들과 후인들이 군자를 곡해할까 염려했다. 그래서 한시라도 인의仁義를 잊고 방만한 자는 군자는 고사하고 선비도 되기 어려울 것이라고 경고했다. 이처럼 공자가 요구한 군자상은 수도사나 학자와 같은 공직자였던 것이다.

논어論語/위영공衛靈公 11

공자께서 말씀하셨다.	子曰
"하나라의 달력을 쓰고, 은나라 수레를 타며	行夏之時 乘殷之輅[120]
주나라 면류관을 쓰고, 음악은 순임금의 춤과 노래여야 한다.	服周之冕 樂則韶舞[121]
정나라 음악을 추방하고, 아첨하는 자를 멀리하라.	放鄭聲 遠佞人
정나라 음악은 음탕하고, 아첨하는 자는 위태롭기 때문이다."	鄭聲淫 佞人殆.

논어論語/위영공衛靈公 16

공자께서 말씀하셨다.	子曰
"어찌할까, 어찌할까를 말하지 않는 자는	不曰 如之何如之何者
나로서도 어찌할 수 없다."	吾未如之何也已矣.

도올은 공자가 시와 음악을 좋아했으므로 군자를 섹시하고 멋진 사내라고 했는지도 모른다. 그러나 공자 시대의 시와 음악은 오늘날의 시와 음악과는 달리 통치의 수단이

---

120)_ 輅(로)=의식용 수레.
121)_ 韶舞(소무)=순임금의 舞樂.

었다. 그러므로 무엇보다 당시 시를 수집 선택 기록했던 태사들의 마음가짐을 표현한 것이 다음과 같은 『논어』와 『중용』의 글이며 또한 이러한 중화中和·중정中正이야말로 『시경』 이래 중국 시가의 뿌리 깊은 전통이다. 한마디로 말하여 「아송雅頌」은 물론 「국풍國風」조차도 외설적인 표현이 있다 할지라도 그것은 어디까지나 세상을 풍자한 것일 뿐 섹시함과는 거리가 멀다.

논어論語/양화陽貨 18

공자께서 말씀하셨다.	子曰
"간색인 자줏빛이 정색인 붉은빛을 빼앗는 것을 미워하고	惡紫之奪朱也
정나라 음악이 아악을 어지럽히는 것을 미워하며	惡鄭聲之亂雅樂也
날카로운 입이 나라를 뒤엎는 것을 미워한다."	惡利口之覆邦家者.

논어論語/태백泰伯 4

증자가 병이 깊어 제자들을 불러 말했다.	曾子有疾 召門弟子曰
"내 발을 열어보고 내 손을 열어보아라!	啓予足 啓予手
『시경』에 이르기를 '전전긍긍하기를 깊은 연못가에 선 듯!	詩云 戰戰兢兢 如臨深淵
살얼음을 밟듯이 하라'고 했다.	如履薄氷
그러나 이제는 내가 두려움에서 벗어났음을 알겠다. 제자들아!"	而今而後 吾知免夫 小子.

논어論語/자로子路 5

공자께서 말씀하셨다.	子曰
"『시경』의 시를 다 외운다 해도	誦詩三百[122]

---

122)_ 詩三百(시삼백)=『시경』을 지칭한다. 『시경』은 「大雅」 31수, 「小雅」 74수, 「商頌」 5수, 「周頌」 31수, 「魯訟」 4수, 「國風」 160수, 도합 305수다.

그에게 정사를 맡겨 통달하지 못하고　　　　　　授之以政 不達.

사방에 사신으로 나가 혼자 응대하지 못한다면　使於四方 不能專[123]對

비록 훌륭하다 칭송을 받은들 어디에 쓰겠는가?"　雖多[124] 亦奚以爲.[125]

논어論語/위정爲政 2

공자께서 말씀하셨다.　　　　　　　　　　　　子曰

"『시경』의 삼백 편의 시를 한 마디로 말하면　詩三百 一言以蔽之 曰

생각에 거짓됨이 없는 것이다."　　　　　　　思無邪.

논어論語/팔일八佾 8

자하가 물었다. "'방긋 웃는 사랑스러운 입술　子夏問曰 巧笑倩[126]兮

반짝반짝 아름다운 눈매, 흰 바탕에 수놓은 듯!'　美目盼[127]兮 素以爲絢[128]兮

이 『시경』의 노래는 무엇을 말한 것입니까?"　何謂也.

공자께서 말씀하셨다.　　　　　　　　　　　子曰

"그림 그리는 일은 흰 바탕 다음이라는 뜻이다."　繪事後素.

자하가 말했다. "예는 바탕인 충신忠信의 뒤라는 말입니까?"　曰 禮後也.

공자께서 말씀하셨다. "나를 개발시키는 것은 너로구나.　子曰 起予者商[129]也

비로소 더불어 시를 말할 수 있게 되었구나!"　始可與言詩已矣.

---

123)_ 專(전)＝擅也, 獨也, 任也.

124)_ 多(다)＝稱美也, 勝也.

125)_ 爲(위)＝用也, 助也, 治也.

126)_ 倩(천)＝好口輔也.

127)_ 盼(반)＝目黑白分也.

128)_ 絢(현)＝采色也.

129)_ 商(상)＝子夏의 兒名.

논어論語/팔일八佾 20

공자께서 말씀하셨다. "『시경』「관저關雎」의 노래는 　　　　　　　子曰 關雎
즐거우면서도 음탕하지 않고 　　　　　　　　　　　　　　　樂而不淫
슬프면서도 감상적이지 않다." 　　　　　　　　　　　　　　哀而不傷.

중용中庸/1장

희로애락이 아직 발하지 않은 것을 중中이라 말하고 　　喜怒哀樂之未發 謂之中
발하여 모두 절도에 맞는 것을 화和라고 말한다. 　　　發而皆中節 謂之和.
'중'은 천하의 큰 근본이고 　　　　　　　　　　　　　　中也者 天下之大本也
'화'는 천하의 나아갈 도인 것이다. 　　　　　　　　　　和也者 天下之達道也.

　　설사 『시경』의 시가 군자를 섹시한 모습으로 표현했다 할지라도 그것은 공자가 지향한 군자의 모습과는 상관이 없는 것이다. 도올이 군자를 섹시한 사내라 한 것은 2,500년 전 봉건시대의 군자를 오늘날의 자본주의에 충실한 이른바 저장 지향형 또는 시장 지향형의 사내로 착각한 것이다. 설사 『시경』의 민가民歌에서 어느 군자를 섹시한 사내라고 말했다 할지라도 이는 공자와 유가들이 소망하는 군자가 아니다. 「국풍國風」은 민가이므로 근엄한 체하는 군자(관장)를 비꼬아 여색을 탐내는 음탕한 사내로 야유했는지도 알 수 없는 일이다.

　　은유가 많은 시와는 달리 경서經書의 언어는 내포와 외연이 고정된 학술어이므로 같은 말이라도 그 의미가 다를 수 있다. 시에서 섹시한 사내를 '군자'라는 어긋나는 비유로 표현하는 것을 근거로 군자는 모두 섹시한 사내를 지시한다고 말하면 잘못이며, 경서에서 '군자'는 관장을 말하는 것이므로 섹시한 사내로 번역할 수 없다.

　　예를 들어보자. 어느 시인이 국회의원을 도둑놈이라고 말했다. 그런데 어느 정치 평론가는 "국회의원이 나라를 망친다"고 말했다. 그런데 어느 외국 학자가 이 글을 "도둑놈이 나라를 망친다"고 번역하고 자화자찬했다면 이와 꼭 닮은꼴이 아닌가?

거듭 단언하건대 유가들의 꿈인 군자는 훌륭한 관장을 말한 것이지 섹시한 사내가 아니다. 또한 공자는 여색을 탐하는 섹시한 사내가 아니었다. 오히려 공자는 음탕한 정나라 음악을 경계했다(『논어』「위영공衛靈公」11).

만약 도올의 말대로라면 지금부터 2,500년 전 전란으로 얼어 죽고 굶어 죽는 참담한 난세를 당하여 뜻있는 자들은 모두가 말세라고 한탄하던 시절에 과연 탁월한 정치가요, 지도자라는 공자가 벼슬길에 나설 유사들에게 '멋진 사내, 섹시한 사내'가 되라고 가르쳤단 말인가? 이처럼 군자를 왜곡하는 것은 『논어』를 왜곡하는 것이며, 『논어』를 왜곡하는 것은 공자를 왜곡하는 것이며, 공자를 왜곡하는 것은 공자를 숭상해 온 우리 조상들을 왜곡하는 것이다. 그러므로 도저히 용서할 수 없는 것이다.

4절 | 군자파와 소인파의 투쟁

논어 읽기

논어論語/옹야雍也 11

공자께서 처음 가르침을 받는 자하에게 말씀하셨다.　　　　子謂子夏曰

"너는 군자파의 유사(君子儒)가 되어라.　　　　　　　　　女爲君子儒

결코 소인파의 유사(小人儒)는 되지 마라."　　　　　　　無爲小人儒.

논어論語/계씨季氏 8

공자께서 말씀하셨다.　　　　　　　　　　　　　　　　　孔子曰

"군자는 세 가지 공경하며 두려워하는 것이 있다.　　　　君子130)有三畏

하늘의 명을 공경하고 두려워하며　　　　　　　　　　　畏131)天命

큰 가문의 종주인 대인을 공경하고 두려워하며　　　　　畏大人132)

---

130)_ 君子(군자)＝大夫 이상의 官長.
131)_ 畏(외)＝敬也, 懼也.
132)_ 大人(대인)＝人 계급인 巨室의 宗主.

성왕의 말씀을 공경하고 두려워한다.　　　　　　　　　　　畏聖人[133]之言

소인들은 천명을 알지 못하고 두려워하지 않고　　　　　　小人[134]不知天命 而不畏也

대인에게 함부로 굴며, 성왕의 말씀을 가볍게 여긴다."　　狎大人 侮[135]聖人之言.

논어論語/자로子路 20

자공이 물었다.　　　　　　　　　　　　　　　　　　　　子貢曰

"어찌해야 사士라고 불릴 만합니까?"　　　　　　　　　何如斯[136]可謂之士矣

공자께서 말씀하셨다.　　　　　　　　　　　　　　　　子曰

"자기 행실에 부끄러워하는 마음이 있고　　　　　　　　行[137]己有恥

사신으로 파견되어 군주의 명을 욕되지 않게 한다면　　　使於四方 不辱君命

가히 선비라 말할 수 있을 것이다."　　　　　　　　　　可謂士矣.

자공이 말했다. "그다음 등급에 대해 묻습니다."　　　　曰 敢問其次

공자께서 말씀하셨다.　　　　　　　　　　　　　　　　曰

"종족들이 효를 칭찬하고 향당이 제悌를 칭찬하는 사람이다."　宗族稱孝焉 鄕黨稱弟焉.

자공이 물었다. "그보다 하급은 누구입니까?"　　　　　曰 敢問其次

공자께서 말씀하셨다.　　　　　　　　　　　　　　　　曰

"말에 반드시 신뢰가 있고, 행실은 과감한 것이다.　　　言必信行必果

융통성이 없는 소인유는　　　　　　　　　　　　　　　硜[138]硜然小人哉

다음이 될 것이다."　　　　　　　　　　　　　　　　　抑亦可以爲次矣.

---

133)_ 聖人(성인)＝天子, 王.
134)_ 小人(소인)＝소인유. 패도파의 관료.
135)_ 侮(모)＝輕也, 陵也.
136)_ 斯(사)＝則과 같은 용법.
137)_ 行(행)＝還也, 先也, 歷也.
138)_ 硜(갱)＝小石堅介 扣其聲硜硜然.

논어論語/헌문憲問 12

공자께서 말씀하셨다.   子曰

"노나라 대부 맹공작孟公綽은 소인이라서   孟公綽

조씨·위씨 등 큰 가문(패도)의 상경上卿이 되기에는 우수하지만   爲趙魏老[139]則優

등滕나라·설薛나라 등 작은 나라(왕도)의 대부는 될 수 없다."   不可以爲 滕薛大夫.[140]

논어論語/옹야雍也 25, 안연顔淵 15

공자께서 말씀하셨다.   子曰

"군자(관장)는 모름지기 성인의 언행(文)을 널리 배우고   君子 博學於文[141]

주례로써 제약해야만   約之以禮

장차 왕도를 배반하지 않을 것이다."   亦可以弗畔矣夫.[142]

논어論語/태백泰伯 7

증자가 말했다.   曾子曰

"가히 부모 잃은 왕자나 공자公子를 맡길 만하고   可以託六尺之孤

가히 제후국의 운명을 기탁할 만하고   可以寄百里之命

큰 변란에도 충성심을 꺾지 않아야만   臨大節[143]而不可奪也

군자(관장)으로서 인人(지도자)일 것이다.   君子人[144]與

군자는 인이기 때문이다."   君子人也.

---

139)_ 老(노)=上卿, 上公.
140)_ 조씨·위씨 가문은 훗날 천자의 명도 없이 진나라를 쪼개어 차지하고 제후를 참칭함. 이때부터 전국시대라고 말한다.
141)_ 文(문)=六藝之凡稱也. 聖人의 言行.
142)_ 夫(부)=장차 ㅁㅁ하다.
143)_ 節(절)=山高峻貌(節彼南山 : 詩經).
144)_ 人(인)=四民을 다스리는 귀족.

논어論語/옹야雍也 16

공자께서 말씀하셨다.

"질質(품성)이 문文(꾸밈)을 이기면 조야하고

문이 질을 이기면 관리일 뿐이다.

문과 질을 다 갖춘 연후에야 군자라 할 것이다."

子曰

質[145]勝文[146]則野

文勝質則史[147]

文質彬彬[148] 然後君子.

논어論語/안연顔淵 8

위衛나라 대부 극자성棘子成이 반론했다.

"군자는 혈통과 품성이면 그만이지

어찌 학문으로 군자가 되겠는가?"

자공이 반박했다.

"군자에 대한 그대의 설명은 애석하다!

사두마차도 그대의 혓바닥을 따라갈 수 없을 것이다.

학문은 바탕을 겸비하고, 바탕은 학문을 겸비해야 한다.

범과 표범도 털을 뽑아버린 생가죽은

개와 양의 가죽과 같을 것이다."

棘子成曰

君子 質[149]而已矣

何以文[150]爲

子貢曰

惜乎 夫子之說君子也

駟不及舌

文猶[151]質也 質猶文也

虎豹之鞟[152]

猶犬羊之鞟.

---

145)_ 質(질)=性也, 本也.

146)_ 文(문)=六藝.

147)_ 史(사)=六官之佐屬也, 記事者也, 筮人也.

148)_ 彬(빈)=文采明也, 文質備也.

149)_ 質(질)=선천적 혈통과 품성.

150)_ 文(문)=후천적 학문.

151)_ 猶(유)=俱當也. 由와 통용.

152)_ 鞟(곽)=생가죽.

논어論語/헌문憲問 24

공자께서 말씀하셨다.   子曰

"군자유는 왕도의 인의에 밝고   君子上達[153]

소인유는 패도가 힘쓰는 재리財利에 밝다."   小人下達.

논어論語/이인里仁 11

공자께서 말씀하셨다.   子曰

"군자유는 왕도를 지향하므로 덕을 (키울 것을) 생각하고   君子懷德

소인유는 패도를 지향하므로 영지領地를 (키울 것을) 생각한다.   小人懷土

군자유는 법도를 세울 것을 생각하고   君子悔刑

소인유는 구휼하는 것을 생각한다."   小人悔惠.[154]

논어論語/이인里仁 16

공자께서 말씀하셨다.   子曰

"군자는 의義를 밝히고, 소인은 이利를 밝힌다."   君子喩於義 小人喩[155]於利.

논어論語/양화陽貨 4

공자께서 말씀하셨다.   子曰

"군자는 도道를 배우면 대인을 아끼고   君子學道則愛人

소인은 도를 배우면 부리기 쉽다."   小人學道則易使也.

---

153)_ 達(달)=曉也, 進也, 致也.

154)_ 惠(혜)=恤其不足也.

155)_ 喩(유)=告也, 曉也, 明也.

논어論語/헌문憲問 7

공자께서 말씀하셨다.

"군자유(대부 이상의 관장)라도 불인자不仁者가 있을 것이다.

하지만 소인유(패도주의 관료)는 인자가 있을 수 없다."

子曰

君子而不仁者有矣夫

未有小人而仁者也.

논어論語/자로子路 25

공자께서 말씀하셨다.

"군자유는 섬기기는 쉬워도 설복시켜 기쁘게 하기는 어렵다.

도로써 설복하지 않으면 기뻐하지 않으며

관리를 부리는 것은 그릇에 알맞게 한다.

소인유는 섬기는 것은 어려우나 설복하여 기쁘게 하기는 쉽다.

도로써 설복하지 않아도 기뻐하며

관인官人을 부리는 것은 다 갖추기를 요구한다."

子曰

君子 易事而難說也

說之不以道 不說也

及其使人156)也 器之

小人 難事而易說也

說之雖不以道 說也

及其使人也 求備焉.

논어論語/자로子路 26

공자께서 말씀하셨다.

"군자유는 태평하고 교만하지 않으며(왕도와 仁政)

소인유는 교만하고 태평하지 못하다(패도와 부국강병)."

子曰

君子 泰而不驕

小人驕而不泰.

논어論語/술이述而 36

공자께서 말씀하셨다.

"군자유는 태평을 바라므로 관대하고 넓으며

子曰

君子 坦157)蕩158)蕩

---

156)_ 人(인)=官吏(古官屬之微者多稱人).

157)_ 坦(탄)=安也, 平也.

소인유는 키우려고 하므로 초조하고 근심한다."   小人 長159)戚160)戚.

논어論語/위영공衛靈公 34

공자께서 말씀하셨다.   子曰

"군자유는 작은 지혜는 능하지 못하나   君子 不可161)小知

(정치·외교 등) 큰일을 이루는 데는 능하고,   而可大受也

소인유는 큰일을 이루는 데는 능하지 못하나   小人 不可大受162)

(경제·기술 등) 작은 지혜는 능하다."   而可小知也.

논어論語/양화陽貨 12

공자께서 말씀하셨다.   子曰

"외모는 엄숙하지만 속은 비겁한 자들을   色厲163)而內荏164)

소인에 비유하는데   譬諸小人

그들이야말로 담장을 뚫는 좀도둑과 같을 것이다."   其猶穿窬之盜也與.

논어論語/위영공衛靈公 40

공자께서 말씀하셨다.   子曰

"도(治道)가 같지 않으면 서로 도모할 수 없다."   道不同 不相爲謀.

---

158)_ 蕩(탕)=寬廣貌.
159)_ 長(장)=多也, 大也.
160)_ 戚(척)=促也, 憂也.
161)_ 可(가)=能, 善也.
162)_ 受(수)=取也, 成也.
163)_ 厲(려)=嚴也(子溫而厲 : 論語/述而).
164)_ 荏(임)=屈橈也.

논어論語/자한子罕 29

공자께서 말씀하셨다.

"함께 배울 수는 있어도 다 함께 도를 행하는 것은 아니며

함께 도를 행할 수는 있어도 다 함께 입신하는 것은 어니며

함께 입신할 수는 있어도 권력을 함께할 수는 없다."

子曰

可與共學 未可與適道

可與適道 未可與立

可與立 未可與權.[165]

논어論語/위정爲政 14

공자께서 말씀하셨다.

"군자유(왕도)는 보편적이어서 당파적(지역주의)이지 않으며

소인유(패도)는 당파적이어서 보편적이지 못하다."

子曰

君子 周[166]而不比[167]

小人 比而不周.

논어論語/자로子路 23

공자께서 말씀하셨다.

"군자유(왕도주의 관장)는 화합하지만 평등하지 않으며

소인유(패도주의 관료)는 평등하지만 화합하지 못한다."

子曰

君子 和而不同[168]

小人 同而不和.[169]

논어論語/학이學而 8

공자께서 말씀하셨다.

"군자가 진중하지 않으면 권위가 없고

子曰

君子不重則不威

---

165)_ 權(권)=勢也, 權道, 權柄.

166)_ 周(주)=合 遍也.

167)_ 比(비)=輩也, 齊等也.

168)_ 同(동)=合會, 共, 和, 平, 齊, 等也. 주희는 同은 有阿比之意라 해설했으나, '同'이란 글자에는 원래 '부화뇌동' 이라는 뜻이 없다. 이런 왜곡은 군자를 도덕 군자로, 소인을 부도덕 자로 매도한 군자파의 선전술에 세뇌되었기 때문에 나타난 현상이다.

169)_ 和(화)=必不爭也.

학문도 확고하지 못하다. 學則不固

충심과 신뢰를 중히 여기고 主忠信

자기보다 못한 사람은 벗하지 않고 無友不如己者

과오가 있으면 고치기를 주저하지 말아야 한다." 過則勿憚改.

논어論語/안연顔淵 19

계강자가 공자에게 정사를 물었다. 季康子問政於孔子曰

"무도자無道道를 죽여 도로 나아가면 어떻습니까?" 如殺無道 以就有道何如

공자께서 말씀하셨다. 孔子對曰

"그대만 한 분이 정사를 다스리는데 어찌 죽이려 합니까? 子爲政焉用殺

그대가 선하고자 하면 민民도 선하게 될 것입니다. 子欲善而民善矣

군자의 덕은 바람이요, 소인(民)의 덕은 풀과 같습니다. 君子之德風 小人¹⁷⁰⁾之德草

풀은 위에 바람이 불면 반드시 쏠리게 마련입니다." 草上之風 必偃.

---

170)_ 小人(소인)＝小人儒가 아니라 民을 지칭.

군자의 조건과 소인파 분열

『논어』는 거듭 말하거니와 군자학君子學이다. 다시 말하면 유사의 목표는 소인小人이 되지 말고 관장官長(군자)이 되는 것이었다. 그러므로 『논어』를 알려면 첫째로 군자와 소인이라는 명칭의 정확한 의미를 알아야 한다. 이것이 바로 공자가 말한 명칭을 바르게 한다는 이른바 정명正名이다.

두 번째로 공자는 군자의 자격 조건을 문제 삼았다는 점에서 도발적이다. 즉 춘추전국 이전에는 군자의 조건은 혈통만으로 충분했다. 그러나 난세를 겪으면서 사士 계급의 위상이 커지면서 공자는 혈통 이외에 문文을 조건으로 추가할 것을 요구했다. 문은 유사의 전문 분야이므로 유사가 군자로 진출하는 데 유리한 조건이었다.

공자는 겸병전쟁을 반대하고 문치文治를 강조했다. 그러므로 군자의 조건은 귀족의 신분 즉 인人 계급이면 그것으로 충분할 수가 없는 것이다. 이에 공자는 군왕과 군자들에게 학문을 새로운 조건으로 요구했다. 즉 군자의 조건으로 신분적 혈통 외에 박문博文과 약례約禮을 추가한 것이다. 박문이란 선왕先王의 말씀을 널리 익히는 것이며, 약례란 주례를 따라 자기를 제약하여 순종함으로써 왕도를 배반하지 않는 것을 말한다.

나아가 공자는 군왕君王도 성왕聖王과 폭군으로 구분하고 성왕의 조건은 문장文章에 있음을 강조했다. 이는 성왕을 모시는 군자에게 문장이 필요조건임을 주장한 것이다. 즉 요·순·우·탕·문·무·주공 등 역대 훌륭한 통치자는 부국강병의 무치武治 또는 역치力治가 아니라 문치文治 또는 예치禮治를 했기 때문에 성인聖人으로 칭송된다는 것이다.

이처럼 공자가 문치를 강조하고 문장을 제후와 군자의 필요조건으로 내걸자 그때까지 부국강병을 내걸고 날마다 겸병전쟁을 일삼으며 무력밖에 모르던 제후와 대부들은 공자와 그 무리들을 백안시하게 되었다. 그 결과 공자는 13년 동안 천하의 군주들에게 유세했으나 벼슬을 얻지 못했다. 이로써 유사 계급은 인정仁政의 문치파와 부국강병의 법치파法治派로 분열되었다. 훗날 맹자는 이를 왕도王道와 패도覇道로 규정했다.

이후부터 공자를 따르는 왕도파는 경제 제일주의와 부국강병을 주장하는 유사들을 '성인(先王)의 도道인 주례周禮를 배반한 패도주의자'로 낙인찍고 군자의 대열에서 배척하려 했다. 그들을 소인이라 부르게 된 것이다.

이처럼 공자가 군자의 새로운 조건으로 '박문博文'을 추가한 것은 혈통과 신분을 앞세우는 기득권자들인 귀족들에게는 불리했지만, 문을 팔아 먹고사는 유사들에게는 득세할 수 있는 기회가 되었으며 제후와 귀족들을 견제하는 수단이 되었다. 앞에 제시한 『논어』 「옹야雍也」편과 「안연」편의 글에는 이에 대한 논쟁을 소개하고 있다.

그러나 새로운 조건을 제시한 것은 혈통과 신분이 군자의 필요조건일 뿐, 충분조건은 되지 못한다는 것이며, 도덕적 조건이 군자의 충분조건이라는 것은 아니다. 공자는 여전히 신분차별을 불가피한 것으로 옹호했다. 당시는 아직도 인 계급이나 특수한 사 계급만이 군자가 될 수 있을 뿐, 농·공·상의 민은 아무리 도덕적 조건을 갖추었다고 해도 군자가 될 수 없었다. 다만 당시 계급으로는 사민四民에 속하지만 원래는 인 계급의 혈통인 경우에는 큰 공로를 세우면 인 계급으로 복귀시켜 군자가 될 수 있게 했다.

어찌 되었든 혈통과 신분 외에 학문이 새로운 조건으로 추가되었다는 것은 유사들에게는 사대부로 승진할 수 있는 기회가 마련된 것이다. 이것이야말로 유사들이 역사의 전면에 등장할 기회를 얻은 획기적인 사건이라고 평가할 수 있다. 그러므로 공자는 지식인의 시조로 추앙받는 것이다.

그런데 공자가 심하게 비난한 법가들을 옹호한 순자조차 공자가 추가한 군자의 새로운 조건을 환영했다. 즉 공자의 기준에 의하면 맹자는 '군자유'에 해당되고, 순자는 '소인유'에 해당될 터인데도 맹자보다 순자가 더욱 학문에 의한 신분이동을 주장한 것이다. 이것은 전국시대에 이르러 오히려 몰락하는 귀족이 많아지고 지식인의 관료 계급 진출이 뚜렷해지는 계급 변동을 패도파들이 더욱 환영했기 때문이다.

좌전左傳/**소공**昭公**32년**(BC 510)

사묵이 말했다.   史墨曰

"『시경』에서 노래하기를 '높은 언덕은 골짜기가 되고   詩曰 高岸爲谷
깊은 계곡은 언덕이 된다'고 했습니다.   深谷爲陵
삼후三后(순·우·탕)의 자손들이 지금은 서인庶人이 된 것을   三后之姓 於今爲庶
주군도 잘 알고 계실 것입니다.   主所知也
『주역』의 괘에   在易卦
우레가 하늘을 탄 것을 대장大壯(雷☳☰天)이라 합니다.   雷乘乾曰大壯
이것이 하늘의 도입니다."   天之道也.

순자荀子/유효儒效

성품이란   性也者
우리가 다스릴 수는 없지만 교화는 가능하며   吾所不能爲也 然而可化也
마음이란 우리가 풍부하게 할 수는 없지만   情也者 非吾所有也
다스릴 수는 있다.   然而可爲也
그러므로 흙이 쌓이면 산이 되고, 물이 쌓이면 바다가 되며   故積土而爲山 積水而爲海
아침저녁이 쌓이면 한 해가 된다.   旦暮積爲之歲
지극히 높아지면 하늘이 되고, 지극히 낮아지면 땅이 되듯이   至高謂之天 至下謂之地
길거리 백성들도 선을 쌓기를 온전히 다하면   途之人百姓 積善而全盡
그를 일컬어 성인이라 한다.   謂之聖人.
그러므로 성인이란 사람이 쌓은 결과인 것이다.   故聖人也者 人之所積也
사람이 농사일이 쌓이면 농부가 되고   人積耨耕而爲農夫
다듬고 깎는 일이 쌓이면 목수가 되고   積斲削而爲工匠
물건 파는 일이 쌓이면 장사꾼이 되며   積販貨而爲商賈
예의를 쌓으면 군자가 된다.   積禮義而爲君子.

그러나 공자는 패도파가 천하의 대세를 장악하고 있던 춘추시대의 인물이다. 그런데 공자는 왕만이 전쟁 권한이 있다고 주장하는 왕도주의를 제창하여 패도를 지향하는 제후들의 비위를 거슬렀고, 정사를 제후에게 되돌려주어야 한다고 주장함으로써 경대부들의 비위를 거슬렀다. 그러므로 공자는 그들의 견제로 벼슬길에 나서지 못하는 처지가 되었다. 그런데 왜 그들과 타협하지 않고 그들을 소인파라고 극열하게 비난했을까?

첫째, 공자는 춘추오패로 불리는 몇 사람의 공족公族이 천하를 좌지우지하는 것은 옳지 않다고 보았고, 수많은 대소大小 제후국들의 연합제인 서주의 왕도주의를 지키는 것이 대다수 귀족들의 이익에 부합된다고 보았으며, 몇몇 경대부들의 손아귀에서 놀아나는 정사를 제후에게 되돌려주는 것만이 민중들의 생업을 안정시키는 길이라고 믿었기 때문이다. 그러나 토지겸병의 쟁탈전에서 패한 수많은 몰락 귀족들은 이미 권토중래의 의지도 힘도 없었다.

둘째, 공자는 소인파야말로 중앙 집중의 왕도주의를 부정하고 대제후국의 부국강병주의를 옹호함으로써 영토겸병 전쟁을 부추기는 파당주의자로 보았다. 그러나 훗날 역설적으로 변법變法을 주장하는 소인파들이 천하 통일의 대업을 이루었다.

셋째, 소인파들이 법 적용의 평등을 주장하고 실적주의를 지향함으로써 신분차별을 문란케 하여 나라를 혼란에 빠뜨린다고 보았기 때문이다.

넷째, 군자파들은 소인파들이 경제 제일주의를 표방하므로 계급의식을 고취하고 개인주의적 사리 추구를 조장하여 귀족의 이익 독점 체제인 봉건 경제를 문란케 한다고 생각했다.

중리重利

관자管子/권1/목민牧民

창고가 차야 예절을 알고   倉廩實則知禮節
의식이 족해야 영욕을 안다.   衣食足則知榮辱.

경리|輕利

맹자孟子/양혜왕梁惠王 상

양梁나라 혜왕惠王이 말했다.　　　　　　　　　　　　王曰

"노인께서 불원천리 오셨으니　　　　　　　　　　　叟不遠千里而來

역시 우리나라를 이롭게 할 계책이 있겠지요?"　　　亦將有以利吾國乎.

맹자가 말했다. "하필 이利를 말하십니까?　　　　孟子對曰 何必曰利

오직 인의仁義가 있을 따름입니다."　　　　　　　　亦有仁義而已矣.

다만 관자에 대해서는 애매한 부분도 있다. 공자에 의하면 관자는 분명히 부국강병을 지향한 패도파이므로 소인유라 할 것이며 인자仁者가 아니어야 하기 때문이다. 그러나 공자는 그에 대해 예를 모른다고 평가하면서도 소인이라 비난하지는 않았다.

논어論語/팔일八佾 22

공자께서 말씀하셨다. "관중은 그릇이 작은 사람이다."　　子曰 管仲之器小哉.[171]

혹자가 물었다. "관중이 검소하다는 말씀입니까?"　　　或曰 管仲儉乎.

공자께서 말씀하셨다. "관 씨는 호사스런 누대樓臺를 소유했고　曰 管氏有三歸[172]

관리와 사민四民에게 겸직하지 못하게 했는데　　　　官事[173]不攝[174]

어찌 검약하다 하겠는가?"　　　　　　　　　　　　焉得儉

"그러면 관중은 예를 알았습니까?"　　　　　　　　然則 管仲知禮乎.

공자께서 말씀하셨다. "군주라야 나무 병풍으로 문을 가리는데　曰 邦君樹[175]塞門

---

171)_ 왕도와 중도를 버리고 한 제후만 섬겼기 때문.

172)_ 三歸(삼귀)＝樓臺名.

173)_ 事(사)＝職業.

174)_ 攝(섭)＝兼也.

175)_ 樹(수)＝屛也.

관 씨도 그랬고

군주 간의 회담에서 퇴주잔 받침대를 사용하는 것인데

관 씨는 군주가 아님에도 그것을 사용했다.

관 씨가 예를 안다면 누가 예를 모르겠는가?"

管氏亦樹塞門

邦君爲兩君之好[176] 有反坫[177]

管氏亦有反坫.

管氏而知禮 孰不知禮.

논어論語/헌문憲問 17

자로가 말했다. "제 환공이 동생인 규糾를 죽이자

소홀召忽은 따라 죽었지만

관중은 죽지 않았으니 불인不仁이라 말해야겠지요?"

공자께서 말씀하셨다.

"환공은 제후들을 회맹했으나 군사력에 의존하지 않았는데

이는 관중의 힘이었으니

누가 그의 인仁과 같을까?"

子路曰 桓公殺公子糾

召忽死之

管仲不死 曰 未仁乎.

子曰

桓公九合諸侯 不以兵車

管仲之力也.

如[178]其仁.

논어論語/헌문憲問 18

자공이 말했다. "관중은 인자가 아닐 것입니다.

환공이 형제인 공자公子 규를 죽였을 때

자기가 받들던 규를 따라 죽지 않고

도리어 적인 환공을 도왔기 때문입니다."

공자께서 말씀하셨다.

"관중은 환공을 도와 제후를 제패하고

子貢曰 管仲非仁者與.

桓公殺公子糾

不能死

又相之.

子曰

管仲相桓公霸諸侯

---

176)_ 好(호)=交也.

177)_ 坫(점)=獻酬畢反爵于坫上(禮記).

178)_ 如(여)=比也, 似也, 若也. 誰如로 읽는다.

천하를 하나로 바로잡았다.	一匡天下
민중은 지금까지 그 은사를 받았으니	民到于今受其賜.
관중이 아니었다면	微管仲
우리는 머리를 풀고 옷깃을 왼쪽으로 여미었을 것이다.	吾其被[179]髮左衽矣
어찌 필부들이 작은 신의를 지켜	豈若匹夫匹婦之爲諒[180]也
스스로 개천에서 목을 매어도 알아주지 않는 것과 같겠느냐?"	自經[181]於溝瀆 而莫之知也.

소인은 패도파

앞의 『논어』「계씨」8은 군자와 소인을 명확하게 구분하고 있다. 첫째, 군자는 천명天命을 두려워하지만 소인은 그것을 알지도 못하고 두려워하지도 않는다는 것이며, 둘째, 군자는 대인을 두려워하지만 소인을 그들 귀족들의 기득권을 무시한다는 것이며, 셋째, 군자는 성인의 말씀을 두려워하지만 소인은 왕의 제사장으로서의 권위를 능멸한다는 것이다. 이를 한마디로 말하면 군자는 왕도주의자이고 소인은 패도주의자라는 뜻이다.

그러면 소인이란 원래부터 패도주의 유사를 말했는가? 그렇지 않다. 원래 소인은 민民을 지칭하는 말이었다. 그러므로 『좌전』「성공成公13년(BC 578)」조에서는 "소인진력小人盡力"이라고 했고, 「양공襄公9년(BC 564)」조에서는 "소인노력小人勞力"이라고 했고, 『국어』「노어魯語」상편에서는 "소인무력小人務力"이라고 했다. 이처럼 소인은 노동으

---

179)_ 被(피)=흐트러뜨리다.
180)_ 諒(량)=小信也.
181)_ 經(경)=縊也.

로 먹고사는 민을 지칭하는 말이었다.

좌전左傳/양공襄公13년(BC 560)

세상이 다스려지려면	世之治也
군자는 능력을 존중하여 아랫사람에게 사양하고	君子尙能而讓其下.
소인(民)은 능력을 키워 윗사람을 섬김으로써	小人農[182]力以事其上
상하에 예의가 있게 된다.	是以上下有禮.
그러나 나라가 어지러워지려면	及其亂也
군자는 자기 공을 자랑하고 소인을 능멸하고	君子稱其功 以加[183]小人
소인은 자기 기능을 뽐내며 군자를 넘본다.	小人伐其技 以馮君子
그리하여 상하에 예의가 없어지고	是以上下無禮
혼란과 잔학함이 한꺼번에 일어난다.	亂虐幷生.

『논어』「양화陽貨」편에서 "소인학도小人學道 칙이사야則易使也"라 했는데 여기서 소인은 소인유가 아니라 사역의 대상인 민을 지칭하고 있다. 그러나 『논어』에서는 이런 용례는 예외적인 경우이고, 대체로는 소인은 소인유를 지칭한다.

소인이 소인유를 지칭하게 된 것은 공자가 부국강병을 주장하는 패도파의 인人과 사士에 대해 '왕도王道'를 배반한 소인이라 비난한 뒤부터인 것 같다. 공자가 소인을 비난하고 그들과 정치적인 투쟁을 벌임으로써 이런 용례가 더욱 널리 쓰이게 된 것이다.

『논어』「헌문」편에서도 "소인小人이면서 인자仁者일 수는 없다(未有小人而仁者也)"라 비판했는데, 여기서 공자가 말한 소인은 민을 말한 것이 아니라 소인유를 지칭한 것이다. 그러므로 소인유란 공자가 지어낸 말로 왕도를 버리고 부국강병과 경제 제일주의

---

182)_ 農(농)=勉也, 厚也.
183)_ 加(가)=陵也, 踰也.

를 주장하는 패도의 관료를 말한다. 원래 인仁이란 글자는 인人(귀족)에서 나왔으며, 민
民은 인仁과는 물과 불처럼 상극이므로 아예 인仁의 주체가 될 수 없다(子曰 民之於仁也
甚於水火 : 『논어』 「위영공」 35). 그런데 공자는 소인유들을 민과 똑같이 인자가 아니라고
비난한 것이다.

이로부터 유사들은 패도를 따르는 무리와 왕도를 따르는 무리들로 분열되어 투쟁한
것 같다. 즉 유사들이 군자유와 소인유로 갈라진 것이다. 그러므로 공자는 유사들에게
소인유가 되지 말고 군자유가 되라고 가르친다. 또 공자는 패도를 지향한 노나라 대부
맹공작을 소인파라고 비판했다(『논어』 「헌문」 12). 그 후 공자는 대부 소정묘를 소인파의
두목으로 지목하여 처형했다. 그렇지만 공자가 '소인유'를 부도덕한 사람이라고 말한
것은 아니다. 소인을 부도덕한 사람으로 매도한 것은 공자가 아니라 맹자 이후부터인
것 같다(이 책 제7장 3절 '반패도 왕도주의' 참조). 맹자는 공자도 인정한 관자를 패도파로
비난할 정도로 과격한 사람이었다.

맹자孟子/공손추公孫丑 상

공손추가 맹자에게 물었다.   公孫丑問曰
"선생님께서 제나라의 요로에 나가신다면   夫子當路於齊
관중과 안자가 세운 공적을 다시 이룰 수 있겠지요?"   管仲晏子之功 可復許乎.
맹자가 말했다. "혹자가 증서曾西에게   孟子曰 或問乎曾西曰
증서와 관중은 누가 어진가를 묻자   吾子與管仲孰賢
증서는 발끈하며 언짢은 얼굴로 이렇게 말했다네.   曾西艴然不悅曰
'자네는 어떻게 나를 관중과 비교할 수 있단 말인가?   爾何曾比予於管仲
관중은 군주의 신임을 얻어 그처럼 국정을 전단했고   管仲得君 如彼其專也
그처럼 오래 국정을 맡아보았지만   行乎國政 如彼其久也
공적과 위엄은 그처럼 저속했는데   功烈如彼其卑也
자네는 어찌 나를 이에 비교하려 드는가?'   爾何曾比予於是

이처럼 증서도 관중을 인정하려 들지 않았는데
그대는 나에게 관중처럼 되기를 바란단 말인가?"

日 管仲 曾西之所不爲也
而子爲[184]我願之乎.

소인은 소인배인가?

일반적으로 군자는 도덕적인 사람이요, 소인은 재물을 탐하는 부도덕한 사람이라고
인식한다. 이렇게 된 것은 이미 설명한 것처럼 군자파가 소인파를 일방적으로 비난한
말에 익숙해져 있기 때문이다.

나는 과문하여 소상히 모르지만 중국과 일본에도 몇 분이 나와 같은 의견을 주장하
고 있는 것으로 안다. 중국의 자오지빈 선생은 그의 저서 『논어신탐論語新探』(국내에서는
『반논어』로 출간)에서 다음과 같이 군자와 소인의 분열을 말하고 있다.

반논어反論語[185]
군자와 소인은 서주西周 시대에 이미 역사의 무대에 등장한
두 종류의 인人 계급이었다. 그렇지만 춘추시대에 이르자 비
로소 그들 사이에 문제가 발생하고 심각한 양상으로 전개되
어 갔다. 즉 춘추시대의 개막과 더불어 군자와 소인은 서로
분열되어 두 개의 대립되는 정치 파벌이 되었다. 또 이러한
그들 사이의 투쟁이 사회 변혁의 중요한 문제로 대두되었다.

---

184)_ 爲(위) = 以也, 使也
185)_ 예문서원, 조남호 역.

도올도 "군자란 도덕적 인격체를 말하는 것이 아니라 민民의 장長으로 군君이나 경卿을 말한다"는 오규 소라이荻生徂徠(1669~1736)의 주장을 소개하고 있다(『도올논어』 권2, 153쪽). 그러나 도올은 그런 주장을 중요한 논점으로 주목하지 않고 이와는 달리 전혀 엉뚱한 방향으로 전개했다.

만약 그가 이 일본 학자의 글을 기억하면서도 의도적으로 무시했다면, 마치 옛 유가들이 군자를 도덕적으로 완전한 사람으로 각색하여 봉건 체제에 순응하도록 가르치고 관존민비 사상을 조장한 것처럼, 그는 군자를 섹시한 사내로 각색하여 자본주의의 쾌락과 낭비 문화를 조장하기 위해 계획적으로 곡학아세를 한 셈이다.

우리 학자들은 대체로 군자와 소인을 도덕적으로만 구분하지만, 다음 공자의 말은 군자파의 왕도·덕치와 소인파의 패도·법치를 대비시킨 내용이다.

논어論語/이인里仁 11

공자께서 말씀하셨다.   子曰

"군자유는 왕도를 지향하므로 덕을 생각하고   君子懷德

소인유는 패도를 지향하므로 영지를 생각한다.   小人懷土.

군자유는 법도를 세울 것을 생각하고   君子懷刑

소인유는 구휼하는 것만 생각한다."   小人懷惠.[186]

그런데 우리 학자들은 위 예문의 '토土(영토)'를 '아늑한 삶터'로만 풀이한다. 그러나 고문古文에 그런 용례는 결코 없다. '회토懷土'의 바른 뜻은 가문과 제후국들끼리의 '영지겸병 쟁탈'을 말한 것이다. 이것을 『논어』「술이」편에서는 "크고 많기를 바라므로 초조하다(長戚戚)"고 표현했고, 『대학』에서는 "나라와 가문을 키우려 한다(長國家)"고 표현했다. 즉 공자가 말한 '회토懷土'와 '장국가長國家'는 똑같은 내용으로, 패도覇道의

---

186)_ 惠(혜)=恤其不足也.

부국강병주의를 말한 것이다.

논어論語/술이述而 36

공자께서 말씀하셨다.　　　　　　　　　　　　　　　　　　　子曰

"군자유는 천하태평을 바라므로 관대하고 넓으며　　　　　　君子坦[187] 蕩[188]蕩

소인유는 나라를 키울 것을 바라므로 초조하고 근심한다."　小人長[189] 戚[190]戚.

대학大學/10장

공자께서 말씀하셨다.　　　　　　　　　　　　　　　　　　　子曰

"나라와 가문을 키우려 하고, 재화와 이용후생을 힘쓰는 자는　長國家 而務財用者

반드시 패도를 지향하는 소인이기 때문이다."　　　　　　　必自小人矣.[191]

공자가 여기서 말하고자 한 것은 왕도파(군자)의 인정仁政을 패도파(소인)의 부국강병과 대비시키는 것이다. 아래 글도 같은 맥락이다.

논어論語/이인里仁 16

군자는 의를 밝히고, 소인은 이利를 밝힌다.　　　　　　君子喩[192]於義 小人喩於利

위 예문의 '혜惠'도 우리 학자들은 '법망의 구멍' 또는 '연줄 대기'로 해석하지만 잘

---

187)_ 坦(탄)=安也, 平也.
188)_ 蕩(탕)=寬廣貌.
189)_ 長(장)=多也, 大也.
190)_ 戚(척)=促也, 憂也.
191)_ 춘추전국시대에는 천자의 天下, 제후의 國, 대인의 家門이 있었을 뿐, 오늘날의 국가와 가정이라는 개념은 없었다.
　　在禮 家施不及國(左傳/昭公二十六年). 修身齊家 治國平天下(大學/一章). 國之本在家(孟子/離婁 上).
192)_ 喩(유)=告也, 曉也, 明也.

못이다. 바른 뜻은 패도주의자들이 인심을 모으기 위해 '굶주리는 백성을 구휼해 주는 은혜 베풂(恤其不足也)'을 의미한다.

서경書經/주서周書/채중지명蔡仲之命

하느님은 사사로이 친함이 없어 오직 덕 있는 자를 도와주며   皇天無親 惟德是輔.
민중은 항심이 없어 오직 구휼하는 자를 흠모한다.   民心無常 惟惠之懷.

그런데 백성 구휼은 목민관의 당연한 직분으로 여겨지는데 왜 소인의 일로 비난한 것일까? 공자는 예를 벗어나면 구휼도 불인不仁이라고 생각했기 때문이다. 이에 대해 패도주의자인 한비는 다음과 같이 설명하고 있다.

한비자韓非子/외저설우外儲說右 상

자로는 계손 씨가 노나라 재상일 때 후邱의 현령이 되었다.   季孫相魯 子路爲邱令.
자로가 성난 얼굴로 팔을 걷어붙이고 들어와   子路怫然怒 攘肱而入
뵙기를 청하며 말했다.   請曰
"대체 선생께서는 제가 인의를 행하니 질투하는 것입니까?   夫子疾由之爲仁義乎
제가 선생께 배운 것은 인의였고   所學於夫子者仁義也
인의란 천하와 더불어 그 소유를 같이하고   仁義者 與天下共其所有
그 이로움을 같이하는 것이라고 들었습니다.   而同其利者也
지금 제가 봉급을 털어 민들에게 밥을 먹였는데   今以由之秩粟而飡民
무엇이 잘못이란 말입니까?"   不可何也.
공자께서 말씀하셨다.   孔子曰
"무릇 예란 천자는 천하를 사랑하고   夫禮 天子愛天下
제후는 자기 경내를 사랑하고   諸侯愛境內
대부는 자기 소속 관리들을 사랑하고   大夫愛官職

사士는 자기가 섬기는 가문을 사랑할 뿐이다.	士愛其家
그 사랑이 지나치면 침범이라고 한다.	過其所愛 曰侵.
지금 노나라 군주의 소유인 민을 네 멋대로 사랑했으니	今魯君有民 而子擅愛之
이것은 네가 예를 침범한 것이다."	是子侵也.

　도올은 군자와 소인을 도덕적 차이로 구분할 뿐 정치적 이해관계의 대립은 아니라고 해석했는데 이상 살펴본 바와 같이 이는 잘못이다. 유사들이 왕도파인 군자유와 패도파인 소인유로 분열하여 피나는 정치 투쟁을 한 역사적 사실을 모르고 한 말이다. 공자가 소인파의 두목 소정묘를 죽인 것도 이러한 정치 투쟁의 산물이었던 것이다. 그러므로 도올처럼 군자와 소인을 잘못 읽으면『논어』전체를 잘못 이해할 수밖에 없다.

공자가 소정묘를 죽인 까닭은?

　공자는 말단 관리로 시작하여 드디어 기원전 496년인 정공定公 14년, 공자 56세가 되던 해 노나라 대사구大司寇로 승진한 후 다시 섭정을 맡았으며, 곧바로 소인파인 대부 소정묘를 죽였다. 한때 공자의 문하생들이 안연顏淵(BC 521~490)을 제외하고는 모두 소정묘의 서당으로 옮겨 갔을 정도로 소정묘와 공자는 경쟁자였다고 한다.

순자荀子/**유좌**宥坐
공자가 노나라 섭정이 되어 입조한 지 이레 만에	孔子爲魯攝相 朝七日
대부 소정묘를 주살했다.	而誅[193]少正卯

---

193)_ 誅(주)＝罰也, 殺也.

문인이 나아가 물었다.

"대저 소정묘는 노나라의 유명 인사인데
선생께서 정사를 맡자마자 그를 주살한 것은
실덕失德이 되지 않을까요?"

공자가 말했다. "앉거라! 내가 네게 그 까닭을 말해 주겠다.

사람에게 다섯 가지 악이 있으면
도둑도 그를 당여黨與로 삼지 않는다.

하나는 마음은 사물을 통달했으나 흉험한 것이요,
둘은 행실이 편벽되고 고지식한 것이요,
셋은 말이 거짓되고 변론을 잘하는 것이요,
넷은 남의 잘못을 널리 기억하는 것이요,
다섯은 비리를 따르며 은덕을 내리는 것이다.

이 다섯 가지 중 하나라도 있는 사람은
군자의 주살을 면할 수 없다.

그런데 소정묘는 이 다섯 가지를 두루 가지고 있다.

그러므로 처소에는 족히 따르는 자들을 모아 무리를 이루고
담론은 족히 거짓을 꾸며 군중을 현혹하고
강퍅함은 족히 옳은 것을 그르게 만들어 홀로 세운다.

이처럼 그는 소인의 걸웅이다.

그래서 불가불 주살한 것이다."

門人進問曰

夫少正卯魯之聞人也

夫子爲政而始誅之

得無失乎.

孔子曰 居 吾語女其故

人有惡者五

而盜竊不與焉.

一曰 心達而險

二曰 行僻而堅

三曰 言僞而辯

四曰 記醜[194]而博

五曰 順非而澤.[195]

此五者有一於人

則不得免於君子之誅

而少正卯兼有之

故居處足以聚徒成群

言談足以飾邪營衆[196]

强[197]足以反是獨立

此小人之桀雄也

不可不誅也.

---

194)_ 醜(추)＝惡也, 恥也, 怪異之事.
195)_ 澤(택)＝光潤, 恩德, 祿也.
196)_ 營衆(형중)＝惑衆也.
197)_ 强(강)＝剛愎也.

대체로 우리 학자들은 이 사건을 법치와 덕치의 문제로 보지만, 이것은 덕치와 법치의 문제와는 관련이 없다(이 책 제7장 5절 '덕치주의' 참조). 이 사건은 군자파와 소인파의 이념과 권력 투쟁으로 보아야 한다. 이것을 법치와 덕치의 문제로 본다면 덕치주의자인 공자를 법치주의자로 보는 오류를 범하는 것이다.

공자는 덕치와 예치를 주장했을 뿐, 무도자無道者를 엄벌에 처할 것을 주장한 바도 없고 그렇게 하지도 않았다. 오히려 공자는 엄벌주의가 아니라 관용주의자였다.

그러면 공자가 소정묘를 죽인 명분은 무엇이었을까? 그것은 소정묘가 '무도자'여서가 아니라 '군자의 도道'를 비난하고 '소인의 도'를 주장한 '난도자亂道者'였기 때문이다. 공자는 오히려 무도자를 죽이는 것을 반대했다(『논어』「안연」19).

『사기』와 『백호통의』에서는 '망녕妄佞된 도道' 혹은 '궤변의 도'를 행하여(佞道已行) 국정을 어지럽힌 죄(亂國政也)라는 간단한 죄목만 기록하고 있으나, 『순자』와 『공자가어孔子家語』는 그 내용이 조금 상세하며 비슷한데, 그 핵심은 소정묘의 죄는 군자의 왕도주의를 버리고, 신흥 지주 계급과 패도주의자들의 부국강병과 이利를 좇는 소인의 패도를 세우려고 획책한 '소인파의 걸웅'이라는 것이다.

『논어』라는 책은 왕도주의 기치를 내세우는 군자파를 옹호하기 위해 패도주의의 기치를 내건 소인파를 비난하는 글이 전부라 해도 과언이 아니다. 그러므로 『논어』는 소인파와 정치 투쟁을 위한 의식화 학습서라고 해도 무방할 것이다. 그래서 공자는 소인파에 대해 감정적이고 혹독한 비난을 퍼부은 것이다.

소정묘 사건은 이러한 왕도주의 군자파와 패도주의 소인파의 정치 투쟁에서 군자파의 승리로 볼 수 있다. 다만 군자파의 승리는 노나라에서의 특별한 예외에 불과했고 당시 천하의 대세는 이미 소인파가 장악하고 있었다. 천하를 제패한 것도 또한 통일한 것도 소인파였다. 그렇지만 진秦나라의 멸망과 함께 소인파는 패퇴하고 군자파가 다시 득세하게 된다.

도올은 이 사건을 공자의 법가적 엄형주의를 보여준 특이한 사건으로 해석하는데, 이는 왜곡이다.

첫째, 그는 이 사건을 순자가 공자의 이미지를 자기의 신념인 법치주의로 형상화하기 위해 지어낸 설화로 본다(『도올논어』권2, 50~60쪽). 그러나 『순자』와 『사기』라는 책은 『장자』나 『노자』처럼 우화가 아니다. 또한 많은 기록을 부인하려면 확실한 증거를 제시해야 함에도 불구하고 아무런 반증도 없다.

둘째, 그는 『순자』의 기록을 설화라고 하면서도 이 사건에 대해 순자가 말한 공자의 모습을 참모습으로 인정한다. 다만 공자가 실제로 소정묘를 죽였다면 공자의 일반적인 이미지인 덕치주의와는 다른 법가적 엄형주의의 모습으로 해석될 수밖에 없다는 것이다.

그러나 공자의 진정한 캐릭터는 패도파인 법가를 반대한 덕치주의에 있다는 것은 천하에 공인된 사실이다. 공자는 정鄭나라 자산의 주형정鑄刑鼎(법률을 새겨 넣은 청동 솥)에 이어 진晉나라에서도 주형정을 만들자 이를 극력 반대한 반反법가의 대표자였다. 그런데 어찌 이런 모습과는 반대로 법가적 모습을 보여준 사건이라 말할 수 있단 말인가? 오히려 반대로 이 사건은 공자의 법가적 모습을 보여준 사건이 아니라 법가를 싫어한 공자가 법가적이고 패도주의적인 소인파의 두목 소정묘를 죽인 것이다.

셋째, 그는 공자가 대부를 지낸 적이 없다는 허무맹랑한 자기 추측에 최면이 걸려 있으므로, 법무장관 격인 대사구가 된 공자가 대부 소정묘를 죽였다는 사건의 기록에서 '대사구'라는 것이 허구이므로, 따라서 이 사건도 허구라고 추측하는 것 같다. 그렇다면 공자 스스로 자기를 대부라고 자칭하고 있는 『논어』「헌문」편과 『좌전』의 기록이 거짓이라는 논거를 제시해야 한다.

넷째, 그는 소정묘 주살 사건을 장황하게 다루면서도 정작 그를 죽인 이유는 말하지 않는다. 소정묘는 재물을 갈취했거나 사람을 상하게 하거나 죽였거나 불륜을 저지른 파렴치범이 아니다. 그리고 이러한 범법만으로는 소정묘를 죽일 수도 없다. 소정묘는 장관급인 대부의 신분이기 때문에 주례의 '형불상대부刑不上大夫'의 원칙에 따라 체형을 가할 수 없기 때문이다.

그런데 이 사건의 기록은 분명하게 소정묘는 '소인의 걸웅'이라고 비난하고 있다.

즉 공자와 소정묘는 정치 노선이 달랐던 것이다. 그러므로 왕도주의 군자파인 공자는 패도주의 소인파인 소정묘와는 서로 도모할 수 없었던 것이라고 보아야 옳을 것이다. 다시 말하면 소정묘는 사상범이요, 정치범으로 다루어졌다. 즉 공자가 일찍이 말한 것처럼 "도가 같지 않으면 서로 도모할 수 없다(道不同 不相爲謀 : 『논어』「위영공」 40)"는 사례에 해당된 것이다.

다섯째, 앞에서 지적한 대로 도올은 군자란 도덕적으로 수양된 멋진 사내이고, 소인이란 도덕적으로 수양이 덜된 사람이라고 억지를 부린다. 그렇다면 군자인 공자가 소인인 소정묘를 죽인 이 사건은 도덕적으로 수양이 잘된 사람이 수양이 덜된 사람을 죽인 사건이 된다. 그러나 어찌 수양이 덜되었다고 사람을 죽인단 말인가?

그러므로 이 사건의 핵심은 군자유와 소인유라고 하는 왕도파와 패도파의 정치 투쟁인 것이다. 이 사건은 대부로 승진한 공자가 왕도주의 군자파의 선두에 서서 패도주의 소인파의 사상적 두목을 처형한 사건이다. 이로써 공자는 군자파의 사상적인 영수가 될 수 있었다.

도올은 이 사건을 공자의 엄형주의를 보여준 사건으로 해석하는 근거로 다음 순자의 글을 제시했으나 그 내용도 모르고 엉터리로 해석했다. 당시에는 형벌은 민에게만 적용되었고 대부 또는 사士 이상에게는 적용되지 않았음을 몰랐기 때문이다.

순자荀子/**왕제**王制

민民의 큰 죄는 교화를 기다리지 않고 죽이며	元惡[198]不待敎而誅
민의 평범한 잘못은 형벌을 기다리지 않고 교화한다.	中庸民[199]不待政而化

---

198)_ 元惡(원악)＝大惡. 여기서는 서민 중 살인, 방화 등 큰 죄를 지은 흉악범을 지칭한다. 그런데 도올은 '극악한 원흉인 부패한 고급 관리'로 해석한다. 이는 文意에도 맞지 않을 뿐 아니라 당시 현장인 周禮의 '刑不上大夫'의 원칙에도 반대되는 해석이다.
199)_ 中庸民(중용민)＝『韓詩外傳』에는 '民' 자가 없음.

이것이 왕도 정치다.   是王者之政也.

순자荀子/**부국**富國

예禮는 귀천의 계급을 차등하고, 장유를 차별하고   禮者貴賤有等 長幼有差
빈부와 경중이 모두 알맞게 한다.   貧富輕重 皆有稱[200]者也
사士 이상에게는 반드시 예악으로 절제시키고   由士以上 則必以禮樂節之
그 외의 일반 백성들에게는   衆庶百姓
반드시 법으로 죄를 물어 제재한다.   則必以法數[201]制之.

근본주의와 상대주의

서두의 『논어』「위정」편의 예문에서 공자는 군자유는 "주이불비周而不比"하고 소인유는 "비이부주比以不周"한다고 말했다. 이는 군자파는 보편적이요, 소인파는 파당적이라는 뜻이다. 또 그는 『논어』「자로」편에서 군자유는 "화이부동和而不同"하고 소인유는 "동이불화同以不和"한다고 지적했다. 군자파는 공화주의이고 소인파는 지역주의라는 뜻이다. 그런데 공자는 주周(보편)와 화和(화합)를 강조한 것과는 반대로 정적인 소정묘를 집권 7일 만에 단호하게 제거한다. 이런 공자의 모습을 보면 군자의 모습과는 달리 너무도 파당적이고 반공화주의적이다. 이를 어찌 설명해야 하는가?

이것은 공자가 일상에서는 귀족적인 관용주의자였으나 정치적으로는 원칙주의 내지 근본주의자였음을 말해 주고 있다.

---

200)_ 稱(칭)＝알맞다.
201)_ 數(수)＝責也.

여기서 공자와 묵자와 노장을 나란히 대조해 보면 그들의 모습이 선명해질 것이다. 공자는 "도道가 같지 않으면 서로 도모할 수 없다(道不同不相爲謀 :『논어』「위영공」40)", "도道와 입신立身은 함께할 수 있어도 권력은 공유할 수 없다(未可與權 :『논어』「자한」29)"고 말한다. 반면 민중적인 묵자와 노장은 동이同異는 근본적인 것이 아니고 상보相補적인 것이라고 가르친다. 여기서 공자의 원칙주의요, 근본주의요, 보수주의인 모습을 발견할 수 있다.

묵자墨子/경經 상/상
동同(같음)이란 다른 것들이 함께하여 하나가 되는 것이다.   同 異而俱於之一也.

묵자墨子/경經·경설經說 상/하
같음과 다름은 서로 상보하는 것이다.   同異交得.

묵자墨子/경經 하/상
지혜란 그것이 부정될 수 있음을 아는 것이다.   知 知之否之.
완전무결하다고 만족하면 잘못이다.   足用也誖.

노자老子/20장
성인의 학문을 단절하니 근심이 없다.   絶學無憂
'예! 예?' 하는 그 차이가 얼마나 미미한가?   唯之與阿 相去幾何[202]
선과 악의 차이란 얼마나 같은가?   善之與惡 相去何若
남들이 외경畏敬하는 것을 나도 외경하지 않을 수 없으니   人之所畏 不可不畏
헛되다! 중앙中央에는 아직 멀었구나!   荒兮 其未央[203]哉.

---

202)_ 幾何(기하)=何幾의 도치형. 幾=微也.

장자莊子/**내편**內篇/**제물론**齊物論

신명을 수고롭게 하며 한쪽을 편들면   勞神明爲[204]―

그것이 크게는 같다는 것(大同)을 모른다.   而不知其[205]同也.

이것을 조삼모사朝三暮四라 한다.   謂之朝三.

　그리고 또한 공자는 "자기보다 못한 사람을 벗하지 말라(無友不如己者 : 『논어』「학이」
8)"고 가르친다. 이로 보면 공자는 독선적임을 짐작할 수 있다. 오히려 소인파라 비난
받은 관자는 '자기보다 못한 사람과도 어울려야 군자가 될 수 있다'고 가르쳤다. 여기
서 우리는 공자가 오로지 왕에게만 충성하는 왕당파였고 민중적이지 못한 정치가였음
을 금방 알 수 있다.

　그래서 공자는 집권 2년 만에 실각하고 13년을 국외로 떠돌게 되었던 것이다. 우리
는 여기서 공자와는 대조적으로 성공한 정치가인 관자의 '관포지교管鮑之交'를 상기하
게 된다. 관자는 그가 가장 존경하고 좋아하는 포숙아鮑叔牙였지만, 그를 재상으로 추
천하지 않은 이유는 포숙아가 근본주의적이고 원칙주이자이기 때문이라고 술회한 바
있다.

열자列子/**역명**力命

관중이 어느 날 탄식하며 말했다.   管仲嘗歎曰

"내가 어려서 곤궁할 때, 포숙(포숙아)과 더불어 장사를 했는데   吾少窮困時 嘗與鮑叔賈[206]

재물을 나누면서 내가 많이 가져가도   分財多自與

포숙은 나를 탐욕스럽다고 하지 않았다.   鮑叔不以我爲貪

---

203)_ 央(앙)=중앙의 帝. 混沌=暗黑=道.
204)_ 爲(위)=癒也=賢也.
205)_ 其(기)=尙也.
206)_ 賈(고)=장사를 하다.

그는 내가 가난한 것을 알았기 때문이다.	知我貧也
내가 일찍이 포숙을 위해 일을 도모했는데 크게 실패했다.	吾嘗爲鮑叔 謀事而大窮困
포숙은 나를 어리석다고 하지 않았다.	鮑叔不以我爲愚
그는 때에는 유리하고 불리함이 있음을 알았기 때문이다.	知時有利不利也
내가 세 번 벼슬살이를 나가 세 번 모두 군주에게 쫓겨났으나	吾嘗三仕 三見逐於君
포숙은 나를 못난이라고 하지 않았다.	鮑叔不以我爲不肖
그는 내가 때를 못 만난 것을 알았기 때문이다.	知我不遭時也
나는 일찍이 세 번 싸워서 세 번 지고 도망쳤다.	吾嘗三戰三北
포숙은 나를 겁쟁이라고 하지 않았다.	鮑叔不以我爲怯
그는 내게 늙은 어미가 있음을 알았기 때문이다.	知我有老母也
내가 모시던 공자公子 규가 패하자, 소홀은 따라 죽었으나	公子糾敗 召忽死之
나는 포로로 잡히는 치욕을 감수했다.	吾幽囚受辱
포숙은 나를 부끄러움을 모르는 자라고 하지 않았다.	鮑叔不以我爲無恥
그는 내가 조그만 절개를 부끄러워하지 않고	知我不羞小節[207]
천하에 공명을 떨치지 못함을 부끄러워한다는 것을	而恥名不顯於天下也
알았기 때문이다.	
나를 낳아준 사람은 부모요, 나를 알아준 사람은 포숙이다.	生我者父母 知我者鮑叔也
이에 세상에서는	此世
관管·포鮑는 친구를 잘 사귄 사람이라고 칭찬하고	稱管鮑善交者
소백小白[208]은 유능한 인재를 잘 쓰는 자라고 칭송한다."	小白善用能者.

---

207)_ 節(절)＝禮也. 操也. 省也.
208)_ 포숙이 모시던 公子. 후에 환공.

장자莊子/잡편雜篇/서무귀徐無鬼

관중이 병이 들자 환공이 문병을 가서 물었다.

"과인은 누구에게 나라를 맡겨야 합니까?"

관중이 물었다. "공께서는 누구를 생각하고 계십니까?"

환공이 답했다. "포숙아입니다."

관중이 말했다. "불가합니다.

그는 사람됨이 깨끗하고 청렴하고 선한 선비입니다.

그는 자기만 못한 사람과는 어울리지 않습니다.

또한 남의 과오를 한 번 들으면 종신토록 잊지 못합니다.

그에게 나라의 정치를 맡기면 위로는 군주에게 거스르며

아래로는 또 백성들과도 어긋날 것입니다.

끝내 그는 군주에게 죄를 받게 될 것이니

오래가지 못할 것입니다."

환공이 물었다. "그러면 누가 좋겠습니까?"

관중이 답했다. "물리치지 않는다면 습붕이 좋을 것입니다.

그의 사람됨은

윗사람은 잊어버리고, 아랫사람은 따를 것이며,

황제黃帝처럼 미치지 못함을 부끄러워하고

자기에 미치지 못하는 사람을 불쌍히 여깁니다.

덕을 남에게 나누어 주는 것을 성聖이라 하고

재물을 남에게 나누어 주는 것을 현賢이라 합니다.

어짊으로 남에게 군림하면 사람을 얻지 못합니다.

管仲有病 桓公問之曰

寡人惡乎屬國而可.

對曰 公誰欲與.

公曰 鮑叔牙.

曰 不可.

其爲人也 潔廉善士也

其於不己若者 不比也

又一聞人之過 終身不亡.

使之治國 上且鉤[209]乎君

下且逆乎民

其得罪於君也

將弗久矣

公曰 然則孰可

對曰 勿已則隰朋可

其爲人也

上忘而下畔[210]

愧不若黃帝

而哀不己若者

以德分人謂之聖

以財分人謂之賢

以賢臨人 未有得人者也

---

209)_ 鉤(구)＝反, 逆也. 規, 屈也.
210)_ 畔(반)＝伴. 竝行.

어짊으로 남에게 낮추면 사람을 얻지 못할 리 없습니다." 以賢下人 未有不得人者也.

한비자韓非子/십과十過

관중이 늙어 정사를 볼 수 없어 管仲老 不能用事

집에서 쉬고 있을 때 休居於家

환공이 문병을 와서 말했다. 桓公從而問之曰

"중보仲父(관중)께서 병들어 仲父家居有病

불행히도 일어나지 못하면 정사를 누구에게 맡길까요?" 卽不幸而不起 政安遷之

관중이 말했다. "신은 노쇠하여 질문을 감당할 수 없으나 管仲曰 臣老矣 不可問也

신이 듣기로는 신하를 아는 것은 군주만 한 이가 없고 雖然臣聞之 知臣莫若君

자식을 아는 것은 부모만 한 이가 없다고 합니다. 知子莫若父

공께서는 쓰기로 결심한 이가 있습니까?" 君其試[211]以心決之.

환공이 말했다. "포숙아는 어떻습니까?" 君曰 鮑叔牙如何.

관중이 말했다. "안 됩니다. 管仲曰 不可.

포숙아의 인품은 夫鮑叔牙爲人

강직하고 순일하고 너무 성급합니다. 剛愊[212]而上[213]悍[214]

강직하므로 민중을 거슬려 사납고 剛則犯民以暴.

순일하므로 민심을 얻을 수 없으며 愊則不得民心.

성급하므로 아랫사람들을 부릴 수 없으며 悍則下不爲用

마음으로 두려운 것이 없으니 패왕의 보좌감이 아닙니다." 其心不懼 非覇者之佐也.

---

211)_ 試(시)=用也. 驗也. 考也.

212)_ 愊(꾑)=純一也.

213)_ 上(상)=最也.

214)_ 悍(한)=性急也.

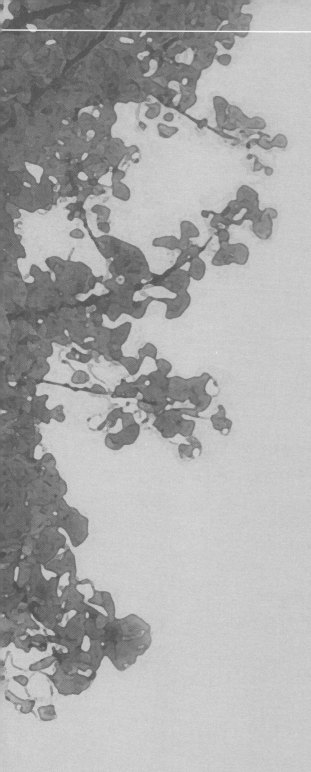

제5장

난세의 처방

1절 | 극기복례

논어 읽기

논어論語/안연顔淵 1

안연이 인仁을 물었다.	顔淵問仁.
공자께서 말씀하셨다.	子曰
"사사로움을 이기고 예禮로 돌아가는 것이 인을 행함이니	克己復禮 爲仁
한결같이 날마다 극기克己하여 복례復禮하면	一日克己復禮
천하가 인으로 돌아갈 것이다.	天下歸仁焉.
인을 행함은 자기에게 달려 있지 남에게 달려 있겠느냐?"	爲仁由己 而由[1]人乎哉.
안연이 말했다. "인의 세목을 묻겠습니다."	顔淵曰 請問其目
공자께서 말씀하셨다.	子曰
"예가 아니면 보지 말고, 예가 아니면 듣지 말고	非禮勿視 非禮勿聽
예가 아니면 말하지 말고, 예가 아니면 행동하지 말라."	非禮勿言 非禮勿動.

---

1)_ 由(유)＝自也. 從也. 因緣也.

논어論語/팔일八佾 15

공자께서 태묘에 들어가 제사를 돌보시는데

매사를 물어서 행하셨다.

혹자가 빈정대며 말했다.

"누가 추읍鄹邑 대부의 아들이 예를 안다고 했는가?"

공자께서 그 말을 듣고 말씀하셨다. "그렇게 하는 것이 예다."

子入大廟

每事問

或曰

孰謂鄹人[2]之子 知禮乎

子聞之曰 是禮也.

논어論語/팔일八佾 17

자공이 고삭告朔의 제사에 희생양을 생략하려 했다.

공자께서 말씀하셨다.

"사賜(자공)야! 너는 양 한 마리를 아끼는구나!

나는 그 예를 아낄 뿐이다."

子貢欲去告朔[3]之餼[4]羊

子曰

賜也 爾愛其羊

我愛其禮.

논어論語/팔일八佾 19

정공定公이 물었다. "군주가 신하를 부리고

신하가 군주를 섬기려면 어떻게 해야 합니까?"

공자께서 대답하셨다.

"군주는 신하를 예법으로 부려야 하며

신하는 충심으로 군주를 섬겨야 합니다."

定公問 君使臣

臣事君 如之何.

孔子對曰

君使臣以禮

臣事君以忠.

2)_ 鄹人 (추인)＝공자의 父, 叔梁紇. 鄹邑의 大夫였다.

3)_ 告朔 (고삭)＝매월 초하루 조묘에 올리는 고사.

4)_ 餼 (희)＝生牲也. 氣의 或字.

극기란 무엇인가?

공자는 춘추전국시대라는 난세를 당하여 군자가 가장 중시해야 할 한 마디 말이 있다면 그것은 인仁이라고 생각한 것 같다. 그리고 그 인은 난세의 극복 방안으로 그치는 것이 아니라 가문과 나라와 천하가 태평하기 위한 관건이요, 기본 강령으로 생각했다. 과연 인은 무엇이기에 그처럼 중시했을까?

공자는 인하려면 복례復禮해야 하고, 복례하려면 극기克己해야 한다고 말한다. 과연 극기의 '기己'는 무엇인가? 과연 공자는 무엇을 이긴다고 말한 것인가? 주희는 기를 '신지사욕身之私欲'으로 해석했다. 그러면 '사私'는 무엇이고 '욕欲'은 무엇인가? 사를 부정하는 것은 공동체를 위한다는 뜻인가? 아니면 군주를 위한다는 뜻인가? 또한 욕망을 부정한다면 인간의 타고난 본성을 부정하는 것인가? 결론부터 말하면 인의 목적은 주례周禮의 종법질서에 의한 공동체 건설이며, 사기私己의 극복은 그 수단인 것 같다.

이에 대해 정약용은 대체로 공자와 주희에 공감하면서 사욕私慾·인심人心·소체小體를 '극복해야 할 기己'로 보았고, 공화公和·도심道心·대체大體를 부흥해야 할 예禮로 보았다. 즉 두 개의 나(我)가 있는데 하나는 사적인 '나'이며 하나는 공적인 '나'라는 것이다. 그러므로 극기는 하나의 '나'가 다른 하나의 '나'를 이기는 것을 의미한다. 다시 말하면 인이란 도심 또는 공심公心이 인심 또는 사심私心을 이기는 것을 말한다. 이것을 프로이트Sigmund Freud(1856~1939)로 설명하면 동물적인 원시자아(Es)에 머물지 않고 그것을 초자아(Über-ich)로 인도하는 것이 곧 인이라는 뜻이다. 다음 예문은 극기에 대한 정약용의 해설이다.

여유당전서與猶堂全書/**2집**/**권12**/**논어고금주**論語古今註/**안연**顏淵

유현劉炫[5]에 의하면 "극克은 이긴다는(勝) 뜻이고   劉炫曰 克勝也

---

5)_ 隋經學家. 字는 光伯. 門人諡爲宣德先生.

기己는 몸(身)을 말한다.	己謂身也
몸은 기욕嗜慾이 있으니 의당 예의로 다스려야 하며	身有嗜慾 當以禮義齊之
기욕과 예의가 다투어	嗜慾與禮義戰
예의가 기욕을 이기게 하면	使禮義勝其嗜慾
몸이 예의로 복귀할 수 있으니	身得歸復於禮
인仁이 된다"는 것이다.	如是乃爲仁也
주자는 "기는 신身의 사욕"이라고 했다.	朱子曰 己謂身之私欲也
내 생각을 보충한다면, 기란 나(我)를 말하는데	補曰 己者我也
그 나는 대체大體와 소체小體가 있고	我有二體
소심人心과 도심道心이 있다.	亦有二心.
도심이 인심人心을 이기면	道心克人心
곧 대체가 소체를 이긴 것이다.	則大體克小體也.

예가 아닌데 보려는 욕심이 있으므로	非禮欲視
공자는 "예가 아니면 보지 말라"고 말한 것이다.	故曰 非禮勿視
예가 아닌데 들으려는 욕심이 있으므로	非禮欲聽
공자는 "예가 아니면 듣지 말라"고 말한 것이다.	非禮欲聽 故曰 非禮勿聽
예가 아닌데 말하고픈 욕심이 있으므로	非禮欲言
공자는 "예가 아니면 말하지 말라"고 말한 것이다.	故曰 非禮勿言
예가 아닌데 행하려는 욕심이 있으므로	非禮欲動
공자는 "예가 아니면 행하지 말라"고 말한 것이다.	故曰 非禮勿動
처음부터 욕심이 없었다면 어찌 하지 말라고 말했겠는가?	初若不欲 何謂之勿
욕심내는 것은 인심이 욕망한 것이다.	欲也者 人心欲之也
하지 말라는 것은 도심이 하지 말라고 하는 것이다.	勿也者 道心勿之也
하나의 나는 하려고 하는데	彼欲

또 하나의 나는 하지 말라고 서로 다툴 때　　　　　　　　　此勿兩相交戰

말리는 내가 이기는 것을 곧 극기라고 말하는 것이다.　　　勿者克之 則謂之克己.

여유당전서與猶堂全書/2집/권7/논어고금주論語古今註/위정爲政

도심이 주인이 되어 인심이 명령을 따른다면　　　　　　　道心爲之主 而人心聽命

공자의 말대로 '종심소욕從心所欲'해도　　　　　　　　　　則從心所欲

도심의 하고자 함을 따를 것이므로　　　　　　　　　　　爲從道心之所欲

'불유구不踰矩(도리를 넘지 않는다)'라고 한 것이다.　　　　故不踰矩也.

만약 중인들이 '종심소욕'하면　　　　　　　　　　　　　若衆人從心所欲

인심이 하고자 함을 따를 것이므로　　　　　　　　　　　則爲從人心之所欲

악에 빠지게 되는 것이다.　　　　　　　　　　　　　　　故陷於惡也.

여유당전서與猶堂全書/2집/권6/맹자요의孟子要義/진심盡心

맹자가 평생 살핀 것은　　　　　　　　　　　　　　　　孟子一生所察

도심의 보존과 망실의 문제였으니　　　　　　　　　　　卽道心之存亡也

욕심이 적으면 도심의 망실도 적어지고　　　　　　　　　寡慾則道心亡者亦寡

욕심이 많으면 도심의 망실도 많을 것으로 생각했다.　　　慾多則道心亡者亦多

군자가 엄히 살필 것은　　　　　　　　　　　　　　　　君子之所嚴省者

단지 마음의 보존이냐 망실이냐의 문제다.　　　　　　　只這存亡已.

여유당전서與猶堂全書/1집/권12/이발기발변理發氣發辨

무릇 하나의 생각이 발동하면　　　　　　　　　　　　　凡有一念之發

곧 나는 삼가 맹렬히 반성하며 말한다.　　　　　　　　　卽己惕然猛省曰

'이것은 천리天理의 공공公公에서 발한 것인가?　　　　　是念發於天理之公乎

인욕人欲의 사私에서 발한 것인가?　　　　　　　　　　發於人欲之私乎

이것은 도심인가, 인심인가?'	是道心乎 是人心乎
세밀하고 절실하게 궁구하여	密切究推
이것이 과연 천리의 공이면	是果天理之公
배양 확충하고,	則培之養之 擴而充之
혹 인욕의 사에서 발한 것이면	而或出於人欲之私
막고 꺾어 극복한다.	則遏之折之 克而復之.

맹자의 성선설과 극기

인仁을 인간관계의 외면적인 것이라는 인외설仁外說과 인간 본성의 내면적인 것이라는 인내설仁內說의 갈림은 공자 이전부터 있었다. 그러나 원래 공자가 말한 "극기복례克己復禮 위인爲仁"에서는 복례가 중심이고 극기는 복례의 수단이었다. 그러므로 공자의 인은 인외설이요, 관계론이었다.

그러나 맹자는 성선설을 제기하면서 인을 복례에 부합하는 행위 즉 객관적인 인간관계에서 찾지 않고 마음에서 찾으려 했다. 이는 맹자 당시는 전국시대였고 주례의 권위가 회복할 수 없을 정도로 실추되었기 때문에 개개인의 선한 마음에서 희망을 찾으려 한 것으로 추측할 수 있다.

이에 맹자는 "극기복례 위인"을 '사욕을 버리는 것(克己)이 예를 회복하고 또한 군자(仁者)가 될 수 있는 길'이라고 해석한다. 사욕을 제거하고 선심善心을 찾는 것이 극기라고 본 것이다. 즉 인의 조건은 복례가 아니라 극기라고 본 것이다. 다시 말하면 맹자는 인의 중심을 '복례'에서 '극기'로 옮겨버린 것이다. '극기=인' 즉 극기해야만 복례할 수 있고 인을 이룰 수 있다는 뜻이다.

인내설

맹자孟子/고자告子 상

인仁은 사람의 마음이며, 의義는 사람의 길이다.	仁 人心也 義 人路也
길을 버리고 따르지 않으며	舍其路而弗由
마음을 버리고 찾지 않으니 슬픈 일이다.	放其心而不知求 哀哉
학문의 도리는 다른 것이 아니라	學問之道無他
잃어버린 마음을 찾는 것일 뿐이다.	求其放心而已矣.

결국 인간의 마음은 선하다고 말할 수 있다.	乃若其情 則可以爲善矣
내가 말하는 선은 이것을 의미한다.	乃所謂善也
불선이 되는 것은 인간의 타고난 재질의 죄가 아니다.	若夫爲不善 非才之罪也
측은·수오·공경·시비의 마음 즉 사단四端은	惻隱羞惡恭敬是非之心
인간이라면 모두 선천적으로 가지고 있다.	人皆有之
그러므로 사덕四德(인의예지)은	仁義禮智
밖에서 나에게 비추어준 것이 아니라	非由外鑠我也
나에게 본래 있었던 것이며 의식하지 않을 뿐이다.	我固有之也 不思耳矣.

맹자孟子/공손추公孫丑 상

맹자가 말했다. "화살 만드는 사람이	孟子曰 矢人
어찌 갑옷 만드는 사람보다 어질지 않다고 하겠느냐?	豈不仁於函人哉
그러나 화살을 만드는 사람은	矢人
오직 사람을 못 상하게 할까 걱정하고	唯恐不傷人
갑옷을 만드는 사람은 오직 사람이 상할까 걱정한다.	函人唯恐傷人
남의 병을 낫게 하려는 무당과 죽은 자의 관을 만드는 목수도	巫匠
역시 그렇다.	亦然

그러므로 기술은 신중하지 않으면 안 되는 것이다." 　　　　故術不可不愼也.

그러나 성선性善이라면 극기는 선성善性을 제거하란 말이 아닌가? 이처럼 성선설과 극기를 합치시키기 위해 맹자는 성性을 무리하게 좁게 해석한다. 즉 인의예지仁義禮智만을 성이라 하고, 천명天命인 이목구비와 육체의 욕구를 성에서 제외한다. 그래서 인간의 본성을 정신적인 선성과 육체적인 악성惡性으로 나누고, 극기의 대상을 육체적인 악성으로 국한시킨다.

맹자孟子/진심盡心 하

맹자가 말했다.	孟子曰
"입의 맛, 눈의 색	口之於味也 目之於色也
귀의 소리, 코의 냄새	耳之於聲也 鼻之於臭也
사지의 편안함 등은	四肢之於安逸也
성품이지만 천명이므로 군자는 성性이라고 말하지 않는다.	性也有命焉 君子不謂性也
부자의 인仁	仁之於父子也
군신의 의義	義之於君臣也
빈주의 예禮	禮之於賓主也
현자의 지혜(智)	知之於賢者也
성인의 천도天道는	聖人之於天道也
천명이지만 성품이므로 천명이라 말하지 않는다."	命也有性焉 君子不謂命也.

그러나 맹자는 한편으로는 인을 마음에서 찾는 인내설을 버리고 인외설을 주장하기도 하여 일관성이 없어 보인다.

인외설

맹자孟子/고자告子 하

조교曹交가 물었다.	曹交問曰
"사람은 모두 요순이 될 수 있다고 하는데 정말 그렇습니까?"	人皆可以爲堯舜 有諸乎.
맹자가 대답했다. "그렇습니다.	孟子曰 然.
요순의 도道는 효제孝悌일 뿐입니다.	堯舜之道 孝悌而已矣
그대가 요임금의 옷을 입고, 요임금의 말을 하고	子服堯之服 誦堯之言
요임금의 행실을 하면 바로 요임금입니다.	行堯之行 是堯而已矣
그대가 걸왕의 옷을 입고, 걸왕의 말을 하고	子服桀之服 誦桀之言
걸왕의 행실을 하면 바로 걸왕입니다."	行桀之行 是桀而已矣.

맹자는 군자의 첫째 덕목으로 욕구 억제를 꼽았다. 이것은 공자의 극기克己를 과욕寡慾으로 완화한 것이다. 그러나 여전히 재물을 경시하고 이익 추구를 죄악으로 간주한 것은 공자와 같다.

맹자孟子/진심盡心 하

맹자가 말했다.	孟子曰
"마음을 수양하는 데는	養心
욕심을 적게 하는 것보다 좋은 것은 없다.	莫善於寡欲
사람됨이 과욕寡慾하면	其爲人也寡欲
비록 본심을 보존하지 못한 자가 있더라도 아주 적을 것이다.	雖有不存焉者 寡矣
그 사람됨이 다욕多慾하면	其爲人也多欲
비록 본심을 보존한 사람이 있더라도 아주 적을 것이다."	雖有存焉者 寡矣.

순자의 성악설과 반극기

순자는 성악설性惡說을 주장했으므로 그에게 극기克己는 악성惡性을 제거하는 것이 된다. 그런데도 순자는 공자의 '극기복례'를 거부했다. 왜 그랬을까? 그는 악성은 천명이므로 제거할 수 있는 것이 아니라 인도할 수 있을 뿐이라고 보았기 때문이다. 또한 그는 주례로 돌아가는 것이 아니라 현재의 왕법王法을 따르라고 주장했고, '극기'를 '극신克身'으로 보지 않았다. 그는 이익을 좇는 마음은 악惡이지만 인간의 본성이므로 이를 인정한다. 다만 의義가 이利보다 우선이라는 것뿐이다. 즉 그는 욕망을 억제하는 것이 아니라 반대로 욕망이 많아야 그 욕망을 채우기 위해 부득이 법을 지키고 지도자의 인도에 순종할 것이라고 말한다. 만약 욕망이 적다면 상벌을 시행할 수 없으므로 정사가 불가능할 것이라고 걱정한다.

맹자와 순자의 차이점은 무엇인가? 맹자는 선성善性을 수양하여 극기해야 주례로 돌아갈 수 있다고 보았고, 반면 순자는 현재의 왕법으로 제약 인도해야만 악성을 억제할 수 있다고 본 것이다.

그러므로 그는 맹자와 송견의 '과욕寡欲'을 비판했다. 그는 나라를 다스리는 것은 인간의 욕망을 이용하여 상벌로 권면하고 금지하는 것인 본령인데, 송견의 주장대로 인간이 영예와 치욕을 모르고 욕망이 적어진다면 권면하고 금지할 수단이 없으므로 국가의 존립 근거가 없어지며 백성은 가난해질 것이라고 생각했다. 순자는 묵자와 송견 등 공동체주의와 반전 사상은 결국 무정부주의이므로 무책임한 이상주의라고 생각한 것이다.

순자荀子/**대략**大略

의義와 이利는 사람이 둘 다 가지고 있는 심성이다.	義與利者 人之所兩有也
요순이라 해도 민民의 이利를 좇는 마음을 제거할 수 없다.	雖堯舜不能去 民之欲利.

그러나 이利를 좇는 욕구로 하여금   然而能使其欲利

의를 좋아하는 마음을 이기지 못하게 할 수는 있다.   不克其好義也

또한 비록 걸주라 해도   雖桀紂

민의 의를 좋아하는 마음을 제거할 수는 없다.   不能去民之好義也

그러나 능히 의를 좋아하는 마음으로 하여금   然而能使其好義

이利를 좇는 욕구를 이기지 못하게 할 수는 있다.   不勝其欲利也

그러므로 의가 이利를 이기면 세상은 다스려지고   故義勝利者爲治世

이利가 의를 이기면 세상은 어지럽다.   利克義者爲亂世.

순자荀子/정명正名

치란治亂은 마음이 옳은가에 달려 있을 뿐   治亂在心之所可

마음의 욕구에 달려 있는 것이 아니다.   亡於情之所欲.

욕망은 다 얻을 수 있다고 기대할 수 없으며   欲不待可得

자연에서 받은 것이다.   所受乎天也

욕망을 추구하되 옳은 바를 따르는 것은   求者從所可

마음에서 받는 것이다.   受乎心也

도道란 적극적으로 욕망을 다하도록 다가가게 하며   道者進則近盡

소극적으로 욕망의 추구를 절제하게 하는 것이다.   退則節求.

무릇 치국治國을 말하면서 욕망의 제거를 기대하는 것은   凡語治而待去欲者

욕망을 인도할 줄 모르고   無以道欲[6]

욕망이 있는 것만 고민하는 사람이다.   而困於有欲者也

또한 욕망이 적게 되는 것을 기대하는 것은   凡語治而待寡欲者

---

6)_ 道欲(도욕)=導欲.

욕망을 절제할 방법을 모르고   無以節欲

욕망이 많은 것만 고민하는 사람이다.   而困於多欲者也

욕망이 있고 없고는 종류가 다를 뿐이지   有欲無欲 異類也

생사의 문제이며 치란의 문제는 아니다.   生死也 非治亂也

욕망이 적고 많고는 종류가 다를 뿐이지   欲之多寡 異類也

마음의 이치이며 치란의 문제는 아니다.   情之數[7]也 非治亂也.

사람이 바라는 것은 생명이고   人之所欲生甚矣

사람이 싫어하는 것은 죽음이다.   人之所惡死甚矣

그러나 사람이 생명을 좇지만 기필코 죽는 것은   然而人有從生成[8]死者

살고 싶지 않고 죽기를 바라는 것이 아니라   非不欲生而欲死也

사는 것이 옳지 않고 죽는 것이 옳기 때문이다.   不可以生 而可以死也

그러므로 욕망은 지나치나 행동이 따라가지 않는 것은   故欲過之而動不及

마음이 그것을 저지한 때문이다.   心止之也

마음이 옳다 생각하는 것이 도리에 맞으면   心之所可[9]中理

욕망이 비록 많아도 어찌 치국을 해치겠는가?   則欲雖多 奚傷於治.

그러므로 치란은 마음이 옳은 것에 달려 있을 뿐   故治亂在於心之所可

욕망의 많고 적음에 달려 있는 것이 아니다.   亡於情之所欲.

순자荀子/**대략**大略

순임금은 "나는 욕망을 따라서 다스렸다"고 말했다.   舜曰 維[10]予 從欲而治.

---

7)_ 情之數(정지수)=人情必然之數也.

8)_ 成(성)=終也, 畢也, 所由起也.

9)_ 所可(소가)=心以爲可也.

10)_ 維(유)=『서경』의 「大禹謨」·「皐陶謨」에는 俾로 됨.

그러므로 예가 생긴 것은	故禮之生
현인 이하 서민을 다스리기 위한 것일 뿐	爲賢人以下至庶民也
성인이 되게 하려는 것은 아니다.	非爲成聖也
그러하니 성인이 되는 방법은	然而亦所以成聖也
배우지 않으면 될 수 없다.	不學不成.
요임금은 윤수尹壽에게서 배웠고	堯學於君疇[11]
순임금은 무성소務成昭[12]에게서 배웠으며	舜學於務成昭
우임금은 서강西羌의 현인 서왕국西王國[13]에게서 배웠다.	禹學於西王國.

순자荀子/**정론**正論

송견은 사람의 본래 마음은 욕심이 적은 것인데	子宋子曰 人之情欲寡
모두 자기 마음이 욕구가 많도록 만들었다고 하지만	而皆以己之情爲欲多
이는 잘못이다.	是過也
옛사람의 다스림은 그렇지 않았다.	古之人爲之不然.
사람의 마음은 많은 것을 욕구하고	以人之情爲欲多
적은 것을 욕구하지 않는다고 생각했으므로	而不欲寡.
부를 더해 주는 것으로 상을 주고	故賞以富厚
감하는 것으로 벌을 주었던 것이다.	而罰以殺損也
이것은 모든 왕들이 공통된 것이다.	是百王之所同也
그러므로 가장 어진 이는 천하를 녹으로 받고	故上賢祿天下
다음 어진 이는 한 나라를 녹으로 받고	次賢祿一國

---

11)_ 君疇(군주)=『漢書』「古今人表」에는 尹壽라 했음.
12)_ 『한서』의 「藝文志」「小說家」에 「務成子」 11편이 있다.
13)_ 不詳. 순임금의 출생지인 西羌의 賢人으로 추측.

그 밑의 어진 이는 한 고을을 녹으로 받았으며   下賢祿田邑
선량한 민들도 의식주를 온전히 할 수 있었던 것이다.   愿愨之民完衣食也.

이기론과 극기

천성과 극기론

이상 살펴본 것처럼 공자의 도덕률은 행동거지와 그 결과를 묻는 책임 윤리였다. 그런데 맹자에 이르면 주관적인 마음이 강조되기 시작한다. 그래서 인仁을 해석하는 데도 인외설에서 인내설로 바뀐다. 그러나 성리학에 이르면 객관적인 천리가 주관적인 심성으로 내면화하여 통합되기에 이른다.

그러므로 공맹의 윤리도덕론은 유교라는 종교의 교리로 이행됨으로써 혈연적 공동체 윤리에서 우주적 윤리로 확장된다. 유학은 왕 중심의 가부장적 일가一家를 지향했으나, 유교는 천天 중심의 우주적 일가를 지향한 것이다. 그러므로 유학에서 인륜의 기본은 군사부君師父에 대한 효였으나 유교의 인륜은 천지天地에 대한 효로 확장되어, 하늘에 대한 제사가 바로 하늘에 대한 효도로 종교화된다. 동중서는 유학의 도덕론인 오덕五德(仁義禮智信)을 우주론인 사계절과 오행五行(金木水火土)으로 설명했다. 주돈이周敦頤(1017~1073)와 주희도 이를 계승했다.

춘추번로春秋繁露/권12/기의基義
인의仁義와 제도制度의 이치는 모두 하늘에서 취한 것이다.   仁義制度之數 盡取之天
왕도王道의 삼강三綱은 하늘에서 찾을 수 있다.   王道之三綱 可求于天.

춘추번로春秋繁露/권13/오행상생五行相生

동방은 목木이요, 농사의 근본이다.	東方者木 農之本
그러므로 사농司農은 인仁을 귀히 한다.	司農尙仁
남방은 화火요, 조정의 근본이다.	南方者火也 本朝
그러므로 군사를 맡은 사마司馬는 지智를 귀히 한다.	司馬尙智
중앙은 사土이며 군주와 관리다.	中央者土 君官也[14]
그러므로 법전을 만드는 사영司營은 신信을 귀히 한다.	司營尙信.
서방은 금金이요, 도리를 키우는 사도司徒다.	西方者金 大理司徒也
그러므로 교육을 담당하는 사도는 의를 귀히 한다.	司徒尙義
북방은 수水요, 법을 집행하는 사구司寇다.	北方者水 執法司寇也
그러므로 형벌을 맡은 사구는 예를 귀히 한다.	司寇尙禮.

그러나 성리학에 이르면 내 안에 내재한 천심을 보존하는 것이 바로 인仁이므로 윤리도덕은 객관적인 복례復禮보다 주관적인 극기克己의 수양 종교로 바뀐다. 이처럼 유교는 자연과 인간을 하나로 보았으며 식물과 동물과 인간이 똑같은 생명체임을 주목했다. 그리고 그것들은 천지의 품 안에서 운명 공동체로 보았고, 나아가 만물이 일체임을 발견한 것이다. 급기야 성리학에 이르면 공자의 인仁은 인간관계론을 넘어 우주적 자비로 확대된다. 특히 주희는 『주역』에서 말한 천지의 덕인 원형이정元亨利貞을 인간의 덕인 인의예지와 같은 것으로 보았다. 이는 바로 천天과 인人을 하나로 본 것이며 천인합일天人合一이야말로 인간의 도덕적 목표가 된다.

---

14)_ 土者君之官也(春秋繁露/卷十三/五行相勝).

공자

주역周易**/문언**文言

원元은 선한 것의 으뜸이요,　　　　　　　　　　元者 善之長也

형亨은 아름다움이 모인 것이요,　　　　　　　　亨者 嘉之會也

이利는 뜻의 화합이요,　　　　　　　　　　　　利者 義之和也

정貞은 일의 줄기다.　　　　　　　　　　　　　貞者 事之幹也.

정이[15]

역전易傳

건乾은 만물의 비롯됨이니　　　　　　　　　　乾者 萬物之始

원형이정을 사덕四德이라 말한다.　　　　　　　故元亨利貞謂之四德.

'원'은 만물의 비롯됨이요,　　　　　　　　　　元者 萬物之始.

'형'은 만물의 자람이요,　　　　　　　　　　　亨者 萬物之長.

'이'는 만물의 결실이요,　　　　　　　　　　　利者 萬物之遂.

'정'은 만물의 완성이다.　　　　　　　　　　　貞者 萬物之成.

주희

주역본의周易本義

'원元'은 생물의 비롯됨이니 천지의 덕이요,　　元者生物之始 天地之德.

이보다 앞선 것이 없으므로 시절에서는 춘春이라 하고　莫先於此 故於時爲春

사람에 있어서는 인仁이라 하며, 모든 선善의 으뜸이라 한다.　於人則爲仁 而衆善之長也.

'형亨'은 생물의 소통이니　　　　　　　　　　亨者生物之通

---

15)_ 程頤(1033~1107).

만물이 이에 이르면 아름답지 않음이 없으므로 　　　　物至於此 莫不嘉美

시절은 하夏라 하고, 사람에 있어서는 예禮라 하며 　　故於時爲夏 於人則爲禮

모든 아름다움의 모임이라 한다. 　　　　　　　　而衆美之會也.

'이利'는 생물의 이룸이니 　　　　　　　　　利者生物之遂

만물은 각각 뜻을 이루되 서로 방해되지 않으므로 　物各得意 不相妨害

시절은 추秋라 하고, 사람에 있어서는 의義라 하며 　故於時爲秋 於人則爲義

각기 분수의 조화를 얻음이라 한다. 　　　　　　而得其分之和也.

'정貞'은 생물의 완성이니 　　　　　　　　　貞者生物之成

실리가 다 갖추어져 곳에 따라 각각 만족하므로 　實理具備 隨在各足

시절은 동冬이라 하고, 사람에 있어서는 지智라 하며 　故於時則爲冬 於人則爲智

모든 사업의 줄기라 한다. 　　　　　　　　　而衆事之幹

줄기는 나무의 몸통과 같으니 　　　　　　　　幹木之身

가지와 잎이 의지하는 바요, 서 있을 수 있는 것이다. 　而枝葉所依 而立也.

진순[16]

북계자의北溪字義/인의예지신仁義禮智信

인성에는 인의예지 사덕이 있는데 　　　　　　人性之有仁義禮智

이 사덕은 천지의 마음인 원형이정의 이理다. 　只是天地元亨利貞之理.

'원'은 개개 사물의 생명 의지이며 　　　　　　蓋元是箇生意

'형'은 생명 의지가 통하는 것이며 　　　　　　亨只是此生意之通

'이'는 생명 의지를 이루는 것이며 　　　　　　利只是此生意之遂

---

16)_ 陳淳(1159~1223).

'정'은 생명 의지를 저장하는 것이다. 貞也只是此生意之藏.

이학파의 극기론

공자의 테제인 '극기복례'는 성리학에서는 '멸인욕減人欲 존천리存天理'로 바뀐다. '존천리'란 본성을 찾아야 한다는 뜻으로 맹자의 '잃어버린 마음을 찾는 것'이나, 불교에서 '불심을 찾자'는 것과 같은 것이다. 이것은 두 가지 의미가 있다.

첫째, 주례를 천리로 절대화함으로써 주나라의 봉건제를 정치 이상으로 삼았다.

둘째, 인자仁者가 되기 위해서는 마음속의 사욕을 없애고 천리를 보존해야 한다.

주돈이

태극도설太極圖說

오성五性이 감동하여 선악이 나뉘고	五性[17]感動 而善惡分
만사가 나온다.	萬事出矣
이에 성인은 오성을 편안하게 하고자	聖人[18]定之
중정中正·인의仁義와 주정主靜(무욕의 고요함)으로	而中正仁義[19] 而主靜[20]
사람의 표상을 세웠다.	立人極焉
그러므로 성인은 그 덕성이 천지와 합치하고	故聖人與天地合其德
밝음이 일월과 합치하며 질서가 사시와 합치하고	日月合其明 四時合其序
길흉이 귀신과 합치한다.	鬼神合其吉凶.
군자는 이것을 닦음으로써 길하고	君子修之吉

17)_ 五性(오성)＝五行의 德性.
18)_ 聖人(성인)＝主靜. 天人合一.
19)_ 中正仁義(중정인의)＝聖人之道 仁義中正而已矣.
20)_ 主靜(주정)＝無慾故靜.

소인은 이것을 어기므로 흉하다.   小人悖之凶.

성리대전性理大全/권2/통서通書 1/성학聖學

성인은 배움으로 가능한가? 가능하다.   聖學可乎 曰可.

요점이 있는가? 있다.   有要乎. 曰有.

요점이 무엇인가? 요점은 하나다.   請問焉 曰 一爲要

그 하나란 무욕無欲이다.   一者無欲也

무욕하면 정靜하여 허虛하고, 동動하여 곧다.   無欲則靜虛動直.

고요하여 비우면 밝고, 밝으면 통한다.   靜虛則明 明則通.

동하여 곧으면 공평하고, 공평하면 두루 광대하다(溥).   動直則公 公則溥.

밝게 통하고 두루 공평하면 그것으로 거의 성인이다.   明通公溥 庶矣乎.

정이

이정유서二程遺書/권15

보고 듣고 말하고 행동함에   視聽言動

이理가 아니면 하지 않는 것이 곧 예禮다.   非理不爲卽是禮.

그러므로 예는 곧 이理다.   禮卽是理也

천리天理가 아니면 곧 사욕私欲이다.   不是天理 便是私欲.

이정유서二程遺書/권19

욕심은 자기만 이롭게 하고 반드시 남에게 손해를 끼치며   欲利于己 必損于人.

의리義理를 잊고 원수를 쌓는다.   忘義理 致怨仇.

대체로 이학理學은 '멸인욕 존천리'를 위해 마음을 경계해야 한다고 주장한다. '경敬'이란 하늘의 무사無私(사사로움이 없음) 생생지심生生之心(낳고 살리는 마음)을 내 마음으로 삼는 것이다. 이것은 정이가 주돈이의 주정主靜을 주경主敬으로 내실화한 것이다. 경은 '주일무적主一無適'을 뜻한다. '주일'은 무욕無欲 존성存性하여 천성을 주인으로 삼는 것을 말하고, '무적'은 사기私己 사욕으로 달아나지 않는 것을 말한다.

이정유서二程遺書/권15

경敬이란 천심天心을 한결같이 주인으로 삼는 마음이다.	所謂敬者 主一之謂敬.
소위 '일一'이라 말한 것은	所謂一者
사욕으로 달아나지 않는 것을 말한다.	無適之謂一.

기학파의 극기론

기학파氣學派들은 대체로 성선설 또는 성악설을 부정하고 묵자의 인성학습설人性學習說을 따른다. 왜냐하면 마음은 이리가 아니고 기기이기 때문이다. 이理는 마음에 있는 것이 아니고 기질氣質, 즉 물物에 있을 뿐이다. 그러므로 본성을 찾는다 해도 거기에는 이理도 없고 선악도 없을 것이기 때문이다.

장재[21]

장자전서張子全書/**어록** 語錄

기화氣化가 있으므로 도道라는 이름이 있게 된다.	有氣化 有道之名.
그러므로 이理는 인심人心에 있지 않고 모두 사물에 있다.	理不在人 皆在物.
그러므로 만물에는 모두 이理가 있다고 말한다.	萬物皆有理.

---

21)_ 張載(1020~1077).

왕안석[22]

임천문집臨川文集/**주관신의**周官新義/**성정**性情

성性과 정情은 하나다.	性情一也.[23]
성은 본래 선악이 없다.	性本無善惡
단 선하게 할 수도 있고 또는 악하게 할 수도 있을 뿐이다.	但可以爲善 亦可以爲惡
선과 악은 익히는 습관에 달려 있을 뿐이다.	其善其惡在于習.

그러므로 그들은 대체로 이학理學의 극기 곧 '멸인욕'을 반대하고 이利와 욕欲을 긍정하는 경향이다. 이것은 인간의 욕망과 민의 생산 활동을 천시하는 유가들의 '귀의천리貴義賤利' 사상을 거부하는 것으로 욕망의 해방에 획기적인 진전이다.

이처럼 욕에 대한 긍정적 이론은 북송北宋의 이구李覯(1009~1059)로부터 개발되었다고 보아야 할 것이다. 그는 인간의 타고난 욕망을 인정하고 다만 공동생활을 위해 예禮로써 그 욕망을 절제하고 꾸미는 것을 인仁이라고 해석했다. 이는 인의 중심을 극기에서 복례로 되돌리는 것이다.

이구

우강집旴江集/**권2/예론**禮論 1

대저 예禮가 비롯된 것은 사람의 성정과 욕망을 따르되	夫禮之初 順人之性欲
그것을 다스려 절도 있고 아름답게 꾸미는 것이었다.	而爲之節文也.

우강집旴江集/**권2/원문**原文

이利를 도모해도 되는가?	利可言[24]乎

---

22)_ 王安石(1021~1086).
23)_ 性是情的本體 情是性的運用.

사람은 이利가 아니면 살아갈 수 없으니	曰 人非利不生
어찌 도모하면 안 된다 하겠는가?	曷[25]爲不可言.
욕欲을 도모해도 되는가?	欲可言乎
욕이란 사람의 정이니 어찌 도모함을 불가하다 하겠는가?	曰 欲者人之情 曷不可言.
다만 도모한다 해도 예禮로써 하지 않으면	言而不以禮
이것은 탐욕이요, 방탕이니 죄악이다.	是貪與淫 罪矣.

이처럼 기학파는 '멸인욕'을 반대하므로 극기론에서도 주관적인 마음공부보다 객관적인 수신修身을 강조한다. 그들은 인仁을 관계론으로, 예禮를 행위의 표준으로 파악하므로 극기를 공동생활을 위한 '자기 절제'로 이해한다. 따라서 기학파는 주관적·주정적主靜的인 경敬보다도 객관적·주동적主動的인 성誠 또는 서恕를 강조한다. '성'은 하늘의 성실함을 본받아 생명 살림의 뜻을 실천하는 것을 말하며, '서'는 나의 처지에서 남을 배려하는 것을 말한다.

앞서 언급한 것처럼 기학파들은 대체로 성선설과 성악설을 따르지 않고 대신 성性은 본래 선도 악도 없으며 학습에 따라 선악이 생긴다는 성습설性習說을 지지한다. 그러므로 존심存心은 인仁이 될 수 없고 성실한 행동과 학습에 의해서만 정심正心이 될 수 있다고 보는 것이다.

자사

중용中庸/20장

성誠이란 하늘의 도道이며	誠者天之道也
성실하려는 것은 사람의 도다.	誠之者人之道也.

---

24)_ 言(언)=議也, 謀也.
25)_ 曷(갈)=何也.

왕부지[26]

선산유서船山遺書**/장자정몽주**張子正蒙注**/태화**太和

성誠이란 하늘의 도다.　　　　　　　　　　　　　　　　誠者天之道也

음양이 실체를 드러내는 것을 성이라 한다.　　　　　　陰陽有實之謂誠.

이구

우강집旴江集**/권2/예론**禮論 1

예禮란 사람이 가야 할 길의 표준이며　　　　　　　　夫禮 人道之准

세상을 교화하는 주인이다.　　　　　　　　　　　　世敎之主也.

성인이 천하 국가를 다스리고　　　　　　　　　　　聖人之所以治天下國家

수신修身·정심正心하는 방법은　　　　　　　　　　修身正心

달리 있지 않고 예에 합일하는 것뿐이다.　　　　　　無他一于禮而已矣.

임천문집臨川文集**/권66/예악론**禮樂論

신神은 성性에서 생기고, 성性은 성誠에서 생기고　　神生于性 性生于誠

성誠은 심心에서 생기고, 심은 기氣에서 생기고　　　誠生于心 心生于氣

기는 형체에서 생긴다.　　　　　　　　　　　　　　氣生于形.

그러므로 형체는 생명의 근본이다.　　　　　　　　形者有生之本也.

　　다만 경敬을 강조하는 이학파도 다 같은 유학이므로 성誠을 도덕적 품성으로 존귀하
게 여기는 것은 마찬가지임을 유의해야 한다.

---

26)_ 王夫之(1619~1692).

성리대전性理大全/권2/통서通書 1/성誠 상

성誠이란 성인의 근본이다.

『주역』에서 "위대하다! 건의 으뜸이여!

만물이 이것에서 비롯되었구나!"라고 노래한 것은

'성의 근원'을 말한 것이다.

誠者 聖人之本也

大哉乾元

萬物資[27]始

誠之源也.

중용장구中庸章句/19장

성誠이란 진실하여 거짓 없는 것을 말하며

천리의 본연이다.

誠者 眞實無妄之謂

天理之本然也.

주희와 비판자들의 극기론

주희의 극기론

공자가 말한 인仁의 조건인 '극기克己'의 본뜻은 약신約身이었다. '약신'은 예禮에 의한 자기 절제를 의미한다. 그러므로 원래 극기란 사私를 공公에 복종시킨다는 뜻으로 이기주의를 반대하는 정치적 명제였다. 그런데 성리학에서는 극기를 '멸인욕'으로 강화함으로써 주체를 더욱 소외시키는 결과를 낳았다. 이처럼 유교의 최대 약점은 공을

---

27)_ 資(자)=取也.

위해 사를 극도로 제약하는 봉건성에 있다고 볼 수 있다. 그렇지만 자유주의 내지 개인주의 사회인 오늘날에도 공과 사를 어떻게 조화할 것인가는 여전히 난제로 남아 있다.

주자어류朱子語類/권13/학學 7

인욕人慾 속에도 저절로 천리天理가 있어   人慾中自有天理
천리와 인욕은 같이 운행되지만 전혀 다른 감정이다.   然天理人欲同行異情.

주자어류朱子語類/권40/논어論語 22

천리와 인욕은 늘 서로 대면하지만   天理人慾常相對
병립을 용납하지 않는다.   然不容竝立
인욕을 모두 바꾸어야 천리를 다시 밝힐 수 있다.   革盡人慾 復明天理.

논어혹문 論語或問/제12/안연顔淵

극기克己의 '기己'는 인욕의 사私요,   己者人欲之私也.
복례復禮의 '예禮'는 천리의 공公이다.   禮者天理之公也.
하나의 마음 속에 사와 공은 병립을 용납하지 않는다.   一心之中 二者不容竝立.

주희는 인욕의 절제를 요청하지만 전향적인 태도를 보인다. 즉 그는 주로 이욕利欲을 비판하되 생명 욕구를 인정한다. 그러므로 그가 말한 멸인욕滅人欲은 멸사리滅私利의 뜻으로 읽어야 한다. 주희는 어느 정도 예禮에서 해방되려 했고 인욕도 인정하려 했다. 그는 이정二程(정이·정호 형제)과는 달리 인심人心이 모두 불선不善은 아니라고 말한다. 그리고 음식과 남녀의 욕망은 자연적인 천리일 뿐, 사욕이 아니라고 생각했다. 인욕이 사욕이 아니라면 천리이므로 그것을 부정하는 것은 포악이 된다.

주자어류朱子語類/권13/학學 7

성리대전性理大全/권50/학學 8

천리가 있으면 곧 인욕이 있다.	有箇[28]天理 便有箇人欲
이것들은 얽혀 있으며	蓋緣[29]這箇
천리는 모름지기 머물 곳이 있어야 하기 때문이다.	天理須有箇安頓處.
잠시라도 머물면 원치 않아도	纔安頓得 不恰好
인욕이 나타나기 마련이다.	便有人欲出來.
천리와 인욕은 여러 가지 점에서 구분되어야 하지만	天理人欲 分數有多少.
천리의 근본은 얼마쯤 인욕이니	天理本多人欲也
인욕은 천리 가운데서 나오는 것으로 보아야 한다.	便是天理裏面做出來.
그러므로 비록 인욕이라 해도 인욕 가운데는 천리가 있다.	雖是人欲 人欲中自有天理.

주자어류朱子語類/권61/맹자孟子 11

입은 음식을 좋아하고, 눈을 색을 좋아하고	夫口之欲食 目之欲色
귀는 소리를 좋아하고, 코는 향기를 좋아하고	耳之欲聲 鼻之欲臭
육체는 안일을 좋아하니	四肢欲安逸
어찌 저절로 그처럼 깨달을 수 있는가?	如何自會[30]恁[31]地[32]
이것은 본래 천리의 자연인 것이다.	這固是天理之自然.

---

28)_ 箇(개)＝得也.
29)_ 緣(연)＝因也, 繞也.
30)_ 會(회)＝至也.
31)_ 恁(임)＝그처럼.
32)_ 地(지)＝(助)的.

음악과 사냥과 유람의 즐거움	盍[33]鐘鼓 苑囿. 觀游之樂.
그리고 용기와 재화와 여색을 좋아하는 마음은	與夫好勇 好貨 好色之心
모두 천리가 가지고 있는 것이니	皆天理之所有
인정人情이 없앨 수 없는 것이다.	而人情之所不能無者
그러나 천리와 인욕은 길은 같으나 정情이 다른 것이다.	然天理人欲 同行異情.
이理에 따라 천하에 공평한 것은	循理而公于天下者
성현이 그 성품을 다하는 까닭이며	聖賢之所以盡其性也
욕망에 따라 자기 한 사람에게 사사로운 것은	縱欲而私于一己者
사람들이 그 천리를 없앤 까닭이다.	衆人之所以滅其天也
이처럼 천리와 인욕의 차이는 표현하기 어려우나	二者之間不能以發
그 시비 득실의 귀착점은	而其是非得失之歸
서로 거리가 먼 것이다.	相去遠矣

육구연의 절기자반

공자의 '극기복례'는 정주程朱에 의해 '멸인욕滅人欲 존천리存天理'로 철학화되었으나, 다시 상산象山 육구연陸九淵(1139~1192)에 의해 '절기자반切己自反'으로 대중화된다. '절기자반'이란 기己를 극복하는 것은 같지만 주례周禮로 돌아가는 것이 아니라 자기로 돌아오는 것이다. 그에 따르면 심心은 양지良知이므로 존천리의 방법은 학문이 아니라 본심本心을 회복하는 '구방심求放心'이다. 육구연은 이것을 '치양지致良知'라고 말한다. 그러므로 '복례復禮' 즉 주례로 돌아가는 것은 객관적이요, '자반自反' 즉 자기로

---

33)_ 盍(합)=何, 何不也. 蓋와 통용.

돌아오는 것은 주관적인 점이 다르지만 천리로 돌아가려는 것은 같다. 예禮도 천리요, 심心도 천리이기 때문이다. 다만 주희는 밖에서 구하고 육구연은 안에서 구할 뿐이다.

　그러나 그 효과는 크게 다르다. 종전에는 인자仁者가 되려면 예와 천리를 알아야 했으므로 글을 모르는 서민은 도저히 불가능한 것이었지만, 이제는 '자기로 돌아오기만 하면 된다'는 것이니 훨씬 쉬워지고 문호가 넓어진 것이다. 다만 양지설良知說은 겉으로는 '자반'이므로 주체적이고 민중적이지만, 속으로는 '절기切己'이므로 '극기'의 반주체적인 측면이 더욱 강화된다.

　첫째, '절기'는 심을 흐리게 하는 물욕物欲과 의견意見(사설邪說·이단異端)을 제거해야 한다. '절기'의 절切은 박락剝落을 뜻하며 '멸기滅己'와 비슷하므로 공자의 '극기'보다 더욱 주체를 제거한다.

　둘째, '자반' 즉 본심으로 돌아와야 한다는 것은 공자의 '복례'와 대응하는 개념이지만 민중적이라는 점에서 큰 차이가 있다. 심은 주관적이지만 예는 객관적이기 때문이다. 그러므로 주희는 육경六經을 절대화하고 학문을 중시했으나, 반면 육구연은 육경을 존덕성存德性의 수단으로 간주했으므로 도문학道問學을 가볍게 보고 존덕성을 중시했던 것이다.

상산선생전집象山先生全集**/권5/여서서미**與舒西美

옛사람이 사람을 교화하는 방법은	古人教人
마음을 지키고(存心), 마음을 기르고(養心)	不過存心養心
또는 잃어버린 마음을 찾는 것(求放心)뿐이었다.	求放心.
사람은 누구나 마음의 양지良知를 가졌으나	此心之良 人所固有
오직 보양할 줄을 모르고	人惟不知保養.
도리어 이것을 해치고 잃어버릴 따름이다.	而戕[34]賊放失之耳.

---

34)_ 戕(장)=殘 傷也.

진량의 공리주의

진량陳亮(1143~1194)은 주희와 동시대의 학자이며 저장성浙江省 융캉永康 사람으로 자는 동보同甫다. 사람들은 그가 용굴촌龍窟村에 살았으므로 용천龍川 선생이라 불렀다. 그는 항금抗金 주전파主戰派였으며 효종에게 「중흥오론中興五論」을 지어 올렸으나 권력자들의 원한을 사서 광괴狂怪의 죄로 세 번이나 옥고를 치렀다. 그는 주희와 대립하여 '실사실공實事實功'을 강조하는 영강학파永康學派를 창립하고 주희와 논쟁을 벌인 논적이었다.

진량은 의리보다 공적과 실리를 중히 여기는 공리주의功利主義자였다. 그는 주희가 이理와 욕欲, 의義와 이利를 대립적으로 파악하는 것에 반대했다. 그러므로 그는 의리義理와 이욕利欲, 왕도王道와 패도覇道의 병용을 주장했다. 진량과 섭적 등 공리주의자들은 표면적으로는 공자를 인정했지만 그들의 주장은 유가를 초월한 것이다. 진량의 의리·이욕의 병행 주장은 이구 등 선배 기학파들의 사상을 한 걸음 더 진전시킨 것이며, 왕도와 패도를 병용하자는 주장은 공자의 왕도주의를 버리는 것이기 때문이다(졸저 『성리학개론』 상권 제1부 4장 '기학파의 정치론' 참조). 그러므로 이들 공리주의자들은 실제로는 묵가의 전통을 계승한 것으로 보아야 할 것이다.

진량

주자대전朱子大全/권36/답진동보答陳同甫

내 생각으로는 고금은 마땅함이 다르니	亮以爲古今異宜
성현의 일이면 다 본받아야 한다는 것은 불가하다.	聖賢之事 不可盡以爲法.
다만 시대를 구하려는 의지와 어지러움을 구제한 공이 있다면	但有救時之志 除亂之功
그가 한 일이 비록 의리에 다 합당하지 않다 하더라도	則其所爲, 雖不盡合義理
일세의 영웅이 되는 데는 지장이 없다고 생각한다.	亦不自妨爲一世英雄.

주자대전朱子大全**/권20/복주원회**復朱元晦

왕도와 패도는 병용되고 의義와 이利는 다 같이 행해야 한다.   王覇並用 義利雙行.

천리天理와 인욕人欲은 병행할 수 있다.   天理人欲可以並行.

송원학안宋元學案**/용천학안**龍川學案

우임금에게 공功이 없다면 무엇으로 육부六府를 이루었고   禹無功 何以成六府.[35]

건乾에 이利가 없다면 무엇으로 사덕四德을 갖추었겠는가?   乾無利 何以具四德.

용천문집龍川文集**/문답**問答 **하**

욕망은 성性에서 나왔으므로 사람은 모두 욕망이 있다.   欲出于性 則人之所同欲也.

그것이 바름을 얻으면 도라 하고   得其正則爲道

바름을 잃으면 욕이라 할 뿐이다.   失其正則爲欲.

그러므로 욕이 악으로 되면 절제할 뿐이다.   因其欲 惡而爲之節而已.

섭적의 의리雙행

섭적葉適(1150~1223)은 저장성 융자永嘉 사람으로 자는 정칙正則이고 수심水心 선생이라 부른다. 남송의 병부시랑兵府侍朗을 지냈고, 항금 주전파였으며, 주희·육구연과 대립하는 영가학파永嘉學派를 창립했다. 그는 음양陰陽 이기二氣의 변증법적 조화가 만물의 시원이라고 보는 유물론적 기氣 일원론자다. 섭적의 유물론적 경향은 청淸 대 기氣철학에 큰 영향을 끼쳤다.

특히 그는 한유의 도학道學 정통설에 대해 '요→순→우→탕→문·무·주공→공

---

35)_ 六府(육부)=虞夏言六府 水火金木土穀是也(湛軒書/內集/卷四/鹽山問答).

자'는 인정했으나 '증자→자사→맹자'로 도통이 전승되었다는 주장에 대해서는 반대한다. 그러므로 정주의 성리학은 공자의 도통을 이은 것이 아니라고 생각했다. 공자와 그 이전까지는 실공학문實功學文이었으나 『대학』·『중용』·주희는 유심주의唯心主義라고 단정한 것이다.

또 그는 더 나아가 '공자학'을 부정했다. 공자는 이른바 성인이라 불리는 삼제三帝·삼왕三王의 도를 전했을 뿐 공자의 도가 따로 있는 것이 아닌데도, 맹자에 이르러 양자와 묵자의 학파와 다투면서 유가의 파가 생기고 마치 공자의 도인 것처럼 착각하게 되었다는 것이다.

그는 예란 정욕情欲을 조절하는 데 목적이 있는 것일 뿐, 정욕을 멸절하자는 것이 아니라고 강조한다. 이로써 공리功利와 의리義理를 종합하려 한다.

섭적

습학기언習學記言/**권44**/**순자**荀子

전국시대의 많은 담론과 의론들은	戰國群談衆議
망령되어 맞는 말이 없다.	妄爲無類[36]之言
저들도 물론 스스로 그것이 불가함을 알았으나	彼固自知其不可
잠시 세상을 조롱하며 농락한 것이다.	而姑爲戲以玩[37]一世.

습학기언習學記言/**권23**/**전한**前漢

어진 이는 바르고 마땅할 뿐 이利를 도모하지 않으며	仁人正誼不謀利
도를 밝힐 뿐 공功을 꾀하지 않는다는 말은	明道不計功
처음 들으면 대단히 좋은 말 같으나	此語初看極好

---

36)_ 無類(무류)＝無尾怪戾也(荀子). 類＝似也, 善也.

37)_ 玩(완)＝가지고 놀다, 弄也.

자세히 들여다보면 완전히 공소空疏한 말이다.　　　細看全疎闊

아무런 공적과 이로움이 없다면　　　既無功利

도의란 결국 쓸모없는 헛소리일 뿐이다.　　　則道義者 乃無用之虛語爾.

수심선생문집水心先生文集/**잡저**雜著/**증설자장**贈薛子長

독서도 경세치학經世治學의 실마리에 접근할 줄 모르면　　　讀書不知接統緒

비록 아름답다 해도 무익한 것이다.　　　雖多無益也

글을 지어 교서教書를 소통케 할 수 없다면　　　爲文不能關[38]教書

비록 교묘하다 해도 무익한 것이다.　　　雖工無益也

행실이 돈독해도 대의에 부합하지 않으면　　　篤行而不合於大義

비록 고원하다 해도 무익한 것이다.　　　雖高無益也

뜻을 세우되 세상을 걱정하는 것이 아니라면　　　立志不存於憂世

비록 인仁하다 해도 무익한 것이다.　　　雖仁無益也.

습학기언習學記言/**권2**/**역**易

천리天理와 인욕人欲을 성스러움과 거짓됨으로 나누는 것은　　　以天理人欲爲聖狂之分者

그 뜻을 선택함이 정밀하지 못한 것이다.　　　其擇義未精也

의義를 숭상함으로써 이利를 기르고　　　崇義以養利

예禮를 높임으로써 각자의 능력을 발휘토록 해야 한다.　　　隆禮以致力.

---

38)_ 關(관)＝塞門也, 通也, 涉也.

대진의 반멸욕론

대진[39]

대진집戴震集/**답팽진사윤초서**答彭進士允初書

송宋 대 이전에는 공맹은 스스로 공맹이요,	宋以前 孔孟自孔孟
노장·석가는 스스로 노장·석가였다.	老釋自老釋.
노장·석가를 말하는 자들도	談老釋者
그들의 말을 높이고 신묘하다 했을 뿐	高妙其言
공맹에 붙이지는 않았다.	不依附孔孟.
송 대 이래 공맹의 저서는	宋以來 孔孟之書
그 본래 해석을 모두 잃어버렸으니	盡失其解.
유가들이 노장·석가의 말을 마구 끌어다 해석했기 때문이다.	儒者雜襲老釋之言以解之.
원래 성현의 도는	是故聖賢之道
무사無私일 뿐 무욕無欲이 아니며	無私而非無欲.
노장·석가의 말은 무욕일 뿐이며 무사가 아니다.	老莊釋氏 無欲而非無私.
무욕을 주장하는 저들은	彼以無欲
이로써 자기 사사로움을 성취하려는 것이다.	成其自私者也.

대진집戴震集/**원선**原善 **상**

사람과 만물은 다 같이 욕망이 있다.	人與物同有欲.
욕망은 성품(性)의 사업이다.	欲也者 性之事也.
사람과 만물은 다 같이 지각이 있다.	人與物同有覺.
지각은 성품의 능력이다.	覺也者 性之能也.

---

39)_ 戴震(1723~1777).

대진집戴震集/맹자자의소증孟子字義疏證 하/재才

무릇 사물(事)과 행위(爲)에는 모두 욕망(欲)이 있다.　　凡事爲皆有於欲.

욕欲이 없으면 위爲도 없다.　　無欲則無爲矣.

욕이 있어야 위가 있고　　有欲而後有爲

그 위가 지당함에 귀착되어　　有爲而歸於至當

바꿀 수 없는 것을 이理라고 말한다.　　不可易之謂理.

욕이 없으면 위가 없는데 어찌 또 이理가 있겠는가?　　無欲無爲又焉有理.

도덕의 성대함은　　道德之盛

사람들로 하여금 욕망을 이루지 못함이 없도록 하고　　使人之欲無不遂

감정을 통달하지 못함이 없도록 하는 것뿐이다.　　人之情無不達 斯已矣.

대진집戴震集/맹자자의소증孟子字義疏證 상/이理

욕망은 생명을 이루는 것이다.　　欲遂其生

또한 사람의 생명을 이루게 하는 것이 인仁이다.　　亦遂人之生 仁也.

반성

　이상 살펴본 것처럼 인간의 이욕을 죄악으로 치부하는 유가의 멸욕경리減欲輕利 사상은 신분차별의 봉건적 경제론이라는 점에서 비판받아야 마땅하다. 또한 이것은 도덕적 생활에 대한 규정력規定力으로 작용하기보다는 경제적 진보에 장애로 작용했기 때문에 더욱 그렇다. 그렇지만 간과해서는 안 될 것이 있다. 중세시대에 욕망 억제와 경리론輕利論은 동서양의 공통된 특징이었다는 점을 감안해야 한다. 그뿐만 아니라 현대에도 세계의 모든 고등 종교는 욕망의 억제와 경리를 교리로 하고 있다는 것을 유념해야 한다.

소크라테스의 변명Apologia Sōkratous

나는 여러분에게 정신적으로 훌륭한 사람이 되도록 정성을
기울였고 그보다 신체나 돈에 마음을 써서는 안 된다는 것을
설득시키려 했습니다.
돈에서 덕이 생기는 것이 아니라 덕으로 말미암아 돈이나 이
익을 가져다준다고 말입니다.

동양의 결점이라면 멸인욕滅人欲 사상에 있는 것이 아니라 스승과 옛것을 존중한다는 핑계로 비판 정신을 이단시하여 전통 사상을 지양하지 못한 상고주의尙古主義에 있을 것이다. 그러나 진정으로 스승을 존중하는 것은 스승을 묵수墨守하는 것이 아니라 비판적으로 발전시키는 데 있다. 그러므로 욕망 부정과 경리론에 대한 비판의 초점은 근세의 유가들이 늦도록 봉건성을 극복하지 못하고 자존자대하여 쇄국한 것에 두어야 할 것이다.

그러나 오늘날은 오히려 상고주의를 걱정하기보다는 반대로 옛것을 너무나 쉽게 버리는 단점을 반성해야 한다. 중의경리重義輕利의 극기克己 정신이야말로 당시 지배 세력인 인人 계급이나 관료인 사士 계급들에게 왕법王法의 한도 내에서만 물욕을 취하도록 제약함으로써 그처럼 오래도록 봉건질서가 온정적으로 유지될 수 있었던 생명력으로 작용한 것을 잊어서는 안 된다. 어느 한 왕조가 500년을 지속한 것은 세계사에 그 유례가 없다는 것을 생각하면 그 같은 조선의 생명력이 무엇이었던가를 돌아보아야 할 것이다. 더욱이 우리 선비들의 과욕寡慾 정신은 양반들에게 근검절약의 정신을 강조함으로써 백성들에 대한 착취를 완화하고 민생을 우선시하는 마음을 갖게 했으므로 오늘날 지식인들의 귀감이 되어야 할 것이다.

또한 오늘날에도 생산자가 아닌 공직자와 지식인에게 유가의 과욕·절욕 정신은 여전히 유효한 담론이다. 뿐만 아니라 현대 사회는 초과 소비로 지구의 자원을 낭비함으로써 인류 멸절의 문명적 위기에 직면해 있다. 이제 욕망 억제는 인류가 살아남기 위한 절체절명의 명령이 되고 있다. 그런데도 현대 자본주의 문명은 멈추면 넘어지고, 넘어지면 죽는다는 위기감에서 더욱 속도를 내며 질주하고 있다. 오늘날 세계는 물신物神이 유일신이 되었고 인류가 수천 년 믿어온 하느님은 물신의 종이 되었다. 우리는 물신의 종으로 살아가고 있다. 우리의 의식구조도 어느새 물신의 의식으로 물들여졌다. 우리의 논리는 모두가 시장 논리일 뿐이다. 우리의 가치는 모두 돈이 최우선이다. 이제 지구가 살고 인류가 생존하기 위해서는 일대 회심이 필요하다. "인간은 죽었다"는 푸코의 말에 귀를 기울여야 한다.

3세기경 노포魯襃가 지은 『전신론錢神論』은 당시에도 돈이 '물신物神'이 되었다고 증언하고 있다. 여기서 말하는 물신은 범신론적 자연의 신성神性이 아니라, 화폐가 스스로 인격이 되어 인간을 지배하는 것을 의미한다. 먼 훗날 마르크스와 루카치Lukács György(1885~1971)가 지적한 것처럼 상품경제 사회에서의 인간관계는 상품 교환 관계에 은폐되고 물신화된다.

진서晉書/노포전魯襃傳

원강原康 연간 이후 기강이 무너지자	元康之後 綱紀大壞
노라나 포襃라는 사람이 이를 슬퍼하며	襃傷時之貪鄙
이름을 숨기고	乃隱姓名
『전신론』을 지어 이를 풍자했다.	而著錢神論以諷之.
서울의 고관대작들이 돈을 '가형家兄'이라 부르니	說洛中朱衣 愛我家兄
모두가 따르게 되었다.	皆無已已.
돈이 있으면	錢之所在
위태로운 것을 편안케 하고 죽은 자를 살려내는데	危可使安 死可使活.

돈이 없으면	錢之所去
귀인도 천하게 되고 살 자도 죽게 된다.	貴可使賤 生可使殺.
벼슬이 높아지고 이름이 드날리는 것도 돈이면 다 된다.	官尊名顯 皆錢所致.
돈이 있으면 귀신도 부릴 판이니	有錢可使鬼
사람이야 어찌 부리지 못하겠는가?	而況于人乎
이로 볼 때 돈이야말로 가히 '물신物神'이라 할 것이다.	由視論之 錢可謂神物.

오늘날 우리의 지식인 대부분은 선조들의 극기克己와 경리輕利를 시대에 뒤떨어진 잠꼬대라고 비난하고 우리로 하여금 근대화를 늦추게 한 죄악으로 간주하고 있으나 이는 그들이 서양 사대주의자거나 물신의 종이 되었기 때문이 아닌가를 반성해야 한다. 그렇다면 "인간은 빵으로만 살 수 없다"는 성경의 말씀도 이제 세상 물정 모르는 철부지의 말로 치부해 버려야 하지 않는가? 이제 우리는 욕망에 대한 선인들의 치열한 논쟁적 담론에서 오늘을 반성하는 고뇌가 있어야 한다. 오늘날은 자본가뿐 아니라도 너도나도 덩달아 '중의重義'를 버리고 거꾸로 '중리重利'로 치닫고 있다. 이러한 전도顚倒로 '이利의 자유'는 달성되었으나 이利로부터 '인간의 자유'는 박탈당했다. 오늘날 이利의 자유로 인해 군주의 이利 독점은 사라졌으나, 대신 자본이라는 괴물의 권력이 이利를 독점하고 있기 때문이다.

2,500년 전에 묵자는 "도盜를 비난하는 것은 남의 이利를 덜어 자기를 이롭게 하기 때문(以虧人自利也 : 『묵자』「비공非攻」상)"이라고 말했다. 그러므로 당견唐甄(1630~1704)은 인민의 이利를 덜어 군주 자신을 이롭게 하기 때문에 군주를 도둑이라고 비난했다 (『잠서潛書』하「실어室語」). 그렇다면 지금은 자본이라는 인공 괴물이 스스로 신이 되어 서민의 이利를 덜어 천하의 이利를 독점하고 있으니, 오늘날의 대도는 자본이 아닌가?

그런데도 요즘 강단 학계에서는 반자본가적인 극기를 주장한 공자를 거꾸로 선구적인 자본가요 경영자로 둔갑시켜 상품화하며 세속에 영합하고 있다. 그리고 이런 천박한 지식 상인의 곡학아세를 시장의 요구에 잘 따른 성공 사례로 부러워하며 명사名士로 대접한다. 이제 우리 지식인 사회는 시장바닥이 되어 너도나도 연구는 내팽개치고 아포리즘에 골몰한다. 이처럼 학문의 세계까지 물신이 지배하는 것은 망국병을 넘어 인류문명의 위기다.

물론 지식인도 노장의 도인이나 불가의 승려가 아니라면 누구나 부귀공명을 소망한다. 하기야 오늘날은 목사·신부·승려 등 성직자는 물론이고 온 세상 사람들이 물신을 섬기며 부귀공명에 눈이 멀어 아수라장이 되었다. 그럴수록 지금 우리는 2,500년 전 전란 시대에 공자의 극기와 경리 사상을 재조명해야 한다. 인기에 연연하여 공자를 자본가에 충실한 경영자로 상품화하는 곡학아세를 배격해야 한다. 공자는 무산계급이었으며 균분과 정의를 주장했고, 이利를 천하게 여겼고, 반反자본가적이었기에 21세기에도 돌아볼 가치가 있는 것이다. 그러지 않아도 승승장구하는 자본주의를 찬양하기 위해서 공자까지 빌붙어야 한단 말인가?

2절 | 정명론

논어 읽기

논어論語/자로子路 3

자로가 물었다.	子路曰
"위나라 군주가 선생님을 초대하여 정치를 맡긴다면	衛君待子而爲政
선생님은 무엇을 제일 먼저 하시겠습니까?"	子將奚先
공자께서 대답하셨다.	子曰
"반드시 명분名分을 바르게 할 것이다."	必也正名乎.[40]
자로가 말했다.	子路曰
"선생님은 우원하다더니 그 말이 일리가 있습니다.	有是哉 子之迂也
어찌 이런 상황에서 정명을 들고 나온단 말입니까?"	奚其正
공자께서 말씀하셨다. "유(자로)는 아직 멀었구나!	子曰 野[41]哉由也

---

40)_ 주희에 의하면 여기서 衛君은 出公 輒(첩)을 말한 것이다. 이때 출공은 자기 아비를 아버지라 하지 않고 조부를 아비로 사당에 모셨으니, 名과 實이 문란했다. 그래서 공자는 정명을 앞세워 말한 것이다.

41)_ 野(야)=猶不達也. 주희에 鄙俗으로 解함.

군자는 모르는 것에 대해서는 함부로 반론하지 않고 　君子於其所不知

빈칸으로 덮어두는 것이다. 　蓋闕如也.

명분이 바르지 못하면 말이 순리에 맞지 않고 　名不正則言不順[42]

말이 이치에 맞지 않으면 정사가 이루어지지 않고 　言不順則事不成

정사가 이루어지지 않으면 예악이 일어나지 않고 　事不成則禮樂不興

예악이 일어나지 않으면 형벌이 맞지 않고 　禮樂不興則刑罰不中

형벌이 맞지 않으면 민중은 어찌할 바를 모른다. 　刑罰不中則民無所措手足

그러므로 군자는 이름 붙여지면 반드시 언명되어야 하며 　故君子 名之必可言也

언명된 것은 반드시 행해져야 한다. 　言之必可行也

군자란 　君子

그 언사에 구차함이 없는 사람일 뿐이다." 　於其言 無所苟而已矣.[43]

논어論語/안연顏淵 11

제나라 경공이 공자께 정치를 물었다. 　齊景公問政於孔子

공자께서는 다음과 같이 말씀하셨다. 　孔子對曰

"군주는 군주답고, 신하는 신하답고 　君君 臣臣

아비는 아비답고, 자식은 자식답게 하는 것입니다." 　父父 子子.

논어論語/태백泰伯 15, 헌문憲問 27

공자께서 말씀하셨다. 　子曰

---

42)_ 順(순)＝理也.

43)_ 주희에 의하면 위나라 세자 蒯聵(괴외)가 계모 南子의 음란함을 부끄럽게 여겨, 그녀를 죽이려다 실패하고 도망쳤
다. 이에 영공은 공자 郢(영)을 후사로 세우려고 했으나 영이 사양했다. 영공이 죽자 부인 남자는 영을 다시 세우려
했으나 또 사양했다. 이에 남자는 괴외의 아들 輒(첩)을 세워 괴외의 입국을 막기로 했다. 대저 괴외는 어미를 죽이려
다 아비에게 죄를 지었고, 첩은 나라를 차지하고자 아비를 거부했으므로, 모두 아비 없는 자들이 되었으니 모두가 나
라를 차지할 자격이 없음이 분명하다.

"그런 지위에 있지 않으면   不在其位
그 정사를 논의하지 말아야 한다."   不謀其政.

논어論語**/헌문**憲問 **28**
증자가 말했다.   曾子曰
"군자는 그 생각이 자기 직위를 벗어나지 않는다."   君子思不出其位.

공자의 정명론

공자는 난세의 원인을 구체제의 문란에서 찾았으므로 그 대처 방안도 구체제의 부흥을 주장했다. 그것이 복례復禮이며 정명론正名論이다. 공자가 활동했던 춘추전국시대는 수백 년의 전란으로 신분계급의 질서가 문란해졌다. 이에 공자는 이를 회복하고자 주례周禮의 부흥을 주장했고 이를 위해 정명을 강조했던 것이다. 정명이란 '명분名分을 바로잡는다'는 뜻이다. '명名'이란 왕·대인·사민四民·군신·부자·부부 등 신분의 명칭을 말하며, '분分'이란 그 명칭에 따른 직분과 분수分數(직분에 대한 책임)를 말한다. 즉 아비는 아비답고, 자식은 자식답고, 아내는 아내다워야 하며, 군주는 군주답고, 인人은 인답고, 민民은 민답고, 백성은 백성답고, 천민은 천민답고, 노예는 노예다운 것이 바로 정명이다.

유교를 창립한 동중서는 정명에 대해 "신분과 직분의 명칭은 천명이므로 명칭에 따른 분수를 지켜야 한다"는 뜻으로 풀이했다(『춘추번로春秋繁露』 권10 「심찰명호深察名號」). 이처럼 '정명'이란 주례에서 정한 신분과 이에 따른 직분을 바르게 한다는 뜻이다. 그러므로 명분은 예禮의 요체인 것이다. 다시 말하면 '예'란 관직과 인민들에게 세세한 명칭을 주고 그 명칭에 부합되는 행동을 요구하는 것이다. 성호 이익이 "법은 예를 근본으로 삼고, 예는 정명을 위주로 한다"고 말한 것이 바로 이를 말한 것이다(『성호사설星湖僿說』 「솔예정명率禮定名」). 결국 복례와 정명은 근본이 같은 것이며, 다 같이 신분계급 질서를 수호하려는 공자학의 핵심이다.

그러므로 명名을 명답게 체계화한 것이 예다. 주례에 의하면 당시 관직은 10등급으로 나누고 각 등급마다 또다시 세분되어 있어 오늘날 관직 못지않게 매우 복잡했다. 예컨대 천자의 수레를 끄는 어복御僕의 경우를 보면, 제사용의 옥로玉路를 모는 대어大馭, 전쟁용 혁로革路를 모는 융복戎僕, 공무용 상로象路를 모는 도복道僕, 빈객용 금로金路를 모는 제복齊僕, 사냥용 전로田路를 모는 전복田僕 등 다섯 개의 수레 이름과 직명職名과 직분이 세분화되고 서로 침범하지 않도록 했다.

예기禮記/**교특생**郊特牲

예는 높은 자를 높여주는 것이 그 뜻이다.   禮之所尊尊其義也

그 뜻은 모르지만   失其義

진열의 수를 헤아리는 것은 제관의 직분이다.   陳其數祝史[44]之事也.

관자와 묵자의 명실론

일찍이 묵자와 관자도 명名에 깊은 관심을 가졌다. 관자의 명실일치론名實一致論에서 명名은 명분 내지 법도를 뜻하고, 실實은 재화를 뜻한다. 반면 묵자의 명실상부론名實相符論은 논리학적 의미로 발전했다. 그것이 전국시대에 이르러 명을 거부하고 실만을 찾는 노자의 무명론無名論이 득세하면서 이에 대한 반동으로 묵변墨辯·장자莊子·혜시惠施·공손룡公孫龍 등 이른바 명가名家들이 크게 유행했다(졸저『묵자』5장의 '묵자의 논리학' 참조).

관자管子/**권18**/**구수**九守

명名을 갖추어 실實을 나타내고   修[45]名而督[46]實

실에 의거하여 명을 정한다.   按實而定名.

그러므로 명실名實은 상생相生하고   名實相生

서로를 반성하여 마음을 다스린다.   反[47]相爲情

---

44)_ 祝史(축사)=祭官.

45)_ 修(수)=備也.

46)_ 督(독)=察視也.

47)_ 反(반)=悔也, 報也.

명과 실이 합당하면 다스려지고, 부당하면 어지럽다.   名實當則治 不當則亂.

명은 실에서 생기고, 실은 덕德에서 생기며   名生於實 實生於德

덕은 이理에서 생기고, 이理는 지혜에서 생기며   德生於理 理生於智

지혜는 합당한 것에서 생긴다.   智生於當.[48]

관자管子/권12/치미侈靡

민民이 불복하는 것은 인성 때문이 아니라   民不服非人性也

민생이 피폐했기 때문이다.   敝也.

땅은 무거워 사람을 실어주지만   地重人載

훼손되고 피폐하면 사람을 기를 수 없다.   毀敝而養不足.

정사가 작위하지 않으면 민이 생산을 일으킨다.   事未作而民興之.

그러므로 명분을 낮추고 실질을 높이는 것이 성인聖人이다.   是以下名而上實也 聖人者.

근본인 산업을 소홀히 하고 음악으로 놀면   省諸本而游諸樂

이것은 어둠을 크게 하고 밤을 길게 하는 것이다.   大昏也博夜也.

묵자墨子/대취大取

성인의 급선무는   諸聖人所先

사람들에게 명과 실이 부합하도록 하는 것이다.   爲人效[49]名實.

명名은 반드시 실實이 아니며   名不必實

실은 반드시 명이 아니기 때문이다.   實不必名.

---

48)_ 當(당)=事理合宜也.

49)_ 效(효)=徵驗, 致也.

묵자墨子/소취小取

무릇 변론은 시비是非의 분별을 밝히고　　　　　　　夫辯者 將以明是非之分

치란治亂의 벼리를 살피고　　　　　　　　　　　　審治亂之紀

동이同異의 분별을 밝히고, 명과 실의 조리를 찾고　　明異同之處 察名實之理

이해利害를 결정하고, 혐의嫌疑를 해결하는 것이다.　　處利害決嫌疑.

묵자墨子/대취大取

무릇 명제는 조건(故)으로써 생기고　　　　　　　　　夫辭以故[50]生

반드시 법리(理)로써 자라고　　　　　　　　　　　　以理[51]長

분류(類)로써 행하는 것이다.　　　　　　　　　　　　以類[52]行者也

이 삼물三物이 갖추어진 연후에야 명제가 성립될 수 있다.　三物必具然後足以生.

묵자墨子/소취小取

삼물이 갖추어진 명제라도　　　　　　　　　　　　　夫物

대체로 명제가 옳으면 사실도 그러하지만　　　　　　或乃是而然

혹은 명제는 옳으나 사실은 그렇지 않은 경우가 있으며　或是而不然

한쪽은 두루 통하지만 한쪽은 통하지 않는 경우가 있으며　或一周而一不周.

한쪽은 옳은데 한쪽은 그른 경우도 있다.　　　　　　或一是而一非也

그러므로 항상 사용할 수는 없다.　　　　　　　　　不可常用也.

　　이른바 직하학파稷下學派라고 불리는 송견과 윤문尹文은 형形과 명名에 대해 많은 견해를 말했다. 대체로 그들은 명을 실체實體·실사實事의 명과 순미純美·정호精好의 명

---

50)_ 故(고)＝필요조건과 충분조건.

51)_ 理(리)＝표준이 되는 헌장.

52)_ 類(류)＝시비 진위 同異의 분류.

으로 분류했다. 특히 청淸 대 고증학자인 대진은 고대의 명은 문자를 지칭했다고 밝히고 있다.

윤문

윤문자尹文子**/대도**大道 **상**

대도大道는 형체가 없으니	大道無形
그 기器를 지칭하고자 명名이 생긴 것이다.	稱器有名.
그러므로 명이란 형체를 바르게 규정하는 것이다.	名也者 正形者也.
형체가 명으로 말미암아 바르게 되었다면	形正由名
그 명은 어긋나지 않은 것이다.	則名不可差.
그러므로 중니는 "반드시 명을 바르게 해야 하며	故仲尼云 必也正名乎
명이 바르지 못하면 말이 불순하다"고 말한 것이다.	名不正則言不順也.

명에는 세 조목이 있다.	名有三科
첫째, 사물을 명명하는 이름이 있다.	一曰 命物之名
방원·흑백 등이 이것이다.	方圓白黑是也.
둘째, 비난하고 기리는 이름이 있다.	二曰 毀譽之名
선악·귀천이 이것이다.	善惡貴賤是也.
셋째, 상황을 이르는 이름이 있다.	三曰 況謂之名
현우·애증이 이것이다.	賢愚愛憎是也.

사마광[53]

자치통감自治通鑑**/권1/주기**周紀 **1**

천자의 직분은 예禮보다 큰 것이 없고	天子之職 莫大於禮.
예는 분分보다 큰 것이 없고	禮莫大於分.

분은 명名보다 큰 것이 없다.

무엇을 예라 하는가? 기강紀綱이 그것이다.

무엇을 분이라 하는가? 군신君臣이 그것이다.

무엇을 명이라 하는가?

공公·후侯·경卿·대부大夫가 그것이다.

分莫大於名.

何謂禮 紀綱是也

何謂分君臣是也.

何謂名

公侯卿大夫是也.

대진

대진집戴震集/**서언**緖言 상

학자가 옛 성현의 말씀을 체득하려면

의당 먼저 그 글자의 허虛와 실實을 판단해야 한다.

지금은 글자(字)라고 말하지만

옛사람들은 이름(名)이라고 말했다.

글자로 이름을 정함에는

실체實體와 실사實事를 지칭하는 명이 있고

순미純美와 정호精好를 지칭하는 명이 있다.

이른바 인人·언言·행行·

도道·성性·중中·명命 등은

형상形象과 언어에 대한 것으로

실체·실사를 지칭하는 명이다.

이른바 성聖·현賢·선善·이理 등은

마음으로 살피고 고찰해야만 발견할 수 있는

바꿀 수도 떨쳐 버릴 수도 없는

순미·정호를 지칭하는 명이다.

學者體會古聖賢之言

宜先辨其字之虛實.

今人謂之字

古人謂之名.

以字定名

有指其實體實事之名.

有稱夫純美精好之名.

如曰人 曰言 曰行 曰道

曰性 曰中 曰命

在形象 在言語

指其實體實事之名也.

曰聖 曰賢 曰善 曰理

在心思之審察 能見

於不可易不可踐

指其純美精好之名也.

---

53)_ 司馬光(1019~1086).

노장의 무명론

노자의 무명無名은 공자의 명교名敎(유교의 별칭)에 대한 안티테제다. 공자가 말한 '정명正名'의 명名은 성인의 제도에 대한 것이었으나, 노자의 '무명'의 명은 제도와 가치에 대한 것뿐만 아니라 실체實體·실사實事에 대한 명까지를 포괄한다. 실체에 대한 명을 거부한 것은 문자 문명을 거부하고 원시 자연 상태로의 회귀를 의미한다. 이것이 바로 무위자연설이 반문명적 성격을 띠는 이유다. 반면 제도적인 명을 거부한 것은 그것을 만든 성왕聖王을 거부하는 것이 된다. 이것이 곧 군왕과 법이 없는 원시 공산사회를 지향한 무위자연설의 정치적 함의다. 이처럼 노장의 무명론은 혁명적이었으므로 황건적이라고 불리는 농민혁명의 성전이 될 수 있었던 것이다.

하안何晏(190~249)은 현학玄學을 창시한 제1인자로서 『도덕론道德論』·『무명론無名論』·『무위론無爲論』을 지었다. 이처럼 무명·도덕·무위는 노자의 3대 핵심 논제였다. 공자의 도道는 성왕이 지은 인류의 도이지만 노장의 도는 무위無爲한 자연의 도다. 그러므로 노장의 도에는 명분名分이 발붙일 수 없다. 그러므로 공자는 명교이고 노장은 무명교無名敎다.

노자老子/1장

도道는 가르쳐 말할 수는 있지만	道可道[54]
그것은 '상자연常自然의 도'가 아니다.	非常道
이름을 불러 분별할 수는 있으나	名可名[55]
그것은 상자연의 명분은 아니다.	非常名
무명無名(명분이 없는 혼돈)은 천지의 비롯됨이요,	無名 天地之始

---

[54]_ 可道(가도)=論說敎令也.
[55]_ 名(명)=夕+口. 分也.

유명有名(이름으로 분별함)은 만물의 어미다.   有名 萬物之母.

노자老子/32장

도는 자연의 상도常道이므로 무명이다.   道常無名
소박한 자연은 작은 것들이지만 천하도 신하로 삼을 수 없다.   樸雖小 天下莫能臣也
군왕이 자연의 소박함을 지키면   侯王若能守之
만물이 스스로 경복할 것이며   萬物將自賓[56]
천지가 서로 합하여 감로를 내리듯이   天地相合 以降甘露
민중은 명분의 법령이 없어도 스스로 고르게 될 것이다.   民莫之令而自均.

노자老子/41장

위대한 형상形象(이데아)은 형체가 없고   大象[57]無形
도는 드러나지 않는 '무명'이다.   道隱無名.

노자老子/37장

도는 항상 무명이다.   道恒無名
군왕이란 자연을 따르고 무명의 도를 지키는 자다.   侯王若[58]能守之
만물은 저절로 변화한다.   萬物將自化
인위로 교화하려는 욕심이 일어나면   化而欲作
나는 무명의 자연으로 진정할 것이다.   吾將鎭之 以無名之樸也.

---

56)_ 賓(빈)＝敬也, 服也.
57)_ 大象(대상)＝竹簡本과 帛書本은 天象으로 됨.
58)_ 若(약)＝順也.

노장은 무위無爲=무치無治의 무정부 사회를 지향했다. 그러므로 공자의 성인聖人 정치와 정반대로 대치되는 일가를 형성한다. 따라서 성왕이 만든 명분을 반대한 것은 당연한 결론이다. 이러한 무명론은 성인의 말씀을 기록한 경전을 부정하는 혁명적인 주장이었다.

노자老子/32장

법령과 제도가 생기고부터	始制[59)
비로소 차별의 명名(명분)이 있게 되었다.	有名
혹자는 명분이 있게 되면 역시 그쳐야 할 곳을 알고	名亦旣有 夫亦將知止
그쳐야 할 곳을 알면 위태롭지 않게 된다고 말한다.	知之所以不殆
그러나 비유컨대 자연의 도가 천하에 있으면 (명분이 없어도)	譬道之在天下
냇물과 골짜기가 강과 바다로 흘러가는 것과 같이 될 것이다.	猶川谷之於江海.

장자莊子/외편外篇/천지天地

태초에는 무無도 없었고, 명名도 없었다(無名이 있다).	泰初 有無無 有無名.
여기에서 하나가 생겼으며(泰一) 그것은 아직 형체가 없었다.	一之所起 有一而未形.
이 하나를 얻어 만물이 태어나는데 이것을 덕德이라 한다.	物得以生 謂之德.
이때 형체가 없던 것이 분별이 생기는데	未形者有分
또 그것을 떨쳐 버릴 수 없으니 명命(명명)이라고 한다.	且然無間[60) 謂之命.

장자莊子/잡편雜篇/칙양則陽

만물은 이理가 다르지만	萬物殊理

---

59)_ 制(제)=法度也, 君命也.
60)_ 間(간)=離也.

도道는 보편적일 뿐 사사로움이 없으므로 무명無名이다.　道不私故無名.

무명이므로 무위無爲이고, 무위이므로 다스려지지 않음이 없다.　無名故無爲 無爲而無不爲.

장자莊子/외편外篇/마제馬蹄

이에 성인(군왕)이 나타나 절름발이가 뛰듯 인仁을 만들고　及至聖人 蹩躠[61]爲仁

발꿈치를 들고 달리듯 의義를 만들어　踶跂爲義.

천하에 갈등이 시작된 것이다.　而天下始疑也澶

방종하게 음악을 만들고 번쇄하게 예禮를 만들고부터　澶漫爲樂 摘僻[62]爲禮

천하에 비로소 분分(명분)이 생긴 것이다.　而天下始分矣.

순자의 정명론

　한편 순자는 공자를 옹호했으므로 정명론正名論을 지어 공자의 명교名教를 반대한 노자의 무명론無名論을 비난한다. 순자는 인간의 성품이 악하다고 생각했다. 그러므로 그에게는 자연으로 돌아가자는 노자의 반문명적인 무위無爲는 악惡으로 돌아가자는 것에 지나지 않는다. 그러므로 그는 무위를 반대하고 '위僞'야말로 선한 것이라고 주장했다. 따라서 노장의 무명無名을 야만적인 것으로 간주했고 도리어 명名이야말로 '위僞'의 위대한 문채요, 왕업의 출발점이라고 말했다. 제왕만이 제정할 수 있는 명은 세상을 통일하는 수단이라고 말했다. 심지어 명을 어지럽힌 자는 죄로 다스려 강제해야 한다고 주장하기도 했다.

---

61)_ 蹩躠(별설)=절름발이가 뜀.

62)_ 摘僻(적벽)=摘擗=摘取分析.

순자荀子/**정명**正名

그러므로 제왕이 '명名'을 만드는 것은	故王者之制名
이름을 확정하여 사실을 분별하고	名定而實辨.
도가 행해지고 뜻이 소통되어	道行而志通
민民을 통솔하여 통일하고자 함이다.	則愼率民而一焉
그런데 말을 쪼개고 함부로 '명'을 지어	故析辭擅作名
'정명正名'을 어지럽히는 것은	以亂正名
민을 의혹시켜 사람들을 쟁송케 하므로	使民疑惑 人多辯訟
'대간大姦'이라 말하고	則謂之大姦.
그 죄는 부절과 도량형의 죄와 같게 하는 것이다.	其罪猶爲符節度量之罪也.

그는 명에는 실實이 없다는 노자의 주장을 인정한다. 그렇지만 명이 없으면 실을 알려줄 수 없으며, 또한 명은 만인이 약속한 수단으로서 만인을 통일하고 다스리는 왕업의 출발점이므로 공자의 정명론은 옹호되어야 한다는 것이다.

순자荀子/**정명**正名

명名이란 본래 옳은 것이 없으며 명명하기로 약속한 것뿐이다.	名無固宜 約之以命
약속이 정해지고 습속을 이루면 마땅하다고 말하고	約定俗成[63] 謂之宜
약속과 다르면 마땅치 않다고 말한다.	異於約則 謂之不宜
또한 명에는 본래 실이 없으며 명명하기로 약속한 것뿐이다.	名無固實 約之以命實[64]
약속이 안정되고 습속을 이루면 '실實한 명'	約定俗成
즉, 실명實名이라고 말한다.	謂之實名.

---

63)_ 俗成(속성)=名의 共時性과 通時性.
64)_ 命實(명실)=여기서 實은 衍文.

명이 참되고 좋다고 하는 것은	名有固善.
빠르고 평이하여 어긋남이 없으면 좋은 명이라고 말한다.	徑易[65]而不拂 謂之善名.
사실을 알려줄 수 없으므로 명명命名하고	實不喩[66]然後命
명명을 알려줄 수 없으므로 회의會意하고	命不喩然後期[67]
회의로도 알려줄 수 없으므로 해설解說하고	期不喩然後說
해설로도 알려줄 수 없으므로 변론辯論한다.	說不喩然後辨.
그러므로 회의·명명·해설·변론 등 네 가지는	故期命辨說也者
재용財用의 위대한 문채요, 왕업의 출발점이다.	用之大文也 而王業之始也.

동중서의 귀명론

유교의 창립자라 할 수 있는 동중서는 공자의 정명론을 교리화했다. 그는 금문학今文
學의 시조로 불리는 학자이기도 한데 그의 저서 『춘추번로』에서 "명名에 도리가 있다"
고 말함으로써 실實보다 명을 중시하는 귀명주의貴名主義를 주창했다. 동중서는 정명正
名에 대해 '신분과 직분의 명은 천명天命이므로 명에 따른 분수를 지킨다'는 뜻이라고
풀이했다. 그는 문자文字는 성인이 천명을 받아 지은 것이므로 절대적 진리를 내포하
고 있다고 보았다. 그의 '명은 곧 진眞'이라는 테제는 공자의 '정명'이나 순자의 정명
론과도 다른 교조적이고 신비적인 면이 있었다. 도교에서 유행시킨 '부적'이라는 것은

---

65)_ 徑易(경이)=徑疾平易.
66)_ 喩(유)=告也, 曉也, 明也.
67)_ 期(기)=會也. 즉 會意.

몇 개의 문자를 중복시켜 하나의 문자 도안을 만든 이른바 '복문複文'인데 사악한 귀신도 물리치는 신통력이 있어 재앙을 물리칠 수 있다고 믿었다. 이런 믿음도 문자의 신비화에 근거하고 있는 것이다. 이처럼 동중서의 귀명주의는 경전 숭배주의(복음주의)를 넘어 문자 숭배주의를 낳았고 이것이 당시에 크게 유행했으며 오늘날까지도 한학자들에게 계승되고 있다. 그래서 후세의 학자들은 유교를 '명교名敎'라고 부르는 것이다.

춘추번로春秋繁露/권10/심찰명호審察名號

천하를 다스리는 실마리는 큰 것을 살펴 분별하는 데 있고	治天下之端 在審辨大
큰 것을 분별하는 실마리는 명을 살펴 밝히는 데 달려 있다.	辨大之端 在審察名號.
명名이란 큰 도리의 머리가 되는 법 조항이다.	名者 大理之首章[68]也.
머리글자의 뜻을 검색하여	錄其首章之意
이로써 그 속의 사물을 규정하면	以規[69]其中之事
시비를 알 수 있고 역리와 순리가 저절로 드러날 것이니	則是非可知 逆順自著
진실로 천지를 소통함에 이를 것이다.	其幾通於天地矣.
시비는 선택이 역리냐 순리냐에 따라서 정해지고	是非之正[70]取之逆順.
역리와 순리는 명을 취하는 데 따라서 정해지며	逆順之正取之名號.
명은 천지를 취하여 정해진 것이니	名號之正取之天地
천지는 명을 짓는 대의大義다.	天地爲名號之大義也.
명은 성인이 하늘의 뜻을 발현한 것이니	名則聖人所發天意.
깊이 살피지 않으면 안 되는 것이다.	不可不審觀也.

---

68)_ 章(장)=條也, 式也.
69)_ 規(규)=檢束也.
70)_ 正(정)=定也, 決也.

그러므로 정사政事는 각각 명을 따르고

명은 각각 하늘을 따르면

하늘과 사람 사이는 합하여 하나가 되고

다 함께 이리를 통창하고

감동하여 서로 더해 주고 따르며 서로 받으니

그것을 일러 덕으로 인도한다고 말하는 것이다.

『시경』에 이르기를 "이름은 곧 말이니

무리가 질서 있게 좇는구나!"라고 한 것은

이것을 말한 것이다.

명은 진실에서 생긴 것이다.

진실이 아닌 것은 명을 지을 수 없다.

명이란 성인이 사물을 참되게 하려는 수단이었다.

명이 말하는 것은 진실이다.

그러므로 무릇 온갖 혐의가 분명치 않은 것은

각각 명의 진실로 되돌아가면

분명치 않은 것이 다시 분명하게 될 것이다.

곡직을 가리려면 먹줄로 재는 것보다 좋은 방법은 없다.

시비를 가리려면 명으로 재는 것보다 좋은 방법은 없다.

명과 실을 따져 그 부합 여부를 관찰하면

시비의 정황을 가히 서로 속이지 못할 것이다.

是故事各順於名

名各順於天.

天人之際 合而爲一

同而通理

動而相益 順而相受

謂之德道.

詩曰 維號斯言

有倫有迹

此之謂也.

名生於眞.

非其眞弗以爲名.

名者聖人之所以眞物也.

名之爲言眞也.

故凡百譏[71]有黮黮者

各反其眞則

黮黮者還昭昭耳.

欲審曲直 莫如引[72]繩.

欲審是非 莫如引名.

詰其名實 觀其離合則

是非之情 不可以相讕[73]已.

---

71)_ 譏(기)＝嫌也.

72)_ 引(인)＝正也, 衡名.

73)_ 讕(란)＝誣言相加也, 誣諱也.

귀명론 비판

유교의 귀명론의 폐해는 미신적인 부적符籍으로 그치지 않는다. 이는 원시 유교의 하느님 신앙을 폐지하고 성왕을 숭배하게 되었고 나아가 하느님과 성왕 대신 이제는 경전을 믿고 숭배하는 복음주의를 낳았다. 공자의 정명론을 극단적으로 부정한 노장 말고도 동중서의 귀명론에 대한 비판은 그치지 않았다. 그중에서도 탁오卓吾 이지李贄 (1527~1602)는 극단적이었다.

이지

분서焚書/권3/동심설童心說

육경과 『논어』·『맹자』는	夫六經語孟
사관이 지나치게 숭상한 말이 아니면	非其史官過爲襃崇之詞
그들의 제자들이 극도로 찬미한 말일 것이다.	則其臣子極爲贊美之語.
또 그도 아니면	又不然則
우활한 문도와 어리석은 제자들이	其迂闊門徒 懵懂弟子
스승의 말을 기억하되 머리만 있고 꼬리는 없으며	記憶師說 有頭無尾
뒷말을 들었으나 앞말을 잊어버리고	得後遺前
자기 소견대로 책에 기록한 것일 것이다.	隨其所見 筆之於書.
그런데도 후학들은 살피지 못하고	後學不察
성인의 입에서 나온 것으로 믿고	便爲出自聖人之口也
결정한 항목을 경전으로 만들어버렸던 것이다.	決定目之爲經矣
태반이 성인의 말이 아니라는 것을 누가 알 수 있겠는가?	孰知其太半非聖人之言乎
설사 그것이 성인에게서 나온 것이라도	縱出自聖人
그것을 말하게 된 요점은	要亦有爲而發
병증에 따라 약을 쓴 수시 처방에 불과하며	不過因病發藥 隨時處方

이로써 어리석은 제자들과　　　　　　　　　　以捄此一等懵憧弟子

우활한 문도들을 바로잡기 위해 말한 것뿐이다.　迂闊門徒云耳.

의사·약사가 병에 따라 처방함에는　　　　　　藥醫假[74]病

정해진 것만 고집하기 어려운 것이니　　　　　方難定執

이것을 어찌　　　　　　　　　　　　　　　　是豈

만세의 지론으로 삼아 따를 수 있단 말인가?　可遽[75]以爲萬世之至論乎.

김만중

서포만필西浦漫筆/상

석가와 노자의 학설은　　　　　　　　　　　　　　　二氏之學

득실과 사생을 한가지로 보는 것이 요점인데　　　　齊得喪一死生.

구양수歐陽脩는 이에 대해 이르기를　　　　　　　　而歐陽公乃謂

"석가는 죽음을 두려워했고　　　　　　　　　　　　釋氏畏死

노자는 삶을 탐했다"라고 비판했다.　　　　　　　　老氏貪生.

이 말은 그들의 병폐를 지적함에는 적절치 않은 듯하지만　此言疑若不對[76]於病

불가와 도가의 서적을 자세히 관찰해 보면　　　　　　而若細觀二家書

구양수의 비판이 허망한 말이 아님을 알 수 있다.　　　則可知歐說之非誣也.

그러나 불가와 도가에서 우리 유가를 살펴본다면　　　然自二氏觀吾儒

명名만을 좋아한다는 비판을 듣지 않겠는가?　　　　則得不謂之好名哉.

---

74)_ 假(가)＝因也.

75)_ 遽(거)＝遂也.

76)_ 對(대)＝答也, 偶也.

박지원

연암집燕巖集**/권5/영대정잉묵**映帶亭賸墨**/답창애**答蒼崖 3

마을 소년이 『천자문』을 배우다가	里中儒子爲授千字文
읽기 싫어지자 투덜거리며 말했다.	呵其厭讀曰
"하늘을 보니 푸르고 푸른데	視天蒼蒼
하늘 천天 자는 푸르지 않으니 싫단 말이야!"	天字不碧 是以厭耳.
이 아이의 총명이 창힐蒼頡[77]을 굶겨 죽이겠구나.	此兒聰明 餓煞蒼頡.

최한기[78]

인정人政**/권13/교인문**敎人門 6**/무탈우명상**毋奪于名象

사람들이 명목名目을 만든 것은	人所設之名目
사람과 사람의 소통을 위해	但爲人與人
사물을 구별하기 위한 지시 기호일 뿐	指別乎事物.
실제로 기질氣質의 운행이나 조화와는 상관없는 일이다.	實無關於氣質之運化.
물은 습하고, 불은 건조한 것은	水之濕 火之燥
물과 불의 기질이며	在於水氣質火氣質.
물과 불이라는 이름(名)에 달려 있는 것이 아니다.	不在於水火之名火之名.
그런데 후인들은 명칭과 표상에 마음을 빼앗겨	後人之奪於名象
명칭을 진실로 착각하여	以名象爲眞
습한 것을 수水 자에서 찾고, 건조한 것을 화火 자에서 찾으니	求濕於水字 求燥於火字.
어찌 수 자로 화재를 구하고	豈可以水字求火災
화 자로 수해를 막을 수 있겠는가?	以火字壓水災乎.

---

77)_ 문자 창제자.

78)_ 惠崗 崔漢綺(1803~1877).

| 명칭과 표상의 학문이 사람의 이목을 가리고 | 名象學問 蔽人耳目 |
| 사람의 심지를 어지럽힌 것이 너무 오래고 심하다. | 渾人心志 愈久愈甚. |

문자를 만들어 사물에 이름 붙이는 일은	造設文字 事物名目
폐지할 수 없는 일이다.	所不可廢.
그러나 만약 명名과 상象에 구속되어	若泥着于名象
어리석게 운행과 조화를 잊는다면	頓[79]忘運化
성誠과 실實의 교학敎學은 스스로 단절되고 말 것이다.	乃自絶于誠實敎學.

명에 대한 반성

이상 '명名과 실實'에 대해 설명했지만 이는 고대의 논쟁으로 끝나는 것이 아니다. 우리는 20세기를 사상사적으로 구조주의(structuralism) 시대라고 말한다. 20세기에 들어와서 구조주의를 선도한 음성학·언어학·기호학 등으로 촉발된 언어의 규정력規定力에 대한 관심은 정신분석학·인류학·사회학 등 인문과학 전반으로 파급되었고 마르크스주의와 실존주의에 대한 재검토로 이어지는 등 큰 조류를 형성했다. 그리고 결국 이런 흐름은 '인간이란 자의적인 기호나 상징의 구조에 불과하다'는 해체주의를 낳았고, '인간은 죽었다'라고 말하는 포스트모던으로 이어져 근대적 인간주의는 종언을 고한다.

그러나 이보다 앞서 19세기 초에 출판된 셸리Mary W. Shelley(1797~1851)의 공상과학소설 『프랑켄슈타인Frankenstein or The Modern Prometheus』(1818)에 등장하는 인조인간

---

79)_ 頓(둔)=鈍也.

이 이름(名)을 갖지 못하여 괴물로 불리고 인간으로 살 수 없었다는 비극적 이야기야말로 구조주의를 미리 예고하고 비판한 것으로 볼 수 있다. 청년 과학자인 프랑켄슈타인이 흩어진 신체의 각 부위를 접합해서 인간을 닮은 생명체를 창조했는데 미처 이름을 지어주지 못한 것이 이 괴물의 비극적 삶의 발단이 된다는 이야기다.

그런데 사건의 발단인 이름을 지어주지 못한 이유는 이 과학자의 실수라기보다는 적당한 이름을 붙여줄 수 없었기 때문인지도 모른다. 고물상에서 부품을 조립하여 자동차를 만들었다면 '고물자동차'라는 이름을 붙여줄 수도 있을 것이다. 더구나 그 과학자가 만든 이 괴물은 신체의 각 부품들을 빠짐없이 조합했고, 각 부품들의 위치도 제위치에 조합했으므로 그 구조도 기능도 모습도 인간과 다를 바 없었다면 인간이란 이름을 붙여주어도 무방하지 않았을까? 그런데 이 과학자는 왜 이름(名)을 지어주지 못했을까? 혹시 조합한 신체의 각 부위가 이름이 다른 여러 사람의 것이었기에 어느 한 사람의 이름을 따르지 못하고 새로운 이름을 짓는 것도 곤란하다고 생각한 것은 아니었을까? 또 혹시 구조적으로는 인간과 다름이 없지만 인간과는 심성이 다른 생명체라고 판단한 것은 아니었을까?

어떻든 소설 속의 이 사건은 구조주의와 명칭(名)에 대한 의문과 관심을 불러일으켰고 오늘날까지도 회자되고 있다. 이처럼 공자의 '정명正名'과 노장의 '무명無名'이라는 테제도 고대의 중요한 쟁점으로 끝나는 것이 아니라 지금도 유효하며 주목할 가치를 지니고 있다. 더구나 요즘 우리나라에 경전주의 내지 복음주의가 기승을 부리고 있음을 감안하면 더욱 되새겨야 할 필요가 절실하다고 할 것이다.

3절 | 중의경리

논어 읽기

부리富利의 긍정

논어論語/안연顔淵 7

자공이 정치를 물었다.	子貢問政
공자께서 말씀하셨다. "먹을거리를 충족시키는 것이요,	子曰 足食
군사를 튼튼히 하는 것이요,	足兵
민중의 신망을 얻는 것이다."	民信之矣
자공이 물었다. "반드시 부득이하게	子貢曰 必不得已
셋 중에 하나를 버려야 한다면	而去於斯三者
무엇을 먼저 버리시겠습니까?"	何先
공자께서 말씀하셨다. "병사를 버리겠다."	曰 去兵
자공이 물었다.	子貢曰
"나머지 둘 중에서 반드시 하나를 버려야 한다면	必不得已而去 於斯二者
무엇을 먼저 버리시겠습니까?"	何先
공자께서 말씀하셨다. "먹을거리를 버리겠다.	曰 去食

(버리지 않더라도) 사람이란 자고이래도 모두 죽기 마련이지만 　　自古皆有死

민民의 믿음이 없으면 나도 나라도 설 수 없다."　　　　　　民無信不立.

논어論語/위정爲政 22

공자께서 말씀하셨다.　　　　　　　　　　　　　　　　　　子曰

"사람이 신뢰가 없다면 그가 옳은지 알 수 없다.　　　　　人而無信 不知其可[80]也

큰 수레에 끌채가 없고 작은 수레에 쐐기가 없다면　　　大車無輗 小車無軏

무슨 수로 수레를 달리게 할 수 있겠느냐?"　　　　　　其何以行之哉.[81]

논어論語/자로子路 9

공자께서 위나라로 가실 때　　　　　　　　　　　　　　　子適衛

염유가 마부(僕)가 되어 수레를 몰았다.　　　　　　　　冉有僕

공자께서 말씀하셨다. "사람이 많구나!"　　　　　　　　子曰 庶矣哉

염유가 말했다. "많아진 다음에는 무엇을 더해야 할까요?"　冉有曰 既庶矣 又何加焉

공자께서 말씀하셨다. "그들을 부하게 해야 한다."　　　　曰 富之

염유가 말했다. "부해진 다음에는 무엇을 더해야 할까요?"　曰 既富矣 又何加焉

공자께서 말씀하셨다. "그들을 교화시켜야 한다."　　　　曰 敎之.

논어論語/술이述而 11

공자께서 말씀하셨다. "부를 얻을 수 있다면　　　　　　子曰 富而可求也

비록 지위가 낮은 벼슬아치인 마부(僕)라도 나 역시 하겠다.　雖執鞭[82]之士 吾亦爲之

---

80)_ 可(가)=宜也. 何의 省文으로 읽기도 함.

81)_ 食과 兵은 사람 사이를 불신케 하여 결합할 수 없게 하기 쉽다.

82)_ 執鞭(집편)=賤役之事(論語集註). 참고로『좌전』「소공7년(BC 535)」조에는 관직 등급을 王→諸侯→大夫→士(유
　　사)→皁(무사)→輿(전차 담당)→隷(노예 담당)→僚(공역 담당)→僕(마부)→臺(도망 노예 체포)로 구분했다.

그러나 부富를 추구할 수 없는 유사 신분이므로[83]   如[84]不可求
내가 좋아하는 학문에 종사하겠다."   從吾所好.

논어論語/태백泰伯 13

공자께서 말씀하셨다.   子曰
"삼 년을 배우고도 녹을 얻지 못했다면   三年學 不至於穀
뜻을 성취하기는 쉽지 않을 것이다."   不易得[85]也.

논어論語/요왈堯曰 2

자장이 물었다.   子張曰
"은혜롭지만 낭비하지 않는다 함은 무엇을 말합니까?"   何謂惠而不費.
공자께서 말씀하셨다.   子曰
"민民이 이롭게 생각하는 것을 따르고   因民之所利
그들을 이롭게 하는 것이다."   而利之.

경리輕利

논어論語/자로子路 8

공자께서 위나라 공자公子 형荊에 대해 평하셨다.   子謂衛公子荊
"가문을 잘 다스렸다.   善居[86]室
처음 소유가 있게 되자 '좀 모인 것 같군!' 하고 말하고   始有曰 苟[87]合[88]矣

---

83)_ 제1장 5절의 '사민 분업정거' 참조.
84)_ 如(여)=而의 逆接.
85)_ 得(득)=알아주다(知), 드러나다(出)와 같은 뜻.
86)_ 居(거)=處也, 安也, 當也.
87)_ 苟(구)=若也.
88)_ 合(합)=聚也.

조금 소유하게 되자 '좀 갖추어진 것 같군!' 하고 말하고   小有 曰 苟完矣
부유하게 소유하게 되자 '좀 아름다운 것 같군!' 하고 말했다."   富有 曰 苟美矣.

논어論語/이인里仁 12

공자께서 말씀하셨다.   子曰

"이利를 마음대로 행하게 방임한다면   放於利而行

천하에 원망이 많아질 것이다."   多怨.

논어論語/자로子路 4

번지가 농사 기술을 배우기를 청했다.   樊遲請學稼

공자께서 말씀하셨다.   子曰

"나는 농사에 대해서는 늙은 농부만 못하다."   吾不如老農

번지가 나가자 공자가 말씀하셨다.   樊遲出 子曰

"번수樊須(번지)는 소인이구나!   小人哉 樊須也

위에서 예禮를 좋아하면 민民이 감히 공경하지 않을 수 없고   上好禮 則民莫敢不敬

위에서 의義를 좋아하면 민이 감히 복종하지 않을 수 없고   上好義 則民莫敢不服

위에서 신信을 좋아하면 민이 감히 충실하지 않을 수 없다.   上好信 則民莫敢不用情[89]

이리되면 사방의 민이   夫如是則 四方之民

강보의 아기를 업고 몰려올 것인데   襁負其子而至矣

어찌 손수 농사를 짓는단 말인가?"   焉用[90]稼.

---

89)_ 情(정)=忠也. 實也.
90)_ 用(용)=庸과 통용.

논어論語/위영공衛靈公 32

공자께서 말씀하셨다.   子曰

"군자란 (공직자이므로) 도를 추구할 뿐   君子謀道

봉록을 추구하지 않는다.   不謀食

농사를 지으면 굶주림이 그 가운데 있지만   耕也 餒在其中矣

학문을 하면 봉록이 그 가운데 있기 때문이다.   學也 祿在其中矣

그러므로 군자(공직자)는 도를 걱정할 뿐   君子憂道

가난을 걱정할 필요가 없는 것이다."   不憂貧.

논어論語/이인里仁 16

군자는 의에 밝고   君子喩[91]於義

소인은 이利를 밝힌다.   小人喩於利.

논어論語/헌문憲問 24

공자께서 말씀하셨다.   子曰

"군자는 왕도의 인의仁義에 밝고   君子上達

소인은 패도의 민리民利에 밝다."   小人下達.[92]

논어論語/술이述而 35

공자께서 말씀하셨다.   子曰

"사치하면 불손하고, 검소하면 고루하다.   奢則不孫 儉則固

사치하여 불손한 것보다는 검소하여 고루한 것이 더 낫다."   與其不孫也 寧固.

---

91)_ 喩(유)=告, 曉, 明也.
92)_ 達(달)=曉也, 進也, 致也.

균분

논어論語/선진先進 16

노나라 경대부 계 씨는 노나라 시조인 주공보다 부자였다.　　季氏 富於周公

그런데 계 씨의 가신이 된 구(염유)는　　而求也

그를 위해 세금을 거두어 더해 주었다.　　爲之聚斂 而附益之

공자께서 말씀하셨다. "구는 이제 내 문도가 아니다.　　子曰 非吾徒也

제자들아! 북을 울려 그를 성토해야 옳을 것이다."　　小子 鳴敲而攻之 可也.

논어論語/선진先進 13

노나라 제후가 창고를 새로 지었다.　　魯人[93]爲長府[94]

민자건이 말했다.　　閔子騫曰

"옛날대로 해도 어찌할꼬 할 터인데　　仍舊貫如之何

하필 고쳐 넓힌단 말인가?"　　何必改作.

논어論語/옹야雍也 28

자공이 말했다.　　子貢曰

"민에게 널리 베풀어　　如有博施於民

구제하면 어떨까요?　　而能濟衆 何如

가히 인仁이라 하겠지요?"　　可謂仁乎.

공자께서 말씀하셨다.　　子曰

"어찌 인자함에 그치겠느냐? 반드시 성스럽다 할 것이다.　　何事於[95]仁 必也聖乎

---

93)_ 魯人(노인)=노나라의 제후.

94)_ 長府(장부)=노나라의 國庫.

95)_ 於(어)=居也.

요순도 그것을 고심했느니라."   堯舜其猶病諸.

논어論語/계씨季氏 1

공자께서 말씀하셨다. "구야!   孔子曰 求

내 들은 바로는 나라와 가문을 소유한 자는   丘也聞 有國有家者

국토와 인구가 작은 것을 걱정하기보다   不患寡

고르지 못한 것을 걱정하고,   而患不均

가난한 것을 걱정하기보다 편안하지 못한 것을 걱정한다.   不患貧 而患不安

대개 균분하면 가난이 없고   蓋均無貧

계급 간에 화목하면 부족함이 없고   和無寡

정사가 안정되면 나라가 기울지 않는다."   安 無傾.

중의경리 사상

노장의 신선이나 불가의 승려가 아닌 보통 사람들은 누구나 부귀공명을 소망한다. 하기야 오늘날은 목사, 신부, 승려는 물론 온 세상 사람들이 물신物神의 종이 되어 부귀공명에 눈이 멀어 아수라장이 되었다.

원래 공자는 세속적이었지만 그의 학문은 유한계급인 지식인들의 관료학이었으므로 후대 유가들은 공직자의 청렴을 강조하다 보니 부富와 이利를 경시하기 시작했고, 또한 무산계급이었던 유사들이 중세에 들어와서는 문벌이 되었고, 신유학은 불교와 도교를 결합시켜 청담이 되었으므로 그들은 부귀공명을 뜬구름처럼 여기는 고고한 선비가 되기를 소망했다. 이제 그들은 공실이나 가문에 취직을 하지 않아도 먹고살 수 있는 지주 계급이었기 때문이다.

우리는 흔히 이러한 선비정신 때문에 조선의 근대화가 늦었다고 비판하기 일쑤다. 그러면서도 고고한 학자, 문인, 종교인, 속세를 등진 수도사와 스님에 대해서는 늦은 근대화에 대한 책임을 묻거나 비난하지 않는다. 이것은 모순이 아닌가? 과연 오늘날 우리가 그들을 비난할 수 있을까?

어찌 되었건 이처럼 유교는 중의경리重義輕利 사상을 신조로 하는 종교였다. 물론 공자도 부자가 되기를 원했고 인민이 부해지기를 바랐다. 다만 그는 유사 신분이었으므로 부富보다도 귀貴를 택했고 유사들에게 부와 이利를 멀리하라고 가르쳤다. 다만 여기서 주목할 것은 유교는 민중의 종교가 아니라 지식인 계급인 선비들의 종교였다는 점이다. 공자가 유세한 것은 제후와 대부들이었으며 가르친 것은 벼슬길에 나서려는 유사들이었다. 그러므로 그가 '중의'와 '경리'를 말한 것은 지배계급이나 관리들에게 한 말이며 민民에게 한 말은 아니었다. 오히려 그는 민을 부하고 이롭게 해야 한다고 말했다. 그렇지만 그것이 후대로 가면서 생산노동을 천시하는 관존민비 사상으로 발전한 역사적 책임은 면할 수 없을 것이다.

다만 공자는 균분均分과 부富·이利를 주장했지만 귀족적인 성품과 명분론名分論 때문에 유사의 직분이 아닌 생산노동을 천시했고 그것을 괘념하는 것을 소인이라고 비판했다. 그것은 이利를 앞세우면 나라가 어지러울 것으로 생각했기 때문이다. 공자를 계승한 맹자는 이利와 선善을 대립시키고 "이利는 도척의 도道"라고 비난했으며, 유교를 창립한 동중서는 "이利는 도둑의 근원"이라고 규정하게 되었다. 물론 그들도 민중의 의식주를 정사의 중대사로 인식했고 다만 선비나 관료들에게 경리·청렴을 요구한 것 뿐이다.

맹자孟子/진심盡心 상

닭이 울면 일어나서 선善을 힘쓰는 것은	雞鳴而起 孶孶爲善者
순임금의 무리다.	舜之徒也
닭이 울면 일어나서 이익을 힘쓰는 것은	雞鳴而起 孶孶爲利者
도척의 무리다.	蹠[96]之徒也
순임금과 도척의 구분을 알려면 다른 데 있는 것이 아니라	欲知舜與蹠之分無他
이利와 선의 차이에 있다.	利與善之間也.

춘추번로春秋繁露/권17/천도시天道施

이利는 도둑의 뿌리다.	利者 盜之本也.

그런데 왜 후세의 유사들은 '중의경리'를 자신에게가 아니라 민에게 강조했을까?

첫째, 공자는 군주와 윗사람을 잘 섬겨 승진하는 것을 목표로 살아가는 관리들의 입신출세를 위한 교사의 입장에 섰으므로 민생을 위해서도 자신의 부를 생각하지 않았다.

둘째, 유사들은 자기들을 고용할 군주와 가문의 대인들에게 정직하고 청렴하며, 또

---

96)_ 蹠(척) = 『장자』에는 跖.

한 민중의 편이 아니라는 것을 보여줄 필요가 있었기 때문이다.

셋째, 유사들은 관존민비 사상에 젖어 민의 생산을 천시했다.

넷째, 이처럼 그들이 모두 유한계급인 지식인이었다는 것도 그 주된 이유였겠지만 무엇보다 주례周禮에서 정한 명분론에 사로잡혀 있었기 때문이다. 명분이란 '이름 붙여진 신분에 따른 직분'을 말하는 것으로 이에 따르면 사士라고 이름 붙여진 계급의 직분은 치국治國·치가治家·사민使民이며, 재화 생산은 천한 민의 소관 사항이다. 그러므로 민의 직분인 경제를 밝히는 것은 명분에 어긋난 소인배의 행동이라고 생각한 것이다.

어느 날 번지가 공자에게 농사 배우기를 청했을 때, 공자는 "나는 늙은 농부만 못하다"고 말하고 번지에게 핀잔을 주면서, 소인이라고 꾸짖었다. 이것은 농민들의 소관인 농업 생산에 대해 관심을 갖는 것은 사민士民의 직분을 일탈한 것이며, 또한 부국강병을 좇는 패도주의와 지향점이 같으므로 소인유라고 질타한 것이다. 이러한 명분론을 경제에 적용한 것을 중의경리 사상이라고 말할 수 있다. 그러므로 공자는 인仁을 말하면서도 한 번도 '애민愛民'을 거론하지 않았다. 공자는 예禮를 행하라고 말할 뿐 민생을 걱정하거나 직접 구휼을 말하지 않았다.

그렇다면 공자는 백성의 구휼을 생각하지 않았는가? 그렇지는 않다. 자공이 "민에게 널리 베풀어 구제하면 인이 아닌가?" 물었을 때, 공자는 "인자仁者에 그치는 것이 아니라 성자일 것이다"라고 대답했다. 공자와 맹자는 누구보다도 부국강병의 패도를 반대하고 왕도의 인정仁政을 강조했으며, 균분과 구휼을 인정의 핵심 사항으로 설파했다(제7장 3절의 '인정과 균분' 참조).

맹자孟子/**양혜왕**梁惠王 **상**

맹자가 말했다.

"농사철을 어기지 않도록 하면 곡식은 남아돌 것이요,

曰

不違農時 穀不可勝食也

촘촘한 그물을 쓰지 않으면	數⁹⁷⁾罟不入洿池

촘촘한 그물을 쓰지 않으면   數[97]罟不入洿池

물고기가 남아돌 것이요,   魚鼈不可勝食也

산림을 제때에 베면   斧斤以時入山林

재목을 쓰고도 남을 것입니다.   材木不可勝用也

이로써 민중은 삶을 기르고 죽음을 장사하는 데   是使民 養生喪死

유감이 없을 것입니다.   無憾也.

이렇게 되면 왕도는 시작되는 것입니다.   養生喪死無憾 王道之始也.

개돼지가 사람의 식량을 먹는데도 거두어들일 줄 모르고   狗彘食人食 而不知檢[98]

길에 굶어 죽은 자가 즐비한데도 창고를 열어 먹일 줄 모르고   道有餓莩 而不知發[99]

사람이 죽는 것은 내가 아니라 흉년 때문이라고 말합니다.   人死則曰 非我也 歲也

어찌 이것이 사람을 찔러 죽이고   是何異於刺人 而殺之曰

내가 아니고 병기 때문이라고 말하는 것과 다릅니까?   非我也 兵也

왕께서 흉년을 탓하지 않으면   王無罪歲

천하의 민중이 몰려올 것입니다."   斯天下之民至焉.

맹자가 말했다.   孟子 對曰

"사람을 몽둥이로 죽인 것은 칼로 죽인 것과 다릅니까?"   殺人以挺 與刃有以異乎.

혜왕이 말했다. "다름이 없습니다."   曰 無以異也

"칼로 사람을 죽인 것은 정치로 죽인 것과 다릅니까?"   殺人以刃 與政有以異乎.

혜왕이 말했다. "다름이 없습니다."   曰 無以異也

---

97)_ 數(촉)=細密也.

98)_ 檢(검)=단속, 制也, 以法度檢斂. 斂과 통용.

99)_ 發(발)=開也, 散也.

맹자가 말했다. "주방에 살찐 고기가 있고
마구간에 살찐 말이 있는데
민들은 굶주려 파리하고 들에는 굶어 죽은 시체가 있다면
이것은 짐승들을 살찌우기 위해
사람을 잡아먹게 하는 것입니다.
사람들은 짐승들끼리 잡아먹는 것도 미워하는데
민의 부모가 된 자가 정치를 하면서
짐승을 위해 사람을 잡아먹게 내버려두었다면
어찌 민의 부모 노릇을 했다고 하겠습니까?"

曰 疱有肥肉
廏有肥馬
民有飢色 野有餓莩[100]
此率獸
而食人也.
獸相食且人惡之
爲民父母行政
不免於率獸而食人
惡在其爲民父母也.

맹자가 말했다. "내 힘은 삼천 근을 거뜬히 들 수 있지만
깃털 하나를 들기에는 부족하고,
눈 밝음은 족히 가을 털끝도 볼 수 있지만
수레의 땔나무는 보이지 않는다고 한다면
왕께서는 믿으시겠습니까?"
혜왕이 말했다. "믿지 못하겠지요."
맹자가 말했다. "지금 왕께서는 은혜가
도축장에 끌려가는 소에게까지 미치면서
공적이 백성에게까지 미치지 못하는 것은 무엇 때문입니까?
깃털 하나를 들지 못하는 것은
힘을 쓰지 않은 탓이요,
수레의 땔나무를 보지 못하는 것은 눈을 쓰지 않은 탓이요,
백성을 보존케 하지 못한 것은 은혜를 베풀지 않은 탓입니다.

孟子曰 吾力足以擧百鈞
而不足以擧一羽
明足以察秋毫之末
而不見輿薪.
則王許之乎.
曰 否
今恩足
以及禽獸
而功不至於百姓者 獨何與
然則 一羽之不擧
爲不用力焉
輿薪之不見 爲不用明焉
百姓之不見保 爲不用恩焉

---

100)_ 莩(표)=餓死者.

그러므로 왕께서 왕 노릇을 못 한 것은	故王之不王
하지 않은 것이지 할 수 없어서가 아닙니다."	不爲也 非不能也
혜왕이 말했다. "하지 않는 것과	不爲者
할 수 없는 것은 무엇이 다른가요?"	與不能者之形[101] 何以異
맹자가 말했다. "태산을 끼고 북해를 뛰어넘는 일은	曰 挾太山以超北海
'나로서는 할 수 없다'고 말한다면	語人曰我不能
이는 진실로 할 수 없다는 것입니다.	是誠不能也
그러나 어른을 위해 팔다리를 주물러드리는 일을	爲長者折枝[102]
'나로서는 할 수 없다'고 말한다면	語人曰我不能
이는 하지 않는 것이지 할 수 없는 것이 아닙니다.	是不爲也非不能也
그러므로 왕께서 왕 노릇을 못 한다고 하시는 것은	故 王之不王
태산을 끼고 북해를 뛰어넘는 어려운 일을 말하는 것이 아니고	非挾太山以超北海之類也
어른들의 팔다리를 주물러드리는 쉬운 일을 말하는 것입니다."	是折枝之類也.

맹자가 말했다. "항산이 없어도 항심을 가지는 것은	曰 無恒産而有恒心者
선비만이 할 수 있습니다.	惟士爲能
민에게는 항산이 없으면 항심도 없습니다.	若民則 無恒産 因無恒心.
항심이 없는데	苟無恒心
어찌 방탕·편벽·사악·사치를 아니하겠습니까?	放辟邪侈無不爲已.
죄에 빠진 후에 쫓아가 처벌하는 것은	及陷乎罪 然後從而刑之
민을 그물질하는 것입니다.	是罔民也.
인자한 지도자라면	焉有仁人在位

---

101)_ 形(형)＝狀也.
102)_ 折枝(절지)＝팔다리를 주물러주는 일.

어찌 민을 그물질하여 다스리겠습니까?	罔民而可爲也
그러므로 군주는 민이 먹고살 산업을 마련해 주어야 합니다.	是故 明君制民之産
반드시 위로는 부모를 섬길 수 있고	必使仰足以事父母
아래로는 처자식을 기를 수 있고	俯足以畜妻子
풍년에는 종신토록 배부르고	樂歲終身飽
흉년에도 굶어 죽지 않게 해야 합니다.	凶年免於死亡
그리한 연후에 선행을 다그치면	然後驅而之善.
민이 따르기 가벼울 것입니다."	故民之從之也輕.

다만 그들의 애민도 예禮에 정해진 명분에 따르지 않으면 안 된다는 것이므로 여전히 봉건적이었다. 즉 인보다 예가, 예보다 명분이 앞선다는 것이다. 그러므로 그의 민생론은 예 속에 묻혀버린다. 아래 『한비자』의 글에서 자로가 말한 인의는 바로 우리가 상식적으로 알고 있는 것과 같지만 공자는 그것이 아니라고 말한다.

한비자韓非子/외저설우外儲說右 상

자로가 불평하여 말했다.	子路曰
"스승께서 저에게 인의仁義를 행하라고 하셨는데	夫子疾由之爲仁義乎.
인의란 가진 것을 천하와 공유하고	仁義者 與天下共其所有
이로움을 천하와 함께하는 것 아닙니까?	而同其利者也
제가 받은 봉록으로 고을 사람을 먹여주었는데	今以由之秩粟而飡民
잘못이라고 나무라시는 것은 무엇 때문입니까?"	不可何也
공자가 말했다. "무릇 예禮란 천자는 천하를 사랑하고	孔子曰 夫禮 天子愛天下
제후는 자기 영지 내 사람을 사랑하고	諸侯愛境內
대부는 자기·관직을 사랑하고	大夫愛官職
선비는 자기가 섬기는 가문을 사랑하는 것이다.	士愛其家.

그것을 초과한 사랑은 예를 침범했다고 말한다.	過其所愛曰侵.
너는 현령으로서 노나라 군주의 소유인 민民을	今魯君有民
함부로 사랑했으니	而子擅愛之
이것은 네가 예를 침범한 것이다."	是子侵也.

공자는 주례를 부흥시키면 민생 문제는 저절로 해결된다고 믿은 것 같다. 그가 그렇게 믿은 것은 첫째, 관리는 관리답고 선비는 선비답고 농민은 농민답게 각자가 직분을 충실히 하면 민생 문제는 해결된다고 보았으며, 둘째, 예 속에 구휼이 포함되어 있다고 보았다. 모든 제사에는 제수가 필요하며, 제사가 끝나면 제수를 천하고 가난한 민중에게 골고루 나누어 주는데 이를 선물膳物이라고 말한다. 선膳은 '제사 지낸 음식'을 뜻한다. "군주가 제례에 밝으면 경내에 굶주리는 백성이 없다"고 한 것이 바로 그것을 말하고 있다.

이것은 군자가 백성을 직접 구휼하는 것이 아니라 신의 명을 받은 천자와 천자의 명을 받은 군주와 군주의 명을 받은 군자가 향음주례鄕飮酒禮·관례冠禮·제례祭禮 등을 거행하여 그 제수를 민에게 먹임으로써 신의 이름으로 구휼하기 때문이다. 이때 예는 바로 구휼이 된다. 이것을 일러 '혜하지도惠下之道'와 '혜이불비惠而不費'라고 말하는 것이며 제정일치의 유습으로 신정神政을 의미한다고 볼 수 있다.

예기禮記/제통祭統

제사는 갖바치·백정·무당·문지기 등에게 제수를 먹이는	夫祭 有畀輝[103]胞翟[104]閽者
아랫사람들에게 은혜를 내리는 도리다.	惠下之道也
신주가 지존이라면 지존을 이미 제사하면 그 마무리는	尸又至尊 以至尊旣祭之末.

---

103)_ 輝(휘)=治皷工也. 韗으로 읽는다.
104)_ 翟(적)=教羽舞者.

천민을 잊지 않고	而不忘至賤
제수를 그들에게 내리는 것이다.	而以其餘畀[105]之
그러므로 예에 밝은 군주가 다스리면	是故明君在上
경내의 민民은 헐벗고 굶주리는 자가 없는 것이다.	則竟內之民無凍餧者矣.

따라서 유사들은 자기 직분이 아닌 생산 활동에는 관심을 끊어야 했고, 따라서 민생에 별로 관심이 없었다. 재화란 신분과 직분에 따른 당연한 복록福祿이므로, 그 신분과 직분 즉 명분을 어지럽히지 않으면 저절로 합당하게 되는 것이기 때문이다.

그래서 공자는 군자란 도道를 생각할 뿐, 식食을 생각하지 말아야 한다고 가르쳤다. 왜냐하면 백성들이 유사들을 먹여줄 의무가 있기 때문이다. 또한 당시 실정은 공자가 말한 대로 농사를 지으면 굶주렸으나, 학문을 하면 봉록이 그 가운데 있었기 때문이다 (學也 祿在其中矣 : 『논어』「위영공」32).

이 점은 지금도 유효하다. 관리와 학자나 종교인들은 덕德이 근본이고 재財는 말末이어야 하기 때문이다. 그러나 지금의 관리와 학자는 자신의 자유로운 의사에 의해 직업을 선택한 것이라는 점에서 타고난 신분계급에 구속받아야 했던 공자 당시의 봉건사회와는 전연 다르다.

지금은 순수한 학문이 전문 직업이 되었지만, 당시의 학문은 관료가 담당했으므로 학자와 공직자가 분업되어 있지 않았다. 다만 옛날이나 지금이나 학자들은 생산수단을 소유하지 못하므로 그들에게 학문은 밥을 얻기 위한 유일한 수단이다. 그러나 우리 학자들은 공권력인 지배 이념과 사회 권력인 자본으로부터 독립하여 순수한 학문을 한다고 착각한다. 그리고 공자가 지향했던 군자도 같은 존재라고 오해한다.

다만 옛 군자는 귀족 권력에 밥을 의존했고 지금의 학자는 자본 권력에 밥을 의존하고 있다는 점에서는 같다. 그러므로 밥을 도모하는 것을 천시하는 태도는 봉건성에서

---

105)_ 畀(비)=賜也.

벗어나지 못한 것이다. 그러나 공자와 그의 제자들은 생산노동을 천시했으나 귀족 권력에 구속되지 않으려고 했다는 점에서, 오늘날 사회 권력에 구속되지 않으려고 하는 양심적인 일부 학자들과 똑같이 높이 평가해야 마땅할 것이다.

또한 중의경리 사상은 공자의 국가 경영 원리였다. 그에 의하면 국가의 관건은 첫째가 신의(信)요, 둘째가 경제(食)요, 셋째가 군사(兵)다. 만약 이 순서를 바로 하지 않으면 나라가 망한다고 생각했다. 그리고 사군자士君子는 '신信'을 위해 정사를 돌보는 것이 명분이므로 '식食'을 위한 경제를 돌보아서는 안 된다고 생각했다. 만약 이를 바로 하지 못하여 식을 중시하여 이利를 허용한다면 천하에 원망이 가득할 것이라고 염려한 것이다.

그러므로 공자는 더 나아가 생산과 재용을 중시하는 변법파를 '소인'이라 비난하고 권력 투쟁을 벌였다. 공자는 부국강병을 주장하는 관료파를 귀족을 기반으로 하는 왕도를 배반하는 소인파로 규정했고 맹자는 이를 왕도와 패도의 대결로 이끌어갔다.

이들의 대결을 경제 정책 면에서 요약하면 '재물이 흩어져야 민이 모인다'고 생각한 왕도파의 경리輕利 사상과 '창고가 차야 예절을 안다'는 패도파의 중리重利 사상의 대결이라 할 수 있다. 즉 왕도파는 균분과 소비를 중시했고, 패도파는 생산과 축적을 중시한 것이다. 오늘날로 비교하면 보수적인 왕도파는 진보적이었고, 개혁적인 패도파는 오히려 보수적이었다고 말할 수도 있을 것이다.

경리

한서漢書/동중서전董仲舒傳

사람을 어질게 하는 자는 의를 바르게 하고	夫仁人者正其義
이익을 도모하지 않으며	不謀其利.
도리를 밝히되 공로를 생각하지 않는다.	明其道 不計其功.
공자 문하에서는	是以仲尼之門

오 척 동자라도 춘추오패를 부끄럽게 여겼으니 　　　　　五尺之童羞稱五伯

그들의 다스림은 사술이 먼저요 인의는 뒷전이기 때문이다. 　　爲其先邪術 而後仁義也.

맹자孟子/이루離婁 상

전쟁을 좋아하는 자는 중형에 처해야 하며 　　　　　故善戰者 服上刑.

제후들과 합종연횡을 하는 자는 그다음이고 　　　　連諸侯者次之

풀밭을 개간하여 　　　　　　　　　　　　　辟草萊

세금을 거두는 자는 그다음 중형에 처해야 한다. 　　任106)土地者次之.

중리

관자管子/권1/목민牧民

무릇 봉토를 받은 자는 민을 기르는 목자이니 　　　　凡有地牧民者

계절에 따라 생산에 힘쓰며 곡식 창고를 지킨다. 　　務在四時 守在倉廩.

나라에 재물이 많으면 먼 곳에서 찾아올 것이니 　　國多財則 遠者來

국토의 개간 사업을 일으켜 민이 머물러 살도록 한다. 　地辟擧則民留處.

창고가 실해야 예절을 알고 　　　　　　　　　倉廩實則知禮節

의식이 족해야 영욕을 안다. 　　　　　　　　　衣食足則知榮辱.

부국강병 반대

대학大學/10장

군자는 먼저 덕을 삼가야 한다. 　　　　·　　　　是故君子先愼乎德

덕이 있는 자는 곧 사람이 있고, 사람이 있는 자는 땅이 있고 有德此有人 有人此有土

땅이 있으면 재화가 있고 　　　　　　　　　　有土此107)有財

---

106)_ 任(임)＝賦稅負擔也.

재화가 있으면 이용利用이 있다.   有財此有用.

덕은 근본이고 재물은 말단이다.   德者本也 財者末也.

근본을 밖으로 삼고 말단을 안으로 삼으면   外本內末

민을 다투게 하고 약탈을 방임하는 것이다.   爭民施奪.

그러므로 재물이 모이면 백성은 흩어지고   是故 財聚則民散

재물이 흩어지면 민이 모이는 것이다.   財散則民聚.

나라와 가문을 키우려 하고 재물과 공용功用을 힘쓰는 것은   長[108]國家而務財用[109]者

반드시 소인의 도를 따른 때문이다.   必自[110]小人矣.

소인에게 나라와 가문을 다스리게 하면   小人之使爲國家

재해가 한꺼번에 닥칠 것이니   菑害幷至.

비록 선한 자가 있어도 어찌할 수가 없다.   雖有善者亦無如之何矣.

이를 일러 '나라는 이利를 이利로 생각하지 않고   此謂 國不以利爲利

의義를 이利로 생각하는 것'이라 한다.   以義爲利也.

원래 '중의경리'는 이처럼 지도자와 관리를 위한 도덕률이었으나, 이는 천민의 소관이었던 생산 자체를 천하게 생각하는 기풍을 일으켰다. 이후 청나라 이전까지 수천 년 동안 이利를 악으로 배척하는 것이 유가들의 전통으로 굳어졌다.

그러나 이利보다 의義가 중요하다는 도덕 원리는 오늘날의 지식인과 관료에게도 마땅히 규범이 되어야 하겠지만 헐벗고 굶주린 민에게는 공허한 염불에 불과하다. 그러므로 유한계급의 통치학인 『논어』는 중의경리론을 벗어나지 않는다. 그래서 『논어』는

---

107)_ 此(차)=則으로 쓰임.

108)_ 長(장)=大也.

109)_ 用(용)=功用.

110)_ 自(자)=由也, 從也.

당시 굶어 죽고, 얼어 죽고, 전쟁터에서 죽는 처참한 난세의 문서임에도 불구하고 의리론義理論을 말할 뿐 사회 문제나 경제 문제 등 민생에 대해서는 전혀 언급하고 있지 않은 것이다. 그리고 이러한 공자의 중의경리의 통치 철학은 후대로 갈수록 민의 경제 활동까지 천한 것으로 여기는 폐단으로 작용했다. 그리하여 유가의 경리론은 도덕적 생활에 대한 규정력으로 작용하기보다는 경제적 진보에 장애로 작용하게 되었던 것이다.

노예제적 경제 정의

공자는 학學을 의義를 행하기 위한 수단임과 동시에 녹祿을 얻는 수단으로 생각했다. 그리고 나라에 도道가 있으면 벼슬하여 부귀를 누리는 것이 당연한 것이라고 말했다. 그것은 당시 유사들로서는 너무도 당연한 일이었으므로 비난할 것이 못 된다. 맹자는 이 말을 더욱 멋지게 표현한다. 아래 글은 '나라에 도가 있으면 나아가 벼슬을 하여 부귀를 누려도 좋지만, 나라에 도가 없으면 몸은 도를 따라 벼슬을 버리고 가난을 택할 것'이라는 요지의 글이다.

논어論語/태백泰伯 14

공자께서 말씀하셨다.　　　　　　　　　　　　　　　　　　子曰

"천하에 도道가 있으면 나타나고 도가 없으면 숨어버린다.　　天下有道則見 無道則隱

나라에 도가 있는데 가난하고 비천하다면 부끄러운 일이요,　邦有道 貧且賤焉恥也

나라에 도가 없는데 부하고 귀하다면 부끄러운 일이다."　　邦無道 富且貴焉恥也.

맹자孟子/진심盡心 상

천하에 도가 있으면 도가 몸을 따르고　　　　　　　　　　天下有道 以道殉身.

천하에 도가 없으면 몸이 도를 따른다.	天下無道 以身殉道.
도가 인人(지배계급)을 따른다는 말은 들어보지 못했다.	未聞 以道殉乎人者也.

논어論語/이인里仁 5

공자께서 말씀하셨다.	子曰
"부귀는 사람마다 바라는 것이지만	富與貴 是人之所欲也
왕도(周禮)에 의해 얻은 것이 아니면 처하지 않는다.	不以其道[111] 得之不處也
빈천은 사람마다 싫어하는 것이지만	貧與賤 是人之所惡也
왕도에 의한 것이 아니라도 그것을 얻으면 피하지 않는다."	不以其道 得之不去也.

위의 『논어』「이인」편의 글은 '부귀는 반드시 도道에 의해서 얻어야 한다'는 유가의 경제 정의를 말한 것으로 학자들에 의해 회자되고 침이 마르도록 칭송을 받는다. 그러나 이 『논어』의 글 속에는 다음과 같은 중대한 함정이 숨어 있음을 주목해야 한다.

첫째, 부귀빈천은 반드시 도에 일치해야 한다는 것이다. 그런데 그 도가 무엇인가에 요점이 있다. 공자가 말하는 도는 왕도주의를 지칭하는 것이고, 노장이 말하는 도는 무위한 자연의 도를 지칭한다. 또한 그 도라는 것이 노예제 사회의 도리인가? 아니면 신분차별이 없는 민주평등 사회의 도리인가에 따라 그 내용이 달라진다. 그러므로 이 글에서 '도'를 '정당한 방법'으로 번역함으로써 시대를 초월한 보편적 도리로 해석하는 것은 잘못이다.

둘째, 이 글에서는 부富·귀貴, 빈貧·천賤은 반드시 일치해야 한다는 것을 암시한다. 즉 귀한 신분은 당연히 부해야 하고, 천한 신분은 당연히 빈해야 한다는 신념이다. 즉 부↔귀, 빈↔천이 유가들이 말하는 도道인 것이다. 그러나 오늘날에서 보면 그들의 도는 신분차별의 노예제적 봉건 도덕에 불과한 것이다.

---

111)_ 道(도) = 공자가 말하는 도는 왕도이고, 노자가 말하는 도는 자연의 도다.

셋째, 귀족이 아닌 유사들에게 부귀와 빈천은 모두 관직에 달려 있음을 말하고 있다. 벼슬을 하지 못하면 빈천하고, 벼슬을 하면 부귀해진다는 것은 오늘날에는 타파해야 할 부조리다. 그러나 공자 당시의 법도로는 부귀는 모두 벼슬로만 가능했음을 알아야 한다.

당시에는 관리의 봉급이 농민에 비해 너무나 많았다. 정전제에 의하면 한 가장은 100묘의 농지를 지급받는 데 비해 중사中士는 200묘를 지급받고 각종 세금과 부역이 면제되었다. 그리고 상사上士는 4배, 대부大夫는 8배, 경대부는 32배였다고 한다(『맹자』「만장萬章」하). 그러므로 무산자였던 유사들은 벼슬하는 것이 부자가 되는 길이었다. 요즘 노동자들인 대기업 사원과 임원들이 새로운 특권층이 되어 고액의 연봉을 받는 것과 마찬가지다.

넷째, "도리에 의하지 않은 부당한 빈천이라도 피하지 말라"고 가르치는 것은 숙명론이며 노예 도덕이라고 비난받아 마땅할 것이다. 북송의 개혁파인 왕안석의 신법을 모조리 파기한 수구파의 영수인 사마광은 이를 운명론으로 설명하고 있다.

사마광

자치통감資治通鑑/**권74/위기**魏紀 **6**

귀천貴賤·빈부貧富는 하늘의 분수다.	貴賤貧富 天之分也.
하늘의 분수를 어기면 반드시 하늘의 재앙이 따르고	僭天之分 必有天災.
사람의 분수를 잃으면 반드시 사람의 재앙이 따른다.	失人之分 必有人殃.

그러므로 앞의 『논어』「이인」5의 예문을 민주적 경제 정의로 읽을 수 없다. 이 글에서 말하는 도道를 우리 학자들은 '정당한 방법'으로 번역하는데, 이것은 글자로는 가능하겠지만 뜻으로는 잘못된 번역이다. 오늘날의 '정당한 방법'과 2,500년 전의 '정당한 방법'은 같지 않기 때문이다. 앞에서 이미 지적한 대로 그 '도'는 봉건시대의 신분차별적 '왕도'일 뿐 오늘날 민주사회의 도리는 아니다.

예컨대 공자 당시에 '천한 필부는 보배를 품은 것만으로 죄가 된다'는 속담이 유행했다. 당시는 노예제적 봉건사회였으므로 천민이 귀한 보배를 품는 것은 '정당하지 않다'는 것이다. 이것은 당시 유가의 경제 정의가 부당했음을 말해 주는 증거다.

시경詩經/위풍魏風/벌단伐檀

심지도 않고 거두지도 않으면서	不稼不穡
무슨 수로 벼 삼백 섬을 탈취했고	胡取禾三百廛兮
사냥도 하지 않으면서	不狩不獵
어찌 너의 집 뜰엔 담비가 걸렸는고?	胡瞻爾庭有縣貆兮
그대들 군자君子여! 공밥을 먹지 마소!	彼君子兮 不素飧兮.

좌전左傳/환공桓公10년(BC 702)

주나라 속담에 이런 말이 있다.	周諺有之
'필부는 죄가 없지만 구슬을 품으면 죄가 된다.'	匹夫無罪 懷璧其罪.

다음은 유가들이 말하는 경제 정의가 부당함을 보여주는 주희의 글과 이를 비판하는 대진의 글이다. 이 글을 읽고도 유가의 봉건 도덕을 경제 정의라고 말할 수 있겠는가?

주희

주자대전朱子大全/**권14**/**무신연화주차**戊申延和奏箚

형이 가벼울수록	刑愈輕
민중의 풍속을 순후하게 하기보다는	而愈不足以厚民之俗.
왕왕 반대로	往往反以長
패역 작란하는 마음을 조장시키기 마련이다.	其悖逆作亂之心.
반면 옥송獄訟이 번다하면 할수록	而使獄訟之愈繁則

선왕先王의 법을 강구하지 못하는 과오를 범한다.	不講乎先王之法之過也
무릇 옥송이 있으면	凡有獄訟
반드시 먼저 그 존귀尊卑·상하上下·	必先論其尊卑上下
장유長幼·친소親疎의 분별을 논하고	長幼親疎之分.
그런 연후에 그 사안의 곡직에 대한 말을 들어야 한다.	而後聽其曲直之辭
만일 하위자가 상위자를 범하고	凡以下犯上
빈천貧賤이 존귀尊貴를 능매凌罵했다면	以卑凌尊者
비록 옳았다 해도 도와주지 말아야 하며	雖直不右
옳지 않았다면 죄를 가중해야 한다.	其不直者罪加.

대진

대진집戴震集/여모서與某書

그들이 말하는 도리라는 것은	其所謂理者
혹리酷吏들이 말하는 법과 같을 뿐이다.	同于酷吏之所謂法.
혹리는 법으로 살인하고	酷吏以法殺人
유사들은 도리로 살인한다.	後儒以理殺人.
눈앞이 캄캄하구나!	浸浸然
법을 버리고 대신 도리를 논하며 죽이니	舍法而論理死矣
달리 구할 방도가 없구나!	更無可救矣.

이처럼 공자의 경리輕利 사상은 관리들에 대한 명분론名分論이었지만 유가들에 의해 생산 계급을 천시하는 관존민비 사상으로 발전하여 민을 착취하는 역기능을 하게 되었다. 신분차별이 엄격한 봉건사회에서 상놈을 천시한 것이 바로 경제적 착취로 이어진 것은 당연한 귀결이었다. 그러므로 청淸 대에 이르면 거의 모든 학자들이 유가의 경리론을 비판했다. 그런데도 우리 학자들은 아직도 공자의 봉건적 경리 사상을 비판 정신

으로 읽지 않고 민주사회의 경제 정의론으로 윤색 예찬하고 있으니 한심한 일이다.

묵자의 중리 사상

묵자는 공자와 쌍벽을 이룬 노동자 출신의 진보주의자로 노동자의 시조로 불린다. 그는 하느님의 뜻을 겸애兼愛·교리交利라고 선언하고 "의義는 곧 이利"라고 주장했다. 이러한 '중리重利 사상'은 공자의 '경리輕利 사상'에 대한 안티테제였다.

묵자墨子/**법의**法儀

하늘은 무엇을 바라고 무엇을 미워하는가?	天何欲何惡者也.
하늘은 반드시 사람들이 서로 사랑하고 이롭게 하기를 바라고	天必欲 人之相愛相利.
사람들이 서로 미워하고 해치는 것을 바라지 않는다.	而不欲人之相惡相賊也.

묵자墨子/**경經·경설**經說 **상/상**

의義는 곧 이利다.	義 利也.
의는 뜻으로써 천하 인민을 아름답게 하고	義 志以天下爲芬
힘껏 그들을 이롭게 하는 것이다.	而能能利之.

묵자墨子/**비악**非樂 **상**

민에게는 세 가지 근심이 있다.	民有三患.
주린 자가 밥을 얻지 못하고, 헐벗은 자가 옷을 얻지 못하고	飢者不得食 寒者不得衣
수고로운 자가 쉬지 못하는 것이다.	勞者不得息.

묵자墨子/**칠환**七患

식량은 나라의 보배다.	食者國之所寶也.
나라에 삼 년 치 식량이 없으면 나라는	國無三年之食者
그의 나라가 아니다.	國非其國也
집안에 삼 년 치 식량이 없으면 자식은	家無三年之食者
그의 자식이 아니다.	子非其子也.

묵자는 한 고을의 땅을 떼어 주겠다는 초청에도 사유제도를 반대하는 신념에 맞지 않다고 거절했다. 묵가들은 실제로 사적 소유가 없는 공동체 생활을 했다고 한다. 그러나 그들의 공동체 생활에 대한 구체적인 자료는 전해지지 않는다.

묵자 墨子/**대취**大取

성인은 자기 집에 재물을 저장하지 않는다.	聖人不爲其室藏之
성인이 사유私有를 반대하는 까닭은	故聖人非於藏.
재물의 사유는 자기를 사랑하는 것일 뿐	藏之愛己
자기와 남을 동시에 사랑하는 것이 아니기 때문이다.	非爲愛己之人也.

사유제도를 없애지 않고는	非殺藏也
도둑을 없애려고 해도 없앨 수 없는 것이다.	專殺盜 非殺盜也.

묵자 墨子/**노문**魯問

월越 왕이 크게 기뻐하며 묵자의 제자인 과過에게 말했다.	越王大說謂過[112]曰
"만약 묵자 선생을 월나라에 오시게 하여	苟能使子墨子至於越

---

112)_ 過(과)＝人名.

과인을 가르친다면	以教寡人.
옛 오吳나라 땅 오백 리를 떼어	請裂古吳之地 方五百里
선생을 제후로 봉하려 하오."	以封子.
이 말을 전해 들은 묵자가 과에게 말했다.	子謂過曰
"만약 월 왕이 내 말을 따르고 나의 도를 채용한다면	意越王 將聽吾言用我道
가야 하겠지만	則翟將往.
나는 장차 양만큼만 먹고 몸만큼만 입는 절용 정책을 시행하고	量腹而食 度身而衣.
군주와 신하를 평등하게 대할 터인데	自比[113]於君臣
어찌 나를 봉해 주겠느냐?	奚能以封爲哉
반대로 월 왕이 내 말을 따르지 않고	抑越王不聽於吾言
내 도를 채용하지 않는데도 내가 갔다면	不用吾道 而我往焉.
이는 내가 의義를 팔아 쌀을 사는 것이 될 것이다.	則是我以義糶[114]也
쌀을 팔아야 한다면 같은 값이면	鈞[115]之糴[116]
중국에 팔 것이지	亦於中國耳.
하필 월나라에 팔겠느냐?"	何必於越哉.

진보파들의 중리 사상

이러한 묵자의 중리론重利論은 그 후 주목받지 못했다. 그러다가 1,500여 년이 지나

---

113)_ 比(비)＝齊等也, 暱狎也.
114)_ 糶(조)＝賣穀.
115)_ 鈞(균)＝돌림대, 均也, 衡石.
116)_ 糴(적)＝買穀.

서야 북송의 이구가 중리론을 들고 나왔고 급기야 왕안석의 신법의 토대가 되었다. 그들은 "사람은 이利가 아니면 살아갈 수 없고, 욕망은 사람의 자연스러운 마음"이라고 주장하고 유가의 '귀의천리貴義賤利'를 반대했다. 우리는 공자의 경리론輕利論이 얼마나 오랫동안 강고하게 역사를 짓눌러 왔는가에 상도하면 놀라지 않을 수 없다. 이구를 시작으로 송宋 대 이후부터는 경리론이 학자들의 핵심적인 쟁점 사항이 되었다. 급기야 청淸 대에는 거의 모든 학자들이 유가의 경리론을 비판하기에 이르렀다.

이구

우강집盱江集**/권2/원문**原文

이利를 도모해도 되는가?	利可言乎
사람은 이利가 아니면 살아갈 수 없으니	曰 人非利不生
어찌 도모하면 안 된다 하겠는가?	曷爲不可言.
욕欲은 도모해도 되는가?	欲可言乎
욕이란 사람의 정이니 어찌 도모함을 불가하다 하겠는가?	曰 欲者人之情 曷不可言.
다만 도모한다 해도 예禮로써 하지 않으면	言而不以禮
이것은 탐욕이요, 방탕이니 죄악이다.	是貪與淫 罪矣.

우강집盱江集**/권16/부국책**富國策 1

유가의 의론은	儒者之論
의義를 귀히 여기고 이利를 천하게 여기지 않는 것이 없다.	鮮不貴義而賤利.
그들의 말은 도덕과 교화가 아니면	其言非道德敎化
입에 담으려 하지 않는다.	則不出諸口矣
그렇지만 『서경』「홍범洪範」의 팔정八政은	然洪範八政
"첫째가 식食이요, 둘째가 화貨"라고 했으며	一曰食 二曰貨.
공자도 말하기를	孔子曰

"식이 족하고 병兵이 족해야 상하가 신뢰할 수 있다"고 했다.   足食足兵民信之矣

그런즉 나라를 다스리는 실질은   則治國之實

반드시 재용이 근본이라는 뜻이다.   必本於財用.

예禮는 재용으로 거행되고, 정사는 재용으로 안민할 수 있고   禮以是擧 政以是成

애愛는 재용으로 드러나고, 위威는 재용으로 시행된다.   愛以是立[117] 威以是行.

재용을 버리고 태평성세를 이룬 자는 일찍이 없었다.   舍是而克爲治者 未之有也

그러므로 성현 군주와 경세제민의 선비는   是故 賢聖之君 經濟之士

반드시 먼저 나라를 부하게 했던 것이다.   必先富其國焉.

주희는 공맹의 경리론을 계승했지만 그 당시에도 주희의 '멸인욕滅人欲'과 '천리천利'를 강력히 반대하는 학자들이 있었다. 남송의 진량은 '왕패병용王覇並用'과 '의리쌍행義利雙行'의 공리주의를 주장하며 주희와 격렬한 논쟁을 벌였으며, 섭적은 의義를 숭상하여 이利를 기르고, 예를 높여 각자의 능력을 발휘토록 할 것을 주장했다(崇義以養利 隆禮以致力 :『습학기언習學記言』 권2 「역易」).

그들이 귀의천리貴義賤利를 반대한 것은 의와 이利를 대립적으로 인식하는 것을 반대한 것이다. 그들은 의 속에서 이利를 찾고, 이利 속에서 의를 찾아야 한다는 것이다. 의와 의利가 충돌하지 않도록 하는 조화를 희망한 것이다.

17세기에 이르면 더욱 비판을 받는다. 명明 말의 황종희黃宗羲(1610~1695)는 민民의 '자사自私'·'자리自利'를 주장하고 '귀의천리'는 군주의 사리私利를 공리公利로 호도하여 천하의 이利를 독점하기 위한 노예 도덕이라고 비난했다.

---

117)_ 立(립)=成也, 見也, 行也.

황종희

명이대방록 明夷待訪錄/원군 原君

인간은 생명을 받은 시초부터	有生之初
각각 자신을 사사롭고 이롭게 해왔다.	人各自私也 人各自利也
그래서 천하의 공리公利는 누구도 일으키려 하지 않았고	天下有公利 而莫或興之
공해公害는 누구고 제거하려 하지 않았다.	有公害 而莫或除之
그런데 한 사람이 나타나서	有人者出
자기 한 사람의 이익만을 이롭다 하지 않고	不以一己之利爲利
천하가 다 같이 그 이익을 향수하게 했고	而使天下受其利.
자기 한 사람의 해로움을 해롭다 하지 않고	不以一己之害爲害
천하 인민들로 하여금 그 해로움에서 벗어나게 했다.	而使天下釋其害.
그러나 뒤에 군주 된 자들은 그러지 않았으니	後之爲人君者不然.
천하의 이해利害의 권세는 모두 자기로부터 나온다고 말하며	以天下利害之權 皆出于我.
천하의 이利를 자기가 독점하고	以天下之利盡于己
천하의 해害를 인민에게 돌렸다.	以天下之害盡歸于人.
그리고 천하로 하여금	亦無不可使天下之人
각자 사리私利를 취하지 못하게 하고	不敢自私不敢自利.
군주의 사리를 천하의 공리로 생각하도록 인민을 의식화했다.	以我之大私 爲天下之公.
처음에는 옳지 않다고 생각했으나 오래되자 익숙해졌다.	初而慙焉 久而安焉
그리하여 막대한 산업을	視天下爲莫大之産業
자손에게 상속하여	傳之子孫
대를 이어 무궁토록 향수하게 했다.	受享無窮.

이처럼 의義와 이利에 대한 선인들의 치열한 논쟁적 담론에서 오늘을 반성하는 고뇌가 있어야 한다. 오늘날 자본주의 사회에서는 '귀의천리貴義賤利'가 아니라 '귀리천의

貴利賤義'로 역전되었다. 이러한 역전은 이利의 자유를 쟁취했다. 그러나 이利로부터 인간의 자유는 달성되었다고 말할 수 없다. 오늘날 이利의 자유로 인해 군주의 이利 독점은 사라졌으나, 군주의 권력을 대신하는 자본이라는 괴물의 권력이 이利를 독점하고 있기 때문이다.

2,500년 전에 묵자는 도盜를 비난하는 이유는 남의 이利를 덜어 자기를 이롭게 하기 때문이라고 설파했다(以虧人自利也 : 『묵자』「비공」상). 바꾸어 말하면 남을 이용하여 자기를 이롭게 하는 것이 도盜라는 것이다. 그러므로 당견은 인민의 이利를 덜어 군주 자신을 이롭게 하기 때문에 군주를 도둑이라고 비난했다(自秦以來 凡爲帝王者 皆賊也 : 『잠서』하「실어」).

오늘날은 자본이라는 인공 괴물들이 노동자의 이利를 덜어 천하의 이利를 독점하고 있다. 그렇다면 오늘날의 대도大盜는 군주가 아니라 자본이 아닌가? 반성해야 할 것이다.

오늘날의 중리 사상 반성

공자 당시의 정의는 신분차별과 착취구조를 정당화시키는 것이므로 오늘 우리가 생각하는 근대 민주사회의 정의 개념과 다르다. 당시 지배 세력인 인人 계급이나 관료인 사士 계급들에게 중의경리론重義輕利論은 왕법의 한도 내에서만 재물을 취하도록 제약했으므로 당시의 봉건적 경제질서를 유지하는 규범으로 작용한 것은 인정해야 한다. 또한 조선시대에 우리 선비들의 경리 사상은 양반들에게 근검절약의 정신을 강조함으로써 상놈들에 대한 착취를 완화하고 민생을 걱정하는 마음을 갖게 한 것도 긍정적으로 평가되어야 한다.

현대 사회에는 양반과 상놈의 구별이 없어지고 모두 양반이 되었으며 특히 양반 중에 양반이 된 자본가들은 중리경의重利輕義를 신조로 하고 있다는 점에서 그와 반대되는 공자의 중의경리론은 선비들에게 지금도 유효한 담론이다.

그런데도 『논어』를 번역하는 학자들은 공자를 반反자본이 아니라 반대로 선구적인 자본가요 경영자로 둔갑시켜 상품화하고 있는 실정이다. 이러한 자의적 해석과 윤색은 비판받아야 한다. 오히려 오늘날 물신物神의 종이 되어버린 성직자·교사·학자·공직자들에게 공자의 중의경리론은 가장 유효하고 필요한 쓴 약이 될 것이다.

다만 공자가 말한 도道가 봉건사회의 경제 정의를 말한 것인지, 아니면 민주사회의 경제 정의를 말한 것인지는 따져보아야 한다. 다시 말하면 오늘날 '정당한 방법'과 2,500년 전의 '정당한 방법'은 같은 것이 아니라는 것이다.

이 글에서 공자가 말한 도는 민주적인 법이 아니라 주례周禮를 의미한다. 주례의 정신은 천명天命인 왕도를 의미한다. 그리고 이 글에서 말한 부귀는 부富와 귀貴가 따로 있는 것이 아니라 귀해지면 반드시 부해지는 것이므로 같이 붙어 있는 것이다. 그러므로 이 글의 본뜻은 왕도가 아니면 부귀도 버려야 하며, 빈천도 감수하라는 것이다. 이처럼 이 글은 깨달음의 글이 아니라 당시 유사들의 왕도 정신을 천명한 정치적인 글이다.

그런데 여기서 유의할 것은 그 왕도와 주례라는 것이 노예제적 종법질서라는 것이다. 그러므로 이 글에서 말하는 경제 정의란 앞에서 설명한 것처럼 '귀貴한 자는 반드시 부富해야 하고, 천賤한 자는 반드시 빈貧해야 한다'는 것이다. 오늘날로 보면 분배의 기준은 공적功績이 아니고 신분이라는 말이다. 즉 이 글은 오늘날에서 보면 노예제적 경제 정의를 말한 것뿐이다.

실제로도 훗날 유사들은 가난한 선비가 아니라 중소 지주 내지 문벌 사족으로 성장하여 지배계급으로 발전했다. 그들은 이利를 가볍게 보거나 천하게 본 것이 아니라 오히려 이利를 독점하려 했던 것이다. 그러면서 겉으로는 민民들에게 너희는 목숨과 이利를 가볍게 보고 군왕에 대한 의義를 무겁게 보라고 속였던 것이다.

그러나 공자의 말을 시대를 초월한 진리로 받아들여야 하는 유교를 믿는 종교인이나 또는 현재의 체제를 옹호하려는 위정자들은 이를 오늘날에도 유효한 교훈으로 윤색할 필요가 있었을 것이다. 그래서 위 글에서 말한 도道는 원래 왕도주의적 도덕률을 지칭한 것이지만, 우리 학자들은 자본주의적 도덕률로 윤색한다. 그러나 그것은 설교나 선전이지 학문이 아니다.

그러므로 『논어』를 바로 읽으려면 공자 당시의 봉건적 도리와 오늘날 우리가 긍정하는 민주적 도리가 어떻게 다른가를 분석할 줄 알아야 한다. 그리고 인류 역사가 인간해방의 역사로 발전하는 데 얼마나 많은 피와 땀이 어렸는가를 기억해야 한다. 그리고 한 걸음 나아가 오늘날 민주적이라고 말하는 자본주의 시장경제가 과연 실질적인 경제 정의를 이루어냈는가를 반성해야 한다.

공자가 말한 욕구 충족의 기준으로서의 도를 오늘날에도 유효한 교훈으로 삼으려면 자유주의적 시장질서라고 해석해서는 안 된다. 그가 말한 도의 본뜻은 '당시로서의 공평한 것'을 말했다고 보아야 한다. 그렇다면 오늘날 21세기를 사는 우리들에게 공평한 것은 무엇인가를 따져 물어야 한다. 무한경쟁의 시장질서인가? 약자와 패자를 배려하는 사회주의적 평등인가? 아니면 롤스John Rawls(1921~2002)가 『정의론A Theory of Justice』에서 말한 '공정한 정의'인가? 나는 여기서 공자와 거의 동시대인 묵자의 삼표론三表論과 정의론正義論을 참고할 것을 권고한다(졸저 『묵자』 4장의 '정의론' 참조).

제6장

천신과 제정

1절 | 천명론과 운명론

논어 읽기

천명론

논어論語/요왈堯曰 1

요임금이 말했다. "아! 그대 순이여!
하늘의 운수가 네 몸에 있으니 삼가 중中을 잡아라.
만약 사해가 곤궁하면 하늘의 녹이 영원히 끊어지리라."
순임금도 역시 우임금에게 이 말을 전했다.

"소자 이(탕왕)가 감히 검은 소를 제물로 바치고
감히 거룩하신 하느님께 밝혀 고하나이다.
하늘에 죄지은 자를 감히 용서하지 않았고
하느님의 신하를 버리지 않고 등용했으니
가려 선택하심은 하느님의 마음에 달려 있습니다.

堯曰 咨爾舜
天之曆數在爾躬 允執厥中
四海困窮 天祿永終
舜亦以命禹.

曰 予小子履 敢用玄牡
敢昭告于皇皇后帝
有罪不敢赦
帝臣不蔽[1]
簡[2]在帝心

---

1)_ 蔽(폐)＝掩也. 敝(敗 棄)와 통용.

짐이 지은 죄는 만백성에 있지 않고 　　　　　　　　朕躬有罪 無以萬方

만백성이 지은 죄는 짐에게 있습니다." 　　　　　萬方有罪 罪在朕躬.[3]

논어論語/계씨季氏 8

공자께서 말씀하셨다. 　　　　　　　　　　　孔子曰

"군자에게는 세 가지 두려워할 것(三畏)이 있다. 　君子有三畏

천명을 두려워해야 하며 　　　　　　　　　畏天命

큰 가문의 대인들을 두려워해야 하며 　　　畏大人

역대 훌륭한 제왕(성인)들의 말씀을 두려워해야 한다." 　畏聖人之言.

논어論語/요왈堯曰 3

공자께서 말씀하셨다. 　　　　　　　　　　　子曰

"천명을 모르면 군자가 될 수 없고 　　　　不知命 無以爲君子也

예를 모르면 입신할 수 없으며 　　　　　　不知禮[4] 無以立[5]也

성인의 말씀을 모르면 대인을 알 수 없다." 　不知言 無以知人也.

운명론

논어論語/옹야雍也 8

제자 백우伯牛가 병들어 공자께서 문병하셨다. 　伯牛有疾 子問之

들창으로 그의 손을 잡고 말씀하셨다. 　　　自牖執其手曰

"죽음은 운명이리라! 　　　　　　　　　　亡之命矣夫

---

2)_ 簡(간)＝差擇也.

3)_ 『서경』「商書」「湯誥」를 인용한 것임.

4)_ 不知禮 則耳目無所加 手足無所措(論語集註).

5)_ 立(립)＝象人正立地上形. 成也(三十而立).

이런 사람이 이런 몹쓸 병에 걸리다니!　　　　　　　　斯人也而有斯疾也.

이런 사람이 이런 몹쓸 병에 걸리다니!"　　　　　　　斯人也而有斯疾也.

논어論語/선진先進 8

안연이 죽자 공자께서 말씀하셨다.　　　　　　　　　顔淵死 子曰

"오호! 하늘이 나를 망치는구나! 하늘이 나를 망치는구나!"　噫 天喪予 天喪予.

공자께서 안연의 죽음을 통곡하셨다.　　　　　　　　顔淵死 子哭之慟

종자가 말했다. "선생의 슬퍼함이 지나치십니다."　　　從者曰 子慟矣

공자께서 말씀하셨다. "지나침이 있었느냐?　　　　　曰 有慟乎

이 사람을 애통해하지 않으면 누구를 애통해하겠느냐?"　非夫人之爲慟 而誰爲.

논어論語/헌문憲問 38

공백료公伯寮가 계손 씨에게 자로를 참소했다.　　　　公伯寮愬[6]子路於季孫

노나라 대부 자복경백子服景伯이 이를 공자께 알려주며 말했다.　子服景伯以告曰

"계손 씨는 공백료의 말을 믿고 의혹을 품고 있으나　夫子固有惑志於公伯寮

아직은 내 힘으로　　　　　　　　　　　　　　吾力

그놈의 시체를 조정과 저잣거리에 매달 수 있습니다."　猶能肆[7]諸市朝.

공자께서 말씀하셨다　　　　　　　　　　　　　子曰

"도道가 행해짐도 천명이요,　　　　　　　　　　道之將行也與命也

도가 없어짐도 천명이니　　　　　　　　　　　道之將廢也與命也

공백료 따위가 그 천명을 어찌할 수 있겠습니까?"　公伯寮其如命何.

---

6)_ 愬(소)=訴也, (색)=驚懼也.

7)_ 肆(사)=陳尸也.

논어論語/안연顏淵 5

사마우司馬牛가 근심스럽게 말했다.   司馬牛憂曰

"남들은 다 형제가 있는데 나만 없구려!"   人皆有兄弟 我獨亡

자하가 말했다. "내가 듣기로는   子夏曰 商[8]聞之矣

사생은 운명이요 부귀는 재천이라 하오."   死生有命 富貴在天.

논어論語/자한子罕 16

공자께서 냇가를 지나며 말씀하셨다.   子在川上曰

"가는 것은 모두 이와 같은가! 밤낮없이 흘러가누나!"   逝者如斯夫 不舍晝夜.

---

8)_ 商(상)=자하의 名.

천제와 제정일치

인류의 상고시대는 동서양이 대체로 비슷하지만 특히 동양에서는 일월성신日月星辰·풍우뇌전風雨雷電·산천초목山川草木 등 자연의 위력에 공포감과 경외감을 품고 자연현상의 배후에는 영혼靈魂 즉 신神이 있어 인간의 운명을 좌우한다고 믿고 제사祭祀 의식을 발명하여 공동체의 중요한 행사로 지켜왔다. 이와 같은 자연自然 신앙의 범신론汎神論으로부터 발전하여 국가가 성립할 시기에는 다신多神을 지배하는 상신上神인 천제天帝 또는 상제上帝가 나타난다.

제帝는 하느님의 호칭

상서尚書 **소疎**[9]

제帝라고 말하는 것은 하느님에 대한 하나의 명칭이다.	言帝者天之一名.
제라 호칭한 까닭은	所以名帝
제는 체諦(모두 살피다)의 뜻이기 때문이다.	帝者諦也.
천天(하느님)은 바다처럼 넓고 무심하여	言天蕩然無心
만물과 나의 차별을 잊고	忘於物我
공평하고 멀리 소통하여 매사를 다 살펴 안다고 말한다.	言公平通遠 擧事審諦
그러므로 그를 일러 제라 한 것이다.	故謂之帝也.

춘추번로春秋繁露/**권15**/**교제**郊祭

하늘은 여러 신神들의 위대한 군왕이다.	天者百神之大君也.

---

9)_ 공영달 著.

춘추번로春秋繁露/**권15**/**순명**順命

하늘은 만물의 조상이니

만물은 하늘이 아니면 태어날 수 없다.

天者萬物之祖也

萬物非天不生.

천자의 하늘 제사

국어國語/**주어**周語 상

선왕先王의 제도에 의하면 도성 내 천 리를 전복甸服이라 했고

방외 오백 리를 후복侯服(侯畿)이라 했으며

후복을 둘러싼 곳을 빈복賓服이라 했다.

남만과 동이 지역을 요복要服이라 했으며

서융과 북적 지역을 황복荒服이라 했다.

전복에서는 천자가 매일 지내는 제祭에 필요한 물품을 바치고

후복에서는 매월 지내는 사祀에 필요한 물품을 바치고

빈복에서는 계절마다 지내는 시향時享에 필요한 물품을 바치고

요복에서는 매년 조공朝貢을 바치고

황복에서는 자국의 군주가 바뀔 때마다 알현하도록 했다.

이처럼 일제日祭·월사月祀·시향時享·세공歲貢·종왕終王은

선왕의 법도다.

夫先王之制 邦內甸服

邦外侯服

侯衛賓服

蠻夷要服

戎狄荒服

甸服者祭.

侯服者祀.

賓服者享.

要服者貢.

荒服者王.

日祭 時享 歲貢 終王

先王之訓也.

우임금의 하늘 제사 제문

묵자墨子/**경주**耕柱

옛날 하나라 우임금이

비렴에게 구주의 산천에서 금을 캐도록 하여

곤오昆吾에서 황금 솥을 만들게 했다.

계인雞人(官職)에게 희생을 잡게 하고

昔者夏后開

使蜚廉折金于山川

以陶鑄鼎於昆吾.

是使翁難雉乙

백익에게 거북점을 치게 했다.   卜於伯益之龜

그리고 우임금은 천신에게 다음과 같이 빌었다.   曰

"황금 솥은 삼족三足이며 바르게 되었습니다.   鼎成 三足[10]而方

소신이 밥을 짓지 못하거든 천신께서 이 솥으로 끓여주소서!   不炊而自烹

솥을 채우지 않거든 천신께서 이 솥을 채워주소서!   不舉而自臧

현자에게 자리를 물려주지 않거든 천신께서 옮겨주소서!   不遷而自行

곤오의 제단에서 제사를 올립니다. 흠향하소서!"   以祭於昆吾之虛 上鄉.

하느님을 한문으로는 천제天帝라고 쓴다. 천天은 그 공용功用을 표현한 말이고, 제帝
는 주재자主宰者임을 표현한 말이다. 『이아爾雅』에 의하면 제는 본래 천을 뜻하는 글자
였으나 나중에는 왕에게도 제를 붙였다고 한다. 이로 볼 때 천은 본래부터 인격신이었
던 것 같다.

원래 '천天'이라는 글자는 꼭대기라는 뜻이었다. 천은 더없이 높고 유일하고 크다
는 것이다. 그리고 '제帝'라는 글자는 체諦 즉 심審의 뜻에서 유래되었다. 즉 천 혹은
천제는 꼭대기에서 천하를 두루 살피고 다스리는 것으로 이해한 것이다. 이러한 문자
가 만들어졌다는 것은 문자가 있기 이전부터 천을 인격신으로 믿고 있었다는 것을 의
미한다.

설문해자說文解字 **주**注

천天 자는 꼭대기라는 뜻이다.   天 顚也

지고무상至高無上의 존재이니   至高無上

대大(위대함)와 일一(유일자)을 합성한 글자다.   從一大.

제帝 자는 살핀다는 뜻이다.   帝 諦也

---

10)_ 三足(삼족)=천지인을 하나로 소통함을 지사(指事)한 글자인 왕을 표현한 것임.

왕천하王天下하며 호령하니 상上과 성聲을 합성한 글자다.   王天下之號 從上聲.

『서경』「우서虞書」의 기록에 의하면 요임금이 기원전 2300년경에 희羲 씨와 화和 씨에게 명하기를 "하늘을 공경하고(欽若昊天), 일월성신을 관찰하여 달력과 형상을 만들고(曆象日月星辰), 사람들에게 농사짓는 때를 가르쳐라(敬授人時)!"라고 했다.

여기서 '흠약欽若'은 해석이 둘로 갈린다. 즉 약若을 순順으로 해석하면 '천제天帝를 경순敬順함'이 되어 호천昊天은 인격신이 되고, 약을 여如로 읽으면 '삼가 하늘을 본받음'이 되어 호천은 원기광대한 자연이 된다.

요임금의 어진 신하였던 고요가 기원전 2280년경에 "하늘은 백성의 눈과 귀를 통해서만 보고 듣는다"고 말한 것으로 미루어보면 「우서」의 '호천'은 천제의 의미로 해석하는 것이 옳을 것이다.

서경書經/우서虞書/고요모皐陶謨

하늘이 귀 밝고 눈 밝은 것은 민民의 눈과 귀가 밝은 때문이며	天聰明 自我民聰明.
하늘의 밝은 위엄은 우리 민의 밝게 살피는 위엄 때문이다.	天明畏 自我民明威.
천지 상하가 통하니 공경할진저! 땅을 다스리는 자여!	達于上下 敬哉有土.

서경書經/주서周書/태서泰誓 중

하늘은 우리 민중이 본 것을 통해서 보며	天視自我民視
하늘은 우리 민중이 들은 것을 통해서 듣는다.	天聽自我民聽.

우임금은 기원전 2220년경 처음으로 천신의 주재성과 인격성을 직접 말하고 있다. 그는 삼묘족三苗族이 하늘을 공경하지 않고 백성을 돌보지 않아 하느님이 벌을 내렸으므로 주벌할 것을 선언한다.

서경書經/우서虞書/대우모大禹謨

준동한 삼묘족은	蠢玆有苗
혼미하여 공경하지 않고 민을 돌보지 않아	昏迷不恭 民棄不保
하느님이 벌을 내렸으므로	天降之咎.
이에 내가 너희 병사들과 함께	肆予以爾衆士
명령을 받들어 그들의 죄를 주벌하고자 하노라!	奉辭伐罪.

한편 부족들이 서로 쟁탈하면서 자기 부족이 특별히 위대한 종족임을 나타내기 위해 상신上神을 자기 부족의 조상신으로 모시기 시작한다. 예컨대 수렵·유목 민족은 천신天神을 조상신으로 모시고, 어렵·농경 민족은 수신水神을 자기의 조상신으로 삼는 경우가 그것이다. 천신하강 신화나 난생 설화는 이때 만들어진 것으로 추정할 수 있을 것이다. 조선의 단군 신화나 주나라의 후직 신화는 자기 조상이 하느님의 아들(天子)이라는 천신하강 신화이며, 농경사회에 널리 퍼진 용신龍神은 난생 설화의 유산이다.

우리나라의 고기古記에 의하면 한님桓因이 백산白山에 내려와 불을 일으켜 음식을 익혀 먹도록 가르치고 한국桓國을 열었으며, 뒤를 이어 한웅桓雄이 백산 천평天坪의 청구靑邱 땅에 우물을 팠는데 이곳에 도읍하여 신시神市라 부르고 배달국倍達國을 열었다. 이때 천신 한님에게 제사를 드렸으며 천부인天符印을 가지고 곡식·질병·형벌 등 오사五事를 주관하고 세상을 살피시어 조화로 다스리고 인간을 널리 이롭게 했다(在世理化 弘益人間)고 한다.

한단고기桓壇古記/**삼성기**三聖記 상

우리 한桓의 건국은 세상에서 가장 오랜 옛날이었는데	吾桓建國最古
북극 시베리아의 하늘에 한 신이 있어	有一神在斯白力之天
홀로 변화하는 신이니	獨化之神.
밝은 빛은 온 우주를 비추고, 큰 교화는 만물을 낳았다.	光明照宇宙 權化生萬物.

어느 날 동남동녀 팔백 인이   日降童女童男八白

흑수黑水 백산에 내려왔다.   於黑水白山之地

이에 한님은 이들 무리를 감독하시며   於是桓因亦以監群

천계에 계시면서   居于天界.

돌을 처 불을 일으켜 음식을 익혀 먹는 법을 가르치셨다.   掊石發火 始敎熟食

이를 하느님 나라(한국)라 하고 그분을 천제 한님이라 불렀다.   謂之桓國 是謂天帝桓因氏

또한 안파견安巴堅이라고 부르기도 했다.   亦稱安巴堅也.

한님은 일곱 대를 전했는데 그 연대는 알 수 없다.   傳七世 年代不可考也.

뒤에 한웅씨가 계속하여 일어나 하느님의 뜻을 받들어   後桓雄氏繼興 奉天神之詔

백산과 흑수 사이에 내려왔다.   降于白山黑水之間.

천평에 우물을 파고   鑿子井女井於天坪

청구에 밭을 일구었으며   劃井地於靑邱.

하늘의 징표를 지니시고 오행을 주관하시며   持天符印主五事

세상을 다스리고 교화하시니   在世理化

인간을 크게 유익하게 했다.   弘益人間.

이에 신시에 도읍을 세우고 나라를 배달이라 부르고   立都神市 國稱倍達

삼칠일을 택하여 하늘에 제사했다.   擇三七日祭天神.

뒤에 '신인神人' 왕검王儉이   後神人王儉

불함산不咸山 박달나무 터에 내려오셨다.   降到于不咸之山檀木之墟.

그는 신의 덕과 성인의 어짊을 함께 갖추었으므로   其至神之德 兼聖之仁.

능히 천명을 받들어 하늘의 뜻을 이었으니   乃能承詔繼天.

나라를 세우려는 뜻이 높고 열렬했다.   而建極巍蕩惟烈.

이에 구한九桓의 민民이 다 같이 기뻐하며 심복하여   九桓之民 咸悅誠服

천제의 화신으로 추대하고 제왕으로 모셨다.

그가 곧 단군왕검檀君王儉으로

신시의 오랜 법통을 되찾고

서울을 아사달阿斯達에 설치하여 나라를 열고

조선朝鮮이라 했다.

推爲天帝化身而帝之.

是謂檀君王儉

復神市舊規.

設都阿斯達開國

號朝鮮.

삼국유사三國遺事/고조선古朝鮮

고기에 이르기를

옛날 한님의 나라가 있었는데 제석帝釋이라 칭했다.

그의 서자 한웅이 천하에 뜻이 있어

인간세상을 찾았다.

아들의 뜻을 안 제석은 삼위태백三危太伯을 내려다보니

가히 인간을 널리 이롭게 할 수 있는 땅이었다.

이에 천부인 세 개를 주어 내려가 다스리게 했다.

한웅은 무리 삼천을 이끌고

태백산 신단수 아래로 내려와서

신시라 불렀으니, 이분이 바로 한웅 천왕이시다.

古記云

昔有桓國 謂帝釋也

庶子桓雄 數意天下

貪求人世.

父知子意 下視三危太伯

可以弘益人間

乃授天符印三箇 遣往理之.

雄率徒三千

降於太伯山頂神壇樹下

謂之神市 是謂桓雄天王也.

공자가 살았던 춘추시대는 더욱 천天의 인격성이 부각되던 시대였다. 주나라는 자기들의 시조인 후직이 하느님의 발자국을 밟고 잉태한 사생아라는 신화를 가지고 있었다. 『시경』에 의하면 후직은 고신씨高辛氏의 비妃 강원姜嫄이 아들이 없어 천제天帝에게 제사를 올리니 감응하여 하느님의 발자국을 밟고 잉태했으며, 사생아이므로 핍박을 받아 길가에 버렸더니 소와 양이 젖을 먹이고, 숲속에 버렸더니 목동이 돌봐 주고, 얼음 위에 버렸더니 새들이 날개로 덮어주었다고 한다.

시경詩經/대아大雅/생민生民

맨 처음 주나라 시조를 낳으신 분은 바로 '강원' 님이라네!   厥初生民 時有姜嫄.

어떻게 낳으셨던가?   生民如何

정성껏 치성을 드려 자식을 빌었더니   克禋克祀 以弗[11]無子

하느님 발자국을 밟고 큰 은총을 받아   履帝武[12]敏[13] 歆[14]攸介攸止

잉태하시고 몰래 낳아 기르신 분이   載震[15]載夙[16] 載生載育

바로 후직 님이라네!   時維后稷

이윽고 달이 차서 새끼 양처럼 머리부터 나오니   誕[17]彌厥月 先生如達[18]

어미 몸을 찢지 않고 태를 끊지 않고 고통도 아픔도 없이   不坼不副 無菑無害

성령으로 태어나셨으니 상제님의 보살핌이 아닌가?   以赫[19]厥靈 上帝不寧[20]

치성을 흠향하심이 아닌가? 아들을 순산하셨다네.   不康[21]禋祀 居然生子

낳자마자 거리에 버렸더니 소와 양이 젖을 주고   誕置之隘巷. 牛羊腓[22]字之

숲에 버렸더니 벌목꾼이 나무를 베어 돌보아 주고   誕置之平林. 會[23]伐平林

찬 빙판에 버렸더니 새들이 날개를 펴 덮어주었네.   誕置之寒氷 鳥覆翼[24]之

---

11)_ 弗(불)=祓.

12)_ 武(무)=迹.

13)_ 敏(민)=拇.

14)_ 歆(흠)=動也.

15)_ 震(진)=娠.

16)_ 夙(숙)=肅.

17)_ 誕(탄)=發語詞.

18)_ 達(달)=小羊.

19)_ 赫(혁)=顯.

20)_ 不寧(불령)=寧也.

21)_ 不康(불강)=康也.

22)_ 腓(비)=避也, 芘(覆)也.

23)_ 會(회)=值也.

24)_ 翼(익)=藉也.

새들이 날아가자 후직이 소리 내어 우는데   鳥乃去矣 后稷呱矣

울음소리 우렁차서 온 길에 울려 퍼졌네.   實覃[25]實訏 厥聲載[26]路.

다음은 예문은 주나라 무왕이 여러 제후들과 장병들에게 훈시한 연설문이다. 하느님이 인격신임을 말하고 있는데, 마치 오늘날 어느 장군의 연설로 착각할 정도다. 이로 보면 인류는 3천 년 전이나 지금이나 하느님에 대한 생각에는 별 차이가 없는 듯하다.

서경書經/주서周書/태서泰誓 상

천지天地는 만물의 부모요,   惟天地萬物父母.

사람은 만물의 영장이니   惟人萬物之靈.

진실로 총명해야 천자가 될 수 있고   亶聰明作元后

민중의 부모가 됩니다.   元后作民父母.

지금 상나라 왕 수受는 위로 하늘을 공경하지 않음으로써   今商王受[27] 不敬上天

아래로 백성에게 재앙을 내리게 하고 있습니다.   降災下民.

이것은 상나라의 죄가 넘쳐 하늘이 벌주라고 명하는 것입니다.   商罪貫盈 天命誅之

내가 하늘의 명을 따르지 않는다면   予不順天

나도 상나라 왕의 죄와 똑같이 천명을 어기는 것입니다.   厥罪惟鈞.

나는 하느님께 제사를 올리고   予小子 類于上帝

토지신에게도 제사를 드려   宜于冢土

여러분과 함께 하늘의 벌을 내리기로 맹세했습니다.   以爾有衆 底天之罰.

하늘은 민중을 긍휼이 여기시니   天矜于民

---

25)_ 覃(담)=長也.

26)_ 載(재)=滿也.

27)_ 受(수)=紂王의 名.

민중이 하고자 하면 하늘은 반드시 따를 것입니다.　民之所欲 天必從之.

그대들에게 바라노니 나를 도와　爾尚弼予一人

온 세상을 영원히 맑은 세상으로 만듭시다.　永清四海.

때는 왔습니다. 때를 놓치지 맙시다!　時哉 不可失.

서경書經/주서周書/태서泰誓 중

오! 서방의 무리들이여!　嗚呼 西土有衆.

지금 상나라 왕 수는 무도한 일에만 힘쓰고 있으니　今商王受力行無度

음탕한 술주정과 방종한 포악을 일삼고 있습니다.　淫酗肆虐.

이에 무고한 사람들이 하늘에 울부짖고 있으니　無辜籲天

하느님께서 그 추악한 행동을 알게 되었습니다.　穢德彰聞.

하늘은 민중에게 은혜로우시니　惟天惠民

임금은 하늘을 받들어야 합니다.　惟辟奉天.

옛날 하나라 걸이 하늘의 뜻을 따르지 않고　有夏桀不克若天

이웃 나라에 해독만 끼치니　有毒下國.

하늘은 탕왕에게 명을 내려　天乃佑命成湯

하나라의 천명을 끊어버렸습니다.　降黜夏命.

오! 상나라 왕 수의 죄는 포악했던 걸보다 더하니　惟受罪浮于桀

하늘은 나로 하여금 그 민중을 보살피라 했으며,　天其以予乂民.

내 꿈은 점과 일치하고 좋은 조짐이 겹치니　朕夢協朕卜 襲于休祥

상나라를 치면 반드시 이길 것입니다.　戎商必克.

하늘이 보는 것은 민중을 통하여 보는 것이며　天視自我民視

하늘이 듣는 것은 민중을 통하여 듣는 것입니다.　天聽自我民聽.

백성百姓(百官)들에게 허물이 있으면 나에게 책임이 있습니다.　百姓有過 在予一人

나는 반드시 정벌할 것입니다.　今朕必往.

오! 그대들은 한마음 한 행동으로 공을 세웁시다.	嗚呼 乃一德一心 立定厥功
승리하여 영원한 세상을 이룹시다.	惟克永世.

이 유명한 연설문에서 우리는 두 가지를 주목해야 한다.

첫째는 인간의 가치 기준은 하느님이라는 것이다. 인류가 수만 년을 살아오면서 발견한 보편개념인 하느님이라는 가치 판단의 기준은 인류사에 획기적인 발전의 계기가 되었다. 만약 동일한 공통의 가치 기준이 없었다면 국가라는 집단을 만들어낼 수 없었을 것이기 때문이다. 근대 이후 하느님 대신에 인간의 이성을 내세웠지만 지금도 하느님은 여전히 유효한 발명품으로 남아 있다는 사실을 주목해야 한다.

둘째는 천명이 위에서 아래로 내려온다는 상이하上而下의 논리로 보면 무왕의 무력 행동은 분명히 왕위 찬탈이지만 무왕은 천명이 아래 백성의 뜻으로부터 위로 올라가는 하이상下而上의 정치 논리를 펴고 있다는 것이다. 그리고 이를 내세워 자기의 역성혁명은 반역이 아니라 순리의 정치 행위라고 주장한다. 즉 무왕의 연설은 역성혁명이 정당하다는 것을 선언한 것이며, 아울러 백성의 뜻이 하늘의 뜻이라는 민본주의를 강조하고 있다. 『맹자』에는 『서경』 「태서泰誓」를 다음과 같이 언급하고 있다.

맹자孟子/양혜왕梁惠王 하

『서경』 「태서」편에 이르기를	書曰[28]
"상제께서 하토下土에 민민을 내리시고	天降下民
민을 위해 군주와 스승을 일으켜 부리신다"고 했다.	作[29]之君 作之師
그리고 이르기를	惟曰
"진실로 상제님께 제수를 올리고 자전을 하는 그를 총애하시고	其助[30]上帝 寵之

---

28)_ 趙注는 지금은 산실되었다고 했으나 梅賾의 『僞古文尙書』에는 「태서」 상편에 나타난다.
29)_ 作(작)＝使之也, 興起也.

천하에 죄가 있고 죄가 없고를 오직 내가 살피고 있으니　　　四方有罪無罪 惟我在[31]
천하에 그 누가 어찌 감히 상제님의 뜻을 참월하겠는가?"했다.　天下曷敢有越厥志.

　그런데 후대로 갈수록 천天의 개념이 분화 발전한다. 벌써 주나라 때가 되면 천은 여러 이름으로 불려진다. 천은 공용功用에 따라 천 위에 글자를 더해 불려진다.

주례周禮/**태종백**太宗伯 **소**疏

천은 다섯 가지 호칭이 있다.	天有五號
각각 효용에 따라 마땅한 이름을 부른다.	各用所宜稱之.
존경스럽고, 군주 같을 때는 황천皇天이라 부르고	尊而君之則曰皇天.
원기 광대함은 호천昊天이라 부르고	元氣廣大則稱昊天.
하민下民을 사랑으로 덮어주는 것은 민천旻天이라 부르고	仁覆愍下則稱旻天
위에서 아래를 감시함은 상천上天이라 부르고	自上監下則稱上天.
멀리 보면 푸르니	據遠視蒼蒼
창천蒼川이라 부른다.	然則稱蒼天 云云.

　공자가 태어나기 11년 전인 기원전 662년에 주나라 내사內史는 천인감응설天人感應說을 말하고 있다. 공자 당시의 기록인 『주역』에서도 두 곳에서 상제上帝를 언급하고 있으며, 『예기』에서는 열 곳에서, 사서四書에서는 다섯 곳에서 상제를 언급하고 있다.

좌전左傳/**장공**莊公**32년**(BC 662)

삼십이 년 가을 칠 월　　　　　　　　　　　　傳三十二年秋七月

---

30)_ 助(조)＝左也. 賦稅. 藉와 통용.
31)_ 在(재)＝察也.

신莘 땅에 신神이 내렸다.	有神降于莘
혜왕惠王이 내사 과過에게	惠王問周內史過曰
무슨 까닭인지 물었다.	是何故也
내사가 대답했다.	對曰
"장차 나라가 흥하려면 신이 내려 알리는 것이니	國之將興明神降之
그 덕을 보았기 때문이며,	監其德也
장차 나라가 망하려면 신이 또한 내리는 것이니	將亡神又降之
그 악함을 보았기 때문입니다.	觀其惡也
그러므로 신이 흥하고 망하게 하는 것이니	故有得神以興 亦有以亡.
우虞·하夏·상商·주周 모든 나라가 그러했습니다."	虞夏商周皆有之.

왕권신수설

이처럼 동서양을 막론하고 고대는 제정일치祭政一致 시대였다. 천자天子는 제사를 지내는 제사장으로서 천하를 통치했던 것이다. '천자'라는 글자는 하느님의 아들이라는 뜻이며, '왕王'이라는 글자는 천지인삼재天地人三才를 하나로 소통시킨다는 뜻이며, '성聖'이라는 글자는 하느님의 신탁을 듣고 이를 선포하는 제사장이라는 뜻이다.

국어國語/주어周語 중

선왕께서는 천하를 평정하고 천하의 땅을 소유했으나	昔我先王之有天下也
그중에서 왕도 주위의 오백 리 이내의 땅만을	規方千里
전복旬服으로 삼아	以爲旬服.
거기서 바치는 재물로 상제와 산천의 신들을 제사 지내고	以供上帝山川百神之祀.

백성百姓과 만민萬民을 위해   以備百姓兆民之用

예상치 못한 재난을 대비했다.   以待不庭不虞之患.

『서경』의 「주서」를 보면 무왕이 힘쓴 세 가지는 첫째가 민民을 중히 여기는 것이요, 둘째가 민을 먹여 살리는 것이요, 셋째가 상례와 제례다. 제사와 정치, 종교와 정치가 분리된 것은 근세 이후였음을 상기해야 한다.

서경書經/주서周書/무성武成

무왕은 상나라의 죄를 드러내어 하느님과 사직에 고하고   底商之罪 告于皇天后土.

지나는 곳마다 명산대천의 신령들에게 말했다.   所過名山大川 曰

"유도有道한 문왕의 증손인 나는   惟有道曾孫周王發

장차 상나라를 크게 바로잡겠다.   將有大正于商.

나는 이미 어진 인재를 얻고 하느님을 받들어 공경함으로써   予小子旣獲仁人 敬祗承上帝.

어지러운 자의 계략을 막아버리니   以遏亂略

중국이든 오랑캐든 따르지 않는 자가 없게 되었다."   華夏蠻貊 罔不率俾.

그리고 무왕은 오직 어진 자를 관리로 임용하고   建官惟賢

오직 능력을 따라 직위와 직무를 배열했다.   位事惟能.

민중을 중히 여겨 금·목·수·화·토의 이용법을 가르쳤고   重民五敎

오직 식량과 장례와 제사를 중히 여겼다.   惟食喪祭.

신뢰를 돈독히 하고 의리를 밝게 하며   惇信明義

덕을 숭상하고 공을 보답하니   崇德報功.

옷을 늘어뜨리고 팔짱을 끼고 있어도 천하는 다스려졌다.   垂拱而天下治.

인류는 고대 문명으로부터 지금까지 줄곧 천신과 인간은 서로 감응한다고 믿어오고 있다. 그리스 신전의 신탁이나 중국과 조선의 제사와 무巫는 물론이거니와 21세기 오늘날까지 교회의 예배뿐 아니라 제사와 기타 모든 종교 의식은 모두 천인감응설에 기초하고 있는 것이다. 하늘이 인간과 감응하지 않는다면 무엇 때문에 기도를 드리겠는가? 『서경』은 순임금의 왕위 취임식을 다음과 같이 기록하고 있다.

서경書經/우서虞書/순전舜典

순임금은 첫째 달 첫째 날에	正月上日
종묘에서 요임금의 뒤를 이어받았다.	受終于文祖.
혼천의를 살펴 일·월과 수·화·목·금·토를 가지런히 하고	在璇璣玉衡 以齊七政.[32]
천제天帝에게 제사하고, 천지와 사시의 신에게 제사하고	肆類于上帝 禋于六宗
산천에 제사하고, 여러 신들에게 두루 제사를 올렸다.	望于山川. 偏于群神.

『예기』에 의하면 천자는 왕권신수설 즉 천명론에 따라 유일하게 천제天祭를 지낼 수 있는 특권이 있었다. 제후는 사직신社稷神과 조상신祖上神의 제사만 지낼 수 있었다. 천자가 자기 시조의 묘당에 천제天帝를 합사合祀하는 것을 체禘라고 한다. 이때 위패는 천제의 위패를 서남방에 동향으로 안치하고, 시조의 위패를 동북방에 남향으로 안치한다. 이것은 자기 시조가 천제의 자손이라는 뜻이다.

예기禮記/왕제王制

천자가 순수할 때는	天子將出
상제에게 제사하고	類乎上帝
사직에 제사하고 조상의 묘당에 제사한다.	宜乎社 造[33]乎禰[34]

---

32)_ 七政(칠정)＝日·月과 五星.
33)_ 類(유)·宜(의)·造(조)＝모두 祭名.
34)_ 禰(니)＝父祖의 祠堂. .

제후가 순수할 때는	諸侯將出
사직과 조상의 묘에만 제사할 수 있다.	宜乎社 造乎禰.

그러므로 '천자天子'란 천명天命을 받은 자이며, '군자君子'란 군명君命을 받은 자를 뜻한다. 그러므로 제정일치 시대에는 하늘에 제사를 지낼 수 있는 것은 오직 천자 한 사람뿐이었다. 오늘에 비유하면 하느님 예배는 천자만이 지낼 수 있다는 뜻이다. 천자는 천제天帝의 명을 받은 하느님의 아들이기 때문이다.

앞서 말한 대로 천자만이 천제天祭를 지낼 때 시조를 함께 배제配祭하는 것은 천자가 천지天志를 대표하는 천손天孫임을 선포하는 의식이었다(『예기』「제법祭法」). 그러므로 제후나 공경이나 대부가 천제를 지낸다는 것은 반역의 뜻을 나타내는 것이 된다. 제후는 땅과 조상에게, 대부는 조상에게만 제사를 지낼 수 있었다. 그러므로 천제는 제정일치의 유습으로 왕권신수설과 천자의 통치권을 상징적으로 보여주는 정치적 의식이었다.

서경書經/상서商書/탕서湯誓

하나라가 죄를 지어 하늘은 그의 명을 끊도록 명했다.	有夏有罪 天命殛之.

서경書經/주서周書/홍범洪範

무왕은 즉위 십삼 년에	惟十有三祀
동방의 기자를 찾아가 말했다.	王訪于箕子 王乃言曰
"기자여! 하늘은 하민을 덮어주어 안식케 하니	箕子 惟天陰[35]騭[36]下民
돕고 협력하여 살아갈 수 있습니다.	相協厥居[37]

---

35)_ 陰(음)=默也, 覆也.
36)_ 騭(즐)=定也.
37)_ 居(거)=畜也, 生者也.

그러나 나는 그 도리와 인륜을 펼 줄 모릅니다."

기자가 말했다.

"내가 들은 바로는

곤鯀이 홍수를 막음에 오행의 질서를 어지럽히니

하느님께서 진노하여 홍범구주洪範九疇를 내려주지 않아

인륜이 무너지고 곤은 귀양 가서 죽었습니다.

우禹가 아비 곤을 이어 치수 사업을 일으키자

하늘은 우에게 홍범구주를 내려주어

천리와 윤리가 베풀어지게 되었습니다."

我不知其彝倫攸敍.

箕子乃言曰

我聞

在昔鯀陻洪水 汨陳其五行

帝乃震怒 不畀洪範九疇.

彝倫攸斁[38] 鯀則殛死

禹乃嗣興

天乃錫禹洪範九疇.

彝倫攸敍.

서경書經/우서虞書/고요모皐陶謨

하늘 질서에 법이 있어 우리에게 오륜五倫을 내렸으니

이 다섯 가지를 돈독히 하시오.

하늘 질서에 예가 있어 우리에게 오례五禮를 내렸으니

이 다섯 가지를 쓰시오.

다 같이 이것을 삼가 받들어 행하여 충심으로 화목하시오!

하늘 명령은 덕이 있음이니

오복五服을 다섯 가지 색깔로 밝히시오!

하늘의 벌은 죄가 있음이니 오형五刑을 다섯 가지로 쓰시오!

정사를 힘쓰고 힘쓰시오!

天敍有典 勅[39]我五典

五惇哉

天秩有禮 自我五禮[40]

五庸哉

同寅[41]協恭 和衷哉

天命有德

五服[42]五章哉

天討有罪 五刑五用哉

政事懋哉懋哉.

---

38)_ 斁(두)＝敗也, 壞也.
39)_ 勅(칙)＝誠也.
40)_ 五禮(오례)＝天子·諸侯·卿大夫·士·庶民의 禮.
41)_ 寅(인)＝恭也.
42)_ 五服(오복)＝5등급의 의복.

묵자의 인민주권설

묵자는 전통적인 천명론 즉 왕권신수설을 부정했다는 점에서 인류사에 영원히 기억될 진보적인 사상가였다. 동서양을 망라하여 인류 역사에서 사회계약설과 인민주권설을 주장한 사람은 묵자가 최초일 것이다. 공자는 보수주의자였으므로 그의 천제天帝는 지배계급의 수호신이었고, 묵자는 진보주의자였으므로 그의 천제는 인민의 수호신이었다. 그러므로 하늘의 뜻(天志)은 공자에게는 천명을 받은 천자의 뜻이었으나 묵자에게는 인민의 뜻이었다. 민중들에게 회자되는 "인심人心이 곧 천심天心"이라는 말은 성리학의 테제이지만 정치론으로 발전하지 못했으나 그 근원을 따지자면 공자가 아니라 묵자에게서 찾아야 할 것이다.

이처럼 공자와 묵자는 다 같이 천제를 믿었지만 묵자의 천天은 인민을 두루 사랑하는 민중해방의 신이므로(兼愛說) 천의天意의 계시가 공자와는 다르다. 유가들은 천이 인간과 감응하며 천변지요天變地妖로 천자에게 계시한다는 천인감응설을 말했고, 묵가들은 백성이 눈과 귀로 보고 듣는 것과 백성의 이로움이 곧 하늘의 뜻이라고 말했다. 따라서 황제를 뽑는 방법도 갈린다. 유가는 족장 중에서 다른 족장을 복종시킨 자가 천명을 받은 것이라 말하고, 묵가는 인민들에 의해 선출된 자가 천명을 받은 것으로 이해한다.

묵자墨子/**상동**尙同 **하**

옛날 하느님이 처음으로 인민을 낳아	古者天之始生民
통치자가 없었을 때에는 인민들이 주권자였다.	未有政長也 百姓爲人.[43]
그러나 진실로 인민이 주권자가 되면	若苟百姓爲人
한 사람이 하나의 의리를, 열 사람이 열가지 의리를 주장하고	是一人一義 十人十義

---

43)_ 人(인)=人은 丶의 誤. 丶=主의 古字. 主= 主君 또는 宰也, 宗也.

백 사람은 백 가지 의리, 천 사람은 천 가지 의리를 주장하고	百人百義 千人千義
사람이 많아져 셀 수 없게 되면	逮至人之衆 不可勝計也.
이른바 의리라는 것도 역시 셀 수 없이 많아질 것이다.	則其所謂義者 亦不可勝計
이에 모두가 자기의 '의義'는 옳다고 하고	此皆是其義
남의 '의'는 그르다 함으로써	而非人之義
심하게는 전쟁이 일어나고 적게는 분쟁이 일어났다.	是以厚者有斗 而薄者有爭.
그리하여 천하 인민이 하고자 하는 것을	是故天下之欲
천하의 의리에 화동 일치시키고자	同一天下之義也
어진 이를 선출하여 천자로 삼았던 것이다.	是故選擇賢者 立爲天子.

묵자墨子/경經 상/상

| 군주는 신하와 민들의 일반적인 계약이다. | 君. 臣萌通約也. |

그러므로 묵자는 천명론을 반대한다. 따라서 당연히 운명론도 반대한다. 당시 천명론은 운명론을 낳았고 이것이 통치의 기제가 되었으며 노예제를 유지시키고 그것을 감내하도록 하는 아편의 역할을 했다.

묵자는 유가들이 말하는 운명론이란 폭군이 지어낸 술책이라고 폭로한다. 이것은 놀라운 것으로 혁명적이라고밖에 말할 수 없다.

묵자墨子/비유非儒 하

운명론을 고집하는 자들은 말하기를	有强執有命 以說議曰
빈부貧富·수요壽夭·안위安危·치란治亂은	壽夭貧富安危治亂
천명天命에 달려 있으니	固有天命
덜 수도 더할 수도 없다고 한다.	不可損益
유가들이 이것을 도리라고 가르치고 있으니	以儒者以爲道教

이것은 천하 인민을 해치는 짓이다.   是賊天下之人者也.

묵자墨子/비명非命 중

삼대 폭군들은   昔者三代之暴王

자신이 어리석어서   不肯曰 我罷不肯

정치를 잘못했다고는 말하지 않고   我爲刑政不善.

반드시 운명 때문에 망했다고 말했다.   必曰 我命故且亡.

운명이 있다고 번거롭게 꾸며서   繁飾有命

어리석고 질박한 사람들을 가르친 지 오래되었다.   以教衆愚朴人 久矣.

삼가라! 천명天命은 없다!   敬哉 無天命.

나는 오직 사람을 높이고 말을 지어내지 않는다.   惟予二人而無造言

운명은 하늘에서 내리는 것이 아니고 스스로 얻는 것이다!   不自天降 自我得之.

조선 선비들의 운명론

이처럼 유가들은 천명天命 사상을 가지고 있었다. 자기의 태어남도 하늘 명령이고 자기의 삶도 하늘 명령이었다. 그것을 따르는 것은 어떤 계약법에 의한 의무이거나 복을 받기 위한 수단이 아니라 인간의 당연한 도리였다. 그러므로 그들은 조상에게 제사를 지내고 천제와 지신과 산천에 제사를 올리는 것을 복福이라 말하지 않고 비備라고 말했다. 비란 천명에 따라 인간의 도리를 다했다는 뜻이다.

그러나 천명론은 운명론적이다. 운명론이란 길흉화복이 태어날 때부터 이미 정해져 있다는 것을 말한다. 묵자가 운명론을 폭군이 지어낸 술책이라고 비난한 바 있듯이 운명론은 노예적 삶과 빈천을 운명으로 체념케 하는 부정적인 역할을 하기도 했다.

그러나 조선 선비들은 이것을 체념이 아니라 분수에 넘는 사욕을 억제하고 깨끗한 삶을 살아갈 수 있는 힘으로 전환시켰다. 그리하여 자기의 고단한 삶에 자족하며 정신적 삶을 살아가는 강고한 의지로 승화시킨다. 그러므로 그들의 운명론은 '진인사盡人事 대천명待天命'의 신조로 지양된다. 이 신조는 인간이란 역사에 참여하여 자기가 품부받은 성품을 다하고 그 결과는 천명에 맡긴다는 인생관을 말한다. 그러므로 유가들은 천륜과 도리를 다하는 것이 자신의 소명일 뿐, 그 대가로 복을 빌지도 않았으며, 성공도 실패도 천명에 맡기고 태연할 수 있었다. 이러한 인간관은 체념적이지만 천심天心을 품부받은 인간 정신에 대한 믿음과 그것을 다하여 인간 최고의 경지를 개척할 뿐이라는 비장한 것이기도 하다. 참으로 이러한 비장감이야말로 선비의 특성일 것이다. 그러므로 그들은 성공에 도취하지도, 실패를 두려워하지도 않는다. 인간은 천품을 다할 뿐 결과는 천명에 속하는 것이기 때문이다.

2절 | 유물론과 인본주의

_ 신본에서 인본으로

논어 읽기

신불가지론

논어論語/술이述而 20

공자께서는	子
괴이한 힘이나 어지러운 귀신에 대해 말씀하시지 않았다.	不語怪力亂神.

논어論語/자한子罕 1

공자께서는	子
이利와 천명天命과 인仁에 대해서 말씀하시는 일이 드물었다.	罕言利與命與仁.

논어論語/공야장公冶長 12

자공이 말했다.	子貢曰
"선생님께 학문에 대한 말씀은 들었지만	夫子之文⁴⁴⁾章 可得而聞也

---

44)_ 文(문)＝先王의 遺文. 禮.

인간의 본성과 천도에 대해서는   夫子之言性與天道
들은 적이 없다."   不可得而聞也.

논어論語/선진先進 11

계로季路(자로)가 귀신 섬기는 것을 물었다.   季路問 事鬼神
공자께서 말씀하셨다.   子曰
"사람도 섬기지 못하면서 어찌 귀신을 섬기겠느냐?"   未能事人 焉能事鬼
자로가 말했다. "감히 죽음에 대해 묻겠습니다."   曰 敢問死
공자께서 말씀하셨다. "삶도 모르면서 어찌 죽음을 알겠느냐?"   曰 未知生 焉知死.

논어論語/안연顔淵 22

번지가 인仁을 물었다.   樊遲問仁
공자께서 말씀하셨다. "사람을 사랑하는 것이다."   子曰 愛人
번지가 지혜를 물었다.   問知
공자께서 말씀하셨다. "사람을 아는 것이다."   子曰 知人.

공자의 신불가지론

공자 당시에는 제정일치 시대의 유습이 남아 있었고 왕권신수설인 천명론이 국시와 다름없던 시대였다. 더구나 공자는 주례의 부흥을 주장했으므로 천제天帝를 공경했고 산천의 신神들도 인정했다. 그런데 천제天祭와 신에 대해 언급하려 하지 않았다. 어느 날 자공이 "사람이 죽으면 지각(영혼)이 있습니까?" 하고 물었을 때 공자는 다음과 같이 대답한다. "내가 만약 죽어도 지각이 있다고 말하면 사람이 죽는 것을 내버려 둘까 걱정이고, 만약 지각이 없다고 말하면 장례도 치르지 않고 내버릴까 두렵다. 네가 정말 알고 싶다면 네가 죽은 후에 알아도 늦지 않을 것이다(『설원說苑』「변물辨物」)." 그래서인지 『논어』에서는 천天을 제帝로 표기한 곳이 없고 '천명天命'으로 쓰고 있다. 이로 볼 때 그의 태도는 완강하고 일관된 소신에 따른 행동이었던 모양이다. 그래서 당시 제자 諸子들 사이에 논쟁거리가 되었다. 묵자는 이를 다음과 같이 비난했다.

묵자墨子/공맹公孟

공맹자는 말한다. "귀신은 없다."	公孟子曰. 無鬼神.
또 이른다.	又曰.
"군자는 제사 지내는 예절은 반드시 배워야 한다."	君子·必學祭禮
묵자가 말했다.	子墨子曰.
"귀신은 없다고 말하면서	執無鬼
귀신을 제사하는 예법을 배워야 한다고 주장하는 것은	而學祭禮
마치 손님은 없으나	是猶無客
손님 접대의 예절은 배워야 한다는 말과 같다.	而學客禮也
또 이것은 물고기는 없으나	是猶無魚
어망을 만들라고 하는 것과 같이 모순된 말이다."	而爲魚罟也.

왜 이처럼 공자는 천제天祭에 대한 언급을 피하고, 천신天神 불가지론의 입장을 취했는가? 그것은 천제天帝에 대한 제사 문제는 천자와 제후들 간의 관계로서 제후와 재상도 함부로 말할 수 없는 중대한 문제이며 더구나 한낱 제후국의 대부 신분인 공자로서는 정치적으로 예민한 부분을 언급할 수 없었기 때문일 것이다.

공자의 가장 중요한 특징은 명분론名分論이다. 공자가 말하는 군자는 자기 직위와 직책이 아니면 간여하거나 용훼하지 말아야 한다. 증자는 한 걸음 더 나아가 군자는 그 생각이 자신의 지위를 벗어나지 말아야 한다고 했다. 그래서 혹자가 천제天祭에 대해 물었을 때도 공자는 모른다고 대답을 회피했던 것이다.

그뿐 아니라 신이나 천도에 대해서는 말하지도 가르치지도 않았다. 그것은 공자가 유신론과 유물론에 대해 중립을 취하고 신불가지론의 입장이었기 때문이라고 생각한다. 공자 당시 춘추시대의 사상적 경향은 기존 가치 체계와 그 중심에 있는 천제에 대한 회의와 유물론적 인식이 팽배해 있었고 이러한 경향이 공자로 하여금 인본주의에 다가서게 하는 자양이 되었을 것이다.

소박한 유물론 대두

공자는 신을 부인하지 않았을 뿐 아니라 천명론을 적극적으로 옹호했으며 제사를 중시했다. 그러나 그는 신에 대해 언급하려 하지 않았다. 그러므로 묵자는 공자가 신을 말하지 않으면서 제사를 중시한 것을 비난했다. 공자는 왜 신불가지론을 취했을까? 이를 알기 위해서는 먼저 당시 신에 대한 인식을 알아야 한다. 여기서는 당시의 사정을 살펴보고 공자의 제정祭政에 대한 것은 뒤에 상론하기로 하겠다.

공자 당시의 기록에는 천天은 대체로 천제天帝·상제上帝로 표기하거나 그냥 천으로만 표기해도 제帝를 의미하는 경우가 태반이다. 그 외에 지신地神과 산천신山川神, 농신

農神, 곡신穀神과 조상신祖上神 등을 모시던 신국神國 시대였으며 제정일치 시대의 유산이 짙게 남아 있었다. 그런데 앞의 『논어』의 글들을 읽어보면 공자가 말하는 신들은 무섭고 두려운 존재가 아니라 오늘날 보통 사람들이 믿고 있는 신들처럼 친숙한 모습임을 느낄 수 있다. 이것은 주례周禮로 복고를 주장하고 왕이 제사장으로서 통치하는 이른바 성인聖人 정치를 표방하는 공자의 모습과는 다소 거리가 있는 듯하다. 여기서 우리는 당시 전란으로 천자의 권위와 함께 신본주의가 실추하고 인본주의적 경향이 풍미한 것에 영향을 받았을 것이라는 강한 추측을 하게 된다.

사실은 소박한 유물론은 공자 이전부터 널리 퍼져 있었다. 서주 말에 이르러 세상이 어지러워지면서 천제天帝에 회의를 품기 시작한 때부터 유물론이 부상했고 춘추시대에는 천제론을 위협할 정도로 관민에 널리 유포되었던 것이다.

기원전 780년에 지진이 일어났는데 주나라 대부 백양보伯陽父는 "양기가 올바른 자리를 잃고 음기에 눌린 탓"이라고 설명했고, 기원전 644년에 송나라에 운석이 떨어졌는데 이에 대해 대부 숙흥叔興은 "신의 진노가 아니라 음양조화陰陽造化의 자연현상"이라고 말했다. 이는 음양론이 지배계급에도 널리 유포되고 있었음을 말해 준다.

국어國語/주어周語 상

유왕幽王 이 년 기내畿內[45] 지역에서 지진이 일어났다.	幽王二年 西周三川皆震
대부 백양보가 말했다. "주나라가 장차 망할 징조다.	伯陽父曰 周將亡矣
대저 천지의 기氣는 그 질서를 잃지 않는다.	夫天地之氣 不失其序.
만약 그 질서가 잘못되면 민民이 어지럽다.	若過其序 民亂之也
양기가 엎드려 방출하지 못하고	陽伏而不能出
음기가 눌려 증발하지 못한 탓에	陰迫而不能蒸
이 같은 지진이 발생한 것이다.	于是有地震.

---

45)_ 岐山에서 발원한 涇水·渭水·洛水 등 三江 유역.

양기가 자리를 잃고 음의 자리에 있으면 　　　陽失而在陰

냇물의 근원이 막힌다. 　　　川源必塞.

근원이 막히면 나라는 반드시 망할 수밖에 없다." 　　　源色國必亡.

결국 십일 년에 유왕은 죽고 　　　十一年 幽王乃滅

주나라는 동천했다. 　　　周乃東遷.

좌전左傳/희공僖公16년(BC 644)

희공僖公 십육 년 봄에 　　　十六年春

송나라에 다섯 개의 운석이 떨어졌는데 　　　隕石于宋五

운성隕星이었다. 　　　隕星也

그때 주나라 내사인 숙흥이 송나라를 방문하고 있었다. 　　　周內史叔興聘于宋.

송나라 양공襄公이 물었다. 　　　宋襄公問焉曰

"이것은 무슨 징조요? 길흉이 어느 나라에 있겠소?" 　　　是何祥也 吉凶焉在.

숙흥이 대답했다. 　　　對曰

"근자에 노나라는 자주 대상大喪이 있을 것이며 　　　今玆魯多大喪

명년에 제나라는 난리가 있을 것입니다. 　　　明年齊有亂.

군주께서 장차 제후를 거느릴 것이나 　　　君將得諸侯

오래가지 못할 것입니다." 　　　而不終.

숙흥이 물러나 사람들에게 말했다. 　　　退而告人曰

"송나라 군주께서 실없는 질문을 했다. 　　　君失問

이것은 음양의 일일 뿐 길흉이 생기는 것은 아니다. 　　　是陰陽之事 非吉凶所生也

길흉은 사람에게 달린 것이다. 　　　吉凶由人.

나는 군주를 감히 거역할 수 없어서 　　　吾不敢逆君

그렇게 말한 것뿐이다." 　　　故也.

천기론

　대체로 유물론唯物論은 서양 사상이고 마르크스가 만든 것으로 알지만 그렇지 않다. 고대로부터 기존 체제를 부정하는 개혁론자들은 대체로 유물론적인 경향이 있는데 이 것은 동서양을 막론하고 마찬가지다. 왕권신수설을 부정하기 위해서는 신神을 부정하거나 그 신이 민중해방의 신이 되어야 하기 때문이다. 춘추전국시대에 왕권천명론을 부인하며 변법變法을 주장한 패도주의자들은 대부분 유물론적이었다.

　그리고 이러한 소박한 유물론은 천지와 인간을 설명하는 이론으로 발전해 나간다. 특히 관자는 고대 그리스의 탈레스Thales(BC 624?~546?)보다 100여 년 앞서 만물의 본원은 물(水)이라고 주장했으며, 천지의 근원은 기氣라고 말했다. 이처럼 천天은 인격신이 아니라 음양조화에 불과하다는 생각을 천기론天氣論이라고 한다. 또한 천기론이라는 개념은 "음양은 측정할 수 없으므로 신이라고 말한다(陰陽不測之謂神)"는 『주역』의 구절에서 따온 말이기도 하다.

관자管子/**권14/수지**水地

물은 무엇인가? 　　　　　　　　　　　　　　　　水者何也

만물의 본원이며 　　　　　　　　　　　　　　　萬物之本原也

모든 생명의 종실이다. 　　　　　　　　　　　　　諸生之宗室也.

관자管子/**권1/승마**乘馬

춘하추동 사시四時는 음양의 추이推移이며 　　　　春秋冬夏 陰陽之推移也

시절의 장단은 음양의 이용利用이며 　　　　　　時之短長 陰陽之利用也

낮과 밤이 바뀌는 것은 음양의 조화造化다. 　　　日夜之易 陰陽之化也.

관자管子/권2/칠법七法

천지의 기氣를 뿌리로 하여	根天地之氣
추위와 더위의 조화와 물과 흙의 성품과	寒暑之和 水土之性
인민人民·조수鳥獸·초목草木 등의 만물을 낳는다.	人民鳥獸草木之生物.
비록 심히 아름답다고 할 수는 없어도	雖不甚多
모두가 평등하게 보유하여	皆均有焉.
변함이 없는 것을 일러 자연의 법칙이라 말한다.	而未嘗變也 謂之則.

관자管子/권16/내업內業

무릇 물질의 정기精氣란 이것이 곧 생명을 낳는 것이다.	凡物之精 此則爲生.
아래로 오곡을 낳고 위로 별들을 벌여놓으며	下生五穀 上爲列星
천지간에 흐르면 귀신이라 하고	流於天地之間 謂之鬼神
흉중에 간직하면 성인이라 한다.	藏於胸中 謂之聖人.

관자管子/권4/추언樞言

관자가 말했다. "도가 하늘에 있으면 태양이요,	管子曰 道之在天者 日也.
사람에게 있으면 마음이다.	其在人者 心也
그러므로 '기가 있으면 살고 없으면 죽는다'고 말한다."	故曰 有氣則生 無氣則死.

정鄭 자산은 천제天帝가 국가와 인간의 운명을 주관한다는 은殷·주周 노예제 사회의 지배 이념인 천명론을 반대했다. 그리고 "천도天道는 멀고 인도人道는 가까운 것이니 서로 미칠 수 없다"며 천인분이설天人分異說을 주장했다(BC 525). 그는 은나라 기자의 「홍범」에서 언급된 음양오행설을 빌어, 인격신 개념 대신 '육기오행설六氣五行說'이라는 자연법칙을 강조했다. 그 후 오행설은 전국시대에 크게 유행했다.

좌전左傳/소공원년昭公元年(BC 541)

진晉나라 제후가 병이 들어 진秦나라에 의사를 요청했다.　　晉侯求醫於秦.

진秦나라는 의사 화和를 보내어 진찰케 했다.　　秦伯使醫和視之.

화는 진찰을 한 후 말했다. "이 병은 고칠 수 없습니다.　　曰 疾不可爲也

이는 여색의 병으로 중독증에 걸린 것 같습니다.　　是謂近女室疾如蠱.

하늘에는 육기六氣가 있으니　　天有六氣 六氣曰

음陰·양陽·풍風·우雨·회晦·명明입니다.　　陰陽風雨晦明也.

구분하면 사시四時가 되고　　分爲四時

차례 지우면 오행五行의 법도가 됩니다.　　序爲五節[46]

그 법도가 잘못되면 재앙을 가져옵니다.　　過則爲菑.

음이 지나치면 한질이 생기고, 양이 지나치면 열병이 생기고　　陰淫寒疾. 陽淫熱疾.

풍이 지나치면 수족의 병이 생기고　　風淫末疾.

우가 지나치면 배에 병이 생기고　　雨淫腹疾.

회가 지나치면 정신착란증이 생기고　　晦淫惑疾.

명이 지나치면 가슴에 병이 생깁니다.　　明淫心疾.

여자는 음물이며 어둠의 때이니　　女陰物而晦時

지나치면 안으로 열이 나고 여색 중독증에 걸립니다."　　淫則生內熱惑蠱[47]之疾.

좌전左傳/소공昭公25년(BC 517)

정나라 자작인 대숙大叔이 조간자趙簡子를 알현하니　　子大叔見趙簡子

간자는 읍하고 사양하는 행동거지의 예를 물었다.　　簡子問揖讓周旋之禮焉

대숙이 말했다. "이것은 의식일 뿐 예가 아닙니다."　　對曰 是儀也非禮也

---

46)_ 五節(오절)＝五行의 법도.
47)_ 惑蠱(혹고)＝여색 중독증.

간자가 말했다. "감히 묻겠습니다. 무엇이 예입니까?"	簡子曰 敢問何謂禮.
대숙이 대답했다. "좋습니다.	對曰 吉也.
우리 대부 자산에게 들은 바를 말하면	聞諸先大夫子産曰
예란 하늘의 경륜이며 땅의 의리이며	夫禮天之經也 地之義也
사민四民이 행할 바라 했습니다.	民之行也
하늘과 땅의 경륜이므로 사민은 그것을 본받아	天地之經而民實則之.
하늘의 밝음을 본받고 땅의 성품을 의지하니	則天之明 因地之性.
생명은 육기(陰·陽·風·雨·晦·明)요,	生其六氣
운행은 오행(金·木·水·火·土)입니다."	用其五行.

천기론은 생산적 토대가 재배농업으로 급속히 변화하는 데 따른 응변應變으로 볼 수 있다. 수렵이나 어렵을 하던 채취경제 시대의 인격신 천관天觀은 농업이 발전하고 재배경제 시대에 이르자 변할 수밖에 없었다. 농작물을 재배하려면 자연을 이용해야 하므로 자연의 변화를 사실적으로 관찰해야 한다. 이에 음양 이론이 자연현상을 전체적으로 설명하는 기본 틀로 나타나게 된다. 이로부터 천天은 신격神格이 아니라 자연으로 해석되기 시작한다.

다음 예문은 천자가 몸소 쟁기를 잡고 밭을 가는 이른바 자전藉田 의식[48]을 설명하고 있다. 당시 천자가 농사를 얼마나 중시했는지를 절실히 느낄 수 있으며 또한 천기天氣와 지기地氣를 관찰하고 역법을 만든 것은 천하의 대본인 농사를 위한 것이었음을 알

---

[48]_ 천자가 친히 쟁기와 따비를 잡고 삼공·제후·대부를 이끌고 몸소 藉田을 경작하는 의식(天子親載耒耜 帥三公諸侯大夫 躬耕帝藉 : 禮記/月令). 帝藉는 天神을 위하여 민력을 빌려 밭을 경작하는 밭(帝藉 爲天神 借民力 所治之田也 : 禮記/月令 注).
농사는 천하의 가장 큰 근본이다. 자전을 열어 천자가 몸소 경작하여 宗廟 제사의 제수를 공급한다(農天下之大本也. 其開藉田 朕親率耕 以給宗廟粢盛 : 漢書).
천자가 몸소 경작하는 밭을 자전이라 한다. 농사를 권장하려는 목적이다(天子親耕之田. 所以勸農也 : 康熙字典).

수 있다. 이로써 천기론이 농업혁명과 밀접한 관계가 있음을 짐작할 수 있다.

국어國語/주어周語 상

선왕宣王이 즉위하자(BC 827)	宣王卽位
천자가 직접 경작을 시작하는 자전 의식을 행하지 않았다.	不藉千畝.
이에 문왕의 아우인 괵숙虢叔의 후손인 괵나라 문공文公이	虢文公
불가함을 간언했다.	諫曰 不可.
"민民의 대사는 농사이니	夫民之大事在農
상제上帝에게 올릴 제수도 여기서 나오며	上帝之粢盛于是乎出.
민이 번성하는 것도 여기서 나오고	民之蕃庶于是乎生.
정사에 필요한 재정도 여기에 달려 있고	事之供給于是乎在
화목하고 협력하는 것도 여기서 일어나고	和協輯睦于是乎興
재물이 불어나는 것도 여기서 시작되며	財用蕃殖于是乎始
순박하고 돈독한 풍속도 여기서 이루어집니다.	敦厖純固于是乎成
그래서 농업을 관장하는 관직인 후직后稷을	是故稷
높은 관직으로 삼은 것입니다.	爲大官.
예로부터 태사太史를 두어 계절과 땅을 세밀히 관찰했습니다.	古者 太史順時覛土.
양의 기운이 상승하면 지기地氣가 떨쳐 일어나고	陽癉憤盈 土氣震發
농사철의 별자리인 방숙房宿이 새벽하늘의 중앙에 오고	農祥晨正
해와 달이 실숙室宿의 아래에 나타나는 정월이면	日月底于天廟
땅의 맥박이 드러납니다."	土乃脈發.
자전 경작 아흐레 전에 태사가 농업 장관 후직에게 보고했다.	先時九日 太史告稷曰
"지금부터 입춘까지는 양의 기운이 상승하고	自今至于初吉 陽氣俱蒸
땅의 기운이 윤택해지는데	土膏其動.

만약 지기가 진작되지 않으면 지맥이 병들고   不震不渝 脈其滿眚[49]

음수陰水가 많아 번식할 수 없습니다.”   谷[50]乃不殖.

이에 따라 후직은 왕에게 고했다.   稷以告王曰

“태사가 제사를 맡은 양관陽官들을 거느리고   史師陽官

각자 담당 직무에 대해 말하기를   以命我司事曰

‘경작 시작이 아흐레 남았고 지기가 막 박동하려 한다’ 하니   距今九日 土其俱動

왕께서는 재앙을 제거하는 제사를 삼가 행하시고   王其祇祓

농사를 주관하는 관리들에게 때를 놓치지 말도록 당부하십시오.   監農不易.

또 왕께서는 사도司徒에게   王乃使司徒

공경과 백관과 서민 모두 재계토록 이르게 하시고   咸戒公卿百吏庶民.

사공司空에게 천자의 자전에 제단을 쌓도록 하시고   司空除壇于藉

농대부에게 농기구를 준비하도록 명하십시오!”   命農大夫咸戒農用.

자전 경작 닷새 전에는   先時五日

악관(瞽)이 조화로운 바람이 불어온다고 알리니   瞽告有協風至.

왕이 제궁祭宮에 나아가 제사를 지냈다.   王卽齋宮

백관들도 왕을 모시고 사흘 동안 제를 지냈고   百官御事 各卽其齋三日

왕은 손을 깨끗이 씻고 제주祭酒를 음복했다.   王乃淳濯饗醴.

자전 경작 날에는 악관樂官인 고瞽가 음관音官들을 인솔하고   是日也 瞽師音官

화풍 和風 양지養地의 음악을 연주했다.   以風土[51]

---

49)_ 眚(생)=백태. 災殃.

50)_ 谷(곡)=水相屬.

51)_ 風土(풍토)=以音律省土風. 風氣和則土氣養也.

자전의 동남쪽에 지은 곡식 창고에서	廩于藉東南
저장한 종자 곡식을 꺼내어	鐘而藏之
파종 시기에 알맞도록 농부들에게 나누어 주었다.	而時布之于農.
후직은 농장주인 백성들을 두루 경계하고	稷則遍誡百姓
농민들을 기율紀律·협동하여 공적을 이루도록 당부하며 말했다.	紀農協功 曰
"음양이 균등한 춘분이다.	陰陽分布
천둥 번개가 쳐 겨울잠을 자던 동물들도 활동을 시작했다.	震雷出滯
만약 땅을 모두 경작하지 않으면	土不備墾
사구司寇의 벌이 있을 것이다."	辟在司寇.
훈계를 마치고 대중에게 경작을 시작하라고 명령을 내렸다.	乃命其旅曰徇.

특이한 것은 천제의 인격성을 부인하지 않았던 묵자도 음양론을 말한다는 것이다. 다만 그가 음양을 '천天의 마음'이라고 말한 것으로 미루어볼 때 천명론과 천기론을 종합한 것으로 볼 수 있다. 이는 천명론자인 공자가 유물론을 종합하면서 '신불가지론'을 말한 것과 대조되는 것이어서 주목된다. 이러한 천기론은 훗날 순자와 추연鄒衍을 거쳐 동중서의 유교에서 교리로 채택되었다.

묵자墨子/사과辭過

무릇 천지를 두르고	凡回於天地之間
사해를 감싸는 우주에는	包於四海之內
하늘과 땅의 마음인 음양陰陽의 조화가	天壤之情 陰陽之和
있지 않은 곳이 없다.	莫不有也
이것은 비록 성인이라도 바꿀 수 없는 것이다.	雖至聖不能更也
무엇으로 그것을 알 수 있는가? 성인들이 전해 주었다.	何以知其然 聖人有傳
천지는 상하라 하고	天地也則曰上下

사시는 음양이라 하고　　　　　　　　　　　　　四時也則陰陽

인정人情은 남녀라 하고　　　　　　　　　　　　人情也則男女

금수는 암수라 말하는 것이니　　　　　　　　　禽獸也則曰牡牡雌雄也

진실로 천지의 본질은　　　　　　　　　　　　　眞天壤之情

비록 선왕들도 바꿀 수 없었던 것이다.　　　　雖有先王不能更也.

　공자는 천天을 인격을 가진 주재主宰하는 신으로, 또 천자에게 왕권을 내리는 천자의 수호신으로 믿는 천명론을 계승함으로써 지배 이념의 주류가 된다. 그러나 천명론은 전국시대에 이르면 천리론天理論과 천기론天氣論으로 다시 갈라진다. 즉 공자를 계승한 자사와 맹자는 '제帝'를 쓰지 않고 천명을 천리로 내면화했으며(『중용』 1장), 한편 유가인 순자는 천을 비인격적인 자연의 기氣로 보는 천기론을 주장했다. 특히 『주역』은 음양론을 기본으로 만물을 설명한 책이다.

천기론

순자荀子/왕제王制

물과 불은 기氣는 있으나 생명이 없고　　　　水火有氣而無生.

풀과 나무는 생명은 있으나 지각이 없고　　　草木有生而無知.

새와 짐승은 지각은 있으나 의義가 없고　　　禽獸有知而無義,

사람은 기·생명·지각·의리가 모두 있으니　　人有氣有生有知亦且有義.

천하에 가장 귀한 존재라고 한다.　　　　　　故崔爲天下貴也.

주역周易/설괘說卦/2장

하늘의 도道를 세워 음陰과 양陽이라 하고　　立天之道 曰陰與陽.

땅의 도를 세워 유柔와 강剛이라 하고　　　　立地之道 曰柔與剛.

사람의 도를 세워 인仁과 의義라 한다.　　　　立人之道曰 曰仁與義.

주역周易/설괘說卦/6장

신神이란 무엇인가?

만물의 생성 작용을 이름 붙인 것이다.

神也者

妙[52]萬物而爲言者也.

주역周易/계사繫辭 상/5장

음양은 측정할 수 없어 신이라 말하게 된 것이다.

陰陽不測之謂神.

주역본의周易本義/계사繫辭 상

하늘과 땅은 음양과 형기形氣의 실체다.

天地者 陰陽形氣之實體也.

천인분이설

일찍이 자산은 "천도天道는 멀고 인도人道는 가까운 것이며 소급하는 것이 아니다"라고 말했다. 이처럼 천과 인은 서로 감응하거나 간섭하지 않는다는 주장을 '천인분이설天人分異說'이라고 말하며, 그 시조는 관자와 자산이라 할 것이다. 이것은 공자의 천명론 및 유가의 천인감응설과 정면으로 배치된다.

좌전左傳/희공僖公15년(BC 645)

진晉나라 혜공惠公이 진秦나라에 볼모로 있을 때 한탄했다.

"선왕先王께서 사소史蘇의 점괘를 따랐더라면

이 지경이 되지는 않았을 것이다."

及惠公在秦曰

先君若從史蘇之占

吾不及此.

---

52)_ 妙(묘)=成也.

한간韓簡이 모시고 있다가 말했다.　　　　　　　　　　　　　韓簡侍曰

"거북점은 상象으로 나타내고, 주역점은 수數로 나타냅니다.　　　龜象也 筮數也

만물이 태어나면 상이 있고　　　　　　　　　　　　　　　　物生而後象

상이 번성하니 수가 생겼습니다.　　　　　　　　　　　　　　象而後滋 滋而後有數.

선대의 패덕이 얼마나 많은데　　　　　　　　　　　　　　　先君之敗德 及可數乎

사소의 점괘를 따랐던들 무슨 이익이 있겠습니까?　　　　　　史蘇是占 勿從何益

『시경』에 이르기를　　　　　　　　　　　　　　　　　　　　詩曰

'민民에 내리는 재앙은 하늘에서 내리는 것이 아니고　　　　下民之孼[53] 匪降自天

앞에서는 알랑거리고 뒤에서는 증오하며　　　　　　　　　僔[54]沓[55]背憎

싸움만 일삼는 인人들 때문'이라고 합니다."　　　　　　　　職競由人.

좌전左傳/소공昭公18년(BC 524)

정나라 경대부 자산이 말했다.　　　　　　　　　　　　　　子産曰

"천도는 멀고 인도는 가까운 것이며 소급하는 것이 아니다.　天道遠人道邇 非所及也

어찌 그것을 아는가?　　　　　　　　　　　　　　　　　　何以知之

거북을 구워 점을 치지만 어찌 천도를 알겠는가?　　　　　龜焉知天道

이 역시 말이 많다 보면 혹시 맞을 때도 있지 않겠는가?"　是亦多言矣 豈不或信.

　　전국시대에 활동한 노자·장자·순자도 천天의 인격성을 제거하고 천을 자연으로 해석했다. 따라서 이들은 관자와 자산을 계승하여 천을 주재의 신으로 보지 않았다. 즉 천은 자연법칙일 뿐 역사에 관여하지 않는다고 본 것이다. 이러한 경향은 '천인분이

---

53)_ 孼(얼)=庶出, 災也.
54)_ 僔(준)=恭敬也.
55)_ 沓(답)=合也.

설'을 주장한 한유, 유우석劉禹錫(772~842) 등 당唐 대의 유가들로 이어진다.

노자老子/5장

천지는 어진 것이 아니다. 만물을 추구芻狗처럼 만든다.　天地不仁 以萬物爲芻狗.

성인은 어진 것이 아니다. 백성을 추구처럼 만든다.　聖人不仁 以百姓爲芻狗.

노자老子/42장

만물은 음기와 양기를 품어　萬物負陰而抱陽

허허롭고 지극한 기氣가 조화를 이룬 것이다.　冲[56]氣以爲和.

장자莊子/내편內篇/제물론齊物論

천天은 만물을 총칭하는 말이다.　天者萬物之總名也

천은 함이 없어도 저절로 그렇게 되는 것을 말할 뿐이다.　無爲爲之之謂天.

장자莊子/내편內篇/대종사大宗師

하늘은 사사로이 덮어주지 않고　天無私覆

땅은 사사로이 실어주지 않는다.　地無私載.

천지가 어찌 사사로이 나를 가난하게 하겠는가?　天地豈使貧我哉.

천은 자연법

순자荀子/천론天論

하늘은 사람이 추위를 싫어한다고 겨울을 거두지 않으며　天不爲人之惡寒也輟冬

땅은 사람이 먼 것을 싫어한다고 넓이를 줄이지 않는다.　地不爲人之惡遠也輟廣

---

56)_ 冲(충)=虛也, 至也, 中也, 涌也.

하늘은 변함없는 도를 운행하고	天有常道矣
땅은 변함없는 도리를 행하고	地有常數矣
군자는 변함없이 그것을 체현할 뿐이다.	君子有常體矣.

천인분이설

순자荀子/**천론**天論

하늘의 운행은 상도常道가 있을 뿐	天行有常
요임금을 존속케 하고 걸왕을 멸망케 하지 않는다.	不爲堯存 不爲桀亡.
상도에 따라 다스리면 길하고	應之以治則吉
상도를 어지럽히면 흉할 뿐이다.	應之以亂則凶
산업을 힘쓰고 소비를 절검하면 하늘도 가난하게 할 수 없고	彊本而節用 則天不能貧
순리로 양생하고 때에 알맞게 행동하면	養備而動時
하늘도 병들게 할 수 없고	則天不能病
도를 따르고 배반하지 않으면	修[57]道而不貳[58]
하늘도 재앙을 내릴 수 없다.	則天不能禍
그러므로 하늘과 사람의 각각 분수를 밝히면	故明於天人之分
지인至人(지극한 인간)이라고 하는 것이다.	則可謂至人矣.
기우제를 지내면 비가 오는 것은 무슨 까닭인가?	雩[59]而雨何也
아무런 까닭이 없다.	曰 無何也
기우제를 지내지 않아도 비가 오는 것과 같다.	猶不雩而雨也

---

57)_ 修(수)=循의 誤.
58)_ 貳(이)=倍也.
59)_ 雩(우)=夏祭樂於赤帝 以祈甘雨也.

일식·월식을 하면 회복되기를 빌고	日月食而救之
가뭄이 들면 기우제를 지내고	天旱而雩
점친 연후에 큰일을 결정하는 것은	卜筮然後決大事
그것으로 해결된다고 생각해서가 아니라	非以爲得求也
그것을 문화로 꾸미는 것뿐이다.	以文[60]之也
그러므로 군자는 그것들을 문화로 생각하고	故君子以爲文
백성들은 귀신의 신통력이라 생각한다.	而百姓以爲神.

유교를 창립한 동중서의 종교적 천명론인 '천인감응설天人感應說'은 공맹의 천명론天命論을 근거로 한 것이지만, 이러한 위학緯學이 득세하면 할수록 공자의 경학經學을 누르고 미신화하는 경향으로 흐른다. 이에 혁신적인 유가들이 위학을 억누르고 경학을 복원시키기 위해 관자·자산·노자·순자의 '천인불감응설天人不感應說'을 수용하여 천天의 주재성主宰性을 거부하고 역사의 주인은 인간이라고 주장한 것이다. 이것은 유교의 종교개혁을 예고하는 진원이 되었다.

예컨대 유종원柳宗元(773~819)은 오히려 이단으로 배척된 관자와 순자의 '천인분이설天人分異說'을 발전시켜 '천과 인은 서로 미치지 않는다'는 '천인불상예설天人不相預說'을 주장했다.

또한 유우석도 '천명을 제어하여 이용해야 한다'는 순자의 유물적인 사상을 계승 발전시켜 '하늘의 직능을 인간이 할 수 없고 인간의 직능을 하늘이 할 수 없다'는 '천인상승설天人相勝說'을 주장했다.

---

60)_ 文(문)=以文飾政事而已.

천인불상예설, 유종원

당유선생집唐柳先生集**/권31/답유우석천론서**答劉宇錫天論書

내 생각으로는 번성과 재앙은 모두 하늘(자연)의 일이고	余則日 殖[61]與災荒 皆天也
법제와 패란은 모두 사람의 일이다.	法制與悖亂 皆人也
두 가지 다른 작용일 뿐이니	二之[62]而已
각자의 사업을 각각 운행할 뿐 서로 미치지 않는다.	各事各行不相預.[63]
그래야만 흉풍과 치란이 나오는 것을 구명할 수 있다.	而凶豊理亂出焉究之矣.

천인상승설, 유우석

유몽득문집劉夢得文集**/권12/천론**天論 상

하늘과 사람은 실제로 서로 다르다.	天與人實相異
하늘은 형체 중에서 큰 것이요,	天有形之大者也
사람은 동물 중에서 빼어난 것이다.	人動物之尤者也
하늘이 능한 것을 사람은 능하지 못하고	天之能 人固不能也
사람이 능한 것을 하늘 또한 능하지 못한 것이 있다.	人之能 天亦有所不能也
그러므로 나는 말하기를	故余日
하늘과 사람은 서로의 장점을 교환한다고 한 것이다.	天與人交相勝爾
유종원 선생의 논지는	其說曰
하늘의 도는 생식에 있고 그 쓰임은 강약에 있으며	天之道在生植 其用在彊弱
사람의 도는 법제에 있으며 그 쓰임은 시비에 있다는 것이다.	人之道在法制 其用在是非
그러므로 나는 하늘의 능함은	故曰 天之所能者

---

61)_ 殖(식)＝蕃息也, 生長也.
62)_ 之(지)＝就也, 用也.
63)_ 預(예)＝及也.

만물을 낳는 것이요,　　　　　　　　　　　　　　　生萬物也

사람의 능함은 만물을 다스리는 데 있다고 말하는 것이다.　　人之所能者 治萬物也.

유몽득문집劉夢得文集/**권12**/**천론**天論 중

내 진실로 말하노니　　　　　　　　　　　　　　　吾固曰

만물이 무궁한 까닭은　　　　　　　　　　　　　　萬物之所以爲無窮者

서로의 장점을 서로 교환하고　　　　　　　　　　　交相勝而已矣

서로 교환하여 이용하기 때문이다.　　　　　　　　　還相用而已矣

하늘과 사람은　　　　　　　　　　　　　　　　　天與人

만물 중에서 그것에 가장 뛰어난 존재일 뿐이다.　　　萬物之尤者耳.

급기야 10세기 말부터 이러한 천리론天理論과 천기론天氣論은 이기理氣 이원론적二元論的 성리학性理學으로 종합된다. 즉 천제天帝＝천명天命＝천리天理로 발전시켜 자연의 인과법칙과 인륜적 도리를 이理로 통합하고, 유물론적 경향을 지닌 자연의 기氣를 결합하여 이기 이원론으로 형이상학화한 것이다. 그러나 진량과 섭적 등 공리론자들은 여전히 성리학을 비판하고 유물론을 고수했다. 이처럼 중국에서는 고대 이래 유물론의 맥이 면면히 이어져 왔던 것이다.

인본주의

이러한 유물론적 경향과 더불어 신神을 인정하되 역사의 주인은 인간이라는 인본주의人本主義적 경향이 나타나기 시작한다. 기원전 706년 수隨나라의 명신 계량季梁은 "백성은 신神의 주인"이라고 주장한 바 있다. 기원전 662년에 주나라 태사 은囂은 "민

을 따르면 나라가 흥하고, 신을 따르면 나라가 망한다"고 말했다.

　그 외에도 『서경』의 기록을 보면 공자가 경신敬神과 원신遠神을 말하기 훨씬 이전인 순임금 때나 주나라 초에도 경신을 하면서도 인간 중심적인 경향이 존재했음을 알 수 있다. 이처럼 공자 이전부터 제사는 이미 신을 위한 것이 아니라 백성을 위한 것이 되어 있었다.

서경書經/우서虞書/고요모皐陶謨

하느님이 총명한 것은 우리 민民이 총명하기 때문이며	天聰明自我民聰明
하느님이 밝고 두려운 것은 민이 밝고 두려운 것이다.	天明畏自我民明威.
하느님은 상하를 두루 살피시니 공경하라!	達于上下
땅을 가진 자들이여!	敬哉有土.

좌전左傳/환공桓公6년(BC 706)

"도道라고 하는 것은	所謂道
민民에게 충실하고, 신神에게 신실한 것을 말합니다.	忠於民 而信於神也
윗사람이 민을 이롭게 하려고 고심하는 것이 충忠이고	上思利民 忠也
제관과 점관이 바르게 말하는 것이 신信입니다.	祝史正辭 信也
그런데 지금 민은 굶주리는데 군주는 욕심만 채우려 하고	今民餒而君逞[64]欲
제관은 거짓으로 제사를 올리니	祝史矯擧以祭
소신(계량)은 그것이 옳은지 알 수 없습니다."	臣不知其可也
군주가 말했다.	公曰
"희생물은 완전하고 살쪘으며 젯밥은 풍성한데	吾牲牷肥腯 粢盛豊備
무엇 때문에 믿지 않는 것이오?"	何則不信

---

64)_ 逞(영)=盡, 縱也.

계량이 대답했다. "무릇 민중은 신의 주인입니다.
그러므로 성인은 먼저 민을 고르게 살게 한 연후에
신에게 치성을 드리는 것입니다."

對曰 夫民 神之主也
是以聖王先成[65]民
而後致力於神.

좌전左傳/장공莊公32년(BC 662)

신神이 내려와 신莘이라는 땅에 머문 지가 육 개월이었다.
곽나라 군주가 대축大祝 응應과 대종大宗 구區와
태사太史 은嚚을 시켜 제사를 올렸다.
토지를 내려준다는 신탁을 받았다.
태사 은이 물러나서 말했다. "곽나라는 망할 것이다.
내 듣건대 나라가 흥하려면 민에게 듣고
장차 망하려면 신에게 듣는다고 했다.
신은 총명하고 정직하며 한결같으니
사람에 의지하여 행한다.
곽나라는 너무 덕이 박한데
어찌 땅을 얻을 수 있겠는가?"

神居莘六月
虢公使祝應 宗區
史嚚享焉
神賜之土田.
史嚚曰 虢其亡乎
吾聞之 國將興 聽於民
將亡 聽於神
神聰明正直而壹者也
依人而行
虢多涼[66]德
其何土之能得.

---

65)_ 成(성)＝平也.
66)_ 涼(량)＝薄也.

3절 | 제정의 문란

논어 읽기

논어論語/팔일八佾 10

공자께서 말씀하셨다.   子曰

"주공을 합제하는 천제天祭인 체제禘祭에서   禘[67]

내가 강신의 예를 끝내자마자 퇴장한 것은   自旣灌[68] 而往者

그것을 더 이상 보고 싶지 않았기 때문이다."   吾不欲觀之矣.

논어論語/팔일八佾 11

혹자가 대제大祭인 체禘의 뜻을 물었다.   或問禘之說

공자께서 말씀하시기를 "나도 모른다.   子曰 不知也

그 뜻을 아는 사람은 천하를 다스리는 것이   知其說者之 於[69]天下也

---

67)_ 禘(체)＝天祭이지만 天子가 자기 시조를 合祀하는 大祭이다.
68)_ 灌(관)＝降神禮.
69)_ 於(어)＝爲也.

이것을 보여주는 것과 같으리라" 하시면서 손바닥을 가리켰다.　其如示諸斯乎 指其掌.

논어論語/위정爲政 24

공자께서 말씀하셨다.　　　　　　　　　　　　　　　子曰

"자기의 귀신이 아님에도 제사를 지내는 것은 아첨이요,　非其鬼而祭之諂也

의義를 보고도 행하지 않는 것은 용기가 없음이다."　見義不爲 無勇也.

논어論語/팔일八佾 4

임방林放이 예禮의 근본을 물었다.　　　　　　　　　林放問禮之本

공자께서 말씀하셨다. "좋은 물음이다.　　　　　　　子曰 大哉問

예는 사치한 것보다 검소한 것이 낫고　　　　　　　禮 與其奢也寧儉

상례喪禮는 형식보다 슬픈 것이 낫다."　　　　　　喪 與其易70)也寧戚.71)

논어論語/팔일八佾 6

노나라 경대부 계 씨가 타이산에 산신제를 올렸다.　　季氏旅72)於泰山

공자께서 계 씨의 가신으로 있는 제자 염유를 꾸짖어 말했다.　子謂冉有 曰

"네가 말릴 수 없었느냐?"　　　　　　　　　　　　女不能救與

염유가 대답했다. "말릴 수 없었습니다."　　　　　對曰 不能

공자께서 말씀하셨다. "오호! 슬프다.　　　　　　　子曰 嗚呼

타이산의 산신령이　　　　　　　　　　　　　　　曾73)謂泰山

예를 물은 임방만도 못하다고 생각한단 말이냐?"74)　不如林放乎

---

70)_ 易(역)=象也. (이)=簡也, 治也.
71)_ 戚(척)=斧也, 惕也.
72)_ 旅(려)=山神祭.
73)_ 曾(증)=乃也, 則也.

공자께서 말씀하셨다.　　　　　　　　　　　　　　子曰

"마사로 만든 제관이 예법이지만　　　　　　　　　麻冕禮也

오늘은 무명실로 만든 것이어서 검소하다.　　　　今也純[75]儉

그러나 나는 여러분을 따르겠다.　　　　　　　　吾從衆

임금에게는 당 아래서 절하는 것이 예인데　　　　拜下禮也

지금 당 위에서 하니 불경하다.　　　　　　　　今拜乎上泰[76]也

비록 대중과는 어긋나지만 나는 당 아래서 하겠다."　雖違衆 吾從下.

---

74)_ 타이산의 신령이 그처럼 어긋난 제사를 어찌 꾸짖지 않겠느냐?

75)_ 純(순)=絲也, 綿之紡成者也.

76)_ 泰(태)=不恭.

왕권의 쇠미와 제정의 문란

서주西周가 망하고 동주東周가 들어서면서 이른바 춘추시대의 패도정치가 시작되자 왕권은 쇠미해지기 시작했다. 따라서 천자의 통치권의 상징적 의례인 제정祭政도 문란해졌다.

이에 대한 상징적인 사건이 있다. 서주가 망하고 동주가 들어서 왕권이 불안했던 때인 기원전 635년 왕실의 난이 일어나자 진晉 문공이 이를 평정하고 양왕襄王을 왕위에 복위시킨 사건이 있었다. 사건 직후 문공은 왕에게 자기가 죽으면 '수장隧葬'을 할 수 있도록 윤허해 줄 것을 요구했다. '수장'이란 땅을 파서 현실玄室로 들어가는 연도羨道를 만드는 무덤으로 천자만이 할 수 있는 것이었다. 이에 양왕은 왕위를 내줄지언정 수장은 허락할 수 없다고 거부했다. 이것은 왕권의 추락을 상징적으로 보여준 사건이다. 또한 이 사건에서 유의할 것은 제후가 왕의 장례를 치르는 것은 반역으로 간주된다는 점이다. 다음의 예문은 이 사건을 기록하고 있다.

좌전左傳/희공僖公25년(BC 635)

그해 여름 왕자의 난이 평정되어 양왕이 서울에 입성했다.	夏四月丁巳 王入于王城
진 문공이 왕을 배알하고	晉候朝王
자기가 죽으면 수장을 할 수 있도록 요청했다.	請隧.
왕은 허락하지 않고 다음과 같이 말했다.	不許曰
"수장은 왕만의 특권인 권위이오.	王章也
아직 주나라를 대신할 유덕자가 나오지도 않았는데	未有代德
천하에 두 왕이 있다는 것은	而有二王
숙부께서도 싫어하는 바일 것이오."	亦叔父之所惡也.

국어國語/주어周語 중

지금 하늘은 주 왕실에 재난을 내려	今天降禍災于周室.
나 혼자 근근이 왕실을 지키고 있고	余一人僅亦守府.
게다가 불민하여 난을 당하여 숙부를 수고롭게 했소.	又不佞以勤叔父.
그러나 선왕들만이 했던 수장을 사사로운 덕으로 허락하면	而班先王之大物 以賞私德.
그것을 받는 숙부께서 미움을 살 것이며	其叔父實應且憎
나도 비난을 받을 것이오.	以非余一人.
내 개인적으로야 어찌 상을 인색하게 하려 하겠소?	余一人豈敢有愛.
옛말에 '패옥을 바꾸면 걸음걸이도 바뀐다'는 말이 있소.	先民有言 曰 改玉改行
숙부께서 만약 덕정을 널리 떨치고	叔父若能光裕大德
주 왕실의 희씨를 숙부의 성씨로 바꾸고	更姓改物
새로운 천하를 선포하여	以創制天下.
백성을 편안하게 한다면	以鎭撫百姓.
내가 설사 변방에서 떠돌게 될지라도	余一人其流辟 旅于裔土
무슨 할 말이 있겠소?	何辭之有與.
다만 숙부께서 주실周室을 따라	若由是姬姓也.
장차 공후의 지위로 남아	尙將列爲公侯
선왕께서 정해 준 직책을 수행하려 한다면	以復先王之職
법도를 바꾸어 숙부께 천자의 장례를 윤허해 줄 수는 없소.	大物其未可改也.
숙부께서 힘써 밝은 덕을 널리 편다면	叔父其懋昭明德.
사후라도 천자의 장례는 저절로 얻을 수 있을 것이오.	物將自至.

이처럼 왕권이 쇠미해지자 중앙의 제정이 문란해지고, 제후국에서도 제후만이 지닐 수 있는 사제社祭를 대부가 함부로 지내는 등 제정이 문란해졌다. 앞의 『논어』「팔일」6의 글은 공자가 이를 개탄한 것으로서 제후만이 지닐 수 있는 타이산 산신제를 대부인

계손 씨가 참람하게 올리는 것을 비난하고 그런 제사를 타이산의 산신령인들 어찌 흠향하겠느냐고 핀잔을 주는 내용이다.

공자가 제사 도중 퇴장한 사건

또한 『논어』 「팔일」편에는 공자가 노나라의 체제禘祭에 참석했으나 중간에 퇴장한 사건을 간략히 기록하고 있다. 공자는 왜 도중에 퇴장했을까? 체제는 제후국으로서는 노나라만이 지닐 수 있는 천제天祭이므로 중대한 정치 행사인데 그처럼 중요한 행사 도중에 퇴장한다는 것은 더구나 대부 신분으로서는 보통 사건이 아니다. 그러나 『논어』의 기록은 너무도 간략하여 그 이유를 알 수 없지만 깊은 뜻이 숨어 있음은 분명하다.

그렇다면 체禘는 도대체 무엇인가? 『예기』 「대전大傳」편에 의하면 "천자天子가 아니면 천제天祭에 조상신을 배제配祭하는 체를 지낼 수 없다"고 한다. 즉 체는 천자만의 특권이며 특별한 제사인 것이다. 천자가 천제에 조상신을 배제하는 체를 올리는 것은 자기 조상이 나온 곳임을 천명하는 것이기 때문이다. 그러므로 제후가 '체'를 지내는 것은 제후가 무덤길을 내는 '수장'을 하는 것처럼 반역에 해당하는 것이다.

예기禮記/**제법**祭法

제법에 의하면 유우씨有虞氏는	祭法 有虞氏
체제禘祭에 황제黃帝를 배사配祀하고	禘[77]黃帝
교제郊祭에 제곡帝嚳을 배사하고	而郊[78]嚳

---

77)_ 禘(체)=圓丘에서 天帝를 제사함.
78)_ 郊(교)=方丘에서 地神을 제사함.

조제祖祭에 전욱顓頊을 배사하고　　　　　　　　　　　　祖顓頊

종제宗祭에 요임금을 배사했다.　　　　　　　　　　　　而宗⁷⁹⁾堯.

하후씨夏候氏는 체제에 황제를 배사하고　　　　　　　　夏候氏 亦禘黃帝

교제에 곤鯀(우임금의 父)을 배사하고　　　　　　　　而郊鯀

조제에 전욱을 배사하고　　　　　　　　　　　　　　　祖顓頊

종제에 우임금을 배사했다.　　　　　　　　　　　　　而宗禹.

은나라 왕실은 체제에 제곡을 배사하고　　　　　　　　殷人 禘嚳

교제에 명冥(탕왕의 선조)을 배사하고　　　　　　　　而郊冥

조제에 계契(탕왕의 시조)을 배사하고　　　　　　　　祖契

종제에 탕왕을 배사했다.　　　　　　　　　　　　　而宗湯.

주나라 왕실은 체제에 제곡을 배사하고　　　　　　　　周人 禘嚳

교제에 직稷(무왕의 시조)을 배사하고　　　　　　　　而郊稷

조제에 문왕을 배사하고　　　　　　　　　　　　　　祖文王

종제에 무왕를 배사했다.　　　　　　　　　　　　　而宗武王.

태단泰壇에서 나무 위에 옥과 희생을 굽는 연기를 피우는 것은　燔柴於泰壇⁸⁰⁾

천제天帝에게 제사하는 법이요,　　　　　　　　　　　祭天也

태절泰折에서 비단과 희생을 묻는 것은　　　　　　　瘞埋於泰折⁸¹⁾

---

79)_ 祖(조)·宗(종)＝明堂에서 五帝(五行의 神)를 제사함.

80)_ 泰壇(태단)＝圓丘, 天圓를 상징.

81)_ 泰折(태절)＝方丘, 地方을 상징.

지신地神에게 제사하는 법이다.　　　　　　　　　　祭地也

희생은 붉은 말과 송아지를 쓴다.　　　　　　　　　　用騂犢.

예기禮記/대전大傳

예禮에 의하면　　　　　　　　　　　　　　　　　　　禮

천왕天王이 아니면 천제天帝에게 제사하지 못한다.　　不王不禘

왕은 그 조상이 나온 하늘을 제사하는 것이므로　　　王者禘其祖之所自出

자기 조상을 합사合祀한다.　　　　　　　　　　　　以其祖配之.

제후는 조상 제사의 경우 태조까지 거슬러 올라간다.　諸侯及其太祖.

사대부는 큰일에 공이 있어 군주로부터 보살핌을 받았을 때　大夫士有大事 省[82]於其君

고조까지 거슬러 올라갈 수 있다.　　　　　　　　干[83]祫[84]及其高祖.

전傳 :　　　　　　　　　　　　　　　　　　　　　傳.

위 글은 제후는 체禘의 예를 할 수 없다는 것을 말한 것이다.　上文言諸侯不得行禘禮.

이것은 제후 이하의 경우에는　　　　　　　　　　　此言諸侯以下

부父·조祖·증조曾祖·고조高祖를 합제하되　　　　　　有祫祭之禮 二昭二穆

제후의 묘에서는 태조까지 합제할 수 있음을 말한 것이다.　與太祖而諸侯之廟也.

　　그런데도 제후국인 노나라에서 체禘를 지내는 것은 무슨 까닭인가? 체란 원래 천자
만이 거행할 수 있는 것이지만, 제후국인 노나라가 그것을 거행하는 것은 주周 성왕이
숙부인 주공의 노나라에서는 천자의 예를 써도 좋다고 특별히 허락했기 때문이다. 그

---

82)_ 省(성)=특혜를 받음.

83)_ 干(간)=禮를 犯함.

84)_ 祫(협)=제후의 조상을 合祀함.

러나 이것은 주례를 범하는 특례이며 공자 자신의 소신인 '경신이원지敬神而遠之'에 배반되는 일이었기에 못마땅하게 생각한 것이다. 다만 하대부下大夫의 신분인 자기가 따지는 것도 지나친 것이라고 생각하고 참고 있었으나 끝까지 제사를 참관하기에는 마음이 편치 않았던 것이다. 그래서 중간에 퇴장한 것이다.

공자는 『논어』·『중용』·『예기』 등 여러 곳에서 체를 알면 천하를 다스리는 것은 손바닥 뒤집듯 할 수 있을 것이라고 강조하고 있다. 이로 볼 때 공자에게 천제天祭인 '체'가 얼마나 중요한 것이었던가를 짐작할 수 있다.

중용中庸/19장

공자가 말했다.   子曰

"교郊와 사社의 예는   郊[85]社[86]之禮

천제天帝와 지신地神을 섬기는 것이요,   所以事上帝(地祇)也.

종묘의 예는 선조를 제사하는 것이다.   宗廟之禮 所以祀乎其先也

교제와 사제의 예와 체禘와 상嘗의 뜻에 밝다면   明乎郊社之禮 禘嘗[87]之義

나라를 다스리는 것은 손바닥 들여다보듯 쉬우리라."   治國其如示諸掌乎.

예기禮記/중니연거仲尼燕居

공자가 말했다.   子曰

"교제와 사제의 뜻과 체와 상의 예를 밝게 안다면   明乎郊社之義 禘嘗之禮

나라를 다스리기는 손가락질하고 손바닥 뒤집듯 쉬우리라."   治國其如指諸掌而已乎.

---

85)_ 郊(교)＝天神祭.
86)_ 社(사)＝地神祭.
87)_ 嘗(상)＝秋祭로 四時祭를 총칭함.

그런데 『예기』와 『공자가어』에도 『논어』의 이 구절과 비슷한 기록이 있다. 다만 체제 禘祭가 아니라 연말 사제蠟祭에 대한 것이며 퇴장은 하지 않고 그냥 개탄만 했다고 기록하고 있다. 그러나 이 기사도 『논어』의 취지와 같다고 보아야 할 것이다.

예기禮記**/예운**禮運

공자가어孔子家語**/예운**禮運

지난날 중니가 노나라 사제蠟祭에 빈객으로 참여했다.	昔者仲尼與於蠟[88]賓.
일을 마치고 나와 누대에 올라 쉴 때	事畢 出遊於觀之上
한숨을 쉬며 탄식했다.	喟然而嘆.
중니가 탄식한 것은 노나라를 개탄한 것이다.	仲尼之嘆 蓋嘆魯也
언언이 옆에서 모시고 있다가 물었다.	言偃在側曰
"군자께서는 어찌 탄식하십니까?"	君子何嘆
공자가 말했다.	孔子曰
"대도大道를 행하는 것과 삼대三代의 영걸에는	大道之行也 與三代之英
미치지 못하지만 나도 뜻만은 가지고 있다."	丘未之逮也 而有志焉.

예기禮記**/교특생**郊特牲

천자는 팔신八神[89]을 제사하는 대사제大蠟祭를 올린다.	天子大蠟八.
이기씨伊耆氏는 사씨蠟氏로부터 비롯되었다.	伊耆氏[90] 始爲蠟.[91]

---

88)_ 蠟(사)=年終祭名. 夏曰淸祀. 殷曰嘉平. 周曰蠟. 秦於臘(中華大字典).

89)_ 『集說』에 따르면 八神은 다음과 같다. ① 先嗇(神農氏), ② 司嗇(后稷의 官吏), ③ 農(田畯), ④ 郵(田畯의 幕舍)
表(標識) 畷(農路), ⑤ 猫(쥐를 잡는 고양이) 虎(맷돼지를 잡는 호랑이), ⑥ 坊(堤防), ⑦ 水庸(水路), ⑧ 곤충(農
害虫).

90)_ 伊耆氏(이기씨)=官名(周禮/秋官/序官). 古王者號 始爲蠟以息老物(注).

91)_ 蠟(사)=周官名 掌除骴(禮記 注). 蠟氏 周官名(周禮/秋官/序官). 蠟 骨肉腐臭所蠟也(蠅蛆) 月令日 掩骼埋骴
此 官之職也(注).

사씨는 은나라 칠족七族 중에 일족一族인 색씨索氏이다.   蜡也者索[92]也.

만물이 귀근복명歸根復命하는 폐장지월閉藏之月인 섣달에   歲十二月 合聚萬物而索[93]

팔신의 공적과 귀근을 송영하는 제사를 올린다.   饗之也

사제란   蜡之祭也

신농씨를 주신으로 모시고 후직을 제사하고   主先嗇 而祭司嗇也

아울러 백곡의 신들을 제사하여   祭百種

농사의 공로를 보답하는 것이다.   以報嗇也.

또한 제사에 있어서 격식은 아주 중요하다. 그래서 제정의 문란을 말하면 흔히 제사의 격식의 문란으로 착각하기 쉽다. 그래서 도올을 비롯한 우리 학자들 대부분은 『논어』에서 말한 제사 도중에 공자가 퇴장한 사건을 격식의 문란으로 해석하고 있다. 그러나 이런 해석은 유치한 것이다. 격식을 따지는 것은 아이들 소꿉장난처럼 제수祭需의 수량과 위치나 절차의 사소한 것을 말하는 것이 아니라 제법의 의의를 훼손하지 말아야 한다는 뜻이다.

예기禮記/예기禮器

예禮의 의식은 천시天時를 중요시하고(時),   禮 時爲大

윤상을 따름이 다음이요(順),   順次之

천지와 인정을 체현함이 다음이요(體),   體次之

제수와 비용을 마땅하게 함이 다음이요(宜),   宜次之

신분에 마땅하게 함을 다음으로 본다(稱).   稱次之.

요임금이 순임금에게 선양하고,   堯授舜

---

92)_ 索(색)=姓氏. 殷民七族有索氏.
93)_ 索(색)=大繩也, 盡散也, 空也.

순임금이 우임금에게 선양하고	舜授禹
탕왕과 무왕이 걸주를 주벌한 것은 천시를 따름이다(時).	湯放桀 武王伐紂 時也
천지와 종묘에 봉사奉祀함과	天地之祭 宗廟之事
부자 군신의 도의가 륜倫이다(順).	父子之道 君臣之義 倫也
사직과 산천,	社稷山川之事
귀신을 봉사함이 천지인天地人의 체현이다(體).	鬼神之祭 體也
상례와 제례의 재용과 빈객의 접대를 알맞게 함이 의義다(宜).	喪祭之用 賓客之交 義也
새끼 양과 돼지로 제사하면 백관이 만족한다.	羔豚而祭百官皆足
큰 소를 잡아 제사한다고 반드시 여유 있는 것이 아니다.	大牢而祭不必有餘.
이를 일러 경중이 마땅하다고 한다(稱).	此之謂稱也.

또한 공자의 퇴장 사건을 이런 식으로 해석하는 것은 공자를 제사의 사소한 격식을 고집하는 옹졸한 사람으로 만드는 왜곡이다. 공자는 시시콜콜한 의식의 사소한 절차 때문에 제사 도중에 퇴장할 정도로 왜소한 인격이 아니었다. 공자는 대범하고 융통성 있는 학자요 정치가였다. 그러므로 유치하고 올망졸망한 안목으로는 거대한 공자를 도 저히 짐작도 할 수 없는 것이다.

이처럼 제사의 중요성과 공자의 고심 어린 제정祭政을 모른다면 공자가 천제天祭를 지내는 도중에 퇴장한 사건을 이해할 수 없다. 또한 체禘를 모른다면 천제天祭가 얼마 나 중요하고 예민한 통치 행위인지, 아울러 공자의 진면목과 그의 사상적 핵심이 무엇 인지 알 수 없다.

4절 | 천제 신앙과 제정

논어 읽기

논어論語/태백泰伯 22

공자께서 말씀하셨다.

"우임금은 내보기엔 나무랄 데 없구나.

식사는 간소했으나 귀신鬼神에게 효孝를 다했다."[94]

子曰

禹吾無間然矣

菲[95]飮食 而致孝乎鬼神.

논어論語/요왈堯曰 1

무왕은 망한 나라를 부흥해 주고, 끊어진 가문을 이어주고

유랑하는 민民을 거두어들이니, 천하의 민심이 귀의했다.

무왕에게 소중한 것은 민중의 식량과 장례와 제사였다.

興滅國 繼絶世

擧逸民 天下之民歸心焉

所重 民食喪祭.

---

94)_ 유가의 宇宙一家論에 의하면 天에게도 鬼神에게도 孝를 해야 한다.

95)_ 菲(비)=芴也, 薄也, 喪服之屨也.

논어論語/학이學而 9

증자가 말했다. "죽음을 삼가 장사 지내고 먼 조상을 추모하면   曾子曰 愼[96]終追遠
민의 덕성도 순후해질 것이다."   民德歸厚矣.[97]

논어論語/술이述而 34

공자께서 병을 앓자, 자로가 빌기를 청했다.   子疾病 子路請禱
공자께서 물으셨다. "그런 법도가 있느냐?"   子曰 有諸[98]
자로가 대답했다. "있습니다.   子路對曰 有之
『조사집誄辭集』에 이르기를   誄[99]曰
'너를 위해 천지신명께 빌었다'는 글이 있습니다."   禱爾于上下神祇[100]
공자께서 말씀하셨다. "나의 그런 기도는 오래되었다."   子曰 丘之禱久矣.

논어論語/팔일八佾 12

조상 제사에는 조상이 왕림해 계신 듯이 하고   祭如在
신에 대한 제사에는 신이 왕림해 계신 듯이 했다.   祭神如神在.
공자께서 말씀하셨다.   子曰
"내가 제사에 참여하지 않으면 제사를 지내지 않은 것 같다."   吾不與祭 如不祭.

논어論語/팔일八佾 9

공자께서 말씀하셨다.   子曰
"하나라 예禮에 대해서는 내가 말할 수는 있으나   夏禮 吾能言之

---

96)_ 愼(신)=以紼引棺就殯所也.
97)_ 愼終 喪盡其禮. 追遠 祭盡其誠(論語集註).
98)_ 諸(제)=之乎也.
99)_ 誄(뢰)=禱累功德以求福也.
100)_ 祇(기)=地神也. (지)=敬也, 祇也.

하나라를 계승한 기杞나라는 그것을 밝히는 데 부족하다. 杞不足徵¹⁰¹⁾也

은나라 예는 내가 말할 수는 있으나 殷禮 吾能言之

은나라를 계승한 송나라는 그것을 밝히는 데 부족하다. 宋不足徵也

문헌이 부족하기 때문이다. 文獻不足故也

문헌만 충분하다면 내가 밝혀 보여줄 수 있다." 足則吾能徵之矣.

경신원지

논어論語/옹야雍也 20

번지가 지혜에 대해 물었다. 樊遲問知

공자께서 말씀하셨다. 子曰

"민중의 뜻을 이루고자 힘쓰고 務民之義

귀신을 공경하되 멀리하면 가히 지혜롭다고 할 것이다." 敬鬼神而遠之 可謂知矣.

고수레

논어論語/향당鄕黨 8

공자께서는 비록 간소한 식사와 나물국뿐이라도 雖蔬食菜羹

고수레를 하여 반드시 재계하듯 하셨다. 瓜祭¹⁰²⁾ 必齋如也.

논어論語/향당鄕黨 13

군주를 모시고 식사를 할 때는 侍食於君

군주가 제(고수레)를 올린 후 먼저 시식을 하셨다. 君祭 先飯.

---

101)_ 徵(징)=證也.

102)_ 瓜祭(과제)=古人飮食 每種各出小許 置之豆間之地. 以祭先代始爲飮食之人 不忘本也(論語集註). 瓜 = 『魯論』에서는 必로 됨.

제사는 통치 의례

　지금부터 2,500년 전 공자가 활동하던 춘추시대는 물론 그 이전부터 예禮와 법法이 있었지만 예 중에서도 제례祭禮라는 종교 의식이 가장 중요한 통치 수단이었다. 공자도 제사를 누구보다 중시했다. 그러므로 『예기』에서는 "무릇 인사을 다스리는 도道는 예보다 긴요한 것이 없으며, 예에 오경五經이 있으나 제사보다 중요한 것은 없다"고 말했다. 즉 예 중에서 가장 중요한 것은 제례라는 것이다. 이런 전통은 근세 이전까지 2천 년 동안 이어져 왔다. 그러므로 중세까지는 서양이나 중국이나 조선이나 제사가 예와 법보다도 더 중요한 정치 행위였다.

서경書經/우서虞書/요전堯典

요임금이 일러 말했다. "그대 순舜이여! 제위에 오르라!"	帝曰 格汝舜 汝陟帝位.
순임금은 사양지덕이 있어 계승받지 않았으나	舜讓于德 弗嗣
드디어 정월 첫날에 종묘에서 제위를 받았다.	正月上日 受終于文祖.

서경書經/우서虞書/대우모大禹謨

우가 머리를 조아리며 굳이 사양하자	禹拜稽首 固辭.
순임금이 말했다. "사양치 말라! 오직 네가 합당하다."	禹拜稽首 固辭.
정월 초하루 아침에	正月朔旦
종묘에서 천명을 받고 백관을 거느렸는데	受命于神宗 率百官
순임금이 처음 임금이 된 날과 같았다.	若帝之初.

서경書經/하서夏書/감서甘誓

우임금은 감甘 땅의 대전을 앞두고 육경을 소집하여 말했다.	大戰于甘 乃召六卿 王曰
"오! 육군의 장병들이여! 내 너희에게 고하노라!	嗟 六事之人 予誓告汝

유호有扈 씨는 오행五行을 경멸하고   有扈氏 滅侮五行

삼정三正을 방기했으니   怠棄三正

하늘이 천명을 끊어버렸다!   天用剿絶其命

지금 나는 하늘이 벌을 삼가 대신 시행하려고 한다.   今予惟恭行天之罰

명령을 따르는 자는 종묘에서 상을 내릴 것이며   用命賞于祖

명령을 어기는 자는 사직의 신 앞에서 죽일 것이되   不用命戮于社

나는 그들의 처자도 죽일 것이다.”   予則孥戮汝.

예기禮記/제통祭統

무릇 인人을 다스리는 도道는 예禮보다 긴요한 것은 없으며   凡治人之道 莫急於禮

예에 오경五經이 있으나 제사보다 중요한 것은 없다.   禮有五經 莫重於祭.

예기禮記/제법祭法

왕은 칠묘七廟·일단一壇·일선一墠을 세우는데   王立七廟一壇一墠.

고묘考廟(부)·왕고묘王考廟(조부)·   曰考廟 曰王考廟

황고묘皇考廟(증조)·현고묘顯考廟(고조)·   曰皇考廟 曰顯考廟

조고묘祖考廟(시조)에 매월 제사하고   曰祖考廟 皆月祭之.

육 대조와 칠 대조의 두 조묘祧廟에는   遠廟爲祧 有二祧

사철 제사하고   享嘗乃止.

그 이상의 조상은 제단(일단)과 제터(일선)를 만들어   去祧爲壇 去壇爲墠

기도할 일이 있을 때 제사한다.   壇墠有禱焉祭之 無禱乃止.

제후는 오묘五廟·일단·일선을 세우는데   諸侯立五廟一壇一墠.

부와 조부와   曰考廟 曰王考廟

증조를 매월 제사하고,   曰皇考廟 皆月祭之.

고조와 시조는 사철 제사한다.

顯考廟祖考廟 享嘗乃止.

대부는 삼묘三廟·이단二壇을 세우는데

大夫立三廟二壇.

부와 조부와

曰考廟 曰王考廟

증조를 사철 제사하고,

曰皇考廟 享嘗乃止.

고조와 시조는

顯考祖考無廟

기도할 일이 있을 때 단을 만들어 제사한다.

有禱焉 爲壇祭之.

적사適士(천자의 상사上士·중사中士·하사下士와 제후의 상사)는

適士

이묘二廟·일단을 세우는데

二廟一壇.

부와 조부를

曰考廟 曰王考廟

철마다 제사하고,

享嘗乃止.

증조는

顯考無廟

기도할 일 있을 때 단을 만들어 제사한다.

有禱焉 爲壇祭之.

관사官士(제후의 중사·하사)는 일묘를 세울 뿐인데

官士一廟.

고묘에서 부와 조부를 철마다 제사할 뿐이다.

曰考廟 王考無廟而祭之.

서사庶士(하사 이하의 속관)와 서인庶人은

庶士庶人

묘당을 세울 수 없다.

無廟.

그 죽음은 신神이 될 수 없고 귀鬼이기 때문이다.

死曰鬼.

국어國語/노어魯語 상

'원거爰居'라는 바닷새가

海鳥曰爰居.

노나라 동문 밖에 날아와 삼 일 동안 머물렀다.

止于魯東門之外三日

장문중은 군주에게 제사를 지내라고 했다.　　　　　　　臧文仲使國人祭之.

전금은 말했다.　　　　　　　　　　　　　　　　　　展禽曰

"장문중의 정사는 법도에 어긋나는 것이다.　　　　　越哉 臧孫之爲政也

제사란 나라의 가장 중요한 제도(節)이고　　　　　　夫祀 國之大節也

이 제도를 통해서 정사가 이루어지는 것이다.　　　　以節政之所成也

그러므로 제사를 신중히 제정하여 국법으로 삼았다.　故愼制祀 以爲國典.

지금처럼 이유 없이 제사를 보태는 것은 옳은 정사가 아니다.　今無故而加典 非政之宜也.

무릇 성왕께서 제사를 마련하신 경우는　　　　　　　夫聖王之制祀也

민에게 법을 만들어준 분을 제사토록 했고　　　　　法施于民則祀之.

나랏일을 힘쓰다가 돌아가신 분을 제사토록 했고　　以死勤事則祀之.

나라를 바로잡으려고 노력하신 분을 제사토록 했고　以勞定國則祀之.

큰 재해를 막은 분을 제사토록 했고　　　　　　　　能御大灾則祀之.

큰 환란을 막은 분을 제사토록 했던 것이다.　　　　能扞大患則祀之.

이에 해당되지 않은 분께 제사를 올리는 법도는 없다."　非是族也 不在祀典.

국어國語/초어楚語 상

초나라 경대부 굴도屈到는 평소 마름을 좋아했는데　屈到嗜芰

병이 들자　　　　　　　　　　　　　　　　　　有疾

제사 담당 가신을 불러　　　　　　　　　　　　　召其宗老而屬之

자기 제사에는 마름을 놓도록 부탁했다.　　　　　曰祭我必以芰.

소상 때가 되어 가신이 마름을 올리려 하자　　　及祥宗老將荐[103]芰

그 아들이 치우라고 명령했다.　　　　　　　　　屈建命去之.

---

103)_ 荐(천)＝薦也.

가신이 망자께서 부탁한 것이라고 아뢰자	宗老曰 夫子屬之.
아들이 불가함을 다음과 같이 말했다.	子木曰 不然
"아버지께서는 초나라 정사를 받들었는데	夫子承楚國之政
그 법률은 민심에 남아 있고 재물은 왕의 곳간에 남아 있으며	其法刑在民心 而藏在王府
위로는 가히 선왕을 본받고	上之可以比先王
아래로는 가히 후세를 가르칠 만하다.	下之可以訓後世.
비록 쇠미한 초나라이지만 제후들이 기리지 않는 이가 없다.	雖微楚國 諸侯莫不譽.
제사의 법도에 의하면	其祭典有之曰
군주는 소를 잡아 제사하고, 대부에게는 양을 올리며	國君有牛享 大夫羊饋
선비에게는 개와 돼지로 제사를 올리며	士有豚犬之奠
서인에게는 물고기전을 올린다.	庶人有魚炙之荐.
다만 죽기와 목기, 포와 젓갈은 상하 모두 같이 올리되	籩豆脯醢則上下共之.
진기하고 이상한 것은 드리지 않고	不羞珍異
잡다하고 차치하게 진설하지 않는다.	不陳庶侈.
선친께서는	夫子
자기 욕심으로 나라의 법도를 범하려 하지 않을 것이다.	不以其私欲干國之典.
그러니 결국 마름은 쓰지 않겠다."	遂不用.

원래 제祭는 천제天祭로부터 시작되어 조상 제사로 발전한 것이다. 그러므로 제정일치 시대부터 예禮란 곧 제례祭禮를 의미했다. '예禮'라는 글자의 시示는 신神을 뜻하고, 곡曲은 죽기竹器를 뜻하며, 두豆는 목기木器를 뜻한다. 『서경』「요전」에서 말한 '삼례三禮'는 천신天神·지신地神·인귀人鬼에 대한 제사를 지칭한 것이라 한다(『여유당전서與猶堂全書』1집 권19 「답이여홍재의答李汝弘載毅」). 륜倫이라는 글자도 인人이 따라야 할 륜侖(條理)을 뜻한다. 그래서 예는 천리天理와 인정人情을 본받은 것이라고 말한다. 이는 『예기』에서도 확인할 수 있다.

예기禮記/예기禮器

예禮란 　　　　　　　　　　　　　　　　　　禮也者

천시天時에 부합하고, 지재地財를 진설하고 　　　合於天時 設於地財

귀신鬼神에 순응하고, 인심人心에 부합하여 　　順於鬼神 合於人心

만물을 조리 있게 하는 것이다. 　　　　　　　理萬物者也.

천지天地의 제사와 종묘宗廟의 섬김과 　　　　天地之祭 宗廟之事

부자의 도리, 군신의 의리, 등은 모두 윤리(倫)이다. 　父子之道 君臣之義 倫也.

전傳 :　　　　　　　　　　　　　　　　　　傳.

천지·종묘·부자·군신 등 네 가지는 　　　　　天地宗廟父子君臣四者

자연의 질서이므로 윤리倫理라고 말한다. 　　乃自然之序. 故曰倫也.

윤리는 문란해서는 안 된다. 　　　　　　　倫不可紊.

그러므로 순순을 다음으로 중시한다. 　　　　故順次之.

예기禮記/제통祭統

무릇 제사에는 열 가지 도리가 있으니 　　　　夫祭有十倫焉

귀신을 섬기는 도리를 보여주고 　　　　　　見事鬼神之道焉

군신의 의리를 보여주고 　　　　　　　　　見君臣之義焉

부자의 윤상을 보여주고 　　　　　　　　　見父子之倫焉

귀천의 차등을 보여주고 　　　　　　　　　見貴賤之等焉

친소親疎의 가감을 보여주고 　　　　　　　見親疎之殺焉

상작賞爵의 시행을 보여주고 　　　　　　　見爵賞之施焉

부부의 차별을 보여주고 　　　　　　　　　見夫婦之別焉

정사의 균등함을 보여주고 　　　　　　　　見政事之均焉

장유의 차례를 보여주고	見長幼之序焉
상하의 교제를 보여준다.	見上下之際焉
이것을 일러 열 가지 도리라 한다.	此之謂十倫.

여유당전서與猶堂全書/1집/권19/**답이여홍재의**答李汝弘載毅

예란 제례다.	禮者祭禮也
시示는 신神을 뜻하고	示其神也
곡曲은 죽기竹器를 뜻하고, 두豆는 목기木器를 뜻한다.	曲者竹器也 豆者木器也
그러므로 『서경』「요전」에서	故堯典曰
"백이여! 짐의 삼례三禮를 집전하라!" 했는데	典朕三禮
삼례란	三禮者
천신·지신·인귀에 대한 제례를 의미한다.	天神地示人鬼之祭禮也
이것이 예를 제례라고 하는 본뜻이 아니겠는가?	祭禮之謂之禮 非其原義乎.

경신·원신

공자는 천제天帝에 대한 믿음과 권위가 추락해 가는 난세인 전란 시대에 천제와 조상신의 제사 등 당시 가장 중대한 통치 행위인 천제天祭에 대해 어떤 정책적 대안을 가지고 있었는가?

공자는 전통대로 귀신을 믿고 제사를 중시했다. 우임금에 대해 말하면서 "그는 귀신에게 효를 다했다"고 찬양한다.

중용中庸/16장

공자가 말했다.	子曰
"귀신의 덕이 성대하구나!	鬼神之爲德 其盛矣乎
보아도 보이지 않고 들어도 들리지 않지만	視之而弗見 聽之而不聞
만물에 체현되어 있지 않음이 없구나!	體物而不可遺.
천하 사람들로 하여금	使天下之人
재계 성복하여 제사를 받들게 하니	齊明盛服 以承祭祀.
양양함이 위에 있는 듯하고	洋洋乎如在其上
좌우에 있는 듯하구나!"	如在其左右.

그런데도 『논어』 「옹야」편에서는 번지가 지혜를 묻자 공자는 "민중의 뜻을 이루고자 힘쓰고 귀신을 공경하되 멀리하라(務民之義 敬鬼神而遠之)"고 말했고, 「안연」편에서는 번지가 지혜를 묻자 "지인知人"이라고 대답한다. 즉 '경신敬神'보다 '지인'이 우선이라는 뜻이다. 이것이 바로 공자의 종교관이었던 것이다.

논어論語/안연顔淵 22

번지가 인仁을 물었다.	樊遲問仁
공자께서 말씀하셨다. "사람을 사랑하는 것이다."	子曰 愛人
번지가 지혜를 물었다.	問知
공자께서 말씀하셨다. "사람을 아는 것이다."	子曰 知人.

『논어』에서 언급한 경신敬神·원신遠神의 테제에 대해서는 『예기』에서 그 이론적 근거를 자세히 설명하고 있다. '원신'은 두 가지 상반된 의미를 내포하고 있다.

첫째, 신神을 공경하되 인간을 우선하라는 인본주의를 말한 것이다.

둘째, 신을 공경하되 제후와 사대부는 물론이고 민중은 함부로 가까이해서는 안 된다는 뜻이다.

공자에게 천天은 천자에게 천명을 내려주는 최고의 신이었다. 묵자의 경우 천은 민중의 수호신이었지만 공자에게 천은 천자의 수호신이었던 것이다. 그러므로 천제天帝는 민중은 물론 제후까지도 제사를 지낼 수 없는 금기의 대상이었다. 그러므로 공자의 인본주의는 지배계급들 상호 간의 문제로 한정된다는 점에서 아직도 봉건적 시대의 한계로 남아 있다.

이처럼 공자는 주례의 전문가이며 따라서 제정祭政에 정통했다. 그는 하례夏禮·은례殷禮·주례周禮를 깊이 연구했고 그 장단점을 면밀히 고찰했다. 그리고 앞에서 언급한 것처럼 공자는 춘추시대의 사상적 혼돈 속에서 선왕先王들의 천인감응설天人感應說과 당시에 새로 일어나는 유물론적 경향과 인본주의적 주장들을 종합하여 '경신이원지敬神而遠之'로 표현되는 인본주의적 제정론을 사서史書로 산정刪定하여 드러내고 예학禮學으로 정립했던 것이다.

예기禮記/표기表記

공자가 말했다.	子曰
"하나라의 도는 천명을 존중하고 귀신을 섬겼으니	夏道 尊命事鬼.
신을 공경하되 멀리했고, 사람을 가까이하고 충실했다.	敬神而遠之 近人而忠焉
그러나 녹祿을 앞세우고 위엄을 뒤로했고	先祿而後威
상을 앞세우고 벌을 뒤로했다.	先賞而後罰
이처럼 민民을 사랑했으나 군왕을 존중하지 않았으므로	親而不尊.
민民이 교화되지 못하여 어리석고 준동하며	其民之敝[104] 惷而愚
교만하고 조야하여 소박할 뿐 문채가 없었다.	喬而野 朴而不文.

---

104)_ 敝(폐)=蔽 弊也. 政教가 쇠하여 蔽塞됨.

은나라 귀족들은 신을 높이기만 하여 殷人尊神

백성을 통솔하여 신을 섬기도록 했다. 率民以事神.

귀신을 앞세우고 예를 뒤로했고, 벌을 앞세우고 상을 뒤로했다. 先鬼而後禮 先罰而後賞

이처럼 군왕을 존중했으나 민을 사랑하지 않았으므로 尊而不親.

민들이 교화되지 못하여 방탕해도 안정시킬 수 없었고 其民之敝 蕩而不靜

법을 능멸하고 형벌을 면하려 할 뿐 부끄러워하지 않게 되었다. 勝[105]而無恥.

주나라 귀족들은 예를 높이고 周人尊禮

베푸는 것을 숭상하며 귀신을 섬겼다. 尙施事鬼

신을 공경하되 멀리했으며, 사람을 가까이하고 충실했다. 敬神而遠之 近人而忠焉

그러나 상벌로 작위와 서열을 정했고 其賞罰用爵列

친밀했지만 군왕을 존중하지 않았으므로 親而不尊.

민이 교화되지 못하여 이利를 좇고 거짓되며 其民之敝 利而巧.[106]

꾸미는 것만 알고 부끄러운 줄 몰랐으며 서로 해치고 미개했다. 文[107]而不慚 賊而蔽.

하나라 도는 정령政令과 교화를 통창하지 않았으므로 子曰 夏道未瀆辭[108]

순종을 요구하지 않았고 不求備[109]

민에게 크게 요구하지 않았으므로 不大望於民

민이 친애함을 싫어하지 않았다. 民未厭其親.

은나라는 예를 통창하지 않으면서 殷人未瀆禮

민에게 도에 순종하기를 요구했다. 而求備於民.

---

105)_ 勝(승)＝陵也. 務自勝而免刑無恥者.

106)_ 巧(교)＝僞.

107)_ 文(문)＝飾也.

108)_ 辭(사)＝令也, 政敎.

109)_ 備(비)＝具, 愼. 無所不順者.

주나라는 민에게 힘써 신을 통창하지 않았으므로   周人 强民未瀆[110]神
상작과 형벌이 궁해진 것이다."   而賞爵刑罰窮矣.

　그의 결론은 하·은·주 삼대의 정치는 존명尊命 → 존신尊神 → 존례尊禮로 변천되었다
고 분석했다. 그 결과 하나라는 존명사귀尊命事鬼하여 정교政敎가 부족해 조야했으며,
은나라는 선귀후례先鬼後禮하여 친민親民이 부족했으며, 주나라는 존례상시尊禮尙施하
여 신神을 통창하지 못한 폐단이 있었다고 진단했다.

　공자는 그 대안으로 신을 공경하되 민을 우선하며, 신과 예禮와 문文을 조화롭게 창
달해야 한다고 주장한 것이다. 『논어』와 『예기』는 그것을 한마디로 요약하여 '경신이
원지'라고 한 것이다.

　앞서 말했듯 공자에게 천天은 천자에게 천명을 내려주는 최고의 신이었다. 천은 민民
의 신이 아니라 천자의 수호신이었던 것이다. 그러므로 '경신敬神'은 천자 주권인 천명
에 순종할 뿐 다른 말을 해서는 안 된다는 경고의 뜻을 포함한다. 그래서 공자는 "군자
에게 세 가지 두려운 것이 있으니 그것은 천명과 대인과 성인의 말씀"이라고 말했다.

　공자의 제정의 요점은 천자만이 '근신近神'해야 하며, 제후와 사대부는 물론이고 민중
은 '원신遠神'해야 한다는 것이다. 따라서 '원신'은 제정을 함부로 논하지 말라는 뜻을
내포하고 있다. 그러므로 '원신'은 '신불가지론神不可知論'의 다른 표현이었던 것이다.

고수레

　앞에서 예시한 『논어』 「향당鄕黨」편에서 공자가 식사 전에 반드시 과제瓜祭 또는 군

---

110)_ 瀆(독)=溝→注溝→通也.

제君祭를 했다고 하는데 그것이 무슨 제사인지 아직 밝혀지지 않고 있다. 나는 '고수레'로 번역했다. 밥을 먹기 전에 먼저 제祭를 올린다는 것은 우리 농촌의 '고수레'와 비슷하기 때문이다. 주희는 이에 대해 선대先代에 음식을 만든 사람들을 기리기 위한 것이라고 해석했다. 우리나라의 고수레와 그 취지가 같다. 그러나 구체적으로 누구를 기리는 것인지는 밝히고 있지 않다. 다만 공자의 과제는 주나라의 시조이며 곡식을 주관했던 후직일 것으로 추측할 뿐이다.

그런데 '고수레'라는 풍속은 지금도 우리나라 농촌에서는 행해지고 있는데 들밥을 먹기 전에 밥과 음식을 조금 떠서 깨끗한 짚자리에 올려놓거나 풀숲에 뿌리는 의식을 말한다. 고려와 조선시대에는 농사를 처음 가르쳤다는 신농씨에게 동대문 밖 보제원普濟院의 전농단典農壇에서 풍년을 기원하는 제사를 올렸는데 이때 희생으로 쓴 소를 삶아 회중들이 나누어 먹은 것이 선농탕先農湯 즉 오늘날 '설렁탕'이다. 그리고 제사 때 쓴 고기나 기타 제수祭羞를 친척들과 이웃에 고루 나누어 주었는데 이것을 선물膳物이라 했다. 선膳이라는 글자는 '제사 지낸 음식'이라는 뜻으로 희생으로 바친 고기를 말한다. 지금도 '선물'이라는 말은 남아 있지만 그 어원의 본뜻은 잊혀지고, '뇌물'이라는 뜻으로 비하되고 있다.

고수레도 이와 비슷한 것으로 농신農神 '고시高矢'를 기리는 제사라고 전해진다. 그러나 그 본뜻은 잊어버리고 거지와 날짐승·들짐승에게 음식을 제공하는 의식으로 행해지고 있다. 어찌 되었든 제사는 이처럼 귀신의 은덕을 빌려 이웃과 굶주린 사람에게 음식을 나누어 주는 '하혜지도下惠之道'였다는 것을 거듭 확인시켜 주고 있다.

다만 '고수레'라는 풍습의 근원을 고증할 길은 없으나 고려 초에 기록된 『한단고기桓檀古記』에는 '고시'에 관한 주목되는 기록이 있다. 이에 의하면 고시는 한웅 천황의 곡식을 담당하는 신하였다가 뒤에 단군이 되었으며, 염제炎帝 신농씨는 그의 방계 자손이라는 것이다. 그리고 단군왕검의 곡식 담당 신하도 그 이름이 고시라고 기록되어 있다. 이로 보면 '고시'는 곡식을 담당하는 관직 명칭이고 그것으로 성씨로 삼은 것임을 알 수 있다. 또한 고기古記에 의하면 신농씨는 소전少典의 아들이며, 소전은 고시씨

高矢氏의 방계라고 한다. 한편 기원전 97년에 완성된 사마천의 『사기』에는 중국의 시조인 황제黃帝 헌원씨가 소전의 아들이라고 기록되어 있다. 이를 종합하면 신농씨도 헌원씨도 모두 고시씨의 후손이 된다.

사기史記/오제본기五帝本紀

중국의 시조 황제는 소전의 아들이며	黃帝者 少典之子.
성은 공손公孫이고 이름은 헌원이다.	姓公孫 名軒轅.[111]
헌원의 때에 이르러 염제 신농씨의 세상이 쇠해졌다.	軒轅之時 神農氏世衰.
이에 염제와 판천阪泉의 들에서 전쟁을 했고	以與炎帝戰於阪泉之野.
이 전쟁에서 이긴 후부터 천자의 뜻을 얻게 되었다.	戰然後得其志.
그러나 치우蚩尤가 (이에 불복하고) 난을 일으켜	蚩尤作亂
황제에게 대항했다.	不用帝命.
이에 황제는 제후들을 이끌고	於是黃帝乃徵師諸侯
탁록涿鹿의 들에서 전쟁을 하여	與蚩尤戰於涿鹿之野
치우를 잡아 죽였다.	遂禽殺蚩尤.
이에 제후들이 모두 헌원을 받들어 천자로 삼고	而諸侯咸尊軒轅爲天子
신농씨를 잇게 했다.	代神農氏
황제는 스물다섯 명의 아들 중	黃帝二十五子
열네 명이 성씨를 얻게 되었으니	其得姓子十四人
황제로부터 순임금 우임금까지 모두 같은 성씨이며	自黃帝至舜禹 皆同姓.
나라의 이름만 달랐을 뿐이다.	而異其國號.

---

111)_ 少典者諸侯國號 非人名也. 黃帝者少典氏後代之子孫(索隱).

한단고기桓檀古記/신시본기神市本紀

『진역유기震域留記』의 「신시기神市紀」편에서 이르기를　　　　震域留記神市紀云

"한웅 천황이　　　　桓雄天皇

사람들의 거처가 거의 완성됨을 보시고　　　　見人居已完 萬物各得其所

만물이 각각 자기의 처소를 얻음에　　　　萬物各得其所

고시씨로 하여금 먹여 살리는 임무를 관장하게 하시고　　　　乃使高矢禮專掌饋養之務

그 직분을 주곡主穀(곡식을 주관함)이라 했다"고 한다.　　　　是爲主穀.

『대변경大辯經』에서 말하기를　　　　大辯經曰

"신농씨는 열산列山에서 일어났는데　　　　神農起於列山

거기서 열수列水가 나온다"고 했다.　　　　列山列水所出也

신농씨는 소전의 아들이며　　　　神農少典之子

소전은 소호少皥와 더불어　　　　少典與少皥

모두 고시의 방계라고 한다.　　　　皆高矢氏傍支也.[112]

한단고기桓檀古記/삼성기三聖記 상

단군께서는 공수拱手하시고 단정히 앉아 무위無爲로써　　　　檀君端拱無爲

세계를 안정케 하시고　　　　坐定世界

현묘한 덕으로 모든 생명을 교화하셨다.　　　　玄妙得道 接化群生

팽우彭虞에게 명하여 땅을 개간하게 하고　　　　命彭虞闢土地

성조成造에게 궁실을 짓게 하고　　　　成造起宮室

고시에게 농사를 주관하게 하고　　　　高矢主種稼

신지臣智에게 글자를 만들게 하고　　　　臣智造書契

기성奇省에게 의약을 베풀게 하고　　　　奇省設醫藥

---

112)_ 少典娶有蟜氏女 而生炎帝(國語).

나을那乙에게 호적을 관리하게 하고	那乙管版籍
복희에게 점치는 일을 관장하게 하고	羲典卦筮
치우에게는 병마를 만들게 하고	蚩尤作兵馬
비서갑非西岬 하백녀河伯女를 황후로 삼고	非西岬河伯女爲后
누에 치는 일을 다스리니	治蠶.
인정이 도타운 다스림은 사해를 밝고 흡족하게 했다.	淳厖之治 熙洽四表.

이상으로 공자의 종교관을 살펴보았다. 다만 공자의 종교관이 가지고 있는 정치적 함의를 알기 위해서는 동시대의 묵자의 하느님을 알아야 한다. 묵자는 공자를 반대하는 진보주의자이지만 하느님을 내세우기 때문이다. 한마디로 공묵의 차이점은 하나는 지배자의 수호신이고 하나는 민중의 수호신이라는 데 있음을 주목해야 한다(졸저『묵자』3장 '종교사상' 참조).

천제는 기복이 아닌가?

제사는 이처럼 중요한 통치 의식이었다. 그러므로 천자도 제사를 지내 복을 빌었고, 무당도 굿을 하여 복을 빌었으니 예禮는 곧 무당굿이라는 도올의 주장은 잘못이다. 이런 오해 때문에 기독교에서는 우리나라의 수천 년 전통인 제사를 미신이라고 배척했다. 이로 인해 초대 교인들이 순교를 당하는 수난을 겪었다.

첫째, 나라에서 점을 치거나 제사를 지낼 때의 무악舞樂은 무악巫樂과는 다르다. 나라에서 거행하는 모든 행사에는 항상 무악舞樂을 행했으니 그 대표적인 것이 종묘제례악이다. 이때 직접 점을 치거나 춤을 추고 노래를 부르는 사람은 낮은 자리의 관리일 뿐이다. 무악舞樂과 무악巫樂을 혼동해서는 안 된다.

주역周易/계사繫辭 상/12장

공자가 말했다.   子曰

"글은 말을 다 전하지 못하고, 말은 뜻을 다 전하지 못한다.   書不盡言 言不盡意.

그런즉 성인의 뜻이 진실로 드러나지 못했다.   然則 聖人之意 其不可見乎

그래서 성인께서 상象을 세워서 뜻을 다 펴게 했고   聖人立象以盡意.

괘卦를 만들어 진정과 허위를 다 펴게 했으며   設卦以盡情僞.

계사繫辭를 붙여 그 말을 다하게 하며   繫辭焉 以盡其言

산대를 변變하고 통通하는 점을 쳐서 이로움을 다하게 했고   變而通之以盡利

북을 치고 춤추게 하여 신명을 다하게 했다."   鼓之舞之以盡神.

둘째, 무巫는 특정인을 위해 복福을 비는 것이지만, 제사는 복을 비는 의식이 아니다. 공자에 의하면 삼대 성왕들은 모두 천지신명을 섬기고 점을 쳤지만 감히 자기의 사사로움을 위해 함부로 하느님을 섬긴 것이 아니다. 천제天祭·사직제社稷祭·산천제山川祭는 백성과 나라를 위해 고사告祀를 지내는 것일 뿐 지배자 자신을 위해 빌지 않았다. 또한 제사의 보답으로 복을 받지만 그것은 세상에서 말하는 '복'이 아니라 '비備'라고 했다. 비란 순천順天과 같은 뜻이다. 장자는 "도리道理를 따르는 것을 비라 한다(循於道之謂備:『장자』「천지天地」)"고 말했다.

또한 『예기』에서는 제사란 빈천한 자에게 제수를 나누어 주는 민에게 은혜를 베푸는 행사라고 말한다. 그러므로 치병과 재물을 비는 무巫와는 전혀 다른 것이다.

예기禮記/표기表記

공자가 말했다.   子言之

"옛날 삼대 성왕들은   昔三代明王

모두 천지신명을 섬겼으며   皆事天地之神明

복서卜筮(거북점과 시초점)를 쓰지 않은 것은 아니지만   無非卜筮之用

사사로운 은총을 위해 상제上帝를 섬기지는 않았다."　　　　不敢以其私褻[113]事上帝.

예기禮記/제통祭統

현자의 제사는 반드시 복을 받는다.　　　　賢者之祭也 必受其福

그러나 세속에서 말하는 복은 아니다.　　　　非世所謂福也

복이란 비備다.　　　　福者備也.

비는 매사에 천리에 순종함(百順)을 의미한다.　　　　備者百順之名也

안으로 마음을 다하고, 밖으로 도리를 따른다는 뜻으로　　　　言內盡於已 而外順於道也

충신은 임금을 섬기고　　　　忠臣以事其君

효자는 어버이를 섬기는 것이니　　　　孝子以事其親

그 근본은 하나다.　　　　其本一也

위로는 귀신을 따르고　　　　上則順於鬼神

밖으로는 군장을 따르고　　　　外則順於君長

안으로는 어버이에게 효도하는 것을 비라고 한다.　　　　內則以孝於親 如此之爲備

오직 현자만이 비할 수 있고　　　　唯賢者能備

능히 비한 연후에야 제사를 올릴 수 있다.　　　　能備然後能祭.

그러므로 현자의 제사는　　　　是故 賢者之祭也

성신誠信과 충경忠敬을 다하기 위해　　　　致其誠信與其忠敬.

제물祭物로 받들고, 예로 인도하고　　　　奉之以物 道之以禮

음악으로 편안케 하고, 시절時節에 참여하여　　　　安之以樂 參之以時

제사 올림을 고할 뿐 자기를 위해 복을 빌지 않는다.　　　　明薦之而已矣 不求其爲.

이것이 효자의 마음이다.　　　　此孝子之心也.

제사는 갖바치·백정·무당·문지기 등에게 제수를 먹이는　　　　夫祭有畀[114]煇胞翟閽者

---

113)_ 褻(설)＝嬖幸.

은혜를 내리는 도리다.

신주가 지존이라면 지존을 이미 제사하면 그 마무리는

천민을 잊지 않고 제수를 그들에게 내리는 것이다.

그러므로 예에 밝은 군주가 다스리면

경내의 민은 헐벗고 굶주리는 자가 없는 것이다.

惠下之道也.

尸又至尊 以至尊旣祭之末

而不忘至賤 而以其餘畀之

是故明君在上則

竟內之民無凍餒者矣.

묵자墨子/노문魯問

노나라 축관이 돼지머리 한 개를 놓고 제사를 지내며

귀신에게 백 가지 복을 빌었다.

묵자가 소식을 듣고 말했다. "옳지 않다.

지금 남에게 베풀지 않으면서도 바라는 것이 크다면

남들은 그가 자기에게 무엇을 주는 것을 두려워할 것이다.

지금 돼지 한 마리로 제사를 지내면서

귀신에게 백 가지 복을 빈다면

귀신은 그가 소와 양을 놓고 제사를 지낼까 걱정할 것이다.

옛 성왕들은 귀신을 섬기는 뜻으로 제사를 지냈을 뿐이다.

지금처럼 돼지머리로 제사를 지내면서 백 가지 복을 빈다면

귀신은 그가 부富하기보다 가난하기를 바랄 것이다."

魯祝以一豚祭

而求百福於鬼神.

子墨子聞之曰 是不可.

今施人薄 而望人厚

則人唯恐其有賜於已也

今以一豚祭

而求百福於鬼神

鬼神唯恐其以牛羊祀也

古者聖王事鬼神 祭而已矣

今以豚祭而求百福

則其富不如其貧也.

묵자墨子/명귀明鬼 하

우리가 제사를 지내는 것은

음식을 그냥 구덩이에 버리는 것이 아니다.

위로는 귀신을 복되게 하고

今吾爲祭祀也

非直注之汙壑而棄之也

上以交鬼神之福

---

114)_ 畀(비)=賜也.

아래로는 많은 사람들을 모아 먹고 마시게 함으로써　下以合驩聚衆

마을 사람들과 친해지는 것이다.　取親乎鄉里.

만약 귀신이 있다면　若鬼神有

이것으로 부모 형제들과 서로 만나고　則是得吾父母弟兄

그분들이 잡수시게 하는 것이니　而食之也

어찌 천하에 이로운 일이 아니겠는가?　則此豈非天下利事也哉.

제7장

공자의 정치사상

1절 | 공자와 대동사회

논어 읽기

무위

논어論語/위영공衛靈公 5

공자께서 말씀하셨다.

"무위無爲로써 천하를 다스린 사람은 순임금이 아닐까?

대체 그는 어떻게 했던가?

다만 공손히 팔짱을 끼고 바르게 앉아

남면하고 있었을 뿐이다."

子曰

無爲而治者 其舜也與

夫何爲哉

恭己正

南面而已矣.

덕치

논어論語/위정爲政 1

공자께서 말씀하셨다.

"덕으로 정치를 하는 것은

비유컨대 북극성이 제자리에 있으면

뭇별들이 그것을 받드는 것과 같다."

子曰

爲政以德

譬如北辰 居其所

而衆星共[1]之.

사해동포

논어論語/안연顏淵 5

사마우가 근심스럽게 말했다.	司馬牛憂曰
"남들은 다 형제가 있는데 나만 없구려!"[2]	人皆有兄弟 我獨亡.
자하가 말했다.	子夏曰
"내가 듣기로는	商[3]聞之矣
사생은 운명이요, 부귀는 재천이라 하오.	死生有命 富貴在天
군자는 공경하고 허물이 없으며	君子敬而無失
남들을 공경하고 예禮를 행하면	與人恭而有[4]禮
사해동포가 모두 형제인데	四海之內 皆兄弟也
군자라면 형제가 없음을 어찌 근심하겠소?"	君子何患乎無兄弟也.

---

1)_ 共(공)=供也.
2)_ 사실과 다르다. 사마우에게는 세 형제가 있었으나 반란을 획책하여 죽었다.
3)_ 商(상)=자하의 名.
4)_ 有(유)=保也, 爲也

공자의 유토피아

공자는 늙어가면서 주공이 꿈에 나타나지 않는다고 한탄할 정도로 그를 사모했고 그가 정비한 주례周禮의 부흥을 위해 평생을 바친 사람이다. 그러므로 주공이 없는 공자는 상상할 수 없다. 그래서 그는 인仁을 '극기복례克己復禮'라고 주장한 것이다. 여기서 복례復禮의 '예禮'는 주공이 정비한 주례를 말하는 것이며, 그것은 하례夏禮·은례殷禮를 종합 발전시킨 것이므로, 공자는 하·은·주 삼대의 정치 모형을 모범으로 삼았다고 말할 수 있다.

그런데 공자는 그의 정치 모범인 삼대와 더불어 그것과는 정치적 모형이 다른 요순을 함께 성인으로 추앙했다는 점을 주목해야 한다. 인류에 회자되는 〈격양가擊壤歌〉는 요순의 정치를 흠모하는 노래라고 한다. 공자는 이를 '무위無爲' 정치라고 찬양했다(『논어』「위영공」 5). 반면 삼대의 성군 정치는 인예仁禮로 다스리는 '유위有爲'의 정치다. 결국 공자는 서로 상반되는 무위 정치와 유위 정치를 모두 칭송한 것이다. 이것을 어떻게 해석해야 할 것인가? 추론한다면 '이상은 요순이지만, 실천은 삼대였다'고 말할 수밖에 없을 것이다.

격양가擊壤歌

해가 뜨면 일어나 들에 나가고, 날이 저물면 들어와 쉰다.	日出而作 日入而息
우물을 파서 물을 마시고, 농사를 지어 밥을 먹으니	鑿井而飮 耕田而食
임금의 수고로움이 무슨 필요가 있는가?	帝力于我 何有哉.

후인들은 공자가 지향하는 요순의 정치와 삼대의 정치를 각각 한마디로 표현하는 개념을 만들어 이를 구분했다. 바로 『예기』에서 이것을 정리해 놓았다. 즉 삼대 이전의 요순시대를 '대동大同'이라 하고, 삼대를 '소강小康'이라고 명명한 것이다(『예기』「예운禮運」,『공자가어』「예운禮運」). 다음은 『예기』「예운」편에서 대동과 소강에 대해 설명한 글

을 번역해 놓은 것이다.[5]

　대동의 일반적인 뜻은 '대동소이大同小異·대동단결大同團結·태평성세太平盛世'라는
의미로 사용된다. 이 중에서 태평성세라는 의미의 어원은 『예기』「예운」편에 최초로
보이는 이상사회로서의 '대동'이다. 이때의 동同은 평平과 화和의 뜻이므로 대동사회
는 평등·평화사회를 의미한다.

대동사회(요순시대)

예기禮記/**예운**禮運

대도 大道	대도가 행해지니 천하는 만민의 것이 되었고	大道之行也 天下爲公.
민주평등	어질고 유능한 자가 선출됨으로써	選賢與能
	신의 있고 화목하게 되었다.	講信修睦.
공동체 (天下無人)	자기 부모만 사랑하지 않고	故人不獨親其親
	자기 자식만 자애하지 않았다.	不獨子其子.
복지사회	늙은이는 수명을 다하고	使老有所終
	젊은이는 재능을 다하고	壯有所用
	어린이는 무럭무럭 자랐으며	幼有所長
	홀아비·과부·고아·늙은이·병자도	鰥寡孤獨廢疾者
	모두 편히 부양받았다.	皆有所養
	남자는 직분이 있고	男有分
	여자는 시집을 갈 수 있었다.	女有歸.

5)_ 『예기』란 어떤 책인가? 주나라의 봉건제도에 관한 제도와 의식을 설명한 『禮經』이 있었으나 秦始皇(BC 259~210)의
분서갱유 등을 거치면서 거의 일실되었는데, 전한의 경학가요 문헌학자인 劉向(BC 79?~BC 8?)이 전국시대(BC
403~221)로부터 전한(BC 202~AD 25) 초까지의 백가들의 『예경』에 관한 131편의 글을 모아 『예기』라는 이름으로
편찬한 것이다. 그 후 이것을 戴德이 85편으로 정리하여 『大戴禮記』라 했고, 戴聖이 49편으로 정리하여 『小戴禮記』
라 했다. 오늘날의 예기는 『소대예기』다.

공유제 共有制	재물의 낭비를 싫어하지만	貨惡其棄於地也
	자기만을 위해 소유하지 않았으며	不必藏於己
	노동하지 않는 것을 미워했으나	力惡其不出於身也
	반드시 자기만을 위하지는 않았다.	不必爲己.
평화세상	간특한 모의가 통하지 않고	是故謀閉而不興
	도둑·변란·약탈이 없으니	盜竊亂賊而不作
	대문을 닫지 않고 살았다.	故外戶而不閉
	이것을 일러 '대동大同'이라 말한다.	是謂大同.

소강사회 (우·탕·문·무 시대)

정치: 신분세습의 봉건사회	오늘날 대도가 쇠미해져	今大道旣隱
	천하는 가문의 사유물이 되었다.	天下爲家.
	그러므로 저마다 자기 부모만을 사랑하고	各親其親
	자기 자식만을 어여삐 여기며	各子其子
	노동은 자기만을 위한 것이 되었다.	貨力爲己.
도덕: 예치禮治의 전제專制 사회	이에 대인은 세습을 예로 삼았으며	大人世及以爲禮
	성곽을 쌓고 못을 파서 굳게 지키고	城郭溝池以爲固
	예의를 만들어 기강을 세웠다.	禮義以爲紀.
	이로써 군신이 바르고, 부자가 돈독하고	以正君臣 以篤父子
	형제가 화목하고, 부부가 화락했다.	以睦兄弟 以和夫婦.
경제: 불완전 고용, 개인주의 사회	용감하고 지혜 있는 자를 어질다 칭송하니	以賢勇知
	모두가 자기만을 위하여 공을 세우려 했다.	以功爲己.
사회: 정전제와 신분차별 사회	예로써 제도를 설정하고	以賢勇知
	정전제井田制가 수립되었다.	以立田里.

	이에 세상에는 간특한 모의가 일어나니	故謀用是作
	전쟁이 일어났다.	而兵由此起.
	우·탕·문·무와 성왕과 주공 등이	禹湯文武成王周公
	이 어지러움을 수습했으므로 천자로 선출되었다.	由此其選也.
	이들 여섯 군자는	此六君子者
전쟁:	몸소 예를 실천하고 예로써 다스렸다.	未有不勤於禮者也
부국강병주의	즉 마땅함을 드러내고(義), 믿음을 쌓고(信)	以著其義 以考其信
	허물을 밝히고(知)	著有過
	어진 마음을 본받아(仁) 겸양토록(禮) 가르쳐	刑仁講讓
	백성들에게 오상五常의 도를 보여준 것이다.	示民有常.
	만약 이러한 도를 어기는 자가 세력을 가지면	如有不由此者在勢者去
	모두에게 큰 재앙이 될 것이므로 제거했다.	衆以爲殃
	이것을 일러 소강小康이라 말한다.	是謂小康.

그런데 대동大同은 대도大道가 행해지던 시대이고 소강小康은 대도가 사라진 삼대라고 말할 뿐, 그 '대도'가 무엇인가는 설명하지 않는다. 대동은 삼대 이전이므로 요순시대임을 알 수 있다. 그런데 공자는 순임금의 정치를 '무위 정치'라고 말했다(『논어』「위영공」 5). 그렇다면 대동의 대도는 순임금의 무위 정치임이 분명하다. 그렇다면 순임금의 무위 정치는 노장老莊의 무위 정치와 같은가? 이 점에 대해서는 논란이 있다.

『예기』의 같은 글에서 공자는 "요순의 대도를 행하는 것과 대도가 사라진 삼대의 영걸에는 미치지 못하지만 뜻은 가지고 있다"고 말하고 있다. 문맥만으로 보면 공자는 요순의 대동과 삼대의 소강을 동시에 지향했다는 말이 된다. 이처럼 모순되는 이 기록을 과연 어떻게 해석해야 하는가?

예기禮記/예운禮運

공자가어孔子家語/예운禮運

지난날 중니(공자)가 노나라 사제蠟祭에 빈객으로 참여했다.	昔者仲尼與於蠟賓.
일을 마치고 나와 누대에 올라 쉴 때	事畢 出遊於觀之上
한숨을 쉬며 탄식했다.	喟然而嘆.
중니가 탄식한 것은 노나라를 개탄한 것이다.	仲尼之嘆 蓋嘆魯也
언언이 옆에서 모시고 있다가 물었다.	言偃在側曰
"군자께서는 어찌 탄식합니까?"	君子何嘆
공자가 말했다.	孔子曰
"대도大道를 행하는 것과 삼대三代의 영걸에는	大道之行也 與三代之英
미치지 못하지만 나도 뜻만은 가지고 있다."	丘未之逮也 而有志焉.

한漢 대의 석량石梁 왕王 씨는 『예기』의 위 글은 공자의 말이 아니라고 주장했다. 노자의 대동사회를 찬양하기 위해 공자의 소강사회를 비판하는 노장의 글이 우연히 『예기』에 끼어들었다는 것이다. 즉 '대동'은 노자의 이상 정치요, '소강'은 공자의 이상 정치로 보았다.

예기禮記/예운禮運 주해註解

석량 왕 씨는 말하기를	石梁王氏曰
"오제五帝의 치세를 대동이라 하고	以五帝之世爲大同
삼대(우·탕·문·무·성왕·주공)의 치세를 소강이라 한 것은	以禹湯文武成王周公爲小康
노자의 의견으로 조술한 것"이라 했다.	有老氏意而注
또 그것을 사실로 인정하고 부연하기를	又引以實之 且謂
"예禮라는 것은	禮
충忠과 신信이 쇠한 후에 지어낸 것"이라고 말했다.	爲忠信之薄

이것은 모두 유가를 비난하는 자들의 말이다.	皆非儒者語
공자의 말이라는 설은	所謂孔子曰
기록자가 지어낸 것으로 용납할 수 없다.	記者爲之辭[6]也.

노자老子/38장

도道를 잃은 후에 덕德이 나왔고	故失道而後德
덕을 잃은 후에 인仁이 나왔고	失德而後仁
인을 잃은 후에 의義가 나왔고	失仁而後義
의를 잃은 후에 예禮가 나왔다.	失義而後禮.
무릇 예는	夫禮者
충심과 신뢰를 손상하는 어지러움의 괴수다.	忠信之薄[7] 而亂之首
옛 지식(주례)은 도의 허식이요, 어리석음의 시작이다.	前識者道之華 而愚之始.

대동사회는 노장의 사상인가?

그러나 노장=대동, 공자=소강이라는 이분법적 구별은 석연치 않은 점이 있다.

첫째, 공자는 요순을 성인으로 추앙했고, 순임금의 정치를 '무위無爲 정치'라고 찬양했으며, 앞의 「예운」편의 글에서도 공자는 순임금의 '대동'에 뜻을 가지고 있다고 했으므로 대동사회를 흠모한 것이 분명하기 때문이다.

둘째, 『예기』에 기록된 공자가 찬양한 순임금의 '무위 정치'는 노장이 말한 '무위

---

6)_ 辭(사)＝不受不從也.
7)_ 薄(박)＝損也, 止也, 侵也.

정치'와는 다르기 때문이다. 즉 노장의 '무위'는 황제黃帝 이전의 원시 공산사회를 말하고(『노자』 80장, 『장자』 「거협」), 공자의 '무위'는 요순시대를 말한 것이므로 무위 정치의 내용이 다르다.

예컨대 『장자』에서는 요순시대를 '인의仁義의 유위有爲 정치'가 시작된 시대로 보고 이를 비난했으나(『장자』 「변무騈拇」), 반면 『논어』와 『예기』에서는 요순시대를 '대도가 시행되던 무위 정치 시대'로 보았으므로 서로 맞지 않다. 그러므로 『예기』의 대동은 설사 공자의 말이 아닐지라도 반드시 노자의 말이라고는 단정할 수 없다.

그러므로 왕 씨의 주장은 학계에서 받아들이지 않았다. 당 태종 때 공영달이 편찬한 『오경정의』 이후부터 왕 씨의 주해는 『예기』에서 삭제되었으며, 원元 대의 진호陳澔 같은 사람은 이를 공자의 제자인 자유子游학파의 기록으로 보았다. 궈모뤄도 이에 동의한다. 최근 학계의 동향은 단순히 유가만의 사회사상이 아니라 선진제가先秦諸家의 사회 이상을 총괄 종합한 것으로 이해하고 있다.

『예기』와 비슷한 시기의 기록인 『육도六韜』[8]에 의하면 태공망이 문왕에게 천하 인민은 운명 공동체이며 "천하는 한 사람의 천하가 아니라 만인의 천하"라고 말했다. 이것은 대동사회의 강령인 '천하위공天下爲公'을 말한 것이다. 이로 본다면 태공망은 무위 대도의 대동사회를 지향했고, 반면 공자는 유위 인의仁義의 소강사회를 현실적 대안으로 생각했다고 짐작할 수 있을 것이다. 이로 볼 때 대동·소강은 어느 한 사람의 창안이 아니라 선진제가의 정치적 이상을 종합했다는 주장이 설득력을 갖는다.

육도六韜/**무도**武韜/**발계**發啓

문왕이 풍酆에 있을 때 태공을 불러 말했다.	文王在酆 召太公曰
"오! 상나라 걸왕의 학정이 극에 달해	嗚呼 商王虐極
죄 없는 사람을 죄를 주어 죽이는데	罪殺不辜

---

8)_ 태공망이 지은 것으로 알려져 있으나, 그의 이름을 빌려 전국시대에 지은 병서라고도 한다.

공께서는 오히려 짐을 책망하고 민民을 걱정합니다."	公尙脇⁹⁾予憂民.

공께서는 오히려 짐을 책망하고 민民을 걱정합니다."　　　　公尙脇[9]予憂民.

태공이 말했다.　　　　太公曰

"인人과 더불어 아픔을 같이하고 머물기를 함께하며　　　與人同病相救[10]

마음을 함께하고, 성공을 함께하며　　　同情相成

싫은 것을 함께하고, 도움을 함께하며　　　同惡相助

좋은 것도 함께하고, 성취함도 함께해야 합니다.　　　同好相趨.

천하에 이로운 것은 천하 모든 사람이 문을 열고 맞으며　　　利天下者天下啓之

천하에 해로운 것은 천하 모든 사람이 문을 닫고 막습니다.　　　害天下者天下閉之.

천하는 한 사람의 천하가 아니라　　　天下者非一人之天下

모든 사람의 천하입니다.　　　乃天下之天下也

천하를 취하는 것은 들짐승을 사냥하는 일과 같으니　　　取天下者 若逐野獸

천하의 모든 사람이 고기를 나누어 갖고 싶은 마음을 가집니다.　　　而天下皆有分肉之心.

그것은 같은 배를 타고 물을 건너는 것과 같습니다.　　　若同舟而濟

물을 건너면 다 함께 이롭고　　　濟則皆同其利

실패하면 다 함께 해를 당합니다.　　　敗則皆同其害.

그런즉 모두에게 열려 있고　　　然則皆有以啓之

닫고 막는 일이 없어야 합니다."　　　無有以閉之.

따라서 공자의 정치사상을 대동이나 소강의 이분법으로 재단할 수 없다고 생각한다. 어떻든 대도와 인의는 서로 다르지만, 공자는 '이상은 대도의 대동으로, 실천은 인의의 소강으로' 절충 종합했다고 해석할 수 있을 것이다. 이런 결론은 아래의 『중용』의 기록에서 확인할 수 있다.

---

9)_ 脇(협)＝斂也, 責也.

10)_ 救(구)＝止也, 護也.

중용中庸/30장

중니는 요순을 조술하고

문왕과 무왕을 헌장으로 삼았다.

仲尼 祖述堯舜

憲章文武.

『예기』의 대동과 묵자의 안생생

나는 오히려 『예기』의 '대동사회'는 묵자의 '안생생安生生 사회'와 일치한다고 생각한다. 『예기』 「예운」편의 대동사회에 대한 기록과 묵자의 안생생 사회에 관한 어록을 비교해 보면 너무도 같다는 것을 쉽게 알 수 있을 것이다(졸저 『묵자』 7장 '공동체론' 참조).

「예운」편의 "천하는 만민의 것"이라는 말은 묵자의 "천하에 남은 없다(天下無人)", "백성이 주권자(百姓爲主)"라는 주장과 일치하며, 「예운」편의 "재물을 땅에 버리는 낭비를 싫어하지만 결코 자기만을 위하여 소유하지 않는다"는 말은 묵자의 절용節用, 절장節葬, 사유제 반대와 일치하며, 「예운」편의 "몸소 노동하지 않는 것을 부끄러워하지만 반드시 자기만을 위하지 않는다"는 말은 묵자의 노동주의와 일치한다. 특히 이러한 절용·반전·노동 사상은 다른 사상가에게서는 발견할 수 없는 오로지 묵자만의 특징이다. 그러므로 나는 『예기』의 '대동사회'는 유가의 사상이 아니라 묵자의 이상사회인 '안생생 사회'를 설명한 것이라고 본다.

묵자墨子/**상현**尚賢 **하**

어질게 되는 길은 무엇인가?

그것은 힘이 있으면 부지런히 인민을 돕고

재물이 있으면 힘써 인민에게 나누어 주고

爲賢之道將奈何

日 有力者疾以助人

有財者勉以分人

도를 아는 자는 권면하여 남을 가르치는 것이다.	有道者勸以敎人.
이렇게 되면 배고픈 자는 먹을 것을 얻을 것이요,	若此則飢者得食
헐벗은 자는 옷을 얻을 것이요,	寒則得衣
피로한 자는 쉴 수 있을 것이요,	勞者得息
어지러운 것은 다스려질 것이다.	亂則得治
그것을 '안생생 사회'라고 말한다.	此安生生.

『예기』 이후의 대동론

『예기』와 『육도』 이후 대동大同에 대해 말한 사람은 여불위였다. 여불위는 진시황이 천하를 통일하는 데 결정적인 역할을 했던 진나라 재상으로 대부호이기도 했다. 그는 유가·묵가·명가·법가 들을 모아 기원전 239년 『여씨춘추』를 펴냈는데, 그는 이 책에서 "대동이란 천지만물이 일신동체一身同體"라는 뜻이며(『여씨춘추』 권13 「유시람有始覽」 「유시 有始」), "천하는 한 사람의 것이 아니라 천하 만인의 것(天下非一人之天下也 天下之天下也: 『여씨춘추』 권1 「맹춘기孟春紀」 「귀공貴公」)"이라고 말했다. 이것은 천하는 천하 만민의 공물 이라는 뜻의 '천하위공天下爲公'을 강령으로 삼는 대동사회를 말한 것이다. 어찌 되었 든 여불위는 진시황과 충돌했고 급기야 촉으로 귀양 도중 음독자살했다.

이때부터 공자가 이상으로 삼았던 '대동'은 그의 후예들에게는 대역부도한 말로 낙 인찍혔고, 학자들은 2천여 년 동안 대동·소강의 정치론을 드러내 놓고 말하지 못했다.

그러나 여불위 이후 최초로 '천하위공'의 대동사상을 선전한 사람은 엉뚱하게도 조 선의 정여립鄭汝立(1546~1589)이었다. 여불위로부터 약 2천 년이 지난 16세기 말에 조 선의 정여립이 잠자고 있던 예기의 '천하위공'이라는 테제를 내걸고 대동계大同契[11]를 조직했으니 과히 혁명적이라 할 만하다. 그때 조선은 봉건제도의 모순이 심화되어 위기에 처한 시기였다. 그는 임꺽정 민란(1559~1562) 30년 뒤인 1589년에 대동계를 조직하고 대동사회를 설파하다가 역모로 몰려 죽임을 당했다. 그로 인해 동인東人이 몰락하고 정여립의 고향인 전라도는 반역의 땅이라는 낙인이 찍히게 되었다.

중국 학자들이 대동이라는 말에 관심을 다시 갖게 된 것은 정여립보다 한 세대쯤 늦은 1630년경이며, 그 사정도 조선과 비슷하다. 1628년에 일어나 1644년 명明 왕조를 붕괴시킨 원인이 되었던 이자성李自成(1606~1645)·장헌충張獻忠(1606~1646) 등의 농민봉기군은 대동이라는 개념을 직접 사용하지는 않았지만 균전均田과 면부免賦를 혁명 구호로 내걸고 봉건주의와 토지 소유 제도를 혁파하려 했으며, 이에 영향을 받은 황종희·왕부지 등 진보적인 사상가들이 군주제를 완전히 부인하지는 못했으나 "천하는 한 개인의 사유물이 아니라 모든 사람의 세상이 되어야 한다"고 주장함으로써 '군주의 사私'와 '천하의 공公'을 구분하기 시작했다.

중국에서 대동사회에 대한 이상을 직접 고무하기 시작한 것은 19세기 청나라 말기의 홍수전洪秀全(1814~1864)·캉유웨이康有爲(1858~1927)·쑨원孫文(1866~1925) 등 반봉건 투쟁의 혁명가들이었다. 특히 이른바 '태평천국太平天國의 난'이라 불리는 농민혁명의 영수인 홍수전은 기독교 평등사상과 대동사상을 결합하여 천하가 한 가족처럼 다 같이 형통하고 태평한(天下一家 共享太平) 태평천국의 건설을 외치며 이것이 바로 '천하위공'의 대동사회라고 선전했다. 특히 '경제 평균주의'가 바로 대동사회의 '대도大道'라고 말했다. 이처럼 대동이라는 말은 원래부터 봉건제도의 모순이 심화되어 새로운 변혁이 요청될 때면 나타나는 반봉건 혁명의 구호였다.

---

11)_ 鄕約이라고도 불려지는 洞契 또는 洞約의 일종으로 정여립이 조직했다. 향약은 정여립 당시 농민 등 하층민들은 가입할 수 없는 士族들의 결사체였다. 그러므로 정여립이 농민을 위주로 반상의 구별 없는 대동계 조직은 선구적이었다. 그러나 정여립이 죽은 3년 후에 일어난 임진왜란(1592~1596) 이후부터 시작하여 병자호란(1636) 이후에는 전후 복구를 위하여 하층민들의 村契가 조직되기 시작했고 이것과 기존의 사족들의 동계 즉 향약이 지역을 기반으로 결합하여 대동계 또는 향약계라는 이름으로 조직되기도 했다. 지금도 그 흔적이 전해지고 있는 마을들이 있다.

그 후 중국에서 '대동'이라는 말을 사회사상적 개념으로 다시 거론한 것은 청나라 말 근대화를 위한 개량주의적 혁명운동을 영도한 캉유웨이의 변법자강變法自强의 기본 방향을 제시한 『대동서大同書』였다. 변법자강운동을 영도한 캉유웨이는 1913년 잡지 《불인不忍》에 발표한 「인류공리人類公理」에서(1919년 『대동서』라는 이름으로 단행본 출간됨) 『예기』의 '대동사회→소강사회'로의 역사발전단계설을 기초로 하고, 『춘추공양전春秋公羊傳』의 '소전문세所傳聞世→소문세所聞世→소견세所見世'라는 공양삼세설公羊三世說을 덧붙여, '거란세據亂世→승평세升平世→태평세太平世'라는 새로운 역사진화설을 주장했던 것이다.

그는 당시 중국의 현실을 봉건적인 '거란세'로 규정하고 '승평세'는 자본주의적 자유주의 사회에, '태평세'는 사회주의 사회에 해당하는 것으로 보았다. 특히 대동사회를 태평성세로 규정하고 지평至平·지공至公·지인至仁·지치至治의 일체평등一切平等의 무계급無階級·무사유無私有의 평등사회로 묘사하고 있다. 유의할 것은 『예기』의 역사발전단계는 '대동사회→소강사회'였으나, 캉유웨이의 역사발전단계설은 '소강사회→대동사회'로 수정되었다는 것이다.

인류는 공동체 사회를 꿈꾸고 그것을 구현하고자 끊임없이 모색해 왔다. 유가들의 대동사회와 소강사회, 우주일가론宇宙一家論, 만물동체론萬物同體論, 만물일체론萬物一體論 등은 모두 이러한 공동체를 지향한 모색들이었다. 이것들은 봉건적인 한계에도 불구하고 그 정신은 묵자의 안생생 사회, 노장의 원시 공동체, 마르크스의 유적類的 본질存在(gattungswesen)과도 맥을 같이한다.

이러한 공동체들은 공동 생산, 공동 소비를 특징으로 하기 때문에 공산사회라고도 말한다. 그러나 우리는 반세기를 냉전의 제일선에서 살아왔으므로 공산주의라면 부정적으로만 생각하는 편견에 사로잡혀 있다. 그것은 지금까지 공산주의를 표방한 나라들이 진짜 공산사회가 아니라 레닌주의적 국가 독점 자본주의로 타락했던 역사적 사실에도 원인이 있다. 원래 공산주의는 국가·자본 등 그 어떤 것으로부터도 개인이 소외되지 않는 사회를 말하지만 '국가 독점주의'는 국가 또는 당이라는 집단에 의해 개인이 소외되는 사회이므로 전혀 다르다.

생시몽Comte de Saint-Simon(1760~1825)보다 두 살 아래인 정약용이 주장한 것처럼 토지를 지역 공동의 소유로 하고 공동으로 생산하여 분배하자는 이른바 '여전제閭田制'도 공산주의적인 것이다. 우리가 흔히 말하는 '경자유전耕者有田'등 토지 균분을 주장하는 것도 공산주의적인 것이다.

토지 균분

여유당전서與猶堂全書/1집/권11/전론田論 1

하늘이 민民을 낳음에 먼저 농토를 주어	天生斯民 先爲置田地
생명을 영위하며 먹고살도록 했다.	令生而就哺焉
그러므로 그 산물을 고르게 얻을 수 있게 하는 것이	得均制其産
다 같이 살아갈 수 있는 길이다.	而竝活之.

여전제

여유당전서與猶堂全書/1집/권11/전론田論 3

농부만이 농토를 갖게 하고	今欲使農者得田
농부가 아니면 갖지 못하도록 하려면	不爲農者不得之
여전법閭田法을 시행하는 길밖에 없다.	則行閭田之法.
무릇 한 마을의 땅은	凡一閭之田
그 마을 사람들이 공동 소유로 경작하게 하되	令一閭之人咸治.
농사일은 내 땅 네 땅의 구분이 없으며	厥事無此疆爾界.
곡식의 분배는 각자가 일을 한 날 수에 따라 배분한다.	分其粮 配之於日役之簿.

반성

이상과 같이 공자도 묵자도 노장도 공동체 사회를 지향한 것은 같다. 다만 그것이 공자의 경우 가부장적 혈연 공동체이고, 묵자의 경우 지역 평등 공동체이고, 노장의 경우 원시 공산사회인 차이가 있을 뿐이다. 그리고 공동체의 특징은 균분均分에 있다. 그러므로 공자도 묵자도 노장도 모두 균분을 주장했다. 그러나 한비는 균분을 강력히 반대한다. 이로 본다면 순자·한비 등 법가들은 고대의 소박한 자본주의자였다고 말할 수도 있을 것이다.

공동체주의

노자老子/77장

하늘의 도는 마치 활을 쏘는 것 같지 않은가?	天之道其猶張弓與.
높은 자는 억누르고 낮은 자는 들어 올리고	高者抑之下者擧之
여유 있는 자는 덜고 부족한 자는 더해 준다.	有餘者損之不足者補之.
천도는 여유 있는 자를 덜어 부족한 자에게 보태는데	天之道損有餘 而補不足.
사람의 도는 그렇지 않으니	人之道則不然
부족한 자를 덜어 여유 있는 자에게 보태는구나!	損不足而奉有餘.
누가 있어 여유를 덜어 천하 만민에게 보탤 것인가?	孰能有餘以奉天下.
오직 무위無爲의 도가 있을 뿐이다.	唯有道者.

개인주의

한비자韓非子/현학顯學

지금 선비들은 정치를 말하는 자들이 많은데 이들은 이르기를	今世之學士 語治者多 曰
빈궁한 자와 나누고 양식이 없는 자를 채워주라고 주장한다.	與貧窮地 以實無資.
사치하고 게으른 자는 가난하고	侈而墮者貧

노력하고 검소한 자는 부하기 마련인데	力而儉者富.
지금 위에서는 부자에게서 거두어들여	今上徵斂於富人
가난한 자에게 나누어 주니	而布施於貧家.
이는 노력하고 검소한 자에게서 빼앗아	是奪力儉
사치하고 게으른 자에게 주는 것이다.	而與侈墮也
그래서 민이 부지런히 일하고 소비를 절약하도록 요구해도	而欲索民之疾作而節用
불가능하게 된 것이다.	不可得也.

　　그러나 공동체의 이상은 사라져버린 것이 아니라 인류의 숙제로 지금도 남아 있다. 오늘날 자본주의 체제라 해도 공산주의적인 장점을 일부 수용하고 있음을 상기해야 한다. 이들 공동체 사상의 역사적인 실험들이 비록 실패했다고 할지라도 그 정신까지 실패한 것은 아니다. 그것들은 인류 정신문명의 유산이며 동시에 숙제이기도 하다. 그 정신의 싹은 새로운 시대와 환경에 적합한 새로운 공동체를 창출하는 데 없어서는 안 될 인류의 유산이다. 설사 그것이 실현될 수 없는 꿈일지라도 인류는 항상 그것을 향하여 나아가야 한다.

　　오늘날 자본주의는 인간보다 물질이 존중되는 사회를 자유사회라고 강변하고 있다. 그러나 자본주의 사회는 인간다운 삶이 보장되는 인류가 꿈꾸어 온 공동체가 결코 아니다. 오히려 자본을 신으로 모시는 물신주의物神主義가 인류 생존의 절대 조건인 지구 환경을 파괴하고 있다. 자본주의가 이대로 지속된다면 지구와 인류의 운명은 파멸되고 말 것이다. 그러므로 '자본주의'는 '인간주의'로 바뀌는 길목을 준비하는 것으로 끝나야 한다. 결코 오래 지속되어서는 안 되며 또한 오래갈 수도 없을 것이다. 200여 년 자본주의의 역사는 수천 년 인류 문명의 역사에 비하면 짧은 순간이며 조만간 사라질 것이지만 그동안 인간과 지구의 파괴는 너무도 심각하다. 더 이상 늦기 전에 공동체적인 새로운 제도로 지양 발전시키는 것이 21세기 인류의 과제일 것이다.

2절 | 소강사회와 삼강오륜

논어 읽기

논어論語/팔일八佾 14

공자께서 말씀하셨다.

"주나라는 하나라·은나라 이 대를 거울로 삼았으니

빛나도다! 그 문물이여! 그러므로 나는 주나라를 따르겠다."

子曰

周監於二代

郁郁乎文哉 吾從周.

논어論語/옹야雍也 4

공자께서 천한 아비를 둔 중궁에 대해 이르셨다.

"얼룩소의 새끼라도 털이 붉고 뿔이 좋으면

비록 쓰지 않으려 한들 산천의 귀신이 버려두겠느냐?"

子謂仲弓曰

犁[12]牛之子 騂[13]且角

雖欲勿用 山川其舍諸.[14]

---

12)_ 犁(리)=犁=牛雜文者.
13)_ 騂(상)=붉은 털.
14)_ 諸(제)=之乎.

주례의 이상사회는 소강사회

공자가 주장한 '복례復禮'란 주공이 정비한 주례周禮가 지향하는 종법질서를 회복하자는 것이었다. 이것을 공자는 왕도주의라고 말했다. 왕도주의는 앞에서 고찰한 바 있다. 이는 어느 지배 부족이 여타 부족들과 씨족들의 안녕을 보존해 주는 대신 천하의 통치권을 인정받는 것이므로 가문家門 정치라고도 말할 수 있다. 이것은 바로 '천하위공天下爲公'의 대동사회가 무너지고 천하가 어느 한 가문의 소유가 되어버린 이른바 '천하위가天下爲家'인 소강사회가 도래한 것을 의미한다. 그러므로 공자가 지향한 복례는 소강사회를 의미한다. 그리고 '인예仁禮'는 소강사회의 정치적 이념이다. 소강사회는 천하일가天下一家의 공동체를 지향하지만 대동사회와는 달리 평등 공동체가 아니라 신분차별의 가부장적 혈연 공동체라는 점에서 다르다.

동양 고전에서 사회구성체를 소강과 대동으로 설명한 글은 『예기』 「예운」편이 유일하다. 이 글에서 대동사회는 묵자와 노장이 지향한 사회이며 그 통치 이념은 겸애兼愛 또는 대도大道다. 그러나 대동사회는 무정부주의이므로 나라(國)와 가문(家)이 생긴 이후 무너졌으며 공자 당시에는 이미 실행될 수 없는 이상이었다. 이에 대동사회를 대치한 새로운 이상사회로 설정된 것이 소강사회다.

『예기』 「예운」편의 저자는 대동사회를 주장한 것이 아니라 대동사회가 소강사회로 대체될 수밖에 없는 필연성과 당위성을 설명하고 있다. 『예기』의 기록을 보면 소강사회는 '천하가 가문의 소유(天下爲家)'인 봉건사회이며 공자와 유가들이 지향하는 예치禮治사회임을 쉽게 알 수 있다.

소강사회를 다시 요약하면 다음과 같다(이 책 제7장 1절의 표 '소강사회' 참조).
첫째, 정치적으로는 신분세습의 봉건사회다.
둘째, 도덕적으로는 예치禮治의 전제주의專制主義 사회다.
셋째, 경제적으로는 불완전 고용과 개인주의·경쟁주의 사회다.

넷째, 사회적으로는 정전제와 노예제 사회다.

다섯째, 전쟁이 정당화되는 부국강병의 사회다.

『맹자』「이루離婁」상편에서는 "나라의 기본은 가문들에 있다(國之本在家)"고 말한다. 가문이란 무엇인가? 오늘날 우리가 말하는 국가는 영어의 네이션nation을 번역한 말이지만, 공자 당시의 국가는 국國과 가家라는 두 단체를 말한 것이다. 즉 당시의 국가는 하나의 대상을 지칭한 것이 아니라 제후(國)와 가문을 통틀어 말한 것이다. 당시 가문은 기본적인 통치 단위였다. 이처럼 선진先秦 문서에서 말하는 국가는 오늘날 우리가 이해하는 국가와는 전혀 다른 개념이라는 것을 알아야만 경전을 올바로 해석할 수 있다. 우리 학자들은 도무지 이를 분간하지 못한다.

그런데 『예기』에서는 소강사회를 "천하는 가문을 위한 것이 되었다(天下爲家)"라고 설명한다. 『맹자』의 "국지본재가國之本在家"와 『예기』의 "천하위가天下爲家"는 무슨 차이가 있는가? 간단하게 말하면 '재가在家'는 모든 가문들이라는 복수 표현이고 '위가爲家'는 어느 한 가문만을 지칭한 것이다. 그러므로 '재가'는 이상이고 '위가'는 비뚤어졌지만 현실이다.

다시 말하면 소강사회가 지향하는 것은 천하는 제후국의 연합체가 되어야 하고 제후국은 가문의 연합체가 되어야 한다는 뜻이다. 공자는 이를 위해 주례의 부흥을 주장한 것이다. 그러므로 소강사회는 가문을 기초로 하는 사회구성체를 의미한다. 다시 말하면 군주와 관장은 족장族長으로서 백성을 보살펴야 하고, 백성들도 그들을 족장으로 따르고 복종해야 하는 사회를 소강사회라고 말하는 것이다.

좌전左傳/소공昭公26년(BC 516)

안자가 대답했다. "주례에 의하면   晏子對曰 在禮

가문은 그 베푸는 혜택을 국國보다 못 미치게 하고   家施不及國.

대부는 제후의 이익을 가로채지 못한다."   大夫不收公利.

맹자孟子/이루離婁 상

맹자가 말했다. "천하의 기본은 나라에 있고   孟子曰 天下之本在國

나라의 기본은 가문에 있고   國之本在家

가문의 기본은 자기 자신(가정)에 있다.   家之本在身.

그러므로 정치는 어려운 것이 아니니   爲政不難

큰 가문의 종실에 죄를 짓지 않으면 된다."   不得罪於巨室.

이처럼 공자가 부흥하려고 한 '주례'는 봉건적이고 보수적이다. 사실 공자의 테제인 '극기복례克己復禮'는 춘추시대의 혼란기를 수습하기 위한 정책 대안이었다. 그것은 무너지고 있던 봉건제도를 끝까지 지키자는 주장으로, 왕도王道가 무너져 패도覇道의 시대가 되었지만, 이를 거부하고 왕도를 다시 회복하자는 것이었다.

'극기克己'는 사私를 버리고 공公을 앞세우라는 선공후사先公後私를 의미하는 것으로 오늘날 정치인들이 말하는 애국심, 도덕심, 고통 분담 등과 다를 바 없다. 그러나 '복례復禮'는 주례가 무너진 당시의 혼란을 주례의 회복으로 수습해야 한다는 봉건적이고 수구적인 정책이었다. 복례의 내용은 바로 국가를 가족 공동체처럼 만들자는 것이다.

공자의 삼정

우리는 공자를 말하면 도덕을 연상하고, 군자를 말하면 도덕군자를 연상한다. 그것은 공자야말로 도덕의 원조요 상징이라고 교육받았기 때문이다. 그러나 그것은 착각이다. 『논어』에는 '삼강三綱'도 '오륜五倫'도 없으며 공자가 말한 이른바 '삼정三正'도 언급되어 있지 않다.

『도덕경道德經』을 쓴 사람은 노자라고 하는 가상 인물이고, 공자는 도덕론을 말한 바가 없다. 유교를 국교로 삼았던 한나라가 망하고 위진남북조시대에 들어서자 위魏나라 조조曹操(155~220)가 하안과 왕필王弼(226~249)을 시켜 노자를 끌어다가 유가에 붙여 (援老入儒) 현학玄學을 만들었고, 당나라 때는 도교道教를 국교를 삼으면서 유학이 쇠퇴하자, 유가들이 자칭하여 현학을 도학道學이라 부르고 도교에 기생하여 잔명을 보존했으므로 공자도 따라서 도인道人이 된 것이다. 이처럼 도덕이라는 말은 도교에 알맞게 공자를 설명하기 위해 노자에게서 빌려 온 도구였던 것이다.

또한 우리는 삼강오륜이 공자의 말이라고 착각하고 있으나 그렇지 않다. 오륜은 맹자의 말이고 삼강은 동중서의 말이다. 공자가 도덕률을 말한 것은 '삼정'이 유일하다. 그가 지향하는 주나라의 소강사회를 회복하기 위한 강령으로 세 가지를 바르게 하자는 이른바 『예기』의 '삼정'을 제시한 것이다. 즉 부부는 차별되어야 한다는 부부별夫婦別, 부자는 친해야 한다는 부자친父子親, 군신은 엄격해야 한다는 군심엄君臣嚴이 그것이다. 이는 타고난 신분과 이에 따른 직분을 엄격히 해야 한다는 이른바 정명론正名論의 가장 핵심적인 요소를 밝힌 것이다.

삼정

예기禮記**/애공문**哀公問

애공이 말했다. "감히 묻사오니 정치는 어떻게 하는 것입니까?"　公曰 敢問爲政如之何.
공자가 말했다. "부부는 분별하고　　　　　　　　　　　　孔子曰 夫婦別
부자는 사랑하고, 군신은 엄하게 하는 것입니다.　　　　　父子親 君臣嚴
이 세 가지가 바르면 모든 사물이 그것을 따를 것입니다."　三者正 則庶物從之矣.

공자는 신분차별을 당연한 것으로 인정했지만 민중을 동정하지 않은 것은 아니다. 그는 특히 혈통보다 학문을 중시했으며 제자를 받는 데 신분을 차별하지 않았다. 이로 볼 때 교육에 따른 신분이동을 어느 정도 허용하는 개방적인 입장을 취한 듯하다. 앞의 『논어』「옹야」4의 글이 그것을 말하고 있다.

다만 남녀차별은 시대적 한계였다. 삼정의 기초도 '부부별'이었다. 이는 부부의 차별이야말로 부자·군신의 기본 모델이라는 뜻이기도 하다. 그러므로 남녀차별은 소강 사회의 기초가 되며 이후 근대에 이르기까지 유교의 최대 죄악으로 지탄받는 봉건 도덕률의 기본이 되었다. 혼례를 다른 종족과 하는 것은 밖으로는 종족들 간에 평화로운 관계를 맺고, 안으로는 동족 간에 분별을 지켜 분쟁을 없애기 위한 정략적인 것이었다.

예기禮記/**교특생**郊特牲

천지가 합한 연후에야 만물이 일어난다.	天地合而後萬物興焉
그러므로 혼례는 만세의 시작이다.	夫昏禮 萬世之始也
성씨가 다른 사람과 혼인하는 것은	取於異姓
먼 부족과 친밀히 하고, 동족 간 분별을 돈독히 하려는 것이다.	所以附遠厚別也.

남자가 여자를 친족으로 맞이하는 것은	男子親迎[15]
남자가 여자보다 우선한다는 뜻이며	男先於女
남자는 강하고 여자는 유약하다는 뜻이다.	剛柔之義也
하늘이 땅보다 우선이요,	天先乎地
군주가 신하보다 우선함도 그 뜻은 한가지다.	君先乎臣 其義一也.

남녀가 유별한 연후에야 부자가 친하고	男女有別 然後父子親.
부자가 친한 연후에야 도의道義가 생기고	父子親 然後義生.
도의가 생긴 연후에야 예가 일어나며	義生然後禮作.
예가 일어난 연후에야 만물이 안녕할 수 있다.	禮作然後萬物安.

---

15)_ 親迎(친영)=여자가 남자의 성씨를 좇는 것.

차별이 없고 도의가 없다면 금수의 길이다.	無別無義 禽獸之道也.
여자의 집 대문을 나설 때 남자가 앞서 여자를 통솔하고	出乎大門 而先男帥女
여자는 남자를 따른다.	女從男.
부부의 의리가 이로부터 시작된다.	夫婦之義 由此始也
부인이란 남을 따르는 자이니	婦人從人者也
어려서는 부형을 따르고	幼從父兄
시집을 가서는 지아비를 따르고	嫁從夫
지아비가 죽으면 아들을 따른다.	夫死從子
지아비는 사내다.	夫也者夫也
사내란 지혜로써 남을 통솔하는 자다.	夫也者以知帥人者也.

맹자의 오륜과 순자의 삼사

　맹자는 소강사회의 기본 질서로서 오륜五倫을 말했다. 이것은 공자가 말한 삼정三正을 완화한 것이다. 맹자의 오륜에서 주목되는 것은 공자의 삼정에서 부자친父子親·부부별夫婦別은 그대로 두고 군신君臣 간의 엄嚴을 군신 간의 의義로 바꾼 것이다. '엄'이 '의'로 바뀐 것은 군신 관계가 노예제에서 봉건제로 바뀐 것을 의미하며, 한층 강화된 신권臣權을 반영한 것으로 보아야 할 것이다.

오륜

맹자孟子/등문공滕文公 상

사람에게는 도가 있다.	人之有道也

배부르고 등 따시고 빈둥거리며 배움이 없다면　　　　　　飽食煖衣 逸居而無敎

금수에 가깝다.　　　　　　　　　　　　　　　　　　則近於禽獸.

성인(요임금)은 이를 염려하여 설을 사도로 삼아　　　　聖人有憂之 使契爲司徒

인륜으로 교화했으니 부자간에 사랑하고　　　　　　　敎以人倫 父子有親

군신 간에 의리 있고, 부부간에 분별 있고　　　　　　君臣有義 夫婦有別

장유 간에 서열 있고, 벗들 간에 신의 있게 했다.　　　長幼有序 朋友有信.

방훈(요임금)은 말하기를 "그들을 위로해 주고, 따라오게 하고　　放勳曰 勞之 來之

바로잡아 주고, 곧게 해주고, 도와주고, 부축해 주어　　匡之 直之 輔之 翼之

스스로 얻게 하고　　　　　　　　　　　　　　　　使自得之

민중을 은혜로 구휼하라"고 했다.　　　　　　　　　又從[16]而振[17]德[18]之

성인이 이처럼 백성을 걱정하는데　　　　　　　　　聖人之憂民如此

어느 겨를에 농사를 짓겠는가?　　　　　　　　　　而暇耕乎.

　전국시대 말의 법가인 한비는 공자의 봉건적 삼정三正을 법치 권력적 개념으로 바꾸어, 신하는 군주를 섬기고(臣事君), 자식은 아비를 섬기고(子事父), 아내는 지아비를 섬겨야 한다(妻事夫)는 이른바 '삼사三事'를 제시했다. 이는 군주와 신민의 관계를 부자간의 종법 관계가 아니라 지배 피지배의 권력관계로 본 것이다. 또한 이것은 종족 연합국가는 해체되고 진秦나라의 절대군주제로의 통일을 반영한 것으로 볼 수 있다. 이때부터 사군事君은 충군忠君으로 바뀌었다. 가부장적 혈연 공동체에서는 충忠이라는 말이 없고 사천事天·사군事君·사친事親을 모두 똑같이 효孝로 보았다.

---

16)_ 從(종)＝許也.

17)_ 振(진)＝救恤.

18)_ 德(덕)＝恩賜.

삼사

한비자韓非子/**충효**忠孝

신이 듣기로는 신하는 군주를 섬기고(事君)　　　　　　　臣之所聞曰 臣事君

자식은 아비를 섬기고(事親)　　　　　　　　　　　　　子事父

처는 지아비를 섬긴다고 합니다(事夫).　　　　　　　　妻事夫.

이 세 가지를 따르면 천하가 다스려지고　　　　　　　三者順則天下治

이 세 가지를 어기면 천하가 어지러운 것이니　　　　　三者逆則天下亂

이것은 천하의 상도입니다.　　　　　　　　　　　　　此天下之常道也.

동중서의 삼강과 우주일가론

동중서는 백가를 폐출하고 유가만을 존숭하여 공자를 교주로 삼고 유교를 창립한 사람이다. 그러므로 동중서의 삼강三綱은 유교의 교리로 굳어져 오늘날까지 전승되고 있다. 그는 정현과 함께 진시황의 분서갱유 이후 불타 버린 유가의 전적을 복원해 낸 훈고학訓詁學의 대가였으므로 금문경학今文經學의 시조라고 일컬어진다.

김정희[19)]

완당전집阮堂全集/**권1/실사구시설**實事求是說

한나라의 유가들은 분서갱유로 망실된 전적들을 품에 끼고　　漢儒諸子 懷挾圖書

그 동이同異를 깊이 탐색한 학자들이　　　　　　　　　　探賾同異 遊學之盛

무려 삼만 명이 넘었다.　　　　　　　　　　　　　　　至三萬餘生

---

19)_ 金正喜(1786~1856).

그중에서 유가의 종주가 될 만큼 탁월한 학자로는	卓越爲吾道之宗者
전한前漢의 동중서가 있고	在西京有董江都
후한後漢의 정현이 있었다.	在東京有鄭康成
그들의 학문은 훈고를 연구하는 것을 위주로 했으나	其學以潛心訓詁爲主
오로지 독실 근엄함을 법으로 삼고	以專篤謹嚴爲法
공허를 밟거나 고원함을 힘쓰지 않았으므로	不蹈空虛 不鶩高遠
삼대 전적의 모형이 민멸되지 않을 수 있었다.	三代典型 庶幾其不泯.
유향은 동중서에 대해 이윤과 여상呂尙(태공망)도 더할 수 없고	劉向稱董子 爲伊呂不加
관자와 안자도 미칠 수 없다고 칭송했으며	筦晏不及.
범엽范曄이 지은『후한서後漢書』에서는 정현에 대해	范史尊鄭氏
공자의 문도라 할지라도	爲仲尼之門
이보다 더할 수 없다고 존숭했다.	不能過也.

동중서는 공자의 천명설을 천인감응설로 더욱 구체화한다. 즉 왕권신수설과 그 통치 제도와 강령을 하늘의 뜻으로 절대화하여 전제군주제의 종교적 교리로 삼은 것이다.

동중서

한서漢書/동중서전董仲舒傳

나라가 장차 도를 잃어 멸망하려 하면	國家將有失道之敗
하늘은 먼저 재해를 내려 옛일을 꾸짖고	而天乃先出灾害之譴告之.
스스로 반성하지 못하면	不知自省
다시 괴변과 이변을 나타내어 놀라고 두렵게 한다.	又出怪異 以警惕之.
그래도 회개할 줄 모르면 멸망에 이르게 한다.	尙不知變 而傷敗乃至.

춘추번로春秋繁露/권12/기의基義

인의仁義와 제도制度의 이치는 모두 하늘에서 취한 것이다.　　仁義制度之數 盡取之天

왕도王道의 삼강三綱은 하늘에서 찾을 수 있다.　　王道之三綱 可求于天.

춘추번로春秋繁露/권10/심찰명호深察名號

하늘이 낳은 민民의 성품은　　天生民性

본질은 선하지만 아직 선할 수는 없다.　　有善質而未善能

이에 왕을 세워 민을 선하게 하려는 것이　　于是爲之立王以善之

하늘의 뜻이다.　　此天意也

왕은 하늘의 뜻을 받들어　　王承天意

민의 성품을 이루도록 책임을 맡은 자다.　　以成民之性爲任者也.

춘추번로春秋繁露/권8/도제度制

또 하늘이 민을 낳은 것은 왕을 위한 것이 아니라　　且天地生民 非爲王也

민을 위해 왕을 세운 것이다.　　而天立王以爲民也

그러므로 그 덕이 족히 민을 안락하게 하면　　故其德足以安樂民者

하늘은 왕권을 내려주고　　天予之.

그 악함이 족히 민을 해치면　　其惡足以賊害民者

그것을 다시 빼앗는다고 한다.　　天奪之.

　전제군주제의 진나라가 망하고 한나라가 들어서자 한비의 삼사三事는 비판을 받고 공맹의 삼정三正과 오륜五倫이 다시 부활한다. 이때 동중서는 공자의 도덕론적 삼정을 삼강三綱으로 바꾼다. 즉 공맹의 군신·부자·부부 관계의 의義·친親·별別이 모두 강綱으로 바뀐 것이다. 이는 왕권신수설에 알맞은 종교적 교리로 더욱 강화하기 위한 것이다. 이른바 삼강에서는 군君은 신臣의 법이 되고, 부父는 자子의 법이 되고, 부夫는 부婦의 법이 되어야 한다는 것이다. 즉 신하는 임금의, 아들은 아비의, 아내는 남편의 벼리에서 벗어날 수 없는 노예가 된 것이다. 그러므로 동중서가 만든 유교의 삼강은 맹자의 봉건 도덕인 오륜을 더욱 노예 윤리로 반동화시킨 것으로 비판받아야 한다.

백호통의白虎通義/삼강육기三綱六紀[20]

삼강은 무엇을 말하는 것인가?	三綱者何謂也
군주답고, 신하답고, 아비답고, 아들답고	謂君臣父子
지아비답고, 지어미다운 것을 말한다.	夫婦也
그러므로 군주는 신하의 법이요,	故君爲臣綱
아비는 아들의 법이요,	父爲子綱
지아비는 지어미의 법이 된다.	夫爲妻綱.

또 한 가지 주목할 점은 그 순서가 부부→부자→군신에서 군신→부자→부부로 바뀌었다는 것이다. 이것은 춘추시대의 족장인 대인 또는 대부 중심의 종족 연합국가가 무너지고 전국시대에 이르러서는 군주 중심의 절대군주 국가가 탄생하는 것을 예고한 것이다. 군주 전제주의적 도덕률은 부자·부부 관계에까지도 군신 간의 지배·복종 관계를 적용함으로써 차별이 심화되었다. 차별의 이론적 근거인 동중서의 양존음비론陽尊陰卑論은 여성차별을 노예 관계로 악화시켰다.

그러나 그 중심이 바뀌고 법적 강제력이 강화되었다 할지라도 공자의 삼정, 한비의 삼사, 동중서 삼강의 그 기본은 모두 소강사회의 통치 강령이라는 데는 변함이 없다.

공맹 유학의 정치론인 소강사회론은 동중서의 유교에서는 이를 음양론으로 해석하

---

20)_ 후한 초인 AD 79년에 임금과 태상 이하 모든 관리와 유생들이 白虎觀에 모여 五經의 同異를 강론했는데, 그것을 班固가 기록 정리하여 책으로 편찬한 것이 『백호통의』다. 經學을 讖緯說로 설명한 것이 특색이다.

여 우주일가론宇宙一家論으로 교리화된다. 이미 설명한 대로 동중서의 음양陰陽 오상설五常說에 의하면 천天·인人은 하나이며 인간은 소우주小宇宙다. 그러므로 우주는 하느님을 조상으로 하는 한 가족이 된다.

따라서 하느님에게 부모처럼 효도하고 조상처럼 제사를 드려야 한다. 그리고 하느님의 명을 받은 천자에게도 우리의 종갓집 종주宗主이므로 부모처럼 효도를 다해야 한다. 결국 부모와 군주와 하느님에 대한 효孝는 천하의 유일 절대의 통치 규범이 되는 것이다.

춘추번로春秋繁露/**권11**/**위인자천**爲人者天

사람이 사람인 것은 하늘을 본받았기 때문이다.	人之爲人本于天
천은 사람의 먼 조상이다.	天亦人之曾祖父也
이 때문에 사람들은 천을 숭상하고 제사하는 것이다.	此人之所以乃上類天也.

춘추번로春秋繁露/**권10**/**심찰명호**深察名號

군주가 천명을 받았다는 것은	受命之君
천天의 뜻으로 왕권을 준 것이라는 뜻이다.	天意之所予也
그러므로 천자는 마땅히 하늘을 아비처럼 여겨야 하며	故號爲天子者 宜視天如父
하늘을 효로 섬기는 것이 도리다.	事天以孝道也.

춘추번로春秋繁露/**권11**/**왕도통삼**王道通三

옛날 문자를 만든 사람이	古之造文者
삼 획을 긋고 그 중앙을 연결해 왕王이라 했다.	三畫而連其中 謂之王.
삼 획은 천지인을 의미하고	三畫者天地與人也
그 중앙을 연결한 것은 그 도道를 관통시키는 뜻이다.	而連其中者通其道也.

이러한 동중서의 우주일가론은 1,200여 년이 지나서 성리학이 일어나면서 장재의 민포물여民胞物與 사상과 주희의 만물일체萬物一體 사상으로 계승 발전되었다.

3절 | 반패도 왕도주의

論語

논어 읽기

논어論語/헌문憲問 16

공자께서 말씀하셨다.

"진 문공은 권도權道로 패업을 이루었으니 정도正道가 아니며
제 환공은 정도로 패업을 이루었으니 권도로 속이지 않았다."

子曰
晋文公譎²¹⁾ 而不正
齊桓公正 而不譎.

논어論語/헌문憲問 17

자로가 말했다. "제 환공이 동생인 규를 죽이자
소홀은 따라 죽었지만
관중은 죽지 않았으므로 불인不仁이라 말해야겠지요?"
공자께서 말씀하셨다.
"환공은 제후들을 회맹했으나 군사력에 의존하지 않았는데
이는 관중의 힘이었으니

子路曰 桓公殺公子糾
召忽死之
管仲不死 曰 未仁乎.
子曰
桓公九合諸侯 不以兵車
管仲之力也.

---

21)_ 譎(휼)=欺也, 權詐也.

인자라 해야 할 것 같다.

如²²⁾其仁.

당연히 인자라 해야 한다."

如其仁.

논어論語/헌문憲問 18

자공이 말했다. "관중은 인자가 아닐 것입니다.

子貢曰 管仲非仁者與.

환공이 형제인 공자公子 규를 죽였을 때

桓公殺公子糾

자기가 받들던 규를 따라 죽지 않고

不能死

도리어 적인 환공을 도왔기 때문입니다."

又相之.

공자께서 말씀하셨다.

子曰

"관중은 환공을 도와 제후를 제패하고

管仲相桓公覇諸侯

천하를 하나로 바로잡았다.

一匡天下

민중은 지금까지 그 은사를 받았으니

民到于今受其賜.

관중이 없었다면

微管仲

우리는 머리를 풀고 옷깃을 왼쪽으로 여미었을 것이다.

吾其被²³⁾髮左衽矣

어찌 필부들이 작은 신의를 지켜

豈若匹夫匹婦之爲諒²⁴⁾也

스스로 개천에서 목을 매어도 알아주지 않는 것과 같겠느냐?"

自經²⁵⁾於溝瀆 而莫之知也.

논어論語/계씨季氏 1

노나라 실권자인 계 씨가

季氏

부용국附庸國인 전유顓臾를 겸병하려 했다.

將伐顓臾²⁶⁾

---

22)_ 如(여)＝比也, 似也.
23)_ 被(피)＝흐트러뜨리다.
24)_ 諒(량)＝小信也.
25)_ 經(경)＝縊也.
26)_ 顓臾(전유)＝노나라의 보호국(附庸國).

염유와 계로(자로)가 공자를 알현하고 말했다.

"계 씨가 장차 전유와 사단을 벌이려 합니다."

공자께서 말씀하셨다.

"구(염유)야! 너희도 이에 대한 잘못이 없겠느냐?

노나라에 속한 부용국인 전유는

옛날 선왕이 동몽東蒙의 주인으로 봉했고

또한 노나라의 영역 안에 속해 있다.

이처럼 전유는 사직社稷을 맡은 신하인데

어찌 정벌한단 말인가?

먼 나라 사람들이 복종하지 않으면

문화와 도덕으로 교화시켜 따라오게 하고

이미 따라왔으면 그들을 편안하게 해주어야 한다.

유(자로)와 구는 계손 씨의 가신으로서 그를 도와

먼 나라가 복종하지 않으면

그들을 문덕으로 돌아오게 하지 못했고

자기 나라가 갈라져 무너지고 흩어져 조각나는데도

이를 지키지 못했다.

그러면서 도리어 나라 안에서 전쟁을 일으키려 꾀하고 있다.

내가 걱정하는 것은 계손 씨의 우환이 전유에 있지 않고

오히려 제집 담장 안에 있는 것 같다."

冉有季路 見於孔子曰

季氏將有事於顓臾

孔子曰

求無乃爾是過與

夫顓臾

昔者先王以爲東蒙主

且在邦域之中矣

是社稷27)之臣也

何以伐爲.

遠人不服

則脩文德以來之

旣來之則安之.

今由與求也 相夫子

遠人不服

而不能來也

邦分崩離析

而不能守也

而謀動干戈於邦內

吾恐季孫氏之憂 不在顓臾

而在蕭墻之內也.

---

27)_ 社稷(사직)＝천자로부터 받은 봉지의 土地神.

논어論語/태백泰伯 7

증자가 말했다.

"가히 어린 왕자나 공자公子를 맡길 만하고

가히 제후국의 운명을 기탁할 만하고

큰 변란에도 절개를 빼앗기지 않는다면

관장(君子)을 맡길 만한 귀인이 아니겠는가?

과연 관장을 맡길 만한 귀인일 것이다."

曾子曰

可以託六尺之孤

可以寄百里之命

臨大節而不可奪也

君子[28]人[29]與

君子人也.

논어論語/헌문憲問 40

자로가 석문에서 유숙하는데

아침에 문지기가 어디서 왔는가 물었다.

자로가 말했다. "공씨 가문에서 왔습니다."

문지기가 말했다.

"불가능한 줄 알면서도 굳이 하려는 그 사람 말인가?"

子路宿於石門

晨門曰 奚自.

子路曰 自孔氏

曰

是知其不可 而爲之者與.

의전義戰

논어論語/위영공衛靈公 1

위나라 영공이 공자께 진법을 물었다.

공자께서 대답하셨다.

"제사 때 제기를 벌여놓는 일은 일찍이 들은 일이 있지만

군사에 관한 일은 배우지 않았습니다."

그리고 날이 밝자마자 위나라를 떠나버렸다.

衛靈公 問陳於孔子

孔子對曰

俎豆之事 則嘗聞之矣

軍旅之事 未之學也

明日遂行.

---

28)_ 君子(군자)＝大夫 이상의 官長.
29)_ 人(인)＝民을 다스리는 지배계급.

논어論語**/술이**述而 12

공자께서 걱정하시는 것은 子之所愼[30]

천지·산천·조상에 대한 제사와 제후들의 전쟁과 齋[31]戰

민民의 질병이었다. 疾.

논어論語**/자로**子路 29

공자께서 말씀하셨다. 子曰

"훌륭한 지도자(인 계급)가 상민을 칠 년 동안 교육시키면 善人敎民七年

역시 싸움터에 나가게 할 수 있을 것이다." 亦可以卽戎矣.

논어論語**/자로**子路 30

공자께서 말씀하셨다. 子曰

"민을 가르치지 않고 싸우라고 하면 이는 민을 버리는 것이다." 以不敎民戰 是謂棄之.

균분

논어論語**/계씨**季氏 1

공자께서 말씀하셨다. "내가 들은 바로는 孔子曰 丘也聞

나라와 가문을 소유한 자는 有國有家者

국토와 인구가 작은 것을 걱정하기보다 不患寡

고르지 못한 것을 걱정하고, 而患不均

가난한 것을 걱정하기보다 편안하지 못한 것을 걱정한다. 不患貧 而患不安

대개 균분하면 가난이 없고 蓋均無貧

---

30)_ 愼(신)＝憂 恐也.
31)_ 齋(재)＝戒潔也.

계급 간에 화목하면 부족함이 없고   和無寡
정사가 안정되면 나라가 기울지 않는다."   安 無傾.

오복과 구복

공자는 유사 계급의 대표자로서 천하의 대란大亂을 수습하는 방도로 왕도주의王道主義를 제창했다. 왕도주의란 천하를 가부장적 씨족사회의 대연합으로 보고, 왕을 천명天命을 받은 제사장인 천자로 삼고, 모든 부족들을 하나로 통합하는 천하의 대종중大宗中의 수장으로 삼는 이른바 종법질서인 주례周禮를 수호하는 것이다. 그것은 천자의 가까운 친척을 천자 직할지 주변의 제후국에 봉하고, 그 주위를 인척과 개국 공신들을 분봉分封하여 중앙을 호위하는 제도였다. '제후諸侯'의 '후侯'는 후候(伺望)와 호護(護衛)의 뜻으로 천자를 받들어 호위한다는 뜻이다(『춘추번로』 권10 「심찰명호」). 즉 천자와 제후와 소국들을 혈연관계로 묶어 천하일가天下一家를 이루고 왕권을 보위하는 것이다. 이런 제도를 오복五服 또는 구복九服이라 한다(요순 이래 오복이었으나 주周 대에 구복으로 바뀌었다).

그리고 구복의 각 제후국은 전통적인 여러 부족들, 즉 부용국의 군주들과 가문들의 종장宗長인 대인大人들의 권리를 보호해 주는 대가로 복속시킨 공화국이었다. 공자의 왕도주의는 이러한 가문들과 소국들, 그리고 그 연합체인 제후들, 그리고 제후들의 연합체인 천자를 존속시키기 위해 그 헌장인 주례를 수호하려는 것이었다. 그러므로 왕도주의는 큰 제후국들이 경쟁적으로 부국강병을 지향하여 무력으로 소국들을 병탄하고 천하에 군림하는 패도주의를 반대했다.

오복五服

국어國語/주어周語 상

선왕先王의 제도에 의하면 도성 내 천 리를 전복甸服이라 했고	夫先王之制 邦內甸服
방외 오백 리를 후복侯服(侯畿)이라 했으며	邦外侯服
후복을 둘러싼 곳을 빈복賓服이라 했다.	侯衛賓服
남만과 동이 지역을 요복要服이라 했으며	蠻夷要服

서융과 북적 지역을 황복荒服이라 했다. 　　　　　　　　　　　　戎狄荒服.

전복에서는 천자의 매일 지내는 제祭에 필요한 물품을 바치고 　　旬服者祭.

후복에서는 매월 지내는 사祀에 필요한 물품을 바치고 　　　　侯服者祀.

빈복에서는 계절마다 지내는 시향時享에 필요한 물품을 바치고 賓服者享.

요복에서는 매년 조공朝貢을 바치고 　　　　　　　　　　　　要服者貢.

황복에서는 자국의 군주가 바뀔 때마다 알현하도록 했다. 　　荒服者王.

이처럼 일제日祭·월사月祀·시향時享·세공歲貢·종왕終[32]王은 　日祭 時享 歲貢 終[32]王

선왕의 법도다. 　　　　　　　　　　　　　　　　　　　　先王之訓也.

구복九服

주례周禮/**하관**夏官/**사마**司馬

주나라 구복九服 제도의 나라를 구분하면 　　　　　　　　　　乃辨九服之邦國

사방 천 리의 왕의 직할지를 왕기王畿라 하고 　　　　　　　　方千里 曰王畿

왕기 밖 사방 오백 리를 후복侯服이라 하고 　　　　　　　　其外方五百里 曰侯服

그 밖의 사방 오백 리를 전복旬服이라 하고 　　　　　　　　又其外方五百里 曰旬服

그 밖의 사방 오백 리를 남복男服이라 하고 　　　　　　　　又其外方五百里 曰男服

그 밖의 사방 오백 리를 채복采服이라 하고 　　　　　　　　又其外方五百里 曰采服

그 밖의 사방 오백 리를 위복衛服이라 하고 　　　　　　　　又其外方五百里 曰衛服

그 밖의 사방 오백 리를 만복蠻服이라 하고 　　　　　　　　又其外方五百里 曰蠻服

그 밖의 사방 오백 리를 이복夷服이라 하고 　　　　　　　　又其外方五百里 曰夷服

그 밖의 사방 오백 리를 진복鎭服이라 하고 　　　　　　　　又其外方五百里 曰鎭服

그 밖의 사방 오백 리를 번복藩[33]服이라 한다. 　　　　　　又其外方五百里 曰藩[33]服.

---

32)_ 終(종)＝事也.

33)_ 藩(번)＝屛也. 通蕃.

다만 『예기』에서는 공公·후侯·백伯·자子·남男의 오복을 말하고 그 경내의 면적도 다르다. 이로 볼 때 시대에 따라 제후들의 분봉제도가 달라진 듯하다.

국어國語/주어周語 중

선왕께서는 천하를 평정하고 천하의 땅을 소유했으나	昔我先王之有天下也
그중에서 왕도 주위의 오백 리 이내의 땅만을	規方千里
전복甸服으로 삼아	以爲甸服.
거기서 바치는 재물로 상제와 산천의 신들을 제사 지내고	以供上帝山川百神之祀.
백성百姓과 만민萬民을 위해	以備百姓兆民之用
예상치 못한 재난을 대비했다.	以待不庭不虞之患.
그 밖의 토지는 공·후·백·자·남에게 나누어 주어	其餘以均分公侯伯子男
영내 가문으로부터 조공을 받을 수 있는 영지로 삼게 하고	使各有宁[34]宇
천도天道를 따라 재난을 당하지 않게 했다.	以順及天地 無逢其災害.
어찌 선왕께서 이기적인 욕심이 있었겠는가?	先王豈有賴焉.

예기禮記/왕제王制

천자의 영지는 사방 천 리	天子之田方千里
공작과 후작은 백 리	公侯田方百里
백작은 칠십 리, 자작과 남작은 오십 리로 한다.	伯七十里 子男五十里
오십 리가 안 되는 자는	不能五十里者
천자를 배알할 수 없으나	不合於天子
제후를 따라서만 배알할 수 있으므로 부용국附庸國이라 한다.	附於諸侯 曰附庸.

---

34)_ 宁(저)=門屛之間. 人君視朝宁立之處.

영지에 대해서는 천자의 삼공三公은 공작·후작에 준하고   天子之三公之田 視公侯

천자의 경卿은 백작에 준하고   天子之卿 視伯

천자의 대부大夫는 자작·남작에 준하고   天子之大夫視子男

천자의 원사元士는 제후국 내의 자치 소국인 부용국에 준한다.   天子之元士視附庸.

이로써 알 수 있는 것처럼 오복제도에 의하면 천자는 독립된 제후국들의 연합체다. 이러한 씨족 집단들의 대연합체를 통합 유지할 수 있었던 방도는 천자가 천제天祭를 독점하고 천제에 천자의 시조신을 함께 제사함으로써 왕권이 천명임을 표방하는 신적 권위로 씨족과 가문들을 통합 중재하는 중도주의를 표방한 것이었다. 공자는 이러한 오복과 제정祭政을 예치禮治라고 설명했으나, 후인들이 이를 왕도주의라고 이름 붙여 말하는 것이다.

패권주의 득세

이처럼 왕도주의는 혈연적 종법宗法 체제였다. 그러나 세월이 가면 갈수록 촌수가 멀어져 혈연적 유대가 희미해져 결속이 약해진다. 또한 인지人知가 발달하고 질서가 무너진 난세를 당하여 천명론天命論도 무력해짐으로써 주나라의 왕도주의는 유지할 수 없게 된다.

또한 물적 토대가 기존의 균형을 흔들어놓았다. 당시는 철기의 발달과 수전水田의 개발로 대단위 쌀농사가 가능하게 됨에 따라 한전旱田(밭농사)에 의존하던 시대와는 달리 제후국마다 곡물 생산량에 현격한 불균형이 생겼다. 이러한 국부國富의 차이는 곧바로 병력의 차이로 나타났다. 고대의 병제兵制는 농병일치農兵一致 제도이므로 농토가 많으면 병사도 많이 양성할 수 있었다. 땅을 개간하고 영토를 넓혀 먹을 것이 풍족해진나라로 백성들이 몰려들었고, 소국은 대국에 흡수될 수밖에 없었던 것이다.

또한 난세로 인하여 정전제井田制가 무너지자 신흥 관료·지주 계급의 세력이 커져 옛 귀족을 능가했고, 병사로 참가한 사민四民의 힘이 크게 신장되었다.

이러한 정세로 인하여 주나라 왕실 중심의 왕도주의는 무너졌고 이른바 춘추전국시대라는 군웅할거 시대가 열린 것이다. 이처럼 왕권은 유명무실하고 춘추오패春秋五覇와 전국칠웅戰國七雄이라 일컬어지는 패권을 쥔 제후가 왕을 대신하여 천하를 통치하는 것을 패도주의覇道主義라고 말한다.

사기史記**/태사공자서**太史公自序

춘추 이백사십이 년 동안 시해된 군주가 서른여섯 명이고	春秋之中 弑君三十六
멸망한 나라가 오십이 개국이며	亡國五十二
쫓겨나거나 사직을 보전하지 못한 제후들은	諸侯奔走 不得保其社稷者
셀 수 없이 많다.	不可勝數.
그 까닭을 살펴보면 모두가 그 근본을 잃었기 때문이다.	察其所以 皆失其本已.

반패도 소국 연방주의

이처럼 춘추전국시대는 이미 천자와 제후들의 군령이 서지 않는 난세였다. 선왕先王이 임명한 수많은 공경들은 신분이 세습되었고 혈연도 촌수가 멀어져 금왕今王으로서는 통제할 수 없었다. 제후도 마찬가지였다. 왕이 임명한 경대부나 선대 군주가 임명한 경대부는 신분이 세습되었으므로 현 군주가 마음대로 통제할 수 없었고 정사는 이미 그들의 손에 넘어간 형편이었다. 제후 자신이 임명한 사대부만이 군주의 편이 될 수 있었으나 그들도 경대부들의 입김으로 형식적인 임명 절차만 거행하는 실정이었으므로 귀족인 경대부들의 손아귀에서 놀아날 뿐이었다.

공자는 당시 현실적 추세인 이러한 패도주의를 불법으로 간주했고, 주나라 왕실의 부흥을 위하여 왕도주의를 주창했다. 왕도주의는 제후들이 빼앗은 전쟁과 예악의 권한을 천자에게 되돌려주고, 대부들이 전횡하는 정치를 제후에게 되돌려주는 것만이 난세를 극복하는 길이라는 주장이다. 그러나 당시는 패도주의 시대였으므로 그의 왕도주의는 받아들여지지 않았다. 그러므로 그는 13년간이나 각국을 떠돌며 유세했으나 아무도 그를 채용해 주지 않았다.

중용中庸/28장

천자가 아니면 예를 제정하지 못하고	非天子 不議禮.
법도를 제정하지 못하며, 문자를 제정하지 못한다.	不制度 不考文.[35]
그래서 오늘날 천하에 수레는 궤도가 같고	今天下 車同軌
글은 문자가 같고, 행실은 인륜이 같다.	書同文 行同倫.
또한 비록 그런 지위에 있다 할지라도	雖有其位
그럴 만한 덕이 없으면 감히 예악을 만들 수 없으며	苟無其德 不敢作禮樂焉
또 비록 그럴 만한 덕이 있다 할지라도	雖有其德
지위가 없으면 감히 예악을 만들 수 없다.	苟無其位 亦不敢作禮樂焉.

그러므로 왕도주의는 소국 연방주의를 말한다. 『예기』 「왕제王制」에 의하면 천자의 직할지인 왕기王畿의 93개국 외에 1,680개의 제후국이 있었다고 하니 도합 1,773개의 제후가 있었다. 천자인 왕은 왕기를 다스리는 하나의 제후이면서 동시에 제후 연합체의 수장을 겸임하는 종주宗主였다. 그러므로 왕은 종주로서 천제天祭를 독점하는 특권을 가졌으며 사제社祭는 자기 본래 영지의 토지신을 제사하는 '왕사王社'와 아울러 모

---

35)_ 考文(고문)=稽考遺文. 文=書名也.

든 씨족들을 위하여 천하를 위한 '대사大社'에 제사를 지냈다.

　제후는 한 가문의 수장이면서 동시에 가문 연합체의 수장을 겸하는 군주다. 그러므로 제후는 천제는 지낼 수 없으나, 자기 본래 가문의 영지를 위한 '후사侯社'를 두고, 국내 여러 가문을 위한 영토의 토지신을 위한 '국사國社'를 두어 양쪽의 토지신을 제사 지냈다.

　유가들은 사방 100리의 제후국에 불과했던 주周 문왕이 문치와 덕치로 천하를 통일시킨 것을 정치의 이상으로 삼는다. 그러므로 그들은 소국주의小國主義를 지향한다. 왕도주의의 실질적인 내용은 소국들의 안전보장을 요구하는 것이다. 즉 왕도는 소국 연방주의를 요구했고, 패도는 대국 중심의 통일을 주장한 것이다. 결국 패도가 승리하여 진秦나라에 의해 천하가 통일되고 군현제郡縣制가 실시되었으나, 얼마 가지 못하고 한나라에 의해 왕도주의가 승리하여 봉건제가 부활되었다.

예기禮記/제법祭法

왕이 모든 씨족들을 위해 사직을 세운 것을 '대사'라 한다.	王爲群姓立社 曰大社
왕이 자기 씨족을 위해 사직을 세운 것을 '왕사'라 한다.	王自爲立社 曰王社
제후가 경내의 씨족들을 위해 사직을 세운 것을 '국사'라 한다.	諸侯爲百姓立社 曰國社
제후가 자기 씨족을 위해 사직을 세운 것을 '후사'라 한다.	諸侯自爲立社 曰侯社
대부 이하가 무리를 이루어 마을에 사직을 세운 것을 '이사里社'라 한다.	大夫以下成群立社 曰里社.

예기禮記/왕제王制

무릇 사해는 아홉 주州가 있고, 넓이는 사방 천 리다.	凡四海之內九州 州方千里
한 주마다 백 리의 나라 삼십 국	州建百里之國三十.
칠십 리의 나라 육십 국	七十里之國六十.
오십 리의 나라 백이십 국을 세운다.	五十里之國 百有二十.

여덟 주는 각각 이백십 국이다.[36]	凡二百一十國.
천자의 직할에는 방方 백 리의 나라가 구 국	天子之縣[37]內 方百里之國九
칠십 리의 나라 이십일 국	七十里之國二十有一.
오십 리의 나라 육십삼 국을 세운다.	五十里之國 六十有三.
천자의 직할에는 모두 구십삼 국이다.	凡九十三國
그러므로 아홉 주에는 도합 천칠백칠십삼 국이 있다.	凡九州千七百七十三國
천자의 원사元士와	天子之元士
제후의 부용국附庸國은 여기에 포함하지 않았다.	諸侯之附庸不與

당시 정치적 상황은 제후와 가문들의 끊임없는 겸병전쟁으로 병사들은 전쟁터에서 죽고 백성들은 굶어 죽고 얼어 죽었다. 굶주린 백성들이 폭동을 일으키고 도척은 9천의 도적 떼를 거느리고 천하를 횡행하여 요순과 같은 명성을 얻었다고 한다(『장자』「도척」, 『순자』「불구不苟」, 『사기』「백이열전伯夷列傳」).

공자가 왕도주의를 주장한 것은 이러한 난세를 종식시키려면 제후국 연합의 수장인 천자의 권위를 다시 세우고 천자만이 전쟁을 할 수 있도록 함으로써 강국들의 겸병전쟁을 종식시키고 약소국의 자존自存과 주권을 유지시켜야 한다고 생각했다. 요즘 말로 하면 '느슨한 연방제'에 해당하는 것이다. 그러므로 공자의 왕도주의는 왕의 전제주의를 의미한 것은 아니다.

이러한 소국 연방주의는 공자뿐 아니라 노자와 묵자도 같은 입장이었다. 다만 공자는 그 실현 방법으로 신분세습과 혈연적인 국가의 일가화一家化를 주장했다는 점에서 봉건적일 뿐이다.

또한 이것은 오늘날의 강대국들이 패도를 지향하고, 소국들은 국제연합을 의지하여

---

36)_ 王畿를 제외한 8주에 각각 210국이므로 1,680개의 소국이 있었다.
37)_ 縣(현)＝郡縣.

반패권주의를 주장하는 것과 비슷하다. 오늘날에도 중국은 반패권주의를 주장한다. 그리고 약소국가들은 국제연합 또는 지역 안보 체제에 의지하여 강대국들의 병탄의 위협에서 살아남아야 하기 때문에 반패권주의를 지지한다.

노자와 묵자의 대동사회는 연방제보다는 연합제에 근접한 것으로 좀 더 진보적이다. 그들의 입장은 '국가는 주권을 가진 소규모 공동체들의 연합'이 되어야 한다는 아나키스트들의 국가관과 비슷하다.

노자老子/80장

나라는 작고 민民도 적다.	小國寡民
그러므로 여러 가지 기물이 있으나 쓸 필요가 없고	使有什佰之器而不用.
민들은 죽을 때까지 공동체에서 멀리 옮겨 가지 않도록 한다.	使民重死 而不遠徙.
비록 배와 수레가 있다 한들 탈 일이 없고	雖有舟輿無所乘之.
비록 무기와 병사가 있다 한들 배치할 곳이 없다.	雖有甲兵無所陳之.
이웃 나라를 서로 바라보며 개와 닭의 울음소리를 서로 듣지만	隣國相望 鷄犬之聲相聞
민은 늙어 죽을 때까지 서로 왕래하지 않는다.	民至老死 不相往來.

인정과 균분_부국강병 반대

소국小國들은 인정仁政과 균분均分의 왕도王道를 지지했고, 대국大國들은 부국강병富國强兵의 패도覇道를 지지했다. 당시 농병일치農兵一致 제도하에서는 농토가 많아야 병사를 많이 둘 수 있었고, 땅이 작은 소국들은 부국강병을 하려고 해도 할 수 없었다. 그러므로 소국들이 생존하기 위해서는 천자가 중앙을 유지하고 그들을 보호해 주어야 했다. 그러므로 소국들은 예악禮樂과 전쟁은 천자의 통치권이므로 대국이 소국을 겸병하는 것은 불법이라고 주장했고, 토지와 물산이 부족하므로 인정과 균분을 지향했다. 맹자는 왕도와 패도를 다음과 같이 규정했다. 다만 맹자의 말은 공자의 덕치德治와 법치法治, 묵자의 의정義政과 역정力政에 대응하는 것이며, 일반적이고 선동적인 규정이어서 앞에서 설명한 왕도와 패도의 핵심을 설명하기에는 너무 부족하다.

맹자孟子/공손추公孫丑 상

맹자가 말했다. "힘으로 인仁을 가장하는 것은 패도다.	孟子曰 以力假仁者霸
패도를 하려면 반드시 대국이어야 한다.	霸必有大國
덕德으로 인을 행하는 것은 왕도다.	以德行仁者王
왕도를 행하는 데는 대국일 필요는 없다.	王不待大
탕왕은 칠십 리의 소국으로 해냈고	湯以七十里
문왕은 백 리의 소국으로 해냈다.	文王以百里
힘으로 남을 복종시킨 것은	以力服人者
마음으로 복종한 것이 아니고 힘이 모자랐을 뿐이다.	非心服也 力不贍也
덕으로 남을 복종시킨 것은	以德服人者
마음속으로 좋아서 진실로 복종한 것이다.	中心悅而誠服也
이는 칠십 제자가 공자를 심복한 것과 같다.	如七十子之服孔子也.

이처럼 공자와 맹자는 소국小國과 빈국貧國의 편을 들어 부국강병주의를 반대했다. 특히 맹자는 제후끼리 연합하거나 땅을 개간하여 넓히는 자들을 큰 죄로 처벌해야 한다고 주장했다. 반면 대국을 대변하는 관자는 땅을 개간하여 농토를 늘려 생산을 증대하고 소국의 백성을 끌어모아 병사를 늘리는 부국강병을 지향했다. 공자는 관자를 대놓고 비난하지는 않았지만 맹자는 자기와 관자를 비교하는 것조차 싫어할 정도였다.

맹자孟子/이루離婁 상

전쟁을 좋아하는 자는 중형에 처해야 하며   故善戰者 服上刑.
제후들과 합종연횡을 하는 자는 그다음이고   連諸侯者次之
풀밭을 개간하여   辟草萊
세금을 거두는 자는 그다음 중형에 처해야 한다.   任[38]土地者次之.

맹자孟子/공손추公孫丑 상

공손추가 맹자에게 물었다.   公孫丑問曰
"선생님께서 제나라의 요로에 나가신다면   夫子當路於齊
관중과 안자가 세운 공적을 다시 이룩하실 수 있겠지요?" 管仲晏子之功 可復許乎
맹자가 말했다. "혹자가 증서에게   孟子曰 或問乎曾西曰
증서와 관중은 누가 어진가를 묻자   吾子與管仲孰賢
증서는 발끈하며 기분 나쁜 얼굴로 이렇게 말했다네.   曾西艴然不悅曰
'자네는 어떻게 나를 관중과 비교할 수 있단 말인가?   爾何曾比予於管仲
관중은 군주의 신임을 얻어 그처럼 국정을 전단했고   管仲得君 如彼其專也
그처럼 오래 국정을 맡아보았지만   行乎國政 如彼其久也
공적과 위엄은 그처럼 저속했는데   功烈如彼其卑也
자네는 어찌 나를 이에 비교하려 드는가?'   爾何曾比予於是
증서도 관중을 인정하려 들지 않았는데   曰 管仲 曾西之所不爲也
그대는 나에게 관중처럼 되기를 원한단 말인가?"   而子爲[39]我願之乎.

그러나 순자는 관자를 옹호하고 묵자와 공맹의 균분을 비판한다. 균분은 오히려 물

---

38)_ 任(임)=賦稅負擔也.
39)_ 爲(위)=以也, 使也.

자의 부족을 야기할 것이라고 경고하고, 능력에 따른 차등 배분이 생산을 증대할 것이라고 주장한다. 그래서 왕도주의를 계승한 유가들은 패도를 지향하는 순자를 법가라 규정하고 이단으로 배척했다.

순자荀子/부국富國

묵자가 천하를 소유하거나 한 나라를 소유한다면	墨子大有天下 小有一國.
부리는 자를 줄이고 관리도 줄일 것이며	將少人徒 省官職.
공리를 숭상하고, 수고로운 노동을 하고	上功勞苦
백성과 함께 사업에 종사하며 성과를 균등 분배할 것이다.	與百姓均事業 齊功勞
만약 그렇게 되면 권위가 없어질 것이며	若是則不威.
권위가 없어지면 상벌을 시행할 수 없을 것이고	不威則賞罰不行.
그렇게 되면 만물이 마땅함을 잃어	若是則 萬物失宜
일의 변화에 대응하지 못함으로써,	事變失應
위로 천시天時와 아래로 지리地利와	上失天時 下失地利
가운데로 인화人和를 잃게 되어	中失人和.
천하가 불타 버린 듯 삭막해질 것이다.	天下熬然 若燒若焦.
그러므로 묵자의 주장을 시행하면	故墨術誠行
천하가 검소하면 할수록 더욱 가난해질 것이며	則天下尙儉而彌貧
전쟁을 비난하면서도 날마다 다툴 것이며	非鬪而日爭
죽도록 고생해도 공적은 더욱 없을 것이다.	勞苦頓萃 而愈無功.

의전론

공자 당시는 춘추시대라고 하는 패권 쟁탈을 위한 전쟁 시대였다. 그러므로 당연히 현안은 전쟁과 민생 문제였다. 그러나 공자는 관리들의 가렴주구苛斂誅求를 걱정했을 뿐 전쟁과 굶주림은 중요한 문제로 언급한 적이 없다. 오히려 전쟁에 대한 논의를 회피했다. 물론 그도 전쟁을 찬성하지는 않았다. 『논어』에서 전쟁에 대해 직접 언급한 것은 다섯 번뿐이다.

첫째, 공자가 평등과 전쟁과 질병을 두려워했다는 내용이고, 둘째, "민民을 가르치지 않고 전쟁에 내보내는 것은 그들을 버리는 것"이라고 말한 것이고, 셋째, 노나라에 붙어 있는 소국인 동몽의 주인 전유를 병합하려 하자 공자가 이를 찬성하지 않았다는 것이고, 넷째, "천하에 도가 있으면 정벌은 천자로부터 나오고, 도가 없으면 제후로부터 나온다"는 말이다. 다시 말하면 천자의 전쟁은 의전義戰이고 제후의 전쟁은 불의不義한 전쟁이라는 뜻이다. 다섯째, 이웃 나라인 제나라의 군주 간공이 시해되자 주벌을 건의한 것이다. 이로 볼 때 공자는 적극적인 의전론자였다.

논어論語/헌문憲問 22

진성자가 간공을 시해하는 사건이 발생했다.	陳成子弑簡公
공자께서 목욕을 하고 조정에 나아가 애공에게 고하셨다.	孔子沐浴而朝 告於哀公曰
"진항(진성자)은 그의 군주를 시해했으므로	陳恒弑其君
토벌할 것을 청합니다."	請討之.

좌전左傳/애공哀公14년(BC 481)

그해 유월 갑오일에 제나라 귀족 진항이	六月甲午 齊陳恒
그의 군주 임을 서주에서 죽였다.	弑其君壬 于舒州.
공자는 삼 일 동안 목욕재계하고 애공을 찾아가	孔子三日齋

제나라를 주벌할 것을 세 번이나 청했다.   而請伐齊三.

   이를 종합해 보면 첫째, 공자는 전쟁 자체를 반대한 것이 아니고 제후들 간의 겸병전쟁이나 제후국 내의 소자치국들의 자치권을 박탈하고 병합하는 전쟁을 반대한 것뿐이다. 그 이유는 천자가 임명한 공경들의 소국들을 제후가 없애는 것은 주례를 범하는 것이기 때문이다. 그는 제후들이 천자를 무시하고 주례를 범하는 무례를 한탄했을 뿐, 영일 없는 전쟁으로 인해 백성들이 전쟁터에서 죽어가고 있으며, 전쟁 비용 때문에 굶어 죽고 얼어 죽는 비참한 현실에 대해서는 일언반구도 언급하지 않았다.

   맹자도 반패도주의를 계승했으므로 당시 제후들의 겸병전쟁을 반대했다. 그러나 그는 의전론을 주장했으며, 다만 춘추시대에는 의전이 없었다고 비판했을 뿐이다.

맹자孟子/진심盡心 하

맹자가 말했다. "춘추시대에는 의로운 전쟁이 없었다.   孟子曰 春秋無義戰.
전쟁이란 위에서 아래를 주벌하는 것이다.   征者上伐下也.
적대하는 제후국들끼리는 서로 전쟁을 할 수 없는 것이다."   敵國不相戰也.

맹자孟子/공손추公孫丑 하

제나라 대신 심동沈同이 사석에서 맹자에게 물었다.   沈同 以其私問曰
"연나라는 정벌받아야 하겠지요?"   燕可伐與
맹자가 말했다. "그렇습니다.   孟子曰 可.
자쾌子噲가 연나라를 자지子之에게 넘겼는데 이는 불가하며   子噲不得與人燕.
자지도 천자의 승인 없이 연나라를 받은 것은 불가합니다."   子之不得受燕於子噲.
이에 제나라 군주가 연나라를 정벌해 버렸다.   齊人伐燕.
혹자가 물었다.   或問曰
"그대가 제나라를 꼬드겨 연나라를 정벌케 했는데 사실이오?"   勸齊伐燕 有諸

맹자가 말했다. "그렇지 않소.

제나라 심동이 '연나라는 정벌되어야겠지요?' 묻기에

나는 다만 '그렇다'고 대답했을 뿐이오.

그런데 저들은 정말 연나라를 정벌해 버렸소.

저들이 만약 '누가 그들을 정벌할 수 있을까요?' 하고 물었다면

나는 '하늘의 관리라야

정벌할 수 있을 것'이라고 대답했을 것이오!"

曰 未也.

沈同問 燕可伐與

吾應之曰 可.

彼然而伐之也

彼如曰 孰可以伐之

則將應之曰 爲天吏

則可以伐之.

맹자孟子/양혜왕梁惠王 하

제나라 군주가 연나라를 쳐서 이겼다.

제나라 선왕宣王이 물었다.

"아예 빼앗아버리는 것이 어떻겠습니까?"

맹자가 대답했다.

"연나라 민民이 그것을 원한다면 빼앗아버리십시오!

옛날에도 그렇게 한 사람이 있었으니

무왕이 그랬습니다.

연나라 민이 그것을 원치 않는다면 빼앗지 마십시오!

옛날에도 그렇게 한 사람이 있었으니

문왕이 그랬습니다.

『서경』에 이르기를 '탕왕의 정벌은 갈백으로부터 시작했는데

온 천하가 그를 신뢰했다'고 합니다.

동쪽을 정벌하면 서쪽 오랑캐가 늦는다고 원망했고

남쪽을 정벌하면 북쪽 오랑캐가 늦는다고 원망했습니다.

민이 그들을 큰 가뭄에 비구름과 무지개처럼 소망했습니다.

장 보러 가는 것도 그치지 않고 논갈이도 변함이 없었습니다.

齊人伐燕勝之

齊宣王問之

取之如何

孟子對曰

取之而燕民悅 則取之

古之人 有行之者

武王是也

取之而燕民不悅 則勿取

古之人 有行之者

文王是也

書曰 湯一征 自葛始

天下信之

東面而征 西夷怨

南面而征 北狄怨

民望之 若大旱之望雲霓也

歸市者不止 耕者不變

그 군주를 주살함으로써 그 민을 어루만져 위로해 주었으니　　誅其君而弔⁴⁰⁾其民

마치 단비가 내린 듯 민이 크게 기뻐했던 것입니다.　　若時雨降 民大悅.

지금 연나라 왕이 민을 학대하여 왕께서 정벌하시니　　今燕虐其民 王往而征之

민은 자기들을　　民

불구덩이에서 건져줄 것으로 생각하여　　以爲將拯己於水火之中也

음식을 들고 와서 왕의 군사를 환영했는데　　簞食壺漿 以迎王師

만약 왕께서 그들의 부형을 죽이고 자제들을 노예로 삼고　　若殺其父兄 係累其子弟

그들의 종묘를 헐고 귀중한 기물들을 약탈한다면　　毀其宗廟 遷其重器

그것을 어찌 옳다고 수긍하겠습니까?　　如之何其可也

더구나 천하가 왕의 강대함을 두려워하고 있는 터에　　天下畏齊之彊也

이제 다시 땅을 두 배로 넓히고 인정仁政을 행하지 않으신다면　　今又倍地 而不行仁政

이는 천하를 적으로 돌려 적병을 불러들이는 꼴입니다."　　是動天下之兵也.

전쟁은 인류의 운명인가?

인류 역사는 전쟁사가 그 전부라고 할 정도로 전쟁 영웅을 찬양하고 전쟁을 하나의 제도로서 공인해 왔다. 오늘날 유엔이나 국제법도 전쟁을 국제분쟁을 해결하는 하나의 합법적 수단으로 인정하고 있다. 『구약성경』에 나오는 에덴동산 추방 사건도 전쟁의 역사이며, 중국인들이 진시황 때부터 명明 대 영락제永樂帝(재위 1360~1424) 때까지 천 년이 가까운 세월 동안 수천만 명을 동원하여 피땀으로 이룩한 만리장성도 전쟁사의 유물이

---

40)_ 弔(조)＝撫尉也.

다. 호메로스Homeros의 서사시에서 노래한 신들은 모두 전쟁의 신들이며, 8만 장의 경판으로 된 〈팔만대장경八萬大藏經〉은 몽고 침략에 저항한 고려 인민들의 땀의 결정체였다.

헤라클레이토스Herakleitos(BC 540?~480?)는 "싸움은 만물의 아버지요 왕이다. 싸움이 어떤 것을 신으로 만들었고, 또 어떤 것은 사람으로, 또 어떤 것은 노예로, 또 어떤 것은 자유인으로 만들었다. 싸움은 보편적인 것이요 정의라는 것을, 모든 것이 싸움으로 인하여 된다는 것을 알아야 한다"고 말하며 전쟁을 예찬했다. 아리스토텔레스Aristoteles(BC 384~322)는 그리스인들에 대한 전쟁을 반대했으나 야만인들에 대한 전쟁은 정당하다고 옹호했다. 『구약성경』은 "살인하지 말라. 동족 중에서 왕을 세우되 군마를 많이 기르지 말라"고 가르치고(「신명기」 17장 15~16절), 예수도 용서와 화해를 말하고(「마태복음」 6장 20절) "악한 자를 대적하지 말며 원수를 사랑하라"고 가르쳤지만 그러나 제도로서의 전쟁에 대해서는 침묵했다(「누가복음」 6장 29절, 「마태복음」 5장 39~44절).

공자는 전쟁을 좋아하지 않았으나 천자의 전쟁은 인정했다. 맹자도 마찬가지였다. 즉 전쟁을 천자가 제후를 징계하는 정치 행위로 보았다. 유명한 병가兵家인 손자孫子도 전쟁을 정치 행위로 보았다. 클라우제비츠Carl von Clausewitz(1780~1831)가 그의 『전쟁론Vom Kriege』에서 "정치는 칼 없는 전쟁이요, 전쟁은 칼을 가진 정치"라고 한 말도 같은 맥락이다.

그런데 묵자는 인류 최초의 반전 평화운동가였다. 고대 성현들 중에서 묵자 말고는 아무도 전쟁을 인류의 악으로 규정하고 반전운동을 한 사람이 없었다는 점에서 묵자는 특이한 사상가다. 묵자는 송나라를 공격하려던 초나라를 설득하여 전쟁을 사전에 막았으며, 초나라가 정나라를 공격하려는 것을 막았고, 노나라를 공격하려던 제나라를 저지시킨 일도 있었다(졸저『묵자』 10장 '반전 평화론' 참조).

그런데 더욱 놀라운 사실은 이러한 인류 최초의 반전 평화사상가요, 운동가인 묵자가 백이숙제의 후손이었다는 것과 주나라 무왕의 폭력 전쟁을 반대하고 수양산에서 굶어 죽은 그 백이숙제가 조선과 고려의 뿌리인 고죽국의 왕자였다는 사실이다. 과연 우리 민족의 5천 년 백이숙제의 전통은 반전 평화주의에 연원을 두고 있단 말인가?

4절 | 중도주의

논어 읽기

논어論語/요왈堯曰 1

요임금이 말했다. "아! 그대 순이여!　　　　　　　　堯曰 咨爾舜
하늘의 운수가 그대 몸에 있으니 삼가 중中을 잡아라.　天之曆數在爾躬 允執其中
만약 사해가 곤궁하면 하늘의 녹이 영원히 끊어지리라."　四海困窮 天祿永終
순임금도 역시 우임금에게 이 말을 전했다.　　　　　舜亦以命禹.

무위로 다스림

논어論語/위영공衛靈公 5

공자께서 말씀하셨다.　　　　　　　　　　　　　　子曰
"무위無爲로써 천하를 다스린 사람은 순임금이 아닐까?　無爲而治者 其舜也與
대체 그는 어떻게 했던가?　　　　　　　　　　　　夫何爲哉
다만 공손히 팔짱을 끼고 바르게 앉아　　　　　　　恭己正
남면하고 있었을 뿐이다."　　　　　　　　　　　　南面而已矣.

전제 정치 반대

논어論語/헌문憲問 34

미생무微生畝가 공자께 말했다.	微生畝謂孔子曰
"자네는 어찌하여 이처럼 여기저기 다니며 빌붙으려 하는가?	丘何爲是栖栖⁴¹⁾者與

미생무微生畝가 공자께 말했다.   微生畝謂孔子曰

"자네는 어찌하여 이처럼 여기저기 다니며 빌붙으려 하는가?   丘何爲是栖栖[41]者與

말재주를 부리는 것이 아닌가?"   無乃爲佞乎

공자께서 말씀하셨다.   孔子曰

"말재주를 부리려는 것이 아니라 완고함을 미워할 뿐이다."   非敢爲佞也 疾固[42]也.

독재 정치 반대

논어論語/자로子路 15

노나라 정공이 물었다.   定公問

"한 마디 말로 나라를 흥하게 한다는데 그런 말이 있을까요?"   一言而可以興邦 有諸.

공자께서 대답하셨다.   孔子對曰

"말로써 이와 같이 기대한다는 것은 불가능합니다.   言不可以若是其幾[43]也

속담에 '군주 노릇을 하기도 어렵고   人之言曰 爲君難

신하 노릇을 하기도 쉽지 않다'고 했습니다.   爲臣不易

만약 군주 노릇을 하기 어렵다는 것을 안다면   如知爲君之難也

이것이야말로 한 마디 말로 나라를 흥하게 한다는 말과   不幾乎一言

근사하지 않을까요?"   而興邦乎.

정공이 물었다.   曰

"한 마디 말로 나라를 잃는다는데 그런 말이 있을까요?"   一言而喪邦 有諸.

---

41)_ 栖栖(서서)=依依也.
42)_ 固(고)=執一不通也.
43)_ 幾(기)=期也.

공자께서 대답하셨다.　　　　　　　　　　　　　　　　　孔子對曰

"말로써 그렇게 된다는 것은 불가능합니다.　　　　　　　言不可以若是其幾也

속담에 '나는 군주 노릇을 즐기지 않고　　　　　　　　　人之言曰 予無樂乎爲君

오직 말한 것을 내가 어기지 않을 뿐'이라고 했습니다.　　唯其言而莫予違也

군주의 말이 착하고 어기지 않는다면　　　　　　　　　　如其善而莫之違也

역시 좋은 일이겠지만　　　　　　　　　　　　　　　　　不亦善乎

그러나 만약 착하지 않은데도 이를 어기는 자가 없다면　　如不善而莫之違也

이것이야말로 한 마디 말로　　　　　　　　　　　　　　不幾乎一言

나라를 잃은 것과 비슷하지 않을까요?"　　　　　　　　　而喪邦乎.

왕도주의 관료의 중립

논어論語/위정爲政 12

공자께서 말씀하셨다.　　　　　　　　　　　　　　　　　子曰

"군자(관장)란 어느 한 군주의 도구가 아니다."　　　　　君子不器.[44]

논어論語/위영공衛靈公 37

공자께서 말씀하셨다. "군자는 곧아야 한다.　　　　　　子曰 君子貞

그러나 시비를 가리지 않고 무조건 신뢰를 주는 것은 아니다."　而不諒[45]

논어論語/헌문憲問 1

원헌原憲이 부끄러움에 대해 물었다.　　　　　　　　　　憲問恥.

공자께서 말씀하셨다. "나라에 도가 있으면 녹을 먹는다지만　子曰 邦有道穀

---

44)_ 器(기)＝皿也, 才也, 甲兵. 有限域之謂也.

45)_ 諒(량)＝不擇是非而必於信.

나라에 도가 없을 때도 녹을 먹는 것은 수치다."　　　　邦無道穀恥之.

왕도王道

논어論語/선진先進 23

계자연季子然이 물었다.　　　　　　　　　　　　　　　　季子然問

"우리 가문의 가신인 중유(자로)와 염구(염유)는　　　　仲由冉求

대신감이 될 만하지요?"　　　　　　　　　　　　　　　可謂大臣與.

공자께서 말씀하셨다.　　　　　　　　　　　　　　　　子曰

"그대가 색다른 질문을 하는가 했더니　　　　　　　　吾以子爲異之問

겨우 유와 구에 대한 것이구려.　　　　　　　　　　　曾由與求之問

대신이란　　　　　　　　　　　　　　　　　　　　　所謂大臣者

도道로써 군주를 섬기다가 옳지 않으면 물러나는 것이오.　以道事君 不可則止.

유와 구는　　　　　　　　　　　　　　　　　　　　今由與求也

가문을 섬기는 가신의 자격은 갖추었다고 할 수 있을 것이오."　可謂具臣矣

계자연이 말했다. "대신감이 아니라면　　　　　　　曰 然則

계씨 가문을 충실히 따를 것이란 말입니까?"　　　　從之者與.

공자께서 말씀하셨다.　　　　　　　　　　　　　　　子曰

"아비와 군주를 죽이는 일은 따르지 않을 것이오."　　弑父與君 亦不從也.

지역주의에 대해 중립

논어論語/술이述而 28

호호互라는 고을은　　　　　　　　　　　　　　　　　互鄕

더불어 말하기 어려운 사람들이므로 기피하는 형편인데　　難與言

공자께서 그 고을 동자를 접견하자 제자들이 의아해했다.　童子見 門人惑.

공자께서 말씀하셨다.　　　　　　　　　　　　　　　子曰

"힘써 나아가려는 자는 더불어 하고   與其進[46]也

퇴보하려는 자는 더불어 하지 않을 뿐인데   不與其退也

어찌 심하게 구느냐?   唯[47]何甚

사람이 자기를 수양하여 나아가려 하면   人絜[48]己以進

함께하고 도와주어야지,   與其絜也

그의 지난 일을 결부하지 말아야 한다."   不保[49]其往也.

공직자의 중립

논어論語/위영공衛靈公 22

공자께서 말씀하셨다.   子曰

"군자는 긍지를 지키지만 다투지 않고   君子矜而不爭

무리와 더불어 살지만 파당을 짓지 않는다."   群而不黨.

붕당 반대

논어論語/술이述而 30

진陳나라 사패司敗가 물었다.   陳司敗[50]問

"노나라 소공昭公은 예를 압니까?"   昭公知禮乎.

공자께서 말씀하셨다. "예를 알지요."   孔子曰 知禮.

공자께서 물러가시자   孔子退

사패가 무마기巫馬期에게 읍을 하고 다가가 말했다.   揖巫馬期 而進之曰

---

46)_ 進(진)=自勉强也.
47)_ 唯(유)=以也.
48)_ 絜(혈)=麻一耑也, 淸也. 주희는 潔의 錯簡으로 읽는다. 따른다.
49)_ 保(보)=附也.
50)_ 司敗(사패)=司寇. 사법장관.

"내가 듣기로는 군자는 파당이 없다더니   吾聞 君子不黨

공자 같은 군자도 역시 당파적이군요.   君子亦黨乎

소공은 오나라로 장가를 들면서   君取於吳

노나라와 오나라는 같은 희씨姬氏이므로 이를 감추고자   爲同姓

신부의 이름을 오맹자吳孟子로 바꾸었습니다.   謂之吳孟子.

소공이 예를 안다면 누군들 예를 모른다 하겠습니까?"   君而知禮 孰不知禮

무마기가 사패의 말을 전하자 공자께서 말씀하셨다.   巫馬期以告 子曰

"나는 행복하다.   丘也幸

허물이 있으면 반드시 남들이 깨우쳐주는구나!"   苟有過 人必知之.

독선주의 반대

논어論語/자한子罕 4

공자께서는 네 가지를 끊으셨다.   子絶四

자기 뜻으로 남을 헤아리는 억측이 없으셨고   毋意.[51]

자기 혼자 전단함이 없으셨고   毋必[52]

두루 통하지 못하고 하나를 고집하는 고루함이 없으셨고   毋固[53]

사사로운 자기를 내세움이 없으셨다.   毋我[54]

논어論語/위정爲政 16

공자께서 말씀하셨다.   子曰

"이단을 익히면 해로울 뿐이다.   攻[55]乎異端[56] 斯害也已.

---

51)_ 意(의)=憶也, 度也. 주희는 私意로 해석.
52)_ 必(필)=專也. 주희는 期必로 해석.
53)_ 固(고)=執一不通也. 주희는 執滯로 해석
54)_ 我(아)=私意. 주희는 私己로 해석.

논어論語/선진先進 15

자공이 물었다.　　　　　　　　　　　　　　　　　　　　　子貢問

"사師(자장)와 상(자하)은 누가 더 현명합니까?"　　　　　　師與商也孰賢

공자께서 말씀하셨다.　　　　　　　　　　　　　　　　　　子曰

"사는 지나치고 상은 미치지 못한다."　　　　　　　　　　師也過 商也不及

자공이 말했다. "그러면 사가 더 낫습니까?"　　　　　　　曰 然則 師愈與

공자께서 말씀하셨다. "지나침은 미치지 못함과 같은 것이다."　子曰 過猶不及.

대중 추수 반대

논어論語/위영공衛靈公 28

공자께서 말씀하셨다.　　　　　　　　　　　　　　　　　　子曰

"대중이 그것을 싫어해도 반드시 살피고　　　　　　　　　衆惡之 必察焉

대중이 그것을 좋아해도 반드시 살펴라."　　　　　　　　　衆好之 必察焉.

중용 철학은 대중 추수주의가 아니다

논어論語/자로子路 24

자공이 물었다.　　　　　　　　　　　　　　　　　　　　　子貢問曰

"고을 양반들이 모두 좋아한다면 어떻습니까?"　　　　　　鄕人皆好之 何如.

공자께서 말씀하셨다. "그것이 반드시 옳다고 할 수 없다."　子曰 未可也

"마을 양반들이 모두 싫어한다면 어떻습니까?"　　　　　　鄕人皆惡之 何如.

공자께서 말씀하셨다. "그것이 반드시 나쁘다고 할 수 없다.　子曰 未可也

---

55)_ 攻(공)=擊, 習, 巧也(能, 順而說也).

56)_ 異端(이단)=天命을 좇는 君子儒의 王道를 버리고 末端을 좇는 小人儒의 覇道. 왕도와 주례를 本으로 삼는 군자유의 타도 대상은 말단을 힘쓰는 소인유의 패도다. 주희는 공자가 말한 이단을 楊墨이라고 해석했다. 그러나 양묵은 공자보다 후대이므로 공자의 상대가 아니다.

선한 사람이 그를 좋아하고 不如 鄕人之善者好之

선하지 않은 사람이 그를 싫어하는 것만 못하다." 其不善者惡之.

논어論語/자한子罕 25

공자께서 말씀하셨다. 子曰

"삼군의 장수는 빼앗을 수 있으나 三軍可奪帥也

필부의 마음은 빼앗을 수 없다." 匹夫不可奪志也.

논어論語/옹야雍也 27

공자께서 말씀하셨다. 子曰

"중용의 덕을 행한다는 것은 中庸57)之爲德也

지극히 고통스럽고 어려운 것이어서 其至58)矣乎

민民 계급에게는 기대할 수 없는 것이다."59) 民鮮久60)矣.

---

57)_ 庸(용)=常也, 和也.

58)_ 至(지)=極也. 極=惡而困之也, 病困也.

59)_ 中道는 治者의 덕목일 뿐, 民에게는 해당되지 않는다.

60)_ 久(구)=待也.

군왕의 중도주의

중국은 예나 지금이나 십수억 인구의 대국이다. 그런 대국을 통치하는 방법은 인류사에 유일하게 중국 역사만이 가진 노하우였다. 이 노하우의 핵심은 중앙을 잡는 이른바 중도주의에 있다. 그리고 그 중앙은 유일하게 천제天帝의 명을 받는 의식인 천제天祭를 거행할 수 있는 천자天子였다. 천자는 하느님의 명령을 받은 자이며 따라서 제사장이기도 했다. 그러므로 천자는 하느님과 통하는 성인聖人이었다. 천자는 천자와 혈연관계에 있는 제후들의 최고 종주宗主로서 종족의 수장임을 과시함으로써 천하를 한 가문처럼 통합하며, 하느님과 조상신을 합사合祀하는 천제天祭를 독점하여 천명을 받은 자임을 과시함으로써 천하를 신성神聖 공동체로 통합했다. 정치적으로는 천하를 수많은 제후들의 연합제를 유지하면서도 신정神政 체제의 유일 통치를 펴는 절대자였다. 천자는 소국들 사이의 분쟁을 조정·통합하는 중앙이었으므로 불편부당한 중립을 표방하는 것이 중요했다.

또한 제후도 씨족과 가문들의 연합체이므로 거실巨室의 대인大人들 사이의 분쟁을 조정하기 위해서는 중립을 표방해야 했다. 이는 또한 군왕의 전제 정치를 반대하고 귀족들인 부족장과 씨족장들과 더불어 공존하는 공화정을 의미하는 것이기도 했다. 이러한 중립주의가 점차로 정치 철학으로 발전했으며 나아가 일반인의 생활 철학으로 굳어졌으니 이를 중용中庸 또는 중화中和 철학이라고 말한다.

서경書經/**우서**虞書/**대우모**大禹謨

순임금이 말했다. "오라! 우禹여!　　　　　　　帝曰 來禹.
하늘의 운수가 그대 몸에 있으니　　　　　　　天之曆數在汝躬
그대는 장차 임금이 될 것이다.　　　　　　　汝終陟元后.
인심은 위태롭고 도심은 희미하니　　　　　　人心惟危 道心惟微.
오직 정밀하고 한결같이 하여 진실로 중도中道를 지켜라."　　惟精惟一 允執厥中.

이런 맥락에서 『논어』에서 딱 한 번 나오는 '무위無爲'라는 말은 덕치德治 또는 예치禮治를 뜻하는 것이므로 통치가 없는 자연을 말하는 노자의 '무위'와는 같은 것이 아니다. 공자의 무위는 왕도주의 내지 중도주의를 말한 것이고, 노자의 무위는 무정부주의를 말한 것이기 때문이다.

맹자孟子/이루離婁 상

정치는 어려운 것이 아니니　　　　　　　　　　　　爲政不難

큰 가문의 종실에 죄를 짓지 않으면 된다.　　　　　　不得罪於巨室.

군자의 중도주의

또한 공자의 중도주의는 왕과 군주뿐 아니라 이들을 보좌하는 사군자에게도 해당된다.

첫째, 유사와 군자는 여러 제후들에게 중립을 지켜야 한다는 것이다. 더 나아가 요순을 성인으로 추앙하는 유사들은 요순의 중도주의를 계승하여 중용 또는 중화 철학으로 발전시킨다.

공자가 13년 동안이나 여러 나라를 주유하면서 자기를 등용해 줄 것을 유세한 것은 그가 어느 군주를 배반했거나 어느 군주에게 아첨한 것이 아니라 모든 군주들에게 중립적 태도를 취하는 본보기를 보여준 것이다.

원래 관장官長을 군자君子라 한 것은 '군주의 명을 받은 자'라는 뜻이다. 그러므로 군자는 군명君命에 죽고 사는 군주의 종복이었다. 그러나 춘추전국시대에 이르러 군주들 간에 영토겸병의 쟁패전이 수백 년간 지속되자 공자를 선두로 한 유사들은 이제 어느 한 군주의 종복이 아니라 천명을 받은 천자와 도道를 따르는 중도파임을 주장하게 된 것이다.

다시 말하면 선비는 군주의 임명을 받은 군자가 되더라도 천자의 신하이므로 군주들의 치국治國 평천하平天下의 도리를 따를 뿐, 군주 개인의 사욕을 위한 쟁탈전을 돕지 않으며, 모든 군주에게 중립을 지켜 어느 군주에게나 봉사할 수 있으며, 그것은 배신이 아니라는 것이다. 즉 군주의 녹을 먹고 군주를 보필하지만 '시비를 가리지 않고 무조건 신뢰를 주는 것'은 아니라고 선언한 것이다. 이러한 공자의 중도주의 표방은 군명을 받은 '군자'의 정체성을 왕명王命을 받은 '왕자王子'로 바꾼 셈이 된다.

맹자孟子/진심盡心 상

천하에 도道가 있으면 도가 몸을 따르고	天下有道 以道殉身.
천하에 도가 없으면 몸이 도를 따른다.	天下無道 以身殉道.

맹자孟子/진심盡心 하

민民이 귀하고 사직은 다음이며 군주는 가볍다.	民爲貴 社稷次之 君爲輕.
그러므로 언덕 밑에서 농사짓는 민을 얻으면 천자가 되고	是故 得乎丘民而爲天子
천자를 얻으면 제후가 되며	得乎天子爲諸侯
제후를 얻으면 대부가 된다.	得乎諸侯爲大夫.
제후가 사직을 위태롭게 하면 자리를 바꾼다.	諸侯危稷社則變置.
희생도 훌륭했고 젯밥도 정결하며	犧牲旣成粢盛旣潔
제사도 때에 맞게 드렸는데	祭祀以時
가뭄과 수해가 나면 사직의 신도 갈아치운다.	然而旱乾水溢 則變置社稷.

둘째, 제후들에게 중립을 지키는 것은 또한 지역적 중립을 의미한다. 당시에도 지역 차별이 심했으나 공자는 이를 배격했다. 그러므로 그는 노나라를 무조건 두둔하지 않았고, 어디든지 자기를 부르면 달려가려 했던 것이다.

셋째, 계급적 중립이다. 공자는 한 걸음 더 나아가 선비는 중간 계급으로서 도를 따를 뿐, 귀족이든 민중이든 어느 계급에게도 의부倚附하지 않겠다는 계급적 중도를 주장한 것이다. 그러므로 그들은 불편불의不偏不倚 무과불급無過不及을 표방했다.

한서漢書/예문지藝文志

유가들은 거개가 사도司徒의 관직에서 나왔다.	儒家流蓋出于司徒[61]之官.
인 계급과 군주를 돕고 음양을 따르며	助人君[62]順陰陽
교화를 밝히는 자들이다.	明敎化者也
이들은 예禮·악樂·인仁·의義·충忠·서恕를 주장하고	主張禮樂仁義忠恕
불편불의 무과불급의 중화中和를 표방했다.	不偏不倚 無過不及.

인人 계급은 지배적 기득권을 유지하려 하므로 중도 계급이 될 수 없다. 또한 민民 계급은 그들대로 피지배계급으로서 자기들의 이익을 주장할 것이므로 중도 계급이 될 수 없다. 그러므로 오직 무산無産 지식인 계급이 중립을 지켜 두 계급을 조화 통합해야 한다는 것이다. 그래서 공자는 제자들에게 소인파小人派의 유사가 되지 말고, 군자파君子派의 유사가 되라고 요구했다.

이것은 지배계급인 왕과 제후와 공경·대인 등 귀족과 피지배계급인 사농공상士農工商 등 사민四民과 천민賤民의 두 축으로 된 사회구성체를 변화시켜 왕과 귀족, 유사와 관료, 농공상農工商의 삼각 구도로 개혁하고자 한 것이다. 이런 관점에서 그는 개혁적이었다.

---

61)_ 司徒(사도)＝掌邦敎 敷五典 馴兆民.
62)_ 人君(인군)＝귀족과 군주.

중용 철학

이러한 정치적 중도주의는 그것으로 그치는 것이 아니라 중용中庸 사상 내지 중용 철학으로 발전한다. 이것은 '극기克己'에도 연관되는 것으로 자기 절제는 중도中道에 두어야 한다는 것이다. 개인들의 자기 절제는 공동체 생활에 불가결의 요소이며, 또한 자기 절제만이 진정한 쾌락을 위한 지혜라는 것이다. 그러나 그것은 자기 구속으로 주체를 소외시키는 함정이 있다. 이처럼 공공성과 개인성의 조화 문제는 인문학의 가장 절실한 숙제다. 그러나 인류는 오늘날까지도 명쾌하고 구체적인 답안을 찾지 못하고 있다.

아리스토텔레스도 『니코마코스 윤리학Ethika Nikomacheia』에서 중용(mean)를 말한 바 있다. 그에 의하면 덕德은 두 극단의 중간을 선택하는 성품이다. 대체로 그의 중용 철학은 보편성보다 개별성이 우선되는 실천에서 개별적 감정이 이성적 검증을 통해 보편적 감성 즉 덕성이 되어야 한다는 것이다. 이처럼 개별성과 보편성이 동시에 충족되는 중용을 실천적 지혜라고 말하고, 덕을 지향케 하고 그것을 이루는 올바른 방법이라고 생각했다. 그러나 그 지혜는 개별적이며, 인지적 감각이나 도구적 이성이 아니라 수단이면서 동시에 목적인 '욕구적 이성'이라고 한다. 그래서 그는 덕을 '중용을 선택하는 성품'이라고 말했다. 훗날 칸트는 이러한 '욕구적 이성'을 감정적 요소를 배제한 '실천이성'으로 해석했다.

그러나 공자와 아리스토텔레스가 말하는 중中은 어디에 머물러야 하는지 객관적이고 명확한 것이 아니다. 유가들은 '불편불의不偏不倚 무과불급無過不及'이라고 말하지만 그것도 명확한 것은 아니다. 우리는 때때로 남의 작은 잘못을 나무라지 않는 것을 온화하다고 칭찬한다. 그러나 그 작다는 것에 대한 객관적인 기준은 있을 수 없다. 때론 화를 잘 내는 사람을 칭찬하면서 사내답다고 말하기도 한다. 그러나 그 지나치지 않음이 어느 수준이어야 하는지 명확하지 않다.

이 점에 대해 묵자는 개별성과 보편성이 서로를 훼손하지 않는 방법으로 삼표론三表論을 제시했다. 그러나 구체적인 사안별로 개인을 위한 이익과 공동체를 위한 이익이 조화되는 의견이 참된 중용이라고 할 것이다.

공자는 처음부터 전통적인 천제天帝 사상과 이에 의문을 제기하는 유물론적 입장을 종합하여 '신을 공경하되 멀리하라(敬神而遠之)'는 테제를 제시했다. 이처럼 그는 처음부터 사상적 중도를 선택했던 것이다.

첫째, 공자가 활동하던 춘추시대는 천명을 부정하고 유물론적 천기론天氣論이 등장했고 종법적인 주례를 부정하고 법치적인 군주가 대세를 이루었으나, 공자는 이에 대해 일면 비판하면서도 전통적인 주례를 새롭게 해석하여 일이관지一以貫之로 포용 종합하려 했다. 이른바 사상적인 중도를 지향한 것이다.

도올은 공자 시대에는 정통이라는 개념 자체가 부재했다고 말하고 있으나(『도올논어』권2, 166쪽) 이는 천박한 망언에 불과하다. 예컨대 천신을 상제로 모시고 제정을 중시하는 주례의 종법 체제에 반기를 든 유물론의 등장은 정통에 대한 도전이었으며, 주형정鑄刑鼎에 대한 관자와 숙향의 1차 논쟁에 이어 조앙趙鞅과 공자의 2차 논쟁도 바로 정통과 이단의 논쟁이었다(이 책 제7장 5절 '덕치주의' 참조).

중용中庸/1장

희로애락이 아직 발하지 않은 것을 중中이라 말하고	喜怒哀樂之未發 謂之中.
발하여 모두 절도에 맞는 것을 화和라고 말한다.	發而皆中節 謂之和.
중은 천하의 큰 근본이고	中也者 天下之大本也.
화는 천하의 나아갈 도道인 것이다.	和也者 天下之達道也.[63]

둘째, 이러한 중도주의는 문화와 생활 속에서 중화中和 사상으로 발전했다. 중국인들은 대체로 일상생활에서도 극단을 피하는 중화를 귀하게 여긴다. 쑨원이 20세기에

---

[63]_ 庸 常也. 用中 爲常道也(鄭玄). 庸 常也. 中和 可常之德道(河晏). 中者 天下之正道. 庸者 天下之定理(程子). 中庸者 不偏不倚 無過不及 而平常之理(朱熹).

민국民國을 세울 때 국호를 중화中華라 칭한 것도 그 때문이다. 그들은 번쩍이고 모난 규각圭角을 싫어하고 둥글고 빛이 온화한 곡옥曲玉을 좋아한다. 특히 공자는 강직했으나 온화한 성품이었으며 독단이 없었던 듯하다. 그러므로 공자 시대는 물론이고 요순 시대부터 지금까지 중국의 정통은 '중용' 또는 '중화주의中和主義'인 것이다.

여기서 우리는 공자의 중도주의에 대한 진보파인 묵자의 대안이 궁금해진다. 나는 묵자의 이른바 삼표론과 대취大取·소취론小取論이 바로 중도주의를 구체화하고 심화시킨 것으로 생각한다(졸저『묵자』4장의 '정의론' 참조).

묵자墨子/대취大取

하느님이 인민을 사랑하는 것은	天之愛人也
성인이 인민을 사랑하는 것보다 두루 넓다.	薄於聖人之愛人也
하느님이 인민을 이롭게 하는 것은	其利人也
성인이 인민을 이롭게 하는 것보다 더욱 크다.	厚於聖人之利人也.
겸兼을 나눈 분체分體는 경중이 있기 마련이다.	於所體[64] 輕重之中
경중을 헤아리는 것을 저울이라고 한다.	而權輕重之謂權.
저울은 옳은 것도 아니고 그른 것도 아니다.	權非爲是也 亦非爲非也.
저울은 한편으로 치우치지 않고 중정中正할 뿐이다.	權正也.
손가락을 잘라서 팔뚝을 보존할 수 있었다면	斷指以存腕
이익 중에서 큰 것을 취했고	利之中取大
해害 중에서 작은 것을 취한 것이다.	害之中取小也.
해 중에서 작은 것을 취한 것은	害之中取小也
해를 취한 것이 아니고 이利를 취한 것이다.	非取害也 取利也.

---

64)_ 體(체)=兼이 나누어진 것(體分於兼也 : 墨子/經說 上/上).

그것을 취하는 것은 사람마다 결정할 일이다.   其所取者 人之所執[65]也.

묵자墨子/법의法儀

부모와 스승과 군주는	故父母學君三者
다스리는 법도로 삼을 수 없는 것이다.	莫可以爲治法.
그러면 무엇으로 다스리는 법도로 삼아야 옳은가?	然則奚以爲治法而可.
예부터 이르기를	故曰
하느님을 법도로 삼는 것보다 더 좋은 것은 없다고 한다.	莫若法天.

묵자墨子/비명非命 상

묵자가 말했다.	子墨子言曰
"말씀은 반드시 본받을 표준을 세워야 한다.	言必立儀
말씀에 표준이 없다는 것은	言[66]而無儀
비유컨대 마치 돌림대 위에서	譬猶運鈞之上
동서남북을 가리키는 것과 같아서	而立朝夕者也.
시비是非·이해利害를 분별할 수 없고	是非利害之辨
지혜를 얻을 수 없다.	不可得而明知也.
그러므로 말씀에는 반드시 세 가지 표준이 있어야 하며	故言必有三表 曰
그것은 본본과 원원과	有本之者 有原之者
용用이다.	有用之者.
무엇을 표본으로 삼아야 하는가?	於何本之
위로 하늘의 뜻을 실행한 성왕의 일을 표본으로 삼아야 한다.	上本之於古者聖王之事.

---

65)_ 執(집)=主也, 猶斷.

66)_ 言(언)=直言曰言 論難曰語(說文解字).

무엇을 근원으로 할 것인가?	於何原之
백성들이 보고 들은 실정을 근원으로 삼아야 한다.	下原察百姓耳目之實.
무엇을 실용이라 하는가?	於何用之
이것을 발현하여 이로써 정치를 하여	發以爲刑政
국가·백성·인민의 이익에 맞는지를 살펴야 한다."	觀其中國家百姓人民之利.

맹자는 이단을 철저히 배격하여 양자와 묵자를 군주도 없고 부모도 없는 금수라고 비난했다. 그러나 이처럼 극단적인 투쟁으로 인해 맹자는 오히려 중도주의를 버린 규각(모난 사람)으로 지목되어 유가들로부터도 성인으로 추앙받지 못했다. 또한 유교는 한漢 대에 독존유술獨尊儒術의 국교가 되어 백가를 폐출했으나 도교 세력에 의해 패망했다. 이러한 시련을 겪고 나서 당唐 대에 유학은 도가를 포용한 현학玄學이 되었고, 송宋 대 성리학은 불교를 포용하는 등 중도성을 회복하려 했다. 이처럼 중도주의는 공자를 넘어 중국인의 뿌리 깊은 심성이 된 것이다. 그러나 조선의 성리학은 처음부터 국교로 시작하여 후기로 갈수록 사상적 중도를 상실하고 독선적이고 고루해졌다.

오늘날 세계는 춘추전국시대와 비슷하다. 세계 각 민족국가들이 쟁탈하고 자본 계급과 노동 계급이 첨예하게 대립한다. 이러한 만 가지 다름을 하나로 관통하는 제3의 새로운 길을 발견하거나, 아니면 대립된 모든 것을 모두 포용해야 한다. 그것이 바로 중도 사상인 것이다. 특히 우리의 경우 남북의 대립과 남남의 갈등은 계급적 이념적 질곡 대립에서 벗어나서 중도주의로 나오지 않는 한 극복될 수 없을 것이다.

혹자는 중도주의를 소극적이고 무기력하고 기회주의적인 심성을 키워 진취적이고 헌신적인 인격 형성을 방해한다고 부정적으로 인식하기도 하지만 그렇게 간단하게 평가할 수는 없다고 본다. 오히려 중도주의는 적극적인 문제 해결의 자세이며 모두를 아우르고 통합해 나가는 실천적 자세라고 평가할 수도 있을 것이다. 공자가 중도의 선비가 아니면 차선책으로 광사狂士나 견사狷士를 택하라고 한 것도 중도주의가 소극적인 것이 아님을 말해 준다(이 책 제4장 2절 '군자가 되는 것' 참조).

5절 | 덕치주의

논어 읽기

논어論語/안연顔淵 19

계강자가 공자께 정사를 물었다.　　　　　　　季康子問政於孔子曰

"무도자無道者를 죽여 도로 나아가면 어떻습니까?"　如殺無道 以就有道何如

공자께서 말씀하셨다.　　　　　　　　　　　孔子對曰

"그대만 한 분이 정사를 다스리는데 어찌 죽이려 합니까?　子爲政焉用殺

그대가 선하고자 하면 민民도 선하게 될 것입니다.　子欲善而民善矣

군자의 덕은 바람이요, 소인(民)의 덕은 풀과 같습니다.　君子之德風 小人67)之德草

풀은 위에서 바람이 불면 반드시 쏠리게 마련입니다."　草上之風 必偃.

논어論語/안연顔淵 21

공자께서 말씀하셨다.　　　　　　　　　　　子曰

"먼저 섬기고 나서 알아주기를 바란다면　　　先事後得

---

67)_ 小人(소인)＝小人輩가 아니라 民을 말함.

덕德을 높이는 것이 아니겠느냐?"   非崇德與.

논어論語/위정爲政 1

공자께서 말씀하셨다.   子曰

"덕으로 정치를 하는 것은   爲政以德

비유컨대 북극성이 제자리에 있으면   譬如北辰 居其所

뭇별들이 그것을 받드는 것과 같다."   而衆星共之.

논어論語/위정爲政 3

공자께서 말씀하셨다.   子曰

"법으로 인도하고 형벌로 다스리면   道之以政68) 齊69)之以刑

민民은 법망을 벗어나려 하고 염치가 없어진다.   民70)免而無恥.

덕으로 인도하고 예로써 다스린다면   道之以德 齊之以禮

염치가 있고 바르게 될 것이다."   有恥且格.

논어論語/태백泰伯 11

공자께서 말씀하셨다.   子曰

"사나운 것을 좋아하고 가난을 질책하면 분란이 일어난다.   好勇71)疾72)貧 亂也

관리가 인자하지 않고 질책이 너무 심하면 난리가 일어난다."   人73)而不仁 疾之已甚 亂也.

---

68)_ 政(정)＝法制也, 禁令也, 征賦稅也.

69)_ 齊(제)＝治也.

70)_ 民(민)＝四民. 당시 百姓은 민이 아니라 豪族을 칭함. 『주례』에 의하면 民 계급에는 禮가 적용되지 않고 人 계급에게는 형벌이 적용되지 않는다.

71)_ 勇(용)＝猛也, 共用.

72)_ 疾(질)＝惡也, 非也.

73)_ 人(인)＝貴人, 大人, 官人.

예치

논어論語/이인里仁 13

예禮와 사양으로 나라를 다스릴 수 있다면	能以禮讓爲國乎
무엇이 더 필요하겠는가?	何有
만일 예와 사양으로 나라를 다스릴 수 없다면	不能以禮讓爲國
어찌 예라 하겠는가?	如禮何.

논어論語/자로子路 3

예악이 일어나지 않으면 형벌이 맞지 않고	禮樂不興 則刑罰不中
형벌이 맞지 않으면 민중은 어찌할 바를 모른다.	刑罰不中 則民無所錯手足.

논어論語/자로子路 13

공자께서 말씀하셨다.	子曰
"만약 자기 몸이 바르면	苟正其身矣
정사에 종사함에 무슨 어려움이 있겠느냐?	於從政乎 何有
자신이 바르지 못하고서 어찌 남을 바르게 하겠느냐?"	不能正其身 如正人何.

논어論語/헌문憲問 25

공자께서 말씀하셨다.	子曰
"옛 학문은 자기를 다스리기 위한 것이었으나(修己學→德治)	古之學者爲[74]己.
지금의 학문은 남을 다스리기 위한 것이 되었다(治人學→法治)."	今之學者爲人.[75]

---

74)_ 爲(위)=治也.

75)_ 정자는 말하기를 "나를 위한다 함은 나에게서 깨우치려 함이니, 종국에는 사물을 이룬다. 남을 위한다 함은 남에게 드러내려 함이니 종국에는 자기를 잃는다"고 했다(程子曰 爲己 欲得之於己也 其終至於成物. 程子曰 爲人 欲見 之於人也. 其終至於喪己.:論語集註).

덕의 의미

덕德은 인도어에서 유래했다. 본뜻은 승색繩索이며 속성屬性, 특징特徵 등으로 확장되었다. 주周 대에는 '통치자 개인의 도덕적 행실' 즉 통치자의 우수한 품성을 의미했으며, 일반적으로는 도덕道德·품덕品德을 지칭한다. 관자는 지知·인仁·성聖·의義·충忠·화和의 육덕六德을 말하고, 도道가 구체적 사물에 표현된 것이라고 규정했다. 그 특성은 '애민무사愛民無私'라고 했다. 노자는 『도덕경』을 썼고, 장자는 물론이고 법가인 순자와 한비까지도 덕을 중시했다.

서양에서도 덕(virtue)을 중시했으며 그 의미도 비슷하다. 덕을 의미하는 그리스어 아레테arete는 어떤 일을 처리하는 데 우수한 능력을 의미하고, 라틴어 비르투스virtus는 남성다운 용기 즉 유능성을 뜻한다. 소크라테스Socrates(BC 469~399)는 대체로 어떤 일을 선하게 하려는 의지와 능력으로 보았다.

주례周禮/**지관사도**地官司徒/**대사도**大司徒

향대부鄕大夫는 육덕六德과 육행六行과 육예六藝로	以鄕三物
만민을 교화하며	敎萬民
향사鄕師로 하여금 그것을 진작케 했다.	而賓興之.
첫째는 여섯 가지 덕이니	一曰六德
지혜·어짊·전문성·의리·충심·화목이다.	知仁聖[76]義忠和.
둘째는 여섯 가지 행실이니	二曰六行
효도·우애·화목·혼인·교우·진휼이다.	孝友睦姻任[77]恤.
셋째는 여섯 가지 공부이니	三曰六藝[78]

---

76)_ 聖(성)＝通而先識. 凡一事精通 皆得謂之聖.
77)_ 任(임)＝信於友道也.

의례·음악·활쏘기·말타기·글쓰기·셈하기다.　　　　禮樂射御書數.

관자管子/권13/심술心術 상

덕德은 도道의 집이다.　　　　　　　　　　　德者 道之舍.

사물은 도를 얻어 생겨나는 것이니　　　　　物得以生

생명이 지혜롭고 직분을 얻는 것이 도의 정수다.　生知得以職 道之精

그러므로 덕은 득得이니　　　　　　　　　故德者得[79]也

득이란 뜻을 얻어 마땅하게 이루는 것을 말한다.　得也者 其謂所得以然[80]也.

관자管子/권15/정正

형刑은 다섯 가지 형벌을 재단하는 것이며　　　制斷五刑

각각 그 죄명을 합당하게 하여 죄인도 원망하지 않고　各當其名 罪人不怨

선인도 놀라지 않게 하는 것을 '형'이라 한다.　　善人不驚 曰刑.

정政은 바르게 하고 따르게 하며　　　　　　正之服之

성대히 하고 꾸미고 반드시 그 영을 엄하게 함으로써　勝之飾之 必嚴其令

민民이 그것을 본받게 하는 것을 '정'이라 한다.　而民則之 曰政.

법法은 사계절이 어긋나지 않는 것처럼　　　如四時之不忒

별들이 변하지 않는 것처럼　　　　　　　　如星辰之不變

낮과 밤, 음과 양,　　　　　　　　　　　如宵如晝 如陰如陽

---

78)_ 藝(예)=植也, 才技也.
79)_ 得(득)=事之宜也, 足也.
80)_ 然(연)=宜也, 成也.

일월이 밝은 것처럼   如日月之明
마땅히 하지 않으면 안 되는 것을 '법'라 한다.   曰法.

덕德은 사랑하고 살리고 기르고 이루게 하여   愛之生之 養之成之
민을 이롭게 하지만 자랑하지 않으므로   利民不德
천하가 그를 친애하는 것을 '덕'이라 한다.   天下親之 曰德.

도道는 덕도 원망도 없고, 좋아하고 싫어함도 없이   無德無怨 無好無惡
만물을 하나같이 존숭하여   萬物崇一
음과 양이 함께 가는 것을 '도'라 한다.   陰陽同途 曰道.

그러므로 변하지 않는 것이 법이고   故不改曰法.
민을 사랑하여 사사로움이 없는 것이 덕이고   愛民無私曰德.
민을 회맹시켜 모이게 하는 것이 도다.   會民所聚曰道.

좌전左傳/문공원년文公元年(BC 626)
충심은 덕이 바른 것이며, 신의는 덕이 굳건한 것이다.   忠 德之正也 信 德之固也
낮추고 사양함은 덕의 기초다.   卑讓 德之基也.

좌전左傳/문공文公18년(BC 609)
효도·공경·충성·신실은 길한 덕이고   孝敬忠信 爲吉德
훔치고, 해치고, 숨기고, 음탕함은 흉한 덕이다.   盜賊藏奸 爲凶德.

노자老子/51장
도는 낳고, 덕은 기른다.   道生之 德畜之

그래서 만물은
도를 존숭하고, 덕을 귀히 여기지 않는 것이 없다.

是以萬物
莫不尊道而貴德.

장자莊子/외편外篇/천지天地

만물이 그것을 얻어서 살아가는 것을 덕이라 한다.
형체는 도가 아니면 태어나지 못하고
생명은 덕이 아니면 발현되지 못한다.

物得以生 謂之德.
形 非道不生.
生 非德不明.

한비자韓非子/해로解老

도가 쌓여야만 덕은 공을 이룬다.
그러므로 덕은 도의 공적이다.

道有積 而德有功.
德者道之功.

그런데 공자는 도道와 덕德의 의미를 설명하지 않는다. 다만 군자의 덕은 바람과 같고 소인의 덕은 풀과 같다거나, 먼저 섬기고 나서 알아주기를 바란다면 덕을 높이는 방법이라고 말했을 뿐이다. 이처럼 공자는 덕치를 강조하면서도 덕이 무엇인가는 설명하지 않는다. 왜 그럴까? 그것은 덕이란 선험적인 품성이므로 자명한 것으로 생각했을 것이다.

유학은 수기修己와 치인治人을 위한 학문이므로 이를 경세학經世學이라고 말한다. 그러므로 도와 덕과 선善이 무엇인가라는 존재의 근원을 찾는 형이상학에는 관심이 없으며, 또한 인간이 어떻게 그것을 알 수 있는가를 묻는 인식론을 천착하지도 않는다. 오직 덕인德人이 되기 위한 수양 방법에만 관심을 집중한다. 그것은 유학의 주체인 유사들은 군자 즉 관장官長이 되기 위해 훌륭한 인격자가 되는 것에만 관심이 있었기 때문일 것이다. 또한 유사들은 그러한 문제는 옛 성현들이 이미 밝혀놓았고 경전에 다 수록되어 있으므로 익히기만 하면 되는 것으로 생각했다. 그러므로 공자도 덕과 선이 무엇인지, 어떻게 알 수 있는지에 대해서는 말하지 않았을 것이다.

그러나 전국시대에 이르러 신神의 권위가 의심받기 시작하고 통치 중앙의 구심력이 쇠퇴하자 인간의 실존에 관심을 가지기 시작하면서 도와 덕 등 가치론에 의문을 갖기 시작했다. 이것이 바로 노자의 도덕론이 등장하게 되는 배경일 것이다(졸저 『노자강의』 제6부 '공동체의 도덕' 참조).

왕도주의와 덕치주의

앞에서 설명한 것처럼 왕도주의는 소국 연방주의이므로 제후국들마다 군사 주권이 있었고 강력한 군사력을 보유하고 있었다. 그러므로 천자는 의례와 명분과 덕으로 제후를 따르게 하는 수밖에 없었다. 따라서 왕도王道와 덕치는 불가분의 관계다. 이처럼 공자의 덕치德治는 예악禮樂으로 다스리는 예치禮治를 의미한다. 앞에서 제시한 「위영공」 5의 예문에서 공자는 순임금이 '무위無爲의 치治'를 행했다고 증언했다. 여기서 무위는 무치無治를 뜻하는 것으로 노자가 자연自然을 무위라고 표현한 것과 뜻은 똑같다. 다만 공자의 무위(무치)는 군왕君王과 예禮와 법法을 모두 인정하되 형벌보다 덕으로 교화해야 한다는 것이며, 이에 반해 노자의 무위(무치)는 무군無君·무법無法 자유방임의 무정부주의를 말한다는 점에서 다르다. 그래서 공자는 수기修己하면 치인治人은 저절로 따라온다고 보았으므로 이른바 위기지학爲己之學을 강조했으나, 이와 달리 노자는 학學을 버리고 자연으로 돌아가려 했으므로 덜고 또 덜어내는 '절학絶學'을 강조했다.

덕치는 권력이나 무력을 사용하지 않고 의례儀禮를 통한 자신의 종교적·도덕적 권위로써 백성의 존경과 복종을 얻어낸다는 점에서 제정일치의 샤머니즘적 통치의 잔재라고 볼 수 있을 것이다. 물론 덕치주의는 완전한 제정일치는 아니며 권력과 법과 형벌을 배제하는 것은 아니다. 다만 병행하지만 최소화한다는 뜻을 의미한다.

국어國語/주어周語 상

전복에서는 천자의 매일 지내는 제祭에 필요한 물품을 바치고	甸服者祭.
후복에서는 매월 지내는 사祀에 필요한 물품을 바치고	侯服者祀.
빈복에서는 계절마다 지내는 시향時享에 필요한 물품을 바치고	賓服者享.
요복에서는 매년 조공朝貢을 바치고	要服者貢.
황복에서는 자국의 군주가 바뀔 때마다 알현하도록 했다.	荒服者王.
이처럼 일제日祭·월사月祀·시향時享·세공歲貢·종왕終王은	日祭 時享 歲貢 終王
선왕의 법도다.	先王之訓也.

따라서 일제日祭를 바치지 않는 자는 형刑을 내리고(刑)	于是乎 有刑不祭
월사月祀를 바치지 않을 때는 제후들의 군대로 치며(伐)	伐不祀
시향時享을 바치지 않는 자는 천자의 군대로 정벌하고(征)	征不享
조공朝貢을 바치지 않는 자는 재상을 물러나게 하며(讓)	讓[81]不貢
왕에게 책봉을 받지 않는 자는 알현을 중지했다(告).	告[82]不王.

사실 중국이라는 나라는 영토가 광대하여 군사력과 법과 형벌만으로는 다스릴 수 없을 정도로 넓다. 수많은 민족과 각 지방을 실질적으로 통치하는 여러 가문과 토호들을 무력으로 제압하는 것은 불가능할 뿐 아니라 낭비적인 것이다.

그러므로 진秦나라가 무력으로 천하를 통일하기 이전까지는 천하를 장악한다는 것은 각 지방의 분권 영주들의 연합과 공화정을 의미했다. 그러므로 천자의 역할 즉 왕도王道는 여러 영주들에게 중립을 지키고 그들을 통합하는 것이 될 수밖에 없었다.

따라서 왕도 정치란 천자는 천명을 받은 존재이므로 천제天祭를 지내는 것으로 군림

---

81)_ 讓(양)=相責也, 退也.
82)_ 告(고)=休謁也.

하고, 제후는 사직과 종묘의 신성한 의례를 집행함으로써 그 지방의 신주神主로서 통치하며, 경대부와 유사들은 왕법을 집행하는 통치구조였다. 이것을 덕치 또는 예치주의라고 말하는 것이다.

왕도주의는 구시대의 유물이라고 반대한 순자도 정치와 법으로 다스리면 강한 군주가 될 뿐이며 예로 다스려야만 왕이 될 수 있다고 인정했다. 그의 지론은 군주는 법으로 통치하고, 천자는 예로 통치해야 한다는 것이다. 그러므로 그를 예법가禮法家라고 칭한다.

순자荀子**/왕제**王制

예로 다스리는 자는 왕이 되고	修禮者王
법으로 다스리는 자는 강한 군주가 된다.	爲政者彊.
민民을 얻는 자는 편안하고	取民者安
세금을 가혹하게 거두는 자는 망한다.	聚斂者亡.
그러므로 왕은 사민四民을 부하게 하고	故王者富民
패자는 무사武士를 부하게 하고	覇者富士
근근이 나라를 보존하는 자는 대부를 부하게 하고	僅存之國富大夫.
망국자는 곳간을 부하게 하고 부고를 실하게 한다.	亡國富筐篋 實府庫.
그러므로 왕은 귀족을, 패자는 우방을	故王奪之人 覇奪之與
강자는 땅을 빼앗는다.	彊奪之地.

예치와 법치

『예기』「곡례」편에 의하면 "예禮는 서인庶人에게는 적용되지 않고, 법法은 대부大夫

이상에게는 적용되지 않는다"고 적시하고 있다. 이러한 유습은 조선시대 우리나라 향약에도 남아 있다. 즉 상민이 죄를 지으면 곤장을 치고 옥에 가두지만, 양반이 죄를 범하면 곤장을 치는 대신 동구 밖에 서 있게 하여 수치심을 느껴 반성하도록 했다.

『주례』에 의하면 당시 사회는 공작·후작·백작·자작·남작 등 귀족과 대부 등 지배계급에게는 법이 적용되지 않고 예만 적용되며, 대부 이하 사민四民과 천민賤民에게는 예가 적용되지 않고 형벌만 적용되는 신분차별 사회였다.

예기禮記/곡례曲禮 상

군주가 천문天文(占文)을 받아 대부에게 내리고	國君撫[83]式[84] 大夫下之
대부가 점문占文을 받아 사士에게 내린다.	大夫撫式 士下之
예禮는 서인에게까지 미치지 않고	禮不下[85]庶人
형벌은 대부에게까지 올라가지 않는다.	刑不上大夫.

순자荀子/부국富國

예禮는 귀천의 계급을 차등하고, 장유를 차별하고	禮者貴賤有等 長幼有差
빈부와 경중을 모두 알맞게 한다.	貧富輕重 皆有稱者也
사士 이상에게는 반드시 예악으로 절제시키고	由士以上 則必以禮樂節之.
그 외의 일반 백성들에게는	衆庶百姓
반드시 법으로 죄를 물어 제재한다.	則必以法數[86]制之.

---

83)_ 撫(무)=據也.
84)_ 式(식)=占文, 天文, 表也. '의식'으로 해석하고 馬上에서 사열식을 거행하는 것으로 解하는 것이 대부분이다.
85)_ 不下(불하)=謂其不下及也.
86)_ 數(수)=責也.

회남자淮南子**/범론훈**氾論訓

그러므로 법제와 예의는 사람을 다스리는 도구일 뿐	故法制禮義者 治人之具也
다스림을 위한 목적이 아니다.	而非所以爲治也
법으로 민 계급을 제재하는 방법은	制法之民
먼 곳까지 미칠 수 없는 약점이 있고	不可與⁸⁷⁾遠擧⁸⁸⁾
예로써 인 계급을 구속하는 방법은	拘禮之人
변화에 대응할 수 없는 단점이 있다.	不可使應變.

『주례』에 의하면 당시 형벌은 얼굴에 먹물을 뜨는 묵형墨刑, 코를 베는 의형劓刑, 거세하는 궁형宮刑. 발꿈치를 자르는 월형刖刑, 목숨을 끊는 사형殺刑 등 오형五刑이 있고, 오형의 죄목은 각각 500가지로 도합 2,500가지 죄목이 있었다고 한다.

　그뿐 아니라 이에 더하여 관장의 자의적인 집행으로 '서민은 죄가 없어도 구슬을 품으면 죄가 되는' 실정이었다. 그래서 뜻있는 사람들은 '온 나라 장터마다 죄를 지어 형벌을 받은 절름발이들의 뒤축 없는 신발은 비싸고 온전한 신발을 싸다(履賤踊貴)'고 한탄했다고 한다.

주례周禮**/추관사구**秋官司寇**/사형**司刑

형법을 맡은 관리는 오형五刑의 법을 관장한다.	司刑掌五刑之法.
이로써 만민의 죄를 밝힌다.	以麗萬民之罪.
이마에 먹물을 뜨는 죄목이 오백이요(墨罪),	墨罪五百.
코를 베는 죄목이 오백이요(劓罪),	劓罪五百.
거세하는 죄목이 오백이요(宮刑),	宮罪五百.

---

87)_ 與(여)=兼也, 及也.
88)_ 擧(거)=飛也.

발꿈치를 자르는 죄목이 오백이요(剕刑),　　　　　　　　剕罪五百.

죽음을 받을 죄목이 오백이다(殺罪).　　　　　　　　　　殺罪五百.

좌전左傳/환공桓公10년(BC 702)

주나라 속담에 이르기를　　　　　　　　　　　　　周諺有之

'필부는 죄가 없지만 구슬을 품으면 그것이 죄가 된다'고 한다.　匹夫無罪 懷璧其罪.

주형정과 덕법 논쟁

자산과 숙향의 논쟁

덕치·법치 논쟁은 공자가 먼저 제기한 것이 아니다. 정鄭 자산이 공자가 열다섯 살 때인 소공昭公 6년(BC 536)에 중국 최초로 청동 솥에 성문법을 새겨 넣은 '주형정鑄刑鼎'을 만들었다. 이는 백성의 언로言路를 열고 백성들이 억울함을 소송으로 하소연할 수 있게 한 것이다.

이것은 중대한 사건이다. 솥이란 밥을 짓는 그릇이지만 의식용으로 만드는 솥은 권력을 상징한다. 특히 우임금의 금정金鼎은 홍수를 다스리고 중국을 구주九州로 획정한 이후 구주의 금을 모아 솥을 만들고 이 솥으로 만민을 구휼해 달라고 하늘에 제사를 올린 보물이므로 모든 왕들과 백성들이 왕권의 상징으로 여겼다. 또한 청동기는 그 영구성과 희소성 때문에 권력자의 상징물로 쓰였다. 특히 청동 솥에는 괴수와 구름과 번개 등의 무늬를 넣어 천상의 신비함과 왕의 권위를 표현했다.

그런데 『묵자』에 나오는 황금 솥 이야기는 만민을 끓여 먹이는 것이 왕의 임무임을 선언하고 있으며, 민民이 굶주리면 왕의 자격이 없으므로 교체되어야 마땅하다는 중대한 정치적 의미를 포함하고 있으므로 귀중한 자료다. 그런 상황에서 자산이 청동 솥에 법을 새겨 넣은 사건은 법치국가를 선언한 것이나 마찬가지였다.

묵자墨子/경주耕柱

옛날 하나라 우임금이	昔者夏后開
비렴에게 구주의 산천에서 금을 캐도록 하여	使蜚廉折金于山川
곤오昆吾에서 황금 솥을 만들게 했다.	以陶鑄鼎於昆吾.
계인雞人에게 희생을 잡게 하고	是使翁難雉乙[89]
백익에게 거북점을 치게 했다.	卜於伯益之龜
그리고 우임금은 천신에게 다음 같이 빌었다.	曰
"황금 솥은 삼족三足이며 바르게 되었습니다.	鼎成 三足而方
소신이 밥을 짓지 못하거든 천신께서 이 솥으로 끓여주소서!	不炊而自烹
솥을 채우지 않거든 천신께서 이 솥을 채워주소서!	不擧而自臧
현자에게 자리를 물려주지 않거든 천신께서 옮겨주소서!	不遷而自行
곤오의 제단에서 제사를 올립니다. 흠향하소서!"	以祭於昆吾之虛 上鄕.

이에 진晉나라 대부인 숙향은 자산에게 편지를 보내어 이를 반대했다. 그러나 자산은 자기의 뜻을 굽히지 않았다. 그는 "재능이 부족하여 자손의 대까지 생각할 여유가 없고, 다만 오늘 이 세상을 구하고 싶다"고 대답했다. 이 얼마나 처절한 고백인가?

---

[89]_ 翁難雉乙(옹난치을)=難人殺牲의 뜻. 難人＝官名(周禮/春官宗伯).

숙향의 주형정 비난

좌전左傳/소공昭公6년(BC 536)

숙향이 자산에게 서신을 보내 주형정을 비난했다.	叔向使詒子産書曰
"나는 처음에는 그대에게 기대를 걸었으나 이제 끝났습니다.	始吾有虞於子 今則已矣
옛 선왕들은 사안을 논의하고 단속함에	昔先王議事以制
법과 벌로 하지 않았습니다.	不爲刑辟.
그 까닭은 민중들에게 다투는 마음이 일어나고	懼民之有爭心也
오히려 금하여 막지 못할까 염려했던 것입니다.	猶不可禁禦.
그러므로 의로써 방지하고, 정치로써 탄핵하고	是故閑之以義 糾之以政
예로써 행하게 하고, 믿음으로 지키게 하고	行之以禮 守之以信
어짊으로 받들게 하고	奉之以仁
녹봉과 지위를 정하여 따르도록 권면했던 것입니다.	制爲祿位以勸其從.
민民이 법을 알고 있다면	民知有辟
윗사람에게 거리낌 없고 더불어 다투려는 마음이 생기고	則不忌於上 竝有爭心.
법조문을 찾아 요행을 바라고 꾀를 쓸 터이니	以徵於書 而徼倖以成之
다스릴 수 없을 것입니다.	不可爲矣
하나라 때는 정치가 어지러워 우임금이 법을 만들었고	夏有亂政 而作禹刑
상나라 때는 정치가 어지러워 탕왕이 법을 만들었고	商有亂政 而作湯刑
주나라 때는 정치가 어지러워 아홉 가지 형법을 만들었으나	周有亂政 而作九刑
이와 같은 법들이 일어난 것은 말세였기 때문입니다.	三辟之興 皆叔世也
지금 그대는 정나라 재상으로서 경작지의 경계를 무너뜨리고	今吾子相鄭國 作封洫[90]
학교에서 정치를 비방하는 제도를 만들고	立謗政[91]

---

90)_ 封洫(봉혁)＝井田을 9호구에서 6호구로 고쳤다.
91)_ 謗政(방정)＝學校에서 정치 논의를 개방했다.

하·은·주 삼대를 참고하여 형법을 제정하여	制參辟[92]
그것을 솥에 새겨 넣어 반포함으로써	鑄刑書.
민을 안정케 하려고 하지만	將以靖民
그것은 어려운 일이 아니겠습니까?	不亦難乎.
민이 윗사람과 다툴 꼬투리를 알게 되었으므로	民知爭端矣
앞으로 예의는 버리고, 다만 형법의 조항만 대조하여	將棄禮 而徵於書
송곳 같은 작은 일도 다 법으로 따져 다투게 될 것입니다.	錐刀之末 將盡爭之.
그래서 송사가 많아지고 뇌물이 성행할 것이니	亂獄滋豊 賄賂並行
그대가 정치를 그만두면 정나라는 어지러워질 것입니다.	終子之世 鄭其敗乎
내가 들은 바로는	肹[93]聞之
장차 나라가 망하려면 반드시 법 제정이 많아진다는데	國將亡必多制
그 말은 그대의 정나라에 해당될 것입니다."	其此之謂乎.

자산의 답변

좌전左傳/소공昭公**6년(BC 536)**

자산은 숙향에게 답서를 보내어 다음과 같이 말했다.	復書曰
"그대의 말이 맞습니다.	若吾子之言.
나는 재능이 부족하여 자손의 대까지 생각할 여유가 없습니다.	僑[94]不才不能及子孫
그러나 나는 오늘 이 세상을 구하고 싶습니다.	吾以救世也
그대의 뜻을 받아들일 수 없지만 충고는 잊지 않겠습니다."	旣不承命 敢忘大惠.

---

92)_ 辟(벽)=임금, 법률.
93)_ 肹(힐) =숙향의 이름.
94)_ 僑(교)=公孫僑. 자산의 이름.

공자와 조앙의 논쟁

그 후 소공 29년(BC 513)에 이번에는 진晉나라의 조앙이 자산에 이어 두 번째로 주형 정을 만들자 이번에는 공자가 이를 반대했다. 공자의 논지는 성문법을 제정하고 만민 에게 똑같이 적용하면 귀천의 서열이 없어질 것이므로 나라에 좋지 않다는 것이다. 그 도 숙향처럼 법이란 왕도의 덕치가 쇠퇴할 때 나타나는 말세의 증상으로 인식했던 것 이다.

좌전左傳/소공昭公29년(BC 513)

중니가 진晉 문공의 주형정을 비판해 말했다.	仲尼曰
"진나라는 망할 것이다. 옛 법도를 잃었기 때문이다.	晉其亡乎 失其度矣
무릇 진나라는	夫晉國
시조인 당숙唐叔이 천자에게서 받은 법도로써	將受唐叔之所受法度
사민四民을 다스렸고	以經緯其民
경대부들은 벼슬을 받았다.	卿大夫以序受之.
사민은 이로써 귀족을 존숭했고	民是以能尊其貴
귀족은 이로써 땅을 본봉받았으며	貴是以能受其業
귀천이 어그러지지 않게 했으니 이를 법이라 한다.	貴賤不愆 所謂度也
이제 옛 법도를 버리고 주형정을 만들었으니	今棄是度也 而爲刑鼎
사민은 솥에 달려 있게 되었다.	民在鼎矣
무엇으로 귀족을 존숭하고	何以尊貴
귀족은 어찌 자신의 직업을 지킬 수 있으며	貴何業之受
귀천에 서열이 없으니 무엇으로 나라를 다스리겠는가?	貴賤無序 何以爲國
무릇 범선자范宣子가 만든 형법은 이夷 땅에서 수집한 것으로	且夫宣子之刑 夷之蒐[95]也
진나라의 어지러움을 통제하기 위한 것일 뿐인데	晉國之亂制也

그것을 어찌 법으로 삼을 수 있겠는가?"　　　　　　　　　　　若之何以爲法.

논쟁의 핵심

결론부터 말하면 덕치·법치 논쟁은 주례의 '형불상대부刑不上大夫 예불하서인禮不下庶人'이라고 하는 예법禮法 적용의 불평등 조항을 유지할 것인가 고칠 것인가의 논쟁이다.

그러므로 덕치주의는 법치를 부인한 것이 아니며, 법치주의도 예치를 부인한 것이 아니다. 그러나 일반적으로 덕치는 법을 부인하고, 법치는 예를 부인하는 것으로 착각하고 있다. 이런 착각은 치명적인 오류를 범하게 된다. 법가들도 다음과 같이 예와 덕을 중시했다.

관자管子/권4/추언樞言

하늘은 계절로 부리고, 땅은 재물로 부리고	天以時使 地以材使
사람은 덕으로 부리고	人以德使
귀신은 제사로 부리고, 금수는 힘으로 부린다.	鬼神以祥[96]使 禽獸以力使.

순자荀子/권학勸學

예는 법의 큰 분계요,	禮者法之大分
공동체 사회를 이루는 기강이다.	群類之綱紀也.

---

95)_ 夷之蒐(이지수)＝범선자가 문공 6년 夷 땅에서 발탁되어 정치를 맡아 법률을 정비했음.
96)_ 祥(상)＝제사 명칭.

한비자韓非子/이병二柄

현명한 군주가 신하를 이끄는 것은   明主之所導制其臣者

두 자루의 권력이 있을 뿐이다.   二柄[97]而已矣

그것은 형벌과 덕이다.   二柄者刑德也.

그렇다면 '덕법德法 논쟁'이라고 일컬어지는 당시 덕치·법치 논쟁의 핵심은 무엇이
었는가?

이를 알기 위해서는 당시 법 집행의 실정을 알아야 한다. 『좌전』「소공 3년(BC 539)」
조의 기록을 보면 "구천용귀屨賤踊貴"라는 희한한 말이 등장한다. 그것은 '정상인의 온
전한 신발은 값이 싸고, 죄를 지어 발꿈치를 잘린 병신들의 뒤축 없는 신발이 비싸다'
는 뜻이다. 즉 형벌이 가혹하여 형벌을 받은 병신이 성한 사람보다 더 많다는 것을 풍
자한 말이다. '필부는 좋은 구슬을 가진 것만으로 죄인이 된다'는 주나라 속담도 같은
맥락이다.

좌전左傳/소공昭公3년(BC 539)

나라마다 시장에서는   國之諸市

온전한 신발은 값이 싸고, 병신 신발은 비싸다.   屨賤踊貴.

 이처럼 형벌이 가혹한 상황에서 법가들이 법 앞에 평등을 주장하며 법을 대부 이상
의 귀족에게도 평등하게 적용하려는 경향이 있었다. 이것은 주례의 '형불상대부'의 원
칙을 파기하는 것이다. 전국시대에 활동한 한비의 아래 예문은 춘추시대 이래 법가를
대표하는 명문名文이다.

---

97)_ 柄(병)=칼자루. 權力.

한비자韓非子/유도有度

법은 귀족에게 아부하지 않고	法不阿貴
먹줄은 굽은 것에 굽히지 않는다.	繩不撓曲.
법을 적용함에는 지혜 있는 자도 거부할 수 없고	法之所加 知者不能辭
용감한 자도 다투지 못한다.	勇者不敢爭.
잘못을 벌하는 것은 대신도 피할 수 없고	刑過不避大臣
선행을 표창하는 것은 필부도 제외되지 않는다.	賞善不遺匹夫.

반면 공자의 '복례復禮'를 신봉하는 왕도주의자들은 이를 반대했다. 즉 귀족과 특권 계급에게 형벌을 가하는 것은 주례를 범하는 옳지 않은 일이며, 그들은 지식인들이므로 형벌을 가하지 않고 덕과 예로 다스려 염치를 알게 하고, 신神을 통창하여 경계하는 것으로 충분하다는 것이다.

그런데 공자의 주장은 절충적이었던 것 같다. 그는 신분제를 폐지하거나 형벌 제도를 개혁하라는 것은 아니지만, 대부 이상에게는 종전대로 형벌을 가하지 말고, 대신 민民 계급에게도 예를 확대 적용하여 덕치를 강화하고 형벌을 관대하게 할 것을 주장한 것이다. 즉 주례의 '예불하서인'의 원칙을 완화하자는 것이다.

결국 덕치·법치 논쟁은 왕도주의자와 패도주의자의 대결이 되었다. 즉 왕도주의자들은 예를 서민에게까지 적용하려 했고, 패도주의자들은 법을 귀족에게까지 적용하려 했기 때문이다.

그러나 대체로 형벌의 적용 대상이었던 신흥 관료·지주 등 이른바 소인小人들은 법가들을 선호했고, 치외법권治外法權을 누리던 귀족인 대인들과 군자들은 덕치주의를 지지했다. 그러므로 덕법 논쟁이란 형벌이 적용되지 않는 특권을 지키려는 군자파(왕도주의)와 특권을 없애려는 소인파(패도주의)의 정치 투쟁이었으며, 나아가 인人과 민民의 계급 대결이었다.

봉건 법론

신분차별을 당연하다고 생각하는 훗날의 유가들은 주례의 이러한 '예불하서인'이라는 불평등 조항을 거론하지 않았다. 공자를 무오류의 성인으로 추앙하는 그들은 "서인은 어리석은 백성이므로 부릴 수 있을 뿐 깨닫게 할 수 없다"는 공자의 말을 거역할 수 없었을 것이며, 만약 한 마디라도 부정되면 개미 둑 터지듯 공자의 권위가 무너질 것으로 두려워했을 것이다. 그리하여 공자의 '복례復禮'를 지키기 위해서는 주례의 불평등 조항도 신성불가침의 천리天理로 인정할 수밖에 없었던 것이다.

이처럼 유가들이 끝까지 넘지 못한 장벽은 신분차별이라는 봉건성이었다. 공자 이후 1,800년이 지난 13세기의 주희도 유교를 개혁하여 신유학을 정립했으나 공자의 신분차별을 극복하지는 못했다. 그는 여전히 공자의 제자였기 때문이다.

주자대전朱子大全/권14/무신연화주차戊申延和奏箚

형이 가벼울수록	刑愈輕
민중의 풍속을 순후하게 하기보다는	而愈不足以厚民之俗.
왕왕 반대로	往往反以長
패역 작란하는 마음을 조장하기 마련이다.	其悖逆作亂之心.
반면 옥송獄訟이 번다하면 할수록	而使獄訟之愈繁
선왕의 법을 강구하지 못하는 과오를 범한다.	則不講乎先王之法之過也
무릇 옥송 있으면	凡有獄訟
반드시 먼저 그 존비尊卑·상하上下·	必先論其尊卑上下
장유長幼·친소親疎의 분별을 논하고	長幼親疎之分
그런 연후에야 그 사안의 곡직에 대한 말을 들어야 한다.	而後聽其曲直之辭.
만일 아랫사람들이 윗사람를 범하고	以下犯上
빈천貧賤이 존귀尊貴를 능매凌罵했다면	以卑凌尊者.

| 비록 옳다 해도 도와주지 말아야 하며 | 雖直不右. |
| 옳지 않다면 죄를 가중해야 한다. | 其不直者罪加. |

위 주희의 글에 의하면 주나라 시대에 '필부는 좋은 구슬을 가지면 죄가 된다' 는 속담이 2천 년이 지난 주희 시대까지도 여전히 유효했음을 알 수 있으니 신분차별의 역사가 얼마나 길고 강고한지를 알 수 있다. 이러한 신분차별의 죄악이 공자의 '복례' 때문이라고 비난받아도 변명할 수 없을 것이다. 그런데 주희에 앞선 11세기 초의 개혁사상가인 이구가 공자의 '복례'를 정면으로 비판하고 나선 것은 선구적인 것이 아닐 수 없다. 이것은 묵자 이후 최초의 혁명적 발언일 것이다. 그는 주례의 '예불하서인'의 원칙은 망령 든 자의 말이라고 비난했다.

이구

우강집盱江集**/권2/예론**禮論 **6**

예禮란 민民을 살리는 근본이다.	禮 生民之本.
그런데 『예기』 「곡례」편에는	曲禮有述
"예는 서인에게 내려가지 않는다" 는 기록이 있다.	以禮不下庶人
「곡례」의 조술자는 망령된 자다.	而述曲禮者 妄.

특히 독자들이 유의할 것은 당시의 법은 오늘날의 법과는 전혀 다르다는 점이다. 오늘날 우리가 말하는 민주주의의 법은 권력으로부터 사인私人의 인권을 보호하는 인권의 보루로서의 법을 의미한다. 그러나 당시의 법은 노예제 사회의 법이므로 군주를 위한 법이다. 그러므로 공자가 말한 법도는 오늘 우리가 말하는 법과는 전혀 다르다.

좌전左傳**/소공**昭公**29년(BC 513)**

| 공자가 말했다. | 仲尼曰 |

사민四民은 이로써 능히 귀족을 존숭하고	民是以能尊其貴
귀족은 이로써 기업基業(영지)을 떼어 받았으니	貴是以能受其業[98]
귀천이 어그러지지 않게 하는 것이 이른바 법이다.	貴賤不愆 所謂度也.

이에 대해 17세기 명明 말의 대학자인 황종희는 "요임금 때부터 주 문왕 때까지는 법이 있었으나 그 이후부터는 법이 없었다"고 말했다. 공자 당시의 소위 법이란 왕가를 위한 법일 뿐 백성의 법이 아니라는 뜻이다.

황종희

명이대방록明夷待訪錄/**원법**原法

삼대 이전에는 법이 있었지만	三代以上有法
삼대 이후에는 법이 없다고 해야 할 것이다.	三代以下無法.
어째서 그렇게 말하는가?	何以言之.
요·순·우·탕·문왕은	二帝三王
천하 만민을 부양해야 함을 알았으므로	知天下之不可無養也
그들에게 땅을 주어 경작하게 했다.	爲之授田以耕之
그러므로 이들의 법은	此三代以上之法也
자기 한 사람을 위한 것이 아니었다.	固未嘗爲一己而立也
그러나 후대의 군주들은 천하를 얻으면	後之人主 既得天下
오직 자기 왕조가 오래가지 못할까 걱정하고	惟恐其祚命之不長也
자손이 그 자리를 유지하지 못할까 걱정했을 뿐이다.	子孫之不能保有也
그래서 그렇게 되지 않도록 고심 끝에 법을 만들었다.	思患於未然 以爲之法.
그러므로 그들이 말하는 법이란	然則其所謂法者

---

98)_ 業(업)=基業. 여기서는 食邑 도는 領地.

왕가를 위한 법일 뿐, 천하 만민의 법이 아니다.　　　　　　一家之法 而非天下之法也.

변명과 반성

대체로 공자와 유가들의 덕치주의는 법가들의 엄형주의를 반대하고 덕으로 다스린 다는 뜻으로 알고 있다. 그런데 덕치주의德治主義란 민民에게는 예禮가 적용되지 않았 는데 민에게도 예를 적용하여 '예불하서인'의 원칙을 완화하자는 예치주의禮治主義와 같다고 하니 어리둥절할 것이다. 그러나 표현이 다를 뿐 목적은 비슷하다. 우선 오해 가 있다. 이 논쟁은 덕치와 법치가 서로를 부정한 것이 아님을 알아야 한다. 오히려 덕 치와 법치를 조화하려는 구체적인 정책의 문제였다. 다만 계급 사회에서는 온정주의 라는 것이 계급에 따라 느끼는 온도 차이가 크다는 사실에 있다. 그러므로 그처럼 두 루뭉술하게 해설하는 것은 정확한 표현이 아니다. 다시 말하면 공자는 귀족 계급에게 형을 적용하지 않는 '형불상대부'의 특권을 그대로 두고, 서민 계급에게 예를 적용하 지 않는 '예불하서인'의 차별 정책을 완화하자는 것이므로 두 계급 모두에게 온정을 베푼 것이다.

이에 대해 도올 등 일부 학자들은 반대로 높은 사람에게는 법을 엄격히 적용하고 백 성들에게는 법보다는 교화를 우선한다는 내용이라고 설명한다. 그러나 이는 오늘날 시 세에 영합하는 잘못된 해석이다. 첫째 당시는 높은 사람에게 형벌이 적용되지 않던 신 분차별 시대였으며 공자는 귀족에게 반기를 들고 이런 특권 구조를 철폐하자는 인기 없는 주장을 한 바 없었다. 둘째 그들의 설명은 앞부분은 법치의 주장이고 뒷부분은 덕 치의 주장이다. 우리 학자들은 덕치와 법치의 좋은 점만 골라 공자에게 붙여줌으로써 오늘날 민중들이 공자를 좋아하도록 사실을 왜곡하여 영합한 것이다.

우선 당시의 실정을 알아야 한다. 앞에서 말했듯 당시는 형벌이 너무도 가혹했다. 그

원인은 첫째는 전쟁과 착취로 민생이 파탄지경으로 피폐하여 유랑민이 많았기 때문이요, 둘째는 당시 법은 죄목이 2,500가지나 될 정도로 가혹한 것이었으며, 셋째로 대부 이상의 관장들에게는 이러한 법이 적용되지 않았으므로 관장들이 법을 자의적으로 집행했다는 것을 말해주고 있는 것이다. 이에 대한 대책으로 자산과 조앙은 주형정에 법률을 새겨 민民에게 공개함으로써 범죄를 예방하고 자의적인 법 집행을 방지하고자 했던 것이다. 그러나 숙향과 공자는 반상의 계급차별이 무너지는 것을 염려해 이를 비난했던 것이다.

자산과 조앙을 계승한 한비 등 훗날 법가들은 '형불상대부'의 원칙을 폐지하여 사대부들의 특권을 없애고 그들에게도 법을 적용하여 고위층을 처벌함으로써 그들의 범법부터 막아야 한다고 주장했다. 그런데 우리 학자들은 한비 등 법가들의 엄형주의를 『논어』에 덧붙이는 잘못을 범하고 있는 것이다.

또 한 가지 오해가 있을 수 있다. 당시 법치는 서민庶民을 대변한 것이고, 덕치는 귀인貴人을 대변했다고 설명한 것을 두고 마치 덕치보다 법치가 진보적인 것이라고 주장한 것처럼 오해하는 분도 있을 것이다. 그것은 오해다. 다만 공자 당시는 대부 이상에게는 형벌이 면제되는 신분차별의 특권 사회였으므로 법가들이 법 앞에 평등을 주장한 것도 옳았고, 반면 당시의 법은 죄형법정주의가 아니었고 서민들에게 가혹했으므로 이를 완화하자는 덕치의 주장도 옳다고 한 것이다.

지금은 형식적으로는 만인이 법 앞에 평등한 민주사회다. 신분세습이 철폐되고 가부장적 종법宗法이 법적 구속력을 갖지 않게 되었으므로 평등한 당사자 간의 합의가 법이 되는 사회다. 그러나 현실적으로는 약자에게 계약 자유라는 것은 도리어 불공평한 것이 되어버렸다. '유전무죄 무전유죄'라는 말은 오늘날 사회가 법 앞에 불평등하다는 것을 말해 주는 것이다. 그러므로 실질적인 자유와 평등을 담보하기 위해서는 법치보다 덕치가 한층 요구되는 현실이다.

나는 결코 법치를 강조하지 않는다. 원래 판사·검사·변호사 등 법치를 강조하는 오늘날의 법가들은 실체적 진실과 정의를 구현하는 사람들이 아니다. 그들은 법률에 대해 패쇄적이며 독점적 지위를 누리는 법 기술자들이다. 그들을 고대 그리스의 소피스트들과 비슷하다. 소피스트들에게는 진실과 정의란 없다. 그들은 돈을 받고 법과 연설을 가르쳐 소송과 선거에서 이기는 것을 목적으로 하는 직업을 가졌던 것뿐이다. 오늘날 법가들도 이처럼 돈을 많이 내는 고객이 이기도록 해준다. 판사나 검사나 변호사는 돈을 낸 의뢰인에게 불리한 증거를 숨기고, 상대가 이길 수 있는 증거를 알고 있더라도 말하지 않는다. 그것이 그들의 윤리라고 말한다. 그들의 윤리는 정의의 윤리가 아니라 자기들의 독점적 지위를 보호하기 위한 도둑의 윤리일 뿐이다.

그런데 오늘날 우리 사회는 법가들의 세상이다. 군인 출신이 설치더니 이제는 판검사 출신이 설치는 시대가 되었다. 이는 불행한 일이다. 사실은 돈 장사들이 실질적인 권력인데 그들은 뒤에 숨어 있고 그들을 대변하고 옹호하는 법가들이 설쳐대니 더욱 간교하다. 오늘날 정치인·언론인·교사·학자·이익단체 등 세상 모든 일들이 온통 법정에서 변호사들이 지혜와 술수와 언변을 겨루는 게임이 되어버렸다. 이제 '말 잘하는 놈치고 정직한 놈 없다'는 공자다운 속담은 쓸모없게 되었다.

우리가 여기서 주목해야 할 점은 그들은 일본 제국주의 유산인 낡고 비민주적인 법제도를 고수하고, 법에 대한 독점권을 가진 특권 계급이라는 점이다. 이 점에서 우리 사회는 신분차별 사회다. 오늘날 우리 사회의 졸업증이나 자격증과 상장이라는 것은 체제에 순응할 수 있는 양민증良民證과 같은 것이다. 그것이 없는 자는 자본주의에 적합한 양민이 될 수 없다. 그러므로 제도적이며 근본적으로 신분차별을 없애기 위해서는 모든 졸업장·자격증·상장 제도를 없애야 한다. 오늘날 자본제적 신분 사회를 지탱하는 이른바 '증'이라는 것은 봉건적 신분 사회에서 상류 계급의 조건이었던 족보를 대신하고 있다. 사회에서 '증'이 없어진다면 그것을 받기 위해 자본주의에 대한 의식화 교육을 받지 않아도 된다. 그렇게 되면 살인 경쟁이 완화된다.

이것이 불가능하다면 자격증의 독과점을 무너뜨려야 한다. 그리기 위해서는 제일 먼저 법률 사회를 개혁해야 한다. 우선 검찰청법을 고쳐 검사 동일체주의를 없애고 수사권을 경찰과 공유하고 민의 통제를 강화해야 한다. 형사소송법을 고쳐 검사의 기소독점주의를 없애야 한다. 민사소송법을 고쳐 판사가 중립을 훼손하지 않는 범위에서 실체적 진실을 적극적으로 밝힐 수 있도록 해야 한다. 그 방법으로 영미법의 제도인 배심원 제도를 고려해 볼 만하다. 그리고 저들의 차별적인 고소득을 없애야 한다. 그래서 고시 수요를 줄여 머리 좋은 인재들이 인문학·과학 등 다른 분야로 관심을 돌리도록 해야 한다. 특히 저들 소피스트들에게는 국정을 맡겨서는 안 된다는 것이 나의 소신이다.

제8장

인성 수양

1절 | 유가의 인성론

논어 읽기

논어論語/양화陽貨 2

공자께서 말씀하셨다.   子曰
"사람의 천성天性은 서로 비슷하나   性相近也
익힘에 따라 서로 멀어진다."   習相遠也.

논어論語/위영공衛靈公 28

공자께서 말씀하셨다.   子曰
"사람이 도를 크게 하는 것이지   人能弘道
도가 사람을 크게 할 수는 없다."   非道弘人.

논어論語/양화陽貨 3

공자께서 말씀하셨다.   子曰
"상지上知와 하우下愚는 결코 변하지 않는다."   唯上知與下愚 不移.

논어論語/공야장公冶長 12

자공이 말했다.

"선생님께서 인간의 본성과 천도에 대해 말씀하시는 것을
들어본 적이 없다."

子貢曰
夫子之言性與天道
不可得而聞也.

논어論語/계씨季氏 9

공자께서 말씀하셨다.

"태어나면서 아는 자는 상上이요(聖人),

배워서 아는 자는 다음이요(君子),

막히면 그때서야 배우는 자는 그다음이요(小人),

막혀 있으면서도 배우지 못하는 자는

민民으로 하下가 된다."

孔子曰
生而知之者上也
學而知之者 次也
困而學之 又其次也
困而不學
民斯[1]爲下矣.

논어論語/옹야雍也 19

공자께서 말씀하셨다.

"중등급 이상의 사람에게는 상등의 도道를 말해도 되지만
중등급 이하의 사람에게는 상등의 도를 말해서는 안 된다."

子曰
中人以上 可以語上也
中人以下 不可以語上也.

---

1)_ 斯(사)=語氣詞=今.

인성의 선천적인 등급

우리는 이미 하느님과 신神에 대해 살폈으니 이제 인간을 말할 차례다. 인류는 오래전부터 인간은 하느님의 창조물이라고 믿어왔다. 그러나 이런 믿음은 '인간의 악惡도 하느님의 뜻인가?'라는 딜레마에 봉착한다. 「창세기」는 이를 설명하기 위해 아담과 이브가 뱀의 꾐에 빠져 금지된 선악과 善惡果를 따 먹은 것이 원죄原罪라고 설명한다. 그래서 인간은 결코 자신의 힘으로는 악에서 벗어날 수 없다. 다만 예수가 하느님께 자신의 육체를 제물로 바쳐 희생양이 됨으로써 인간의 원죄를 대속했다는 것이다. 그러므로 그를 통해서만 악에서 구원받을 수 있다고 말한다.

고대 그리스에서는 인간은 태생부터 선악이 공존하는 이중성으로 구성되어 있으며 횡경막을 경계로 위는 선하고 아래는 악하다고 믿고 있었다. 이런 전통은 칸트에게서도 발견된다. 인간은 선으로의 근본적인 성향과 악으로의 근본적인 충동이 충돌하는 이중성으로 되어 있으며 오직 자유의지로 선악을 선택할 수 있다는 것이다. 인간뿐 아니라 신들의 세계도 천사와 악마가 항상 대결하고 있다고 믿는다.

그러나 이러한 믿음들은 20세기에 들어오자 모두 해체되었다. 20세기 담론인 해체주의가 이러한 근원적 담론의 주체인 신도 죽여버렸고 인간도 죽여버렸기 때문이다. 일찍이 광기의 철학자 니체Friedrich Nietzsche(1844~1900)는 "신은 죽었다"고 선언한 바 있다. 니체에 이어 "인간은 사회관계의 총체"라고 말한 마르크스와 "인간은 이성이 아니라 무의식에 지배받는다"고 말한 프로이트도 인간의 죽음에 한몫을 했다. 급기야 신의 죽음이 선포된 약 1세기 후에는 푸코Michel Foucault(1926~1984)에 의해 인간의 죽음이 선언되었다. 고생물학자들에 의하면 인간은 신이 창조한 것이 아니라 바다에서 무기물이 우연한 사건으로 단백질이라는 유기물로 합성되었고 그 유기물이 환경에 적응하기 위해 진화했다는 것이다. 즉, 인간이라는 생물은 지극히 우연히 지구상에 던져졌을 뿐 특별한 존재가 아니라는 것이다. 그러므로 인간은 타자와의 불가피한 관계와 무의식적인 생존 본능에서 만들어진 구조들의 산물에 불과할 뿐이다. 이로써 인간은 이

성적 존재라는 자긍심도 목적도 신비로운 기원도 잃고 말았다. 이에 따라 전통 철학의 인간에 대한 담론도 무너지고 말았다. 그래서 휴머니즘이니 인본주의니 하는 말은 모두 잠꼬대가 되었고 악마주의가 판을 치게 된 것이 오늘날 세계다.

그러나 이러한 해체주의는 새로운 신과 인간의 부활을 위한 진통이 되어야 한다. 신과 인간의 죽음이 인간의 광기에 의한 것이었으므로 그 부활도 인간의 몫이 아니겠는가? 이를 위해서 광기에 대한 반성과 아울러 선조들의 형이상학적인 인간론은 다시 음미되어야 한다.

인간은 과연 인간만의 인간다운 근원을 가지고 있는가? 수천 년 동안 인류는 그것을 의심하지 않았다. 그렇다면 그 인간의 본성은 무엇인가? 이런 물음에 대답하려는 것이 인성론人性論이다. 천지만물에는 생물과 무생물이 있고, 생물에는 식물과 동물이 있으며, 그 동물 중에 하나의 종種이 인간이다. 그러면 인간 종이 다른 동물과 다른 본질은 무엇인가? 인간만이 가지는 특질은 육체적인 것인가, 정신적인 것인가? 육체적으로 보면 인간이 다른 동물과 다른 점은 완전 직립할 수 있다는 한 가지뿐이다. 그러나 침팬지도 반半직립이므로 다른 동물과 다른 특별한 동물이다. 그러므로 사람들은 그것만을 인간의 특성이라고 말하는 것은 만족스럽지 못하고 또한 적절치 않다고 생각했다. 그래서 인간의 정신 활동을 다른 동물과는 다른 고귀한 특성으로 생각하게 되었다. 설령 인간이 모든 생명체와 마찬가지로 무기물에서 우연히 생성된 단백질의 진화 결과물일지라도 그 진화된 인간의 정신 활동은 부인하지 못할 것이다.

공자는 신이나 성性에 대해 말하지 않았지만 인간의 특성을 도덕성에서 찾은 것만은 틀림없는 것 같다. 공자가 인간의 인仁을 강조하고 도덕률로서 삼정三正을 강조한 것이 그 증거다. 하기야 전국시대의 노장 이전까지는 공자뿐 아니라 관자와 묵자도 권력관계의 신민臣民적 인간을 말하거나 공동생활을 위한 도덕적 인간을 말했을 뿐 생활세계의 개인적이며 구체적인 인간을 말한 바 없다. 또한 인간의 본질을 말한다 해도 그것은 추상적이고 일반적인 인간이었을 뿐, 살과 피와 눈물을 가진 주체적이며 실존적인 개개 인간을 말한 바 없다. 그러므로 노장은 인류 역사상 처음으로 권력관계나 질서 속에서의 관계론적인 인간이 아니라 생활세계의 현상학적이고 구체적이고 실존적인 인간을 말하고 변호했다고 말할 수 있을 것이다.

공자는 사색(思)·배움(學)·익힘(習)을 강조했으나 그것은 통치자의 가르침인 문文을 배우고 익히는 것을 말한 것일 뿐, 묵자의 인성人性 소염론所染論이나 뒷날 맹자의 성선설性善說, 또는 순자의 성악설性惡說처럼 인간의 본질이 무엇이냐는 문제를 말한 것이 아니다.

우리가 본성本性이라 할 때의 성性이라는 글자는 생生과 심心을 회의會意한 것임을 알 수 있다. 그러므로 성이란 '생명이 태어날 때 받은 마음'이라고 말할 수 있는 것이다. 『논어』에서는 성이라는 글자가 딱 한 번 나온다. 공자는 오히려 성에 대한 언급을 회피하려 했음을 짐작할 수 있다.

다만 공자의 손자이며 증자의 제자인 자사가 지은 『중용』에서 처음으로 성性에 대해 주목했다. 거기서는 성을 성誠으로 풀이했다. 즉 하늘은 밤이나 낮이나 과거나 미래나 영원히 한결같은 성誠이요, 만물의 본성도 하늘처럼 성誠한 것이니, 성誠하면 하늘에서 타고난 성품을 다할 수 있으며, 자기 본성을 다하면 천도天道를 이루는 것이요, 천지의 화육化育에 참여하는 것이라고 말한다.

중용 中庸/1장

하늘의 명命을 성性이라 말하고	天命之謂性
성을 따르는 것을 도道라 말하고	率[2]性之謂道
도를 공경하는 것을 교화教化라고 말한다.	修[3]道之謂教.

---

2)_ 率(솔)=循也, 奉順也.
3)_ 修(수)=治也, 敬也, 習也.

중용中庸/20장

성誠이란 하늘의 도道이며

성실하려는 것은 사람의 도다.

널리 배우고, 물어 살피고, 신중히 생각하고

밝게 분별하고 돈독히 행해야 한다.

誠者天之道也

誠之者人之道也.

博學之 審問之 愼思之

明辨之 篤行之.

중용中庸/21장

성실誠實함으로 밝아지는 것을 본성이라 하고

밝아짐으로 성실하게 하는 것을 교화라 한다.

성실하면 밝아지며, 밝아지면 성실해진다.

自誠明 謂之性.

自明誠 謂之教.

誠則明矣 明則誠矣.

중용中庸/22장

천하의 지성至誠이라야 능히 자기 본성을 다할 수 있고

능히 자기 본성을 다하면 곧 남의 본성을 다하게 할 수 있으며

남의 본성을 다하게 하면

곧 사물의 본성을 다하게 할 수 있으며

사물의 본성을 다하면

곧 천지의 화육을 돕는 것이며

천지의 화육을 돕는 것은

천지에 더불어 참여하는 것이다.

惟天下至誠 爲能盡其性

能盡其性 則能盡人之性.

能盡人之性

則能盡物之性.

能盡物之性

則可以贊天地之化育.

可以贊天地之化育

則可以與天地參矣.

중용中庸/27장

군자는 덕성을 높이고 묻고 배우기를 힘쓴다.

君子 尊德性而道[4]問學.

이처럼 만물은 하늘의 명命을 받은 평등한 존재다. 그러나 공자는 인간의 신분 등급

을 설명하려고 했다. 그가 성인·군자·소인·하민을 구분한 이른바 사품설四品說은 신분 차별의 이론적 근거가 되었다. 훗날 동중서와 한유가 말한 성삼품설性三品說은 공자의 사품설을 근거로 하고 있다.

그러나 혈통만으로 신분을 설명한다는 것은 설득력이 없었고 공자도 이를 반대했다. 그래서 공자는 지혜와 학문으로 신분 등급을 설명하려 했다. 그러나 그것이 체계적으로 이론화되지는 못했다. 훗날 유가들은 이것을 이기론理氣論으로 설명하려 했다. 즉 사람의 본연의 성性은 누구나 같지만 기질氣質에 차등이 있다는 이른바 기질지성론氣質之性論이 바로 그것이다.

국량의 차이

주자어류朱子語類**/권4/성리**性理 1

사람과 물物이 태어날 때	人物之生 天賦以此理
하늘이 부여한 이理는 다르지 않다.	未嘗不同.
그러나 그것을 받는 그릇에서 다름이 생긴다.	但人物之稟受 自有異耳.
강물은 한결같지만	如一江水
표주박에 물을 담으면 한 표주박의 물을 얻고	你將杓去取 只得一杓[5]
사발에 물을 담으면 한 사발의 물을 얻을 것이며	將椀去取 只得一椀[6]
통이나 항아리 등 각자의 그릇에 따라	之於一桶[7]一缸[8]
각자 그 양도 같지 않을 것이다.	各自隨器量不同.
그러므로 이理도 각자의 기질에 따라 달라지는 것이다.	故理亦隨以異.

---

4)_ 道(도)＝行也, 由也, 從也.
5)_ 杓(표)＝北斗星, 자루, (작)＝飮器.
6)_ 椀(완)＝사발.
7)_ 桶(통)＝수통.
8)_ 缸(항)＝항아리.

묵자의 인성 소염론

인성론을 본격적으로 거론한 것은 묵자가 처음일 것이다. 자공이 증언한 바와 같이 공자는 인성人性에 대해 말한 바 없다(『논어』「공야장」12). 후에 맹자가 성선설을 주장하면서, 묵자의 소염론所染論을 반박한 것이 『맹자』「고자告子」편에 상세히 나와 있다. 반면 순자는 맹자의 성선설을 거부하고 반대로 성악설을 주장한다. 그리고 묵자의 학습설에 다가선다.

묵자는 사람의 마음은 백지와 같고 후천적인 환경에 의해 물들여지는 것이라는 소염론을 주장했다. 이것은 성선설도 성악설도 아니다. 인성 혹은 의식을 선험적인 것으로 보지 않고 사회관계에서 물들여지는 상대적인 것으로 규정한 것이다. 사람은 노란 물감으로 물들이면 노랗게 되고, 까만 물감으로 물들이면 까맣게 된다. 묵자에 따르면 국가도 이와 같이 지배자들이 물들여 놓은 것이며, 의롭지 못한 전쟁을 찬양하는 이데올로기도 모두 지배자들이 물들여 놓은 것이다.

이러한 묵자의 소염론은 중대한 의미를 내포한다. 유가의 성삼품설을 무효화시키기 때문이다. 그래서 후인들에게 두고두고 회자되었다. 양梁나라의 주흥사周興嗣(470?~521)가 지은 『천자문』에도 "묵자는 실이 물들여지는 것을 슬퍼했다(墨悲絲染)"는 문구가 들어 있고, 당나라 이백李白(701~762)의 시에서도 묵자의 소염론을 말하고 있다. 이처럼 묵자의 소염론은 후인들에게 큰 영향을 끼친 것이다(졸저 『묵자』 4장의 '인성론' 참조).

묵자墨子/소염所染

묵자가 실이 물드는 것을 보고	子墨子言 見染絲者
탄식하며 말했다.	而歎曰
"풀색에 물들면 푸르고 흙색에 물들면 누렇게 된다.	染於蒼則蒼 染於黃則黃
넣는 물감에 따라 색깔도 변하는 것이다.	所入者變其色亦變
그러므로 물들이는 것은 신중해야 한다.	故染不可不慎也.

유독 털실만 그런 것이 아니라 국가도 물든다.　　　　　　非獨染絲然也 國亦有染

유독 국가만 물드는 것이 아니라 선비도 물든다.　　　　　非獨國有染也 士亦有染

인간의 행동과 도리와 성품은 물들어 그렇게 된 것이다.”　行理性於染當.

이백

고풍古風**/59수**首

양자는 갈림길에서 훌쩍 훌쩍 울고　　　　　　　　　　惻惻泣路岐

묵자는 흰 실이 물드는 것을 슬퍼하네!　　　　　　　哀哀悲素絲

길은 남북으로 갈리고　　　　　　　　　　　　　　　路岐有南北

흰 실은 쉽게도 변하는구나!　　　　　　　　　　　　素絲易變移.

맹자의 성선설

　맹자는 공자가 존숭한 주례周禮의 천명론天命論을 계승하되 천명을 천성天性으로 내
재화한다. 그리고 예禮의 근원을 천天이 아니라 성性에서 찾는다. 천명에 의해 인성人性
속에 천성이 내재해 있으므로 인성을 보존하는 것이 천명을 따르는 길이라는 것이다.
이로부터 유가의 중심 담론은 ‘예론禮論’에서 ‘성론性論’으로 바뀌었다. 그것은 종교
적인 외재적 천을 철학적인 내재적 천으로 바꾼 것이다. 공자의 천명은 맹자의 천성으
로 이어지고, 천성이 곧 천리天理라는 주희의 성리학으로 이어지는 것이다. 이처럼 맹
자는 공자를 철학적으로 체계화하는 단서를 제공했다는 점에서 공자와 성리학을 잇는
도통의 맥락이 될 수 있었다.

맹자孟子/진심盡心 상

맹자가 말했다.

"마음을 다하는 자는 본성을 알고

본성을 알면 하늘을 안다.

그러므로 마음을 보존하고 본성을 기르는 것이

하늘을 섬기는 방법이다.

오래 살고 일찍 죽는 것에 흔들리지 않고

몸을 닦고 기다리는 것이 천명을 이루는 방법이다."

孟子曰

盡其心者 知其性也

知其性 則知天矣

存其心 養其性

所以事天也

殀壽不貳

修身以俟之 所以立[9]命也.

맹자집주孟子集註/권13/진심장구盡心章句 상

정자가 말했다.

"심心·성性·천天은 하나의 이理다.

이理로 말하면 천이라 하고

하늘에서 품부하여 받은 것으로 말하면 성이라 하고

사람들에게 보존된 것으로 말하면 심이라 할 뿐이다."

程子曰

心也性也天也 一理也.

自理而言 謂之天

自禀受而言 謂之性

自存諸人而言 謂之心.

맹자의 인성론의 기본은 성선설性善說이다. 맹자는 사람의 본성 속에 인仁의 단서端緖가 있다고 말했다. 즉 인간의 천성인 측은한 마음, 부끄러운 마음, 사양하는 마음, 시비를 가리는 마음 등 사단四端이 인의예지仁義禮智 등 사덕四德의 싹이라는 것이다. 그리고 인仁은 온갖 선善의 으뜸으로 다른 사덕을 포괄하는 것이다.

인仁은 원래 인人과 인人의 관계를 뜻하며 그것을 표현하기 위해 만들어진 글자다. 그러나 맹자 당시는 전국시대였으므로 당시 이미 무너져 버린 주례에서 인仁을 찾는

---

9)_ 立(립)=成也.

것은 무망하다고 보았을 것이다. 그 대신 내면적인 선심善心에서 인을 구하려 한 것이다. 그의 인성人性 사단설四端說은 바로 그러한 시도이며, 인仁을 선험적이고 내재적인 것으로 발전시킨 것이다. 즉 공자의 관계론적 인을 본질론적 인으로 발전시킨 것이다. 전자를 인외설仁外說이라 말하고 후자를 인내설仁內說이라고 말한다. 이로써 이제 인은 자기를 절제하여(約身) 밖에 있는 예로 돌아가는 것(復禮)이 아니라, 자기 안에 선험적으로 있는 측은지심惻隱之心을 찾아내는 것으로 바뀌었다.

맹자孟子/공손추公孫丑 상

사람에게는 모두 남에게 차마 하지 못하는 마음이 있다.	人皆有不忍人之心
이런 마음으로	以不忍人之心
남에게 차마 하지 못하는 정사를 행한다면	行不忍人之政
천하를 다스리는 것은 여반장일 것이다.	治天下 可運之掌上.
지금 돌연 우물에 빠지려는 아기를 보면	今人乍見孺子將入於井
사람은 누구나 놀라고 측은한 마음이 들 것이다.	皆有怵惕[10]惻隱之心
이것은 속으로	非所以內
아기의 부모와 교제하기 위한 것도 아니고	交於孺子之父母也
사람들과 벗에게 칭찬을 받기 위한 것도 아니며	非所以要譽於鄕黨朋友也
비난하는 평판이 싫어서 그런 것도 아니다.	非惡其聲而然也
이로써 볼 때 측은한 마음이 없다면	由是觀之 無惻隱之心
사람이 아닐 것이다.	非人也
부끄러워하는 마음이 없다면 사람이 아닐 것이다.	無羞惡之心 非人也
사양하는 마음이 없다면 사람이 아닐 것이다.	無辭讓之心 非人也
시비의 마음이 없다면 사람이 아닐 것이다.	無是非之心 非人也.

---

10)_ 怵惕(출척)＝恐驚也.

측은한 마음은 인仁의 싹이요,	惻隱之心 仁之端也
악을 미워하고 부끄러워하는 마음은 의義의 싹이요,	羞惡之心 義之端也
사양하는 마음은 예禮의 싹이요,	辭讓之心 禮之端也
시비를 가리는 마음은 지智의 싹이다.	是非之心 智之端也
사람에게 사단四端이 있는 것은	人之有是四端也
사람에게 사지四肢가 있는 것과 마찬가지로 생득적인 것이다.	猶其有四體也.

맹자孟子/고자告子 상

공도자公都子가 말했다.	公都子曰
"고자告子는 '인간의 본성은 선善도 아니요,	告子曰 性無善
불선不善도 아니다'라고 말했고	無不善也
혹자는 '성性은 선하게 될 수도 있고	或曰 性可以爲善
악하게 될 수도 있으니	可以爲不善
문왕·무왕이 일어나자 민民이 선해졌고	是故 文武興則民好善
유왕·여왕이 일어나자 민은 흉포해졌다'고 말한다.	幽厲興則民好暴
또 혹자는 '본성이 선한 사람도 있고	或曰 有性善
선하지 않은 사람도 있으니	有性不善
그러므로 요堯가 임금인 때는 악독한 신하 상象이 있었고	是故 以堯爲君而有象[11]
악한 아버지 고수瞽瞍에게는	以瞽瞍爲父
착한 아들 순舜이 있었다'고 말한다.	而有舜.
그렇다면 그들은 모두 당신의 성선설에 어긋나지 않는가?"	今曰性善 然則彼皆非與.
맹자가 말했다.	孟子曰

---

11)_ 象(상)＝人名.

"저들의 선하지 않은 행동은 타고난 재질의 죄가 아니다.　　若夫爲不善 非才之罪也
측은惻隱·수오羞惡·공경恭敬·시비是非의 마음은　　惻隱羞惡恭敬是非之心
인간이라면 모두 가지고 있다.　　人皆有之.
인의예지는 밖에서 나를 밝혀주는 것이 아니라　　仁義禮智 非由外鑠我也
나에게 본래부터 있는 것이다.　　我固有之也
다만 생각하지 않을 뿐이다.　　弗思耳矣
그러므로 '찾으면 얻고, 버려두면 잃는 것'이라고 말한다."　　故曰 求則得之 舍則失之.

순자의 성악설과 인성 평등론

순자는 맹자의 성선설과 공자의 성사품설과 노장의 무위설을 거부한다. 그에 의하면 인간의 성性은 악한 것이며, 학문에 의한 후천적인 위僞만이 선한 것이다. 성은 배울 수 없는 것이고, 예禮는 배울 수 있는 것이므로 예는 선천적인 '성'에 근거하는 것이 아니라 후천적인 '위'에 근거하는 것이다. 그는 인간이 다른 동물과 다른 것은 의義가 있기 때문이라고 했다. 그런데 그 의는 선험적인 것이 아니라 학습으로 길러진 인위적인 것이다. 그러므로 선한 것은 본성이 아니라 후천적인 학습 때문이라는 것이다.

이러한 순자의 성악설性惡說은 성학습설性學習說이라는 점에서 묵자의 인성人性 소염론所染論과 같고, 인성은 평등하다는 것이므로 공자의 성상근설性相近說과 같고 동중서의 성삼품설과는 반대이며, 인위人爲만이 인간을 선하게 할 수 있다는 것이므로 노장의 무위자연설과는 반대편에 있다.

순자苟子/성악性惡

사람의 성품은 악하다. 선한 것은 위僞일 뿐이다.	人之性惡 其善者僞[12]也
사람의 성품은 날 때부터 이로운 것을 좋아한다.	今人之性 生而有好利焉
그러므로 본성을 따르면 쟁탈이 생기고	順是 故爭奪生
사양심은 없어진다.	而辭讓亡焉
또 사람은 날 때부터 질투심과 증오심이 있다.	生而有疾惡焉
그러므로 본성을 따르면 잔학해지고	順是 故殘賊生
충신忠信은 없어진다.	而忠信亡焉
또한 날 때부터 이목의 욕구가 있기 마련이라	生而有耳目之欲焉
성색聲色을 좋아한다.	有好聲色焉
그러므로 본성을 따르면 음란해지고	順是 故淫亂生
예의와 문리는 없어진다.	而禮義文[13]理亡焉
그런즉 사람의 성품을 따르고 인정대로 내버려 두면	然則從人之性 順人之情
반드시 쟁탈이 나타나고	必出於爭奪
분수를 범하고 도리를 어지럽혀	合[14]於犯分亂理
포학한 성질로 돌아갈 것이다.	而歸於暴.
그러므로 반드시 스승과 법으로 교화하고	故必將有師法之化
예의로 인도해야 한다.	禮義之道.
연후에야 사양심과 문리가 나타나	然後出於辭讓 合於文理
다스려지게 되는 것이다.	而歸於治.
이로 비추어 볼 때	用此觀之
사람의 성품은 악한 것이 분명하고	然則人之性惡明矣

---

12)_ 僞(위)＝人爲.
13)_ 文(문)＝節文.
14)_ 合(합)＝呼也.

선한 것은 위위(人爲)이다.　　　　　　　　　　　其善者僞也.

맹자는 "사람이 배우는 것은 그 선한 성품"이라고 말했다.　　孟子曰 人之學者其性善.

그러나 그렇지 않다.　　　　　　　　　　　　　曰 是不然.

이는 사람의 성품을 알지 못한 것이며　　　　　　是不及知人之性

사람의 성性과 위위의 분별을 살피지 못한 탓이다.　而不察乎人之性僞之分者也

무릇 성품은 하늘이 이루어놓은 것이므로　　　　凡性者天之就[15]也

배울 수 있고 경영할 수 있는 것이 아니다.　　　不可學不可事也

반면 예의는 성인이 만들어놓은 것이므로　　　　禮義者 聖人之所生也

사람이 배워 할 수 있고　　　　　　　　　　　人之所學而能

경영하여 이룰 수 있는 것이다.　　　　　　　所事而成者也.

사람의 성품이 악하다면　　　　　　　　　　問者曰 人之性惡

예의는 어디서 나오는가?　　　　　　　　　　則禮義惡生.

그것에 대답하겠다. 도공이 흙을 이겨 그릇을 만든다.　應之曰 陶人埏埴而爲器.

그렇다면 그릇은 도공의 인위로 만들어진 것이지　然則器生於工人之僞

그 도공의 성품이 만든 것이 아니다.　　　　　非故生於人之性也.

이처럼 성인도 사려를 쌓고 인위를 학습했기 때문에　聖人積思慮習僞

이로써 예의를 만들고 법도를 일으킨 것이다.　　故[16]以生禮義而[17]起法度.

그런즉 예의와 법도는　　　　　　　　　　　然則禮義法度者

성인의 위위가 만들어낸 것이며　　　　　　　是生於聖人之僞

사람의 성품이 만든 것이 아니다.　　　　　　非故生於人之性也

---

15)_ 就(취)＝成也, 由也.

16)_ 故(고)＝本也.

17)_ 而(이)＝以.

그러므로 성인이 성품을 교화하고자 위를 세웠고	故聖人化性而起僞
위를 세우고자 예의를 만들었으며	僞起而生禮義
예의가 생기도록 법도를 제정한 것이다.	禮義生而制法度.
그러므로 성인은 대중과 똑같아서	故聖人之所以同於衆
다름이 없는 것은 성성이며	其不異於衆者性也
대중과 다르고 대중보다 많은 것은 위뿐이다.	所以異而過衆者僞也.
사람의 본성이	今誠以人之性
본래 바르고 조리 있어 고르게 다스려져 있다면	固正理平治邪
성왕은 무슨 필요가 있으며 예의는 무슨 필요가 있겠는가?	則惡用聖王 惡用禮義矣哉.

순자의 성악설은 기독교의 원죄설原罪說과는 다르다. 순자에게 인간의 악한 성성은 신의 은총에 의해서만 굴레를 탈출할 수 있는 원죄가 아니다. 오히려 그는 인간 스스로의 학습과 노력에 의해 상충하는 욕망을 다스릴 수 있다고 본다.

학습설

순자荀子/**대략** 大略

군자의 배움은 벌레가 허물을 벗고	君子之學如蛻
날갯짓을 하며 변하는 것과 같다.	幡[18]然遷之
그러므로 걸어가는 것도	故其行效
앉고 서는 것도 배워 모방한 것이며	其立效 其坐效
안색을 바꾸고 말하고 숨 쉬는 것도 모방한 것이다.	其置顏色出辭氣效.
사람이 글을 배우는 것은	人之於文學也

---

18)_ 幡(번)=翻也.

마치 옥이 다듬어지는 것과 같다. 猶玉之於琢磨也

『시경』에서 "자르고 깎은 듯! 갈고 닦은 듯!"이라 한 것은 詩曰 如切如磋 如琢如磨

학문을 말한 것이다. 謂學問也

그 유명한 화和 씨의 구슬도 본래 한낱 돌멩이에 불과했으나 和之璧井里[19]之厥[20]也

옥 기술자가 그것을 다듬었기에 천하의 보배가 된 것이다. 玉人琢之爲天下寶.

순자荀子/예론禮論

성性은 본시 그 재질이 소박한 것이나 性者本始材朴也

위僞로 문리가 융성해지는 것이다. 僞者文理隆盛也

성이 없다면 위僞(人爲)를 더할 곳이 없고 無性則僞之無所加

위가 없다면 성품은 스스로 아름다울 수 없다. 無僞則性不能自美.

그러므로 위(인위)와 성품이 결합되어야만 性僞合然後

성인의 명성과 聖人之名

천하통일의 공업을 이룰 수 있다. 一天下之功 於是就也.

성선설이나 성악설은 이미 인성의 동일성을 전제로 하는 것이다. 그러나 구체적으로 전개하면 성선설에서는 인성은 선천적으로 차등이 있다는 것이고, 성악설에서는 인성은 선천적으로는 평등하지만 후천적으로 차등이 생긴 것뿐이라는 것이다. 그러므로 성악설이 인성 평등론에 더 다가선다. 즉 순자도 신분차별을 인정했지만 그것은 선천적인 혈통 때문이 아니라 후천적인 학습의 차이라고 말한 데 의의가 있다. 다시 말하면 순자는 신분의 이동을 정당한 것으로 인정한 것이다. 다만 이러한 인성 평등론은 순자의 발명이 아니라 그 이전에 이미 묵자가 주장한 바 있다.

---

19)_ 井里(정리)=地名.
20)_ 厥(궐)=石의 誤로 보이나 未詳.

순자荀子/**성악**性惡

무릇 사람의 성품은	凡人之性者
요순과 걸척桀跖이 하나이며	堯舜之與桀跖 其性一也
군자와 소인의 성품도 다 같은 것이다.	君子之與小人 其性一也
요순과 군자를 귀하다 하는 것은	凡所貴堯禹君子者
능히 성품을 교화하고 위僞를 일으키며	能化性 能起僞
위를 일으키므로 예의가 생겼기 때문이다.	僞起而生禮義.

길거리의 사람들도 우임금처럼 될 수 있다는 것은	塗之人可以爲禹
무엇을 말하는가?	曷謂也
무릇 우禹가 우인 까닭은	曰 凡禹之所以爲禹者
그가 인자하고 의롭고(仁義)	以其爲仁義
법도 있고 바른 행동을 했기 때문이다(法正).	法正也
그런데 인의와 법정은	然則仁義法正
알 수 있고 할 수 있는 도리다.	有可知可能之理
그러므로 길거리의 사람들도	然而塗之人也
모두 인의와 법정을 알 수 있는 자질이 있고	皆有可以知仁義法正之質
할 수 있는 능력을 갖추고 있다.	皆有可以能仁義法正之具
그런즉 시정잡배도 우임처럼 될 수 있는 것이 분명하다.	然則其可以爲禹明矣.

순자荀子/**영욕**榮辱

무릇 귀하기로는 천자가 되고 싶고	夫貴爲天子
부하기로는 천하를 갖고 싶은 것은	富有天下
사람이 똑같이 바라는 것이다.	是人情之所同欲也[21]
그러므로 선왕은 이를 감안하여	故先王案爲之

예의를 제정하고 분수로 차별한 것이다.	制禮義以分之.
이것이 공동생활의 평화와 통일을 가져다주는 도리인 것이다.	是夫群居和一之道也
그러므로 어진 사람이 위에 있어	故仁人在上
농사꾼은 노동으로 농사일을 다하고	則農以力盡田
장사치는 찰찰하게 재물의 유통을 다하고	賈以察盡財
온갖 공인들은 기술로써 기구 만드는 일을 다한다.	百工以巧盡器械
그리고 사대부와 위로 귀족에 이르기까지	士大夫以上至於公侯
어짊과 후덕함과 지혜와 능함으로 관직을 수행하는 것이니	莫不以仁厚知能盡官職
이것을 일러 지극한 화평이라 하는 것이다.	夫是之謂至平.[22]
그러므로 층나지만 고르고, 굽었지만 도리에 순응하고	曰斬而齊 枉而順
같지 않지만 하나로 통일되는 것이니 이것을 인륜이라 한다.	不同而一 夫是之謂人倫.

유교의 삼품설과 인간 소우주론

유교를 창시한 동중서는 공자의 도덕정치론인 '경학經學'에 민간의 천인감응설天人感應說을 끌어들여 '위학緯學'으로 해석함으로써 유학儒學을 종교화하여 유교儒敎로 만들었다. 그 기본 교리는 인간에게 신성神性이 들어 있다는 인본주의人本主義였으며 만민이 한 형제인 혈연적 공동체를 지향한 고등 종교였다. 유교의 교리를 만든 동중서는 기본적으로 하늘과 사람이 하나라고 생각했다. 그에 의하면 인간의 운명과 역사는 하늘이 결정하지만 인간 역시 하늘에 영향을 끼치며 특히 군주는 천지天地의 사업에 참

---

21)_ 子曰 富與貴 是人之所欲也. 不以其道得之 不處也(論語/里仁).
22)_ 平(평)=和也, 齊等也.

여하는 존재다. 즉 인간은 천지의 축소판으로 천지는 대우주大宇宙이고 인간은 소우주 小宇宙다. 예컨대 1년에 4계절과 12개월 365일이 있듯이 인간에게는 사지四肢가 있고 12개의 대골절과 366개의 소골절이 있다는 것이다(『춘추번로』 권13 「인부천수人副天數」). 이러한 동중서의 '인간 소우주론'은 훗날 주희의 성리학으로 계승된다.

동중서

춘추번로春秋繁露/권12/음양의陰陽義

천天은 만물처럼 기쁘고 분노하는 기운이 있고	天亦有喜怒之氣
슬프고 즐거운 마음이 있다.	哀樂之心
사람과는 쪼개어 나누어진 것이어서 동류로서 부합한다.	與人相副 以類合之
천과 인人은 하나인 것이다.	天人一也.

춘추번로春秋繁露/권9/신지양중어의身之養重於義

하늘은 만물을 낳고 이로써 사람을 기른다.	天之生物也 以養人.
하늘은 사람을 낳고 그로 하여금 의義와 이利를 낳게 한다.	天之生人也 使之生義與利.
이利로써 몸을 기르고 의로써 마음을 기른다.	利以養其體 義以養其心.

춘추번로春秋繁露/권13/인부천수人副天數

하늘은 세월의 이치를 따라 사람의 몸을 만들었다.	天以從歲之數 成人之身.
그러므로 작은 골절이 삼백육십육 개인 것은	故小節三百六十六
일 년 삼백육십오 일의 이치와 부합하고	副日數也
큰 골절을 열두 개로 나뉜 것은	大節十二分
일 년 열두 달의 이치와 부합하고	副月數也
속에 오장이 있는 것은 오행의 이치와 부합하고	內有五臟副五行數也
밖에 사지가 있는 것은 사계절의 이치와 부합한다.	外有四肢副四時數也.

주자어류朱子語類/**권53/맹자**孟子 **3**

인간은 작은 태반이며 천지는 큰 태반이다.　　　　　　　人便是小胞 天地是大胞

사람의 머리가 둥근 것은 천天의 표상이요,　　　　　　　人首圓象天

발이 모난 것은 지地의 표상이다.　　　　　　　　　　　足方象地.

주자어류朱子語類/**권94/주자지서**周子之書

사람은 곧 하나의 작은 천지天地일 뿐이다.　　　　　　蓋人便是一個小天地耳.

　그러나 동중서의 인본주의는 인성 평등론으로 발전하지 못한다. 그는 공자의 신분차별적인 인간 사품설을 계승하여 성삼품설性三品說을 주장하고 공자의 봉건성을 계승옹호한다. 성삼품설은 인성人性을 세 등급으로 분류하여 귀족 계급의 '성인지성聖人之性', 관료 계급의 '중민지성中民之性', 빈천자의 '두소지성斗筲之性'으로 차별화한 것이다. 그리고 하늘을 대신하여 하늘에서 선성을 받지 못한 중민中民을 가르쳐 착하게 교화하는 것이 왕의 임무라고 말한다. 특히 그는 민民이라는 호칭이 어리석다는 뜻을 취한 것이라 고증하고(民之號 取之瞑也), 빈천한 민은 교화의 대상에서 제외했다. 이로써 성삼품설은 유교의 교리로 굳어졌다.

춘추번로春秋繁露/**권10/실성**實性

성인聖人의 성품은 (본래 선하므로) 성性이라 할 수 없다.　　聖人之性 不可而名性.

보잘것없는 두소斗筲의 성품은　　　　　　　　　　　　斗筲之性

(선하게 할 수 없으므로) 성이라 할 수 없다.　　　　　　又不可以名性.

성이라 이름 붙일 수 있는 것은 중민中民의 성품이다.　　名性者中民之性.

중민의 성은 누에고치와 같고 계란과 같다.　　　　　　中民之性如繭如卵.

계란은 스무 날 동안을 품어주어어만 병아리가 될 수 있다.	卵待覆二十日 而後能爲雛.
누에고치는 끓는 물에 켜야만 실이 될 수 있다.	繭待繰以縮湯 而後能爲絲.
마찬가지로 성이란 교화와 훈육으로 학습시켜야만	性待漸於教訓
선하게 될 수 있다.	而後能爲善.

춘추번로春秋繁露/권10/심찰명호深察名號

이름을 천자天子(하느님 아들)라고 한 것은	號爲天子者
의당 하느님을 아비처럼 보고 섬김으로써 효도한다는 뜻이다.	宜視天如父 事天以孝道也
이름을 제후諸侯라 한 것은	號爲諸侯者
의당 수호(候)할 것을 공경하여 천자를 받든다는 뜻이다.	宜謹視所候[23] 奉之天子也
이름을 대부大夫라 한 것은	號爲大夫者
의당 충신忠信·예의禮義를 돈후하게 하여	宜厚其忠信 敦其禮義
필부(夫)의 의로움을 선하게 키워(大)	使善大於匹夫之義
족히 교화해야 한다는 뜻이다.	足以化也
사士는 섬긴다는 뜻이요, 민民은 어리석다는 뜻이다.	士者事也 民者瞑也
사는 교화에는 미치지 못하지만	士不及化
지키고 섬겨 윗사람을 따르게 할 수 있을 뿐이다.	可使守事 從上而已.

한유

한창려문집韓昌黎文集/원성原性

사람의 성품은 세 등급이 있다.	人性有三.
상품은 선한 데에 그칠 뿐이고	上焉者[24] 善焉而已矣

---

23)_ 候(후)=護也.
24)_ 焉者(언자)=也者.

중품은 인도하는 데 따라	中焉者
상품이 될 수도 있고 하품이 될 수도 있으며,	可導而上下也
하품은 악한 데에 그칠 뿐이다.	下焉者 惡焉而已矣
상품은 배울수록 더욱 밝아지며	上之性就學而愈明
하품은 위엄으로 두렵게 하여 죄를 적게 한다.	下之性畏威而寡罪.
그러므로 윗사람은 가르치고	是故上者可教
아랫사람들은 제재할 수 있을 뿐이다.	而下者可制也
공자는 이러한 품계가 옮겨지지 않는다고 말했다.	其品則孔子謂不移也.

신유학의 인성 천리론

본래 원시 유학의 주제는 예론禮論이었다. 그들의 예는 부모에 대한 효孝를 군왕에 대한 충忠으로 승화시키는 것이었다. 그러므로 공자에게는 도덕론 또는 인간관계론이 있을 뿐, 인간 본질론은 없었다. 즉 인의仁義·도덕道德을 말했지만 그것은 관계론이며 본질론은 아니었다. 공자 이후 자사가 지은 『중용』에서 성性은 천명天命이며 성을 받들고 따르는 것이 '도'라고 말했지만 사람의 성이 곧 하늘의 성이라고 말하지는 않았다 (天命之謂性 率性之謂道 : 『중용』 1장). 또한 성실誠實을 천도天道라 하고 성실해지려고 노력하는 것이 인도人道라고 말했으나 성誠이 곧 인간의 본성이라고 말하지는 않았다(誠者天之道也 誠之者人之道也 : 『중용』 20장). 또 맹자는 성선설을 말하고 인의예지라는 사덕四德의 단서(四端)가 마음속에 있다고 말했지만 그것이 곧 천리天理라고 말하지는 않았다(惻隱之心 仁之端也. 羞惡之心 義之端也. 辭讓之心 禮之端也. 是非之心 知之端也 : 『맹자』 「고자」 상).

그러나 성리학은 유학을 철학화하기 위해 자사와 맹자를 근거로 삼고 불교에서 불심

佛心을 흡수하여 인성人性＝천심天心＝천리天理로 해석함으로써 이를 유학의 인간 본질론으로 삼았다. 즉 유교의 관계론적인 예론에 불교에서 흡수한 본질론적인 심론心論을 결합한 것이다. 즉 도가의 자연적 도道와 불가의 주관적 심心과 유가의 객관적 인仁을 하나로 통합한 것이다.

이러한 통합은 단순한 종합이 아니라 창발적인 것이라고 평가할 만하다. 인류는 공자 이전부터 무소부재의 형이상적 존재인 신神을 공경해 왔고, 한편으로는 인간 정신이 신을 닮았다는 점에 주목하기 시작했다. 이에 주희는 인간 정신은 바로 천신天神이 내재화한 것이라는 어렴풋한 전통적 생각을 천신天神＝정신精神＝이理로 명쾌하게 정리하여 일거에 우주와 인간을 설명할 수 있었다.

주희는 인간의 본성을 완전무결한 정신적 실체인 천리 태극太極의 본체라고 말했다. 이것은 성性이란 하나의 양지良知의 양능良能한 작용으로 인식의 주체이며 나아가 우주의 본체라고 본 것이다. 그렇다면 사람은 누구나 신을 내재한 존재가 되며 우주의 중심이 되는 것이다.

주희는 이것을 석가가 말한 '월인만천月印萬川'으로 설명한다. 이러한 그의 '인인유일태극人人有一太極', '물물유일태극物物有一太極' 사상은 진여眞如 혹은 불성佛性이 만물에 구족해 있다는 불교 사상 그대로다.

주자대전朱子大全**/권58/답진기지**答陳器之

성性은 태극太極이다.	性是太極.
혼돈한 것이므로 본래 이름과 글자로 말할 수 없는 것이다.	渾然之體 本不可以名字言
하지만 그 속에는 만물의 이理를 포함하고 있다.	但其中含具萬理
그 큰 강령으로는 네 가지가 있으니	而綱領之大者有四
그 명칭을 인의예지仁義禮智라고 말한다.	故名之曰仁義禮智.

하나인 이理의 열매는	一理之實
만물에 씨앗으로 나뉘어 본체가 된다.	而萬物分之以爲體.
그러므로 하나의 사물 속에는 천리가 완전하게 갖추어져 있어	故一物之中天理完具
서로 빌리지 않는다.	不相假借.

월인만천

주자어류朱子語類/권18/대학혹문大學或問 **하**

석가는 이르기를	釋氏云
"하나의 달은 만천萬川에 두루 비추고	一月普現一切水
만천 물속의 달은 하나의 달을 품었다"라고 했다.	一切水月一月攝.
염계濂溪[25]의 『통서通書』에서 나오는	濂溪通書
"일실만분一實萬分 만일각정萬一各正"과 같은 말이다.	只是說這一事.

이미 언급한 대로 『중용』에서 성性은 천명天命이다. 그리고 성리학에서는 천제天帝를 대신하는 천명을 다시 태극으로 대체한다. 따라서 천명→천성→태극→천리의 도식이 성립된다. 그래서 정이는 "성性이 곧 이理"라고 말한 것이다. 다시 말하면 인성은 곧 천리라는 것이다. 주희는 정이의 '성즉리性卽理' 사상을 계승했다.

이理를 성性이라고 말하는 것은 이理는 정신이라는 뜻이다. 태극을 이理라고 말하는 것은 이理가 창조주라는 뜻이다. 그러므로 '성즉리'라는 테제는 사람의 본성이 물질을 창조한다는 뜻이며, 사람의 마음은 '절대정신'이라는 뜻이다. 그래서 이것을 절대적 '유심주의唯心主義'라고 말한다.

---

25)_ 주돈이의 號.

이理는 천天의 체體요, 명命은 이理의 용用이요,   理者天之體 命者理之用

성性은 인人이 그것을 품부하여 받은 것이요,   性是人之所受

정情은 성의 작용이다.   情是性之用.

성은 이理다.   性卽理也.

천명이 마음에 있으면 성이라 부르고   在心喚做性

사물에 있으면 이理라 부른다.   在事喚做理.

인심·도심 논쟁

인심人心·도심道心이라는 말은 『서경』「대우모大禹謨」에서 처음 언급된 것으로 요임금이 순임금에게, 다시 순임금이 우임금에게 유언한 유훈遺訓이다. 그러므로 공자를 비롯한 유자들은 이를 지극히 존숭해 오고 있었다.

서경書經/우서虞書/대우모大禹謨

인심人心은 위태롭고, 도심道心은 은미하니   人心有危 道心有微

인심을 정성스럽게 하여 도심으로 전일시켜   惟精惟一

진실로 그 황극의 중정中正함을 잡고 지켜야 한다.   允執厥中.

가히 인심을 긍휼히 할 사람은 군주가 아니겠으며   可愛非君

도심을 공경해야 할 사람은 민民이 아니겠는가?   可畏非民.

그런데 주희가 이를 『중용장구中庸章句』의 서序에서 다시 부각시키고 성리론으로 설명했다. 즉 도심은 본연지성本然之性의 발현이고, 인심은 기질지성氣質之性의 발현이라는 것이다.

중용장구中庸章句/서序

마음이 허령虛靈(공허하나 신령함) 지각知覺(깨달아 앎)함은	心之虛靈知覺
한 가지이지만	一而已矣
생각하는 것은 인심과 도심이 다른 것이다.	而以爲有人心道心之異者.
혹은 형기形氣(형체의 기운)의 사사로움에서 생기기도 하고	則以其或生於形氣之私
혹은 성명性命(천명인 性)의 바름에서 근원하기도 하므로	或原於性命之正
그 지각하는 원인이 같지 않은 것이다.	而所以爲知覺者不同.
그러므로 인심은 위태하며 불안하고	是以或危殆而不安
도심은 미묘하여 보기 어려운 것이다.	或微妙而難見耳.

이에 대해 양명陽明 왕수인王守仁(1472~1529)은 심心의 본체는 천명의 성이므로 선善도 악惡도 없다는 심성일체설心性一體說을 주장했다. 그러므로 그는 인심은 인위人爲로 인해 도심이 바름을 잃어버린 것이고, 도심은 인심이 본래의 바름을 보존한 것이라고 주장했다. 반면 정암整庵 나흠순羅欽順(1465~1547)은 심과 성을 두 가지로 보는 주희도 잘못이고, 한 가지로 보는 왕수인도 잘못이라고 비판했다. 그는 심과 성은 일물一物의 체體와 용用이며(心性體用說), 도심은 본체이므로 지극한 정체를 볼 수 없어 은미하고, 인심은 작용이므로 그 지극한 변화를 헤아릴 수 없어 위태하다고 해석했다.

그런데 16세기에 들어 나흠순의 『곤지기困知記』와 왕수인의 『전습록傳習錄』이 국내에서 소개되어 널리 읽히면서 인심·도심에 대한 해석에도 의문을 갖기 시작했다. 예컨대 노수신盧守愼(1515~1590)은 나흠순의 견해에 동조하여 인심·도심을 논의했고 이에 이황·김인후金麟厚(1510~1560) 등이 비판을 가함으로써 논쟁이 시작되었다. 뒤이어 성혼成渾(1535~1598)과 이이의 논쟁이 있었으며, 성리학자라면 모두가 나서서 백가쟁명이 되었다. 더구나 여기에 도심道心→이발理發→사단四端, 인심人心→기발氣發→칠정七情으로 해석하는 사칠四七이 얽히면서 논쟁은 끝없이 계속되었다. 그러나 이런 모든 논쟁은 존덕성尊德性 멸인욕滅人欲의 문제로 귀착되는 것이므로 그 핵심은 과연 인간의 욕망을 제거하는 것이 가능하고 또한 옳은 것인가의 문제에 있다(졸저 『성리학개론』 제6부 1장 '사칠 논쟁' 참조).

정약용은 공자가 말한 "성상근性相近 습상원習相遠"도 요순의 인심·도심을 해설한 것으로 본다. 그는 인심·도심론에서 공사公私와 선악의 근원을 찾았으므로 이것이야말로 오제五帝 이래 전승된 만세의 도결道訣이요, 심학心學의 종지로 중요시했다. 그리고 그 정신이 공자·맹자·주희로 전승되었다고 믿었다. 그러므로 선악과 공사의 구별이 모호해지는 왕수인이나 나흠순을 반대하고 주희의 설을 취했다. 따라서 사칠 논쟁도 심학의 인심·도심을 살핀 연후에야 해석될 있다는 것이다. 즉, 사단칠정四端七情은 인심·도심에 대한 다른 표현이라는 것이다. 이러한 정약용의 주장은 정주리학에 비판적이었던 그의 종전 태도와는 상이한 것이어서 주목되는 점이다.

이병휴[26]

정산잡저貞山雜著/**권4/소남윤장서**召南尹丈書

유가의 심학心學은 『서경』에 근원하고 있다.	吾儒心學原於帝典.
그래서 『서경』의 인심·도심이라는 네 글자를	人心道心四箇字
정법의 요점이라 한다.	此爲正法要詮.
따라서 사단칠정은 그 이후에 의논된 것이므로	至於四七 是後來議論.
모름지기 그 근원인 인심·도심을 자세히 살펴 알면	須先艦破源頭處
그 나머지는 거룻배를 만나듯 쉽게 해석할 수 있다.	則其他迎刀而解矣.

---

26)_ 李秉休(1710~1776).

정약용

여유당전서與猶堂全書/2집/권2/심경밀험心經密驗/심성총의心性總義

"인심은 위태롭고 도심은 은미하다"는	然人心之危 道心之微
이 두 구절은	此二句
지극히 이치가 있고, 그 머무름이 더할 수 없이 정확하다.	乃是至理 所寓精確無比
항차 도가들이 한 말을	況道家之所言
복희·신농·황제의 유문에 연계시키고 있지만	多係羲農黃帝之遺文
인심·도심이야말로 역시	人心道心 亦必是
오제 이래 전해져 내려온 도결이므로	五帝以來相傳之道訣
후인들이 말할 수 있는 것이 아니다.	非後人之所能道也
이제 이 두 구절을 만세 심학의 종지로 삼아야 할 것이다.	今此二句 爲萬世心學之宗.
어찌 순자가 『도경道經』에서 나온 것이라고 말했다고 해서	豈可以出於荀氏[27]
높이고 신뢰하는 정성을 소홀히 할 수 있겠는가?	而少忽其尊信之誠哉.

여유당전서與猶堂全書/2집/권32/매씨서평梅氏書評/남뢰황종희서南雷黃宗羲序

주공은 이르기를 "광인이라도 생각을 잘하면 성스럽게 되고	周公曰 唯狂克念作聖.
성인이라도 생각을 잊으면 광인이 된다"고 했다.	唯聖亡念作狂.
이것은 인심은 위태롭고	此非人心之危
도심은 은미함을 말한 것이 아니겠는가?	而道心之微旺乎.
공자는 이르기를	孔子曰
"성품은 서로 비슷하나 학습으로 서로 멀어진다"고 했다.	性相近也 習相遠也
성품이 비슷하다는 말은	性相近者

---

27)_『순자』「解蔽」편에서는 도심·인심설의 출처를 『도경』이라고 밝히고 있으나, 현전하는 『노자도덕경』에서는 찾
을 수 없다.

도심은 은미해서 지자智者도 우자愚者도 같다는 뜻이며　　　　道心之微 智愚之所同也

학습으로 멀어진다는 말은　　　　習相遠者

인심은 위태로워 성자와 광인으로 갈라져 변한다는 뜻이다.　　　　人心之危 聖狂之條變也,

맹자는 이르기를　　　　孟子曰

"사람과 금수의 차이는 미미한데　　　　人之所以異於禽獸者幾希.

군자는 보존하고 소인은 그 차이를 버린다"고 했다.　　　　君子存之 小人去之.

사람은 육체를 가지고 있으므로　　　　人有是形

식색食色과 안일을 욕망한다는 점에서는　　　　故其食色安逸之欲

금수와 같다.　　　　同於禽獸

이것은 인심이 위태롭다는 것이다.　　　　此人心之危也

천명인 성품은 선을 좋아하고 악을 부끄러워하지만　　　　天命之性 樂善恥惡

형체는 강하고 정신은 약하여 억지로 다스릴 수 없다.　　　　而形强神弱 不能剛制

이것이 도심의 은미함이라는 것이다.　　　　此道心之微也.

다만 이처럼 마음이 백 가지 천 가지로　　　　但此百千之心

나누어짐을 자세히 살펴보면　　　　靜察其分

인심·도심을 벗어나지 않으니　　　　不出乎人心道心.

인심이 아니면 도심이고　　　　非人心則道心

도심이 아니면 인심이다.　　　　非道心則人心

공과 사가 나누어지는 것이요, 선과 악이 갈라지는 곳이다.　　　　公私之攸分 善惡之攸判

공자·안연·증자·자사·맹자가 발견한 것이 여기에 있고　　　　孔顔曾思孟所察者在玆.

요·순·우·탕이 삼간 것이 여기에 있었던 것이다.　　　　堯舜禹湯所戒者在玆.

그런데 황종회가 그것을 섞어 하나로 만들려고 하니　　　　黃氏欲混之爲一

어찌 잘못이 아니겠는가?　　　　豈不疏哉.

여기서 우리는 정약용의 실학은 결코 공맹을 버린 것이 아니며 또한 성리학을 완전 거부한 것이 아니라 위기지학 爲己之學에서는 선택적으로 수용하고 있음을 알 수 있다. 구체적으로 말하면 정약용의 학문이 낙민洛閩(정주 程朱의 이학理學)을 따라 수사 洙泗(공맹의 경학 經學)로 흐르는 이익의 학풍을 계승하되 이를 다시 주공·요순으로 더 소급시켜 실학으로 결실시키고자 했음을 알 수 있다.

여유당전서與猶堂全書/1집/권18/위윤혜관증언爲尹惠冠贈言

육경과 여러 성현의 글을 읽어야 하지만	六經諸聖書皆可讀
특히 『논어』만은 종신토록 읽어야 한다.	唯論語可以終身讀.
삼례三禮에 대해서는 잡복 雜服의 제도만 알면	三禮知雜服之制
명문의 후예라 할 것이며	足爲名家佳胤.
『주역』을 읽어 추이推移 왕래往來의 자취를 살피고	讀周易 察推移往來之跡
소장 消長 존망 存亡의 이치를 증험한다면	驗消長存亡之理.
천지를 아우르고 우주를 망라할 수 있을 것이다.	足以範圍天地 網羅宇宙.
여력이 있으면 『산경山徑』·『수지水誌』도 읽어 견문을 넓히며	餘力及山經水志以廣耳目
혹 아내가 빚은 술을 권하고 흔연히 취하여	或妻釀佳秋勸之 欣然一醉
『초사楚辭』를 읽으며 울적한 기분을 푼다면	讀離騷九歌 以暢幽鬱
명사라 칭할 만할 것이다.	足稱名士也
이처럼 독서 한 가지 일로	唯有讀書一事
위로는 성현을 좇아 짝할 수 있고	上足以追配聖賢.
아래로는 무지한 민중을 길이 일깨울 수 있으며	下足以永詔烝黎.
귀신의 그윽한 정황을 알 수 있고	幽達鬼神之情狀.
왕도와 패도의 계책을 밝게 인도할 수 있으니	明贊王霸之謨猷.
날짐승과 벌레의 부류를 초월하여	超越禽蟲之類
우주의 위대함을 지탱할 수 있다.	撐柱宇宙之大.

그러므로 독서야말로 우리 인간의 본분인 것이다.　　　　　此方是吾人本分.

정약용의 삼품설 비판과 자유의지론

정약용은 기본적으로 기존의 본성론本性論 자체를 인정하지 않는다. 그는 성性을 기호嗜好로 해석했으며 인간의 자유의지를 강조했기 때문이다. 결국 그는 묵자의 인성학습설에 가까운 것으로 볼 수 있다.

여유당전서與猶堂全書/**2집**/**권5**/**맹자요의**孟子要義/**등문공**滕文公 상

명도明道[28]는 "성性은 본래 선한 것이지만	明道曰 性固善也
악 또한 성"이라고 말했다.	然惡亦不可不謂之性
그러나 내 생각으로는	鏞案
성에는 선도 있고 악도 있는데	性有善有惡
맹자가 오로지 성선만을 말했다면	而孟子單言性善
맹자는 성을 알지 못한 것이 된다.	則孟子不知性矣
맹자가 성을 알지 못했다면	孟子不知性
다시 성을 안 사람이 있는가?	而復有知性者乎
의리의 성은 선을 주관하고	據云義理之性主乎善
기질의 성은 악을 주관한다면	氣質之性主乎惡
이 두 성이 합해져야 온전한 성이 된다는 것이므로	二性相合乃爲全性
선악이 혼재한다는 양자운[29]의 주장이	則楊子雲善惡渾之說

---

28)_ 정호의 號.

정론이 된다.	爲正論也
오로지 기질의 성만을 말한다면	單言氣質之性
순자의 성악설이	則荀卿子性惡之說
정론이 되어야 마땅하다.	爲正論也
그렇다면 공자·자사의 도통은	然則孔子子思之統
마땅히 순자·양자운에 있어야 하는데	當在荀楊.
어째서 맹자를 도통으로 삼은 것인가?	豈得復以孟氏爲宗乎.

여유당전서與猶堂全書/2집/권2/심경밀험心經密驗/**심성총의**心性總義

종합하면 인간의 영체 안에는 세 가지 이치가 있다.	總之靈體之內厥有三理.
성性으로 말한다면	言乎其性則
선을 좋아하고 악을 부끄러워하는 기호가 있다.	樂善而恥惡
이것이 맹자가 말한 성선설이다.	此孟子所謂性善也
자유의지로 말하면	言乎其權衡則
선할 수도 있고 악할 수도 있다.	可善而可惡.
이것이 여울물처럼 터주는 대로 흐른다는 고자의 학습설과	此告子湍水之喩
양웅의 선악 혼재설이 나온 근거다.	楊雄善惡渾之說 所由作也
행위론으로 말하면 선을 행하기는 어렵고 악에 빠지기는 쉽다.	言乎其行事則 難善而易惡
이것이 순자의 성악설이 나온 근거다.	此荀卿性惡之說所由作也
순자와 양웅은	荀與楊也
성性 자를 오인하여 그 학설이 어긋났을 뿐	認性字本誤 其說以差.
인간의 영체에	非吾人靈體之內

---

29)_ 서한의 경학가인 양웅. 양웅은 "사람의 성품은 선과 악이 혼재되어 있다. 그 선한 쪽을 닦으면 선인이 되고 악한 쪽을
닦으면 악인이 된다(人之性也 善惡混 修其善則爲善人 修其惡則爲惡人 : 法言/修身)"고 말했다.

이 세 가지 이치가 본래 없다는 것은 아니었다.	本無此三理也.

하늘이 사람에게	天旣予人
선할 수도 악할 수도 있는 자유의지를 주었으므로	以可善可惡之權衡
이에 아래로 나아가 타락하기도 하며,	於是就其下面
또한 선하기는 어렵고 악하기는 쉬운 자질을 주었기에	又予之以難善易惡之具
그 위로 나아가려고 노력하기도 한다.	就其上面
또한 선을 좋아하고 악을 싫어하는 성품을 주었기에 망정이지	又予之以樂善恥惡之性
이런 성품이 없었다면 우리 인간은 자고이래로	若無此性 吾人從古以來
한 사람도	無一人
사소하고 작은 선조차 행하는 자가 없었을 것이다.	能作些微之小善者也
그렇기 때문에 성을 다스리라 말하고	故曰 率性.
덕성을 높이라고 말하는 것이며	故曰 尊德性.
성인이 성을 보배로 삼고	聖人以性爲寶
감히 잃지 않은 것은 이 때문이다.	罔敢墜失者以此.

따라서 정약용은 유교의 성삼품설은 공자를 왜곡한 죄악이라고 강력히 비난한다. 그는 선악이란 후천적인 학습의 결과일 뿐 선천적인 것이 아니라고 보았기 때문이다. 그는 또한 맹자의 인내설仁內說을 반대하고 인외설仁外說을 주장했다. 즉 공자가 말한 인仁도 선험적인 것이 아니라 행사行事 뒤에 인이라는 이름을 얻을 수 있다고 강조한다.

여유당전서與猶堂全書/**2집**/**권6**/**맹자요의**孟子要義/**고자**告子 **상**

내 의견으로는 공자가 말한	鏞案 孔子曰
"성性은 가깝지만 습관으로 멀어지며	性相近也 習相遠也
오직 상지上智와 하우下愚는 변화하지 않는다"는 말을	惟上智與下愚不移.

한자韓子(한유)가 잘못 읽고 韓子誤讀此文

성삼품설을 만들었다고 생각한다. 爲三品之說也

공자가 말한 본뜻은 孔子之言槪云

대체로 요순이나 걸주의 성은 모두 서로 비슷하지만 堯舜桀紂 性槪相近.

선인을 학습하면 착하게 되고 習於善人則爲善

악인을 학습하면 악하게 될 뿐이며 習於惡人則爲惡

다만 지혜롭고 총명한 자는 惟智明者

아무리 악인에게 학습해도 변화하지 않으며 雖與惡人相習 不爲所移.

어리석고 혼매한 자는 愚暗者

아무리 선인에게 학습해도 雖與善人相習

변화하지 않는다는 것을 말한 것이다. 不爲所移也.

태어날 때부터 상지는 선하고 하우는 악하다는 上智生而善 下愚生而惡

이러한 성삼품설은 천하에 독이요, 此其說有足以毒天下

만세의 재앙이니 而禍萬世.

비단 홍수와 맹수 정도에 그치지 않는다. 不但爲洪水猛獸而已.

총명하게 태어난 자는 스스로 오만하여 성인이라 자만하고 生而聰慧者 將自傲自聖

죄악에 빠지는 것을 두려워하지 않을 것이며 不懼其陷於罪惡.

노둔하게 태어난 자는 자포자기할 것이므로 生而魯鈍者 將自暴自棄

개과천선을 힘쓰지 않을 것이다. 不思其勉於遷改.

여유당전서與猶堂全書/1집/권16/**자찬묘지명**自撰墓誌銘

『논어』에서 말한 상지와 하우는 曰 上智下愚

천성적인 자질을 말한 것이 아니다. 非性品之名.

선을 지키는 자는 비록 악인과 서로 친해지더라도 守善者 雖與惡相押習

바뀌지 않으므로 상지라고 말한 것이며
악을 편안히 여기는 자는 선인과 서로 친해지더라도
바뀌지 않으므로 하우라고 말한 것뿐이다.
만약 인성이 바뀌지 않는 자질이라고 한다면
주공의 "성인이라도 정념에 묶이면 광인이 되고
광인이라도 정념을 극복하면 성인이 될 수 있다"는 말은
성을 모르는 어리석은 자의 말이 되어버린다.

不爲所移 故名曰上智.
安惡者 雖與善相押習
不爲所移 故名曰下愚.
若云人性原有不移之品.
周公曰 唯聖罔念作狂
唯狂克念作聖
爲不知性者也.

2절 | 유가의 공부 수양론

논어 읽기

논어論語/학이學而 1

공자께서 말씀하셨다.   子曰

"배우고 때때로 익히면 또한 기쁘지 아니한가?   學而時習之 不亦說乎.

벗이 있어 멀리서 찾아오니 이 역시 즐겁지 아니한가?   有朋自遠方來 不亦樂乎

남이 알아주지 않아도 원망하지 않으니   人不知而不慍

이 역시 군자답지 아니한가?"   不亦君子乎.

논어論語/술이述而 19

공자께서 말씀하셨다.   子曰

"나는 태어날 때부터 지자知者가 아니다.   我非生而³⁰⁾知之者

옛것을 좋아하여 열심히 찾는 자일 뿐이다."   好古敏以求之者也.

---

30)_ 而(이)＝곧, 이로부터.

논어論語/술이述而 27

공자께서 말씀하셨다.   子曰

"대체로 알지도 못하면서 함부로 지어내는 자들이 많으나   蓋有不知而作之者

나는 그런 일이 없다.   我無是也

많이 듣고 좋은 것을 골라 그것을 따르고   多聞 擇其善者而從之

많이 보고 그것을 경계의 표식으로 삼는다.   多見而識31)之

이것이 지혜로움의 차선책이다."   知之次也.

논어論語/위정爲政 4

공자께서 말씀하셨다.   子曰

"나는 열다섯에 학문에 뜻을 두었고   吾十有五而志于學.

삼십에 성취한 바가 있었고   三十而立.32)

사십에 망설이지 않게 되었고   四十而不惑

오십에 천명을 알았으며   五十而知天命

육십에 귀가 뚫렸고   六十而耳順

칠십에 마음의 욕망을 따르되 법도를 넘지 않았다."   七十而從心所欲不踰矩.

논어論語/위정爲政 11

공자께서 말씀하셨다.   子曰

"옛것을 찾아 익히고 새것을 안다면   溫故而知新

가히 스승이 될 만하다."   可以爲師矣.

---

31)_ 識(식)=標識也. 주희는 記로 解함.

32)_ 立(립)=有所成也.

논어論語/위영공衛靈公 31

공자께서 말씀하셨다.   子曰

"나는 일찍이 종일 밥도 먹지 않고   吾嘗終日不食

밤새 자지 않고 생각에 골몰해 보았으나 무익했으니   終夜不寢 以思無益

배우는 것만 못했다."   不如學也.

논어論語/위정爲政 15

공자께서 말씀하셨다.   子曰

"배우기만 하고 생각하지 않으면 혼미하고   學而不思則罔.[33]

생각에만 의존하고 배우지 않으면 위태롭다."   思而不學則殆.

논어論語/양화陽貨 8

공자께서 이르셨다.   子曰

"유(자로)야!   由也

너는 육언六言에도 육폐六蔽가 있음을 들었느냐?"   女聞六言[34]六蔽矣乎.

자로가 대답했다. "아직 듣지 못했습니다."   對曰 未也.

"앉아라! 내 너에게 말해 주겠다.   居 吾語女.

인仁(어짊)을 좋아하면서 배우지 않으면   好仁不好學

그 폐단은 어리석음이요,   其蔽也愚

지知(지혜)를 좋아하면서 배우지 않으면   好知不好學

그 폐단은 방탕이요,   其蔽也蕩[35]

---

33)_ 罔(망)＝無知也, 誣也, 昏而無得也.
34)_ 言(언)＝道也.
35)_ 蕩(탕)＝窮高極廣而無所止也.

신信(신의)을 좋아하면서 배우지 않으면　　　　　　好信不好學
그 폐단은 해침이요,　　　　　　　　　　　　　其蔽也賊[36)]
직直(곧음)을 좋아하면서 배우지 않으면　　　　　　好直不好學
그 폐단은 박절함이요,　　　　　　　　　　　　其蔽也絞[37)]
용勇(용기)을 좋아하면서 배우지 않으면　　　　　　好勇不好學
그 폐단은 난동이요,　　　　　　　　　　　　　其蔽也亂
강剛(굳셈)을 좋아하면서 배우지 않으면　　　　　　好剛不好學
그 폐단은 광폭이다."　　　　　　　　　　　　其蔽也狂.[38)]

논어論語/이인里仁 1
공자께서 말씀하셨다.　　　　　　　　　　　　子曰
"마을 풍속이 인후하면 사람들도 아름답다고 한다.　　里仁爲美
인후한 마을을 선택하여 살지 않는다면　　　　　　擇[39)]不處仁
어찌 지혜롭다 하겠느냐?"　　　　　　　　　　焉得知.

논어論語/술이述而 24
공자께서는 네 가지를 가르치셨는데　　　　　　　子以四敎
학문과 행실과 충심과 신의였다.　　　　　　　　文行忠信.

---

36)_ 賊(적)=傷害於物也.
37)_ 絞(교)=縛也. 切也.
38)_ 狂(광)=躁率也.
39)_ 擇(택)=擇里也.

선험론의 뿌리는 자사와 맹자

인식론에 있어서는 공자와 그를 따르는 유가들이 다르다. 공자는 복례復禮를 주장했으므로 선왕先王의 말씀에 의문을 갖지 않았고 따라서 인식의 문제에도 의문을 제기하지 않았다. 그러므로 그는 객관적인 주례周禮의 학습을 강조했을 뿐 선험론을 말하지 않았다(졸저 『노자강의』 제9부 '인식론', 『성리학개론』 제4부 2장 '인식론 비판'과 제6부 2장 '격물논쟁' 참조).

『논어』 첫머리의 "학이시습學而時習"은 후천적 학습을 중시한 것으로 순자의 '권학勸學'과 일치하며 "이인위미里仁爲美"는 교육 환경을 중시한 것으로 맹자의 어머니가 교육 환경을 위해 세 번 이사했다는 맹모삼천지교와 일치하는 발언이다. 이로 볼 때 공자는 선험론이 아니며 도리어 묵자의 인성학습설과 다를 바 없다고 보여진다. 앞의 『논어』 예문에서 확인할 수 있듯이 이것은 씨앗도 중요하지만 키우는 것도 중요하다는 인류의 오랜 전통적 생각과 일치하는 것이다.

그러나 확고한 중앙이었던 주나라가 사실상 붕괴되고 천명과 주례가 불신되는 전국시대의 자사에 이르자 제도의 학습보다 마음을 중시하는 중대한 전환이 일어났다. 선왕의 가르침을 배우는 것만으로는 난세를 극복할 수 없다는 의구심이 생기고 인간 내면에 관심이 쏠리기 시작한 것이다. 맹자의 성선설과 순자의 성악설이 그 결과물이다.

성선性善이냐 성악性惡이냐의 논쟁은 수양론修養論에서 크게 달라진다. 인仁은 객관적인 복례 외에 주관적인 덕성의 함양을 중시한 것은 같지만, 그 방법에 있어서는 전자는 본성의 회복을 중시하고 후자는 본성의 교정을 중시한 것이다.

특히 맹자의 성선설의 경우 마음에 이미 선험적으로 선심善心을 구비하고 있으므로 마음을 닦고 수양하여 욕심을 제거하여(克己) 잃어버린 마음을 되찾으면(求放心) 인에 도달할 수 있다고 주장했다. 이것은 불교의 심론心論과 유사하며 수천 년 동안 동양 사상을 지배한 선험론의 뿌리가 되었다.

중용 中庸/27장

군자는 타고난 덕성을 닦고 묻고 배움으로 인도하며	君子 尊[40]德性 而道問學.
넓고 크게 이르되 정미한 것까지 다하며	致廣大而盡精微.
지극히 높고 밝되 중용으로 인도하고	極高明而道中庸.
옛것을 익히되 새것을 알며	溫古而知新
돈후함으로써 예를 숭상한다.	敦厚以崇禮.

맹자 孟子/진심 盡心 상

만물의 이理는 내 마음에 갖추어져 있다.	萬物皆備於我矣
자신을 반성하여 성실하면 즐거움이 이보다 클 수 없으며	反身而誠 樂莫大焉
힘써 추서推恕하고 실천하면	强恕而行
인仁을 구함이 이보다 가까울 수 없다.	求仁莫近焉.

반면 성악설의 경우 본성을 회복하면 악만 남을 것이니 공부는 악한 본성을 없애는 후천적 학습과 교정이 중요하다. 그러므로 순자는 맹자의 선험론과는 반대로 경험론적 이다.

순자 荀子/권학 勸學

군자는 배움을 그치면 안 된다고 말한다.	學不可以已.
청색은 쪽이라는 풀에서 나왔지만 쪽보다 푸르고	靑取之於藍 而靑於藍.
얼음은 물로 되었지만 물보다 차다.	氷水爲之 而寒於水.
나무가 곧으려면 먹줄에 맞아야 하고	木直中繩
바퀴살이 바퀴가 되려면 그림쇠에 맞아야 한다.	輮以爲輪 其曲中規.

---

40)_ 尊(존)=崇重也.

높은 산에 오르지 않으면 하늘이 높은 줄 모르고 　　　　故不登高山 不知天之高也

깊은 계곡에 가보지 않으면 땅이 두꺼운 줄 모르며 　　不臨深谿 不知地之厚也

선왕의 말씀을 듣지 못하면 　　　　　　　　　不聞先王之遺言

학문이 위대한 줄 모른다. 　　　　　　　　　　不知學問之大也

월나라와 오랑캐의 아이들이 　　　　　　　　　干越夷貉之子

태어날 때는 목소리가 같지만 　　　　　　　　生而同聲

자라면서 습속이 다르게 되는 것은 　　　　　　長而異俗

교화가 그렇게 만든 것이다. 　　　　　　　　　教使之然也.

나는 종일토록 사색한 적이 있으나 　　　　　　吾嘗終日而思矣

잠시 동안의 배움만 못했고 　　　　　　　　　不如須臾之所學也

나는 일찍이 발돋움을 하고 바라본 적이 있으나 　吾嘗跂而望矣

높은 산에 올라 널리 바라보는 것만 못했다. 　　不如登高之博見也.

수레와 말을 빌리면 　　　　　　　　　　　　假輿馬者

발이 빠르지 않아도 천 리를 치달을 수 있고 　　非利足也 而致千里

배와 노를 빌리면 　　　　　　　　　　　　　假舟檝者

수영을 할 줄 몰라도 강을 건널 수 있다. 　　　非能水也 而絶江河

군자는 날 때 성품이 다른 것이 아니고 　　　　君子生[41]非異也

사물의 이理를 빌려 잘 이용한 것뿐이다. 　　　善假於物也.

---

41)_ 生(생)=大戴禮記作性.

아호사 논쟁

아호사鵝湖寺 논쟁이란 1175년 여조겸呂祖謙(1137~1181)의 주선으로 당시 남송南宋 학계의 두 거봉巨峰인 주희와 육구연이 신저우信州의 아호사에서 상면하고 공부론에 관해 토론을 한 것을 말한다('사寺'는 후한 이전까지는 호텔을 뜻하는 글자였다). 논쟁은 『중용』에서 말한 "존덕성尊德性(덕성을 닦는 것)"과 "도문학道問學(물어 배우는 것)" 가운데 무엇이 우선인가에 대해 토론한 것이다. 주희는 도문학을, 육구연은 존덕성을 더 중시했다. 주희는 육구연을 "너무 간단하다(太簡)"고 비판했고, 육구연은 주희를 "너무 지리하다(太支離)"고 비판했다.

상산선생전집象山先生全集/**권36/연보**年譜

아호사 모임에서는 사람의 교화에 대해 논의했다.	鵝湖之會 論及教人.
주희의 뜻은 사람들에게 넓게 관찰하고 살피고	元晦之意 欲令人泛觀博覽
이후에야 간략한 데로 돌아가게 할 수 있다는 것이었고	而後之約.
육구연의 뜻은	二陸之意
먼저 사람의 본심을 밝게 발현시키고	欲先發明人之本心
이후에야 널리 살피게 할 수 있다는 것이었다.	而後使之博覽.
주희는 육구연의 교육 방법이 너무 간단하다고 생각했고	朱以陸之教人為太簡
육구연은 주희의 교육 방법이 곁가지로 이탈했다고 생각했다.	陸從朱之教人為支離
둘의 차이는 합치되지 못했다.	此頗不合.

이것은 불교의 돈점頓漸 논쟁에서 영향을 받은 것으로, 신수神秀(606?~706)의 '점오漸悟(점차로 깨달음)'는 주희가 강조하는 '도문학'과 비교되고, 혜능慧能(638~713)의 '돈오頓悟(갑자기 깨달음)'는 육구연이 강조하는 '존덕성'과 비교될 수 있다. 그런데 당시 혜능의 '돈오'는 불립문자不立文字를 강조하므로 문文을 중시하는 유학에 큰 파문을 일

으킨다. "도살부가 소의 눈물을 보고 도끼를 내려놓는 그 순간 그 자리에서 부처가 된다"는 혜능의 말은 『논어』 「위정」편에서 15세에 학문에 뜻을 두어 40세 불혹不惑에 도달했고 70세가 되어서야 도덕적 완성을 이룰 수 있었다는 공자의 자기 고백을 단번에 무색하게 만드는 사건이기 때문이다. 이것은 유학 전체를 흔들어놓은 폭탄이라고 해도 과언이 아니었다.

또한 멀리는 앎을 중시하는 주희의 합리주의적 경향은 아리스토텔레스를 닮았고, 덕성을 중시하는 육구연의 감성적 경향은 소크라테스에 가까운 것이라고 말할 수도 있을 것이다. 그러나 주희도 오늘날과 같은 '간교한 이성'을 예상하지는 않았지만 '아는 것이 힘'이라고 말하지는 않았으며, 육구연도 '변덕스러운 감성'을 말하지는 않았지만 '느낌이 최선'이라고 말하지는 않았다. 주희도 육구연도 모두 외물에 의한 감각적 오류를 경계하고 마음의 사려와 자각自覺을 중시한 선험론이라는 점에서는 일치한다.

신수의 게송

북종오방편문北宗五方便門

몸은 보리수요 마음은 명경대니	身是菩提樹 心如明鏡臺
때때로 부지런히 닦아내어 먼지를 끼지 않게 하라.	時時勤拂拭 莫使有塵埃.

혜능의 게송

육조단경六朝壇經/**행유품**行由品

보리는 본래 나무가 없고 명경 또한 대臺가 아니니	菩提本無樹 明鏡亦非臺
본래 한결같이 사물이 없는 것을 어디에 먼지가 낄 것인가?	本來無一物 何處惹[42]塵埃.

주희는 밖에서 물어(問) 인도(道)함으로써, 성性 속에 내재한 천리天理를 깨닫는 것이

---

42)_ 惹(야)=亂也, 絓也.

성을 보존하는 최선의 공부 방법이라고 주장한다. 다만 주희의 도문학道問學도 최종 목표는 존덕성尊德性하여 도덕적 인간이 되는 데 있다는 점에서는 육구연과 다를 바 없다. 다만 그것을 이루기 위해서는 사물의 뜻을 궁리하는 것, 즉 격물치지格物致知가 급선무라고 말한 것뿐이다. 주희는 선왕의 의리義理와 일용日用의 실공實功을 병행하자는 것이므로 유교의 세속화에 진일보한 것으로 평가할 수 있을 것이다.

반면 육구연은 마음 밖에 이理가 따로 없다고 생각했으므로(心外無理), 밖에서 이理를 구하지 말고 안으로 마음을 수양하여 곧바로 양지良知에 이르는(致良知) 것이 공부의 바른 길이라고 주장한다. 그가 "건乾은 쉽기에 지혜롭고(乾以易知) 곤坤은 간단하기에 능하다(坤以簡能)"는 『주역』의 말을 인용하며 군자가 되는 길을 쉽게 하여 무식한 민중에게도 문호를 개방하려고 한 점은 높이 평가할 만하다. 이는 신수의 '점수漸修'에 대항하여 '돈오頓悟'를 주장한 혜능에 비교될 수 있다.

주희

성리대전性理大全**/권48/학學 6**

"묻사옵니다. 궁리와 집의集義는 무엇이 먼저입니까?"　　　　　問窮理集[43]義孰先.

주자가 답했다. "궁리가 먼저가 되어야 할 것이다.　　　　　　朱子曰 窮理爲先.

그러나 일률적으로 선후가 있다고 하는 것은 옳지 않다."　　然亦不是截[44]然有先後.

다시 물었다.　　　　　　　　　　　　　　　　　　　　　曰

"궁리란 사물의 이치를 궁구窮究 분석分析하는 것이고　　　　窮是窮在[45]物之理

집의는 사물의 뜻을 종합綜合 정치定置하는 것이 아닙니까?"　集是集處[46]物之義否.

주자가 말했다. "옳다."　　　　　　　　　　　　　　　　曰 是.

---

43)_ 集(집)＝會合, 和同.

44)_ 截(절)＝齊一也.

45)_ 在(재)＝存, 察也.

46)_ 處(처)＝位置, 定名也.

주자대전朱子大全/권74/옥산강의玉山講義

군자의 학문은	故君子之學
'존덕성'으로 그 큰 것을 온전히 하고	旣能尊德性 以全其大.
'도문학'으로 그 작은 것을 다해야 한다.	便須道問學 以盡其小.
요컨대 그렇게 하는 것은 이유가 있으니	要當使之有
서로 북돋우고 서로 발명함으로써	以交相滋益 互相發明
자연히 종합 체계적으로 남김없이 통달하여	則自然諧[47]貫通達
도道의 실체를 온전하고	而於道體之全
흠결이 없는 경지에 정치하고자 함이다.	無欠闕處矣.

육구연

상산선생전집象山先生全集/권5/여서서미與舒西美

사람은 누구나 마음이 없으랴? 도를 밖에서 찾아서는 안 된다.	人孰無心 道不外索
병통은 마음을 잃어버리고 해치는 데 있다.	患在傷賊之耳 放失之耳.
옛사람이 사람을 가르치는 방법은	故人敎人
심心을 간직하고 길러 잃어버린 심을 찾는 것뿐이다.	不過存心養心求放心.

상산선생전집象山先生全集/권35/어록語錄 하

학자는 모름지기 거듭	學者須是打[48]疊
바탕이 정결하게 되도록 힘쓰고	得田地淨潔
그렇게 된 연후에야 분발하여 바로 설 수 있다.	然後令他奮發植立.
만약 바탕이 정결하지 못하면	若田地不淨潔

---

47)_ 諧(해)＝和合, 調和.
48)_ 打(타)＝ㅁㅁ을 하다, 쌓다.

책을 읽는다 해도 얻을 것이 없다.   亦讀書不得.

격물치지

한당漢唐 이래 유가들은 『대학』에 나오는 "격물치지格物致知"라는 하나의 글귀를 인식론 내지 지식론의 유일한 전거로 삼아왔다. 그러나 『대학』에서는 지식에 이르는 길은 격물格物이라고 말할 뿐, 격물이 무엇이며 그것이 어떻게 가능한지는 말하지 않았다. 격물에 대한 논쟁은 중세기에 조선의 이황과 기대승 간에 시작되었고 훗날 청淸 대학자들에 의해 본격적으로 논구되기 시작했다.

『대학』 삼강령
대학大學/경經 1장

『대학』의 도道는 밝은 덕(明德)을 밝히는 데 있고   大學之道在明明德
민民을 교화하여 풍속을 새롭게 함에 있고   在親民[49]
지극한 선(至善)에 머무는 데 있다.   在止於至善.

『대학』 팔조목
대학大學/경經 1장

예로부터 천하에 명덕을 밝히려면   古之欲明明德於天下者

---

49)_ 親民(친민)＝정이는 親은 新의 錯簡이라 주장했고 이것이 통설이다. 이와 반대로 왕수인은 親民 그대로 읽어야 한다고 주장했고, 정약용도 이를 따른다. 생각하건대 공자는 "民은 仁과는 水火 상극(論語/衛靈公/三十五)"이라고 말했고, "민은 (어리석어) 따르게 할 수는 있어도 깨닫게 할 수는 없다(論語/泰伯/十)"고 말했으며, 맹자는 "민에 대해서는 仁하지만 親하지는 않는다(孟子/盡心 上/四十五)"고 말했다. 이로 볼 때 정이의 설이 타당한 것으로 여겨진다.

먼저 자기 나라를 다스리고			先治其國.
나라를 다스리고자 하면 먼저 자기 가문을 다스리고			欲治其國者 先齊其家.
가문을 다스리고자 하면 먼저 자기 몸을 다스리고			欲齊其家者 先修其身.
몸을 다스리고자 하면 먼저 마음을 바르게 하고			欲修其身者 先正其心.
마음을 바르게 하고자 하면 먼저 뜻을 성실히 하고			欲正其心者 先誠其意
뜻을 성실히 하고자 하면 먼저 지식을 쌓아야 하며			欲誠其意者 先致其知
지식을 쌓으려고 하면 사물을 궁구해야 한다(致知→格物).			致知在格物.

物理가 격한 뒤에야 앎에 이르고(物格→知至)　　　　　物格而後 知至.
앎에 이른 뒤에야 뜻이 성실해지고　　　　　　　　　知至而後意誠.
뜻이 성실해진 뒤에야 마음이 바르게 되고　　　　　　意誠而後心正
마음이 바르게 된 후에야 몸이 다스려지고　　　　　　心正而後身修.
몸이 다스려진 후에야 가문이 다스려지고　　　　　　身修而後齊家.
가문이 다스려진 후에야 나라가 다스려지고　　　　　齊家而后國治.
나라가 다스려진 후에야 천하가 태평해진다.　　　　國治而后天下平.

격格과 물物에 대한 해석

	격格	물物	풀이
후한의 정현	來也	事也	앎은 사물을 이룸에 있다.
북송의 사마광	扞御也	外物也	앎은 외물을 막는 데 있다.
남송의 정이	窮也	理也	앎은 물리를 궁리함에 있다.
남송의 주희	窮也, 至也	事物	앎은 물에 나아가 궁리함에 있다.
명의 왕수인	正也	事物	앎은 사물을 바르게 함에 있다.
청의 안원[50]	擊也	事物	앎은 사물을 다룸에 있다.
청의 완원[51]	至止也	理也	앎은 물리에 이르러 머물 줄 안다.

주희는 그의 저서 『대학혹문大學或問』에서 『대학』의 격물을 다음과 같이 설명하고 있다. 그 요지는 천지만물은 다 이理를 가지고 있으며, 사물에 나아가서, 그 이미 알고 있는 이理에 바탕을 두고, 그것을 미루어 궁구함으로써 궁극의 이理에 도달할 수 있다는 것이다. 그리고 그는 '격물物格'과 '물격格物'을 구분하여 해석한다. 오늘 하나의 사물을 격格하는 실제 체험을 '격물'로 보았고, 격물을 거듭하여 활연관통한 이후를 '물격'으로 보았으며, '지지知止'는 내 마음의 지知가 다하지 않음이 없는 '치지致知의 궁극적인 경지'로 읽는다.

주자어류朱子語類/권18/대학혹문大學或問 하

'격물'이란 사물을 모두 궁구함이 아니라	格物 非欲盡窮天下之物.
단지 하나의 사물에서 궁구함이 극진하면	但於一事上窮盡
그 나머지는 유추類推할 수 있다는 뜻이다.	其他可以類推.
비유하면 천 갈래 만 갈래 길이	譬如千蹊萬徑
모두 하나의 서울로 들어가듯이	但得一道而入
그 나머지 길도 유추할 수 있는 것과 같다.	則可以推類而通其餘矣
대저 만물은 각각 하나의 이理를 갖추고 있으며	蓋萬物各具一理.
그 만 가지 이理는 모두 하나의 근원에서 나왔으니	而萬理同出一原.
이것이 바로 유추하여 불통함이 없는 까닭이다.	此所以可推而無不通也.
하나의 사물을 격格하여 만 가지 이理를 통달한다는 것은	一物格而萬理通
비록 안연이라 해도 그렇게는 못할 것이다.	雖顏子亦未至此.
오직 오늘 하나의 사물에 격하고	惟今日而格一物焉

---

50)_ 顏元(1635~1704).
51)_ 阮元(1764~1849).

내일 또 하나의 사물에 격하여	明日又格一物焉
공적이 많은 뒤에야	積習旣多然後.
그것을 벗어나 관통하는 바가 있을 것이다.	脫然有貫通處耳.
『대학』에 의하면	及其進乎大學
사물 속으로 나아가	則又使之卽夫事物之中
이미 아는 이理를 따라	因其所知之理
미루어 궁구하여 각각 지극함에 이르게 되면	推而究之 以各到乎其極
우리의 지식도	則吾之知識
역시 보편적이고 정미하고 적실하여	亦得以周遍精切
미진함이 없어질 것이다.	而無不盡也
그 노력하는 방법은	若其用力之方
혹은 일이 되어가며 드러나는 것을 궁구하기도 하고	則或考之事爲之著.
혹은 심리의 은미한 측면을 살피기도 하고	或察之念慮之微.
혹은 앞선 선인들이 연구한 서적에서 찾기도 하며	或求之文字之中.
선각자들을 불러 강론을 벌이면서 탐색하기도 한다.	或索之講論之際.
그리고 심신心身 성정性情의 덕과	使於身心性情之德
인륜 일용의 상도常道에서	人倫日用之常
천지 귀신의 변화와	以至天地鬼神之變
조수 초목의 적의함에 이르기까지	鳥獸草木之宜
그 하나의 사물 중에 있지 않음이 없는	自其一物之中莫不有
수용하지 않을 수 없는 '당연'과	以見其所當然 而不容已
바꿀 수 없는 '소이연'을 드러내게 함으로써	與其所以然 而不可易者
반드시 사물의 표리와 정조를 다하지 못함이 없게 하며	必其表裏精粗無所不盡

나아가 또 그 동류를 추측하여 통달함을 더하면	而又益推其類以通之.
하루아침에 탈연하여 관통함에 이를 것인즉	至於一日脫然 而貫通焉
천하의 사물이	則於天下之物
모두 지극한 의리의	皆有以極其義理
정미함을 보존할 것이며	精微之所極
우리의 총명예지聰明叡智 역시	而吾之聰明叡智
지극한 마음의 본체를 보존하고	亦皆有以極其心之本體
다하지 못함이 없을 것이다.	而無不盡矣.

주자어류朱子語類/권15/대학大學 2

요컨대 사람이 사물에 나아가서 그 이치를 접해야 한다.	要人就事物上理會[52]
그렇게 해야 바야흐로 사실의 체험을 견득見得할 수 있다.	如此方見得實體.
이른바 사실의 체험은	所謂實體
사물에 나아가지 않으면 견득할 수 없다.	非就事物上見不得.
배를 만들어 물을 다니고	且如作舟以行水
수레를 만들어 육지를 다니는 것 같다.	作車以行陸.
지금 여러 사람이 힘을 합쳐	今試以衆人之力
육지에서 배를 끈다 해도	共推一舟於陸
결코 움직이지 않을 것이다.	必不能行.
그때서야 바야흐로	方見得
배는 육지를 다닐 수 없음을 깨닫게 된다.	舟果不能以行陸也
이것을 일러 사실의 체험이라고 말하는 것이다.	此之謂實體.

---

52)_ 會(회)＝至也, 集也, 鑑別也.

주자어류朱子語類**/권16/대학**大學 3

격물이란 사물의 이理를 궁구하여	格物 窮其事物之理
그 앎의 극진함이 이르지 않음이 없게 함이요,	欲其極處無不到也
물격이란 물리의 극진함이 (매사에 적용하여)	物格 物理之極處
이르지 않음이 없도록 하는 것이다.	無不到也.

그러므로 정주鄭朱는 『대학』을 '입덕入德의 문門'으로 중시했다. 그러므로 『대학』을 읽어 강목을 세우고 난 연후에 이를 보완하는 방법으로 『논어』와 『맹자』를 읽어야 한다고 말했다. 주희는 이러한 뜻의 정이의 어록을 『대학장구大學章句』 첫머리에 인용하고 다음과 같이 설명했다.

정이

이정유서二程遺書**/권22 상**

처음 선생을 뵙고 물었다. "초학은 어찌하면 좋습니까?"	初見先生問 初學如何.
정이 선생이 말했다. "입덕의 문은 『대학』만 한 것이 없다.	曰 立德之門 無如大學.
지금 학자들이 의뢰할 것이 있다면	今之學者賴有
이 한 편의 글이 있을 뿐이다.	此一篇書存.
그다음으로는 『논어』와 『맹자』만 한 것이 없다."	其他莫如論孟.

주희

사고전서四庫全書**/사서장구집주**四書章句集注**/대학장구**大學章句

정자 선생께서 이르기를 "대학은 공자의 유서이므로	子程子曰 大學孔氏之遺書
초학자들이 덕으로 들어가는 문"이라 했다.	而初學入德之門也
지금 돌아보면 고인이 학문을 하는 차례로는	於今可見 古人爲學次第者
홀로 의뢰한 『대학』이 남아 있고 『논어』가 다음이다.	獨賴此篇之存 而論語次之

초학자가 반드시 이를 의지해서 배운다면			初學者必由是而學焉

거의 차질이 없을 것이다.			則庶乎其不差矣.

주자대전朱子大全/**독대학법**讀大學法

『논어』와 『맹자』는 사건에 따른 문답이므로			語孟隨事問答

요령을 알기 어렵다.			難見要領.

오직 『대학』만이 증자가 조술한 공자의 말로			惟大學 是曾子述孔子說

고인이 학문하는 큰 방향을 설명한 것이다.			古人爲學之大方.

그리고 문인들이 전수하여 조술함으로써 그 뜻을 밝혔다.			而門人又傳述以明其旨.

앞뒤가 서로 연결되고 몸체가 통일되어 모두 구비되었으므로			前後相因 體統都具

『대학』을 잘 읽으면			玩味此書

고인들의 학문하는 지향점을 알 수 있다.			知得古人爲學所向.

『대학』은 학문을 하기 위한 강령이다.			大學是爲學綱目

먼저 『대학』을 읽어 강령을 정립하고 나서			先讀大學立定綱領

다른 책은 그 속에 섞어 넣을 수 있다.			他書皆雜說在裏許

이제 『대학』을 숙독하여 그 사이에 시렁이 만들어지면			今且熟讀大學 作間架

도리어 다른 책을 채워 넣어 간다.			却以他書塡補去.

퇴계와 고봉의 격물 논쟁

퇴계 이황과 고봉高峯 기대승奇大升(1527~1572)의 '격물格物 논쟁'에 앞서 조선의 성리학자들은 '격물'에서 격格 자는 주희를 따라 지至와 궁구窮究로 읽는 데 이론이 없었으나, '물격物格'에 대해서는 물物을 주어로 읽느냐 보어로 읽느냐로 의견이 갈려 있었다. 즉 '격물'은 '내가 물物을(乙) 격格호매(乎厓)'로 읽는 데 모두 같았으나, '물격'에 대해서는 윤탁尹倬(1472~1534), 김식金湜(1482~1520), 박광우朴光佑(1495~1545) 등은 '물物이(是) (나를) 격格한다'로 읽음으로써 물이 주어가 되어야 한다고 주장했고, 이언적李彦迪(1491~1533), 신광한申光漢(1484~1555) 등은 '내가 물物에(厓) 격格한다'로 읽음으로써 보어가 되어야 한다고 주장했다.

이러한 해석의 차이는 선험론이냐 경험론이냐의 중대한 갈림길이 된다. 이언적처럼 토를 애厓로 붙이면 물격은 격물과 같은 뜻이 되지만, 윤탁처럼 토를 시분로 붙이면 물격과 격물은 전혀 다른 뜻이 되기 때문이다.

이언적의 의견에 따르면 '물격'을 '물에(厓) 격하는(爲隱)' 것으로 읽어야 하므로 '나의 심리心理가 밖의 물리物理에 이른 연후에야 앎에 이른다'는 뜻이 된다. 이렇게 되면 '물격'은 '격물'의 효과를 다시 부연 설명한 것에 불과할 뿐이다.

그러나 윤탁의 의견에 따르면 '물격'은 '물리가 나의 심리를 이룬다'는 뜻이 된다. 이러한 해석은 '밖에서 나를 밝혀주는 것'이 되므로 이것은 이른바 "밖에서 나를 밝혀주는 것이 아니다(非由外鑠我)"라고 주장한 정이의 선험론을 반대한 것이 된다.

비유를 들자면 '격물'은 마음의 이理가 사물의 이理를 적극적으로 모사한다는 이른바 '모사설模寫說'과 비슷하고, '물격'은 사물의 이理가 마음의 거울에 다가가 비친다는 이른바 '반영설反映說'이라 말할 수 있을 것이다. 즉 '격물'은 선험적인 심리가 물리에 접해 스스로를 인식하는 것이므로 선험론적이고, '물격'은 물리가 운동하여 심리를 생生하게 하는 것이므로 경험론적이다. 후자는 물리가 운동하여 심리에 도달한다는 것이므로 학자들은 이것을 '이도설理到說'이라고 부른다.

이황은 이언적의 주장을 적극 지지하고 기대승의 '이도설'을 완강히 반대했다. 그 요지는 인식의 주체는 심리心理여야 한다는 것이다. 즉 인식은 이미 마음속에 있는 이理를 상기하는 것에 지나지 않는다는 정이의 선험적 관념론을 고수한 것이다.

오로지 모든 사물의 이理는	惟其事事物物之理
곧 내 마음에 갖추어져 있는 이理이니	卽吾心所具之理
사물이 밖에 있다고 해서 이理도 밖이라 할 수 없으며	不以物外而外
이理가 안에 있다고 해서 사물도 안이라 할 수는 없는 것이다.	亦不以此內而內.
그러므로 선유 先儒들이 이理가 사물에 있다고 했지만	故先儒 雖謂之理在事物
이理를 버리고 물物을 말한 것은 아니며	非遺此而言彼也
사물(사물의 이理)에 이른다고 했지만	雖謂之卽事卽物
나를 버리고 물物을 따른다는 것은 아니다.	非舍己而就彼也.

비유를 들자면 어떤 사람이 고을들을 두루 지나서(格物)	比如有人自此歷行都邑
서울에 이르고자 하는 것은(致知)	至京師
격물치지格物致知의 공부와 같은 것이요,	猶格物致知之工夫也
이미 고을을 두루 지나서(物格) 이미 서울에 다다른 것은(致知)	已歷郡邑 已至京師
격물치지의 공효功效와 같은 것이다.	猶物格知至之功效也
어찌 이처럼 두루 지나서 바야흐로 이른 것을 말한다면	豈可謂於方行方至 可以言
'사람이 고을에 두루 다니고 지나서(物格)	郡邑(厓是)歷行(爲也)
서울에 오게 되었다' 라고 말하는 것이	京師(厓是)來至(他爲也)
공부하는 사람의 학설이라고 할 수 있다.	以爲工夫之說.
그런데 이미 지나고 이미 이른 것에 대해	於已歷已至
이를 바꾸어 말하기를	必變辭曰
'고을이 이미 지나고(物格)	郡邑(是) 已歷(爲也)
서울이 이미 이르렀다' 라고 해석한다면	京師(是) 已至(羅沙)
어찌 공부라고 말할 수 있겠는가?	乃可謂工夫耶.

만일 이렇게 설명한다면	若如此說
두루 다닌 것은 사람이 아니고 고을이며	則已歷者非人 乃都邑也
이른 것은 사람이 아니고 서울이 되는 것이다.	已至者非人 乃京師也
이런 식으로 격물物格을 풀이한다면	推之以釋物格
격格하는 것은 내가 아니라 물物이며	則格者 非我乃物也
이런 식으로 극처極處를 풀이한다면	釋極處
도到한 것은 내가 아니라 극처가 되는 것이다.	則到者 非我乃極處也
이것은 말이 되지 않으며 의리에 맞지 않고	此不成言語 不成義理
고집과 오류이며 통할 수 없는 주장이니 따를 수 없다.	誤謬不通之說 不可從也.
위에 말한 것은 모두 예부터 전해 오는 여러 주장에 대해	右皆就舊傳諸說
논한 것이다.	而論之
일찍이 나로서는 '물격'을 해석하기를	嘗欲以愚意 爲物格之釋 曰
'물마다 격을 한 후에'라고 풀이하는 것이 내 의견이다.	物(麻多) 格(爲隱後厓)
이렇게 하면 '이르지 않음이 없다(無不到)'는 뜻도 포함되고	如此則中含無不到之意
서로 다툴 단서도 없을 것이다.	而無兩爭之端.

그런데 이황은 정암靜菴 김취려金就礪를 통해 기대승의 물격설物格說을 전해 듣고, 종전의 자신의 주장이 오류라고 인정하고 이도설을 받아들인다.

1570년 10월 15일

퇴계집退溪集/**권18**/**답기명언**答奇明彦

중간에 이정而精[53]이 기록해 보여준	中間而精錄示

---

53)_ 김취려의 字.

귀하의 '이도理到'와 '무극無極'에 대한 가르침을 보고 所教示理到無極等語

지난날 나의 견해가 잘못되었음을 깨달았습니다. 方覺昨非.

나대로 깨달은 바를 별지에 기록했으니 所得數語 錄在別紙.

살펴주시면 다행이겠습니다. 令照幸甚.

퇴계집退溪集/권18/답기명언答奇明彦 별지別紙

"물物이 격格한다", "물리는 극진하여 格物 與 物理之極處

이르지 않는 곳이 없다"는 귀하의 가르침을 삼가 들었습니다. 無不到之說 謹聞命[54]矣

이전에 내가 잘못된 주장을 고집한 까닭은 前此 滉所以堅執誤說者

단지 주자의 "이理는 정의情意도 없고 只知守朱子 理無情意

헤아림도 조작도 없다"는 설을 지키려고 했기 때문입니다. 無計度 無造作之說.

그래서 '내 마음이 以爲我

물리의 지극한 곳에 이를 수 있는 것이지 可以窮到物理之極處.

어찌 물리 스스로 理豈能自

지극한 곳에 이룰 수 있겠는가?'라고 생각했었습니다. 至於極處.

그러므로 완고하게 '물격'의 격格과 故硬把物格之格

'무부도無不到'의 도到는 無不到之到

모두 '자기가 격하고, 자기가 도한다'고 이해했던 것입니다. 皆作己格己到看.

지난날 서울에서 往在都中

이도설理到說의 가르침을 받고도 雖蒙提諭理到之說

역시 아무리 생각해도 의혹이 풀리지 않았습니다. 亦嘗反復細思. 猶未解惑.

근자에 김이정을 통해서 전해 듣고 近金而精傳示

귀하가 생각한 출처인 주자의 말과 左右所考出朱先生語

---

54)_ 命(명)=敎也.

‘이도理到’의 몇 가지 조목을 살피고 난 연후에야 비로소
내 견해가 오류임을 비로소 알게 되었습니다.

及理到處三四條然後
乃始恐怕[55] 己見之差誤.

그런즉 바로 그 ‘격물格物’이란
진실로 ‘나의 심리가 궁구하여
물리의 극처에 도달하는 것’을 말한 것이고
‘물격’은 다음과 같이 해석하는 것이 어찌 불가하겠습니까?
‘물리의 극처가 나의 궁구하는 바에 따라
이르지 않음이 없다’라고 말입니다.

然則方其言格物也
則固是言 我窮
至物理之極處
及其言物格也 則豈不可謂
物理之極處 隨吾所窮
而無不到乎.

　조선에서의 인식론은 격물 논쟁 이후에는 잠잠하다가 박지원, 정약용에 이어 최한기
의 경험론적 인식론으로 논쟁적인 이론이 이어진다.

---

55)_ 恐怕(공파)＝億度也.

제9장

도
덕
론

1절 | 공자가 말하는 도

논어 읽기

논어論語/위영공衛靈公 29

공자께서 말씀하셨다.   子曰

"사람(大人)이 도道를 크게 하는 것이지   人能弘道

도가 사람을 크게 할 수는 없다."   非道弘人.[1]

논어論語/공야장公冶長 12

자공은 말했다.   子貢曰

"선생님께서 인간의 본성과 천도에 대해 말씀하시는 것을   夫子之言性與天道[2]

들어본 적이 없다."   不可得而聞也.

---

1)_ 人心有覺 而道體無爲. 故人能大其道 道不能大其人也. 張子曰 心能盡性 人能弘道也. 性不知檢其心 非道弘人
也(論語集註).
2)_ 天道(천도)＝天帝의 經.

논어論語/술이述而 6

공자께서 말씀하셨다.

"나의 소원은 도道에 뜻을 두고 덕德에 거처하며

인仁에 의지하고 육예六藝에 노니는 것이다."

子曰

志於道 據³⁾於德

依於仁 遊於藝.

논어論語/이인里仁 8

공자께서 말씀하셨다.

"아침에 도를 들을 수 있다면 저녁에 죽어도 좋을 것이다."

子曰

朝聞道 夕死可矣.

논어論語/태백泰伯 14

공자께서 말씀하셨다.

"돈독하고 신실하고 학문을 좋아하며

죽기로 선한 길(道)을 지켜라!

위태로운 나라에 들어가지 말고 어지러운 나라에 살지 말라.

천하에 도가 있으면 나타나고 도가 없으면 숨어라."

子曰

篤信好學

守死善道

危邦不入 亂邦不居

天下有道則見 無道則隱.

논어論語/옹야雍也 15

공자께서 말씀하셨다.

"누군들 문을 거치지 않고 나갈 수 있을까?

그런데 어찌 나의 도(治道)를 따르려 하지 않는가?"

子曰

誰能出不由戶

何莫由斯道也.

논어論語/공야장公冶長 6

공자께서 말씀하셨다.

子曰

---

3)_ 據(거)=居也, 定也, 就也.

"도가 행해지지 않으니 뗏목을 타고 바다로 떠날까 하는데   道不行 乘桴[4]浮于海
그때 나를 따를 사람은 아마 유(자로)이겠지?"   從我者 其由與.

논어論語/팔일八佾 24

의儀라는 지방의 국경 관리가 뵙기를 청하며 말했다.   儀封人請見曰
"나는 여기에 들르신 군자를   君子之至於斯也
만나보지 않은 적이 없었소."   吾未嘗不得見也
제자들이 그를 만나 뵙게 했는데 나오면서 말했다.   從者見之 出曰
"여러분은 선생께서 벼슬을 잃었다고 어찌 상심하시오!   二三者何患於喪乎
천하에 도道가 없어진지 오래요,   天下之無道也久矣
하늘은 선생을 장차 목탁으로 삼으려 함이오."   天將以夫子爲木鐸.

논어論語/이인里仁 9

공자께서 말씀하셨다.   子曰
"사士는 도(治道)에 뜻을 두는 사람이다."   士志於道.

논어論語/학이學而 2

군자는 근본(孝悌)을 힘쓰나니   君子務本.
근본이 세워지면 도(仁義)가 생긴다.   本立而道生.
효제라는 것은 진실로 인仁을 이루는 근본일 것이다.   孝悌也者 其爲仁之本與.

논어論語/헌문憲問 30

공자께서 말씀하셨다.   子曰

---

4)_ 桴(부)=筏也.

"군자의 도(治道)는 세 가지인데 나는 능하지 못하다.　　　君子道者三 我無能焉
인하면 근심하지 않고, 지혜로우면 미혹되지 않고　　　　仁者不憂 知者不惑
용기 있으면 의를 행함에 두려워하지 않는다."　　　　　勇者不懼.
자공이 말했다.　　　　　　　　　　　　　　　　　　子貢曰
"스승님께서 자기를 겸양해 말한 것이라고 하셨다."　　夫子自道[5]也.

논어論語/공야장公冶長 15

공자께서 자산에 대해 평하셨다.　　　　　　　　　　子謂子産
"그에게는 군자(관장)다운 도리가 네 가지가 있었다.　　有君子之道四焉
자기 뜻을 실행함이 공손했고, 윗사람을 섬김이 공경스럽고　其行己也恭 其事上也敬
민民을 부양함이 은혜로웠으며, 민을 부림이 의로웠다."　其養民也惠 其使民也義.

---

5)_ 道(도)=言也.

왜 도학인가?

우리는 흔히 유학儒學을 도학道學이라고 말한다. 그리고 공자의 도통道統을 계승한 자를 도학군자道學君子라고 말한다. 노장을 도가道家라 하는데 왜 유가를 도학이라 하는가? 앞에서 설명했듯이 위진시대에 유학은 노자를 끌어다 붙여 현학玄學이 되었다(援老入儒). 현玄이란 글자는 도道라는 뜻이다. 이로부터 노장과 공맹은 똑같이 현학이 되고 말았다. 당나라가 들어서자 도교道敎가 국교가 되면서 도교의 현학과 구분하기 위하여 유학을 도학이라 부른 것이다. 그러나 누누이 강조한 대로 공자가 말한 인륜의 치도治道는 노장이 말한 자연의 도와는 전혀 다른 것이다. 오히려 노장은 공자의 치도를 군더더기로 치부하고 비난했다. 다만 유학을 종교로 만든 동중서가 인의예지仁義禮智와 삼강三綱을 천도天道라고 주장한 이후부터 '치도와 천도의 합일' 나아가 천인합일天人合一 사상으로 발전했다.

논어論語/자한子罕 29

공자께서 말씀하셨다.   子曰
"함께 배울 수는 있어도 다 함께 도道를 행하는 것은 아니며   可與共學 未可與適6)道
함께 도를 행할 수는 있어도 다 함께 입신하는 것은 아니며   可與適道 未可與立
함께 입신할 수는 있어도 권력을 함께할 수는 없다."   可與立 未可與權.

논어論語/헌문憲問 1

공자께서 말씀하셨다. "나라에 도가 있으면 녹을 먹지만   子曰 邦有道穀
무도한 나라에서 녹을 먹는 것은 수치다."   邦無道穀恥.

---

6)_ 適(적)=行也, 悟也.

논어論語/선진先進 23

공자께서 말씀하셨다.　　　　　　　　　　　　　　　　　　子曰

"이른바 대신이란　　　　　　　　　　　　　　　　　　　　所謂大臣者

도(王道)로써 군주를 섬기다가 옳지 않으면 물러나는 것이다."　以道事君 不可則止、

논어論語/팔일八佾 16

공적을 이루기를 균등하게 부과하지 않는 것이　　　　　　　爲力⁷⁾不同科⁸⁾

옛사람의 도(治道)다.　　　　　　　　　　　　　　　　　　古之道也.

논어論語/태백泰伯 8

증자가 말했다.　　　　　　　　　　　　　　　　　　　　　曾子曰

"사士는 도량이 크고 굳센 지조가 있지 않으면 안 된다.　　士不可以不弘毅

맡은 임무가 무겁고 도는 멀기 때문이다.　　　　　　　　　任重而道遠.

인仁을 자기 임무로 삼았으니 어찌 무겁지 않으랴?　　　　仁以爲己任 不亦重乎

죽은 이후에야 끝나니 어찌 멀지 않으랴?"　　　　　　　　死而後已 不亦遠乎.

논어論語/위영공衛靈公 6

위衛나라 대부 거백옥은 군자답구나!　　　　　　　　　　君子哉 蘧伯玉

나라에 도(治國平天下의 王道)가 있으면 벼슬에 나아갔고　邦有道則仕.

도가 없으면 벼슬을 버리고 숨었다.　　　　　　　　　　　邦無道則可卷而懷之.

---

7)_ 力(력)=徭役也, 治功.

8)_ 科(과)=課也.

논어論語**/위영공**衛靈公 **31**

공자께서 말씀하셨다.　　　　　　　　　　　　　　　　　　子曰

"군자는 도(治道)를 도모할 뿐, 밥을 도모하지 않는다.　　　君子謀道 不謀食.

군자는 도를 근심하고 가난을 근심하지 않는다."　　　　　君子憂道 不憂貧.

공자의 치도는 왕도주의

공자는 대부를 지낸 고위 정치가였으며, 주나라의 통치제도인 주례周禮를 정비한 위대한 정치가요. 자신의 고국 노나라의 시조인 주공을 꿈에서나마 알현할 수 있기를 바랐을 정도로 숭모했으며 주례의 회복을 위해 평생을 바친 사람이다. 그는 아침에 주공의 치도를 듣고 저녁에 죽어도 여한이 없다고 술회할 정도였다. 그러므로 그가 말한 최고의 치도는 주공의 왕도주의였다. 또한 당시 약육강식의 겸병전쟁으로 말세적 혼란은 왕도주의의 붕괴 때문이라고 진단했다.

논어論語**/옹야**雍也 **22**

공자께서 말씀하셨다.　　　　　　　　　　　　　　　　　　子曰

"제나라가 크게 변한다면 노나라 정도는 될 것이다.　　　　齊一變至於魯

노나라가 크게 변하면 도(王道)에 이를 것이다."　　　　　魯一變至於道.

논어論語**/자장**子張 **22**

자공이 말했다.　　　　　　　　　　　　　　　　　　　　　子貢曰

"문왕과 무왕의 도가 아직 땅에 떨어지지 않았고　　　　　文武之道未墜於地

일부 귀족 계급들 사이에는 남아 있었다."　　　　　　　　在人.

논어論語/**헌문**憲問 38

공자께서 말씀하셨다.　　　　　　　　　　　　　　子曰

"도(王道)가 행해짐도 천명이요,　　　　　　　　　道之將行也與命也

도가 없어짐도 천명이다."　　　　　　　　　　　道之將廢也與命也.

논어論語/**미자**微子 6

천하에 도(治道)가 있다면　　　　　　　　　　　天下有道

더불어 바꾸려 하지 않을 것이다.　　　　　　　丘不與易也.

왕도는 인정

또한 치도治道의 내용인 인의仁義 내지 인정仁政을 도道라고 표기하는 경우도 있다.
다음 예문에서 이를 확인할 수 있다.

논어論語/**헌문**憲問 20

공자께서 위衛나라 영공의 무도無道(無仁義)함을 말하자　　子言 衛靈公之無道也

계강자가 물었다.　　　　　　　　　　　　　　　　康子曰

"그처럼 임금이 무도한데 어찌 천명을 잃지 않습니까?"　　夫如是奚以不喪.

논어論語/**자로**子路 25

공자께서 말씀하셨다.　　　　　　　　　　　　　子曰

"군자(관장)는 섬기기는 쉬워도　　　　　　　　　君子易事

설복시켜 기쁘게 하기는 어렵다.　　　　　　　　而難說也

도道(治道＝人倫道理)로써 설복하지 않으면 기뻐하지 않는다." 說之不以道 不說也.

논어論語/학이學而 14

공자께서 말씀하셨다. 子曰

"군자의 식사는 배부름을 구하지 않고 君子食無求飽

거처는 안락함을 구하지 않는다. 居無求安

정사는 민첩하고, 말은 신중하며 敏於事 而慎於言

유도자(人倫道理)를 좇아 바르게 산다면 就有道而正焉

가히 학문을 좋아한다 할 것이다." 可謂好學也已.

논어論語/자장子張 7

자하가 말했다. 子夏曰

"공민工民들은 대장간에 살아야 일을 이룰 수 있고 百工居肆 以成其事

군자는 학문을 해야 도(치국평천하의 도)를 이룰 수 있다." 君子學以致其道.

논어論語/안연顏淵 19

계강자가 공자께 정사를 물었다. 季康子問政於孔子曰

"무도자無道道(패륜아)를 죽여 도로 나아가면 어떻습니까?" 如殺無道 以就有道何如.

논어論語/위영공衛靈公 28

공자께서 말씀하셨다. 子曰

"사람(人＝지배계급)이 도(人倫道理)를 크게 하는 것이지 人能弘道

도가 사람을 크게 할 수는 없다." 非道弘人.

천도와 인도

이상에서 알 수 있듯이 공자는 천도天道를 말하지 않았다. 그러나 공자의 손자인 자사가 천도와 인도人道를 구분하고 이를 종합했다. 그리고 주희가 자사의 글인 「중용中庸」편을 『예기』에서 따로 떼어내어 사서四書로 격상시키고 경전으로 삼은 이후부터 유가들이 천도를 말하기 시작했던 것이다.

중용中庸/20장

성誠이란 하늘의 도(天道)이며	誠者天之道也
성실하려는 것은 사람의 도(人道)다.	誠之者人之道也.

원래 도道라는 글자는 길(路)을 가는 모습을 상형한 문자다. 착辵은 사행사지乍行乍止를 회의會意한 것이며, 수首는 머리를 상형한 글자로 수령首領 또는 선도先導의 뜻이 있다. 즉 도라는 글자는 수령이 앞장서서 길을 인도하는 의미를 가진다. 그러므로 여기서 도는 '길'이라는 경經 자와 '길을 따라 간다'는 적迪 자를 아우른 의미로 사용된 것임을 알 수 있다.

논어論語/양화陽貨 14

공자께서 말씀하셨다.	子曰
"길에서 듣고 길에서 말하는 것은 덕을 포기하는 것이다."	道9)聽而塗說 德之棄也.

논어論語/학이學而 11

공자께서 말씀하셨다.	子曰

---

9)_ 道(도)=路也.

"어버이 살아계실 적에는 그 뜻을 보고   父在 觀其志

돌아가실 적에는 그 행실을 보나니   父沒 觀其行

삼 년 복상 중에는 아버지의 길(道)을 바꾸지 않아야만   三年無改於父之道

효자라 할 수 있을 것이다."   可謂孝矣.

이처럼 길은 자연이면서도 또한 사람이 만든 문명이다. 이로부터 질서, 규율, 우주적 본원 등의 의미로 확장되었다. 그리고 이러한 도가 정치적 신념으로 확장되면 왕도주의, 패도주의, 겸애주의, 위아주의, 박애주의 등으로 불리기도 한다. 이로써 도는 신념과 같은 뜻으로 변해 버린다. 그러나 원래 도道(길)나 주의主義(신념)는 선한 길도 있고 악한 길도 있으며, 길한 길도 있고 흉한 길도 있다. 우리는 왕도王道와 패도覇道, 군도君道와 신도臣道, 정도正道와 역도逆道, 군자도君子道와 소인도小人道, 혹은 요순의 도, 공자의 도, 묵자의 도, 노자의 도를 예사롭게 말하면서도, 흔히 도라고 하면 '성인聖人의 도' 즉 '왕도주의'만을 연상한다. 그리고 도는 곧 인의仁義를 지칭하는 것으로 변해 버린다. 그러나 이는 달을 가리키는 손가락을 달이라고 말하는 것과 같다.

서경書經/우서虞書/대우모大禹謨

우임금이 말했다.   禹曰

정도를 따르면 길하고, 역도를 따르면 흉하다.   惠10)迪11)吉 從逆凶

그림자와 메아리처럼 떨쳐 버릴 수 없는 것이다.   惟影響.

묵자墨子/천지天志 상

하느님의 뜻을 따르는 것은 평등주의(兼)요,   順天意者 兼也

---

10)_ 惠(혜)=順也.

11)_ 迪(적)=進也, 導也.

하느님의 뜻을 거역하는 것은 차별주의(別)다.　　反天意者 別也

평등을 도道로 삼으면 의로운 정치요,　　兼之爲道也 義政也

차별을 도로 삼으면 폭력 정치다.　　別之爲道也 力政也.

논어論語/이인里仁 15

공자께서 말씀하셨다.　　子曰

"삼(증자)아! 나의 도道는 하나로 일관되어 있다."　　參乎 吾道一以貫之.

증자가 대답했다.　　曾子曰

"예! 알겠습니다."　　唯.

공자께서 나가신 후 후인들이 무슨 말인지 물었다.　　子出 門人問曰 何謂也.

증자가 말했다.　　曾子曰

"선생님의 도는 '충서忠恕'뿐이란 뜻입니다."　　夫子之道 忠恕而已矣.

논어論語/자장子張 4

자하가 말했다.　　子夏曰

"비록 소도小道(소인의 도)라 해도　　雖小道[12]

반드시 볼 만한 것이 있겠지만　　必有可觀者焉

심원한 도(治道)를 이루는 데 방해될까 염려된다.　　致遠[13]恐泥.

그러므로 군자는 소도를 행하지 않는 것이다."　　是以君子不爲也.

맹자孟子/등문공滕文公 하

양 씨(양자)는 개인주의이니 이는 군주가 없는 것이요,　　楊氏爲我 是無君也

---

12)_ 小道(소도)＝如農圃醫卜之屬.

13)_ 遠(원)＝大道＝修身齊家 治國平天下.

묵 씨(묵자)는 평등주의이니 이는 아비가 없는 것이다.　　　　墨氏兼愛 是無父也

양묵의 도가 그치지 않는다면　　　　　　　　　　　　　　楊墨之道不息

공자의 도는 드러나지 않을 것이다.　　　　　　　　　　　孔子之道不著.

맹자孟子/이루離婁 상

곱자와 그림쇠는 직각과 원의 지극함이요,　　　　　　　　規矩方圓之至也

성인은 인륜의 지극함이다.　　　　　　　　　　　　　　聖人 人倫之至也

군주가 되려고 하면 군주의 도를 다해야 하고　　　　　　欲爲君 盡君道

신하가 되려고 하면 신하의 도를 다해야 한다.　　　　　欲爲臣 盡臣道.

군도君道와 신도臣道는 모두 요순을 본받은 것일 뿐이다.　　二者皆法堯舜而已矣.

맹자孟子/고자告子 하

요순의 도는 효제일 뿐이다.　　　　　　　　　　　　　堯舜之道 孝悌而已矣.

　　다만 여기서 우리는 적어도 유가들이 말하는 도道는 치도治道일 뿐 인간질서나 자연질서를 지칭한 것이 아님을 알 수 있다. 그러나 치도는 성왕聖王의 '인의仁義의 치도'도 있고, 걸주의 '폭압의 치도'도 있으므로 도는 길과 방도일 뿐 선도 악도 아니다. 다만 성왕의 도는 선하고 걸주의 도는 악하다고 말할 수 있을 뿐이다. 마찬가지로 도는 인애仁愛도 아니고 겸애兼愛도 아니고 자애慈愛도 아니다. 다만 '공자의 도'는 인애이고, '묵자의 도'는 겸애이고, '노장의 도'는 무위라고 말할 뿐이다. 그리고 인애와 겸애는 인륜을 말한 것이고 무위는 자연을 말한 것이다. 그러므로 공자가 말한 도와 노장이 말한 도는 글자는 같지만 그들이 지칭하는 목적물이 다르다는 것을 알아야 한다.

예기禮記/악기樂記

예禮로써 뜻을 인도하고, 악樂으로써 소리를 화락하게 하고　　禮以道其志 樂以和其聲

정사政事로써 행동을 한결같이 하고	政以一其行
형벌로써 간사함을 막는다.	刑以防其姦
그러므로 예·악·형·정은 궁극적으로 하나이니	禮樂刑政其極一也
민심民心을 화동케 하고 '치도治道'를 행하는 수단이다.	所以同民心 而出治道也.

순자荀子/유효儒效

도道란 하늘의 도도 아니요, 땅의 도도 아니다.	道者 非天之道 非地之道
사람이 따라가야 할 길이요,	人之所以道也
군자가 인도하는 길이다.	君子之所道也.

순자荀子/천론天論

물을 건너는 사람은 깊은 웅덩이에 표지를 세워둔다.	水行者表深
그 표지가 분명치 않으면 물에 빠질 위험이 있다.	表不明則陷
민을 다스리는 자는 도(길)에 표지를 세워둔다.	治民者表道
그 표지가 분명치 않으면 어지럽다.	表不明則亂
예는 그 표지다.	禮者表也.

노장의 자연법으로서의 도

『서경』「우서」를 보면 순임금이 우임금에게 이르기를 "인심人心은 위태롭고 도심道心은 희미하다"라고 말했다. 여기서 인심은 육체에서 나온 마음이고 도심은 천명에서 나온 마음이다. 『좌전』을 보면 정나라 재상 자산은 처음으로 천도天道와 인도人道를 구분하여 말했다. 여기서 도道는 천지와 인간의 질서와 규율의 뜻으로 쓰였다. 관자도 자산과 마찬가지로 자연의 천天과 사람의 마음을 구분했다. 다만 관자는 자연과 인간을 하나의 기氣의 현상적 존재로 파악했다. 노장도 관자와 마찬가지로 천도와 인도를 별개로 보지 않고 하나의 자연의 도로 보았다. 이로써 알 수 있듯이 공맹의 도와는 달리 관자와 노자의 도는 『주역』에서 말한 음양의 운동법칙과 같은 의미의 자연법自然法을 의미한다. 이처럼 『주역』과 『노자』에서 도는 비로소 신神을 대신하여 우주의 본원이라는 개념으로 확장되고 정립된다. 그러므로 형이상학적인 의미의 도는 『노자』에서 시작된 것으로 보아야 할 것이다.

서경書經/우서虞書/대우모大禹謨

인심은 위태롭고, 도심은 은미하니   人心有危 道心有微

인심을 정성스럽게 하여 도심으로 전일시켜   惟精惟一

진실로 그 황극의 중정中正함을 잡고 지켜야 한다.   允執厥中.

좌전左傳/소공昭公18년(BC 524)

천도는 멀고 인도는 가깝다. 소급하는 것이 아니다.   天道遠 人道邇 非所及也.

좌전左傳/소공昭公32년(BC 510)

『주역』의 괘에   在易卦

우레가 하늘을 탄 것을 대장大壯(雷☰☰天)이라 한다.   雷乘乾曰大壯

이것이 하늘의 도道(질서)다.   天之道也.

관자管子/권4/추언樞言

관자가 말했다. "도가 하늘에 있으면 태양이요,   管子曰 道之在天者 日也.

사람에게 있으면 마음이다.   其在人者 心也.

그러므로 '기氣가 있으면 살고 없으면 죽는다'고 말한다."   故曰 有氣則生 無氣則死.

관자管子/권13/심술心術 상

덕德은 도의 집이다.

사물은 도를 얻어 생겨나는 것이니

타고난 지혜을 얻어 직분을 삼는 것이 도의 정수다.

그러므로 덕은 득得이니

'득'이란 뜻을 얻어 마땅하게 이루는 것을 말한다.

德者 道之舍.

物得以生

生知得以職 道之精

故德者得[14]也

得也者 其謂所得以然也.

관자管子/권15/정正

사랑하고 살리고 기르고 이루게 하여

민民을 이롭게 하지만 자랑하지 않으므로

천하가 그를 친애하는 것을 '덕'이라 한다.

덕도 원망도 없고, 좋아하고 싫어함도 없이

만물을 하나같이 존숭하여

음과 양이 함께 가는 것을 '도'라 한다.

愛之生之 養之成之

利民不德

天下親之 曰德.

無德無怨 無好無惡

萬物崇一

陰陽同途 曰道.

주역周易/계사繫辭 상/5장

한 번 그늘이 지고(陰), 한 번 햇볕이 드는 것(陽)을
도라고 말한다.

一陰一陽之
謂道.[15]

주역周易/설괘說卦/2장

하늘의 도를 세워 음陰과 양陽이라 하고

땅의 도를 세워 유柔와 강剛이라 하고

立天之道 曰陰與陽.

立地之道 曰柔與剛.

---

14)_ 得(득)＝事之宜也, 足也.

15)_ 道(도)＝自然法.

사람의 도를 세워 인仁과 의義라 한다.　　　　　　　　　立人之道曰 曰仁與義.

노자老子/51장

도는 낳고, 덕은 기른다.　　　　　　　　　　　　　　道生之 德畜之
그래서 만물은　　　　　　　　　　　　　　　　　　是以萬物
도를 존숭하고, 덕을 귀히 여기지 않는 것이 없다.　　　莫不尊道而貴德.

장자莊子/외편外篇/천지天地

형체는 도가 아니면 태어나지 못하고　　　　　　　　形 非道不生
생명은 덕이 아니면 발현되지 못한다.　　　　　　　　生 非德不明.

2절 | 치도로서의 인·효

논어 읽기

논어論語/이인里仁 3

공자께서 말씀하셨다.   子曰

"오직 인자仁者만이   惟仁者

대인大人을 좋아할 수도, 미워할 수도 있다."   能好人 能惡人. [16]

논어論語/미자微子 1

은나라 주왕의 이복형인 미자는 떠나버렸고   微子去之

숙부인 기자는 노비가 되었고   箕子爲之奴

숙부인 비간은 간하다가 죽임을 당했다.   比干諫而死

공자께서는   孔子曰

"은나라에 이들 세 사람의 인자가 있었다"고 말씀하셨다.   殷有三仁焉.

---

16)_ 蓋無私心然後 好惡當於理. 遊氏曰 惟仁者無私心·所以能好惡也(論語集註).

논어論語/안연顔淵 1

안연이 인仁을 물었다.	顔淵問仁.
공자께서 말씀하셨다.	子曰
"사사로움을 이기고 예禮로 돌아가는 것을 인이라 한다.	克己復禮 爲仁
한결같이 날마다 극기克己하여 복례復禮하면	一日克己復禮
천하가 인으로 돌아갈 것이다.	天下歸仁焉.
인을 행함은 자기를 경륜함이지 남을 경륜함이겠느냐?"	爲仁由[17]己 而由人乎哉.
안연이 말했다. "인의 세목을 묻겠습니다."	顔淵曰 請問其目
공자께서 말씀하셨다.	子曰
"예가 아니면 보지 말고, 예가 아니면 듣지 말고	非禮勿視 非禮勿聽
예가 아니면 말하지 말고, 예가 아니면 행동하지 말라."	非禮勿言 非禮勿動.

논어論語/미자微子 10

주공이 그의 아들 노공魯公에게 일러 말했다.	周公謂魯公 曰
"군자는 친척을 버려두지 않으며	君子不施[18]其親
대신들이 의견을 채용하지 않는다고 원망하지 않게 하며	不使大臣怨乎不以[19]
오래된 신하는 큰 사고가 없으면 버리지 말 것이며	故舊無大故 則不棄也
한 사람에게 다 갖추어지기를 바라지 말라!"	無求備於一人.

---

17)_ 由(유)=經也, 從也, 因緣也.
18)_ 施(시)=放, 舍, 棄也.
19)_ 以(이)=用也, 由也.

혈연주의

논어論語/자로子路 18

섭공이 공자께 말했다.	葉公語孔子曰
"우리 고을에 궁躬이라는 정직한 사람이 있는데	吾黨有直躬[20]者
그 아비가 양을 훔치자 관아에 고발했습니다."	其父攘羊 而子證之
공자께서 말씀하셨다.	孔子曰
"우리 마을의 정직한 자는 이와 다릅니다.	吾黨之直者 異於是
아비는 아들을 위해 숨겨주고, 아들은 아비를 숨겨줍니다.	父爲子隱 子爲父隱
정직은 그 가운데 있습니다."	直在其中.

논어論語/태백泰伯 3

관장이 친척에게 돈독히 하면	君子篤於親
민民들도 인仁의 기풍이 일어날 것이요,	則民興於仁
옛 벗을 버리지 않으면 민들도 야박하지 않을 것이다.	故舊不遺 則民不偸.[21]

논어論語/학이學而 13

유자有子(유약)가 말했다.	有子曰
"믿음이 의리에 합당하면 언약은 실천될 것이며	信近於義 言可復[22]也
공손함이 예에 합당하면 치욕이 멀어질 것이며	恭近於禮 遠恥辱也
따르는 자들에게 친절을 잃지 않으면 존숭될 것이다."	因[23]不失其親 亦可宗也.

---

20)_ 躬(궁)=주희는 身으로, 정현은 人名으로 읽는다.
21)_ 偸(투)=薄也, 竊取也.
22)_ 復(복)=踐言也.
23)_ 因(인)=由. 從. 舊로 읽으며, 姻의 假借로 읽기도 함. 孔安國은 親으로 읽고, 주희는 依로 읽음.

논어論語/자로子路 2

중궁이 계 씨의 가신이 되어 정사를 물었다.	仲弓爲季氏宰問政曰
공자께서 말씀하셨다. "유사들을 앞세우고	子曰 先有司
작은 허물을 용서하고, 어진 인재를 등용하라."	赦小過 擧賢才
중궁이 말했다.	曰
"어찌 어진 인재를 알아보고 등용할 수 있습니까?"	焉知賢才而擧之
공자께서 말씀하셨다.	曰
"네가 잘 아는 사람을 등용해라.	擧爾所知
그러면 네가 모르는 사람도 남들이 버려두겠느냐?"	爾所不知 人其舍諸.

논어論語/위정爲政 5

맹의자孟懿子(맹손)가 효에 대해 물었다.	孟懿子問孝
공자께서 말씀하셨다. "예에 어긋나지 않는 것입니다."	子曰 無違
번지가 수레로 모시고 갈 때 공자께서 번지에게 말씀하셨다.	樊遲御 子告之曰
"맹손 씨가 나에게 효를 묻기에	孟孫問孝於我
어기지 않는 것이라고 말해 주었다."	我對曰 無違.
번지가 물었다. "무슨 뜻입니까?"	樊遲曰 何謂也
공자께서 말씀하셨다. "살아서는 예로써 섬기고	子曰 生事之以禮
죽어서는 예로써 장사 지내고 예로써 제사를 올리는 것이다."	死葬之以禮 祭之以禮.

논어論語/위정爲政 21

어떤 사람이 공자에 대해 말했다.	或謂孔子曰
"선생은 어찌 정치를 하지 않습니까?"	子奚不爲政
공자께서 말씀하셨다. "『서경』에 이르기를	子曰 書云

'군진이여! 그대는 효성스럽구나!   孝乎.

효만이 형제간에 우애할 수 있고   惟孝友于兄弟

그것을 정사에 펼 수 있다'고 했다.   施於有政

이것이야말로 진정한 정사를 다스리는 것이니   是亦爲政

어찌 그대가 말하는 다스림만을 정사라고 할 수 있겠는가?"   奚其爲爲政.

인은 소강사회의 통치 이념

공자의 경세학經世學을 한마디로 말한다면 인학仁學이다. 과연 인仁이란 무엇인가? 공자는 인에 대해 상대에 따라서 여러 가지로 말하고 있어 종잡을 수 없게 한다. 그 내용들은 어린아이에게 길조심, 말조심을 하고 선생님 말씀 잘 듣고, 친구들과 잘 놀아야 한다는 정도의 유치한 말들뿐이다. 어쩌면 도덕이란 원래 그런 사소한 것인지도 모른다. 또한 인이란 '너와 나'의 관계일 뿐 그 어떤 본질이 아니므로 본래부터 특정한 것이 없고 사람에 따라 시대와 상황에 따라 그 내용이 달라진다는 것을 말하고자 한 것인지도 모른다. 그러므로 2천 년 동안 수많은 학자들이 인을 말했지만 의미는 각각 다 다르다. 허기야 공자에게 직접 배운 제자들도 인이 무엇인지 몰랐던 것 같다. 예컨대 자하는 "학문과 생각 속에 인이 있다"고 말했다(『논어』 「자장」 6). 그렇다면 만약 자하에게 '의義가 무엇인지, 예禮가 무엇인지, 악樂이 무엇인지'를 물었다면 무엇이라고 대답했을까? 아마 모두 똑같이 학문 속에 있다고 대답했을 것이다. 묵자가 이미 지적하고 비판한 대로 공자와 그 제자들은 질문에 대한 대답이 동어반복에 불과할 뿐 내용이 없고 공허한 것이 대부분이다.

그러나 공자의 여러 말들은 방편에 불과하고 그 핵심은 극기복례克己復禮라고 말할 수 있을 것 같다. '극기'는 자기를 극복하는 것이므로 자기 수양이고, '복례'는 주나라 제도를 부흥하자는 것이므로 객관적 행동 기준이며 공공질서다. 그런데 그 수단이요, 목표인 주례周禮는 주나라 왕이 제정한 왕법王法이므로 보편적인 것이 되지 못한다. 그렇다면 주례 이전의 선왕들은 인자仁者가 될 수 없는 문제점이 노정되기 때문이다. 그것을 보충하기 위해 '주례는 하례夏禮와 은례殷禮를 종합한 것이며 천명天命'이라고 말한다. 그러므로 주나라를 거부한 백이숙제도 인자요, 주나라가 멸망시킨 은나라의 기자·미자·비간도 인자라고 말할 수 있게 된다. 다만 이러한 사례에서 알 수 있듯이 인자는 민民이 아니라 지배계급이라는 점과, 지배계급이라도 군주를 위해 헌신했거나 고난을 겪은 사람만이 인자로 인정된다는 것을 주목해야 한다.

박지원은 은나라의 '삼인三仁'에 대해 이의를 제기하고 백이와 태공망을 합해 '오인五仁'으로 해야 한다고 주장하고 있어 이채롭다. 공자는 주나라를 따르면서도 주나라와 적대 관계였던 은나라를 따르던 3인人의 충신을 인자로 칭송한다. 그런데 왜 은나라의 유민으로 주나라 세우는 데 큰 공을 세운 태공망은 인자라고 하지 않았을까? 태공망이 은나라를 배반한 것으로 본다면 주나라의 정통성은 무엇인가? 이에 대해 박지원은 인仁을 '극기복례'라고 말한 공자와 '측은지심'이라고 말한 맹자의 정치적인 모순을 은근히 풍자하기 위해 백이와 태공망을 합해 '오인'으로 하자고 제안했을 것이다.

연암집燕巖集/권3/공작관문고孔雀舘文稿/**백이론**伯夷論 **하**

공자는 옛 인인仁人을 칭송했는데	孔子稱古之仁人
은나라의 충신인 기자·미자·비간이 이들이다.	箕子微子比干是也
이들 삼인三仁의 행함은 각각 다르지만	三仁者之行各不同
인인의 명칭은 잃지 않았다.	猶不失乎仁之名
맹자는 옛 성인을 칭송했는데	孟子稱古之聖人
이윤·유하혜·백이가 이들이다.	伊尹柳下惠伯夷是也
삼인의 행함은 각각 다르지만	三仁者之行各不同
성인의 칭호는 떨어지지 않았다.	猶不離乎聖之號
무릇 태공(태공망)은 예로부터 위대한 노老현인으로 불렸는데	夫太公者 古所謂大老賢人
그의 행함은 백이와 같고	則爲其行同伯夷
그의 도는 이윤과 비슷하다.	而道似伊尹也
그런데도 공자는	然而孔子
태공의 인仁함을 삼인에 배열하여 호칭하지 않았고	不稱 其仁以列之三仁
맹자는	孟子
태공의 성스러움을 삼성三聖에 배열하지 않았으니	不稱 其聖以列之三聖
무엇 때문인가?	何也

오!

내 생각으로는 은나라에는 오인五仁이 있었으니

누구를 오인이라 하는가?

백이와 태공을 포함한 이들이다.

嗚呼

以余觀乎殷 其有五仁乎

何謂五仁

伯夷太公是也.

이들 다섯 인자仁者는 행한 것은 각각 같지 않았지만

모두가 정녕 측은지심惻隱之心을 가졌을 것이다.

그러니 서로에게 기대하며(資須) 인을 행한 것이다.

서로에게 기대하지 못했다면 인을 행하지 못했을 것이다.

夫五仁者 所行亦各不同.

皆有丁寧惻怛之志

然而相須則爲仁

不相須則爲不仁矣

기자는 마음먹기를

"은나라 이제 천륜을 잃었으니

내가 도를 전하지 않으면 누가 도를 전하겠는가?"라고 말하고

드디어 미친 척하고 노비가 되었다.

기자는 서로 기대하는 자가 없는 것 같지만

인인의 마음은

하루라도 천하를 잊을 수 없으니

마음속으로 태공이 민民을 구해 주기를 바랐을 것이다.

箕子之爲心也

曰 殷其淪喪.

我不傳道 誰傳道也

遂陽狂爲奴.

箕子若無所相須者也

雖然仁人之心

未嘗一日而忘天下

則是箕子須拯民於太公耳.

태공은 마음먹기를

스스로 은나라 유민遺民으로서

"이제 은나라는 천륜을 잃었고

미자는 떠나고, 비간은 죽었고, 기자는 갇혔으니

내가 민을 구원하지 않으면

장차 천하가 어찌 되겠는가?"라고 말하고

太公之爲心也

自以殷之遺民也

曰 殷其淪喪

小師行 王子死 太師囚

我不拯其民

將天下何哉

드디어 주紂를 토벌하는 데 앞장섰다.   遂伐紂
태공도 역시 서로 기대하는 자가 없는 것 같지만   太公亦若無所相須者也
인인의 마음은   雖然仁人之心
하루라도 후세를 잊을 수 없는 것이니   未嘗一日而忘後世
마음속으로 백이가 의리를 밝혀주기를 바랐을 것이다.   則是太公須明義於伯夷.

백이는 마음먹기를   伯夷之爲心也
스스로 은나라 유민으로서   自以殷之遺民也
"이제 은나라는 천륜을 잃었고   曰 殷其淪喪
미자는 떠나고, 비간은 죽었고, 기자는 갇혔으니   小師行 王子死 太師囚
내가 의를 밝히지 않으면   我不明其義
장차 후세에 어찌 되겠는가?"라고 말하고   將後世何哉
이에 주나라를 따르지 않았을 것이다.   遂不從周.

이처럼 인자仁者는 '인자仁慈한 사람'이라는 우리가 알고 있는 개념과는 다른 정치적인 명제임을 알 수 있을 것이다. 그러므로 인仁을 묻는다면 일반 독자는 물론이거니와 학자들까지도 한마디로 대답하기가 난처할 것이다. 더구나 서양의 의식구조와 개념에 익숙한 우리들은 여전히 인의 실체가 아리송할 뿐이다. 나에게 한마디로 대답하라면 인은 유가의 이상사회인 소강사회의 통치 강령이며 도덕 규범이라고 말할 것이다. 그러나 이 대답도 아리송할 뿐이다. 그것을 자체 논리로 설명하기 전에 미리 그 현대적 특징을 안다면 이해가 빠를 것이다.

첫째, 인은 도덕적이고 철학적인 개념이기도 하지만 우선 공자의 통치 철학의 핵심 개념이라는 것이다.

둘째, 공자 당시에는 국가(Nation)라는 개념이 없었으므로 공자의 통치 철학은 군주학君主學이라고 해야 정확한 말이 될 것이다. 당시 국가란 오늘날의 인격체로서의 '네

이션'이 아니라 제후와 가문을 의미했다. 그리고 천자란 천명을 받은 천하의 주인이지만, 그 천하라는 것도 제후국의 연합체로서 공화국처럼 보이지만 사실은 오늘날의 국가와 같은 인격체는 아니다. 공자 당시 인격을 가진 존재는 성인·군자·대인 등 인人 계급과 사농공상士農工商의 민民 계급에 속하는 자연인이다. 그러나 그중에서도 민 계급은 반노예 상태인 농노에 불과했으므로 완전한 인격을 가진 존재였다고 할 수 없으며, 노예 등 천민은 인격을 갖지 못했다.

그런데 공자를 해석하는 사람들은 대체로 이것을 망각한다. 그러므로 천자를 중심으로 그에게 충성을 다하라는 공자의 왕도주의는 왕이 없어진 오늘날에는 당연히 폐기되어야 마땅하지만 보수주의자들은 그것을 국가주의로 해석하여 국가에 충성하라는 성현의 말씀이라고 억지 해석을 늘어놓는다.

왕도주의는 천하의 땅과 거기에 따른 인간, 그리고 천하의 이利와 진리는 모두 천자의 소유이며, 제후들은 천자로부터 그것을 나누어 받았으므로 천자를 받들고 따라야 하며, 백성들은 제후를 받들어 따라야 하는 것을 인仁이라고 말한다. 공자도 그것을 주장한 것이다. 오늘날의 국가주의는 땅과 인민과 이利와 진리는 모두 국가에 있다고 주장하고 인민은 국가를 위해 멸사봉공하라고 말한다. 이것은 오늘날 북한의 수령주의와 남한 특유의 보수주의자들의 논리에 근저를 이루고 있다.

셋째, 또한 인은 통치 강령이면서 한편 인간의 관계를 규정하는 도덕적 개념이다. 나라와 사회가 유지되기 위해서는 인격을 가진 자연인들의 관계를 유기적이고 친밀하게 조화시킬 수 있는 가치 체계가 필요하다. 인은 제후의 나라(國)를 일가一家처럼, 천자의 나라(天下)를 한 종족의 문중처럼 다스리기 위한 가치 체계다. 즉 사람들의 관계가 한 가장이 중심이 되는 가정과, 종손이 중심이 되는 한 가문처럼 질서 있고 친밀한 것을 인仁이라고 말한 것이다. 그러므로 인격을 갖지 못한 민民은 인仁에 해당되지 않는다. 인仁은 인人들의 관계일 뿐이기 때문이다. 그래서 공자는 인仁과 민은 물과 불처럼 상극이라고 말한 것이다.

공자는 인仁의 방법으로 사욕의 억제(克己)와 주례의 부흥(復禮)을 제시했다. 그리고 그 세목을 묻자 "예禮가 아니면 보지도 말고, 예가 아니면 듣지도 말고, 예가 아니면 말하지도 말고, 예가 아니면 움직이지도 말라"고 대답했다. 그러므로 공자의 인은 주례를 따라 살아가는 것을 의미한다. 여기서 주례라고 말한 것은 삼례三禮로 일컬어지는 『주관周官』·『의례儀禮』·『예기』 등 주공이 정비한 주나라의 통치질서 전반을 지칭한다. 그러므로 결국 인은 나라의 질서를 잘 지키는 것이다.

이처럼 공자의 인애仁愛는 인류애가 아니라 왕이 제정한 예에 따라 자기를 억제하여 지배계급 상호 간에 원만한 관계를 유지하는 것을 의미한다.

넷째, 인은 가부장적 종법질서를 지향하는 것이므로 그 기본은 효孝다. 부모와 친척에게 효도하면 그것으로 인은 달성된다. 왜냐하면 군사부君師父는 일체이기 때문에 효는 곧 충忠이요, 경敬이기 때문이다.

이러한 씨족 중심주의는 당시 약육강식 겸병전쟁으로 가족이 무너지고 이산되는 가정 붕괴의 참담한 현실을 생각하면 불가피한 처방이었을 것이다. 그러나 씨족 중심주의는 가문 중심주의를 낳았고, 봉건제의 폐단이요, 동양 사회의 고질병이라고 비판받는 가족 이기주의·연고주의·지역 이기주의가 싹트는 온상이 되었다. 그래서 묵자는 공자의 인을 이기적인 체애體愛라고 비판하고 그 대안으로 겸애兼愛를 주장한 것이다. 체애는 근친애를 말하고 겸애는 이웃 사랑을 의미한다.

효는 곧 정치

이처럼 공자의 정치적 이상은 나라를 한 가문처럼 만드는 것이었다. 그러므로 유가들의 정치, 도덕 등 모든 사상의 특징은 가문을 나라의 기본 단위로 생각하는 것이다. 『대학』의 수신修身→제가齊家→치국治國→평천하平天下가 이를 말해 주고 있다. 당시 가문은 영지인 장원莊園과 가병家兵과 가신家臣을 거느리고 가법家法으로 형벌권을 행사하는 기초 자치 단체였다. 특히 전국시대는 가문 정치 시대로 나라의 공실公室보다 세력이 더 큰 가실家室이 많았다.

그러므로 그들에게는 무엇보다 효와 효의 표현인 조상 숭배가 통치의 근간이 되었다. 따라서 유가들에게 조상 제사는 만법萬法의 기본이었던 것이다. 『시경』의 〈송訟〉은 제사를 지낼 때 부른 노래인데, 그중에서 〈상송商頌〉은 상나라 탕왕을 제사할 때 부른 노래라고 하니 제사에 음악이 연주된 것은 적어도 상나라까지 거슬러 올라간다. 후세에 불교가 전래되고 도교가 일어났지만 조상 숭배는 쇠퇴하기는커녕 더욱 일반화되었다.

그러나 오늘날에는 효란 자기 부모를 잘 섬기는 개인적인 규범으로만 생각한다. 물론 그것은 옳은 말이다. 공자도 대체로 그렇게 말했다. 그러나 조건이 있다. 첫째는 천제天帝와 군주와 스승에게도 어버이와 똑같이 효를 해야 하며, 둘째는 온 국민이 제멋대로 효를 하는 것이 아니라 성왕聖王이 정한 절차와 규범에 따라 신분과 지위에 맞도록 해야 진정한 효가 된다. 공자는 맹손 씨가 효를 물었을 때 "어기지 않는 것"이라고 대답했다(『논어』, 「위정」 5). 다시 말하면 통치 규범인 예에 따라 효를 행해야 하는 것이다. 그러므로 효는 예의 근본이요, 곧 정치의 근본이었던 것이다.

이처럼 효는 개인 관계에서 끝나는 것이 아니라 국가의 통치 강령이었다. 조선에 전래된 천주교는 이처럼 조상 제사가 중요한 통치 행위임을 모르고 이를 거부함으로써 통치 체제에 대한 도전으로 간주되어 탄압을 자초한 꼴이 되었다.

나라를 종묘사직이라 한 것은 이 때문이다. 종묘는 군주 가문의 조상 신위를 모신 사당이며 사직은 토지신과 오곡의 신을 제사하는 곳이다. 고대에는 왕위를 물려받거나 전쟁을 하거나 순수를 행하고 큰 상을 내릴 때 종묘에 보고하여 재가를 받는 형식을 취했으며, 죄인을 죽이거나 벌을 내릴 때는 사직에 보고하여 재가를 받았다. 심지어 전쟁 중에도 이러한 정치 행위를 위해 종묘의 위패를 수레에 싣고 다녔다.

서경書經/우서虞書/순전舜典

순임금은 정월 초하루에 종묘에서 왕위를 물려받았다.　　正月上日 受終于文祖.

서경書經/우서虞書/대우모大禹謨

우임금은 정월 초하루 아침에 종묘에서 왕위를 물려받았다.　　正月朔旦 受命于神宗.

서경書經/하서夏書/감서甘誓

우임금은 감甘 땅의 대전을 앞두고 육경을 소집하여 말했다.　　大戰于甘 乃召六卿 王曰
"명령을 따르는 자는 종묘에서 상을 내릴 것이며　　用命賞于祖
명령을 어기는 자는 사직의 신 앞에서 죽일 것이다."　　不用命戮于社.

　　이처럼 동양에서 조상의 위패는 효의 표현일 뿐 아니라 통치권의 상징이었다. 마치 유목민인 유대인들이 모세 율법을 새긴 돌을 법궤에 넣어 싣고 다니며 예배하는 것과 비슷한 것이다. 그런데 천주교는 남의 조상인 모세의 위패를 모시라고 말하면서 우리 조상의 위패를 훼손하라고 부추긴 것이다. 이것은 나라를 서양에게 팔라고 말한 것과 다름없었다.

　　그러므로 소강사회에서 군사부는 일체이며 효도를 받아야 하는 존재인 것이다. 그러므로 조상 숭배와 제사와 효도는 이른바 예치禮治라고 일컬어지는 통치 수단이 된다. 오늘날 국부國父라는 개념도 여기서 비롯되었다. 따라서 공자가 말하는 효는 오늘날의 개인적인 인륜을 넘어, 국가의 최고 제일의 법이요, 질서였던 것이다.

　　그러므로 소강사회에서의 충은 임금에 대한 효일 뿐 별도의 것이 아니었다. 중국 최후의 왕조인 청조淸朝의 교육 헌장인 〈성유광훈聖諭廣訓〉 16개조에서 효를 강조할 뿐 충이라는 글자가 보이지 않는 것도, 조선에서 나라를 종묘사직이라 한 것도 모두 이 때문이다. 그래서 『대학』에서는 "효는 군주를 섬기는 방법"이라고 규정했다.

예기禮記**/대학**大學

효도란 군주를 섬기는 방법이며 　　　　　　　孝者所以事君也

우애는 어른을 섬기는 방법이며 　　　　　　　悌者所以事長也

자애는 민중을 부리는 방법이다. 　　　　　　　慈者所以使衆也.

인애와 겸애의 논쟁

인예仁禮가 소강사회의 통치 강령이라면 겸애兼愛는 대동사회의 통치 강령이다. 대동사회는 이미 앞에서 설명한 대로 묵자의 이상사회인 안생생安生生의 평등 공동체를 달리 표현한 것일 뿐 내용은 같은 것이다. 특히 놀라운 것은 묵자의 공동체는 고대 그리스의 스파르타 국가사회주의나 플라톤의 집단주의적 공산주의처럼 전체주의가 아니었다. 묵자는 노예제적 신분차별과 사유재산 제도를 반대하고 인민주권과 사회계약설을 주장한 평등주의자였다.

그러므로 그는 공자의 인仁을 신분차별의 개인적 사랑 즉 '체애體愛'라고 비판하고 공동체적인 두루 평등한 사랑인 '겸애'를 주장했던 것이다. 그리고 이 겸애는 해방신 하느님의 뜻이라고 규정한다. 공자의 인이 천명을 받은 천자에 의해 재가되는 것이라면, 묵자의 겸애는 민중의 하느님 해방신에 의해 최고 가치로 재가되었다는 것을 의미한다.

묵자墨子**/겸애**兼愛 **중**

두루 평등하게 서로 사랑하고 　　　　　　　然則兼相愛

서로 이롭게 하는 방법은 어떻게 해야 하는가? 　　交相利之法 將奈何哉.

묵자는 말하기를 　　　　　　　　　　　　子墨子言

"남의 나라 보기를 제 나라같이 보고
남의 가문 보기를 제 가문같이 보고
남 보기를 제 몸같이 보라"고 했다.

視人之國 若視其國.
視人之家 若視其家
視人之身 若視其身.

묵자墨子/경經·경설經說 상/상

인仁은 개별적인 사랑(體愛)이다.
자기를 사랑하는 것(自己愛)이지만
자기를 이롭게 하기 위한 것은 아니다.
말(馬)을 사랑하는 것과는 다르다.

仁. 體[24]愛也
仁. 愛己者
非爲用己也
不若愛馬.

묵자墨子/대취大取

무릇 도술을 배운 사람이 사람을 사랑하는 방법은
삼천대천세계를 사랑하는 것이나
사바세계를 사랑하는 것이나 다 같다.
묵자가 말한 두루 평등한 사랑도 이와 같다.
상세를 사랑하는 것이나 후세를 사랑하는 것이나
금세를 사랑하는 것과 하나처럼 같다.
성인에게는 사랑만 있을 뿐 이利가 없다고 하는 것은
유가들의 말이거나 외계인이 하는 말이다.
"천하에 남이란 없다!"

凡學[25]愛人
愛衆衆世[26]
與愛寡世[27]相若
兼愛之有相若.
愛尙世[28]與愛後世
一若今之世.
聖人有愛而無利
俔曰[29]之言也 乃客之言也
天下無人

---

24)_ 體(체)＝分於兼也.
25)_ 學(학)＝學校, 道術者.
26)_ 衆衆世(중중세)＝부처의 三千大天世界.
27)_ 寡世(과세)＝娑婆世界.
28)_ 尙世(상세)＝上世.
29)_ 俔曰(현왈)＝儒者의 誤.

이것이 묵자의 말이다. 오직 이것뿐이다.　　　　　　　子墨子之言也 猶在耳.

친애함이 크면 후하게 대하고　　　　　　　　　　親厚厚
친애함이 작으면 박하게 대한다고 한다.　　　　　親薄薄.
그러나 친애하는 사람을 후대하는 것은 좋은 일이지만　　親至[30]
친애함이 적다고 박하게 하는 것은 좋은 일이 아니다.　薄不至
의리상 가까운 사람에게 후하게 대한다는 것은　　　　義厚親
평등하게 하는 것이 아니고　　　　　　　　　　　不稱行
좋아하는 사람에게 편파적으로 대하는 것이다.　　　而類[31]行.

맹자孟子/등문공滕文公 하

양 씨(양자)는 개인주의이니 이는 군주가 없는 것이요,　　楊氏爲我 是無君也
묵 씨(묵자)는 평등주의이니 이는 아비가 없는 것이다.　墨氏兼愛 是無父也
양묵의 도가 그치지 않는다면　　　　　　　　　　楊墨之道不息
공자의 도는 드러나지 않을 것이며　　　　　　　　孔子之道不著
이 같은 거짓 학설이 민중을 속여　　　　　　　　是邪說誣民
인의仁義를 막아버릴 것이다.　　　　　　　　　　充塞仁義
인의가 막히면 짐승을 몰아 사람을 잡아먹게 하고　　仁義充塞 則率獸食人
장차 사람이 서로 잡아먹게 될 것이다.　　　　　　人將相食.

---

30)_ 至(지)=善也.
31)_ 類(류)=偏頗也.

3절 | 윤리로서의 인·효

논어 읽기

논어論語/팔일八佾 3

공자께서 말씀하셨다.   子曰

"귀인들이 서로 인仁하지 않는다면   人而不仁

예禮가 무슨 필요가 있고 악樂이 무슨 필요가 있겠는가?"   如禮何 如樂何.

논어論語/헌문憲問 2

원헌이 물었다. "이기려 하지 않고, 자랑하지 않고   克伐

원망하지 않고, 탐욕스럽지 않으면   怨慾不行焉

인仁하다고 하겠지요?"   可以爲仁矣

공자께서 말씀하셨다.   子曰

"하기도 어렵겠지만 그것이 인인지는 나는 알 수 없다."   可以爲難矣 仁則吾不知也.

논어論語/이인里仁 15

공자께서 말씀하셨다.   子曰

"삼(증자)아! 나의 도道는 하나로 일관되어 있다."

증자가 대답했다.

"예! 알겠습니다."

공자께서 나가신 후 후인들이 무슨 말인지 물었다.

증자가 말했다.

"선생님의 도는 '충서忠恕' 뿐이라는 뜻입니다."

參乎 吾道一以貫之.

曾子曰

唯.

子出 門人問曰 何謂也.

曾子曰

夫子之道 忠恕而已矣.

논어論語/위영공衛靈公 24

자공이 물었다.

"한 마디 말로

종신토록 행할 만한 것이 있습니까?"

공자께서 말씀하셨다.

"그것은 '서恕' 한 글자다.

내가 바라지 않는 것이면 남에게도 베풀지 말라!"

子貢問曰

有一言

而可以終身行之者乎

子曰

其恕乎

己所不欲 勿施於人.

논어論語/위영공衛靈公 10

자공이 인仁을 행하는 것에 대해 물었다.

공자께서 말씀하셨다.

"공민工民이 일을 잘하려면

반드시 먼저 연장을 날카롭게 하듯이

나라에서 편안히 살아가려면

대부 중에서 현명한 대부를 섬기고

사士 중에서 어진 사를 벗해야 한다."

子貢問爲仁

子曰

工欲善其事

必先利其器

居是邦也

事其大夫之賢者

友其士[32]之仁者.

---

32)_ 士(사)＝大夫를 보좌하는 관리. 상사·중사·하사가 있었음.

논어論語/자로子路 19

번지가 인을 물었다.

공자께서 말씀하셨다.

"거처함이 공손하고, 일을 맡음에 공경스럽고

남과 사귐이 충실해야 한다.

비록 오랑캐 나라에 간다 해도 버릴 수 없는 것이다."

樊遲問仁

子曰

居處恭 執事敬

與人忠

雖之夷狄不可棄也.

논어論語/안연顔淵 2

중궁이 인에 대해 묻자, 공자께서 말씀하셨다.

"문을 나서면 항상 귀한 손님을 접견하듯 하고

민民을 부림은 큰 제사를 받들듯 하고

내가 바라지 않는 것을 남에게 시키지 않음으로써

나라에 원망이 없고 가문에 원망이 없게 하는 것이다."

중궁이 말했다.

"비록 소생이 불민하오나 이 말씀을 받들겠습니다."

仲弓問仁 子曰

出門如見大賓

使民如承33)大祭

己所不欲 勿施於人

在邦無怨 在家無怨

仲弓曰

雍雖不敏 請事斯語矣.

논어論語/안연顔淵 3

사마우가 인을 물었다.

공자께서 말씀하셨다.

"인이란 말을 함에 어려워하는 것이다."

사마우가 말했다. "말하는 것을 조심하는 것이

인이란 말입니까?"

司馬牛問仁

子曰

仁者 其言也訒34)

曰 其言也訒

斯謂之仁已乎.

---

33)_ 承(승)＝奉, 受, 擧, 迎也.
34)_ 訒(인)＝難, 鈍也, 不忍言也.

공자께서 말씀하셨다.

"실천하기 어려우니 말이 합당하려면 어렵지 않겠느냐?"

子曰

爲之難 言之得³⁵⁾無訒乎.

논어論語/양화陽貨 6

자장이 공자께 인을 물었다.

子張問仁於孔子

공자께서 말씀하셨다.

孔子曰

"다섯 가지를 천하에 실천하면 인을 행하는 것이다."

能行五者於天下 爲仁矣

자장이 그 다섯 가지를 물었다.

請問之

공자께서 말씀하셨다.

曰

"공손·관용·신뢰·근면·은혜로움이 그것이다.

恭寬信敏惠

공손하면 모멸을 받지 않을 것이고

恭則不侮

관용하면 대중을 얻을 것이고

寬則得衆

신의가 있으면 귀족들이 임용할 것이고

信則人任焉

근면하면 공적이 있을 것이고

敏³⁶⁾則有功

은혜로우면 족히 남을 부릴 것이다."

惠則足以使人.

논어論語/옹야雍也 28

대저 인자仁者는 자기가 존립하고자 하면 남을 존립시키고

夫仁者 己欲立而立³⁷⁾人

자기가 이르고자 하면 남을 이르게 한다.

己欲達而達³⁸⁾人

능히 가까운 데서 취하여 밝혀 인도할 수 있다면

能近取譬³⁹⁾

---

35)_ 得(득)=事之宜也. 慮而後能得(大學).

36)_ 敏(민)=勉也.

37)_ 立(립)=存立也.

38)_ 達(달)=致也, 至也.

39)_ 譬(비)=喩也, 曉也.

가히 인의 방법이라고 할 수 있을 것이다. 可謂仁之方[40]也已.

논어論語/자로子路 27

공자께서 말씀하셨다. 子曰

"강직하고 의젓하고 질박하고 어눌하면 인에 가까울 것이다." 剛毅木訥 近仁.

논어論語/학이學而 2

유자(유약)이 말했다. "그 사람됨이 효도하고 우애하면서 有子曰 其爲人也孝弟

윗사람을 범하기 좋아하는 자 드물다. 而好犯上者 鮮矣

윗사람을 범하기 좋아하지 않으면서 不好犯上

난을 일으키기 좋아하는 자 드물다. 而好作亂者 未之有也

군자는 근본에 힘쓸지니 근본이어서야 도리가 생긴다. 君子務本 本立而道生

그렇기에 효제라는 것은 孝悌也者

진실로 인을 이루는 근본일 것이다(인외설의 입장)." 其爲仁之本與.

논어論語/술이述而 29

공자께서 말씀하셨다. 子曰

"인이 먼 데 있느냐? 仁遠乎哉.

내가 인을 행하고자 하면 곧 인에 이른 것이다." 我欲仁 斯[41]仁至矣.

---

40)_ 方(방)＝術也.
41)_ 斯(사)＝此也, 賤也, 乃也.

인외설

앞에서 말한 것처럼 공자의 인仁과 예禮는 모두 혈연 공동체를 지향하는 소강사회의 질서를 의미하는 객관적 규범이었다. 공자가 "나의 도는 '서恕'로 일관되어 있다"고 고백한 것이 바로 그것을 의미한다. 그러나 맹자 이후 후인들은 인을 객관적인 행위 규범이 아니라 주관적인 마음이라고 설명하기 시작했다. 전자를 인외설仁外說이라 말하고 후자를 인내설仁內說이라고 말한다. 인외설의 도덕은 행위 결과를 중시하는 '책임윤리'이며 인내설의 도덕은 동기를 중시하는 '심정윤리'라고 말할 수 있다.

원래 공자가 말한 인은 법도에 맞는 행동을 의미했다. 그러므로 인은 자비 또는 두루 사랑한다는 것이 아니라 '예에 따라 애愛하는 것'을 말한다. 그래서 공자는 '복례復禮'가 곧 인이라 말한 것이다. 그러므로 인은 '예에 맞는 행동' 즉 객관적인 성왕聖王의 예에 자기를 구속하는 인간관계를 의미했다. 이처럼 공자 본래의 인은 인간관계론이므로 이른바 '인외설'이 타당하다고 볼 수 있다.

그러므로 공자는 "극기克己만으로는 인이라 말할 수 없다"고 말한다(『논어』「헌문」2). 왜냐하면 그것이 예에 맞는지를 알 수 없으니 인이라 단정할 수 없다는 것이다.

자로가 인을 묻자, 공자는 다분히 무인의 기질이 있는 자로이기에 현명한 대부大夫를 섬기고 어진 사士를 벗해야 한다고 가르쳤다. 그러므로 여기서 공자가 말한 인은 지배계급들이 좋은 관계를 유지하며 살아가는 방법을 말한 것이므로 인외설을 말한 것이다.

또한 자장이 인을 묻자 공자는 인의 세목으로 공恭(공손함), 관寬(너그러움), 신信(신의), 민敏(근면함), 혜惠(은혜로움)를 말했는데 이 모두가 마음만이 아니라 행위와 인간관계를 강조한 것으로 볼 수 있다.

『설문해자』에서 "인은 사람들 사이를 친밀하게 하는 것" 즉 "인仁 친야親也"라고 말한 것도 같은 입장이다. 『국어』「진어晉語」에서는 "인은 군주를 원망하지 않는 것" 즉 "인仁 불원군야不怨君也"라 말했고, 『논어』에서는 "인은 군자 즉 관장과 대인이 나라와 가문에 원망이 없게 하는 것"이라 말했다. 전자는 관료와 군주의 섬김의 관계이고 후자는 관료와 인민의 부림의 관계를 말한 것이다. 어떻든 인은 지도자들의 군주와 민民에 대한 공적이며 관계론적 덕목인 것이다.

설문해자 說文解字

인仁은 서로 친하게 지내는 것이다.	仁 親[42]也.
사람의 관계를 아우르는 것이다.	二[43]人.

이상과 같이 공자는 인은 성리학자들이 말한 것처럼 철학적인 것이 아니었다. 그가 설명하는 인은 마음씨보다는 가까운 일상생활에서의 행동거지다. 공자가 "인이란 자기가 존립하려면 남도 존립시키는 것"이라고 말한 것은 곧 배려가 인이라는 뜻으로 해석할 수 있을 것이다(『논어』「옹야」 28).

『예기』에서도 인仁이라는 글자를 '친親'의 뜻으로 쓰고 관계론으로 설명한다. 또한 공자가 말한 인을 천하의 표지標識로 해석함으로써 인을 객관적인 행동 규범으로 규정한다. 이는 분명하게 인외설仁外說을 말하고 있다.

예기禮記/**중니연거**仲尼燕居

공자께서 말씀하셨다.	子曰
"하늘과 사직에 대한 제사는 귀신과 친해지는 방법이며	郊社之義 所以仁鬼神也
사철 제사와 조상 제사에 천제天帝를 합사하는 체禘는	嘗禘之禮
조상들과 친해지는 방법이며	所以仁昭穆也
제수를 올리고 나누어 먹는 것은	饋奠之禮
사자死者와 상주 간에 친해지는 방법이며	所以仁死喪也.

---

42)_ 親(친)=愛也, 近也, 父母也, 親戚也.
43)_ 二(이)=竝也.

향사례와 향음주례는 고을 사람들이 친해지는 방법이며 　　　　射鄕之禮 所以仁鄕黨也

연회를 베푸는 예는 빈객과 친해지는 방법이다."　　　　　　食饗之禮 所以仁賓客也.

예기禮記/**표기**表記

공자가 말한 인仁은 　　　　　　　　　　　　　　　　　子言之 仁者

천하의 표지標識이며 　　　　　　　　　　　　　　　　天下之表也

공자가 말한 의義는 천하의 절제節制다. 　　　　　　　　義者 天下之制也.

　그러므로 인은 무조건적인 사랑이 아니고 질서와 차등적인 사랑을 말한 것이다. 이에 대해 맹자는 "요순이 행한 인仁은 인人을 두루 사랑한 것이 아니다"라고 분명하게 지적했다. 이 점에서 평등한 사랑을 말하는 묵자의 겸애兼愛와 부처의 자비慈悲와는 다르다.

맹자孟子/**진심**盡心 **상**

요순의 인仁은 사람을 두루 사랑한 것이 아니다. 　　　　堯舜之仁 不徧愛人

친척과 현자가 더 중요하기 때문이다. 　　　　　　　　急親賢也.

인과 서

　또한 공자가 자신의 도를 충서忠恕로 일관된다고 했는데 이는 바로 인간관계의 충심忠心과 추서推恕가 인仁이라는 뜻이다. 이로 볼 때도 인은 관계론적 개념이었음을 알 수 있다.

　공자학을 인학仁學이라고 하는 데 이의를 제기한 학자는 아무도 없다. 그러나 인에 대한 해석에 있어서는 우리나라 선인들도 인내설仁內說과 인외설仁外說로 갈린다. 성리학자들은 인을 '애지리愛之理' 또는 '선성善性의 회복'으로 해석하는데 이것은 인내설이며, 공자의 원시 유학으로 돌아가자는 정약용의 주장은 인외설이다. 종래의 인외설은 『논어』에서 "효제孝悌가 인의 근본"이라고 말한 것을 근거로 인을 정명正名과 같은 것으로 보는 견해다. 하지만 정약용은 인을 신분질서인 정명론에 국한시키지 않고 '인간과 인간의 관계'로 확장시킨다. 즉 정약용은 "경례삼백經禮三百 곡례삼천曲禮三千이 모두 다 서恕로써 관통되었다"고 말한다. 그러므로 정약용은 공자학을 인학에서 서학恕學으로 발전시켰다고 말할 수 있다.

요즘 말로 하면 '추서'는 '배려'라는 뜻이다. 이는 하버마스Jürgen Habermas(1929~)가 말한 생활세계의 간주관성間主觀性 혹은 상호주관성(intersubjektivität)과 비슷한 의미라고 볼 수 있을 것이다.

여유당전서與猶堂全書**/2집/권8/논어고금주** 論語古今注**/이인**里仁

공자가 말하기를	子曰
"삼아! 나의 도道는 하나로 관통되어 있다"라고 했다.	參乎 吾道一貫之.
덧붙인다면 도는 인도人道요,	補曰 道人道也
일一은 서恕이며, 관貫은 천穿이며	一者恕也 貫穿也
서를 행하되 충심으로 하라는 뜻이다.	行恕以忠.

『주례』의 주소註疏에서 이르기를	周禮疏云
"충忠은 충심中心이요, 서는 여심如心"이라 했다.	中心爲忠 如心爲恕.
대체로 마음속으로 남을 섬기는 것을 충이라 하고	蓋中心事人謂之忠
남의 마음 헤아리기를 내 마음같이 하는 것을 서라 한다.	忖他心如我心 謂之恕也.

여유당전서與猶堂全書/2집/권1/대학공의大學公議

서恕에는 두 종류가 있는데	鏞案恕有二種
하나는 추서推恕요, 하나는 용서容恕다.	一是推恕一是容恕.
옛 경전에는	其在古經
추서만 있을 뿐 본래 용서는 없다.	只有推恕 本無容恕.
그러나 주자가 말한 것은 대체로 용서다.	朱子所言者蓋容恕也
『중용』에서는	中庸曰
"자기가 원치 않는 것은 남에게도 하지 말라" 했으니	施諸己而不願 亦勿施於人
이것이 추서다.	此推恕也
자공이 말하기를	子貢曰
"남이 나를 범하는 것을 원치 않거든	我不欲人之加諸我也
나도 남을 범하지 말라" 했는데 이것이 추서다.	吾亦欲無加諸人 此推恕也
『대학』에서는 "위에서 싫은 것을 아래에 시키지 말고	此經曰 所惡於上毋以使下.
아래서 싫은 것으로 위를 섬기지 말라" 했는데	所惡於下毋以事上
이것이 추서다.	此推恕也
공자는 말하기를	孔子曰
"내가 원치 않는 것을 남에게 하지 말라" 했는데	己所不欲 勿施於人
이것이 추서다.	此推恕也.
추서란 자수自修를 위주로 하는 말이며	推恕者 主於自修
내가 선을 행하는 방도요,	所以行己之善也
용서란 치인治人을 위주로 하는 말이며	容恕者 主於治人
남의 악을 관용하는 것이다.	所以寬人之惡也.

여유당전서與猶堂全書/2집/권2/심경밀험心經密驗/심성총의心性總義

| 주희가 "진기盡己는 충忠이요, 추기推己는 서恕"라고 했는데 | 案盡己之謂忠 推己之謂恕. |

이는 『사서집주四書集注』에서 편리한 대로 지어낸 말이다.　　於今便成鐵鑄語.

그러나 종래의 『이아』와 『설문』뿐 아니라　　然從來爾雅說文

공자·증자·맹자의 말 어디에도 이런 훈고는 없다.　　三倉之家 無此訓詁

이른바 '충서忠恕'란　　所謂忠恕者

'충심으로 서를 행하라'는 뜻에 불과하다.　　不過曰實心以行恕耳

만약 진기와 추기 두 가지로 공부한다면　　若盡己推己必當兩下工夫

공자의 도는 이이관지二以貫之라고 해야지　　則是夫子之道 二以貫之

일이관지一以貫之라고 말할 수 없을 것이다.　　非一貫也之.

여유당전서與猶堂全書**/2집/권2/심경밀험**心經密驗**/주자존덕성재명**朱子尊德性齋銘

공자가 "나의 도는 하나로 관통되어 있다"고 말한 것은　　古之所謂一貫者

'서恕' 한 글자로써 육친과 오륜을 꿰뚫고　　以一恕字 貫六親 貫五倫

경례삼백과 곡례삼천을 꿰뚫고 있어　　貫經禮三百 貫曲禮三千

그 말은 간략하나 넓고 그 뜻은 종요로우나 원대하다.　　其言約而博 其志要而遠

서로써 아비를 섬기면 효요,　　以恕事父則孝.

서로써 임금을 섬기면 충이며　　以恕事君則忠.

서로써 민民을 기르면 자慈이니　　以恕牧民則慈

이른바 인仁의 방도인 것이다.　　所謂仁之方也.

인내의외설

관자와 고자는 공자와는 달리 인仁은 주관적인 것이고 의義는 객관적인 것이라고 주장했다. 이것을 이른바 '인내의외설仁內義外說'이라고 말한다.

사람의 행위는 마음의 발로라고 말하는 것이 상식이다. 그러나 조금만 깊이 생각해 보면 반드시 그런 것만은 아님을 알 수 있다. 예컨대 전쟁터에 나가면 자비심 많은 병사라도 적을 죽이지 않을 수 없는데. 이때 그 자비심 많은 병사의 살인을 인이라고 말할 수는 없기 때문이다. 그래서 인과 의를 구분하여 생각하게 된 것이다.

관자管子/**권10**/**계**戒
인仁은 내부로부터 나오고, 의義는 외부에서 나온다.   仁從中出 義從外作.

맹자孟子/**고자**告子 **상**
고자[44]가 말했다.   告子曰
"음식을 먹고 싶고 여자를 좋아하는 것은 천성이니   食色性也
인은 주관적(內)일 뿐 객관적(外)인 것이 아니며   仁內也 非外也
의는 개관적인 것일 뿐 주관적이 아니다."   義外也 非內也.

그러나 맹자는 인내의외설을 비판한다. 그는 전국시대라는 시대적 상황에서 공자처럼 인仁을 구체제(ancien régime)로 돌아가자는 '복례復禮'로 해석하는 것으로는 새로운 시대를 대처할 수 없다고 생각했다. 또한 당시는 이미 주례周禮가 무너져 버렸으므로 복례는 불가능하다고 판단하고 그 대신 인심人心을 선하게 교화함으로써 거기서 인을 구하려고 한 것이다.

맹자孟子/**고자**告子 **상**
인仁은 인人의 마음이며, 의義는 인人의 길이다.   仁 人心也. 義 人路也.
길을 버리고 따를 줄 모르고   舍其路而不由

---

44)_ 맹자 문하에 출입한 묵가로 추정된다.

마음을 잃어버리고 찾을 줄 모르니 슬픈 일이다.　　　放其心而不知求 哀哉

닭이나 개를 잃어버리면(外) 찾을 줄 알면서도　　　有雞犬放 則知求之

마음을 잃어버리면(內) 찾을 줄을 모른다.　　　有放心 而不知求

그러므로 학문의 도리는 다른 것이 아니라　　　學問之道無他

잃어버린 마음을 찾는 것일 뿐이다.　　　求其放心而已矣.

맹자孟子/공손추公孫丑 상

맹자가 말했다. "무릇 뜻은 기氣의 장수요,　　　夫志 氣之帥也

기는 몸을 충만하게 하는 것이다."　　　氣 體之充也.

공손추가 말했다.　　　旣曰

"전에는 '뜻이 이르면 기가 따른다'고 말씀하시고　　　志至焉 氣次焉.

지금은 '뜻을 붙잡고　　　又曰 持其志

기를 드러내지 말라' 하시니 무슨 말씀입니까?"　　　無暴其氣者 何也.

맹자가 말했다. "뜻이 전일하면 기를 움직이고　　　曰 志一則動氣

기가 전일하면 뜻을 움직인다.　　　氣一則動志也.

대저 넘어지고 달리게 하는 것은 기의 작용이므로　　　今夫蹶者趨者是氣也

도리어 기가 마음을 움직이게 된다는 뜻이다."　　　而反動其心.

공손추가 말했다. "감히 묻겠습니다.　　　敢問

선생은 무엇을 잘합니까?"　　　夫子惡乎長.

맹자가 말했다. "나는 남의 말을 이해하고　　　我知言.

또 '호연지기浩然之氣'를 잘 기른다.　　　我善養吾浩然之氣.

기라는 것은 지극히 크고 굳센 것이라　　　其爲氣也 至大至剛

바르게 양성하고 방해하지 않으면　　　以直養而無害

천지간에 가득 찰 것이다.　　　則塞于天地之間.

진실로 기는 정의와 도리에 배합하는 것이니	其爲氣也 配義與道
이것이 없으면 썩은 고기일 뿐이요,	無是餒也.
의義를 모여 나타나게 하는 것은	是集義所生者
의를 밖에서 받아 취하는 것이 아니다.	非義襲而取之也
행동거지에 겸양함이 없다면 썩은 것이다.	行有不慊[45]於心 則餒矣
내가 '고자는 의를 모른다'고 말한 것은	故曰 告子未嘗知義
그것을 외재적인 것으로 보기 때문이다.	以其外之也
나에게 본래 있었던 것이다. 의식하지 않을 뿐이다."	我固有之也. 不思耳矣.

그래서 이러한 맹자의 '인仁 인심설人心說'의 영향으로 이후 인仁 자를 '인忈'으로 쓰기도 했다. 다음의 예문도 같은 맥락이다.

예기禮記/예운禮運

성왕聖王은 의義의 권세와 예禮의 차례를 닦아	故聖王脩義之柄禮之序
이로써 인정人情을 다스린다.	以治人情
그러므로 인정은 성왕의 밭이요,	故人情者聖王之田也
예를 닦아 그 밭을 갈고, 의를 펴서 씨를 뿌리고	脩禮以耕之 陳義以種之
배움을 강론하여 김을 매고, 인仁을 뿌리로 인정을 모으고	講學以耨之 本仁以聚之
음악을 퍼뜨려 인정을 편안하게 한다.	播樂以安之
그러므로 예란 의의 실질이요,	故禮也者義之實也
의란 재주의 분별과 인의 절제이며	義者藝之分仁之節也
인이란 의의 뿌리요, 순리의 체현이니	仁者義之本 順之體也
인을 얻으면 우러러본다.	得之者尊.

---

45)_ 慊(겸)=謙과 통용.

그렇다면 같은 인내의외설인데 맹자와 고자가 논쟁한 것은 무엇 때문인가? 그것은 다름이 아니라 인내의외설이 인仁의 본질인 '마음을 둘로 나누는 것'을 맹자가 반대했기 때문이다.

첫째, 묵가들이 공자의 인을 개인적인 체애體愛라고 비판하고 묵자의 공동체적인 겸애兼愛만이 진정한 천지天志라고 주장하며 애愛를 둘로 나누고 대립적으로 보는 것을 반대한 것이다.

둘째, "인이란 예를 어기지 않는 것"이라는 공자의 말을 근거로 '인이란 애의 마음이 예에 구속되는 것'이라고 해석하는 것을 반대한 것이다. 즉 인은 예의 하위 개념이 아니라 예보다 더 넓은 개념이라는 것이다.

다시 말하면 맹자는 인이란 안과 밖, 마음과 행동, 본질과 관계를 모두 포괄하는 것으로 이해했다. 구체적으로 말하면 친親은 외外(관계론)이며, 애愛는 내內(본질론)이지만 인은 이것을 모두 포함한 친애親愛의 개념이다. 그러므로 친은 예에 구속되어야 하지만 애는 예와는 상관이 없는 선한 천성의 발로다. 그리고 예에 구속되는 친을 의라고 생각한 것이다.

맹자孟子/진심盡心 상

군자는 금수와 초목에 대해서 애愛하지만 인仁하지는 않는다.	君子之於物也 愛之而不仁.
민民에 대해서는 인하지만 친親하지는 않는다.	於民[46]也 仁之而不親.
어버이를 친함으로써 민에 인하고	親親而仁民
민에 인함으로써 사물을 애한다.	仁民而愛物.

맹자는 이를 화살 만드는 사람과 갑옷 만드는 사람을 예로 들어 설명한다. 화살 만드

---

46)_ 民(민)=여기서는 결코 人이 아니다. 인은 지배계급이요, 민은 피지배계급이다. 그러므로 민을 오늘날 百姓(人＋民)으로 번역하는 것은 잘못이다.

는 장인은 사람을 상할 수 있기를 바라고, 갑옷 만드는 장인은 사람이 상하지 않기를 바라지만, 천성은 모두 선하다는 것이다(仁內說). 다만 외부적인 조건이 그들을 의義와 불의不義로 갈라놓은 것이라고 보았다(義外說). 오늘날 전쟁터에서는 사람이 사람을 죽이는 것을 예찬한다. 그러나 맹자의 성선설로 설명한다면 병사의 마음이 악해서가 아니라 외부적인 강압과 물들임(所染)으로 악을 행하는 것이다. 그렇다면 마음 수양을 독려하기 전에 제도 개혁이 먼저여야 한다. 그런데도 모든 종교인들과 유학자들은 제도는 뒷전이고 선천적으로 선한 마음을 찾으라는 마음공부만을 강조하고 있다. 왜 그럴까? 이는 성선설의 모순이 아닌가?

맹자孟子/공손추公孫丑 상

맹자가 말했다. "화살 만드는 사람이	孟子曰 矢人
어찌 갑옷 만드는 사람보다 어질지 않다고 하겠느냐?	豈不仁於函人哉
그러나 화살을 만드는 사람은	矢人
오직 사람을 못 상하게 할까 걱정하고	唯恐不傷人
갑옷을 만드는 사람은 오직 사람이 상할까 걱정한다.	函人唯恐傷人
남의 병을 낫게 하려는 무당과 죽은 자의 관을 만드는 목수도	巫匠
역시 그렇다.	亦然
그러므로 법술은 신중하지 않으면 안 되는 것이다."	故術不可不愼也.

송宋 대의 정주학程朱學은 맹자의 '인仁은 인人의 심心' 또는 '인仁은 잃어버린 마음을 찾는 것'이라는 인내설을 계승하지만 이를 천리로 객관화한다. 즉 공자의 인은 '예에 맞는 행동'이었다면, 주희의 인은 '천리에 맞는 사랑' 즉 '애지리愛之理'였다. 공자의 '예'나 주자학朱子學의 '천리'는 모두 객관적이다.

그런데도 정이는 "인을 행하는 것은 자기에 달렸다(爲仁由己)"고 했고, 주희는 "인은 마음의 덕(心之德)"이라 했다. 그러므로 그들은 공자의 "극기복례克己復禮 위인爲仁"을

"멸인욕滅人欲 존천리存天理 위인爲仁"으로 바꾸어버린다. 그러나 이것은 사람에게는 선한 천리와 악한 인욕人慾이 있다는 것을 인정한 것이다. 즉 두 개의 마음이 있다는 것이므로 선악善惡 혼재설混在說이며 맹자의 성선설과 어긋난다.

주자어류朱子語類/**권20/논어**論語 **2**

사랑은 인仁이 아니며, 사랑의 도리가 인이다.	愛非仁 愛之理是仁
마음은 인이 아니며, 마음의 덕이 인이다.	心非仁 心之德是仁.

논어혹문 論語或問/**제1/학이**學而

인仁은 애愛의 이理이며	仁則愛之理也
예禮는 경敬의 이理이며	禮則敬之理也
의義는 의宜의 이理이며	義則宜之理也
지智는 별別의 이理이며	智則別之理也
신信은 실實의 이理다.	信則實有之理也.

묵자는 고자와는 달리 관자의 의외설義外說을 찬성하지 않는 것 같다. 묵자는 공리주의적이면서도 마음의 중요성을 강조하기 때문이다. 실제로 의義를 객관적인 결과만 가지고 판단할 수도 없는 것이 사실이다.

묵자는 불난 집을 예로 들어 설명한다. 즉 불난 집에 물통을 들고 물을 끼얹는 사람과 횃불을 든 자는 다르다고 보았다. 물통을 든 자도 불을 끄지 못했고, 횃불을 든 자도 불을 지르지 않았다 할지라도 사람들은 물통을 든 자는 의롭다고 말하고, 횃불을 든 자는 불의라고 말하기 때문이다.

묵자墨子/**경주**耕柱

유가인 무마자가 묵자에게 물었다.	巫馬子謂子墨子 曰

"선생은 천하를 두루 사랑했지만 이렇다 할 이익이 없습니다.　　子兼愛天下 未云利也

저는 천하를 사랑하지 않았지만　　　　　　　　　　　　　我不愛天下

그렇다고 해로운 것도 없습니다.　　　　　　　　　　　　未云賊也.

결과는 똑같이 인민을 실제로 이롭게 한 것이 없는데　　　功皆未至

어찌 선생은 옳고 저는 그르다 합니까?"　　　　　　　　子何獨自是 而非我哉.

묵자가 말했다.　　　　　　　　　　　　　　　　　　　子墨子曰

"지금 집에 불이 났다고 하자.　　　　　　　　　　　　今有燎者於此

한 사람은 물통을 들고 끼얹으려 하는데　　　　　　　　一人奉水 將灌之

한 사람은 횃불을 들고 던지려 한다.　　　　　　　　　一人摻火 將益之

결과는 나타난 것이 없지만　　　　　　　　　　　　　功皆未至

그대는 누구의 뜻이 귀하다고 생각하는가?"　　　　　　子何貴於二人.

무마자가 말했다.　　　　　　　　　　　　　　　　　　巫馬子曰

"나는 물통을 들고 있는 사람의 뜻을 옳다고 생각하며　　我是彼奉水者之意

횃불을 던지려는 자의 고약한 마음을 그르다고 생각합니다."　而非夫摻火者之意.

묵자가 말했다.　　　　　　　　　　　　　　　　　　　子墨子曰.

"나도 역시 나의 두루 사랑함을 옳다고 생각하고　　　　吾亦是吾意

그대의 두루 사랑하지 않는 마음을 그르다고 생각한 것이다."　而非子之意也.

그러나 묵자의 겸애兼愛와 교리交利는 공맹의 인의仁義와는 전혀 다른 차원이므로 비교하는 것은 타당치 않다. 그런 의미에서 그에게 '인내의외설'은 아무런 의미가 없다. 묵자는 의를 민리民利라고 생각했기 때문이다. 그러므로 후기 묵가들은 맹자의 인내설을 강력히 비난한다.

묵자墨子/**경**經·**경설**經說 하/하

인仁은 마음(內)이요, 의義는 행동(外)이라 하지만　　　　仁義之爲內外也

이는 망언이다.	內.[47]
얼굴을 안과 밖으로 나누는 것에 대해 말한 것이다.	說在仵顏.
인仁은 애愛요, 의義는 이利다.	仁愛也 義利也
사랑과 이로움은 나의 마음이요,	愛利此也.
사랑한 것과 이롭게 한 것은 너에 대한 행동이다.	所愛所利 彼也
사랑(愛)과 이로움(利)은 서로 안과 밖이 될 수 없으며	愛利不相爲內外
사랑한 것(所愛)과 이롭게 한 것(所利)도	所愛所利
역시 서로 안과 밖이 될 수 없다.	亦不相爲外內.
유가들이 말하는 인내의외설仁內義外說은	其爲仁內也 義外也.
사랑하는 마음과 이로운 것을 말한 것에 불과할 뿐,	擧愛與所利也
이것은 망언이다.	是狂擧[48]也
오른쪽 눈으로 들어가서 왼쪽 눈으로 나온다는 말과 같다.	若左目出 右目入.

인과 효

앞에 제시한 『논어』「학이」편의 "효제孝悌야말로 인仁의 근본이 아니겠는가(孝悌也者 其爲仁之本與)?"라는 말은 유약의 말이다. 그러나 이것은 공자의 사상을 그대로 전한 것이다. 앞서 말한 대로 가부장적 종법질서를 통치질서로 생각하는 소강사회에서 효는 곧 인이며 그 무엇보다 우선하는 최고의 통치 규범이 된다. 『논어』「자로」편에서 "양을 훔친 아버지를 숨겨주는 것이 정직"이라는 공자의 언명은 그것을 말한 것이다. 이는

---

47)_ 內(내)=𱅥 즉 罔의 誤. 罔=蔽也, 誣也, 不直也.
48)_ 擧(거)=言也.

정의보다도 효도가 앞선다는 것을 천명한 것이다.

그런데 훗날 맹자는 "인의 실체는 효제"라는 유약의 말을 더욱 구체적이고 직설적으로 다시 언명하고 있다.

맹자孟子/**고자**告子 **하**

요순의 도는 효제일 뿐이다.	堯舜之道 孝悌而已矣.

맹자孟子/**이루**離婁 **상**

인仁의 실질은 어버이를 섬기는 것(孝)이요,	仁之實 事親是也
의義의 실질은 형을 따르는 것(悌)이요,	義之實 從兄是也
지知의 실질은	知之實
인의仁義(孝悌)를 알게 하여 거기서 떠나지 않게 하는 것이요,	知斯二者 不去是也
예禮의 실질은 인의를 절도 있게 꾸미는 것이다.	禮之實 節文斯二者是也
음악의 실질은 인의를 즐겁게 하는 것이다.	樂之實 樂斯二者
인의를 즐겁게 하면 마음이 우러나오고	樂則生矣
마음이 우러나오면 어찌 인의를 그만둘 수 있겠는가?	生則惡可已也.

그러나 이 글은 여전히 의문 부호를 떼지 못하고 논쟁의 여지로 남아 있다. 맹자는 인내설의 경향인데도 이처럼 적극적으로 해석했지만, 훗날 인내설의 입장인 성리학자들은 이 글을 부정적으로 해석한다.

정이는 맹자와는 달리 "효제孝悌란 인仁의 한 가지 사안일 뿐이므로 '인을 행하는 근본'이라고 해석하면 옳지만, '인의 근본'이라고 해석하는 것은 옳지 않다"고 말한다. 정이에 의하면 "인은 성性이며, 효제는 그 용用"이라는 것이다(『이정유서二程遺書』권4). 그래서 주희를 비롯한 송宋 대의 성리학자들의 주장은 부자간의 효孝와 형제간의 제悌는 인의 한 덕목에 불과하다고 생각한 것이다. 이것은 정이와 주희의 인내설의 입장을 따른 것이다.

주자어류朱子語類/**권20**/**논어**論語 2

혹자가 물었다. "효제는 인仁의 근본이 된다고 했으니　　　　　　或問 孝悌爲仁之本.

이는 효제로 인하여 인에 이른다는 뜻이 아닙니까?"　　　　　　此是由孝悌可以至仁否.

주희가 말했다. "아니다.　　　　　　　　　　　　　　　　　　　曰 非也

인을 실천함은 효제로부터 시작된다는 것을 말한 것뿐이다.　　謂行仁自孝悌始.

효제는 인의 한 가지 사안일 뿐이니　　　　　　　　　　　　　孝悌是仁之一事.

'인을 실천하는 근본'이라고 말하면 옳지만　　　　　　　　　　謂之行仁之本則可.

'효제가 인의 근본'이라고 말하면 잘못이다.　　　　　　　　　　謂是仁之本則不可.

무릇 인은 본성이요, 효제는 쓰임이다.　　　　　　　　　　　　蓋仁是性也 孝悌是用也

본성에는　　　　　　　　　　　　　　　　　　　　　　　　　　性中

다만 인의예지 사단만 있을 뿐　　　　　　　　　　　　　　　　只有箇仁義禮智四者而已

일찍이 누가 본성에 효제가 있다고 한 적이 있었던가?　　　　　曷嘗有孝悌來.

다만 효제는 인을 실행하는 근본이다.　　　　　　　　　　　　只孝悌是行仁之本.

인의예지의 근본은 모두 효제에 달려 있다.　　　　　　　　　　義禮智之本皆在此.

어버이를 섬기고 형을 따르게 하여 마땅함을 알게 하는 것이　　使其事親從兄得宜者

의義를 행하는 근본이며　　　　　　　　　　　　　　　　　　行義之本也

사친事親 종형從兄을 절도 있게 하고 꾸미는 것이　　　　　　　事親從兄有節文者

예禮를 행하는 근본이다.　　　　　　　　　　　　　　　　　　行禮之本也

사친 종형하는 까닭을 아는 것은　　　　　　　　　　　　　　知事親從兄之所以然者

지智의 근본이다."　　　　　　　　　　　　　　　　　　　　　智之本也.

그러나 정주학을 비판하는 청淸 말의 한학자인 운대芸臺 완원은 송유宋儒를 버리고 공맹의 전통적인 견해대로 "효제는 인의 근본(孝悌 仁之根也 : 『연경실집硏經室集』 1집 권9 「논어論語」「논인論仁」)"이라고 해석한다. 이는 철저한 인외설인데, 인외설의 근거로 『증자曾子』와 『중용』을 들었다. 마찬가지로 완원과 동시대인 조선의 정약용도 인외설을 주장했다.

증자曾子/제언制言

인仁이란 인人 계급들이 서로 돕고 친親한 동료가 되는 것이다.　　仁 人之相與也.

중용中庸/20장

애공이 정사를 묻자 공자가 말했다.　　　　　　　　　　哀公問政 子曰
"인仁이란 인人 계급답게 처신하는 것이니　　　　　　　　仁者 人也
어버이를 친애하는 것이 중요하며,　　　　　　　　　　　親親爲大
의義란 이치에 맞게 처신함이니　　　　　　　　　　　　義者 宜[49]也
어진 이를 존대함이 중요합니다."　　　　　　　　　　　尊賢爲大.

여유당전서與猶堂全書/2집/권7/논어고금주論語古今注/학이學而

인仁은 사람과 사람의 관계가 서로 화친하는 것이다.　　　仁者 二人相與[50]也
사친事親이 효성스러우면　　　　　　　　　　　　　　事親孝
아비와 자식 두 사람이 화친하는 인이다.　　　　　　　　爲仁父與子二人也
사형事兄이 우애하면　　　　　　　　　　　　　　　　事兄悌
형과 아우 두 사람이 화친하는 인이다.　　　　　　　　　爲仁兄與弟二人也
사군事君이 충성스러우면　　　　　　　　　　　　　　事君忠

---

49)_ 宜(의)＝適理也.
50)_ 與(여)＝親也, 善也, 和也.

군주와 신하 두 사람이 화친하는 인이다.	爲仁君與臣二人也
목민牧民이 자애로우면	牧民慈
관리와 민 두 사람이 화친하는 인이다.	爲仁牧與民二人也
부부·붕우에 이르기까지	以至夫婦朋友
무릇 두 사람 사이에 도를 다하면 모두 인이다.	凡二人之間盡其道 皆仁也
그래서 효제는 인의 근본이 된다.	然 孝悌爲仁根也.

공자의 인과 성리학의 인

독자들에게 인내의외설仁內義外說은 너무 현학적이어서 어리둥절할 것이다. 간단히 말하면 '인仁의 판단 기준을 주관적인 마음에 두느냐, 아니면 객관적인 행동에 두느냐'의 차이다. 효제가 '인의 근본이냐, 아니면 인을 행하는 하나의 중요한 요소이냐'의 논쟁도 이 점에서 발단된 것이다. 공자 당시에는 하느님을 섬기는 제사도 효孝라고 했고, 군주를 섬기는 것도 효라고 했으며, 부모를 섬기는 것도 효였다. 그러므로 공자는 주례周禮의 근본 취지와 효의 정신을 인이라고 말했던 것이다. 그래서 유가들은 효를 만법의 근원이라고 했던 것이다.

그런데 주례나 효라는 것은 마음뿐 아니라 행동을 요구한다. 행동만을 강조하면 허례허식이 되기 쉽고 마음만을 강조하면 실천을 소홀하기 십상이다. 그러한 터에 오랜 전쟁으로 주례가 실효되어 가고 가부장적이었던 가문과 가족의 구성도 변화되었다. 맹자가 활동하던 전국시대에는 주나라 중앙이 무너졌고 가문의 권위도 쇠락했다. 그래서 맹자는 인의 외형적인 면보다는 내면을 강조하게 되었던 것이다. 여기에서 외면이냐 내면이냐의 논쟁이 일어나게 된 것이다. 이것이 맹자와 고자의 논쟁이다.

그러고 나서 1,500여 년이 지난 남송南宋 때 주희가 일어나 성리학을 종합 정립하면서 인을 복례復禮로 말할 수 없었으므로 '애지리愛之理'로 수정했다. 이때는 양나라에서는 불교를 국교로 삼았고 당나라 때는 도교를 국교로 삼았던 역사적인 담론 세력을 무시할 수 없었으므로 이를 포용해서 수렴해야 했던 것이다. 그래서 인의 내면적인 측면을 강조하게 되었던 것이다. 그러나 송나라와 명나라가 멸망하고 북방 민족에게 중원을 빼앗기자 한족들은 그 원인을 정주의 성리학과 양명의 심학 때문이라고 생각하게 되었고 이들 학자들은 다시 공자의 실학 정신으로 되돌아가자는 운동을 일으킨 것이다. 그래서 심리心理에서 인을 찾는 것을 지양하고 객관적인 사물과 행동에서 인을 찾아야 한다고 주장하기 시작했다. 조선의 경우도 성리학자들은 여전히 인은 마음이라는 생각을 버리지 못했지만, 한편으로는 반계 유형원, 연암 박지원, 다산 정약용 등 실학자들이 일어나 성리학을 지양하려 했고 따라서 최소한 공자의 실학적이고 실천적인 인 개념은 회복하려 했던 것이다. 이것이 2천 년간 인이 걸어온 역사다.

그러나 더 깊이 천착하면 학자마다 미묘한 차이가 있어서 더욱 복잡하다. 원래 인간의 '마음'과 '관계'는 표리부동한 경우도 있지만 불가분의 관계인 것만은 부정할 수 없으며, 경우에 따라서 마음을 강조하기도 하고 또는 관계를 강조하기도 한다는 사실을 염두에 두면 저마다의 인론仁論의 차이점을 분간해 낼 수 있다. 유일한 준거는 공자가 인을 극기克己와 복례復禮로 설명했다는 점에 있다. 극기는 내면적이요 복례를 외면적이다. 그러므로 인을 말하면서 마음만 강조하는 것은 극기만 강조하고 복례를 폐기하는 것이므로 공자의 뜻이 아니고, 반대로 객관적인 제도나 행동의 규제만 강조하는 것은 복례만 강조하고 극기를 폐기하는 것이므로 공자의 뜻이 아닐 것이다.

그런데 도올은 공자의 제자인 유약에 대해 "스승을 모르는 어린 제자의 저급한 인식 구조"라고 비판하면서 정약용에 대해서는 "인을 두 사람의 관계로 풀이한 것은 상투적인 글자풀이"라고 비판한다(『도올논어』권1, 165~174쪽). 그래서인지 유약과 정약용을 옹호하는 듯한 나는 강의 도중 비판적인 질문을 곧잘 받곤 한다. 그에 대한 답변이라기보다 인론을 더 깊이 이해하기 위해서는 변론이 필요하다.

첫째, 그의 정약용에 대한 비판의 요지는 '공자가 말한 인은 분명히 정약용이 말한 것처럼 관계론적인 것이지만 두 사람의 관계에 국한되는 것이 아니라 인적 관계, 물적 관계, 우주론적 관계 등을 총괄하는 것'인데 정약용은 그것을 몰랐다는 것이다. 즉 정약용이 인외설을 주장하는 것은 '상투적인 글자풀이'에 지나지 않는다는 것이다.

그러나 그의 말은 앞뒤가 맞지 않는다. 앞에서 언급한 대로 공자의 인은 '극기복례'이지 우주론적 관계를 총괄한 것이 아니다. 그렇게 말하는 것은 정주가 말한 인을 성리학자들이 자화자찬한 말이며, 정약용은 이것을 모른 것이 아니라 도리어 비판한 것이다.

둘째, 이로 보면 그는 유약과 정약용의 인외설을 따르지 않고, 인을 존재론적 형이상학으로 읽는 성리학 특히 정이의 인내설을 따르고 있는 듯하다. 그러므로 그가 유약과 정약용의 인외설을 비판할 수는 있지만 저급하다느니 상투적이라고 비난한 것은 이해가 되지 않는다. 그가 만약 공자를 비판했다면 만용이라고 이해할 수는 있겠으나, 공자를 찬양하면서도 약 2천 년 후에 불교와 도학을 덧붙여 공자를 새롭게 변용한 정이와 주희의 이론을 따르면서 이로써 공자에게 직접 배운 유약을 어린아이라고 비판하거나, 반대로 공자를 원래대로 복원하려는 청나라와 조선의 실학자들을 비하하는 것은 스스로 모순을 범하고 있는 것이다.

셋째, 이처럼 그 자신은 송유宋儒의 입장에 서 있으면서도, 오히려 정약용에 대해 "송유의 질곡을 근원적으로 탈피하지 못하고 있다"고 비판한다. 이것은 자가당착이며, 정약용을 알지도 못하면서 거꾸로 비난한 망언이다. 왜냐하면 정약용은 송유에 묶여 있는 것이 아니라 오히려 송유를 벗어나 공자의 본래 모습인 관계론적 인을 복원하려는 입장에 서 있는 실학자이며 나아가 성리학을 지양하고 새로운 천리학天理學을 정립하려 했던 철학자이기 때문이다.

넷째, 그는 송유들의 말을 따라 하면서도 마치 자기가 발견한 것으로 착각하고 송유를 비판한다. 즉, 송유들은 인仁을 인성론人性論적 개념으로만 생각했지만 자기는 더 나아가 우주론적 개념이라고 생각한다는 것이다. 제법 송유를 능가한 것처럼 뽐내는 발언이다. 그러나 그의 송유 비판은 성리학의 기초도 모르는 짧은 소견일 뿐이다. 송유들의 성리학은 공자의 인을 재해석하되 맹자의 인내설仁內說에 불교의 심론心論을 끌어 붙여 인성론으로 해석하고, 여기에 더하여 노장·『주역』 등의 우주론인 이기론理氣論을 끌어들여 결합한 것이기 때문이다. 다시 말하면 송유에게 '인성人性은 곧 천리天理'이므로 인성론 그 자체가 곧 우주론인 것이다. 그래서 성리학의 목표는 인성과 천리를 하나로 일치시키는 천인합일天人合一에 있는 것이다. 그럼에도 송유들의 인론仁論은 인성론일 뿐 우주론이 아니라고 비판하는 것은 성리학이 무엇인지도 모르는 망언일 뿐이다.

사실 공자는 정치론과 도덕론을 말했을 뿐 우주의 본질에 대해 말한 철학자가 아니다. 『논어』에 의하면 공자는 성性이나 천도天道에 대해 말한 적이 없으며(『논어』「공야장」 12), 천명과 이利에 대해서도 심지어 인仁에 대한 말도 드물었다고 한다(『논어』「자한」 1).

이처럼 2,500년 전 공자는 소박한 경세가經世家였던 것이다. 우주론적 개념의 인은 공자와 맹자가 말한 인이 아니라 1,500년이 지난 송宋 대 유가들이 변형 발전시킨 인일 뿐이다.

송유宋儒들은 당시 도교·불교의 형이상학적 압력에 대항하기 위해서는 공자의 관계론적 도덕론에만 머물러 있을 수 없었다. 이에 공자를 형이상학적으로 재구성한 것이 이른바 성리학이다. 그러므로 형이상학적 풀이는 송유의 특징이다.

그러므로 우리가 유의할 것은 공자의 경학經學과 송유의 성리학은 별개로 이해해야 한다는 것이다. 송유들이 공자의 정통을 이었다고 말하지만, 공자의 이름을 빌린 것일 뿐 성리학은 공자를 개혁한 신유학新儒學이다. 그러므로 성리학이 공자의 경학을 철학哲學으로 발전시킨 것은 분명하지만 그렇다고 송유들이 말한 공자가 공자 본래의 모습이라고 단정할 수는 없다. 고염무顧炎武(1613~1682)·안원·당견·대진 등 청淸 대의 고증학 내지 실학자들은 공자의 본래 인을 실공實功의 외적인 것으로 보았으므로 현학적인 인내설인 성리학을 공자의 정통으로 인정하지 않는 것이 대체적인 추세다.

고염무

정림시문집亭林詩文集/**권3**/**여시우산서**與施愚山書

옛날의 이른바 이학理學은	古之所謂理學
경세치용經世致用의 학문 즉 경학經學이었다.	經學也
그러나 지금의 이학은 선학禪學일 뿐이다.	今之所謂理學 禪也.

일지록日知錄/**권7**/**부자지언성여천도**夫子之言性與天道

오호五胡가 중화를 어지럽힌 것은	五胡亂華
청담淸談이 유행한 재앙에서 기인된 것임을	本於淸談之流禍
사람들은 잘 안다.	人人之知.
오늘날의 청담이	孰知今日之淸談
전대前代보다 더욱 심한 줄을 누가 알겠는가?	有甚於前代者.
옛날의 청담은 노장을 담론했으나	昔之淸談談老壯
지금의 청담은 공자를 담론하고 있다.	今之淸談談孔孟.

안원

사존편四存篇/**존학**存學/**권1**/**태창육부정선생서**太倉陸桴亭先生書

미천한 사람의 망령된 말일지 모르지만	故僕妄論
송유들이	宋儒
한漢 대 동중서의 참위 유학과 진晉 대 하안·왕필의 현학과	謂是集漢晉
석가와 노자를 집대성한 것이라고 말한다면 옳겠지만	釋老之大成者則可.
요순과 주공의 정파라고 말한다면	謂是堯舜周公之正派
옳지 않다고 본다.	則不可.

대진

대진집戴震集/**답팽진사윤초서**答彭進士允初書

송宋 대 이전에는 공맹은 스스로 공맹이요,	宋以前 孔孟自孔孟
노장·석가는 스스로 노장·석가였다.	老釋自老釋.
노장·석가를 말하는 자들도	談老釋者
그들의 말을 높이고 신묘하다 했을 뿐	高妙其言
공맹에 붙이지는 않았다.	不依附孔孟.
송 대 이래 공맹의 저서는	宋以來 孔孟之書
그 본래 해석을 모두 잃어버렸으니	盡失其解.
유가들이 노장·석가의 말을 마구 끌어다가	儒者雜襲老釋之言
해석했기 때문이다.	以解之.

대진집戴震集/**여모서**與某書

가혹한 관리는 법法으로 살인하고	酷吏以法殺人
오늘날 유가는 이理로써 살인한다.	後儒以理殺人.

나는 이들과 마찬가지로 공자의 관계론적 인仁을 이기론理氣論이라는 우주론으로 설명하려는 정주학의 시도는 원래부터 무리였다고 생각한다. 그것은 공동체를 우선시하는 객관적인 통치학이요, 실공학實功學인 경학經學을 개인을 우선시하는 불교의 주관적인 심론心論과 결합하려는 것이며, 객관적인 인륜을 말한 공자의 도덕론을 거부하며 자연을 말한 노자와 결합하려는 것이기 때문이다. 청淸 대 기학파氣學派들의 비난이 지나치다고 생각할 수도 있으나 이들의 취지는 실공만 중요하고 마음 수양을 버려도 좋다는 뜻이 아니라 실공은 실공대로 심공心工은 심공대로 인정하자는 뜻이다.

당견

잠서潛書/상/유위有爲

생명은 사람보다 귀한 것이 없고	生貴莫如人
사람은 마음보다 귀한 것이 없고	人貴莫如心
마음은 성스러운 것보다 귀한 것이 없고	心貴莫如聖.
성스러움은 사공事功(사업과 공리)보다 귀한 것이 없다.	聖貴莫如功.

잠서潛書/상/양공良功

유가들이	儒者
실공實事와 공리功利로써 밖(外)을 힘쓰는 일을 말하지 않으니	不言事功以爲外務.
나라 안의 형제들은	海內之兄弟
기근에 죽고, 전쟁으로 죽고	死於饑饉 死於兵革.
가혹한 세금에 죽고, 외침으로 죽고	死於虐政 死於外暴
도적에게 죽으니	死於內殘.
재앙이 군주에게 미치고 국가를 파멸시키고 있다.	禍及君父 破滅國家.

이처럼 인仁과 효제孝悌에 대한 논의가 혼란스러운 것은 모두가 공자와 유가들의 이상사회가 무엇인지 모르고 사변을 늘어놓기 때문이다. 유가의 이상사회는 천하를 일가처럼 생각하는 소강사회이며, 이 소강사회는 효제를 최고의 통치 이념으로 삼는 사회이며, 그 효를 인간 일반에서 국가로까지 확장한 것이 바로 인이다. 그러므로 효제를 '인의 근본'이라 말한 유약은 공자를 바르게 전한 것이다.

다시 말하면 공자의 인은 곧 주례로 돌아가자는 복례이며, 그 예는 천하의 표지標識였다. 따라서 공자의 인은 천하의 객관적인 표지였을 뿐 철학적인 것도 우주론적인 것도 아니었다.

유가적 효의 병폐

공자에 대해 사학파史學派들은 대체로 주공을 조술했을 뿐 새로운 창안이 전혀 없다고 말한다. 공자 스스로 "술이부작述而不作"이라고 천명한 바 있다. 그것은 공자가 주나라 제도인 주례를 해석했으므로 새로운 제도를 제시하지 않았다는 뜻일 뿐 새로운 해석을 시도하지 않았다는 뜻은 아니다. 공자의 발명품이라고 할 수 있는 '인仁'의 테제가 바로 그 대표적인 것이다. 공자는 주나라의 모든 문물제도의 기초가 인이라고 천명했다. 이것은 새로운 창안적 해석이다. 그런데 공자의 제자인 유약은 인의 근본은 효제라고 천명했다. 그것은 곧 주례의 근본이 효에 있다는 말이다. 이 말은 또한 효야말로 인류 최고의 도덕률이요, 통치 강령이라는 뜻이다. 실제로도 유가의 도덕은 효 하나에 있으며, 유가의 통치술은 효 하나에 의지했다. 그러므로 유교는 효의 종교였다.

사실 유가들은 어느 시대를 막론하고 나라를 대종중大宗中처럼 커다란 혈연 공동체로 만들려고 했다. 가문의 대인은 씨족 공동체의 종장宗長이요, 제후는 씨족들의 연합체인 부족 공동체의 종장이요, 천자는 부족 연합체의 종장이었던 것이다. 그러므로 주례는 종법질서의 헌장이었다. 요즘 말로 하자면 제후와 천자는 대문중大門中의 종장인 것이다.

이처럼 유가의 인은 혈연적 사랑이었으며 따라서 그 사랑은 평등할 수 없고 촌수의 멀고 가까움에 따라 차등이 있어야 하는 것이다. 그래서 묵자는 공자의 인을 '체애體愛(혈연주의 사랑)'라고 비판하고 그 대안으로 '겸애兼愛(두루 평등한 사랑)'를 주장했던 것이다. 이에 맹자는 묵자의 겸애를 부모도 모르는 금수와 같다고 비판하고 이를 타도하기 위한 선봉장이 되었던 것이다. 그러나 묵자가 염려한 대로 효의 혈연주의는 가족 이기주의·가문 중심주의·연고주의라는 봉건사회의 병폐요, 동양 사회의 고질병을 잉태하는 온상이 되었던 것이다.

그렇지만 이러한 폐단에도 불구하고 효 개념은 봉건사회를 수천 년 동안 유지하게 한 원동력이었다. 사실 효 개념은 가장 원시적인 것으로 인류의 종족 보존 본능과 생명을 지속시키고자 하는 생물학적 본능을 제도적으로 보호한 통치 철학이었음을 부인할 수 없다. 아울러 이러한 생물학적 본성인 효 개념을 의리義理·충심忠心으로 확대함으로써 봉건사회를 지탱하는 통치 철학으로 발전시켰던 것이다. 그리고 사회가 분화하여 혈족 간의 불화와 종족 간의 갈등이 심화되자 이를 치유하고자 효 개념을 더욱 확대하여 천인합일天人合一 만무일체萬物一體의 이상적 경지로까지 끌어올리려고 했다. 그러나 혈연 중심주의와 가문 중심주의는 한계에 봉착했고 따라서 봉건사회는 붕괴되었으며 뒤이어 도래한 공업사회의 요구에 상충되는 가족주의는 해체될 수밖에 없었다. 그로 인해 통치 이념으로서의 효 개념도 실효를 잃고 말았다.

4절 | 예와 악

논어 읽기

논어論語/양화陽貨 11

공자께서 말씀하셨다.   子曰

"모두들 예禮를 말하지만   禮云禮云

옥이나 폐백을 선사하는 것이 예란 말인가?   玉帛云乎哉

모두들 악樂을 말하지만   樂云樂云

북 치고 종 치는 것이 악이란 말인가?"   鐘鼓云乎哉.

논어論語/팔일八佾 5

공자께서 말씀하셨다.   子曰

"동이와 북적 등 오랑캐 나라에는 군주가 있지만   夷狄之有君

중국에 군주가 없는 경우만 못하다."[51]   不如諸夏之亡也.

---

51)_ 중국에만 禮樂이 있는 것으로 생각했기 때문.

논어論語/태백泰伯 9

공자께서 말씀하셨다. "시詩로써 뜻을 일으키고 　　　　　子曰 興於詩.[52]

예禮로써 표준을 세우고 　　　　　　　　　　　　立[53]於禮.[54]

음악으로 민民을 편안하게 하는 정치를 편다." 　　　成[55]於樂.[56]

논어論語/자로子路 5

공자께서 말씀하셨다. 　　　　　　　　　　　　　子曰

"『시경』의 시를 다 외운다 해도 　　　　　　　　誦詩三百

그에게 정사를 맡겨 통달하지 못하고 　　　　　授之以政 不達.

사방에 사신으로 나가 혼자 응대하지 못한다면 　使於四方 不能專對

비록 훌륭하다 칭송을 받은들 어디에 쓰겠는가?" 　雖多[57] 亦奚以爲.

논어論語/위정爲政 5

맹의자가 효에 대해 물었다. 　　　　　　　　　孟懿子問孝

공자께서 말씀하셨다. "예에 어긋나지 않는 것이다." 子曰 無違

번지가 수레로 모시고 갈 때 공자께서 번지에게 말씀하셨다. 樊遲御 子告之曰

"맹손 씨가 나에게 효를 묻기에 　　　　　　　孟孫問孝於我

어기지 않는 것이라고 말해 주었다." 　　　　我對曰 無違.

번지가 물었다. "무슨 뜻입니까?" 　　　　　　樊遲曰 何謂也

---

52)_ 詩는 뜻을 말하는 것이고, 노래는 그 말을 길게 읊은 것이다(詩言志 歌永言 : 書經/舜典).
53)_ 立(립)=建也.
54)_ 禮는 길을 안내하고 깊은 물을 표시하는 표지다(禮者表也 : 荀子/天論).
55)_ 成(성)=安民立政也.
56)_ 先王은 五味를 고르게 하고 五聲을 조화롭게 하여 이로써 인심을 평온하게 하고 安民의 정사를 폈다(先王濟五味和
　　五聲也 以平其心成其政也 : 左傳/昭公二十年).
57)_ 多(다)=稱美也, 勝也.

공자께서 말씀하셨다. "살아서는 예로써 섬기고   子曰 生事之以禮
죽어서는 예로써 장사 지내고 예로써 제사를 올리는 것이다."   死葬之以禮 祭之以禮.

논어論語/위정爲政 24

공자께서 말씀하셨다.   子曰
"자기의 귀신이 아님에도 제사를 지내는 것은 아첨이다."   非其鬼而祭之諂也.

논어論語/자로子路 4

번지가 농사를 배우고자 청했다.   樊遲請學稼
공자께서 말씀하셨다.   子曰
"나는 농사에 대해서는 늙은 농부만 못하다."   吾不如老農.
번지가 나가자 공자께서 말씀하셨다.   樊遲出 子曰
"번수(번지)는 소인이구나!   小人哉 樊須也
위에서 예禮를 좋아하면 민民이 감히 공경하지 않을 수 없고   上好禮 則民莫敢不敬
위에서 의義를 좋아하면 민이 감히 복종하지 않을 수 없고   上好義 則民莫敢不服
위에서 신信을 좋아하면 민이 감히 충실하지 않을 수 없다."   上好信 則民莫敢不用[58]情.

논어論語/위영공衛靈公 33

공자께서 말씀하셨다.   子曰
"지혜가 미친다 해도 인仁으로 지킬 수 없으면   知及之 仁不能守之
비록 지위를 얻었다 해도 반드시 잃을 것이다.   雖得之 必失之.
지혜가 미치고 인으로 지킨다 해도   知及之 仁能守之
위엄으로 군림하지 않으면 민이 공경하지 않을 것이다.   不莊以涖[59]之 則民不敬

---

58)_ 用(용)=通也.

지혜가 미치고, 인으로 지키고　　　　　　　　　知及之 仁能守之

위엄으로 군림한다 해도　　　　　　　　　　　　莊以涖之

그 행함을 예로 하지 않으면 아직 선하다고 할 수 없다."　動之不以禮 未善也.

논어論語/학이學而 12

유자(유약)가 말했다.　　　　　　　　　　　　　有子曰

"예의 행함은 조화가 귀한 것이니　　　　　　　禮之用 和爲貴

선왕先王의 도는 이를 아름답게 꾸며　　　　　先王之道 斯爲美[60]

대소사를 이에 따랐다.　　　　　　　　　　　　大小由之

그러나 행하지 않아야 하는 바가 있으니　　　有所不行

화합이 조화인 줄만 알고, 예로써 절제하지 않으면　知和而和 不以禮節之

역시 옳은 행함이 아닌 것이다."　　　　　　　亦不可行.

논어論語/태백泰伯 2

공자께서 말씀하셨다.　　　　　　　　　　　　子曰

"공손하지만 예가 없으면 피로하고　　　　　　恭而無禮則勞

신중하지만 예가 없으면 두려워하고　　　　　愼而無禮則葸[61]

용감하지만 예가 없으면 어지럽고　　　　　　勇而無禮則亂

정직하지만 예가 없으면 박절迫切하다."　　　直而無禮則絞.[62]

---

59)_ 涖(리)＝臨也.
60)_ 美(미)＝服飾盛曰.
61)_ 葸(사)＝겁내다.
62)_ 絞(교)＝縛也, 急也, 切也.

논어論語/팔일八佾 1

공자께서 계 씨를 비판하셨다.

"천자의 춤인 팔일무를 자기 집에서 추게 했다.

이러할진대 무슨 일인들 하지 못하겠느냐?"

孔子謂季氏

八佾舞於庭

是可忍[63]也 孰不可忍也.

논어論語/팔일八佾 2

맹손 씨, 숙손 씨, 계손 씨가

『시경』「옹雍」의 음악으로 제사를 마쳤다.

공자께서 말씀하셨다.

"'왕공들이 돕고 받드니 천자의 위용이 아름답다'는

『시경』의 노래를 어찌 세 가문의 묘당에서 쓸 수 있는가?"

三家者

以雍徹[64]

子曰

相維[65]辟公 天子穆穆

奚取於三家之堂.

논어論語/학이學而 15

자공이 말했다.

"가난할 때 아첨하지 않고, 부할 때 교만하지 않으면

어떻습니까?"

공자께서 말씀하셨다. "좋은 말이다.

그러나 가난할 때는 음악을 하여 안민安民의 악정樂政을 펴고

부할 때는

즐겨 제례와 향음주례를 행하여 민을 호궤하는 것만 못하다!"

子貢曰

貧而無諂 富而無驕

何如.

子曰 可也

未若貧而樂

富而

好禮者也.

---

63)_ 忍(인)=能也, 堪耐也.

64)_ 徹(철)=祭畢而收其俎也(論語集註).

65)_ 維(유)=語助辭.

논어論語/헌문憲問 42

자장이 말했다. "『서경』에 이르기를

상나라 고종高宗(武丁)이 삼년상 중에 말을 하지 않았다는데

무슨 뜻입니까?"

공자께서 말씀하셨다.

"고종뿐이겠느냐? 옛사람들은 모두 그러했다.

군주가 죽으면 백관들이 정사를 총괄했고

재상이 삼 년 동안 정사를 맡았다."

子張曰 書云

高宗諒陰[66] 三年不言

何謂也.

子曰

何必高宗 古之人皆然.

君薨 百官總己

以聽於冢宰三年.

---

66)_ 諒陰(량음)=天子居喪之名.

예악은 치도

오늘날 우리는 흔히 예禮란 에티켓으로, 악樂이란 즐기는 음악으로 생각하기 십상이다. 공자 당시에도 그렇게 착각하는 사람이 많았던 듯하다. 그러나 공자가 말한 예악은 그런 것이 아니다. 공자는 답답해서 반문한다. "옥이나 폐백을 선사하는 것이 예인가? 북 치고 종을 치는 것이 악인가?" 그가 말한 예는 의식儀式이 아니고 그가 말한 악은 풍악風樂이 아니라는 뜻이다. 공자가 말한 예는 통치제도로부터 일상의 예절까지를 포괄하는 것이며, 악은 시·노래·관현악·무용·미술을 포괄한 것이다.

공자는 오랑캐 나라에는 군주는 있으나 예악이 없으므로 미개하다고 생각했다(『논어』「팔일」5). 즉 오랑캐의 음악은 즐기는 음악일 뿐 예법에 맞는 통치제도로서의 음악이 아니라고 본 것이다. 여기서 짐작할 수 있는 것처럼 예악은 문화와 제도이며 동시에 정치였다는 것이다.

공자는 치자治者로서 유사의 임무에 대해 "시詩로써 뜻을 일으키고(修養), 예로써 표준과 차별을 세우고(禮治), 악으로 화합시키는(馴化) 안민安民의 정치를 하는 것"이라고 말했다. 이처럼 그에게 시·예·악은 모두 치도治道였던 것이다.

좌전左傳/소공昭公25년(BC 517)

정나라 자작인 대숙이 조간자[67]를 알현하니   子大叔見趙簡子
간자는 읍하고 사양하는 행동거지의 예를 물었다.   簡子問揖讓周旋之禮焉
대숙이 말했다. "이것은 의식일 뿐 예가 아닙니다."   對曰 是儀也非禮也.

이처럼 공자 당시 봉건시대에는 예와 악은 통치의 두 축이었다. 예는 만사의 분별이

---

67)_ 晉의 대부 趙鞅. 그는 정나라 자산을 따라서 두 번째로 鑄刑鼎(왕권을 상징하는 솥에 법률을 새겨 넣은 것)을 만들었다. 이에 공자가 이를 반대했다.

며 악은 예로 분별한 것을 화합하는 것이다. 특히 예는 오늘날 우리가 말하는 예절이
아니라 형정刑政과 마찬가지로 치도였던 것이다. 그러므로 북송北宋의 이구는 인의예
지신仁義禮智信 등 공자가 말한 오덕五德은 실은 모두 예의 별명일 뿐이라고 단언했다.

예기禮記/악기樂記

예禮로써 뜻을 인도하고, 악樂으로써 소리를 화락하게 하고	禮以道其志 樂以和其聲
정사政事로써 행동을 한결같이 하고	政以一其行
형벌로써 간사함을 막는다.	刑以防其姦
그러므로 예·악·형·정은 궁극적으로 하나이니	禮樂刑政其極一也
민심民心을 화동케 하고 '치도治道'를 행하는 수단이다.	所以同民心 而出治道也.

이구

우강집盱江集/권2/예론禮論 1

공자는 인仁을 말하고, 의義를 말하고, 지知와 신信을 말했지만	曰仁 曰義 曰智 曰信
사실은 예禮의 별명일 뿐이다.	禮之別名也.

이처럼 예악은 민民의 예의범절뿐 아니라, 민을 부리고 인人들의 관계를 차례 조화
시키는 권력관계인 통치제도임을 알 수 있다. 다음의 『좌전』과 『예기』의 글은 이것을
더욱 분명하게 정리해 주고 있다.

좌전左傳/은공隱公11년(BC 712)

예란 나라와 가문을 다스리고, 토지신과 곡식신을 안정시키며	禮 經國家 定社稷
민(피지배계급)과 인(지배계급)을 차례 지우며	序民人
후사를 이롭게 하는 것이다.	利後嗣者也.

좌전左傳/소공昭公26년(BC 516)

제나라 경공이 말했다. "좋은 말씀입니다.	公曰 善哉
과인은 공의 가르침을 받고 난 연후에야	寡人令[68]而後
예를 숭상해야 함을 알았습니다."	聞[69]此禮之上也
안자가 대답했다. "선왕들께서는	對曰 先王
천지를 공경하는 것으로써 민民을 다스렸던 것입니다.	所稟[70]於天地 以爲其民也
그러므로 선왕들은 예를 숭상한 것입니다."	是以先王上之.

예는 천리

공자가 말한 예의 특성을 몇 가지로 정리하자면 다음과 같이 말할 수 있을 것이다.

첫째, 예禮는 천리天理다. 이理는 분별分別과 조리條理라는 뜻이다. 공자는 예를 통치 규범을 넘어 만물을 조리 있게 다스리는 천리로 생각했다. 다시 말하면 천자의 통치 규범은 불가침의 성스러운 천天의 명령이라는 천명론天命論에 대한 법리적인 표현이다.

좌전左傳/소공昭公25년(BC 517)

간자가 말했다. "감히 묻겠습니다. 무엇이 예입니까?"	簡子曰 敢問何謂禮.
대숙이 대답했다. "좋은 질문입니다.	對曰 吉也.
우리 대부 자산에게 들은 바를 말하면	聞諸先大夫子產曰

---

68)_ 令(령)＝告也, 敎也.
69)_ 聞(문)＝知, 達也.
70)_ 稟(품)＝賜穀也, 敬也.

예란 하늘의 경륜이며　　　　　　　　　　　　　　　　夫禮天之經[71]也

땅의 의리이며　　　　　　　　　　　　　　　　　　　　地之義[72]也

사민四民이 행할 바라 했습니다.　　　　　　　　　　　民之行[73]也

하늘과 땅의 경륜이므로 사민은 그것을 본받아야 합니다."　　天地之經而民實則之.

예기禮記/예기禮器

예란　　　　　　　　　　　　　　　　　　　　　　　　禮也者

천시天時에 부합하고, 지재地財를 진설하고　　　　　合於天時 設[74]於地財

귀신鬼神에 순응하고, 인심人心에 부합하여　　　　　順於鬼神 合於人心

만물을 조리 있게 하는 것이다.　　　　　　　　　　理萬物者也.

순자荀子/예론禮論

예에는 세 가지 근본이 있으니　　　　　　　　　　　禮有三本.

천지는 생의 근본이며　　　　　　　　　　　　　　　天地者生之本也

선조는 인류의 근본이며　　　　　　　　　　　　　　先祖者類之本也

군주와 스승은 치도治道의 근본이다.　　　　　　　君師者治之本也

그러므로 위로 하늘을 섬기고, 아래로 땅을 섬기며　故禮上事天 下事地

가운데로 선조를 존숭하고 군주와 스승을 높이는 것이니　尊先祖 而隆君師

이것을 예의 세 가지 근본이라고 말한다.　　　　　是禮之三本也.

정주리학程朱理學에서는 특히 이 점을 강조한다. 곧 천리가 인심에 내재해 있다고

---

71)_ 經(경)＝道理, 制分界也.
72)_ 義(의)＝理也, 法也, 廣德也.
73)_ 行(행)＝道也, 奉也, 次第也.
74)_ 設(설)＝施陳也.

하는 성즉리性卽理를 강령으로 하므로 예란 마음속의 천리를 표현하는 형식이라고 설명한다.

정이

이정유서二程遺書**/권22 상**

또 물었다.	又問
"제례祭禮는 성인이	祭起於聖人之
사람을 교화하기 위해 만들어낸 것 아닙니까?"	制作以敎人否.
이르기를 "아니다. 제사는 원래 천성을 본으로 삼은 것이다.	曰 非也 祭先本天性.
승냥이와 수달과 송골매가 제祭를 올리는 것도	如豺有祭 獺有祭 鷹有祭
다 천성이다.	皆是天性
어찌 사람으로서 이런 동물만도 못하겠느냐?	豈有人而不如物乎
성인은 이러한 천성을 따라 예법을 만들어	聖人因而裁成禮法
사람을 교화했을 뿐이다"라고 했다.	以敎人耳.

주희

논어집주 論語集註**/제1/학이**學而

예란 천지天理를 제도制度하여 꾸민 것이요,	禮者天理之節文
인사人事의 본받을 표준이다.	人事之儀則也
대체로 예는 체현함이 비록 엄숙하지만	蓋禮之爲體雖嚴
모두 자연의 이理에서 나온 것이다.	然皆出於自然之理.

둘째, 예는 인간 생활의 조리條理다. 그러므로 공자는 『예기』에서 법도와 문화가 모두 예에 있다고 말한다. 따라서 부자지간의 효도 예를 벗어나서는 효가 아니다.

예기禮記/중니연거仲尼燕居

공자가 말했다.　　　　　　　　　　　　　　　　　　子曰

"예는 분별의 조리요, 악은 화락和樂의 절제다."　　　　禮也者理也 樂也者節也

또한 이르기를 "법도를 마련하는 것도 예에 있고　　　　子曰 制度在禮

문화로 꾸미는 것도 예에 있다.　　　　　　　　　　文爲在禮

다만 그것을 실행하는 것은 지도자에 달려 있다"라고 했다.　行之其在人乎.

셋째, 예는 표表다. 공자는 예뿐만 아니라 인仁까지도 천하에 대한 표상이라고 말한 바 있다. 순자는 예가 표지標識임을 구체적으로 설명한다. 즉 예는 길 안내의 표지요, 집단생활과 욕구 공급의 표준이며, 직분을 정하고 차별과 등급을 정하는 표준이며, 법의 큰 분별이다. 이것은 또한 인은 주관적인 마음이고 의義는 객관적인 행동이라는 맹자의 인내의외설仁內義外說은 공자의 본뜻과는 다른 것임을 말해 주고 있다.

순자荀子/천론天論

물을 건너는 사람은 깊은 웅덩이에 표지를 세워둔다.　　水行者表深

그 표지가 분명치 않으면 물에 빠질 위험이 있다.　　　表不明則陷

민을 다스리는 자는 도道(길)에 표지를 세워둔다.　　　治民者表道

그 표지가 분명치 않으면 어지럽다.　　　　　　　　表不明則亂

예는 그 표지다.　　　　　　　　　　　　　　　　禮者表也.

예가 아니면 세상이 어두워지고 어두운 세상은 크게 어지럽다.　非禮昏世也 昏世大亂也

그러므로 도가 밝히지 않음이 없도록　　　　　　　故道無不明

관혼冠婚과 조빙朝聘의 표지가 다르다.　　　　　　　外內異表

그러면 숨고 나타남이 상도가 있어　　　　　　　　隱顯有常

민民이 어지러움에 빠지지 않는다.　　　　　　　　民陷乃去.

예기禮記/표기表記

공자가 말한 인仁이란 천하의 표지이며
의義는 천하의 절제다.

子言之仁者 天下之表也
義者 天下之制也.

넷째, 예는 양養이다. 순자는 예를 만물을 기르는 양이라고 말한다. 『예기』「제통祭統」에서는 예의 대표적인 제례를 민民을 구휼하는 '혜하지도惠下之道'라고 말한다.

예기禮記/제통祭統

제사는 갖바치·백정·무당·문지기 등에게 제수를 먹이는
은혜를 내리는 도리다.
신주가 지존이라면 지존을 이미 제사하면 그 마무리는
천민을 잊지 않고
제수를 그들에게 내리는 것이다.
그러므로 예에 밝은 군주가 다스리면
경내의 민은 헐벗고 굶주리는 자가 없는 것이다.

夫祭 有畀煇[75]胞翟[76]閽者
惠下之道也
尸又至尊 以至尊既祭之末.
而不忘至賤
而以其餘畀[77]之
是故明君在上
則竟內之民無凍餒者矣.

순자荀子/예론禮論

예는 어째서 생겼는가?
이르기를 "사람이 살아가려면 욕망이 있기 마련이며
욕망을 채우지 못하면 추구하지 않을 수 없으며
추구하는 데 도량과 분계가 없으면

禮起於何也
曰 人生而有欲
欲而不得 則不能無求
求而無度量分界

---

75)_ 煇(휘)=韗.
76)_ 翟(적)=教羽舞者.
77)_ 畀(비)=賜也.

싸우지 않을 수 없다.	則不能不爭
싸우면 어지럽고 어지러우면 궁해진다.	爭則亂 亂則窮.
선왕(성인)은 그 어지러움을 싫어하여	先王惡其亂也
예의를 마련하고 그것을 분별함으로써	故制禮義以分之
사람의 욕망을 기르고 사람의 추구하는 바를 공급했다.	以養人之欲 給人之求.
욕망이 반드시 물자를 궁하지 않게 하고	使欲必不窮乎物
물자가 반드시 욕망을 고갈시키지 않게 하여	物必不屈[78]於欲
욕망과 물자가 서로 북돋고 커지도록 하는 것이	兩者相待而長
예가 만들어진 목적이다"라고 한다.	是禮之所起也.
그러므로 예는 양養하는 것이다.	故禮者 養也.
또한 군자(관장)는 이미 그 부양을 얻게 했으면	君子旣得其養
또한 그것을 차별하기를 좋아한다.	又好其別.
무엇을 차별이라 하는가?	曷謂別
이르기를 "귀천의 신분에 등급이 있고, 장유의 차별이 있다.	曰 貴賤有等 長幼有差
가난하면 가볍게 하고(賤), 부하면 무겁게 함으로써(貴)	貧富輕[79]重[80]
모두가 각각 마땅함을 얻게 하는 것이다"라고 한다.	皆有稱[81]者也.

다섯째, 예는 치도治道이므로 군주의 권력이면서도 한편으로는 신하뿐 아니라 군왕도 따라야 하는 최고 규범이다. 그러므로 공자는 예를 강조했으며, 따라서 예치주의禮治主義는 신권臣權의 강화를 의미한다.

---

78)_ 屈(굴)=竭也.
79)_ 輕(경)=賤, 無勢也.
80)_ 重(중)=貴, 尙也.
81)_ 稱(칭)=各當其宜.

논어論語/팔일八佾 19

정공定公이 물었다. "군주가 신하를 부리고
신하가 군주를 섬기려면 어떻게 해야 합니까?"
공자께서 대답하셨다.
"군주는 신하를 예법으로 부려야 하며
신하는 충심으로 군주를 섬겨야 합니다."

定公問 君使臣
臣事君 如之何.
孔子對曰
君使臣以禮
臣事君以忠.

예기禮記/예운禮運

이처럼 예는 군주의 권력이니,
혐의를 판별하고 기미를 밝히며
귀신을 공경하고 제도를 상고하며
인의仁義를 분별하는 수단이다.
그러므로 예는 정사를 다스리고 군주를 편안케 하는 수단이다.

是故 禮者君之大柄也.
所以別嫌明微
儐鬼神考[82]制度
別仁義.
所以治政 安君也.

이상과 같이 공자 당시 예는 천리로 존숭되는 가장 중요한 치도였다. 그럼에도 불구하고 이러한 엄중한 의미를 가진 예를 에티켓으로 번역하고 장광설을 늘어놓는 것은 스스로 무지를 폭로하는 것이다. 뿐만 아니라 봉건시대의 통치제도인 예를 현대 자본주의 시대의 인간관계로 왜곡하는 곡학아세다.

---

82)_ 考(고)=成也, 按也.

악은 화와 절

악樂(예술)은 예禮로써 분열된 것을 화합시키는 치도治道의 작용을 담당한다. 그러나 악의 화합 작용도 어디까지나 쾌락에 빠지는 것이 아니라 예에 의한 절제가 요구된다. 그러므로 예악은 둘이 아니라 하나였던 것이다. 유가들에게 악은 필수 과목이었다.

묵자墨子/**공맹**公孟

묵자가 공맹자에게 말했다.   子墨子謂公孟子曰
"유가들은 상을 입지 않은 동안에는   或以不喪之間
『시경』의 시를 외우고 악기로 연주하고   誦詩三百 弦詩三百
『시경』의 시를 노래하고 춤을 춘다'고 말한다."   歌詩三百 舞詩三百.

『서경』「순전」에 의하면 순임금은 기夔를 음악을 관장하는 장관에 임명하고 태자와 경대부들의 자제들을 가르쳐줄 것을 당부한다. 기원전 2200년(순임금의 재위 기간은 BC 2255~2205)에 음악을 관장하는 장관을 두었다는 사실에 감탄을 금할 수 없다.

서경書經/**우서**虞書/**순전**舜典

순임금이 말했다.   帝曰
"기여! 그대를 음악을 관장하는 장관에 임명하노니   夔 命汝典樂
태자와 경대부들의 자제들을 가르쳐주시오.   敎冑子
시詩는 뜻을 말하는 것이고, 가歌는 그 말을 읊조리는 것이며   詩言志 歌永言
궁상각치우宮商角徵羽 등 오성五聲은 읊조리는 가락을 따르고   聲依永[83]
육률육려六律六呂[84]는 오성을 조화롭게 하며   律和聲.

---

83)_ 永(영)=咏, 詠.

쇠·돌·실·대·박·흙·가죽·나무 등의 팔음八音이 조화하여　　　　八音克諧
서로 질서를 잃지 않으니 신神과 인人이 화락하리라!"　　　　無相奪倫 神人以和.

『국어』에 의하면 주나라 경왕景王 23년(BC 522)에 음악을 위해 대종大鐘을 주조하려
하자 목공穆公 선單이 이를 반대하며 음악이 교화의 수단임을 다음과 같이 말했다.

국어國語/주어周語 하

성인聖人은 음악을 안정시켜서 재물을 아꼈으니　　　　聖人保樂而愛財
재물로써 악기를 준비하고 음악으로 재화를 늘렸다.　　　　財以備器 樂以殖財
그러므로 금석金石처럼 무거운 악기들은　　　　故樂器重者
높은 세음細音을 연주하고　　　　從細
금슬琴瑟같은 가벼운 악기는 낮은 중음重音을 연주한다.　　　　輕者從大
이런 까닭에 종鍾은 우조羽調에 맞고, 석石은 각조角調에 맞고　　　　是以金尙羽 石尙角
옹기(瓦)와 사絲는 궁조宮調에 맞고　　　　瓦絲尙宮
생황(匏)과 피리(竹)는 소리에 따라 맞출 수 있고　　　　匏竹尙議
북(革)과 목탁(木)은 한 가지 소리만 낸다.　　　　革木一聲.

무릇 정치는 음악을 표상으로 삼는다.　　　　夫政象樂
좋은 음악은 조화로움(和)에서 나오고　　　　樂從和
조화로움은 평화로움(平)에서 나온다.　　　　和從平
오성五聲으로 음악을 조화시키고　　　　聲以和樂
율려律呂로써 오성을 평화롭게 한다.　　　　律以平聲

---

84)_ 12律呂를 말한다. 육률은 黃鐘(11월), 太簇(1월), 姑洗(3월), 蕤賓(5월), 夷則(7월), 無射(9월). 육려는 大呂(12월), 夾鐘(2월), 仲呂(4월), 林鐘(6월), 南呂(8월), 應鐘(10월).

금석 악기로 시작하고, 사죽絲竹 악기로 연주하고   金石以動之 絲竹以行之

시로 뜻을 말하고, 노래로 시를 읊고   詩以道之 歌以詠之

생황으로 노래를 펴며, 옹기로 연주를 돕고   匏以宣之 瓦以贊之

북과 목탁으로 절주를 맞춘다.   革木以節之.

만약 재화를 소모하여 민의 힘을 소모하면서   罷民力

지나친 마음을 드러내어 대종을 만든다면   逞淫心

그 소리는 들어도 조화롭지 못하고   聽之不和

즐겁다 해도 법도에 맞지 않을 것이니   比之不度

교화에 도움이 되지 않고   無益于敎

백성을 떠나게 하며 신神을 노하게 할 것이다.   而離民怒神.

이처럼 공자 당시의 예와 악은 통치의 두 축이었다. 여기서 악은 절제된 화락을 의미하며 오늘날의 좋아할 '요樂'나 즐길 '낙樂'이 아니다. 그래서 예는 차별하여 차례 지우는 천지의 질서이며, 악은 이것을 화합하고 절제하여 즐겁게 하는 천리天理이므로 예악禮樂은 서로를 보완하는 것이다.

예기禮記/**악기**樂記

악樂은 천지의 조화요,   樂者天地之和也

예禮는 천지의 질서다.   禮者天地之序也

조화이므로 만사가 다 교화되고   和故百物皆化

차례이므로 만사가 다 분별된다.   序故群物皆別.

악은 하늘을 따라 짓고, 예는 땅을 따라 마름하나니   樂由天作 禮以地制.

마름이 과하면 어지럽고, 지음이 많으면 광포하다.   過制則亂 過作則暴.

그러므로 천지를 밝힌 연후에야 예악을 주관할 수 있다.   明於天地然後 能典禮樂也.

예기禮記**/악기**樂記

악은 화동하게 함이요, 예는 귀천을 분별하는 것이다.

화동하면 서로 친하고, 차별하면 서로 공경한다.

악이 승勝하면 무절제하고, 예가 승하면 갈라진다.

그러므로 악이 종묘에 있으면

군신·상하가 함께 들으니

화목·공경하지 않음이 없을 것이며

악이 종장과 향리에 있으면

장유長幼가 함께 들으니

화목·순종하지 않음이 없을 것이며

악이 규문에 있으면

부자·형제가 함께 들으니

화목·친애하지 않음이 없을 것이다.

그러므로 음악은

천지의 명령이요, 중화中和의 벼리이며

인정의 처소이니 벗어날 수 없는 것이다.

樂者爲同 禮者爲異[85]

同則相親 異則相敬.

樂勝則流[86] 禮勝則離.

是故 樂在宗廟之中

君臣上下同聽

則莫不和敬

樂在族長鄕里之中

長幼同聽

則莫不和順

樂在閨門之內

父子兄弟同聽

則莫不和親

故樂者

天地之命 中和之紀

人情之所 不能免也.

---

85)_ 異(이)=別貴賤也.

86)_ 流(류)=漫無節制也.

묵자의 반예악

후장 비판

　지금부터 2,500년 전에는 동서양을 막론하고 지배계급들은 후장厚葬이 일반적인 현상이었다. 그 당시보다 2천여 년 앞선 고대 이집트 왕들의 무덤인 피라미드와 1천여 년 뒤인 진시황의 무덤을 보라! 그것들은 수만 명의 노예를 수십 년 동안 혹사하여 지은 사후 왕궁이었다. 그런데 이런 후장의 풍습을 비난한 자가 있었으니 바로 노동자의 성인 묵자였다.

　묵자는 「절장節葬」편을 저술하여 유가들의 호화로운 장례(厚葬)와 오랜 상례(久喪)를 '초과 소비'로 규정하고 이를 강력히 반대했다. 특히 민중들이 살아서 당한 신분차별이 죽어서까지도 지속되는 장례법을 증오했다. 그리고 노동 생산물을 땅에 매장하며 부귀를 과시하는 것도 모자라 살아 있는 노예를 함께 순장시키는 야만적 장례 의식을 참을 수 없었던 것이다. 지배자들의 미사여구로 찬미하는 예약禮樂이라는 것이 민중들에게는 이처럼 고통이요, 치욕이었기 때문이다.

　그러므로 당시에 장례 논쟁은 지배 체제를 옹호하던 유가들과 이를 거부했던 묵가들 사이의 이념 논쟁이었다. 이른바 유가들의 예약과 장례는 구체제를 지탱하는 종교적 의례다. 그러므로 묵가들의 비악론非樂論과 절장론節葬論은 구체제를 거부하는 문화운동이었다. 이처럼 장례 논쟁은 오늘날처럼 사회 문제로 그치는 것이 아니라 사활을 건 체제 논쟁이었던 것이다.

묵자墨子/절장節葬 하

| 만약 왕공대인들이 상을 당하면 | 此存乎王公大人有喪者 |
| 속 관과 겉 관은 반드시 이중으로 할 것이고 | 曰棺槨必重 |

매장은 반드시 깊게 할 것이며, 수의는 반드시 많이 입히고 　葬埋必厚 衣衾必多

무늬와 수를 화려하게 할 것이며, 봉분은 크게 할 것이다. 　文繡必繁 丘隴必巨.

그리고 금과 옥과 구슬로 시체를 덮을 것이고 　然後金玉珠璣比乎身

비단 천과 비단 실로 시체를 싸고 묶을 것이며 　綸組節約

수레와 말을 무덤에 묻을 것이다. 　車馬藏乎壙

또 장막과 천막, 솥과 그릇, 　又必多爲屋幕 鼎鼓

탁자와 자리, 항아리와 접시, 　几梃壺濫

창과 칼, 깃털과 깃발, 상아와 가죽 갑옷 등을 　戈劍羽旄齒革

무덤에 묻거나 능침陵寢에 버리고야 만족할 것이다. 　寢而埋之滿意

죽은 자를 이사 가는 것처럼 보내야 한다고 말하면서 　若送從.

천자와 제후가 죽으면 순장을 하되 　曰 天子諸侯殺殉

많으면 수백 명, 적으면 수십 명을 생매장한다. 　衆者數百 寡者數十

장군과 대부의 순장은 　將軍大夫殺殉

많으면 수십 명 적으면 몇 사람을 생매장한다. 　衆者數十 寡者數人.

후한 장례를 계산해 보면 　計厚葬

거두어들인 재물을 너무 많이 묻어버리고, 　爲多埋賦財者也.

오랜 상례를 계산해 보면 　計久喪

너무 오랫동안 생업에 종사하는 것을 막는다. 　爲久禁從事者也.

결국 생전에 이룬 재물을 무덤에 묻어버리고 　財以成者 扶而埋之

뒤에 남은 후생들에게 생산 활동을 오래 금지하는 것이다. 　後得生者 而久禁之.

이렇게 하면서 부유하기를 바라는 것은 　以此求富

농사를 금하면서 수확을 바라는 것과 같다. 　此譬猶禁耕而求穫也.

만약 유가의 말을 본받아 그들의 계책을 따라 　意亦使法其言 用其謀

사람들이 후한 장례와 오랜 복상을 하여 若人厚葬久喪

실은 가난한 자를 부하게 하거나 줄어든 인민을 많게 하거나 實不可以富貧衆寡

위태로운 것을 안정시키거나 혼란을 다스릴 수 없다면 定危治亂乎

이것은 어진 일이 아니요, 의로운 일이 아니며 則非仁也 非義也

효자로서 할 일이 아니다. 非孝子之事也.

반론

순자荀子/예론禮論

무릇 예禮란 삶을 영위하는 데 기쁨을 꾸미는 것이며 凡禮事生飾歡也

죽음을 보내는 데 슬픔을 꾸미는 것이며 送死飾哀也

제사를 지내는 데 공경을 꾸미는 것이며 祭祀飾敬也

군대에서는 위엄을 꾸미는 것이다. 師旅飾威也

이것은 모든 왕들이 같으며 是百王之所同

예나 지금이나 한결같은 것이다. 古今之所一也.

죽음을 깎아 삶에 붙이는 것이 묵가들의 박장론薄葬論이며 刻死而附生 謂之墨.

삶을 깎아 죽음에 붙이는 것은 미혹한 자들이며 刻生而附死 謂之惑.

삶을 죽여 죽음을 보내는 순장殉葬은 도적이다. 殺生而送死 謂之賊.

그런데 삶을 훌륭하게 형상화하여 죽음을 보냄으로써 大象其生 以送其死

사생死生과 시종始終을 다 같이 마땅하게 하여 使死生終始 莫不稱宜

다 좋게 하려는 것이 예의의 법식이다. 而好善是禮義之法式也

유자들은 이와 같이 하려는 것이다. 儒者是矣.

묵자의 민중 음악론

　　그러나 당시 예악은 인정人情을 왜곡하고 도리道理를 부당하게 바꾸려는 통치자의 체제 유지의 수단으로 악용되고 있었고 지배계급들만의 화합과 쾌락을 위한 것이 되었다. 이는 예와 악이 지배계급인 인人 계급에게만 독점됨으로써 노예제 통치 체제를 유지하는 문화로 굳어졌기 때문이다. 이에 묵자는 「비악 非樂」편을 저술하여 이러한 타락한 음악을 초과 소비로 규정하고 이를 반대했다. 묵자가 "백성에게 이로운 음악이라면 어찌 비난하겠느냐?"고 반문한 것은 바로 그 때문이다. 그러나 이러한 묵자의 비악론 非樂論은 유가들로부터 실용에 눈이 가려 문화를 모른다는 비난을 받는다. 과연 그런가? 오히려 유가들이야말로 묵자가 비난한 것처럼 눈먼 봉사나 어린아이의 지혜만도 못했던 것이 아닌가? 우리는 오늘날 음악이 인간의 육체적 욕망을 한없이 부추겨 재화의 파괴적 초과 소비를 조작하는 물신物神의 나팔 소리로 전락했음을 서구의 여러 학자들이 폭로하고 있다. 과연 음악이라는 것이 인간을 행복하게 하는 것인가? 아니면 공동체적 삶에 기여하는 것인가? 아니면 인간을 욕망의 갈증에 목마르게 하는 아편에 불과한 것인가를 반성해야 할 것이다.

묵자墨子/공맹公孟

유가인 공맹자가 주장했다.	公孟子曰
"나라가 어지러우면 다스리고	國亂則治之
나라가 다스려지면 예악을 하며	國治則爲禮樂
나라가 가난하면 일을 하고	國貧則從事
나라가 부해지면 예악을 하는 것이다."	國富則爲禮樂.
묵자가 이를 반박했다.	子墨子曰
"나라가 다스려지는 것은 정치를 잘했기 때문이요,	國之治也 聽治故治也
나라가 부한 것은 일을 열심히 했기 때문이다.	國之富也 從事故富也

지금 그대의 말은 마치 목이 탄 후에 우물을 파고
죽은 후에 의사를 부르는 것과 같은 것이다.
옛날 걸·주·유·여 등 삼대 폭군들은
음악을 성대히 하면서 민民을 돌보지 않았다.
그 결과 몸은 형틀에서 죽고 나라는 멸망했다.
이들은 모두 유가의 도를 따른 자들이었다.

是譬猶噎而穿井也
死而求醫也
古者三代暴王 桀紂幽厲
蕭爲聲樂 不顧其民.
是以身爲刑僇 國爲虛戾者.
皆從此道也.

묵자墨子/비악非樂 상

음악은 위로 상고해 보면 성왕聖王의 일에 맞지 않고
아래로 헤아려보면 만민의 이익에 맞지 않다.
배를 물에서 이용하고 수레를 뭍에서 이용하면
군자는 발을 쉴 수 있고
소인은 등과 어깨를 쉴 수 있다.
그러므로 만민이 재물을 지출하여 비용을 기꺼이 바치면서도
감히 원망하지 않는 이유는 무엇인가?
그것이 도리어 민중의 이익이 되기 때문이다.
그런즉 악기가 민중의 이익에 맞아
이와 같다면 내 어찌 감히 음악을 비난하겠는가?

上考之 不中聖王之事.
下度之 不中萬民之利.
舟用之水 車用之陸
君子息其足焉
小人休其肩背焉.
故萬民出財 齎[87)]而予之
不敢爲慼恨者 何也
以其反中民之利也.
然則樂器反中民之利
亦若此卽我不敢非也.

이처럼 옛사람들에게 예와 악은 엄중한 의미를 내포한 논쟁적인 문제인데 이것을
'에티켓'이나 '즐긴다'는 뜻으로 번역하는 것은 공자와 『논어』를 모독하는 것이다. 또
한 공자의 예교禮敎를 전혀 모르는 자의 곡학아세라고 비난받아 마땅할 것이다.

---

87)_ 齎(재)=給市財用之直.

빈자의 음악

옛사람이 말하는 악樂이란 성악·기악·무용을 포함한 것으로 사람의 마음을 감동시키는 것이라는 점에서는 오늘날의 음악과 다를 바 없다. 또한 사람의 마음을 감동시키려면 즐겁게 해야 하는 것도 당연하다. 그러나 그것은 육체적 쾌락을 위한 것이 아니라 사람의 심신을 편안하게 하려는 것이다. 오늘날 쾌락 음악과 옛날의 즐거운 음악은 다른 것이다.

예기禮記/악기樂記

선왕들이 예禮와 악樂을 만든 것은	是故先王之制禮樂也
이로써 입과 배와 귀와 눈의 욕망을 채우려는 것이 아니었다.	非以極口腹耳目之欲也
이로써 민을 교화하고 호오好惡를 다스려	將以敎民平好惡
인륜의 정도로 돌아가게 하기 위함이었다.	而反人道之正也.
악이라는 것은 인정을 바꿀 수 없는 것이며	樂也者 情之不可變者也
예라는 것은 도리를 바꿀 수 없는 것이다.	禮也者 理之不可易者也
다만 악은 같음을 통합함이요, 예는 다름을 분별하는 것뿐이다.	樂統同禮辨異
결국 예악이란 인정을 기뻐하도록 관리하는 것이다.	禮樂之說管乎人情矣.

이처럼 2,500년 전 음악은 쾌락만으로는 설명될 수 없는 것이다. 이 점은 2,400년 전에 묵자가 이미 지적한 바 있다.

묵자墨子/공맹公孟

묵자가 어느 유가儒家에게 물었다.	子墨子問於儒者曰
"무엇 때문에 음악을 합니까?"	何故爲樂.

유가가 답했다. "악樂은 낙樂하기 위한 것입니다."

묵자가 말했다. "그대는 아직 나에게 대답을 하지 않았습니다.

지금 내가 '무엇 때문에 집을 짓습니까?' 하고 물었는데

그대가 '겨울에 추위를 피하고

여름에 더위를 피하기 위함'이라든가

또는 '방을 만들어 남녀를 분별하기 위함'이라고 대답한다면

그대는 나에게 집 짓는 까닭을 대답했다고 할 수 있겠지요.

그런데 지금 내가 '무엇 때문에 악을 하느냐?' 하고 물었는데

그대가 '악은 낙하려고 한다'고 대답하는 것은

마치 '집을 지으려고

집을 짓는'고 대답하는 것과 같습니다."

曰 樂以爲樂也

子墨子曰 子未我應也

今我問曰 何故爲室.

曰 冬避寒焉

夏避暑焉

室以爲男女之別也

子告我爲室之故矣

今我問曰 何故爲樂.

曰 樂以爲樂也

是猶 曰 何故爲室

曰 實以爲室也.

원래 음악은 의례 음악(雅樂), 제례 음악(頌樂), 민중 음악(風樂)의 갈래로 발달되었다. 그래서 인류 최초의 음악 가사집인 『시경』에서도 아雅·송頌·풍風을 골고루 나누어 실었던 것이다. 그러므로 공자도 치도治道의 음악을 말한 것이며, 쾌락을 위한 음악을 말한 것이 아니다. 다만 묵자가 「비악」편을 쓰고 음악을 비난함으로써 촉발된 묵가와 유가들의 음악 논쟁이란 민중 음악론과 제왕 음악론의 투쟁이었던 것이다. 공자는 악을 불가결의 치도라고 생각했고, 묵자는 음악을 부정하지는 않았으나 음악은 치도가 아니라고 주장했던 것이다. 음악을 부정한 사람은 양자와 장자다.

예기禮記/악기樂記

예禮로써 뜻을 인도하고, 악樂으로써 소리를 화락하게 하고

정사政事로써 행동을 한결같이 하고

형벌로써 간사함을 막는다.

그러므로 예·악·형刑·정政은 궁극적으로 하나이니

禮以道其志 樂以和其聲

政以一其行

刑以防其姦

禮樂刑政其極一也

민심民心을 화동케 하고 '치도治道'를 행하는 수단이다.　　　　所以同民心 而出治道也.

묵자墨子/삼변三辯

예부터 제후가 정사에 지치면　　　　　　　　　　　昔諸侯倦於聽治

종과 북으로 음악을 즐기며 쉬었고　　　　　　　　息於鐘鼓之樂

사대부가 정사에 지치면　　　　　　　　　　　　　士大夫倦於聽治

생황과 거문고로 음악을 즐기며 쉬었고　　　　　　息於竽瑟之樂

농부들은 봄에 밭 갈고 여름에 김매고　　　　　　農夫春耕夏耘

가을에 거두고 겨울에 갈무리하면　　　　　　　　秋斂冬藏

물병과 장군으로 음악을 즐기며 쉬었다.　　　　　息於聆缶之樂.

옛날 띠 풀로 지붕을 잇던 요순시대에도　　　　　昔者堯舜有茅茨者

예를 행했고 음악을 했다.　　　　　　　　　　　且以爲禮 且以爲樂.

그러나 음악이 성행했던 주 성왕의 정치는　　　　周成王之治天下也

무왕만 못했고　　　　　　　　　　　　　　　　不若武王.

무왕의 정치는 탕왕만 못했고　　　　　　　　　武王之治天下也 不若成湯.

탕왕의 정치는 음악이 간소했던 요순만 못했다.　成湯之治天下也 不若堯舜.

이처럼 음악이 번잡할수록 치적은 더욱 못했던 것이다.　故其樂逾繁者 其治逾寡.

이로 볼 때　　　　　　　　　　　　　　　　　由此觀之

음악은 천하의 치도가 아님을 알 수 있다.　　　　樂非所以治天下也.

장자莊子/외편外篇/거협胠篋[88]

천하에 성인의 법을 완전히 파괴해야만　　　　　殘天下之聖法

---

88)_ 이 예문은 양자의 글이라는 설도 있다.

민중은 비로소 더불어 마땅한 표준을 선택할 수 있을 것이다.   而民始可與論[89]議[90]

육률六律을 금지하여 뿌리를 뽑고 악기를 태워버리고   擢亂六律 鑠絶竽瑟

악사의 귀를 막아버려야만   塞瞽曠[91]之耳

천하는 비로소 사람들의 귀가 밝아질 것이다.   而天下始人含其聰矣

무늬와 채색을 없애고   滅文章 散五朶

이주膠離[92]의 눈을 아교로 붙여버리면   膠離朱之目

천하는 비로소 그 밝음을 품을 것이다.   而天下始人含其明矣

띠쇠와 먹줄을 부수고 그림쇠와 곱자를 내버리고   毁絶鉤繩 而棄規矩

공수반公輸盤의 손가락을 부러뜨리면   攦工倕[93]之指

천하는 비로소 진실한 재주를 소유할 수 있을 것이다.   而天下人有其巧矣

그러므로 노자는 "큰 기술은 졸렬함만 못하다"고 말한 것이다.   故曰 大巧若拙.

증삼·사추史鰌·양주·묵적의 입을 봉하고 인의仁義를 버리면   削曾史楊墨之口 攘棄仁義

천하에 덕이 비로소 자연의 도(玄道)와 부합할 것이다.   而天下之德始玄[94]同矣.

그러므로 옛사람의 '즐겁다'는 말과 오늘날 '즐긴다'는 말은 그 의미가 다르며 음악의 필요조건일 뿐 충분조건은 아니다. 어떤 사람이 타인을 괴롭힐 정도로 소리를 지르면서 즐거워하거나, 또는 어느 탕아를 위해 음란한 소리를 해서 즐겁게 하는 것이 지금은 인기 음악일지 모르지만 옛 음악은 아니다.

또한 즐겁다는 것도 다르다. 옛사람은 조화로운 소리로 마음을 화평하게 하는 것을 즐거워했고, 지금처럼 소음과 불협화음으로 사람의 본능을 자극하여 마음을 흥분시키

---

89)_ 論(론)＝明也, 選擇也.

90)_ 議(의)＝儀也.

91)_ 曠(광)＝음악가 師曠.

92)_ 눈 밝은 전설적 인물.

93)_ 工倕(공수)＝묵자와 겨루었던 무기 제조 기술자 魯般公 公輸.

94)_ 玄(현)＝노자의 玄道.

고 어지럽게 하는 것을 즐거워하지 않았다. 그러므로 옛사람은 1차 세계대전 이후부터
등장한 이른바 전후파 음악을 음악이라고 말하지 않을 것이다. 이처럼 옛 음악을 오늘
날의 음악 개념으로 생각해서는 안 된다.

다음 『예기』「악기樂記」의 글은 '음악은 즐겁다'는 말이 오감의 쾌락이 아니라 '절제
된 화락和樂'을 뜻하는 것임을 설명해 준다.

예기禮記/악기樂記

그러므로 '음악은 즐거움'이라 말한다.	故曰 樂者樂也
군자는 그 도를 즐거워하고, 소인은 욕망을 즐거워하니	君子樂其道 小人樂其欲.
도로써 욕망을 절제하면 즐거워도 어지럽지 않고	以道制欲 則樂而不亂.
욕망으로써 도를 잊으면 미혹되어서 즐겁지 않다.	以欲忘道 則惑而不樂.
무릇 악은 즐거운 것이니	夫樂者樂也
사람의 마음이 벗어날 수 없는 것이다.	人情之所不能免也
그러나 족히 사람의 착한 마음을 감동시키면 그것으로 그치고	足以感動人之善心而已矣
방심하여 삿된 기운이 접하지 못하도록 하는 것이	不使放心邪氣得接焉
선왕先王이 음악을 만든 방책인 것이다.	是先王立樂之方也.

이처럼 악樂은 지금으로부터 4천 년 전부터 인심을 즐겁게 하는 통치의 수단이었으므
로 오늘날의 '즐긴다'는 말로 번역하면 바른 뜻을 전달할 수 없다. 『논어』「학이」편
에서 "빈이악貧而樂 부이호례富而好禮"라는 글은 '선비란 벼슬을 못 얻어 가난할 때는
음악으로 안민安民의 정치를 하고, 벼슬을 얻어 부해지면 제례를 행하여 경내 백성을
호궤하는 안민의 정치를 한다'는 뜻이다. 그러나 우리 학자들은 '가난할 때도 음악을
하며 즐겁기는 삶을 살아간다'는 뜻으로 번역하고 있다(『도올논어』 권1, 283쪽). 이는 경
학經學이 현학玄學이 되고 급기야 선학禪學으로 변질된 후대의 산림처사의 놀음이고,

공자가 말한 본래 취지는 아니다.

첫째, "빈이악貧而樂"이 무슨 뜻인가? 우리 학자들이 번역한 것처럼 '가난해도 즐거워하라'는 노예근성의 반동적인 뜻인가? 결코 그런 뜻이 아니라 군자는 '가난하면 음악을 한다'는 뜻이다. 오늘날에서 보면 음악은 부유한 사람이 즐기는 것인데 모순이 아닌지 의아할 것이다. 그러면 가난한 음악이란 무슨 뜻인가? '빈이악'을 알려면 묵자의 비악론을 상기해야 한다. 묵자는 본래 안민의 방법이었던 악樂이 민을 돌보지 않고 폭군들의 질탕한 놀이인 낙樂으로 타락하자 이를 반대하여 음악 반대 운동을 펼쳤던 것이다. 그러므로 여기서 '가난한 악'이란 오늘날의 즐기는 음악이 아니라 재야에 있을 때의 안민의 음악을 말한 것이다.

둘째, "부이호례富而好禮"는 무슨 뜻인가? '부하면 예의범절을 좋아한다'는 뜻이 아니라 '제례와 향음주례 등 만물을 기르는(養) 예禮를 즐겨 거행하라'는 뜻이다. 여기서 공자는 왜 부富와 예를 연결했는가를 주목해야 한다. 여기서 예는 제물이 필요한 제례·관례·향음주례 등을 말한 것이다. 그러므로 "부이호례"는 군자가 벼슬자리에 나아가 부하게 되면 천한 민을 구휼하는 '혜하지도惠下之道'인 제례 등을 자주함으로써 헐벗고 굶주리는 민이 없게 하라는 뜻이 담겨 있는 것이다. 앞에서 설명한 대로 『예기』 「제통」에 의하면 예의 대표적인 제례는 민을 구휼하는 '혜하지도'였던 것이다. 『예기』뿐 아니라 『좌전』과 『묵자』에서도 제례가 '혜하지도'임을 말하고 있다. 즉 제수란 이웃들에게 음식을 먹여주기 위한 것이며, 귀신은 다만 그 덕을 흠향한다는 것이다.

좌전左傳/**희공**僖公**5년(BC 655)**

「주서」에서는 이르기를   故周書曰
"하느님은 사사로움이 없고   皇天無親
오직 사람의 덕을 보우한다"고 했다.   惟德是輔[95]

---

95)_ 輔(보)=扶也.

또 이르기를 "젯밥을 흠향하는 것이 아니고
밝은 덕을 흠향한다"고 한다.

又曰 黍稷非馨
明德惟馨.

묵자墨子/명귀明鬼 하

우리가 제사를 지내는 것은
음식을 그냥 구덩이에 버리는 것이 아니다.
위로는 귀신을 복되게 하고
아래로는 많은 사람들을 모아 먹고 마시게 함으로써
마을 사람들과 친해지는 것이다.

今吾爲祭祀也
非直注之汗壑而棄之也
上以交鬼神之福
下以合驩聚衆
取親乎鄕里.

복례론

공자의 학문을 성학聖學·군자학 君子學·인학仁學이라고 말한다. 성학이란 성인聖人의 학문이란 뜻이다. 성인이란 천자天子 또는 왕을 지칭하는 말이다. '하느님의 아들' 즉 천자는 천天의 명命을 받은 적자라는 뜻이다. 왕은 성스러운 존재다. 그래서 '내성외왕 內聖外王'이라 한다. 영토도 없는 공자를 성인이라고 한 것은 만민이 우러러 따른 '소 왕素王'이었기 때문이다. 유학은 선왕先王의 말씀을 조술하고 배우는 학문이다. 또한 공자의 학문을 인자仁者가 되기 위한 인학이라고 말한다. 그런데 인仁이란 지배계급인 인人다운 인격 또는 군자다운 인격을 의미한다. 그러므로 인학은 곧 군자가 되기 위한 군자학을 의미한다. 군자란 군주의 명을 받은 대부 이상의 관장을 지칭한다. 그러므로 군자학은 왕에 충성하는 관리가 되기 위한 수양 교과서인 것이다.

공자는 인자의 조건으로 극기克己와 복례復禮를 제시했다. 극기는 사私의 욕慾을 버리고 왕의 공公을 따라야 한다는 뜻이며, 복례란 주례를 부흥한다는 뜻이다. 당시는 춘추전국의 난세로서 하늘도 천자도 도덕도 권위를 잃은 가치 부재의 혼돈 시대였다. 공자는 무너진 가치 표준을 세우기 위해 복례의 깃발을 들었고 정명正名을 주장한 것이다. 그러므로 공자의 가르침을 '예교禮敎' 또는 '명교名敎'라고 부른다.

그런데 주례의 취지는 종법의 신분 질서다. 그러므로 복례는 봉건적 신분차별 사회를 지향한다. 이러한 신분차별의 질서를 지키려는 것을 명분名分이라고 말한다. 그러므로 공자의 인仁·복례·명분은 그 실질은 하나다.

중용中庸/20장

공자가 말했다. "인仁은 귀인다움이니 子曰 仁者 人[96]也.
친척을 사랑하는 것이 중요하다. 親[97]親爲大.
의義는 마땅함이니 어진 이를 높여주는 것이 중요하다. 義者宜也 尊賢爲大.
친척을 촌수에 따라 사랑하는 것은 차별이며 親親之殺.[98]
어진 이를 높여주는 것은 등급이다. 尊賢之等.[99]
예禮가 여기서 생기는 것이다." 禮[100]所生也.

예기禮記/애공문哀公問

공자가 말했다. "내가 들은 바로는 孔子曰 丘聞之
민民의 삶을 지탱해 주는 것이기에 예를 위대하다 하는 것이다. 民之所由[101]生 禮爲大
예가 아니면 천지의 신들을 섬기는 데 절도가 없고 非禮 無以節事天地之神也

---

96)_ 人(인)＝聖人, 大人 등 귀족 계급.
97)_ 親(친)＝愛也, 長父兄也.
98)_ 殺(쇄)＝差也.
99)_ 等(등)＝差也, 階級也.
100)_ 禮(예)＝제도와 문화를 총칭. 예절에 국한되지 않는다.
101)_ 由(유)＝因也, 輔也.

예가 아니면 군신·상하·　　　　　　　　　　　非禮 無以辨君臣上下
장유의 지위를 분별할 수 없고,　　　　　　　　長幼之位也
예가 아니면　　　　　　　　　　　　　　　　非禮
남녀·부자·형제의 촌수와　　　　　　　　　　無以別男女父子兄弟之親
혼인·왕래의 교제를 분별할 수 없다."　　　　　婚姻疏數之交也.

예기禮記/**예운**禮運

이처럼 예는 군주의 권력이니,　　　　　　　　是故 禮者君之大柄也.
혐의를 판별하고 기미를 밝히며　　　　　　　　所以別嫌明微
귀신을 공경하고 제도를 상고하며　　　　　　　儐鬼神考制度
인의仁義를 분별하는 수단이다.　　　　　　　別仁義.
그러므로 예는 정사를 다스리고 군주를 편안케 하는 수단이다.　所以治政 安君也.

예기禮記/**중니연거**仲尼燕居

공자가 말했다.　　　　　　　　　　　　　　子曰
"모든 제도와 문화는 예에 있다.　　　　　　　制度在禮 文爲[102]在禮
예를 실행하는 것은 지도자(人)에 달려 있다."　　行之其在人乎.

우강집旴江集/**권2/예론**禮論 1

공자는 인仁을 말하고, 의義를 말하고, 지智와 신信을 말했지만　曰仁 曰義 曰智 曰信
사실은 예禮의 별명일 뿐이다.　　　　　　　禮之別名也.

그런데 공자도 춘추전국의 난세를 극복하기 위해서는 세상이 변해야 한다고 생각한

---

102)_ 文爲(문위)＝무늬로 꾸미는 것, 文化.

것은 다른 제자백가들과 마찬가지였다. 그런데 왜 공자는 변화를 말하기보다 이처럼 주례의 부흥을 말했는가? 과연 복례의 함의는 무엇인가?

첫째는 가부장적 종법질서의 회복이요, 둘째는 왕권의 회복이요, 셋째는 신권臣權에 의한 군주의 전횡 방지요, 넷째는 대부들의 수중에 넘어간 정사를 군주에게 되돌리기 위한 방책이었다. 그러므로 공자의 복례는 한마디로 왕도주의를 회복하자는 존왕주의였던 것이다.

서양에서는 12~15세기에 중세의 신본주의神本主義를 극복하기 위해 고대 그리스의 인본주의를 배우자는 이른바 르네상스 운동이 있었다. 이것을 우리는 문예부흥 운동이라고 말한다. 고대 그리스도 시민권자들만의 민주정치였을 뿐 노예제 사회였다. 그런데 아무도 이것을 보수 회귀라고 말하지 않는다.

그러나 공자의 주례 부흥은 제정일치와 종법질서의 회복을 의미하기 때문에 보수 회귀라고 비판을 받는다. 그러나 그가 이처럼 제례와 상례와 종법질서를 지키려 한 것은 신본주의보다는 그의 정치적 소신인, 신분질서를 지키려는 정명론正名論 때문이다.

묵자의 반복례

묵자는 구체제와 이를 지지하는 유가를 철저하게 부정했다. 그러므로 그는 공자의 정치적 모토인 이른바 '복례復禮'를 반대했다. 묵자는 공자의 보수주의를 반대한 진보주의의 시조였다.

묵자墨子/**공맹**公孟
고대 삼대三代에 걸친 폭군들인 걸·주·유·여 등은   古代三代暴君桀紂幽厲
모두 유가의 도를 따랐다.   皆從此道也.

묵자墨子/귀의貴義

묵자가 말했다. "무릇 말과 행동은　　　　　　　　　　　　子墨子曰 凡言凡動.
하느님과 귀신과 백성에게 이로우면 하고　　　　　　　　利於天鬼百姓者爲之.
해로우면 하지 말라.　　　　　　　　　　　　　　　　　　害於天鬼百姓者舍之.
삼대 성왕에 합당하면 하고　　　　　　　　　　　　　　合於三大聖王者爲之
삼대 폭군에 합당하면 하지 말라."　　　　　　　　　　合於三大暴君者舍之.

유가인 공맹자가 말했다.　　　　　　　　　　　　　　　公孟子曰
"군자는 반드시 옛것을 말하고 옛 의복을 입어야만　　　君子必古言古服
어진 사람이 될 수 있다고 한다."　　　　　　　　　　然後仁.
묵자가 반박했다.　　　　　　　　　　　　　　　　　　子墨子曰
"옛날 주왕은 천하의 폭군이었고　　　　　　　　　　　昔者紂爲天下之暴人
기자는 천하의 성인이었으나 이들은 같은 말은 했고,　　箕子爲天下之聖人 此同言.
주공 단旦은 천하의 성인이었고　　　　　　　　　　　周公旦爲天下之聖人
관숙은 천하의 폭인이었으나 이들은 같은 옷을 입었다.　管叔爲天下之暴人 此同服.
그러나 한쪽은 어질고 한쪽은 어질지 못했다.　　　　　而或仁或不仁也
그런즉 어질다는 것은 옛 의복이나 옛말에 달린 것이 아니다."　然則不在古服與古言矣.

그가 복례를 반대한 것은 왕도주의를 반대한 것이다. 다시 말하면 그는 군주가 가치 판단의 표준이 되는 것을 반대했다. 이른바 그의 '삼표론三表論'에 의하면 첫째, 성왕의 역사를 표본으로 하되, 둘째, 백성이 보고 들은 것을 근원으로 하여, 셋째, 백성의 이익에 이로운 것으로 검증되어야만 '하느님의 뜻' 즉 '천지天志'가 될 수 있다. 이것은 구체제의 절대적 권위를 부정하는 것일 뿐 아니라, 군주가 가치의 근원이라는 천명론天命論을 부정하고 군주가 독점하던 가치를 민중에게 되돌리는 혁명 이론이다.

묵자墨子/**경주**耕柱

무마자가 묵자에게 말했다.

"현 지도자를 버리고 선왕을 칭송함은

해골을 칭송하는 것입니다."

묵자가 말했다.

"천하가 살아갈 수 있음은

선왕의 도리와 가르침이 있었기 때문이다.

지금 선왕을 칭송함은

천하 만민을 살리는 방법으로 칭송하는 것이다.

기려야 할 것을 기리지 않는 것은 어짊이 아니다."

巫馬子謂子墨子曰

舍今之人 而譽先王

是譽槁骨也

子墨子曰

天下之所以生者

以先王之道教也

今譽先王

是譽天下之所以生也

可譽而不譽 非仁也.

묵자墨子/**대취**大取

천하를 위해 우임금을 후대하는 것은

우임금이 사람을 사랑한 것을 후대하는 것뿐이다.

우임금이 한 일을 후대하는 것은 천하에 보탬이 되지만

우임금 자신을 후대하는 것은 천하에 보탬이 되지 않는다.

爲天下厚愛禹

乃爲禹之愛人也

厚禹之爲 加於天下.

而厚禹 不加於天下.

묵자墨子/**경주**耕柱

공맹자가 말했다.

"군자는 새로 지어내지 않고 옛것을 말할 뿐이다."

묵자가 반박했다. "그렇지 않다.

옛것을 말할 뿐 새로 지어내지 않는 것은

옛것을 말하지 않고

새로 지어내기만 하는 것과 다를 바 없다.

나는 옛사람의 좋은 것을 말하고

公孟子曰

君子不作述而已.

子墨子曰 不然.

今述而不作

是無所異於不好述

而作者矣

吾以爲古之善則述之.

지금 사람은 좋은 것을 지어내야 한다고 생각한다.　　　　　今之善者則作之.
나는 좋은 것이 더욱 많아지기를 바라기 때문이다."　　　　　欲善之益多也.

　또한 그는 군주와 스승과 부모는 치도治道로 본받을 수 없고, 겸애와 교리의 하느님
만이 가치 표준이라고 주장했다. 이것은 구체제를 혁파하려는 혁명 선언이다.

묵자墨子/천지天志 중

묵자가 말했다.　　　　　　　　　　　　　　　　　　　子墨子曰.
"의義는 어리석고 천한 자로부터 나오는 것이 아니라　　義不從愚且賤者出
반드시 고귀하고 지혜로운 자로부터 나온다.　　　　　　必自貴且知者出.
그러면 누가 고귀하고 지혜로운가?　　　　　　　　　　然則孰爲貴孰爲知.
하느님만이 고귀하고 지혜롭다.　　　　　　　　　　　　曰 天爲貴 天爲知而已矣
그러므로 정의正義는 하느님으로부터 나온다."　　　　　然則義果自天出矣.

묵자墨子/법의法儀

부모·학문·군주는　　　　　　　　　　　　　　　　　故父母學君三者
다스리는 법도로 삼을 수 없다.　　　　　　　　　　　　莫可以爲治法.
그러면 무엇을 치법治法으로 삼아야 옳은가?　　　　　　然則奚以爲治法而可.
하느님의 뜻을 법도로 삼는 길밖에 없다.　　　　　　　曰 莫若法天.

맹자의 폭군방벌론과 복례

　전국시대의 맹자에 이르면 공자의 복례復禮는 후퇴한다. 공자는 예가 아니면 보지도

듣지도 먹지도 행하지도 말라고 할 정도로 예를 중시했으나, 맹자의 예는 인의仁義를 꾸미고 조절하는 수단으로 격하된다(禮之實 節文仁義 :『맹자』「이루」상). 비록 그는 유가였지만 주례周禮에서 천명天命 사상과 종법질서를, 법가에서 항산恒産과 중민重民을, 묵가에서 반전과 민의행정民意行政 사상을 수용한 것이다.

맹자孟子/이루離婁 상

인仁의 실질은 어버이를 섬기는 것(孝)이요,	仁之實 事親是也
의義의 실질은 형을 따르는 것(悌)이요,	義之實 從兄是也
지智의 실질은	知之實
인의仁義를 알게 하여 거기서 떠나지 않게 하는 것이요,	知斯二者 不去是也
예禮의 실질은 인의를 절도 있게 꾸미는 것이다.	禮之實 節文斯二[103]者是也
음악의 실질은 인의를 즐겁게 하는 것이다.	樂之實 樂斯二者
인의를 즐겁게 하면 마음이 우러나오고	樂則生矣
마음이 우러나오면 어찌 인의를 그만둘 수 있겠느냐?	生則惡可已也.

이러한 사상적 배경은 당시 전국시대의 상황에서는 공자가 이상국가로 간주하고 부흥을 주장한 주나라가 사실상 멸망했음을 기정사실화하고, 새로운 천명과 새로운 국가를 소망했기 때문일 것이다. 따라서 공자의 왕권신수설도 이제 맹자에 이르면 그가 그토록 증오했던 묵자의 반복례反復禮 왕권인수설王權人授說과 절충되는 것 같다.

공자와 맹자의 군주에 대한 태도는 확연히 다르다. 공자는 '중군重君 경민輕民'이었으나, 맹자는 반대로 '중민重民 경군輕君'으로 바뀌었다. 앞에서 언급한 것처럼 맹자는 공자의 존주尊周와는 달리 주나라 왕실을 인정하지 않고 새로운 황제를 고대했던 것이다. 그 대표적인 사례는 맹자의 이른바 '폭군방벌론暴君放伐論'이다.

---

103)_ 斯二(사의)=仁義.

이러한 복례의 후퇴와 '폭군방벌론'은 1,773개 제후국들의 연합국가로 출발했던 서주西周의 부활에 대한 희망을 포기하고 제후들의 겸병전쟁의 결과를 인정하는 것이 된다. 이것은 수백 년의 겸병전쟁으로 문란해진 계급 이동의 결과를 수용하지 않을 수 없는 형편이었으므로, 현상을 유지하고 새로운 지배계급을 중심으로 인정仁政을 독려하여 민생의 안정을 희구한 것이다.

맹자孟子/만장萬章 상

만장이 말했다.	萬章曰
"요임금이 천하를 순임금에게 주었다고 하는데 그렇습니까?"	堯以天下與舜 有諸.
맹자가 말했다. "아니다.	孟子曰否.
천자라도 천하를 남에게 줄 수 없다."	天子不能以天下與人.
"그렇다면 순임금이 천하를 차지했는데 누가 주었습니까?"	然則 舜有天下也孰與之.
맹자가 말했다. "하늘이 주었다."	曰 天與之.
만장이 말했다. "하늘이 준다면 소리쳐 명령합니까?"	天與之者 諄諄然命之乎.
맹자가 말했다. "아니다. 하늘은 말이 없다.	曰否. 天不言
행함과 일로 보여줄 뿐이다.	以行與事示之而已矣
옛날 요임금이 순임금을 하늘에 천거하자	昔者 堯薦舜於天
하늘이 그를 받아들였고	而天受之.
민들에게 시험케 했는데 민들이 그를 받아들였던 것이다."	暴之於民而民受之.

맹자孟子/진심盡心 하

민이 귀하고 사직은 다음이며 군주는 가볍다.	民爲貴 社稷次之 君爲輕.
그러므로 언덕 밑에서 농사짓는 민을 얻으면 천자가 되고	是故 得乎丘民而爲天子
천자를 얻으면 제후가 되며	得乎天子爲諸侯
제후를 얻으면 대부가 된다.	得乎諸侯爲大夫.

제후가 사직을 위태롭게 하면 자리를 바꾼다.　　　　諸侯危稷社[104]則變置.

희생도 훌륭했고 젯밥도 정결하며　　　　犧牲旣成粢盛旣潔

제사도 때에 맞게 드렸는데　　　　祭祀以時

가뭄과 수해가 나면 사직의 신도 갈아치운다.　　　　然而旱乾水溢 則變置社稷.

폭군방벌론

맹자孟子/만장萬章 하

제나라 선왕이 경대부에 대해서 물었다.　　　　齊宣王問卿.

맹자가 말했다. "왕께서는 어느 경卿을 묻는 것입니까?"　　　　孟子曰 王何卿之問也

선왕이 말했다. "친척인 귀족 출신의 경을 묻고자 합니다."　　　　王曰 請問貴戚之卿.

맹자가 말했다. "군주의 과오가 크고　　　　曰 君有大過

간해도 듣지 않으면 바꾸어버립니다."　　　　則諫 反覆之不聽則易位.

선왕이 다른 성씨의 경에 대해 물었다.　　　　王請問異姓之卿.

맹자가 말했다. "반복해 간해도　　　　曰 君有過則諫 反覆之

듣지 않으면 떠나버립니다."　　　　而不聽則去.

　그러나 맹자의 '폭군방벌론'은 민주혁명을 말한 것이 아님을 유의해야 한다. 즉 왕을 갈아치운다는 것이 아니라 왕이 임명한 군주를 갈아치운다는 뜻이며, 또한 폭군을 방벌할 수 있는 것은 인민이 아니라 귀족들만의 권한이기 때문이다. 즉 동성同姓의 귀족 출신 공경公卿은 군주를 갈아치울 수 있지만, 성씨가 다른 아닌 대부는 도리로써 간하다가 안 되면 사표를 내고 떠나야 한다는 것이다.

　원래 봉건제도의 나라는 가문의 연합체이기 때문에 제후는 가문에 내려진 작위를 상속한 것이다. 그러므로 제후는 자기 가문에서 파문을 당하면 가문의 상속권을 상실하

---

104)_ 稷社(직사)＝社稷. 土神과 穀神.

는 것이므로 작위를 잃게 된다. 따라서 당연히 제후의 자리도 상실하는 것이다. 그러므로 왕은 새로운 군주를 임명해야 한다. 맹자의 '폭군방벌론'은 이것을 설명한 것이다.

또한 '폭군방벌론'은 맹자나 순자가 처음 주장한 것은 아니다. 기원전 510년경 진晉나라의 태사 채묵蔡墨은 노군魯君이 계평자에게 쫓겨나 국외에서 죽은 사건에 대해 말하기를, "민중의 지지를 잃었으므로 당연한 것"이라고 주장한 바 있다.

맹자孟子/양혜왕梁惠王 하

제나라 선왕이 물었다.	齊宣王問曰
"탕이 걸을 쫓아냈고 무왕이 주를 정벌했다는데 그랬습니까?"	湯放桀 武王伐紂 有諸.
맹자가 대답했다. "책에 그런 글이 있습니다."	孟子對曰 於傳有之.
선왕이 말했다. "신하가 자기 군주를 죽여도 좋다는 말입니까?"	曰臣弑其君可乎.
맹자가 말했다. "인仁을 해치는 것은 적賊이요,	曰 賊仁者謂之賊
의義를 해치는 것은 잔殘이라 하며	賊義者謂之殘
인의를 저버린 잔적殘賊은 한낱 사내일 뿐입니다.	殘賊之人謂之一夫.
한낱 사내에 불과한 주를 죽였다는 말은 들었어도	聞誅一夫紂矣
군주를 죽였다는 말은 듣지 못했습니다."	未聞弑君也.

좌전左傳/소공昭公32년(BC 510)

태사 채묵이 말했다.	史墨曰
"노군은 세상이 그를 따르게 하는 데 실패했고	魯君世從其失
계 씨는 세상이 그를 존경하도록 힘썼다.	季氏世修其勤
민이 군주를 잊었으니	民忘君矣
쫓겨나 죽은들 누가 그를 긍휼히 여기겠는가?	雖死於外 其誰矜之.
옛날부터 사직은 항상 받들어지는 것이 아니며	社稷無常奉
군신은 항상 지위가 보장되는 것이 아니다."	君臣無常位 自古以然.

그러나 맹자와 순자의 폭군방벌론이 민주적인 것은 아니라 할지라도 획기적인 것임에는 틀림없다. 이러한 경향은 절대왕권을 강화한 한나라의 동중서에서부터 송나라의 성리학에 이르기까지 후대에 많은 영향을 끼쳤고 유가들의 선비정신으로 정착되었다. 인류가 그 후 2천 년이 지나서야 민주주의를 쟁취했음을 생각한다면 2천 년 전 유사들의 폭군방벌론이 얼마나 선진적인 것인가, 국민주권國民主權이 얼마나 값비싼 것인가를 새삼 느끼게 한다. 더욱이 맹자보다 앞선 묵자의 사회계약설과 민중주권民衆主權 사상이 얼마나 혁명적인 것인가를 깨닫게 한다. 이러한 묵자의 민주적 사상은 단절되었으나 17세기에 이르러서야 황종희가 처음으로 천자는 가치 판단의 기준이 아니라고 선언했고, 당견은 천지의 도道는 평등이라고 선언하고 진秦나라 이래 제왕들은 모두 도적이라고 주장했다.

　　조선의 경우 18세기에 처음으로 정약용이 '천자민선론'을 주장했다. 그리고 '폭군방벌론'에 대해 그 판단의 기준이 '민民 주권'이냐, 반대로 '왕王 주권'이냐에 따라 달라진다는 것을 명쾌하게 설명했다. 정약용은 신하가 임금을 친 것은 중국의 시조인 황제 헌원이 처음 시작한 일이라고 하면서, 이처럼 옛날 도리는 '하이상下而上' 즉 민이 주권자였으므로 탕왕이 걸왕을 추방한 것은 순리였으나, 오늘날은 반대로 '상이하上而下' 즉 왕이 주권자가 되었으므로 옛날의 순리였던 '하이상'이 도리어 역리가 된 것이라고 설명했다.

동중서

춘추번로春秋繁露/**권7**/**요순불천이탕무부전살** 堯舜不擅移湯武不專殺

하늘이 민을 낸 것은 왕을 위한 것이 아니다.	天之生民 非爲王也
도리어 하늘이 왕을 세운 것이 민을 위한 것이다.	而天立王以爲民也
그러므로 그의 덕이 민을 안락하게 할 수 있으면	故其德足以安樂民者
하늘이 천명을 주고	天予之
그의 악함이 민을 해칠 지경이 되면	其惡足以賊害民者

하늘이 천명을 빼앗는다.   天奪之.

사람은 만물 위에 초연하여   人之超然萬物之上

천하에 가장 귀하기 때문이다.   而最爲天下貴也.

황종희

명이대방록 明夷待訪錄/**원신** 原臣/**학교** 學校

그러므로 내가 관리가 된 것은   故我之出而仕也

천하를 위한 것이지 군주를 위한 것이 아니며   爲天下非爲君也

만민을 위한 것이지 한 성씨를 위한 것이 아니다.   爲萬民非爲一姓也

천자가 옳다고 하는 것이 반드시 옳은 것은 아니며   天子之所是 未必是.

천자가 그르다고 한 것이 반드시 그른 것은 아니다.   天子之所非 未必非.

천자라도 자기 맘대로 옳고 그른 것을 정할 수 없으며   天子亦遂不敢自爲是非

그 옳고 그름을 학교學校의 공론에 부쳐야 한다.   而公其是非於學校.

당견

포정집 圃亭集/**실어** 室語

진秦나라 이래   自秦以來

무릇 제왕들은 모두가 도적이다.   凡爲帝王者皆賊也.

포정집 圃亭集/**대명** 大命

천지의 도道는 본래부터 평등이다.   天地之道 故[105]平.

---

105)_ 故(고)＝本也.

정약용

여유당전서與猶堂全書/**1집**/**권11**/**탕론**湯論

옛날에는 정치 원리가 '하이상下而上'이므로	古者下而上
하이상을 순리라 했고	下而上者順也
지금은 반대로 정치가 '상이하上而下'이므로	今也上而下
'하이상'을 역리라 하는 것이다.	下而上者逆也.

순자의 성악설과 복례

순자는 선왕先王의 주례로 복귀하는 것을 반대하고 후왕後王의 예법을 따라야 한다고 주장했다. 그는 봉건 왕도주의를 완전 탈피하지는 못했으나, 왕권을 절대화한 전제왕권을 제창한 최초의 학자였다.

순자荀子/**왕제**王制

왕의 제도에 있어 도는 삼대를 넘지 않으며	王者之制 道不過三代
법은 후왕을 이반離反하지 않는다.	法不貳[106]後王.
도가 삼대를 넘으면 파괴되고	道過三代謂之蕩[107]
법이 후왕을 이반하면 선하지 못하다.	法貳後王謂之不雅.

---

106)_ 貳(이)＝離異也, 倍也.
107)_ 蕩(탕)＝壞也, 盡也.

순자荀子/비상非相

성왕이 백 사람이면 나는 그중 누구를 본받아야 하는가?	聖王有百 吾孰法焉.
예로부터 말하기를 선왕의 문물은 오래되면 소멸하고	故曰 文久而息
노래도 오래되면 끊어진다.	節奏久而絶.
예의 법도를 지키는 관리도 오래되어 멀어진 예는 없앤다.	守法數之有司 極[108]禮而褫
그러므로 말하기를 성왕의 족적을 알려면	故曰 欲觀聖王之跡
그것에 밝은 자를 찾아야 하는데 후왕이 바로 그분이다.	則於其燦然者矣 後王是也
후왕은 천하의 군주다.	彼後王者 天下之君也
후왕을 버리고 태고를 말하는 것은	舍後王而道上古
마치 자기의 왕을 버리고	譬之 是猶舍己之君
남의 왕을 섬기는 것과 같다.	而事人之君也.

주례에 의하면 대부 이상의 귀족은 예만 적용되고 법이 적용되지 않는 특권층이었다. 그런데 순자는 대부가 아니라도 사士 이상에게는 예악으로 스스로 절제할 뿐 법이 적용되지 않는다고 말한다. 이는 치외법권의 특권층을 확대한 것이다. 그것은 전국시대에 이르러 제후와 가문들이 약육강식의 겸병전쟁을 하는 동안, 능력 있는 선비들을 서로 자기편으로 끌어모으려고 각축했으므로 선비들의 계급적 위상이 그만큼 높아졌다는 것을 의미하기도 한다.

이처럼 순자는 신분에 따른 예와 법의 차별적 적용을 인정했으나 주례보다 금왕今王의 왕법을 앞세웠으므로 복례주의復禮主義 내지 덕치주의德治主義라고는 말할 수 없다. 그렇다고 그를 법치주의法治主義라고 말하는 것은 적절치 않다. 그는 주례를 천리天理로 인정하지는 않았으나 여전히 예禮를 '법의 큰 분계'로 인정하고 그 중요성을 강조했기 때문이다. 그러나 순자의 제자인 한비는 귀족에게도 법을 적용해야 한다고 주장

---

108)_ 極(극)=終也, 遠也.

했다. 그래서 학자들은 순자를 예법주의禮法主義라고 말하고, 한비를 법치주의의 시조라고 말한다.

순자荀子/부국富國

예禮는 귀천의 계급을 차등하고, 장유를 차별하고	禮者貴賤有等 長幼有差
빈부와 경중을 모두 알맞게 한다.	貧富輕重 皆有稱[109]者也
사士 이상에게는 반드시 예악으로 절제시키고	由士以上 則必以禮樂節之.
그 외의 일반 백성들에게는	衆庶百姓
반드시 법으로 죄를 물어 제재한다.	則必以法數[110]制之.

순자荀子/왕제王制

예로 다스리는 자는 왕이 되고	修禮者王
법으로 다스리는 자는 강한 군주가 된다.	爲政者彊.
민民을 얻는 자는 편안하고	取民者安
세금을 가혹하게 거두는 자는 망한다.	聚斂者亡.
그러므로 왕은 사민四民을 부하게 하고	故王者富民
패자는 무사武士를 부하게 하고	覇者富士
근근이 나라를 보존하는 자는 대부를 부하게 하고	僅存之國富大夫.
망국자는 곳간을 부하게 하고 부고를 실하게 한다.	亡國富筐篋 實府庫.
그러므로 왕은 귀족을, 패자는 우방을	故王奪之人 覇奪之與
강자는 땅을 빼앗는다.	彊奪之地.

---

109)_ 稱(칭)＝알맞다.
110)_ 數(수)＝責也.

순자荀子/권학勸學

학문은 어디서 시작하여 어디서 마칠 것인가?	學惡乎始 惡乎終.
그 방법인즉	曰其數[111]則
시서詩書의 경전을 읽는 것으로 시작하여	始乎誦經
예禮를 읽는 것으로 끝난다.	終乎讀禮.
그 의의意義인즉	其意則
선비로 시작하여 성인으로 마친다.	始乎爲士 終乎爲聖人.
『서경』은 정사를 다스리는 실마리요,	書者 政事之紀也
『시경』은 음악을 바르게 하는 데 그치고,	詩者 中聲之所止也
예는 법의 큰 명분이며	禮者 法之大分
무리를 이루기 위한 벼리다.	群類之綱紀[112]也
그러므로 학문은 예에 이르러 그치는 것이다.	故學至乎禮 而止矣.

순자의 활동 시기는 합종과 연횡이 마무리 단계에 접어들어 통일을 위해 치닫던 전국 말이었다. 당시는 형식적으로는 주나라 왕실이 존재했으므로 천리인 주례가 통치의 최고 장전이었으나, 실질적으로는 힘 있는 제후의 왕법이 지배하는 세상이었다. 순자는 천자의 주례보다 왕법을 지지했다. 그러나 주례는 아니지만 여전히 후왕後王의 예를 존중했다. 예를 존중한다는 것은 인치人治를 존중한다는 뜻이다. 즉 순자에게는 아직도 법치는 인치의 수단에 그치는 것이었다. 그러므로 순자를 '예법주의'라고 부르게 된 것이다.

---

111)_ 數(수)=術也.
112)_ 紀(기)=綱也.

예치

순자荀子**/의병**議兵

예禮는 세상을 다스리고 분별하는 중심이며	禮者 治辨之極[113]也
나라를 강고하게 만드는 근본이며	强國之本也.
위엄이 행해지는 길이며, 공명을 이루는 추요樞要이니	威行之道也 功名之總[114]也
왕공이 그것을 따르면 천하를 얻고	王公由[115]之 所以得天下也
따르지 않으면 사직을 잃는다.	不由所以損社稷也
그러므로 튼튼한 갑옷이나 예리한 병기로는	故堅甲利兵
승리를 말하기에는 부족하고	不足以爲勝.
높은 성곽이나 깊은 해자로는 견고하다고 말하기에는 부족하며	高城深池不足以爲固.
엄한 정령과 번다한 형벌로는	嚴令繁刑
위엄을 떨치기에는 부족한 것이니	不足以爲威.
예도禮道를 쓰면 행세할 수 있고	由其道則行[116]
쓰지 않으면 실패한다.	不由其道則廢.

인치

순자荀子**/유효**儒效

선왕의 도道는 어진 사람을 높여 그를 표준으로	先王之道 仁人隆也
중도中道를 좇아 행하는 것이다.	比[117]中而行之
무엇을 중中이라 하는가? 예의禮儀가 바로 그것이다.	曷謂中 曰禮儀是也.

---

113)_ 極(극)＝棟也, 本也.
114)_ 總(총)＝要也.
115)_ 由(유)＝從也, 用也.
116)_ 行(행)＝奉也.
117)_ 比(비)＝擇善而從之.

법치

순자荀子**/군도**君道

어지러운 군주는 있어도 어지러운 나라는 없다.	有亂君 無亂國.
다스리는 사람은 있어도 다스리는 법은 없다.	有治人 無治法.
명궁名弓 예羿의 법은 없어지지 않았지만	羿之法非亡也
예와 같은 명궁은 이 세상에 없고	而羿不世中.
우임금의 법은 아직 존재하지만	禹之法猶存
지금 우임금과 같은 성군은 없다.	而夏不世王.
그러므로 법은 홀로 설 수 없고	故法不能獨立
율예律例는 스스로 설 수 없다.	類118)不能自立
사람을 얻으면 존속되고 사람을 잃으면 실패한다.	得其人則存 失其人則亡.
법이란 치란治亂의 실마리요,	法者治亂之端也
군자란 법의 근원이다.	君子者法之原也.

한비자 반복례

한비는 예치와 덕치를 부정하고 권력과 법치를 강조한 법치주의 시조다. 이제 세상은 힘으로만 권력을 탄생시키고 지킬 수 있다는 사실을 인정해야 한다고 생각했다. 한비는 순자의 제자이지만 순자와는 전혀 다르다. 순자는 유가를 인정하고 예禮를 존중했으나 한비는 예를 전면 부정한다.

---

118)_ 類(류)＝例也.

한비자韓非子/팔설八說

옛사람은 덕을 공경했고, 중세는 지혜를 좇고	古人亟[119]於德 中世逐於智
지금은 힘을 겨루는 시대다.	當今爭於力.
옛날에는 일도 적었고 장비도 간단하고	古者寡事而備[120]簡
질박하여 정교하지 않았다.	樸陋而不盡
또한 인구가 적어 서로 친애했고	古者人寡而相親
물자가 많아 이利를 가볍게 보고 서로 양보했다.	物多而輕利易讓.
그런즉 읍양의 예를 행하고 자혜로운 마음을 고양하며	然則行揖讓 高慈惠
어짊과 후덕을 말하는 것만으로 모두 정사를 행할 수 있었다.	而道仁厚 皆推[121]政也
그러나 이제 다사다난한 시대에는	處多事之時
일이 적었던 옛 도구를 쓰는 것은	用寡事之器
지자智者의 도량이 아니다.	非智者之備也
투쟁의 시대를 당했으니	當大爭之世
옛 읍양의 법을 따르는 것은	而循揖讓之軌
성인의 다스림이 아니다.	非聖人之治也.

한비자韓非子/오두五蠹

수인씨燧人氏는 나무를 문질러 불을 일으켰는데	今有搆[122]木鑽燧
만약 하나라 때의 사람이 그리했다면	於夏后氏之世者
반드시 우임금의 웃음거리가 되었을 것이며,	必爲鯀禹笑矣
은나라·주나라 때 우임금처럼 물길을 터서 왕이 되려 했다면	有決瀆於殷周之世者

---

119)_ 亟(극)＝急也, 敬也.
120)_ 備(비)＝具也.
121)_ 推(추)＝行也, 謀也.
122)_ 搆(구)＝搆也.

탕왕과 무왕의 웃음거리가 되었을 것이 뻔하다.	必爲湯武笑矣
그런즉	然則
요·순·우·탕·무의 통치 방법을 찬양한다고	今有美堯舜禹湯武之道
오늘날의 사람이 그 방법을 따른다면	於當今之世者
지금 새로운 성인의 웃음거리가 될 것이다.	必爲新聖笑矣
그러므로 성인은 옛것을 따르지 않고	是以聖人不期修古
불변의 도道를 본받지 않고	不法常行[123]
지금 이 세상의 일을 논하여 다스리는 방법을 강구할 것이다.	論世之事 因爲之備.

송나라에 한 농부가 있었는데 밭 가운데 나무가 있었다.	宋人有耕田者 田中有株
그런데 토끼가 달리다가 그 등걸에 걸려 목이 부러져 죽었다.	兎走觸株 折頸而死.
이에 농부는 쟁기를 버리고 나무를 지키며	因釋其耒
다시 토끼가 걸리기를 기다렸다(守株待兎).	而守株冀復得兎
그러나 토끼는 얻지 못하고 사람들의 웃음거리가 되었다.	兎不可復得 而身爲宋國笑.
지금 선왕先王의 정치로	今欲以先王之政
세상을 다스리는 사람들은	治當世之民
모두 나뭇등걸을 지키는 부류들이다.	皆守株之類也.

한비자韓非子/외저설좌外儲說左 상

정나라 사람이 신발을 사려고	鄭人有欲買履者
먼저 발의 치수를 재고는 그 쪽지를 의자에 얹어놓았다.	先自度其足 而置之其坐.
장터에 와서	至之市
신발을 사려고 할 때에야 쪽지를 잊고 온 것을 깨달았다.	而忘操之已得履.

---

123)_ 行(행)＝道也.

그는 "쪽지를 잊어버렸으니　　　　　　　　　　　乃曰 吾忘持度

집에 가서 가지고 오겠다"고 말했다.　　　　　　　反歸取之.

쪽지를 가지고 돌아왔으나 장은 파하여 신발을 살 수 없었다.　　　及反市罷. 遂不得履.

사람들이 말했다.　　　　　　　　　　　　　　人曰

"왜 직접 발로 신발을 신어보고 사지 않았소?"　　何不試之以足.

그는 말했다. "쪽지의 치수는 믿을 수 있으나　　曰 甯[124]信度

내 발은 믿을 수가 없기 때문이오."　　　　　　無自信也.

여씨춘추呂氏春秋/**권15/신대람**愼大覽/**찰금**察今

초나라 사람이 강을 건너는데　　　　　　　　　楚人有涉江者

배 안에서 칼을 물에 빠뜨렸다.　　　　　　　　其劍自舟中墜於水.

급히 배에 금을 긋고 말하기를　　　　　　　　遽契[125]其舟曰

"이곳이 내 칼을 빠뜨린 곳이다"라고 했다.　　　是吾劍之所從墜也

배가 멈추자　　　　　　　　　　　　　　　　舟止

그 금을 따라 물에 뛰어들어 칼을 수색했다.　　從其所契者 入水求之.

그러나 배는 이미 움직였고 칼은 움직이지 않았으니　　舟已行矣 而劍不行.

이처럼 칼을 찾는 것은 미혹한 짓이 아닌가?　　求劍若此 不亦惑乎

옛 법으로 나라를 다스리는 것도 이와 같은 것이다.　以故法爲其國 如此同.

봉건 윤리는 군신 관계를 부자 관계와 똑같은 사적 인의仁義 관계로 본다. 유가들은 국가를 가부장적 가족 공동체의 확대판으로 인식하기 때문이다. 군사부일체軍師父一體 사상은 그것을 지탱하는 도덕률이었다.

---

124)_ 甯(녕)=寧의 僞字.

125)_ 契(계)=刻也.

그러나 한비는 부자 관계는 인애仁愛 관계이지만 그 밖의 군신 관계를 포함한 인간 관계는 인의 관계가 아니라 이해관계 또는 권력관계라고 보았던 것이다. 사실 『한비자』에서는 인간관계를 비정하리만큼 이해관계로 파악하고 논지를 펴나간다는 점에서 도덕론에 머무는 다른 문서와는 달리 근대적이다. 그러므로 그에게 예禮는 이미 통치술이 될 수 없었다.

한비자韓非子/식사飾邪

군신이란 이해관계로 결합한 관계다.	君臣也者 以計合者也
간난에 처해 죽음을 무릅쓰고 지혜를 다해 진력함은	至夫臨難必死 盡智竭力
법으로 다스려 그렇게 된 것이다.	爲法爲之.
그러므로 선왕들은 포상을 밝게 보여줌으로써 신하를 독려하고	故先王明賞以勸之
형벌을 엄격히 하여 잘못을 범하지 않도록 위협했다.	嚴刑以威之.
상벌이 밝아지면 민중은 죽을힘을 다하고	賞刑明則民盡死.
민중이 죽음을 무릅쓰면 군대는 강해지고 군주는 존귀해진다.	民盡死則兵强主尊.

한비자韓非子/오두五蠹

옛사람들이 재물을 가벼이 본 것은	是以古之易126)財
인의仁義 때문이 아니라 재화가 넉넉했기 때문이다.	非仁也財多也
오늘날 쟁탈하는 것은	今之爭奪
인색해서가 아니라 재화가 적어서 그런 것이다.	非鄙也財寡也
천자 자리를 가볍게 사양한 것은	輕辭天子
고매해서가 아니라 권세가 박했기 때문이다.	非高也勢薄也
벼슬자리를 다투는 것은	重爭士囊

---

126)_ 易(이)＝輕也.

비천해서가 아니라 이권이 많기 때문이다.

그러므로 성인은 재화의 다소와 이권의 후박을 헤아려

정사를 다스렸던 것이다.

그러므로 형벌이 가볍다고 자비로운 것이 아니고

형벌이 무겁다고 포학한 것이 아니다.

민중의 습속에 알맞도록 모든 것을 행했던 것이다.

非下也權重也

故聖人議多少論薄厚

而爲之政.

故罰薄不爲慈

誅嚴不爲戾¹²⁷⁾

稱俗而行也.

한비자韓非子/외저설좌外儲說左 상

무릇 삯꾼을 사서 농사를 지을 때

주인이 가산을 덜어 음식을 잘 먹이고 품삯을 주면서

돈을 가벼이 하며 구하는 것은 삯꾼을 사랑해서가 아니다.

이렇게 해야만 밭갈이를 깊게 하고

김매기를 잘하기 때문이다.

삯꾼이 힘을 다해 부지런히 밭 갈고 김을 매며

솜씨를 다해 밭두렁을 치는 것은

주인을 사랑해서가 아니다.

그래야만 맛있는 고깃국과

품삯을 받을 수 있기 때문이다.

夫賣庸而播耕者

主人費家而美食調布

而求易錢者 非愛庸客也

曰 如是 耕者且深

耨者熟耘也

庸客致力而疾耘耕者

盡巧而正畦陌者

非愛主人也

曰 如是 羹且美

錢布且易云¹²⁸⁾也.

한비자韓非子/육반六反

또한 부모 자식 간의 관계도

아들을 낳으면 서로 축하하고 딸을 낳으면 차별한다.

且父母之於子也

産男則相賀 産女則殺之.

---

127)_ 戾(려)=暴也.
128)_ 云(운)=有也, 然也.

이는 다 같이 부모의 배 속에서 나왔으나

남자는 축하를 받고 여자는 차별하는 것은

훗날의 편리와 이익이 큼을 계산한 때문이다.

이처럼 부모 자식 간에도

오히려 계산하는 마음으로 대하거늘

부자의 사랑이 없는 경우는 어떠하겠는가?

오늘날 학자들의 군주에 대한 유세는

모두 이익 추구의 마음을 버린

서로 사랑하는 도리에서 나온다고 한다.

이는 군주에게 부모보다 더한 사랑을 요구하는 것으로

깊은 논리도 사려도 없는 사기이거나 속임수인 것이다.

그러므로 밝은 임금은 받아들이지 않는다.

此俱出父母之懷袵

然男子受賀 女子殺[129]之者

慮其後便 計之長[130]利也

故父母之於子也

猶用計之心以相待也

而況無父子之澤乎

今學者之說人主也

皆去求利之心

出相愛之道.

是求人主之過父母之親也

此不熟於論思 詐而誣也

故明主不受也.

한비자韓非子/**비내**備內

『도좌춘추挑左春秋』에 의하면

"역대 군주가 병들어 죽은 예는 절반도 안 된다"고 했다.

군주가 이를 알지 못하면 어지러움의 단서가 될 것이다.

그러므로 군주는 그가 죽어야 이로운 자가 많으면

위태롭다고 말한다.

옛날 왕량王良이 말을 사랑했고

월越 왕 구천이 사람을 사랑한 것은

전쟁에 쓰기 위함이요, 달리기 위한 것이었다.

故挑左春秋曰

人主之疾死者不能處半.

人主不知則亂多資.

故曰 利君死者衆

則人主危.

故王良愛馬

越王句踐愛人

爲戰與馳.

---

129)_ 殺(살)＝減也, 差也.
130)_ 長(장)＝多也.

의사가 남의 상처를 빨고 더러운 피를 머금는 것은

육친 같은 사랑이 아니라

그래야만 많은 이익을 얻기 때문이다.

수레 만드는 공인은 사람이 부귀해지기를 바라고

관 만드는 공인은 사람이 죽기를 바란다.

수레 공인은 자애심이 있고 관 공인은 잔혹해서가 아니다.

부귀하지 않으면 수레가 팔리지 않고

죽지 않으면 관이 팔리지 않기 때문이다.

마음으로 남을 미워하기 때문이 아니라

사람의 죽음에 이익이 있기 때문이다.

醫善吮[131]人之傷 含人之血

非骨肉之親也

利所加也

輿人成輿 則欲人之富貴.

匠人成棺 則欲人之夭死也

非輿人仁 而匠人賊也

人不貴則輿不售

人不死則棺不買.

情非憎人也

利在人之死也.

---

131)_ 吮(연)＝핥다.

제10장

처세훈

『논어』는 처세훈

『논어』라는 책은 본래부터 처세훈이 전부인지도 모른다. 『논어』는 군자 즉 군주의 충성스러운 관리가 되기 위한 수신서修身書이기 때문이다. 특히 공자는 사민四民의 하나인 사士 계급으로 출신하여 대부로 승진했고 생전에 영화를 누리지는 못했으나 죽어서는 성인으로 추앙되었으니 공자의 어록이야말로 최고의 성공 담론이요, 금쪽같은 처세훈일 것이다. 『논어』의 어느 한 구절이라도 감명을 받아 평생 실천할 수 있다면 그 사람은 훌륭한 사람이 될 수 있을 것이다. 그러므로 지금까지 『논어』는 시대가 변하는 데 따라 그 시대에 알맞은 처세훈으로 번역되고 읽혀온 것이다. 그리고 오늘날은 21세기 신자본주의 시대이므로 그에 걸맞게 윤색되어 번역되고 있다. 그래서 공자는 신자본주의 시대의 위대한 경영자로 둔갑되기도 한다. 이에 따라 이제는 군자란 자본주의 시대에 잘 적응하는 관리나 회사원으로 해석되고 있다.

이러한 처세훈은 철학도 역사성도 없는 것이다. 그러나 그렇기 때문에 도리어 공자의 처세훈은 오늘도 여전히 유효할 수 있다. 2,500년 전 공자 당시에도 오늘날처럼 나라와 가정과 벗들이 있었고, 사랑도 증오도 술수도 싸움도 있었기 때문이다. 그러나 이 책은 처세훈이 아니라 사상서가 되기를 바라며 쓴 글이다.

앞에서 언급한 『논어』의 글들은 사상적·역사적 함의로 인용했지만 그 속에도 처세훈이 들어 있을 것이다. 여기서는 처세훈 가운데 앞에서 누락된 글들을 모아 번역했다. 다만 처세훈의 글들은 나보다도 독자 여러분들이 더욱 절실하게 해설할 수 있을 것이므로 해설은 생략했다. 분량이 많으므로 각 절마다 따로 제목을 달아보았으나 이 모두가 크게 보면 수신훈修身訓일 것이다. 유가의 공부는 치인治人을 위해 먼저 수기修己하라는 것이 핵심이기 때문이다. 그리고 이러한 수신이 유가 처세훈의 기본이다. 그래서 공자는 '위인지학爲人之學'보다 '위기지학爲己之學'이 먼저라고 말했다. 남을 다스리는 것보다 나를 다스리는 공부를 해야 한다는 것이다. 『논어』에서 말하는 '위기爲己'란 곧 '치기治己' 즉 '나를 다스리는 것'을 말하며 이것이 바로 수신의 요체다.

1절 | 수양

논어論語/학이學而 4

증자가 말했다.

"나는 날마다 스스로 세 가지를 반성한다.

남을 위한 일에 충실하지 못했는가?

벗과 사귐에 신실하지 않았는가?

스승의 학문을 익히지 못했는가?"

曾子曰

吾日三省吾身

爲人謀而不忠乎

與朋友交而不信乎

傳不習乎.

논어論語/이인里仁 4

공자께서 말씀하셨다.

"진실로 인仁에 뜻을 둔다면 악행이 없을 것이다."

子曰

苟志於仁矣 無惡也.

논어論語/이인里仁 6

공자께서 말씀하셨다.

"나는 인仁을 좋아하는 사람도

불인不仁을 미워하는 사람도 아직 보지 못했다.

인을 좋아하는 사람은 더할 것이 없는 사람이고

子曰

我未見好仁者

惡不仁者.

好仁者 無以尙之

불인을 미워하는 사람은 인을 행할 뿐 아니라　　　　　　惡不仁者 其爲仁矣

불인이 자기 몸에 붙지 않게 할 것이다.　　　　　　　　不使不仁者 加乎其身.

하루라도 인을 위해 있는 힘을 다한 사람이 있을까?　　有能一日 用其力於仁矣乎

나는 인을 힘쓰는 데 힘이 부친 사람을 보지 못했다.　　我未見力不足者

개중에는 그런 사람이 있겠지만 나는 아직 보지 못했다.”　　蓋[1]有之矣 我未之見也.

논어論語/이인里仁 17

공자께서 말씀하셨다.　　　　　　　　　　　　　　子曰

“어진 이를 보면 같아지기를 생각하고　　　　　　　見賢思齊焉

어질지 못한 이를 보거든 속으로 스스로를 반성하라!”　見不賢而內自省也.

논어論語/공야장公冶長 26

공자께서 말씀하셨다. “그만두어야겠다!　　　　　　子曰 已矣乎

나는 자기 허물을 발견하고　　　　　　　　　　　　吾未見 能見其過

속으로 자책하는 사람을 보지 못했다!”　　　　　　　而內自訟者也.

논어論語/태백泰伯 6

증자가 말했다.　　　　　　　　　　　　　　　　　曾子曰

“유능하면서도 무능한 자에게 묻고　　　　　　　　以能問於不能

많으면서도 적은 자에게 묻고　　　　　　　　　　　以多問於寡

부유하면서도 없는 것 같고, 실하면서도 허한 것 같으며　有[2]若無 實若虛

범했는데도 따지지 않았다.　　　　　　　　　　　　犯而不校

---

1)_ 蓋(개)＝의문사.

2)_ 有(유)＝富也.

옛날 내 벗 중에서 이렇게 한 사람이 있었다."[3]

昔者吾友 嘗從事於斯矣.

논어論語/자한子罕 22

공자께서 말씀하셨다.

子曰

"후배는 두려운 존재다.

後生可畏

어찌 내일 그들이 오늘 우리만 못하다고 하겠는가?

焉知來者之不如今也

그러나 사십, 오십이 되어도 지혜롭지 못하다면

四十五十而 無聞[4]焉

이들은 역시 두려울 것이 못 된다."

斯亦不足畏也已.

논어論語/자한子罕 26

공자께서 말씀하셨다.

子曰

"해진 모시 두루마기를 입고 담비 옷을 입은 사람과 함께

衣敝縕袍 與衣狐貉者

나란히 서 있어도 부끄러워하지 않을 사람은

立而不恥者

유(자로)일 것이다."

其由也與.

"해치지도 않고 요구하지도 않으니 어찌 착하지 아니한가?"

不忮不求 何用不臧

자로는 『시경』의 이 구절을 종신토록 암송하고 다녔다.

子路終身誦之

공자께서 말씀하셨다.

子曰

"이런 방도만으로 어찌 착해질 수 있겠는가?"

是道也何足以臧.

논어論語/헌문憲問 11

공자께서 말씀하셨다.

子曰

"가난하면서 원망하지 않기는 어렵지만

貧而無怨難

---

3)_ 주희는 안연를 지목했다.
4)_ 聞(문)＝智也.

부유하면서 교만하지 않기는 쉽다."   富而無驕易.

논어論語/계씨季氏 11

공자께서 말씀하셨다.   孔子曰

"선善을 보면 다하지 못한 것같이 하고   見善如不及

불선不善을 보면 끓는 물에 손을 담근 것처럼 한다.   見不善如探湯

나는 그런 사람을 보았고, 그런 말을 들었다.   吾見其人矣 吾聞其語矣

은거해서 그 뜻을 추구하고   隱居以求其志

의義를 행하여 도道를 이룬다고도 하지만   行義以達其道

나는 그런 말을 들었으나 그런 사람은 보지 못했다."   吾聞其語矣 吾不見其人也.

논어論語/자장子張 2

자장이 말했다.   子張曰

"덕을 가졌으되 키우지 못하고, 도를 믿어도 돈독하지 못하면   執德不弘 信道不篤

다스림이 있다고 할까요? 없다고 할까요?"   焉能爲有 焉能爲亡.

2절 | 덕성과 정직

논어論語/이인里仁 25

공자께서 말씀하셨다.   子曰

"덕은 외롭지 않다. 반드시 이웃이 있을 것이다."   德不孤 必有鄰.

논어論語/공야장公冶長 20

공자께서 말씀하셨다. "위衛나라 대부 영무자寗武子는   子曰 寗武子

나라에 도가 있으면 지혜로웠고 도가 없으면 우직했다.   邦有道則知 邦無道則愚⁵⁾

지혜로움은 나도 미칠 수 있지만 우직함은 따를 수 없다!"   其知可及也 其愚不可及也.

논어論語/공야장公冶長 23

공자께서 말씀하셨다.   子曰

"누가 미생고微生高⁶⁾를 정직하다 했는가?   孰謂微生高直

어떤 사람이 식초를 얻으러 오자   或乞醯⁷⁾焉

---

5)_ 愚(우)=直也.
6)_ 정직한 것으로 소문난 노나라 사람.

그는 이웃집에서 빌려다 주었다."   乞諸其鄰而與之.

논어論語/공야장公冶長 24

공자께서 말씀하셨다.   子曰
"꾸미는 말, 아첨하는 얼굴, 지나친 공손을   巧言令色足恭
좌구명左丘明은 부끄럽게 여겼는데   左丘明恥之
나도 역시 부끄러워한다.   丘亦恥之
원망을 숨기고 벗으로 대하는 것을   匿怨而友其人
좌구명은 부끄럽게 여겼는데   左丘明恥之
나도 역시 이를 부끄러워한다."   丘亦恥之.

논어論語/옹야雍也 3

자화子華(공서화)가 제나라에 사신으로 갔다.   子華使於齊
염자(염유)가 그의 모친을 위해 곡식을 청했다.   冉子爲其母請粟
공자께서 말씀하셨다. "한 가마를 주어라."   子曰 與之釜.[8]
더 주기를 청하자 "한 섬을 주어라" 하셨다.   請益 曰 與之庾[9]
염자는 열여섯 섬을 주었다.   冉子與之粟五秉[10]
공자께서 말씀하셨다.   子曰
"적(공서화)이 제나라로 갈 때   赤之適齊也
살찐 말을 타고 가벼운 갖옷을 입었다.   乘肥馬 衣輕裘
내가 듣건대   吾聞之也

---

7)_ 醯(혜)＝酸也.
8)_ 釜(부)＝6斗 4升.
9)_ 庾(유)＝1휘＝1斛＝16斗.
10)_ 秉(병)＝16斛.

'군자는 궁박한 자를 도와주고 부를 계승하지 않는다' 한다."　　君子周[11]急不繼富

공자께서 사구가 되어 원사原思(원헌)를 읍재邑宰로 삼았는데　　原思爲之宰

그에게 녹으로 곡식 구백을 주었더니 사양했다.　　與之粟九百[12] 辭.

공자께서 말씀하셨다. "사양치 마라!　　子曰 毋.

네 이웃 마을이나 고을에 나누어 주어라!"　　以與爾鄰里鄕黨乎.

논어論語/옹야雍也 13

공자께서 말씀하셨다.　　子曰

"맹지반孟之反[13]은 자랑하지 않는 사람이다.　　孟之反 不伐

패주할 때 후미를 맡아 적을 막아 공을 세웠는데　　奔而殿[14]

성문에 들어오면서 자기 말을 때리면서 말하기를　　將入門 策其馬 曰

'후방을 맡으려 한 것은 아닌데 말이 뒤쳐진 것'이라 했다."　　非敢後也 馬不進也.

논어論語/옹야雍也 17

공자께서 말씀하셨다.　　子曰

"사람의 살아가는 데는 정직뿐이니　　人之生也直.

부정직하게 살아가는 것은 요행으로 벌을 면한 것이다."　　罔[15]之生也 幸而免.

논어論語/옹야雍也 21

공자께서 말씀하셨다.　　子曰

---

11)_ 周(주)=補不足.

12)_ 九百(구백)=주희는 詳考할 길이 없다고 했다.

13)_ 노나라 대부. 名은 側. 字는 之反.

14)_ 殿(전)=軍之後隊也, 大堂也.

15)_ 罔(망)=不直也.

"지자知者는 물을 좋아하고, 인자仁者는 산을 좋아한다.　　　知者樂水 仁者樂山

지자는 활동적이고, 인자는 허정虛靜하다.　　　知者動 仁者靜

지자는 즐거워하고, 인자는 장수한다."　　　知者樂 仁者壽.

논어論語/술이述而 23

공자께서 말씀하셨다.　　　子曰

"제자들아! 내가 숨기는 것이 있다고 생각하느냐?　　　二三子 以我爲隱乎

나는 너희들에게 숨기는 것이 없다.　　　吾無隱乎爾

나의 행동은 너희들과 함께하지 않는 것이 없다.　　　吾無行而不與二三子者

이것이 바로 나이니라."　　　是丘也.

논어論語/자한子罕 17

공자께서 말씀하셨다.　　　子曰

"내 아직 여색을 좋아하듯 덕을 좋아하는 이를 보지 못했다."　　　吾未見好德 如好色者也.

논어論語/안연顔淵 10

자장이 덕을 높이고 의혹을 분별하는 것을 물었다.　　　子張問崇德辨惑

공자께서 말씀하셨다.　　　子曰

"충심과 신의를 위주로 삼고　　　主忠信

의를 따르는 것이 덕을 높이는 것이며　　　徙義 崇德也

아끼는 것은 살기를 바라고, 싫어하는 것은 죽기를 바라지만　　　愛之欲其生 惡之欲其死

살기를 바라고 죽기를 바라는 욕심　　　旣欲其生 又欲其死

그 자체가 이미 미혹이다."　　　是惑也.

논어論語/헌문憲問 36

혹자가 말했다. "원한을 은덕으로 갚으면 어떻습니까?"

공자께서 말씀하셨다.

"그러면 은덕은 무엇으로 갚을 것인가?

원한은 공평무사함으로 갚고, 덕은 덕으로 갚는 것이다."

或曰 以德報怨 何如.

子曰

何以報德.

以直報怨 以德報德.

논어論語/위영공衛靈公 4

· 공자께서 말씀하셨다.

"유(자로)야! 지혜로우면서도 덕 있는 자는 드물다."

子曰

由 知德者鮮矣.

3절 | 지도자

논어論語/위정爲政 11

공자께서 말씀하셨다.

"옛것을 익히고 새것을 알면 가히 스승이 될 만하다."

子曰

溫[16]古而知新 可以爲師矣.

논어論語/공야장公冶長 11

자공이 말했다.

"저는 남이 저에게 해를 끼치는 것을 바라지 않듯이

저 역시 남에게 해를 끼치지 않으려 합니다."

공자께서 말씀하셨다.

"사賜(자공)야! 네가 미칠 수 있는 일이 아니다."

子貢曰

我不欲 人之加諸我也

吾亦欲 無加諸人

子曰

賜也 非爾所及也.

논어論語/옹야雍也 24

재아가 물었다. "인자仁者는

가령 우물 안에 사람이 빠졌다고 거짓을 고해도

宰我問曰 仁者

雖[17]告之曰 井有仁焉

---

16)_ 溫(온)=尋也, 習也, 厚也.

그의 말을 따라 우물에 들어가야 합니까?"   其從之也.

공자께서 말씀하셨다. "어찌 그렇게 하겠느냐?   子曰 何爲其然也

군자로 하여금 가게 할 수는 있어도 우물에 빠뜨리지는 못하며   君子可逝也 不然陷也

(이치로) 속일 수는 있으나   可欺也

(패리로) 현혹시키지는 못하는 것이다."   不可罔也.

논어論語/안연顔淵 4

사마우가 군자에 대해 물었다.   司馬牛問君子

공자께서 말씀하셨다.   子曰

"군자는 근심하지 않고 두려워하지 않는다."   君子 不憂不懼.

사마우가 말했다.   曰

"그렇게만 하면 군자라고 말할 수 있습니까?"   不憂不懼 斯謂之君子已乎.

공자께서 말씀하셨다.   子曰

"안으로 반성하고 밖으로 거리낌이 없다면   內省不疚

무엇을 근심하고 두려워하겠는가?"   夫何憂何懼.

논어論語/안연顔淵 12

공자께서 말씀하셨다.   子曰

"몇 마디 말로 옥사를 판단하는 것은 유(자로)일 것이다."   片言可以折獄者 其由也與.

자로는 승낙을 미루는 일이 없었다.   子路 無宿諾.

논어論語/안연顔淵 13

공자께서 말씀하셨다.   子曰

---

17)_ 雖(수)=假令. 不定也.

"나는 송사를 처리하는 것은 남과 같으나   聽訟吾猶人也
반드시 송사가 없게 할 것이다."   必也使無訟乎.

논어論語/안연顏淵 16
공자께서 말씀하셨다.   子曰
"군자는 남의 장점을 이루게 하고   君子成人之美
나쁜 점은 이루지 못하게 하는데   不成人之惡
소인은 이와 반대다."   小人反是.

논어論語/헌문憲問 29
공자께서 말씀하셨다.   子曰
"군자는 실천보다 말이 앞서는 것을 부끄럽게 생각한다."   君子恥其言而過其行.

4절 | 충심

논어論語/위정爲政 13

자공이 군자에 대해 물었다.　　　　　　　　　　　　子貢問君子

공자께서 말씀하셨다.　　　　　　　　　　　　　　　子曰

"먼저 왕의 책명策命을 실행하고　　　　　　　　　　先行其言[18]

연후에 그것을 따르게 하는 것이다."　　　　　　　　而後從之.

논어論語/공야장公冶長 17

공자께서 말씀하셨다. "노나라 대부 장문중은　　　　子曰 臧文仲

군왕이 거북점을 치는 큰 거북 등딱지를 간직했으며　　居[19]蔡[20]

기둥머리에 산을 새기고, 동자기둥에 마름 무늬를 채색했으니　山節[21]藻梲[22]

이러고서야 어찌 지혜롭다 하겠는가?"　　　　　　　何如其知也.

---

18)_ 言(언)＝王策命也.

19)_ 居(거)＝藏也.

20)_ 蔡(채)＝大龜也.

21)_ 節(절)＝柱頭斗拱.

22)_ 梲(절)＝梁上短柱.

자장이 초나라 대부 자문子文에 대해 물었다.	子張問曰 令尹子文
"세 번이나 출사하여 영윤이 되었는데 기뻐하는 기색이 없고	三仕爲令尹 無喜色
세 번 그만두었으나 원망하는 기색도 없이	三已之 無慍色
옛 영윤의 정사를	舊令尹之政
반드시 새 영윤에게 일러주었습니다. 어떤 인물입니까?"	必以告新令尹 何如.
공자께서 말씀하셨다. "충실忠實한 사람이다."	子曰 忠也.
자장이 물었다. "인仁한 사람입니까?"	曰 仁矣乎.
공자께서 말씀하셨다.	子曰
"알 수는 없지만 어찌 인자仁者라 하겠느냐?"	未知 焉得仁.
"제나라 대부 최자崔子가 자기 군주를 시해하자	崔子弑齊君
백 승乘의 대부인 진陳나라 문자文子는	陳文子
십 승의 전차마저도 버리고 떠나버렸습니다.	有馬十乘[23] 棄而違之
어느 나라에 이르자	之於他邦則曰
역시 이곳도 최자와 같다고 한탄하며	猶吾大夫崔子也
다시 그곳을 떠나버렸습니다.	違[24]之
또 어느 나라에 이르렀으나	之一邦則又曰
마찬가지로 거기서도 떠나버렸습니다.	猶吾大夫崔子也違之
문자는 어떻습니까?"	何如.
공자께서 말씀하셨다. "청렴한 사람이다."	子曰 淸矣
자장이 말했다. "인자이겠지요?"	曰 仁矣乎

---

23)_ 乘(승)=군주는 천 승, 대부는 백 승.
24)_ 違(위)=去也.

공자께서 말씀하셨다.

"그것만으로는 알 수는 없지만 어찌 인자라 하겠느냐?"

曰

未知 焉得仁.

논어論語/헌문憲問 8

공자께서 말씀하셨다.

"그를 사랑한다면 능히 권면함이 없겠느냐?

충심이라면 능히 깨우쳐줌이 없겠느냐?"

子曰

愛之能勿勞²⁵⁾乎

忠焉 能勿誨²⁶⁾乎.

논어論語/헌문憲問 23

자로가 군주 섬기는 것을 물었다.

공자께서 말씀하셨다.

"속임이 없어야 한다. 그런 연후에 간쟁하라."

子路問事君

子曰

勿欺也 而犯²⁷⁾之.

---

25)_ 勞(로)=勤也, 勉也, 賜也.

26)_ 誨(회)=曉教也.

27)_ 犯(범)=犯顔, 諫爭.

5절 | 효

논어論語/위정爲政 6

맹무백이 효를 물었다.　　　　　　　　　　　　　　　孟武伯問孝

공자께서 말씀하셨다.　　　　　　　　　　　　　　　　子曰

"부모는 오직 자식이 병들까 걱정하는 것입니다."　　　父母唯其疾之憂.

논어論語/위정爲政 7

자유가 효를 물었다.　　　　　　　　　　　　　　　　子游問孝

공자께서 말씀하셨다.　　　　　　　　　　　　　　　　子曰

"오늘날 효는 봉양하는 것을 말하는 모양이지만　　　今之孝者 是謂能養

개나 말도 모두 봉양은 한다.　　　　　　　　　　　　至於犬馬 皆能有養

공경하지 않으면 무엇이 다르겠는가?"　　　　　　　不敬 何以別乎.

논어論語/위정爲政 8

자하가 효를 물었다.　　　　　　　　　　　　　　　　子夏問孝

공자께서 말씀하셨다. "부모를 대하는 안색이 어려운 것이다.　子曰 色難

일이 있으면 자제들이 노고를 맡으며　　　　　　　　有事弟子服其勞

술과 음식이 있으면 어른에게 올리는데　　　　　有酒食先生[28]饌

어찌 이것만으로 효라 하겠느냐?"　　　　　　曾是以爲孝乎.

논어論語/이인里仁 18

공자께서 말씀하셨다.　　　　　　　　　　　子曰

"부모를 섬김에 은밀히 간해야 하며　　　　　事父母幾[29]諫

듣지 않을지라도 역시 공경하고 어기지 말아야 하며　見志不從 又敬不違

괴롭더라도 원망하지 말아야 한다."　　　　　勞而不怨.

논어論語/이인里仁 19

공자께서 말씀하셨다.　　　　　　　　　　　子曰

"부모가 계시거든 멀리 출타하지 말 것이며　　　父母在 不遠游

출타할지라도 반드시 갈 곳을 알려야 한다."　　游必有方.

논어論語/이인里仁 21

공자께서 말씀하셨다.　　　　　　　　　　　子曰

"부모님 나이를 알아두지 않으면 안 되는 것은　　父母之年 不可不知也

한편 오랜 삶을 기뻐하고 한편 돌아가실까 두렵기 때문이다."　一則以喜 一則以懼.

논어論語/선진先進 4

공자께서 말씀하셨다. "민자건은 효자로구나!　　子曰 孝哉閔子騫

사람들이　　　　　　　　　　　　　　　　　人

---

28)_ 先生(선생)＝父兄也.

29)_ 幾(기)＝微也.

그의 부모 형제가 냉대한 사실을 비방하지 않았다." [30]   不間[31]於其父母昆弟之言.[32]

논어論語/자장子張 18

증자가 말했다. "내가 선생님께 들은 말인데   曾子曰 吾聞諸夫子
맹장자孟莊子의 효 가운데 다른 것은 가능하지만   孟莊子之孝也 其他可能也
부친의 가신과 정사를 바꾸지 않는 것은   其不改父之臣 與父之政
어려운 일이다."   是難能也.

---

30)_ 자건은 계모와 이복형제들에게 냉대를 받았다고 한다.
31)_ 間(간)=訾議.
32)_ 言(언)=事也.

6절 | 상례와 제례

논어論語/**술이**述而 9

공자께서는 상주 옆에서는

배불리 드시지 않았으며

상을 당해 곡하면 노래를 부르지 않으셨다.

子食於有喪者之側

未嘗飽也

子於是日 哭則不歌.

논어論語/**자한**子罕 21

공자께서 말씀하셨다.

"묘목인 채로 꽃을 피우지 못하는 것도 있기 마련이며

꽃이 피었지만 열매를 맺지 못하는 것도 있는 것이다."

子曰

苗而不秀者 有矣夫

秀而不實者 有矣夫.

논어論語/**향당**鄉黨 7

재계를 할 때는 반드시 깨끗한 무명옷을 입으셨고

반드시 식사를 바꾸셨으며

반드시 자리를 옮겨 거처하셨다.

齊必有明衣布

齊必變食

居必遷坐.

논어論語/향당鄕黨 15

벗이 죽어 돌아갈 곳이 없을 때는   朋友死 無所歸
"빈소를 내 집에 차리라"고 말씀하셨다.   曰 於我殯.
벗의 선물이 비록 수레나 말일지라도   朋友之饋雖車馬
제사 고기가 아니면 절하지 않으셨다.   非祭肉不拜.　　•

논어論語/선진先進 10

안연이 죽자 문인들이 장사를 후하게 치르려 했다.   顏淵死 門人欲厚葬之
공자께서 옳지 않다고 반대하셨다.   子曰 不可
그러나 문인들이 후하게 장사를 지내자, 공자께서 말씀하셨다. 門人厚葬之 子曰
"회回(안연)는 나를 아버지처럼 보았는데   回也視予猶父也
나는 아들처럼 대하지 못했구나!   予不得視猶子也
그것은 나 때문이 아니라 제자들 때문이다."   非我也 夫二三子也.

논어論語/양화陽貨 21

재아가 물었다.   宰我問
"삼년상은 너무 길다고 생각합니다.   三年之喪 期已久矣
군자가 삼 년 동안 예禮를 다스리지 않으면   君子 三年不爲禮
예가 무너질 것이요,   禮必壞
삼 년 동안 악樂을 다스리지 않으면   三年不爲樂
악이 반드시 무너질 것입니다.   樂必崩
묵은 곡식이 떨어지면 햇곡식이 나옵니다.   舊穀旣沒 新穀旣升
불씨 나무도 바꾸는 일 년으로 그침이 좋을 것입니다."   鑽燧33)改火 期可已矣.

---

33)_ 燧(수)＝불씨를 만드는 나무.

공자께서 말씀하셨다.

"일 년이 지나면 쌀밥을 먹고 비단옷을 입어도

너는 편안하겠느냐?

재아가 말했다. "편안합니다."

공자께서 말씀하셨다. "네가 편안하다면 그렇게 해라!

그러나 군자는 거상 중에는 맛있는 음식도 달지 않고

음악을 들어도 즐겁지 않고, 안락한 거처도 편안치 않으니

일 년 상으로 마치지 않는 것이다.

이제 너는 편안하다고 하니 그렇게 해라."

재아가 나가자 공자께서 말했다.

"여주(재아)는 인자하지 못하구나!

자식은 태어나 삼 년이 지나야

부모의 품을 벗어날 수 있다.

그러므로 삼년상은 천하의 일반적인 상례다.

여도 삼 년 동안

부모의 사랑을 받았을 것이다."

子曰

食夫稻 衣夫錦

於女安乎.

曰 安.

子曰 女安則爲之.

夫君子之居喪 食旨不甘

聞樂不樂 居處不安

故不爲也.

今女安則爲之.

宰我出 子曰

予之不仁也.

子生三年然後

免於父母之懷

夫三年之喪 天下之通喪也.

予也有三年之

愛於其父母乎.

논어論語/자장子張 14

자유가 말했다.

"상을 당하면 슬픔을 다하는 것으로 그쳐야 한다."

子游曰

喪致乎哀而止.

논어論語/자장子張 17

증자가 말했다. "내가 선생님께 들은 바로는

사람은 스스로 성심을 다하지 못하지만

어버이 상을 치름에는 성심을 다한다고 한다."

曾子曰 吾聞諸夫子

人未有自致者也

必也親喪乎.

논어論語/학이學而 6

공자께서 말씀하셨다. "제자들아!

집에서는 부모에게 효도하고, 밖에서는 자제들과 우애하며

삼가고 신실하며, 여러 사람을 널리 사랑하되

어진 이를 가까이하라.

이처럼 행하고 여력이 있으면 선현先賢의 말씀을 배워라."

子曰 弟子

入則孝 出則弟

謹而信 凡愛衆

而親仁.

行有餘力 則以[34]學文.[35]

논어論語/학이學而 7

자하가 말했다.

"어진 이에게는 안색을 바꾸고 어질게 대하며

부모 섬기기를 진력하고

군주 섬기기에 몸을 바치고

붕우를 사귀되 말에 신의가 있다면

子夏曰

賢賢易色

事父母能竭其力

事君能致其身

與朋友交 言而有信

---

34)_ 以(이)=用也.

35)_ 文(문)=詩書六藝之文.

비록 배우지 못했다 할지라도   雖曰未學
나는 반드시 배운 사람으로 평가할 것이다."   吾必謂之學矣.

논어論語/위정爲政 17

공자께서 이르셨다. "유(자로)야!   子曰 由.
너에게 안다는 것이 무엇인가를 가르쳐주겠다.   誨女知之乎
아는 것은 안다고 하고 모르는 것은 모른다고 해라.   知之爲知之 不知爲不知
이것이 앎이니라."   是知也.

논어論語/공야장公冶長 14

자공이 공문자孔文子³⁶⁾에 대해 물었다.   子貢問曰 孔文子
"그는 선하지 않았는데 어찌 시호를 문文이라 일컫습니까?"   何以謂之文也.
공자께서 말씀하셨다. "영리하면서도 배우기를 좋아했고   子曰 敏而好學
아랫사람에게 묻기를 부끄러워하지 않았으므로   不恥下問
이에 문이라 부르게 되었다."   是以謂之文也.

논어論語/공야장公冶長 27

공자께서 말씀하셨다.   子曰
"조그만 마을에도 반드시 충신忠信한 사람은 있기 마련이다.   十室之邑 必有忠信
하지만 나보다 나은 사람이라도   如丘者焉
나처럼 배우기를 좋아하지는 못할 것이다."   不如丘之好學也.

---

36)_ 위나라 대부. 姓은 孔. 名은 圉.

논어論語/옹야雍也 2

애공이 물었다. "제자 중에서 누가 배움을 좋아합니까?"　　哀公問 弟子孰爲好學.
공자께서 대답하셨다. "안회(안연)가 배우기를 좋아하여　　孔子對曰 有顏回者好學
노여움을 옮기지 않고 과오를 두 번 되풀이하지 않았는데　　不遷怒 不貳過
불행히도 단명하여 죽고 지금은 없습니다.　　不幸短命死矣 今也則亡
그러고는 호학자好學者를 들어보지 못했습니다."　　未聞好學者也.

논어論語/옹야雍也 18

공자께서 말씀하셨다.　　子曰
"공부만 깨닫는 것만으로는 좋아하는 것만 못하고　　知之者 不如好之者.
좋아하는 것은 즐거워하는 것만 못하다."　　好之者 不如樂之者.

논어論語/술이述而 8

공자께서 말씀하셨다. "분발하지 않으면 계몽해 주지 않고　　子曰 不憤不啓
갑갑해하지 않으면 계발해 주지 않으며　　不悱[37]不發
한 모서리를 들출 때 세 모서리를 회개하지 않으면　　擧一隅 不以三隅反[38]
다시 반복하지 않는다."　　則不復也.

논어論語/술이述而 16

공자께서 말씀하셨다.　　子曰
"나에게 수년의 말미를 주어 『주역』 배우기를 마친다면　　加我數年 五十[39]以學易

---

37)_ 悱(비)=口欲言而未能之貌.
38)_ 反(반)=悔也, 治也, 理正幽枉也.
39)_ 五十(오십)=卒의 錯簡.

큰 허물이 없을 것이다." 可以無大過矣.

논어論語/술이述而 17
공자께서 위의威儀를 갖추어 말씀하실 경우가 있으니 子所雅[40]言
시와 서를 강론하고 집례執禮를 하실 때는 詩書執禮
위의를 갖추고 엄정하게 말씀하신다. 皆雅言也.

논어論語/태백泰伯 17
공자께서 말씀하셨다. "배움은 미치지 못한 것같이 하고 子曰 學如不及
오히려 그것을 놓칠까 걱정해야 한다." 猶恐失之.

논어論語/자한子罕 7
공자께서 말씀하셨다. 子曰
"나는 유식한가? 나는 무지하다. 吾有知乎哉 無知也
다만 시골 사람이 나에게 물으면 허심탄회하게 有鄙夫問於我 空空如也
나는 상하·장단의 양면을 인용하여 성의를 다할 뿐이다." 我叩[41]其兩端而竭焉.

논어論語/자한子罕 10
안연이 한숨을 쉬며 탄식하듯 말했다. 顏淵 喟然歎曰
우러러볼수록 더욱 높아지고, 뚫으려 할수록 더욱 견고하며 仰之彌高 鑽之彌堅
앞에 계신 듯하다가 홀연 뒤에 계신다. 瞻之在前 忽焉在後
선생님은 뒤따르는 듯하면서도 잘 선도하시고 夫子 循循[42]然善誘人

---

40)_ 雅(아)=威儀也. 정현은 正, 주희는 常으로 解함.
41)_ 叩(고)=擊也, 引止也.

육예六藝로 나를 넓히시고 예로써 나를 절제시키신다.　　　博我以文 約我以禮

그만두려 했으나 그만둘 수 없게 하셨고　　　欲罷不能

내 재능을 다했더니　　　旣竭吾才

성취함이 있어 높아지는 듯했다.　　　如有所立[43]卓[44]爾

그러나 아무리 따르려고 해도 따라갈 수 없었다."　　　雖欲從之 末[45]由也已.

논어論語/자한子罕 23

공자께서 말씀하셨다.　　　子曰

"옳은 말로 타이르면 어찌 따르게 하지 못하겠는가?　　　法語[46]之言 能無從乎

그러나 고치게 하는 것이 중요하다.　　　改之爲貴.

부드러운 말로 타이르면 어찌 즐거워하지 않겠는가?　　　巽與之言 能無說乎

그러나 실마리를 찾게 하는 것이 중요하다.　　　繹[47]之爲貴.

즐거워만 하고 근원을 찾지 못하거나　　　說而不繹

따르기만 하고 고치지 못한다면　　　從而不改

나로서도 어찌할 방도가 없다."　　　吾末如之何也已矣.

논어論語/선진先進 21

자로가 물었다.　　　子路問

"가르침을 들으면 바로 그것을 실행해야겠지요?"　　　聞斯行諸.

공자께서 말씀하셨다. "부형이 계신데　　　子曰 有父兄在

---

42)_ 循循(순순)＝行順也, 隨也, 有次序貌.

43)_ 立(립)＝有所成也.

44)_ 卓(탁)＝高遠也.

45)_ 末(말)＝無也.

46)_ 法語(법어)＝正言.

47)_ 繹(역)＝尋究.

어찌 들은 대로 곧 실행하겠느냐?"

염유가 물었다. "들으면 바로 그것을 실행해야 합니까?"

공자께서 말씀하셨다. "들은 대로 곧 시행해야 한다."

공서화가 말했다.

"저는 모순된 말 같아서 감히 다시 묻습니다."

공자께서 말씀하셨다.

"구(염유)는 물러나는 성격이므로 나아가게 한 것이고

유(자로)는 남을 아우르려 하므로 물러나게 한 것이다."

如之何其聞斯行之.

冉有問 聞斯行諸.

子曰 聞斯行之.

公西華曰

赤也惑 敢問.

子曰

求也退 故進之

由也兼[48]人 故退之.

논어論語/헌문憲問 46

궐闕 마을의 동자가

손님과 주인의 말을 전달하는 책임을 맡았다.

혹자가 물었다. "그렇게 시키니 학문에 보탬이 됩니까?"

공자께서 말씀하셨다.

"내 보니 어른 자리에 앉기도 하고

선생과 나란히 걷기도 하는 것으로 보아

학문이 더해지기를 구하는 것이 아니라

빨리 어른이 되고 싶은 것 같습니다."

闕黨童子

將命[49]

或問之曰 益者與.

子曰

吾見其居於位也.

見其與先生竝行也

非求益者也

欲速成者也.

논어論語/위영공衛靈公 3

공자께서 말씀하셨다. "사賜(자공)야!

너는 내가 많이 배우고

子曰 賜也

女以予爲多學

---

48)_ 兼(겸)=주희는 勝으로 解함.
49)_ 將命(장명)=傳賓主之言.

그것을 모두 기억하고 있는 줄 아느냐?"　　　　　而識之者與.

자공이 대답했다. "그렇습니다. 아닙니까?"　　　　　對曰 然. 非與.

공자께서 말씀하셨다. "아니다.　　　　　　　　　曰 非也

나는 하나로 꿰뚫어 있을 뿐이다."　　　　　　　予一以貫之.

논어論語/자장子張 5

자하가 말했다. "날마다 자기에게 없는 것을 깨닫고　　　子夏曰 日知其所亡

달마다 자기의 능한 바를 잊지 않는다면　　　　　　月無忘其所能

가히 학문을 좋아한다고 할 수 있을 것이다."　　　　可謂好學也已矣.

논어論語/자장子張 6

자하가 말했다. "널리 배우고 뜻을 돈독히 하며　　　　子夏曰 博學而篤志

간절히 묻고 가까운 것부터 생각하면　　　　　　　切問而近思

인仁은 저절로 그 가운데 있다."　　　　　　　　仁在其中矣.

논어論語/자장子張 12

자유가 말했다.　　　　　　　　　　　　　子游曰

"자하의 제자들은　　　　　　　　　　　　　子夏之門人小子

청소·접대·진퇴는 잘하지만　　　　　　　　　當灑掃應對進退則可矣

그것은 말단일 뿐 근본이 없으니 어찌하겠는가?"　　抑末也 本之則無 如之何.

자하가 듣고 말했다.　　　　　　　　　　　子夏聞之曰

"아하! 자유가 지나쳤다.　　　　　　　　　　噫 言游50)過矣

군자의 도는 어느 것을 먼저라 하여 전하고　　　　君子之道 孰先傳焉

---

50)_ 言游(언유)=子游의 姓名.

어느 것을 뒤라 하여 게을리 하겠는가?　　　　　　　　執後倦焉

비유하자면 초목을 구분하여 분별하는 것이니　　　　譬諸草木 區而別矣

군자의 도를 어찌 속일 수 있겠는가?　　　　　　　　君子之道 焉可誣也

도의 본말과 시종을 겸비한 것은 오직 성인뿐이다."　　有始有卒者 其惟聖人乎.

8절 | 시와 음악

논어論語/**팔일**八佾 23

공자께서 노나라 악관에게 말씀하셨다.

"음악을 알 것 같다.

시작은 오음五音(宮商角徵羽)이 합해지는 듯하다가

풀어지면서 화음이 되며

오음이 각각 뚜렷해지다가

끊일 듯 이어질 듯 여운을 남기며 한 곡이 완성된다."

子語魯大師樂曰

樂其[51]可知也

始作翕[52]如也

從[53]之純[54]如也

皦[55]如也

繹[56]如也以成.

논어論語/**공야장**公冶長 21

공자께서 진陳나라에 계실 때 말씀하셨다.

子在陳曰

---

51)_ 其(기)＝若也.
52)_ 翕(흡)＝合也.
53)_ 從(종)＝放也.
54)_ 純(순)＝和也.
55)_ 皦(교)＝明也.
56)_ 繹(역)＝不絶也.

"돌아가자! 돌아가자!   歸與歸與.
우리 고을 젊은이들은 거만하여 겉만 크고 속은 비었는데   吾黨之小子 狂⁵⁷⁾簡⁵⁸⁾
문장만을 아름답게 꾸미고 있으니   斐⁵⁹⁾然成章
절제할 줄 모르는구나!"   不知所以裁⁶⁰⁾之.

논어論語/술이述而 13
공자께서 제나라에 계실 때 순임금의 〈소악韶樂〉을 들으시고   子在齊聞韶
삼 개월 동안 고기 맛을 모르셨다. 그리고 말씀하셨다.   三月不知肉味曰
"순임금의 음악이 이런 경지에 이른 줄은 상상조차 못 했구나!"   不圖爲樂之至於斯也.

논어論語/술이述而 31
공자께서는 귀인들과 더불어 노래를 부르시고   子與人⁶¹⁾歌
잘 부르면 반드시 다시 부르도록 청하시고   而善必使反之
재창 후에는 이에 화답하셨다.   而後和之.

논어論語/태백泰伯 16
공자께서 말씀하셨다.   子曰
"악사 지摯가 초기에 연주한   師摯之始
〈관저關雎〉곡 중 종장의 합주는   關雎⁶²⁾之亂⁶³⁾

---

57)_ 狂(광)=倨慢也.
58)_ 簡(간)=疏大無細行也.
59)_ 斐(비)=文貌.
60)_ 裁(재)=節也.
61)_ 人(인)=貴人.
62)_ 關雎(관저)=『시경』의 詩名.
63)_ 亂(란)=終章.

바다가 성난 듯 성대하여 귀에 가득했다." 　　　　　　　　　洋洋乎盈耳哉.

논어論語/위영공衛靈公 41
공자께서 말씀하셨다. 　　　　　　　　　　　　　　　　子曰
"말과 글은 뜻을 통하면 그뿐 부화富華를 취하지 않는다." 　　辭達而已矣.

논어論語/양화陽貨 9
공자께서 말씀하셨다. 　　　　　　　　　　　　　　　　子曰
"너희들은 왜 시를 배우려 하지 않느냐? 　　　　　　　小子 何莫學夫詩.
시는 감동 분발시키고, 인정과 종족을 살필 수 있으며 　詩可以興 可以觀
사람들과 어울리게 하고, 비정을 원망할 수 있다. 　　　可以群 可以怨
가까이는 부모를 섬기게 하고, 멀리는 군주를 섬기게 하며 　邇之事父 遠之事君
조수와 초목의 이름을 많이 알 수 있다." 　　　　　　多識於鳥獸草木之名.

논어論語/양화陽貨 10
공자께서 아들 백어伯魚에게 말씀하셨다. 　　　　　　子謂伯魚曰
"너는 『시경』의 「주남周南」과 　　　　　　　　　　　女爲周南
「소남召南」의 시를 읽었느냐? 　　　　　　　　　　　召南矣乎
사람이 「주남」과 「소남」 등 『시경』의 시를 읽지 않는다면 　人而不爲周南召南
마치 담장을 마주보고 서 있는 것과 같을 것이다." 　　　其猶正牆面 而立也與.

논어論語/이인里仁 26

자유가 말했다.

"군주 섬김이 번거로우면 욕되고

벗을 사귐이 번거로우면 소원할 것이다."

子游曰

事君數 斯辱矣

朋友數[64] 斯疏矣.

논어論語/공야장公冶長 16

공자께서 말씀하셨다.

"안평중晏平仲[65]은 사람들과 잘 사귀었으며

오래도록 변함없이 공경스러웠다."

子曰

晏平仲 善與人交

久而敬之.

논어論語/자한子罕 24

공자께서 말씀하셨다.

"충심과 신의를 위주로 하되

子曰

主忠信

---

64)_ 數(삭)＝頻也, 細密也.

65)_ 제나라 대부. 名은 嬰, 諡號는 平, 字는 仲.

자기보다 못한 사람을 벗 삼지 말라.　　　　　　　　　母友不如己者
허물이 있으면 기탄없이 고쳐야 한다."　　　　　　　　過則勿憚改.

논어論語/안연顔淵 23

자공이 벗에 대해 물었다.　　　　　　　　　　　　　子貢問友
공자께서 말씀하셨다. "충심으로 알려주어 선善으로 인도하고　　子曰 忠告而善道之
듣지 않으면 그쳐야만 자신에게 욕이 돌아오지 않는다."　　　不可則止 無自辱焉.

논어論語/안연顔淵 24

증자가 말했다.　　　　　　　　　　　　　　　　　曾子曰
"군자는 학문으로 벗을 만나고, 벗으로써 인仁을 북돋운다."　　君子 以文會友 以友輔仁.

논어論語/계씨季氏 4

공자께서 말씀하셨다.　　　　　　　　　　　　　孔子曰
"유익한 벗도 셋이요. 해로운 벗도 셋이다.　　　　　　　益者三友 損者三友
정직하고, 성실하고, 박학다식한 사람을 벗 삼으면 유익하며　　友直 友諒 友多聞 益矣
편벽되고, 잘 굽실거리고, 말재주가 능한 사람을 벗 삼으면　　友便辟 友善柔 友便佞
해롭다."　　　　　　　　　　　　　　　　　　損矣.

10절 | 지인과 지기

논어論語/학이學而 3

공자께서 말씀하셨다.   子曰

"말을 좋게 하고 얼굴을 보기 좋게 하는 사람은   巧言令色

인자仁者가 드물다."   鮮矣仁.

논어論語/학이學而 16

공자께서 말씀하셨다.   子曰

"남이 나를 알아주지 않는 것을 걱정하지 말고   不患人之不己知

내가 남을 모르는 것을 걱정하라."   患不知人也.

논어論語/위정爲政 10

공자께서 말씀하셨다.   子曰

"그 사람의 행동을 살피고   視其所以[66]

그의 따르는 바를 살피며, 그가 좋아하는 바를 살피면   觀其所由 察其所安

---

66)_ 以(이)=爲也, 用也.

사람이 어찌 숨길 수 있으랴? 숨길 수 없다."   人焉廋哉 人焉廋[69]哉.

논어論語/공야장公冶長 9

제자인 재여宰予(재아)가 낮잠을 잤다.   宰予晝寢
공자께서 말씀하셨다.   子曰
"썩은 나무는 조각할 수 없고   朽木不可雕也
분토糞土 담장은 손질할 수 없으니   糞土之牆不可杇也
나로서는 무슨 꾸지람을 할 수 있겠느냐?   於予與[68]何誅
처음에 나는 사람을 대함에 있어   子曰 始吾於人也
그 사람의 말만 듣고 그 사람의 행실을 믿었다.   聽其言而信其行
지금은 그 사람의 말도 듣지만   今吾於人也 聽其言
행실까지 관찰하게 되었다.   而觀其行
나로서는 재여 때문에 고치게 된 것이다."   於予與改是.

논어論語/옹아雍也 12

자유가 무성武城의 읍장이 되었다.   子游爲武城宰
공자께서 말씀하셨다. "너는 사람을 얻었느냐?"   子曰 女得人焉耳乎[69]
자유가 말했다. "담대멸명澹臺滅明이라는 사람을 얻었습니다.   曰 有澹臺滅明者
그는 지름길로 다니는 법이 없고   行不由徑
공무가 아니면 제 방에 오는 일이 없습니다."   非公事 未嘗至於偃之室也.

---

67)_ 廋(수)=匿也.
68)_ 與(여)=謀也. 及也.
69)_ 焉爾乎(언이호)=語氣詞의 連用.

論語論語/태백泰伯 16

공자께서 말씀하셨다.

"큰소리치면서도 정직하지 못하며

덜 떨어졌으면서도 공손하지 못하며

성실한 척하면서도 신실하지 못하면

나도 그런 사람은 가르칠 방도가 없다."

子曰

狂[70]而不直

侗[71]而不愿[72]

悾[73]悾而不信

吾不知之矣.

論語論語/선진先進 20

공자께서 말씀하셨다.

"언변이 독실한 것만을 도모하는 자라면

그가 군자인가? 용모만 장엄하게 꾸미는 자인가?"

子曰

論篤是與[74]

君子者乎 色莊者乎.

論語論語/헌문憲問 5

공자께서 말씀하셨다.

"유덕자는 반드시 언변이 있지만

언변이 있는 자가 반드시 유덕자는 아니다.

인자仁者는 반드시 용기가 있지만

용기 있는 자가 반드시 인자는 아니다."

子曰

有德者必有言

有言者不必有德

仁者必有勇

勇者不必有仁.

---

70)_ 狂(광)=倨慢也.

71)_ 侗(동)=未成器之人.

72)_ 愿(원)=恭正貌.

73)_ 悾(공)=誠慤也. 無能貌(論語集註).

74)_ 與(여)=黨與也. 從也. 謀也. 譽也.

논어論語**/헌문**憲問 15

공자께서 말씀하셨다.   子曰

"장무중이   臧武仲

봉지인 방防 고을의 후사를 승인해 줄 것을 요구했다.   以防求爲後於魯

비록 그가 군주에게 강요한 것이 아니라 하지만   雖曰不要君

나는 믿지 않는다."   吾不信也.

논어論語**/헌문**憲問 21

공자께서 말씀하셨다.   子曰

"큰소리친 것을 부끄러워하지 않는 자라면   其言之不怍[75]

그것을 실행하기는 어려울 것입니다."   則爲之也難.

논어論語**/헌문**憲問 32

공자께서 말씀하셨다.   子曰

"남이 나를 알아주지 않는 것을 근심하지 말고   不患人之不己知

자기의 능하지 못함을 걱정하라!"   患其不能也.

논어論語**/위영공**衛靈公 23

공자께서 말씀하셨다.   子曰

"군자는 말로 사람을 등용하지 않고   君子不以言擧人

사람에 따라 말을 버리지 않는다."   不以人廢言.

---

75)_ 怍(작)=慚也, 顔色變也.

논어論語/양화陽貨 24

자공이 말했다. "군자도 미워하는 것이 있습니까?"

子貢曰 君子亦有惡乎.

공자께서 말씀하셨다. "미워하는 것이 있다.

子曰 有惡

남의 악담을 좋아하는 것을 미워하고

惡稱[76]人之惡者

아랫사람이 윗사람을 헐뜯는 것을 미워하고

惡居下流而訕[77]上者

용감하되 예의가 없는 것을 미워하고

惡勇而無禮者

과감하지만 막힌 것을 미워한다.

惡果敢而窒者

사賜(자공)야! 너도 미워하는 것이 있느냐?"

曰 賜也亦有惡乎

자공이 말했다. "조금 엿본 것을 지혜라 하는 자를 미워하고

惡徼[78]以爲知者

불손한 것을 용기라고 생각하는 것을 미워하며

惡不孫以爲勇者

남의 감춰진 약점을 폭로하고

惡訐[79]

강직하다 생각하는 것을 미워합니다."

以爲直者.

논어論語/자장子張 8

자하가 말했다.

子夏曰

"소인은 과오가 있으면 반드시 꾸미려 한다."

小人之過也必文.

논어論語/자장子張 11

자하가 말했다. "큰 예절이 문지방을 넘지 않으면

子夏曰 大德[80]不踰閑

작은 예절은 다소 출입이 있어도 괜찮다."

小德出入可也.

---

76)_ 稱(칭)=好也.
77)_ 訕(산)=誹謗也.
78)_ 徼(요)=伺察也.
79)_ 訐(알)=攻發人之陰私.
80)_ 大德(대덕)=人倫 四德과 같은 大節.

11절 | 입신과 처세

논어論語/위정爲政 22

공자께서 말씀하셨다.   子曰
"사람으로서 신의가 없다면 그가 옳은지 알 수 없다.   人而無信 不知其可也
큰 수레에 마구리가 없고 작은 수레에 멍에막이가 없다면   大車無輗 小車無軏
무엇으로 수레를 가게 하겠는가?"   其何以行之哉.

논어論語/이인里仁 22

공자께서 말씀하셨다.   子曰
"옛사람이 말로 드러내지 않은 것은   古者言之不出
몸이 미치지 못하는 것을 부끄러워했기 때문이다."   恥躬之不逮也.

논어論語/공야장公冶長 4

혹자가 말했다. "옹(중궁)은 어질지만 말재주가 없다."   或曰 雍也仁而不佞
공자께서 말씀하셨다. "말재주를 무엇에 쓰겠는가?   子曰 焉用佞
사람을 입으로만 대하면 남들의 미움을 받기 일쑤다.   禦人以口給 屢憎於人
그가 어진지는 알 수 없으나 말재주를 무엇에 쓰겠는가?"   不知其仁 焉用佞.

논어論語/공야장公冶長 5

공자께서 칠조개漆雕開에게 벼슬을 시키려 하니
"저는 미천하여 아직 자신이 없다"며 사양했다.
공자께서 들으시고 기뻐하셨다.

子使漆雕開仕
對曰 吾斯⁸¹⁾之未能信
子說.

논어論語/태백泰伯 12

공자께서 말씀하셨다.
"설사 주공의 재능과 미덕을 갖추었다 해도
만일 교만하고 인색하면
나머지는 볼 필요도 없을 것이다."

子曰
如有周公之才之美
使⁸²⁾驕且吝
其餘不足觀也已.

논어論語/향당鄕黨 1

공자께서 고을에 계실 때는 엄중하고 두려운 듯
마치 말을 못하시는 것 같았으며,
종묘와 조정에 계실 때는
조리 있게 말씀하시되 근엄하셨다.

孔子於鄕黨 恂⁸³⁾恂如也
似不能言者
其在宗廟朝廷
便⁸⁴⁾便言唯謹爾.

논어論語/헌문憲問 4

공자께서 말씀하셨다.
"나라에 도가 있으면 말과 행실이 준엄하며

子曰
邦有道 危言危⁸⁵⁾行

---

81)_ 斯(사)=此, 賤, 乃也.
82)_ 使(사)=만일 ㅁㅁ한다면.
83)_ 恂(순)=嚴慄也. 信實之貌.
84)_ 便(편)=習也, 辯也.
85)_ 危(위)=高峻也. 厲(嚴, 猛)也.

나라에 도가 없으면 행실은 준엄하되 말은 공손해야 한다."   邦無道 危行言孫.[86]

논어論語/헌문憲問 33

공자께서 말씀하셨다.   子曰

"남이 나를 속이도록 용납하지도 않고   不逆[88]詐

남이 나를 믿지 않는 것을 서운해하지도 않는다.   不億[89]不信

역시 앞서 깨닫는 자가 어진 사람일 것이다."   抑[90]亦先覺者是賢乎.

논어論語/위영공衛靈公 6

자장이 행세함을 물었다.   子張問行

공자께서 말씀하셨다.   子曰

"말이 충신하고, 행실이 공경스러우면   言忠信 行篤敬

비록 야만의 오랑캐 나라에서도 행세할 수 있을 것이다."   雖蠻貊之邦 行矣.

논어論語/위영공衛靈公 15

공자께서 말씀하셨다.   子曰

"자신을 무겁게 책망하고 남을 가볍게 책망하면   躬自厚而薄責於人

원성이 없을 것이다."   則遠怨矣.

논어論語/위영공衛靈公 21

공자께서 말씀하셨다.   子曰

---

86)_ 孫(손)=卑順也.
87)_ 逆(역)=迎也, 受也. 未至而迎之也(論語集註).
88)_ 億(억)=安也, 惜也. 未見而意之也(論語集註).
89)_ 抑(억)=亦然之詞, 疑詞, 怨詞, 反語詞, 轉換之詞, 發語詞.

"군자는 자기에게서 찾고 소인은 남에게서 찾는다."   君子求諸己 小人求諸人.

논어論語/위영공衛靈公 24

자공이 물었다.   子貢問曰

"한 마디 말로   有一言

종신토록 행할 만한 것이 있습니까?"   而可以終身行之者乎.

공자께서 말씀하셨다.   子曰

"그것은 '서恕' 한 글자다.   其恕乎

내가 바라지 않는 것이면 남에게도 베풀지 말라!"   己所不欲 勿施於人.

논어論語/계씨季氏 6

공자께서 말씀하셨다.   子曰

"군자를 모시는 데 세 가지 실수가 있으니   侍於君子 有三愆

말할 때가 되지 않았는데 말하면 경거망동이라 한다.   言未及之而言 謂之躁

말할 때가 되었는데 말하지 않으면 숨긴다고 한다.   言及之而不言 謂之隱

상대의 안색을 살피지도 않고 말하면 소경이라 한다."   未見顏色而言 謂之瞽.

논어論語/양화陽貨 26

공자께서 말씀하셨다.   子曰

"나이 마흔이 되어서도 남의 미움을 받는다면 끝장이다."   年四十而見惡焉 其終也已.

12절 | 생활의 지혜

논어論語/이인里仁 2

공자께서 말씀하셨다.

"불인자不仁者는 곤궁한 곳에 오래 처하지 못하고

또한 안락한 곳에도 오래 처하지 못한다.

인자仁者는 인仁을 편안해하고

지자知者는 인을 편리하게 여긴다."

子曰

不仁者 不可以久處約[90]

不可以長處樂

仁者安仁

知者利仁.

논어論語/이인里仁 23

공자께서 말씀하셨다.

"자기를 절제하여 잃는 일은 드물 것이다."

子曰

以約失之者鮮矣.

논어論語/이인里仁 24

공자께서 말씀하셨다.

"군자는 말은 어눌하지만 실천은 민첩하다."

子曰

君子訥於言 而敏於行.

---

90)_ 約(약)=纏束也, 窮也, 貧困也.

논어論語/공야장公冶長 19

노나라 대부 계문자季文子는 세 번 생각한 다음 행동했다.　　　季文子三思而後行

공자께서 들으시고 말씀하셨다. "두 번이면 좋을 것이다."　　　子聞之曰 再斯可矣.

논어論語/자한子罕 18

공자께서 말씀하셨다.　　　子曰

"산을 쌓는 것에 비유하면　　　譬如爲山

한 삼태기가 모자라서 이루지 못하고 그쳤더라도　　　未成一簣止

나는 그만둔 것이다.　　　吾止也

땅을 고르는 것에 비유하면　　　譬如平地

비록 한 삼태기를 덮고 나아갔더라도　　　雖覆一簣進

나는 나아간 것이다."　　　吾往也.

논어論語/자한子罕 27

공자께서 말씀하셨다.　　　子曰

"날씨가 추워진 뒤에야　　　歲寒然後

소나무·잣나무가 뒤늦게 시든 줄 안다."　　　知松柏之後彫也.

논어論語/안연顏淵 6

자장이 명찰明察함을 물었다.　　　子張問明

공자께서 말씀하셨다.　　　子曰

"은근한 참언과 절절한 하소연을 좇아　　　浸潤之譖 膚受之愬[91]

행하지 않는다면　　　不行焉

---

91)_ 愬(소)=訴也.

가히 명찰하다고 말할 수 있을 것이며　可謂明也已矣

가히 멀리 본다고 말할 수 있을 것이다."　可謂遠也已矣.

논어論語/자로子路 17

자하가 거보莒父의 읍장이 되어 정사를 물었다.　子夏爲莒父宰 問政

공자께서 말씀하셨다.　子曰

"서두르지 말고 작은 이익을 밝히지 말라.　無欲速 無見[92]小利

서두르면 도달하지 못하고　欲速則不達

소리小利에 밝으면 대사大事를 이루지 못한다."　見小利則大事不成.

논어論語/헌문憲問 14

공자께서 위나라 대부 공숙문자에 대해서　子問公叔文子

공명가公明賈에게 물었다.　於公明賈曰

"사실인가? 그가 말하지도, 웃지도, 취하지도 않았다는 말이!"　信乎 夫子不言不笑不取乎.

공명가가 말했다. "전한 사람이 과장한 것입니다.　公明賈對曰 以告者過也

그는 때가 되어야 말했으므로　夫子 時然後言

남들이 그의 말을 싫어하지 않았고　人不厭其言

즐겁게 한 후에 웃었으므로　樂然後笑

남들이 그의 웃음을 싫어하지 않았고　人不厭其笑

의롭게 받았고 남들도 그가 받는 것을 싫어하지 않았습니다."　義然後取 人不厭其取

공자께서 말씀하셨다. "그랬군. 어찌 그럴 수 있었을까?"　子曰 其然 豈其然乎.

---

92)_ 見(견)＝明也.

논어論語/위영공衛靈公 8

공자께서 말씀하셨다.

"더불어 말할 만한데 더불어 말하지 않으면 사람을 잃는다.

더불어 말할 만하지 않은데 더불어 말하면 실언이다.

지혜 있는 사람은 사람도 잃지 않고 실언도 하지 않는다."

子曰

可與言而不與之言 失人

不可與言而與之言 失言

知者不失人 亦不失言.

논어論語/위영공衛靈公 12

공자께서 말씀하셨다.

"사람이 멀리 생각하지 않으면 가까이 근심이 생긴다."

子曰

人無遠慮 必有近憂.

논어論語/위영공衛靈公 27

공자께서 말씀하셨다.

"꾸미는 말은 덕을 어지럽히고

작은 일을 참지 못하면 큰 계획을 어지럽힌다."

子曰

巧言亂德

小不忍則亂大謀.

논어論語/위영공衛靈公 30

공자께서 말씀하셨다.

"허물을 고치지 않는 것이야말로 바로 허물이다."

子曰

過而不改 是謂過矣.

논어論語/양화陽貨 22

공자께서 말씀하셨다.

"하루 종일 배불리 먹고 마음 쓰는 데가 없는 것도

어려운 일이다.

장기와 바둑이 있지 않느냐?

그것이라도 하는 편이 현명할 것이다."

子曰

飽食終日 無所用心

難矣哉

不有博奕者乎

爲之猶賢乎已.

13절 | 가정과 건강

논어論語/선진先進 5

제자인 남용南容이   南容
「백규白圭」의 시를 반복해 읽는 것을 보시고   三復白圭[93]
공자께서 형의 딸을 그의 처로 삼게 하셨다.   孔子以其兄之子 妻之.

논어論語/공야장公冶長 1

공자께서 남용을 평가하시기를   子謂南容
"나라에 도가 있으면 그를 버려두지 않을 것이요,   邦有道不廢
나라가 도가 없는 난세에도   邦無道
형벌과 죽음을 면할 것이다"라고 하셨다.   免於刑戮
이에 형의 딸을 그에게 시집보내셨다.   以其兄之子 妻之.

---

93)_ 白圭(백규)=『시경』「대아」편의 詩名. "백옥의 티는 갈면 되지만, 사람의 말은 그럴 수 없구나(白圭之玷 尙可磨也
斯言之玷 不可爲也. : 詩經/白圭)."

논어論語/술이述而 4

공자께서는 평소엔 유유한 듯 느긋하셨으며

子之燕居 申申[94]如也

즐겁고 부드러운 모습이셨다.

夭夭[95]如也.

논어論語/자한子罕 11

공자께서 병이 위독하자

子疾病

자로가 문인門人들을 가신家臣으로 삼아 장례를 준비했다.

子路使門人爲臣

병이 좀 뜸해지자 공자께서 말씀하셨다.

疾間 曰

"유(자로)의 거짓 행동은 오랜 병통이구나!

久矣哉 由之行詐也

가신이 없는데도 있는 것처럼 꾸민들

無臣[96]而爲有臣

내가 누구를 속일 것이며 하늘을 속일 수 있겠는가?

吾誰欺 欺天乎.

또한 내가 가신의 손에 죽기보다는

且予 與其死於臣之手也

차라리 제자들의 손에서 죽는 것이 낫지 않겠는가?

無寧死於二三者之手乎[97]

또한 내가 훌륭한 장례를 받지 못하더라도

且予縱不得大葬

내가 길가에서 죽기야 하겠는가?"

予死於道路乎.

논어論語/계씨季氏 13

진항陳亢이 공자의 아들 백어에게 물었다.

陳亢問於伯魚曰

"그대는 역시 특별한 가르침을 들었겠지요?"

子亦有異聞乎

백어가 대답했다. "아닙니다.

對曰 未也

어느 날 홀로 서 계실 때 제가 종종걸음으로 뜰을 지나가는데

嘗獨立 鯉趨而過庭

---

94)_ 申申(신신)=其容舒也.
95)_ 夭夭(요요)=其色愉也.
96)_ 無臣(무신)=공자는 영지도 없으므로 家門을 이루지 못했다.
97)_ 無ㅁㅁ乎(무ㅁ호)=부정이 아니라 강조의 반어법.

'시를 배우느냐?'고 말씀하셨습니다.　　　　　　　　曰 學詩乎

제가 아니라고 대답하자　　　　　　　　　　　　對曰 未也

'시를 배우지 않으면 남과 말할 소재가 없다' 하시므로　不學詩 無以言

저는 물러나 시를 배웠습니다.　　　　　　　　　　鯉退而學詩

다른 날 또 홀로 서 계실 때　　　　　　　　　　　他日又獨立

제가 종종걸음으로 뜰을 지나가는데　　　　　　　　鯉趨而過庭

'예를 배우느냐?'고 말씀하셨습니다.　　　　　　　曰 學禮乎

제가 아니라고 대답하자　　　　　　　　　　　　對曰 未也

'예를 배우지 않으면 입신할 방도가 없다' 하시므로　不學禮 無以立

저는 물러나 예를 배웠습니다.　　　　　　　　　　鯉退而學禮

제가 가르침을 들은 것은 이 두 가지뿐입니다."　　　聞斯二者

진항이 물러나 기뻐하며 말했다.　　　　　　　　　陳亢退而喜曰

"하나를 물어 셋을 알았다.　　　　　　　　　　　問一得三

시와 예를 들었고　　　　　　　　　　　　　　　聞詩聞禮

또 군자는 자식을 멀리한다는 것을 배웠다."　　　又聞君子之遠其子也.

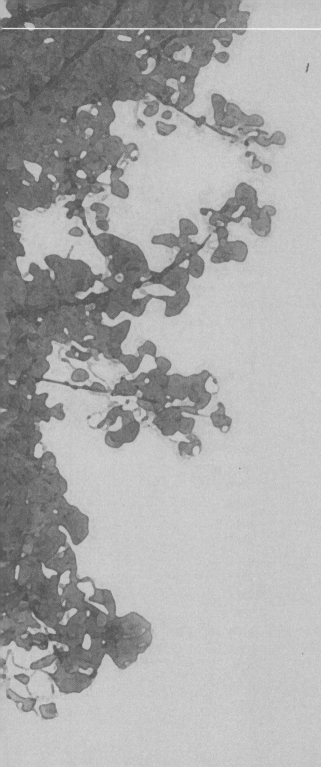

찾아보기

주요 용어 및 인명 찾아보기

ㅊ

『논어』 원문 찾아보기

이인

공야장

위영공

계씨

원문 출전 찾아보기

ㅇ